Lehrbuch des Kirchenrechts aller christlichen Confessionen.

Von

Dr. Ferdinand Walter,
ordentlichem Professor der Rechte an der Universität zu Bonn.

Fünfte Auflage,
vermehrt mit accommodirenden Zusätzen über die kirchlichen Rechtsverhältniße in Baiern, Württemberg und Baden.

Rotweil a. N.,
in der Rapp'schen Verlagshandlung.
1833.

Vorwort

zu dieser Ausgabe.

Wenn hiemit eine neue Ausgabe des Lehrbuches des Kirchenrechts aller christlichen Confessionen von Dr. F. Walter erscheint, mit Bemerkungen für die Oberrheinische Kirchenprovinz und Baiern: so wolle dies nicht bloß als Nachdrucker-Spekulation angesehen werden. Walters Kirchenrecht trägt bei seinen sonstigen Vorzügen und anerkanntem Werthe die Farbe des Absolutismus, und bemüht sich, alles Bestehende in der Kirche ohne Ausnahme, selbst ohne den Unterschied zwischen Wesentlichem und Zufälligem — zwischen Doktrinär- und Disciplinarsachen zu rechtfertigen, und gegen jede Abänderung zu verwahren. Dr. von Grolmans Grundsätze des allgemeinen Kirchenrechtes, Frankfurt 1832, geben ganz genau das wirklich Bestehende im Kirchenrechte ohne alles Räsonnement. Mit der Haltung des letztern, wie mit dem deutlich ausgesprochenen Rückschritte des erstern mögen sich jedoch in unserer Zeit viele Diener und Freunde der Kirche nicht wohl verständigen, — die da — weit entfernt, ihrer Kirche Schmach anthun und Fehde verkünden zu wollen, vielmehr deren Interesse zu fördern glauben, wenn sie sich laut und wiederholt über das äussern, was in unsern Landen für das Aufblühen der ersten aller Bildungsanstalten — der Kirche — durch das Bemühen edler Regierungen geleistet ward —, aber auch auf der andern Seite über das, was leider an Auswüchsen und Krebsartigem die Gesundheit des Kirchenbaumes Mark. IV. 32 antastete, und stets gefährdet. Darum ist es uns eine unwillkommene Erscheinung, selbst in der neuesten Ausgabe des Sauter'schen Kirchenrechtes, 1826 Rotweil bei Herderer, ein Laviren und Conniviren zu bemerken, wie die §. §. 96. 416. 652. es aussprechen. Wir erlaubten uns daher gelegentlichen Ortes Andeutungen über das, was eine ansehnliche Parthie des Clerus in ausserwesentlichen — also Disciplinarsachen auf einer baldigst zu berufenden Provinzialsynode verhandelt wissen möchte; und begnügen uns, dieser unverändert erscheinenden 5ten Ausgabe des Werkes die erforderlichen Abkürzungen für die Noten voranzuschicken, s. S. XX.

Uebersicht.

Einleitung.

Erstes Buch. Allgemeine Grundsätze.

Erstes Kapitel. Die Grundlagen der katholischen Kirche.

Zweites Kapitel. Die Grundlagen der morgenländischen Kirche.

Drittes Kapitel. Grundlage des protestantischen Kirchenrechts.

Viertes Kapitel. Verhältniß der Kirche zum Staate.

Fünftes Kapitel. Verhältniß verschiedener Religionstheile zu einander.

Zweites Buch. Von den Quellen des Kirchenrechts.

Erstes Kapitel. Allgemeine Beschaffenheit derselben.

Zweites Kapitel. Geschichte der Quellen.

Drittes Kapitel. Von den Quellen nach ihrem heutigen Gebrauch.

Drittes Buch. Von der Verfassung der Kirche.

Einleitung.

Drittes Kapitel. Von den Erzbischöfen, Patriarchen und Primaten.

Viertes Kapitel. Von den Concilien.

Fünftes Kapitel. Verfassung der morgenländischen Kirche.

Sechstes Kapitel. Geistliche Verfassung der protestantischen Länder.

Viertes Buch. Von der Verwaltung der Kirche.

Erstes Kapitel. Verwaltung der Lehre.

Zweites Kapitel. Verwaltung der heiligen Handlungen.

Drittes Kapitel. Verwaltung der Disciplin.

Fünftes Buch. Von dem Beamtenwesen.

Erstes Kapitel. Von der Bildung und Erziehung der Kleriker.

Zweites Kapitel. Von der Ordination.

Drittes Kapitel. Von den Kirchenämtern im Allgemeinen.

Viertes Kapitel. Von der Besetzung der Kirchenämter.

Fünftes Kapitel. Von dem Verlust der Kirchenämter.

Sechstes Buch. Von dem Vermögen der Kirche.

Erstes Kapitel. Historische Einleitung.

Zweites Kapitel. Von der Dotation der Kirchenämter.

Drittes Kapitel. Von den eigentlichen Kirchensachen.

Viertes Kapitel. Von dem Erwerb, der Veräußerung und den Vorrechten der Kirchengüter.

Siebentes Buch. Von dem kirchlichen Leben.

Einleitung.

Erstes Kapitel. Der Eintritt in die Kirche.

Zweites Kapitel. Das gottesdienstliche Leben.

Drittes Kapitel. Die christliche Ehe.

Viertes Kapitel. Der christliche Tod.

Fünftes Kapitel. Von den besondern kirchlichen Anstalten.

Achtes Buch. Von dem Einfluß der Kirche auf die weltlichen Rechte.

Von der Art,

wie die Stellen aus dem Corpus Juris canonici citirt werden.

Das Corpus Juris canonici enthält ohne die später hinzugekommenen Anhänge folgende sechs Sammlungen:

I. Das Decretum des Gratian Dieses zerfällt in drei ihrer inneren Einrichtung nach verschiedene Abtheilungen.

A) Die erste besteht aus 101 Distinctionen und diese aus einzelnen Stellen, die sonst capita, jetzt canones genannt werden. Diese citirt man auf folgende Weise:

can. Presbyteros 32. dist. 50 oder c. 32. D. L.

B) Die zweite Abtheilung zerfällt in 36 Causæ, und diese in Quæstiones, in deren Beantwortung die einzelnen Stellen eingeflochten sind. In der Causa XVI. ist jedoch die Quæstio V. zwischen der Quæstio II. und III. zu suchen. Die einzelnen Stellen werden auf folgende Art allegirt:

can Sæpe 72. XII. (causa) quæst. 2. oder c. 72. c. XII. q. 2.

In der causa XXXIII. bildet die Behandlung der Quæstio III. einen weitläufigen Tractat De pœnitentia, der in 7 Distinctionen eingetheilt ist. Die einzelnen Stellen daraus werden folgendermaßen citirt:

can. Perfecta 8. dist. 3 de pœnit oder c. 8. D. III. de pœnit.

C) Die dritte Abtheilung ist der ersten ähnlich und zerfällt in 5 Distinctionen. Die einzelnen Stellen daraus werden zur Unterscheidung von denen der ersten Abtheilung mit folgendem Zusatz citirt:

can. Pervenit 12. dist. 3. de consecratione oder
c. 12. D. III. de consecr.

II. Die zweite Sammlung ist die Decretalensammlung Gregors IX. Diese ist in fünf Bücher und diese in Titel eingetheilt, in welchen die einzelnen Stellen (capita) nach ihrer chronologischen Ordnung stehen. Man bezog sich auf die Sammlung gewöhnlich unter dem Namen extra, wodurch man überhaupt das bezeichnete, was nicht im Decrete Gratians stand. Die Titel citirt man meistens blos nach ihrer Rubrik, wo man dann die Zahl des Buches und des Titels aus dem Register auffinden muß. Jetzt werden aber auch häufig diese Zahlen in Parenthesen beigefügt. Die Citirarten sind demnach folgende:

cap Auditis 29. extra oder ë de electione, oder
c. 29. X. de elect. (1. 6).

III. Die dritte Sammlung, der Liber sextus genannt, ist der vorigen in der Anordnung ganz ähnlich, und wird eben so, nur mit einem kleinen Zusatz citirt, z. B.

cap. Statutum 3. de præbendis in 6. oder
c. 3. de præbend in VI. (3. 4).

IV. Mit der vierten Sammlung, die von Clemens V. herrührt, verhält es sich eben so, nur werden die einzelnen Stellen häufig Clementinen genannt, z. B.

cap. Si plures 3. de præbendis in Clementinis oder
clem 3. de præbend. (3 2).

V. Die fünfte Sammlung, die Constitutionen oder Extravaganten Johanns XXII., besteht blos aus 14 Titeln. Die Citirart ist:

cap Sedes 1. Extr. Johann XXII. de concess. præb. oder
c 1. Extr Johann. XXII. de concess. præbend. (4).

VI. Die sechste Sammlung endlich, die Extravagantes communes, ist wieder der Sammlung Gregors IX. ähnlich, und wird auf folgende Art citirt:

cap. Salvator 5. Extr. comm. de præbendis oder
c. 5. Extr. comm. de præbend. (3. 2).

Abbreviationen der neuen Zusätze.

1) O. K. P. — d. i. Oberrheinische Kirchenprovinz.
2) V. über Sch. und A. R. — Verordnung über das Schutz- und Aufsichtsrecht des Staates über die katholische Landeskirche, v. 30. Jan. 1830. Regierungsblatt 1830.
3) M. Ueb. — Uebersicht der für die katholische Geistlichkeit in Württemberg bestehenden Staats- und Kirchengesetze von Decan Maurer. Wangen 1831.
4) M. B. — Beilagen zu obiger Uebersicht.
5) V. U. — Verfassungs-Urkunde für das Königreich Württemberg, erläutert von G. F. Kapff. Rotweil 1832.
6) E. O. f. B. — Eheordnung für das Großherzogthum Baden von Amtmann Seng. Freiburg 1829.

Einleitung.

§. 1. I. Von dem Kirchenrecht. A) Allgemeine Bezeichnung des Stoffes.

Kirche im Allgemeinen ist eine der Gottesverehrung bestimmte, durch gleichen Lehrbegriff verbundene und durch eine äußere Ordnung befestigte Gemeinschaft. Die Vorschriften und Gesetze, die sich auf diese Einrichtung beziehen, bilden das Kirchenrecht (jus canonicum a) oder richtiger jus ecclesiasticum). Die Idee einer solchen auf Religion gegründeten selbstständigen Gemeinschaft ist erst durch das Christenthum entstanden. Die Religionen des Alterthums hatten zwar ein Priesterthum, nicht aber eine Kirche, weil sie so eng in die bürgerlichen Einrichtungen verflochten waren, daß der religiöse Stoff von dem Volksleben nicht abgesondert werden konnte b). Auch beruhten sie größtentheils auf äußerer Darstellung, Mythen und trüben Ahndungen, die nicht durch geordnete Lehren, sondern blos durch den Volksglauben fortgepflanzt wurden. Das Christenthum hingegen mußte sich einen eigenen Verein erschaffen, da seine Wahrheiten durch Unterricht mitgetheilt, seine Vorschriften durch religiöse und sittliche

---

a) Canon heißt im Allgemeinen Regel, Vorschrift, c. 1. 2. D. III. (Isid. etymol. c. a. 630). In der Kirche nannte man daher canones die Concilienschlüsse über die Disciplin, im Gegensatz gegen dogmata die Glaubenslehren, nov. 131. c 1. Später wurden aber auch die Decrete der Päbste zu den canones gerechnet, Gratian. ad c. 2. D. III. Dennoch ist der Ausdruck jus canonicum zu eng, weil das Gewohnheitsrecht und die weltlichen Gesetze, die doch auch Quellen des Kirchenrechts seyn können, nicht darunter begriffen sind.

b) Daher wurde bei den Römern das gottesdienstliche Wesen nur als ein Theil des nationalen Rechts betrachtet, c. 11. D. I. (Isid. etym. c a 630 aus Ulpian im fr. 1. §. 2. D. de justit. et jure). Aus diesem Grunde vermeidet man auch den Ausdruck, jüdische oder mohamedanische Kirche.

Erziehung gesichert werden sollten, Beides aber nicht der bürgerlichen Gesellschaft überlassen bleiben konnte, weil die Offenbarung über jede örtliche und nationale Beschränktheit hinausreicht.

§. 2. B) Hauptverhältnisse des Kirchenrechts.

Das Kirchenrecht betrifft zunächst das Innere der kirchlichen Vereinigung. Da diese aber neben dem Staate besteht und mit ihm häufig in Berührung kommt, so müssen über dieses gegenseitige Verhältniß gewisse Regeln festgestellt seyn. Dasselbe kann nothwendig werden, wenn Gemeinden verschiedener Confessionen neben einander bestehn. Man unterscheidet daher das innere und das äußere Kirchenrecht. Ersteres enthält wieder zwei Hauptbestandtheile; einmal die Grundsätze, welche sich auf die Verfassung und Regierung des kirchlichen Körpers als solchen beziehen, dann die Lehre von den Verhältnissen, die für die einzelnen Mitglieder aus der kirchlichen Verbindung hervorgehen. Jenes ist, nach Analogie der für das weltliche Recht bestehenden Eintheilung, das öffentliche, dieses das Privat-Kirchenrecht genannt worden. Beides kann aber nicht so scharf wie bei dem weltlichen Recht gesondert werden, weil die kirchlichen Verhältnisse der Einzelnen weit weniger aus Rechten, worüber man willkührlich verfügen kann, wie vielmehr aus Verpflichtungen bestehen, worüber das Gemeinwesen selbst die Aufsicht führt.

§. 3. C) Verschiedenheit nach dem Religionsbekenntniß.

Die christliche Kirche war ursprünglich wie der christliche Glaube selbst einig und ungetheilt. Im Lauf der Zeit haben sich aber einzelne Theile von dieser Einheit losgerissen, und ein abgesondertes kirchliches Daseyn angenommen. So hat sich schon ziemlich frühe wenigstens der Verfassung nach die morgenländische von der abendländischen Kirche getrennt. In jener ist später wieder ein besonderes Glied derselben, die russische Kirche, selbstständig gemacht worden. Im Abendlande aber haben sich bei der großen Spaltung des sechzehnten Jahrhunderts die Protestanten von der römisch-katholischen Kirche losgesagt, und sind nach Verschiedenheit der Länder und Bekenntnisse in viele besondere Kirchen und Gemeinden zerfallen. Wiewohl nun unter den sich bestreitenden christlichen Lehrbegriffen nur Einer der rechte, also nur eine Kirche die wahre seyn kann: so haben doch alle jene Religionspartheien factisch und politisch einen äußeren Bestand und mehr oder minder ein juristisches Daseyn erhalten. Das Kirchenrecht ist daher so verschieden, als es rechtlich anerkannte christliche Religionsgesellschaften giebt.

§. 4. II. Von der wissenschaftlichen Behandlung des Kirchenrechts.

A) Bedeutung und Nothwendigkeit derselben.

Die Kirche hat eine organische Einheit, also auch ihr Recht. In ihren Vorschriften und Gesetzen tritt diese aber nicht deutlich hervor, weil jene, so wie die bürgerlichen Gesetze, mehr auf practische Einzelnheiten gerichtet sind. Soll daher die innere Einheit auch äußerlich dargelegt werden, so muß dieses auf dem Wege der Wissenschaft geschehen. Die Kirche kann freilich der Ausübung nach lange bestehen, ohne daß man die Einheit der Maximen und Vorschriften, woraus sie zusammengesetzt ist, zu einem klaren Bewußtseyn zu erheben unternimmt. Wirklich war von einer wissenschaftlichen Bearbeitung des Kirchenrechts in den frühern Jahrhunderten der Kirche noch gar nicht die Rede. Diese entstand erst allmählich und aus denselben Gründen, warum auch sonst eine Rechtswissenschaft sich erhebt, nämlich Anhäufung der geschriebenen Rechte, steigende allgemeine Bildung, und überhaupt alles, wodurch ein Volk zum Nachdenken über sich und seinen Rechtszustand gebracht wird. Eine solche wissenschaftliche Auffassung und Behandlung ist aber nothwendig, weil nur durch sie der Rechtsstoff überhaupt geistigen Reiz, und die practische Handhabung die erforderliche Sicherheit erhalten kann.

§. 5. B) Methode der Behandlung.

Bei der wissenschaftlichen Darstellung des Kirchenrechts muß man eine dreifache Richtung verfolgen. Erstlich ist zu zeigen, was in der Kirche jetzt wirklich als Recht gilt, zweitens, wie dieses geltende Recht entstanden ist; endlich drittens, daß dieses Recht wirklich vernünftig, das heißt den Zwecken und Bedürfnissen der Kirche angemessen sey. Es giebt also eine practische, eine historische und eine philosophische Methode. Alle drei müssen vereinigt angewendet werden. Einseitig gebraucht führt die practische zur Unwissenschaftlichkeit; die historische zu antiquarischen Belustigungen, die mehr eine Zierde des Gedächtnisses, als eine eigentliche Wissenschaft sind c); und die philosophische zu unwahren Träumereien d).

§. 6. C) Hülfsmittel.

Das Kirchenrecht ist ein so vielseitiger Stoff, daß es gründlich nur in Verbindung mit mehreren andern Wissenschaften

---

c) Die historische Methode ist übrigens in den letzten Jahrhunderten auch zu praktischen eigennützigen Zwecken mißbraucht worden, indem man aus dem geschichtlichen Leben der Kirche einen bestimmten Zeitraum, namentlich die drei ersten Jahrhunderte herausgriff, und die Formen, die sich damals gebildet hatten, als das Ideal aufstellte, worauf die jetzige Kirche zurückzuführen sey. Ein solches Verfahren ist aber ohngeachtet alles Scheines von Gelehrsamkeit, womit es vielleicht umgeben wird, doch recht eigentlich unhistorisch, indem es, gleichsam als ob die Vernunft der Geschichte sich in jenem Zeitraum erschöpft hätte, den vernünftigen Fortgang in der weitern Entwicklung läugnet, und diese nur als eine Reihe von Zufälligkeiten behandelt. Sonderbar genug sind es grade solche, die sich sonst gegen Formen so sehr gleichgültig zeigen, die hier das kirchliche Leben recht starr in Formen zurückbannen wollen. Warum muthet man denn nicht auch unseren Verfassungen zu, zu den Einrichtungen zurückzukehren, die uns Tacitus beschreibt? Der vernünftige Historiker aber muß seinem Stoff von Jahrhundert zu Jahrhundert folgen, und in jedem die innere Nothwendigkeit erkennen, die ihm seine Gestalt gab. So wird ihm auch das Gesetz seiner eignen Zeit offenbar werden, und er wird nun verstehen, was von den überlieferten Einrichtungen beizubehalten, was einer neuen Entwicklung bedürftig ist.

d) Die einseitige philosophische Richtung hat sich besonders in dem sogenannten Naturrecht und natürlichen Kirchenrecht ausgesprochen, welches, anstatt in den Geist und die Vernunft des Positiven einzudringen, dieses vielmehr als etwas Zufälliges und Irrationales umgieng, und ihm zur Seite aus angeblichen Vernunftbegriffen, die dann doch wieder meistens und zwar oft recht ungeschickt aus dem positiven Recht entlehnt wurden, ein allgemeines System als das für alle Zeiten geltende Normalrecht aufzustellen bemüht war. Das Wesen dieser Methode besteht daher in einem Schnappen nach sogenannten allgemeinen Begriffen, das heißt genauer betrachtet bloßen Nominaldefinitionen, die schon im Voraus darauf abgerichtet sind, um aus ihnen die erforderlichen Einzelnheiten ableiten und dadurch dieser ganzen inhaltlosen Operation einen Anstrich von Bedeutung und Consequenz geben zu können. Ueberhaupt ist die beissende Schilderung, welche Schelling in seinen vortrefflichen Vorlesungen über die Methode des academischen Studiums von der modernen Behandlung des Naturrechts gemacht hat, auch auf das natürliche Kirchenrecht vollkommen anwendbar.

behandelt werden kann. Von den weltlichen Wissenschaften gehört hieher zunächst die allgemeine Geschichte der Zeitalter, in denen die Kirche gewirkt hat; dann vorzüglich eine genaue Kenntniß des bürgerlichen Zustandes der Völker, unter welchen sich das canonische Recht entwickelte und noch gegenwärtig gilt; also vorzüglich des römischen und germanischen, sowohl öffentlichen als Privatrechts. Auch in dem mosaischen Recht ist der Keim mehrerer kirchlichen Einrichtungen enthalten e). Wichtig ist noch zur Behandlung der Quellen die Kenntniß der gesunkenen griechischen f) und lateinischen g) Sprache des Mittelalters. Selbst die Münzkunde ist bei einigen Verhältnissen nothwendig h). Von den kirchlichen Wissenschaften ist hier zu nennen die Theologie als die wissenschaftliche Gestaltung der Lehre, die den Inhalt der Kirche ausmacht, dann vorzüglich die Kirchengeschichte i), die kirchlichen Alterthü-

---

e) J D Michaelis Mosaisches Recht Frankfurt 1777. 6 Thle. 8.

f) Glossarium ad scriptores mediæ et infimæ græcitatis — auctore *Carolo Dufresne Domino Du Cange* († 1668) Lugdun. 1688. II. Tom. fol.

g) Glossarium ad scriptores mediæ et infimæ latinitatis auctore *Carolo Dufresne Domino Du Cange* — editio nova locupletior et auctior opera et studio monarchorum ordinis S. Benedicti e congregatione S. Mauri. Paris 1733 — 1736. VI. Tom. fol., Glossarium novum ad scriptores medii ævi cum latinos cum gallicos seu supplementum ad auctiorem Glossarii Cangiani editionem — collegit et digessit D. P. *Carpentier* O. S. B. Præpositus S. Onesimi Dancheriensis. Paris 1766. IV. Tom. fol.

h) Die litterärischen Hülfsmittel hiefür nennt *Glück* Præcognita uberiora universæ Jurisprudentiæ ecclesiasticæ Cap. III. Sect. V.

i) Unter den Bearbeitungen der Kirchengeschichte sind die Annalen von dem Kardinal Cäsar Baronius († 1607) mit seinen Continuatoren Odoricus Raynaldus, Jac Laderchius, Abraham Bzovius, Henr. Spondanus, und mit den Berichtigungen des gelehrten Capuziners Pagy († 1699) wegen der vielen mitgetheilten Urkunden noch immer unentbehrlich. Andere Werke giebt es von Natalis Alexander, Sebast. le Nain de Tillemont, Claud Fleury (mit der Fortsetzung von Claud. Fabri), Bonaventura Racine, Aug Orsi (mit der Fortsetzung von P. A. Bechetti), Sacarelli, Clem. Becker, Leop. Graf von Stollberg (fortges. von v. Kerz), J. N. Hortig (mit der sehr guten Fortsetzung von Döllinger); die neuesten, aber noch nicht vollendeten Bearbeitungen sind von Katerkamp, Locherer, Ign. Ritter. — Die Lutheraner

mer k), die kirchliche Geographie l), Statistik m) und Chronologie n).

§. 7. D) Aeußere Anordnung des Stoffes. 1) Aelteres Verfahren.

Die Versuche den Stoff des Kirchenrechts zu classiviciren zeigen sich schon seit dem sechsten Jahrhundert darin, daß man anfieng die Quellen in einer systematischen Ordnung zusammenzustellen. Diese war jedoch höchst lückenhaft, weil sie blos nach dem Material des geschriebenen Rechts eingerichtet, grade über die wichtigsten Verhältnisse aber noch nichts niedergeschrieben war. Derselbe Mangel traf die systematischen Quellensammlungen, die bis zum Mittelalter herab angelegt wurden, und gieng nun auch auf die mündlichen Vorträge und schriftlichen Bear-

---

haben die Magdeburger Centuriatoren und die Werke von Arnold, Baumgarten, Pfaff, Walch, Semler, Mosheim, Schröckh, Schmidt, Spittler, Henke, Planck, Stäudlin, Gieseler, Neander u. a. Die Reformirten besitzen die Bearbeitungen von Heinr. Hottinger, Friedr. Spanheim, Samuel Basnage, Herrmann Venema. — Vollständig aufgezählt sind diese in Sauter Fund. Jur. Eccl. Edit. III. C. VI. Grolman, Grundsätze des allg. K. R. Frankfurt 1832. Dr. Gaupp, das bestehende Recht der evang. Kirche im K. Würt. 1832.

k) Bearbeitungen der christlichen Alterthümer giebt es von Schelstrate, Martene, Mamachi, Selvagio, Pelliccia, Binterim. Die Protestanten haben die Werke von Bingham, J. H. Böhmer, Augusti und Schöne.

l) Die Hülfsmittel nennt *Doujat* Prænotion. canonic. Lib. V. c. 16., *Glück* Præcogn. uberior. Cap. III. Sect. III.

m) Kirchliche Geographie und Statistik von L. Fr. Stäudlin, Tübing. 1804. 2 Th. 8. In diesem Werke findet man auch die litterärischen Hülfsmittel für die kirchliche Statistik der einzelnen Länder. Blos für Deutschland bestimmt war: *Fr. Xav. Holl* Statistica ecclesiæ Germanicæ. T. I. Heidelb. 1779. 8. Außerdem haben die meisten deutschen Bisthümer ihre eigenen, gewöhnlich sehr ausführlichen Bearbeitungen. Einiges darüber sagt auch: *Glück* Præcogn. uberiora Cap. III. Sect. I. Tit. I. § 89. Das neueste Werk der Art ist: Die alte und neue Erzdiözese Kölln in Dekanate eingetheilt — von A. J. Binterim und J. H. Mooren. Mainz 1828. 3 Th. 8. Für das Erzbisthum Freiburg und das Bisthum Rottenburg bestehen geordnete Kataloge, für lezteres mit detaillirter Angabe des Pfründ-Einkommens.

n) Die Hülfsmittel nennt *Doujat* Prænotion. canonic. Lib. V. c. 17., *Glück* Præcogn. uberiora. Cap. III. Sect. IV.

beitungen über, weil diese unmittelbar auf einige jener Sammlungen gerichtet wurden. Ueberdies war die Behandlung derselben durchaus practischer Art, und auf das historische nahm man keine Rücksicht. Der erste Schritt zur Verbesserung geschah, als man im sechzehnten Jahrhundert anfieng, das canonische Recht nach einer eignen systematischen Ordnung zu bearbeiten. Nur wählte man dazu gewöhnlich die Eintheilung der Justinianischen Institutionen in Personen, Sachen und Actionen, die zwar für das römische Privatrecht, nicht aber für den Stoff des Kirchenrechts, der weit mehr dem Staatsrecht zu vergleichen ist, paßt. Dann wurde nach und nach auch Einiges von der Entstehungsgeschichte der Quellen in die Lehrbücher aufgenommen. Eine neue Erweiterung entstand aber, als nach der großen Kirchenspaltung ein eignes protestantisches Kirchenrecht sich bildete, und später als man das Verhältniß zwischen Kirche und Staat auf feste Grundsätze zurückzuführen unternahm. Diese beiden neuen Bestandtheile sind mit dem alten auf verschiedene Weise vereinigt worden. Entweder wurden sie als drei getrennte Massen nach einander abgehandelt; oder es wurde schon bei jeder einzelnen Lehre die Verschiedenheit des protestantischen Kirchenrechts, und das Verhältniß des Staats zu jenem kirchlichen Gegenstande dargestellt. Bei dem protestantischen Kirchenrecht hat man sich aber bloß auf Deutschland beschränkt, und auch das griechische Kirchenrecht ist noch nirgends in die Lehrbücher aufgenommen worden.

§. 8. 2) Einrichtung dieses Werkes.

Das vorliegende Werk zerfällt in acht Bücher. Das erste enthält die Grundlehren der kirchlichen Verhältnisse, gleichsam den Kern, wovon alles Uebrige nur die Entwicklung ist. Das zweite beschäftigt sich mit den Quellen des Kirchenrechts. Die vier folgenden sind dem öffentlichen Recht der Kirche bestimmt. Das dritte nämlich enthält die Darstellung der kirchlichen Verfassung; das vierte die der Kirchenregierung; das fünfte handelt von dem Beamtenwesen o), und das sechste von dem Kir-

o) Die Lehre von den einzelnen Kirchenämtern kommt schon im dritten Buche vor. Aber die Kirche hat außerdem über die Aemter und Beamten, ihre Erziehung, Befähigung und allgemeinen Verhältnisse ein höchst genaues Recht ausgebildet, und dieses wird hier zusam-

chenvermögen p). So weit ist gezeigt, durch welche Mittel und Einrichtungen die Kirche als ein geordneter Körper besteht. Es ist nun aber auch noch dasjenige darzustellen, wofür sie besteht. Dieses oder das kirliche Leben q) bildet den Innhalt des siebenten Buches. Das achte Buch endlich stellt zusammen wie das Recht der Kirche auf alle Theile des weltlichen Rechts eingewirkt und dieses abgeändert hat r). Ueber das Verhältniß zwischen Kirche und Staat werden die allgemeinen Grundsätze im ersten Buch, das Einzelne bei jeder Lehre angegeben. Das griechische und protestantische Kirchenrecht ist mit dem katholischen vereinigt, und alle drei so nahe zusammen oder so weit auseinander gestellt worden, als es der gemeinschaftliche Grundgedanke oder die Eigenthümlichkeit jedes Stoffes zu erfordern schien.

---

mengestellt. Man kann dieses das Dienstrecht der Kirche nennen. Auch die Ordination gehört sowohl nach ihrer innern Bedeutung als nach der Anwendung, die sie der strengen Disciplin gemäß haben sollte, dahin.

p) Das Kirchengut ist nicht Vermögen der einzelnen Mitglieder, sondern der Corporation. Es gehört daher noch ins öffentliche Recht, aus demselben Grunde, warum man die Lehre von den Domänen im Staats- und nicht im Privatrecht abhandelt. Diejenigen, welche die römische Eintheilung in Personen, Sachen und Actionen auf das Kirchenrecht anwenden, behandeln also hier unter dem römischen Namen doch Sachen ganz anderer Art, wie diejenigen, womit sich hauptsächlich das römische Privatrecht beschäftigt.

q) Wenn man die römische Eintheilung anwenden will, so kommt man besonders mit diesem Theil des Stoffes in Verlegenheit. Einige behandeln z. B. die Liturgie und die Sacramente unter der Rubrik von kirchlichen Sachen, wiewohl hier mit dem Rechtsbegriff, Sache, gar keine Analogie mehr statt findet. Andere ziehen sie unter die Rubrik von kirchlichen Handlungen. Allein Handlung in diesem Sinn ist von der Actio des römischen Systems völlig verschieden, und hat eine so allgemeine Bedeutung, daß es nicht Grundlage einer Classification seyn kann. Es würden dabei die ungleichartigsten Dinge nebeneinander gestellt werden.

r) Eine solche Zusammenstellung war bis zur vierten Auflage dieses Lehrbuches noch nie versucht worden. Dadurch erhalten aber gewisse Lehren ihre rechte Stelle, die man sonst nur höchst gezwungen oder gelegentlich im System anbringen kann, z. B. die Theorie des canonischen Rechts von den Verträgen, Zinsen und Testamenten. Auch wird dadurch die große Einwirkung der Kirche auf unsere öffentlichen und bürgerlichen Einrichtungen recht anschaulich.

Erstes Buch.

Allgemeine Grundsätze.

Erstes Kapitel.

Die Grundlagen der katholischen Kirche.

§. 9. I. Von der Offenbarung. A. Inhalt derselben.

Greg. I. 1. Sext. I. 1. Clem. I. 1. De summa trinitate et fide catholica.

Das erste Menschenpaar, von Gottes Hand heilig und gerecht erschaffen, verlor seine ursprüngliche Reinheit durch Mißbrauch seines freien Willens, und brachte dadurch das Verderben und den Tod in alle nachfolgende Geschlechter. Die göttliche Gerechtigkeit, die nach ihren unwandelbaren Gesetzen Genugthuung verlangte, sollte diese aber durch die göttliche Liebe selbst erhalten: daher gab Gott dem gefallenen Menschen die Verheißung eines künftigen Erretters und Erlösers. Die Ahnung eines früher bestandenen höhern Zustandes, der durch eigne Schuld verloren worden war, blieb mehr und minder deutlich in allen Völkern, und erzeugte die Sehnsucht nach der Wiedervereinigung mit Gott. Opfer in verschiednen Gestalten, als Mittel Gott zu versöhnen, wurden daher der Hauptinhalt der Religionen, die aber dem verdunkelten menschlichen Sinn überlassen, immer mehr ausarteten. Nur in der Nachkommenschaft Abrahams wurde jene Verheißung befestigt, mehrmals erneuert und durch die Propheten näher bestimmt. Als die Zeit erfüllt war, sandte Gottes Erbarmung seinen eignen eingebornen Sohn in menschlicher Gestalt zu uns herab, und dieser brachte sich selbst der Gerechtigkeit für uns Alle zum Opfer dar. Zuvor aber offenbarte er die höchsten Gesetze über Gott, die Welt, die Pflichten und Bestimmung des Menschen, und sezte bestimmte Mittel ein, wodurch jeder Gläubige in sich die Reinheit des ursprünglichen Zustandes des Menschen herstellen, und sich so die Theilnahme am Reiche Gottes erwerben könnte s). Diese Lehren hinterließ er seinen Aposteln und Jüngern, um sie als höchste, göttliche, daher einige t), unveränderliche u) und allein seligmachende Wahrheit v) allen Menschen w) zu verkünden.

§. 10. B. Von der historischen Ueberlieferung der Offenbarung. 1) Durch die heil. Schrift.

Die Offenbarung ist nicht von selbst in die Vernunft des Menschen gelegt, sondern bildet einen Kreis von Wahrheiten, welche auf positive Weise gelehrt worden sind. Die Erkenntniß derselben ist daher nicht aus der bloßen Vernunft, sondern aus einer äußern positiven Quelle zu schöpfen. Für die Zeit, worin die Offenbarung erschien, lag diese in der mündlichen Belehrung Christi selbst. Da aber die Offenbarung nicht blos für die Zeit ihrer Verkündigung, sondern auch für alle nachfolgenden Geschlechter bestimmt ist: so muß diesen ebenfalls eine positive Erkenntniß derselben möglich seyn. Dieses ist aber, da sie nicht immer aufs Neue verkündigt wird, blos dadurch denkbar, daß ihnen der Inhalt der ursprünglichen Verkündigung auf historischem Wege schriftlich oder mündlich mitgetheilt wird. Die unmittelbaren Erkenntnißquellen der Offenbarung könn'en also für uns blos in der schriflichen oder mündlichen Ueberlieferung bestehen. Was jene betrifft, so theilen sich die Urkunden, die dahin gehören, in zwei Classen, Schriften des alten und des neuen Testaments. Die Ersten beziehen sich auf die Vorbereitung des

---

s) *Marc.* XVI. 16. Qui crediderit et baptizatus fuerit, salvus erit; qui non crediderit, contemnabitur.

t) *Ephes.* IV. 4 — 6. Unum corpus, et unus spiritus — unus dominus, una fides, unum baptisma, unus Deus et pater omnium.

u) *Matth.* XXVIII. 19. 20. Docete omnes gentes — docentes eos servare omnia quæcumque mandavi vobis.

v) *Joann.* III. 36. Qui credit in filium, habet vitam æternam: qui autem incredulus est filio, non videbit vitam, sed ira Dei manet super eum. — *Act.* IV. 12. Et non est in aliquo alio salus. Nec enim aliud nomen est sub cœlo datum hominibus, in quo oporteat nos salvos fieri.

w) *Marc.* XVI. 15. Et dixit eis: Euntes in mundum universum, prædicate evangelium omni creaturæ.

Christenthums im israelitischen Volke, die Andern auf die Erscheinung und Ausbreitung des Christenthums selbst. Beide stehen daher in einem innern und nothwendigen Zusammenhang. Erstere bilden eine Reihe von Schriften aus sehr verschiedenen Zeiten (die ältesten, nämlich die Bücher Mosis und die Jüngsten, die Bücher der Maccabäer, liegen etwa 1400 Jahre aus einander), worin die ältesten Traditionen über das Verhältniß des Menschen zu Gott, die Schicksale des Menschengeschlechts und die Geschichten der Israeliten mit mehr oder minder deutlicher Hinweisung auf die Ereignisse des Christenthums verzeichnet sind. Um sie unverfälscht zu erhalten, standen sie bei den Juden unter priesterlicher Aufsicht, so daß durch eine beständige Tradition die göttlichen und wahren prophetischen Bücher von den Andern unterschieden wurden. Später, wahrscheinlich gleich nach der babylonischen Gefangenschaft, wurden Jene in ein eignes Verzeichniß gebracht x). Doch scheinen hier schon nach Verschiedenheit der Gegenden einige Abweichungen vorgekommen zu seyn. Jenes Verzeichniß (Canon) gieng nun auch auf die Christen über, und es wurden die ächten Schriften des neuen Testaments hinzugefügt. Diese Vorsicht war um so nothwendiger, da nach und nach eine Menge untergeschobener Stücke y) in Gang gebracht worden waren. Die lateinische Kirche bedient sich des Canons, welcher auf dem dritten Concilium von Charthago festgesetzt z), und von dem Concilium von Trient a) wiederholt worden ist. Das alte Testament ist größtentheils in hebräischer, das Neue in griechischer Sprache abgefaßt, mit Ausnahme des Evangeliums von Matthäus und des Briefes von Paulus an die Hebräer. Diese beiden sind höchst wahrscheinlich ursprünglich hebräisch geschrieben, und wir haben also wohl davon nur die griechische Uebersetzung.

§. 11. 2) Ueberlieferung durch mündliche Tradition. b)

Die geschriebenen Evangelien sind nicht von Jesus selbst ver-

---

x) *Joseph.* contra Appion. Lib. I. c. 8.

y) Ein Verzeichniß derselben giebt c. 3. §. 27 — 31. D. XV. (Conc. Rom. a. 494).

z) Conc. Carth. III. a. 397. c. 47.

a) Conc. Trid. Sess. IV. de canon. scriptur.

b) Geistreich und scharfsinnig ist dieser Gegenstand behandelt von

faßt, und eben so wenig hat er seinen Jüngern den Befehl gegeben, Etwas aufzuzeichnen. Das erste Evangelium ist vielmehr erst acht bis fünfzehen Jahre, die Andern noch viel später nach Jesus Tode niedergeschrieben worden. In dieser Zwischenzeit wurde also gewiß die Offenbarung bloß durch mündliche Ueberlieferung erhalten und mitgetheilt, und die Evangelien selbst sind erst aus diesem lebendig von Jesus gehörten und wieder verkündeten Worte herausgenommen worden. Durch sie erhielt zwar das Lebendige eine stehende Form, doch aber nur in so weit sie es erschöpften. Daß sie es aber nicht erschöpften, sagen sie nicht nur selbst c), sondern dies zeigen auch die apostolischen Briefe, in welchen Vieles weit genauer wie in den Evangelien entwickelt wird d). Die mündliche vom Geiste Gottes eingehauchte Lehre gieng also der Schrift voran, besteht neben e) und unabhängig f) von ihr fort, und ist selbst die unerläßliche Bedingung zum Verständniß ihres höheren Sinnes. Doch sind auch wieder die heiligen Schriften für die Ueberlieferung höchst wichtig; sie bilden das erste Glied in der geschriebenen Tradition, die ohne sie ohne eigentlichen Anfang wäre; an sie schließen sich

---

Joh. Ad. Möhler. Die Einheit in der Kirche oder das Princip des Katholicismus dargestellt im Geiste der Kirchenväter der drei ersten Jahrhunderte. Tübingen 1825. 8.

c) *Joann.* XX. 30. Multa quidem et alia signa fecit Jesus in conspectu discipulorum suorum, quæ non sunt scripta in hoc libro. XXI. 25. Sunt autem et alia multa, quæ fecit Jesus; quæ si scribantur per singula, nec ipsum arbitror mundum capere posse eos, qui scribendi sunt, libros.

d) Diesen Beweis führte schon Innocenz III. im c. 6. X. de celebr. miss. (3. 41).

e) c. 5. D. XI. (Basil. a. 375), c. 8. eod. (Augustin. c. a. 400), Conc. Trid. Sess. IV. de canon. script.

f) Diese Unabhängigkeit drücken folgende Stellen sehr bestimmt aus. II. *Thess.* II. 15. Itaque fratres state, et tenete traditiones, quas didicistis sive per sermonem sive per epistolam nostram. — *Irenæus* († 201) Adv. hæres III. 4. Quid autem si neque Apostoli quidem scripturas reliquissent nobis, nonne oportebat sequi ordinem traditionis, quem tradiderunt iis, quibus committebant ecclesias? Cui ordinationi assentiunt multæ gentes barbarorum eorum, qui in Christum credunt sine charta et atramento, scriptam habentes per Spiritum in cordibus suis salutem, et veterem traditionem diligenter custodientes.

die ferneren Glieder an, die Symbole der Kirche, die Zeugnisse der Concilien und die Schriften derer, die von den Aposteln bis auf uns im Geiste der Offenbarung geschrieben haben. Immer aber bleibt noch von dem Geiste und der göttlichen Lehre Vieles frei, um sich, wo das Bedürfniß es verlangt, als das lebendige Wort auszusprechen, und so für die Zukunft ebenfalls zu verkörpern.

§. 12. C) Von der wissenschaftlichen Auffassung der Offenbarung.

Die Offenbarung ist nicht wie ein fertiger, abgeschlossener Begriff gegeben, sondern sie bildet eine den Menschen von allen Seiten ergreifende Wahrheit, ein ihm aufgeschlossenes neues göttliches Leben. Die Erkenntniß der Offenbarung besteht daher nicht in einer blos äußerlichen Auffassung, sondern sie muß in das ganze geistige und sittliche Daseyn des Menschen aufgenommen werden. So das Leben der Völker durchdringend, entfaltet sich die unerschöpfliche Fülle ihres Inhalts in den mannichfaltigsten Formen, und wird dadurch zu einem fortschreitend bestimmteren und vollständigeren Bewußtseyn erhoben. Dieses Bewußtseyn einer Zeit über die in ihr lebende Offenbarung spricht sich in der Wissenschaft der Theologie aus, und diese ist, in ihrer Reinheit gedacht, nichts anders als die wissenschaftlich geformte Tradition selbst g).

§. 13. II. Von der Einsetzung des Episcopates h). A) Nothwendigkeit desselben. 1) Als Lehramt.

Die Verkündigung und Entwicklung der Offenbarung konnte unter den Menschen nicht dem bloßen Zufall überlaßen werden: es würde durch die vereinzelte Behandlung bald die Einheit zerrissen und die Lehre in tausendfacher Gestalt umhertragen worden seyn. Eben so wenig war diese Einheit durch die heiligen Schriften gesichert. Denn abgesehen davon, daß sie das Evan-

---

g) Die Geschichte des Bewußtseyns von der Offenbarung, der Umstände, die dasselbe hervorgerufen und entwickelt, der wissenschaftlichen Formen, worin sich dasselbe ausgesprochen hat, bildet die Dogmengeschichte.

h) Diese Lehre gehört vor die Abhandlung über die Kirche: denn die Apostel waren früher, als die von ihnen gestifteten Gemeinden, die lehrende Kirche früher als die lernende.

gelium nicht vollständig enthalten, so setzt ihre richtige Behandlung schon die Ueberlieferung voraus, und ohne diese, blos dem Buchstaben nach, können sie auf vielfache Weise verstanden werden i). Daher wurde von Jesus mit der Offenbarung in den Aposteln zugleich ein Lehramt dafür angeordnet k). Doch reichte auch dieses, seinen gewöhnlichen menschlichen Einsichten überlassen, zur Sicherung der Ueberlieferung nicht hin; deshalb sandte ihnen Jesus, wie er früher verheißen hatte l), den heiligen Geist, der bei ihnen ewig bleiben sollte m). Gleichwie nun Jesus die Apostel eingesetzt und ausgesandt hatte: so ordneten auch diese bei ihrer Verbreitung in die verschiedenen Länder Bischöfe an, ermahnten sie die Ueberlieferung zu bewahren n), und theilten ihnen den heiligen Geist mit o). So pflanzt sich in dem durch die zusammenhängende Reihe seiner Glieder als rechtmäßig beglaubigten Episcopate p) das apostolische, vom

---

i) *Vincent. Lerin* (a. 434) Commonit. c. 2. Scripturam sacram pro ipsa sua altitudine non uno eodemque sensu universi accipiunt, sed eiusdem eloquia aliter atque aliter, alius atque alius interpretatur; ut pæne, quot homines sunt, tot illinc sententiæ erui posse videntur.

k) Joann. XX. 21 — 23., Matth. XXVIII. 16 — 20, Marc. XVI. 14 — 20., Luc. XXIV. 33 — 53.

l) Joann. XIV. 16 — 26, XV. 26. XVI. 13., Luc. XXIV. 49, Act I. 4 — 8.

m) Act II. 1 — 4.

n) I. *Tim.* IV. 20. O Timothee, *depositum custodi*, devitans profanas vocum novitates — II. *Tim.* II. 2. Et quæ audisti a me, hæc commenda fidelibus hominibus, qui idonei erunt et alios docere.

o) *Act.* XX. 28. Attendite vobis et universo gregi, in quo vos *Spiritus sanctus* posuit episcopos regere Ecclesiam. — *S. Clemens* († 101.) ad Corinth. I. 42. Apostoli nobis a Christo evangelizaverunt, Jesus Christus a Deo. Missus enim est Christus a Deo, et Apostoli a Christo — Mandata quippe accipientes et per resurrectionem Domini nostri Jesu Christi, plena certitudine imbuti, Deique verbo confirmati, cum certa Spiritus sancti fiducia egressi sunt, annunciantes regni Dei adventum. Per regiones igitur et urbes verbum prædicantes, primitias eorum, spiritu probante, Episcopos et Diaconos eorum, qui credituri erant, constituerunt.

p) *Tertullian.* († 215). De præscript. hæreticor. c. 32. Edant ergo (hæretici) origines ecclesiarum suarum: evolvant

heiligen Geist erfüllte, Lehramt fort. Dadurch wird die Ueberlieferung in ununterbrochener Ordnung aufbewahrt q), jede Neuerung, die sich statt derselben eindringen wollte, abgewiesen, und, bei der größten Freiheit der wissenschaftlichen Entwicklung, die Einheit ihres Wesens für alle Zeiten gesichert r).

---

ordinem episcoporum suorum, ita per successiones ab initio decurrentem, ut primus ille episcopus aliquem ex Apostolis vel apostolicis viris, qui tamen cum Apostolis perseveraverint, habuerit auctorem et antecessorem. Hoc enim modo ecclesiæ apostolicæ census suos deferunt: sicut Smyrnæorum ecclesia Policarpum a Joanne conlocatum refert: sicut Romanorum, Clementem a Petro ordinatum edit. Perinde utique et ceteræ exhibent, quos ab Apostolis in episcopatum constitutos apostolici seminis traduces habeant.

q) *S. Irenæus* († 201). Advers. hær. III. 3. Traditionem itaque Apostolorum in toto mundo manifestatam in omni ecclesia adest perspicere omnibus, qui vera velint videre. — Sed quoniam valde longum est, in hoc tali volumine omnium ecclesiarum enumerare successiones, maximæ et antiquissimæ, et omnibus cognitæ a gloriosissimis duobus apostolis Petro et Paulo Romæ fundatæ et constitutæ ecclesiæ, eam, quam habet ab apostolis traditionem, et annunciatam hominibus fidem, per successiones episcoporum pervenientem usque ad nos indicantes, confundimus omnes eos, qui quoquo modo prætterquam oportet colligunt. Ad hanc enim ecclesiam propter potiorem principalitatem necesse est omnem convenire ecclesiam, hoc est eos, qui sunt undique fideles, in qua semper ab his, qui sunt undique, conservata est ea, quæ est ab apostolis traditio. Fundantes igitur et instruentes beati apostoli ecclesiam, Lino episcopatum administrandæ ecclesiæ tradiderunt. — Succedit autem ei Anacletus: post eum tertium locum ab apostolis sortitur Clemens — Huic autem Clementi succedit Evaristus, et Evaristo Alexander, ac deinde sextus ab apostolis constitutus est Sixtus, et ab hoc Telesphorus, qui etiam gloriosissime martyrium fecit: ac deinde Hyginus, post Pius, post quem Anicetus. Cum autem successisset Aniceto Soter, nunc duodecimum locum ab apostolis habet Eleutherius. Hac ordinatione et successione ea, quæ est ab apostolis in ecclesia traditio et veritatis præconiatio pervenit usque ad nos.

r) *Vincent. Lerin.* Common c. 23. Fas est (equidem) ut prisca illa cælestis philosophiæ dogmata processu temporis excurentur, limentur, poliantur: sed nefas est ut commutentur, nefas ut detruncentur, ut mutilentur. Accipiant licet evidentiam, lucem, distinctionem; sed retineant necesse est plenitudinem, integritatem, proprietatem. Nam si semel ad-

Das ist also die wahre göttliche Lehre, welche in dem rechtmäßigen Lehramt als der allgemeine, ererbte Glaube fortlebt s).

§. 14. 2) Zur Verwaltung der heiligen Handlungen.

Jesus hat nicht blos eine Glaubenslehre hinterlassen, sondern auch heilige geheimnißvolle Handlungen eingesetzt, wodurch

---

missa fuerit hæc impiæ fraudis licentia, horreo dicere, quantum exscindendæ atque abolendæ religionis periculum consequatur. Abdicata etenim qualibet parte catholici dogmatis, alia quoque atque item alia ac deinceps alia et alia, iam quasi ex more et licito, abdicabuntur. Porro autem singillatim partibus repudiatis, quid aliud ad extremum sequetur, nisi ut totum pariter repudietur? Sed contra, si novitia veteribus, extranea domesticis, et prophana sacratis admisceri cœperint, proserpat hic mos in universum necesse est, ut nihil posthac apud ecclesiam relinquatur intactum, nihil illibatum, nihil integrum, nihil immaculatum. — Christi vero ecclesia, sedula et cauta depositorum apud se dogmatum custos, nihil in his unquam permutat, nihil minuit, nihil addit, — sed omni industria hoc unum studet, ut vetera diligenter sapienterque tractando — custodiat.

s) *S. Irenæus* († 201) Advers hæres. IV. 63. Agnitio (γνῶσις) vera est Apostolorum doctrina, et antiquus ecclesiæ status in universo mundo, et character *corporis Christi* secundum successiones episcoporum, quibus illi eam, quæ in unoquoque loco est, ecclesiam tradiderunt, quæ pervenit usque ad nos custodita sine fictione scripturarum tractatio plenissima, neque additamentum neque ablationem recipiens. — *S. Augustin.* († 430) De bapt contr. Donat L IV. c. 31. Quod universa tenet Ecclesia, nec Conciliis *institutum*, sed semper *retentum* est, nonnisi auctoritate Apostolica traditum recte creditur. — *Vincent. Lerinens* Commonit. (a 434) c. 2. In ipsa ecclesia Catholica magnopere curandum est, ut id teneamus, quod ubique, quod semper, quod ab omnibus creditum est. Hoc est enim vere proprieque Catholicum, quod ipsa vis nominis ratioque declarat, quæ omnia vere universaliter comprehendit. Sed hoc ita demum fiet, si sequamur universitatem, antiquitatem, consensionem. Sequemur autem universitatem hoc modo, si hanc unam fidem veram esse fateamur, quam tota per orbem terrarum confitetur ecclesia. Antiquitatem vero ita, si ab his sensibus nullatenus recedamus, quos sanctos maiores ac patres nostros celebrasse manifestum est. Consensionem quoque itidem, si in ipsa vetustate omnium, vel certe pene omnium sacerdotum pariter et magistrorum definitiones sententiasque sectemur.

in denjenigen, die daran würdig Theil nehmen, die durch die Sünde verlorene Gnade auf außerordentliche Weise hergestellt wird. Die Verwaltung solcher Handlungen erfordert aber ein bestimmtes Organ, wovon sie ausgeht, und zwar muß dieses mit den zu jenem Zwecke nothwendigen übernatürlichen Fähigkeiten versehen seyn. Als solches hat aber Jesus durch Mittheilung des heiligen Geistes die Apostel eingesetzt t), und sie zu Verwaltern seiner Geheimnisse bestellt u). Da nun durch Fortpflanzung jenes Geistes auf die Nachfolger in diesen jene göttliche heiligende Kraft bewahrt worden ist: so ist das Episcopat auch die Quelle, von welcher die Verwaltung der geheimnißvollen heiligen Handlungen ausgeht.

§. 15. 3) Zur Erhaltung der äußern Ordnung.

Da das Evangelium den Aposteln zur Verbreitung unter alle Menschen übergeben war: so mußte dabei auch auf die äussern Einrichtungen Bedacht genommen seyn, damit die Lehre gehörig befestigt, die heiligen Handlungen würdig vollzogen, und überhaupt das Leben der christlichen Gemeinde der göttlichen Sendung gemäß angeordnet würde. Daher wurden die Apostel, wie Stellvertreter Christi, auch als die Hirten und Häupter der zu sammelnden Heerde bestellt v), und besorgten in dieser Eigenschaft alle Zweige der kirchlichen Verwaltung w). Gleichen Auftrag hinterließen sie ihren Nachfolgern x), und in

---

t) *Matth* XXVIII. 19. Docete omnes gentes baptizantes eos. *Luc.* XXII. 19. Hoc facite in meam commemorationem. *Joann.* XX. 22. 23. Accipite Spiritum sanctum; quorum remiseritis peccata, remittuntur eis, et quorum retinueritis, retenta sunt.

u) I. *Cor.* IV. 1. Sic nos existimet homo, ut ministros Christi, et dispensatores mysteriorum Dei.

v) *Matth.* XVIII. 18. Quæcunque alligaveritis super terram, erunt ligata et in cœlo etc. — *Joann.* XXI. 15 — 17. Pasce agnos meos. — Pasce oves meas.

w) Die Besetzung der Kirchenämter Act. XIV. 22., die Oberaufsicht Act. XV. 41. XVI. 4., die Züchtigung der Vergehen I. Cor. V. 1—7., I. Tim. I. 20., die kirchliche Gesetzgebung 1. Tim. III 2—12.

x) *Act.* XX. 28. Attendite vobis et universo gregi, in quo vos Spiritus sanctus posuit episcopos regere (ποιμαίνειν) ecclesiam Dei. — *Tit.* I. 5. Huius rei gratia reliqui te Cretæ

dieser Succession ist dem Episcopat mit dem göttlichen Worte selbst, auch die Sorgfalt für die dazu nothwendigen äußern Anordnungen überliefert worden.

§. 16. B) Von der Einheit des Episcopates.

In dem Episcopat ist also ein einiges vom h. Geist erfülltes Lehramt eingesetzt, dessen Glieder durch alle Länder und Zeiten zerstreut sind y). Die Einheit dieses Körpers bedarf aber, um sich ihrer selbst bewußt zu bleiben, eines Ausdrucks und stehenden Zeichens, also eines Mittelpunktes, in welchem alle Glieder zusammentreffen. Ein solcher Mittelpunkt ist nun von Christus den Aposteln in Petrus dargestellt z), und er dadurch dem Kirchenglauben als der Anfang und Ursprung der Einheit überliefert worden a). Das sichtbare Band der Einheit war aber nicht blos für die apostolische Zeit, sondern ist für das Episcopat eines jeden Zeitalters nothwendig: daher sezt sich das, was in Petrus begonnen hat, in seinen Nachfolgern fort. Da nun der h. Petrus zulezt seinen bischöflichen Siz in Rom erwählt, und

---

ut ea quæ desunt corrigas, et constituas per civitates presbyteros. — *Tit.* II. 15. Exhortare et argue cum omni imperio. — I. *Tim* V. 20. Peccantes coram omnibus argue, ut et cæteri timorem habeant.

y) *S. Cyprian.* († 258) De unit. eccles. (ap Gratian. c. 18. c. XXIV q. 1). Unitatem tenere firmiter et vendicare debemus, maxime episcopi, qui in ecclesia præsidemus, ut episcopatum ipsum unum atque indivisum probemus. — Inter *Cypriani* epist. XXXVI. Omnes enim nos decet pro corpore totius ecclesiæ, cuius per varias provincias membra digesta sunt, excubare.

z) *Matth.* XVI. 18. 19. Et ego dico tibi, quia tu es Petrus, et super hanc petram ædificabo ecclesiam meam. — Et tibi dabo claves regni cœlorum.

a) *S Cyprian.* († 258) Epist LXX Baptisma unum, et spiritus sanctus unus, et ecclesia una, a Christo Domino supra Petrum origine unitatis et ratione fundata. — *Idem* de unit. eccles. (ap. Gratian. c. 18. c. XXIV q. 1). — *S Optat. Milev.* (c. a 350) Adv Parmen Lib. VII. c. 3 Bono unitatis beatus Petrus — præferri Apostolis omnibus meruit. — *S Hieronym.* († 422) Adv. Jovin. Lib. I. c. 14. Inter duodecim unus eligitur, ut capite constituto schismatis tolleretur occasio.

dort den Märtyrertod erlitten hat b): so wird der römische Stuhl seit den ältesten Zeiten als derjenige anerkannt, mit welchem alle Uebrigen zusammentreffen müssen c), und auf welchen die Einheit der Kirche gegründet ist d). Das einige, wahre, apostolische Episcopat ist also in den mit der römischen Kirche vereinigten Bischöfen enthalten.

§. 17. C) Von der Vereinigung mit dem Episcopate.

I. Die Offenbarung ist für alle Menschen und zwar um des Heils willen gegeben: sie muß daher von Allen mit voller Sicherheit befragt werden können. Diese Sicherheit gewähren aber die historischen Erkenntnißquellen, die mündliche und schriftliche Ueberlieferung, nicht. Denn um eine viele Jahrhunderte hindurch fortgesetzte mündliche Ueberlieferung zu vernehmen, ist eine behutsame, weitläufige und gelehrte Untersuchung nothwendig. Eben so setzt die Ueberzeugung von der Aechtheit der heiligen Schriften und das Verständniß ihres tiefsinnigen Inhalts eine höchst mühsame Forschung und eine genaue Kenntniß der Sprache und der damaligen Verhältniße voraus. Beide Arten

---

b) Es giebt zwar Manche, die gegen das Ansehen der ältesten Kirchenväter, z. B. Irenäus, bezweifeln, ob Petrus überhaupt je in Rom gewesen sey; allein mit so unglaublich schwachen Gründen, daß man gegen sie selbst die gelehrtesten Protestanten, Blondel, Casaubonus, Pearson, Cave, Basnage, Hammond, Hugo Grotius u. a. anführen kann.

c) *S. Irenæus* († 201) Adv. hæres. III. 3. Ad hanc enim (Romanam) ecclesiam propter potiorem principalitatem necesse est omnem convenire ecclesiam — *Optat. Milev.* (c. a. 350). De schism. Donat. II. 3. Damaso Siritius hodie (successit), qui noster est socius: cum quo nobiscum totus orbis, commercio formatarum, in una communionis societate concordat. — c. 7. c. XXIV. q. 1. (Ambros. a. 376.) c. 14. 25. eod. (Hieronym. a. 378). — c. 12. eod. (Innoc. I. a. 417). c. 16. eod. (Leo I. a. 445).

d) *S. Cyprian.* († 258) Epist. LV. Navigare audent ad Petri cathedram, ad ecclesiam principalem, unde unitas sacerdotalis exorta est. — *Idem* de unit. eccles. (ap. Grat. c. 3. D. XCIII.) — *S. Optat.* c a 350) Adv. Parmen. Lib. II. c. 2. Igitur negare non potes, scire te in urbe Roma Petro primo cathedram episcopalem esse conlatam, in qua sederit omnium Apostolorum caput Petrus; unde et Cephas appellatus est: in qua una cathedra unitas ab omnibus servatur.

von Quellen sind also gewiß zum unmittelbaren Gebrauch für Jeden nicht geeignet, sondern es muß zwischen ihnen und dem Einzelnen eine Autorität in der Mitte stehen e). Aber auch diese reicht, wenn sie blos wissenschaftlicher Art ist, nicht aus, weil die Zeugnisse der mündlichen Tradition mangelhaft aufgefaßt, die Untersuchung über die Aechtheit der heiligen Schriften irrig geführt, und ihr Buchstaben falsch ausgelegt werden kann. Es kann also nur eine inspirirte göttliche Autorität helfen, und diese ist allein in dem vom heiligen Geist erfüllten Episcopat enthalten f). Die Verbindung mit dem Episcopat ist daher um des Heils willen nothwendig, weil es außerhalb derselben eine sichere Erkenntniß der Offenbarung nicht giebt. II. Das Episcopat ist ferner die Quelle, wovon vermittelst der dazu eingesetzten heiligen Handlungen zur geistigen Wiedergeburt des Menschen die Gnade des heiligen Geistes ausströmt. Diese Heilsmittel werden also nur in der Vereinigung mit dem Episcopate gefunden. III. Die Offenbarung ist nicht ein bloßer Begriff, sondern eine neue Ordnung des Lebens, die in dem Episcopat ihren Mittelpunkt hat. An diesen muß sich also Jeder, der jene Ordnung sucht, halten g), auf daß Alle in der Einheit des Geistes und des Lebens innigst verbunden bleiben h).

---

e) In Ansehung der schriftlichen Quellen wird man wohl nicht entgegnen, daß man sie übersetzt lesen könne; denn auch dann steht schon zwischen ihnen und dem Leser eine Autorität in der Mitte, sey es die des einzelnen Uebersetzers oder einer theologischen oder sonstigen gelehrten Corporation. Ueberhaupt muß dem Unbefangenen der große Widerspruch einleuchten, wenn man die h. Schrift für die alleinige, also doch gewiß auch populäre Erkenntnißquelle des Christenthums ausgiebt, und daneben zu ihrer Behandlung die große Zurüstung historischer und philologischer Gelehrsamkeit nothwendig findet.

f) Außer der Kirche, sagt Möhler, kann also die heilige Schrift und die Tradition nicht verstanden werden. Ja eine Parthei außer der Kirche, die sich auf das katholische geschriebene Evangelium beruft, hat nicht einmal eine Gewährleistung, ob es das ächte sey, oder ob nicht die Kirche grade die ächten Evangelien verworfen habe.

g) *S. Ignat.* († 110) ad Smyrn. c. 8. Omnes Episcopum sequimini, ut Jesus Christus Patrem; et presbyterium ut Apostolos. Diaconos autem revereamini ut Dei mandatum. Ubi comparuerit episcopus, ibi et multitudo sit: quemadmodum ubi fuerit Jesus Christus, ibi catholica est ecclesia.

h) *S. Ignat.* († 110) ad Magnes c. 7. Quemadmodum igi-

Diese durch das Episkopat verbundene und durch den in ihm lebenden göttlichen Geist geheiligte Gemeinschaft ist die Kirche, der Leib Christi, und die einzelnen Gläubigen sind dessen Glieder i).

§. 18. III. Von der Kirche. A) Die sichtbare Gemeinschaft. 1) Wesenheit derselben.

Die Kirche ist also die auf die Verbindung mit dem Episcopate gegründete Gemeinschaft der Gläubigen k). Wer daher nicht mit dem Bischof verbunden ist, ist von der Kirche getrennt l). Diese Kirche ist sichtbar, weil sie auf sichtbaren Zeichen beruht m); sie ist allgemein und einig, weil das Episcopat für alle Menschen und Zeiten gegeben, immer aber dem Wesen nach dasselbe ist; sie ist heilig, wahr und unfehlbar, weil der heilige Geist in ihr lebt; sie ist um des Heils willen nothwendig,

---

tur Dominus sine Patre nihil fecit, ipsi unitus, neque per se ipsum, neque per Apostolos: ita neque et vos sine episcopo et presbyteris quidquam agite. Neque operam detis, ut aliquid vobis seorsim rationi videatur consentaneum; sed in unum convenientibus, una sit oratio, una deprecatio, una mens, una spes, in caritate, in gaudio inculpato. Unus et Jesus Christus, quo nihil præstantius est. Omnes itaque velut in unum templum Dei concurrite, velut ad unum altare, velut ad unum Jesum Christum, qui ab uno patre prodiit, et in uno existit, in unum revertitur.

i) I. *Cor.* XII. 27. Vos autem estis corpus Christi, et membra de membro. — *Ephes.* IV. 11. 12 Ipse dedit quosdam quidem apostolos, quosdam autem prophetas, alios vero evangelistas, alios autem pastores, et doctores — in ædificationem corporis Christi. — *S. Clem* († 101) ad Corinth. c. 46. Cur inter nos sunt contentiones, iræ, simultates, schismata et bellum? — Cur Christi membra divellimus et discerpsimus?

k) *S. Cyprian.* († 258) Epist. LXIX. Ecclesia est plebs sacerdoti adunata, et pastori suo grex adhærens.

l) *S Ignat* († 110) ad Ephes c. 5. Nemo erret (πλανάσθω): nisi quis intra altare sit, privatur pane dei. Si enim unius atque alterius precatio tantas vires habet, quanto magis illa quæ episcopi est, et totius ecclesiæ! Qui igitur non venit ad id ipsum, hic jam superbit et se ipsum indicavit.

m) *Bellarmin.* De ecclesia militante Lib. III. Cap. 12. Ecclesia enim est societas quædam, non angelorum, neque animarum, sed hominum. Non autem dici potest societas hominum, nisi in externis et visibilibus signis consistat. Nam

weil nur in ihr die allein seligmachende Wahrheit sicher gefunden, und die Heilsmittel überliefert werden n).

§. 19. 2) Veränderliche Seite der Kirche.

Die Kirche führt in ihrer irdischen Erscheinung viele äußere sogenannte Disciplinar-Einrichtungen mit sich, welche sie nicht als unmittelbar zur Offenbarung gehörend betrachtet, sondern die von ihren Vorstehern auf gewöhnliche menschliche Weise nach dem Bedürfniß der Zeiten und Verhältnisse festgesetzt worden sind o). Von dieser Seite erscheint sie mithin als beweglich und nachgiebig, mit dem Leben der Völker und der Eigenthümlichkeit eines jeden Zeitalters verbunden p); und bei Anordnungen

---

non est societas, nisi se agnoscant ii, qui dicuntur socii; non autem se possunt homines agnoscere, nisi societatis vincula sint externa et visibilia. — Unde Augustinus Libro XIX. contra Faustum cap. 11. In nullum, inquit, nomen religionis, seu verum, seu falsum, coagulari homines possunt, nisi aliquo signaculorum seu sacramentorum visibilium consortio colligentur.

n) Schon die philosophische Wahrheit, um so mehr die geoffenbarte, ist allein seligmachend; und es ist unwiderleglich gewiß, daß kein mit einem Irrthum Behafteter in das Reich der Wahrheit eingehen kann. Jeder Glaube, jede Kirche, selbst der ächte Eifer für Wissenschaft und die Begeisterung, eine wahrhafte Ueberzeugung zu verbreiten, beruht auf diesem Glauben an die heilbringende Kraft von dem, was man für Wahrheit hält; denn welcher Unterschied wäre sonst zwischen ihr und dem Irrthum, und mit welchem Recht dürfte sie diesen bestreiten? Ein Anderes ist aber die Frage, ob ein Irrthum selbstverschuldet und unvertilgbar in das Herz eingegraben war, oder ob Gott nach seiner Gerechtigkeit und Güte ihn von der Seele, die vor ihm erscheint, tilgen und ihr dadurch die Wohnungen des Lichts aufschließen wird. Hierüber richtet die Kirche nicht, sondern wenn sie sich und ihre Wahrheit, wie es nicht anders seyn kann, als allein seligmachend verkündet: so thut sie dies mit der Zuversicht, daß denen, die sie unverschuldet hienieden nicht erkannt haben, diese Erkenntniß jenseits noch aufgehen wird.

o) c. 11. §. 1. D. XII. (Augustin. a. 400), c. 2. D. XIV. (Leo I. c. a 443), c. 8. X. de consanguin. et affin. (4. 14), c. 24. de sent. excom. in VI. (5. 11).

p) Geht man die verschiednen Zeiten durch, so wird man finden, daß namentlich die kirchlichen und weltlichen Verwaltungsformen immer in einem entsprechenden Verhältniß gestanden, und gegenseitig aufeinander eingewürkt haben. Wenn man daher mit der Verfassung des

dieser Art wird eben so wenig eine Unfehlbarkeit, wie eine nothwendige Einheit und Unveränderlichkeit behauptet. Doch führt die innere Einheit der Kirche, wenn sie sich ihrer im Leben bewußt wird, allmählig von selbst zur äußern Darstellung derselben in einer gemeinsamen Sprache, Gebräuchen und Einrichtungen hin, und die Kirche wehrt dann, wo dieses erreicht ist, ab, daß die Gleichheit nicht wieder unnöthig durch den Einfluß der Nationalität zerrissen werde. Eben so lebt in der Kirche eine historische Pietät, welche die christliche Vorzeit anschaulich wie eine beständige Gegenwart festzuhalten strebt, und eine traditionelle Weisheit, die nur ungern dasjenige, was sich durch ein gewisses Alterthum bewährt hat, gegen die Gefahr neuer Versuche vertauscht. Sie sucht daher zwar ihre Aussen eite fortschreitend auszubilden, nicht aber durch eine überhäufte, das Alte rasch verdrängende Gesetzgebung, sondern vorsichtig und zögernd bald auf diesem bald auf jenem Punkte, je nach dem ein wirklich fühlbar gewordenes Bedürfniß es mit sich bringt, und mit beständigem Rückblick auf die bestehenden Verhältnisse q). Dieses giebt der Kirche den ruhigen, stetigen Gang, der zwar mit einem Zeitalter, wie das unsere, wo eine Gesetzge-

---

Mittelalters recht bis in die kleinen Einzelnheiten vertraut ist, so klären sich manche Punkte der kirchlichen Disciplin auf, die man jetzt als Sonderbarkeiten auf die Seite wirft, oder gar aus planmäßigen Absichten herleitet. Namentlich hat das Lehnwesen und die Ministerialität auch tief die Formen der kirchlichen Verwaltung durchdrungen. Daraus ist insbesondere die Verfassung der päbstlichen Curie mit mehreren dabei vorkommenden Ceremonien, die Eidesformel der Bischöfe, das System der Beneficien, die päbstlichen Finanzrechte, endlich eine Reihe alter, noch jetzt üblicher Formeln, zu erklären. Auch die Geschichte der geistlichen Jurisdiction und der Exemtionen, darf nur in der Umgebung mit den gleichzeitigen politischen Verhältnißen betrachtet werden. Wer für solche Anklänge Sinn hat, söhnt sich dann leicht mit vielen Aeusserlichkeiten aus, welche der verstimmte Ton des Zeitalters nur in einem gehäßigen Lichte darstellen kann. Auch der Geist und die Formen unserer gegenwärtigen Staatseinrichtungen würken sehr entschieden auf die Kirche zurück. Dieses geschieht täglich und weit mehr, als man sich gewöhnlich vorstellt.

q) Daher die häufig vorkommende Formel: Prædecessorum nostrorum vestigiis inhærentes etc. Dies „inhærere" sollte aber oben genanntes fortschreitendes Ausbilden der Aussenseite der Kirche nicht hemmen.

bung die andere verdrängt, einen gewissen Gegensatz bilden mag, ihr aber auch die Reue unnöthiger Versuche und theuer erkaufter Erfahrungen erspart.

§. 20. B) Von der unsichtbaren Kirche.

Zu der Kirche, als einer äußern sichtbaren Gemeinschaft gehören alle diejenigen, welche sich durch bestimmte, äußere Handlungen als ihre Mitglieder bekennen. Das Wesen dieser Gemeinschaft besteht jedoch nicht in dieser sichtbaren, irdischen Erscheinung, sondern sie hat eine unsichtbare, Gott zugewendete Seite, wovon jene nur die äußere Hülle ist. Wahre, vollständige Glieder der Kirche sind also nur diejenigen, die mit der äußeren Theilnahme die innere lebendige Gesinnung verbinden. Menschlicher Weise betrachtet gehören jedoch auch noch die Bösen zu ihr, so lange sie sich äußerlich zu der Gemeinschaft halten; und umgekehrt kann es Glieder geben, die mit ihr blos dem Geiste nach ohne äußeres Zeichen vereinigt sind r). Es können also freilich die Mitglieder, die in der sichtbaren Kirche als solche erscheinen, von denen, die es vor Gott würklich sind, verschieden seyn. Für die Würksamkeit der Kirche auf Erden ist jedoch diese Unterscheidung gleichgültig, weil sie kraft der Verheißung Christi, der Beimischung falscher oder blos scheinbarer Glieder

---

r) *Bellarmin.* De ecclesia militante Lib. III. Cap. 2. Notandum autem est ex Augustino in breviculo collationis Collat. III., ecclesiam esse corpus vivum, in quo est anima et corpus. Et quidem anima sunt interna dona spiritus sancti, fides, spes, caritas; corpus sunt externa, professio fidei, et communicatio sacramentorum. Ex quo fit, ut quidam sint de anima et corpore ecclesiæ, et proinde uniti Christo capiti interius et exterius; et tales sunt perfectissime de ecclesia; sunt enim quasi membra viva in corpore, quamvis etiam inter istos aliqui magis, aliqui minus vitam participent, et aliqui etiam solum initium vitæ habeant, et quasi sensum, sed non motum, ut qui habent solam fidem sine caritate. Rursum aliqui sint de anima, et non de corpore, ut catechumeni, vel excommunicati, si fidem et caritatem habeant, quod fieri potest. Denique aliqui sint de corpore, et non de anima, ut qui nullam habent internam virtutem, et tamen spe aut timore aliquo temporali profitentur fidem et in sacramentis communicant sub regimine pastorum.

ohngeachtet, im Ganzen doch immer die wahre Kirche bleibt, und die rechten Heilsmittel verwaltet s).

§. 21. C) Von der Kirchengewalt. 1) Bestandtheile derselben.

Der Inbegriff der in die Kirche gelegten Vollmachten bildet die Kirchengewalt (potestas ecclesiastica). Die Kirche aber soll erstlich die ihr anvertrauten Wahrheiten aufrecht erhalten und mittheilen, zweitens die eingesetzten heiligen Handlungen in der Gemeinde verwalten, drittens für die Zucht und Ordnung in ihrer Mitte Sorge tragen. Die Kirchengewalt enthält also drei t) Bestandtheile, die Lehrgewalt (potestas magisterii), das Priesterthum oder die Gewalt der Weihe (potestas ministerii sive ordinis) und die Regierungsgewalt (potestas jurisdictionis u) sive

---

s) *Bellarmin.* De ecclesia militante Lib. III. Cap. 9. Dico igitur, episcopum malum, presbyterum malum, doctorem malum, esse membra mortua, et proinde non vera, corporis Christi, quantum attinet ad rationem membri, ut est pars quædam vivi corporis: tamen esse verissima membra in ratione instrumenti, id est papam et episcopos esse vera capita, doctores veros oculos, seu veram linguam huius corporis. Et ratio est, quia membra constituuntur viva per caritatem, qua impii carent: at instrumenta operativa constituuntur per potestatem sive ordinis, sive jurisdictionis, quæ etiam sine gratia esse potest. Nam etsi in corpore naturali non possit membrum mortuum esse verum instrumentum operationis, tamen in corpore mystico potest. In corpore enim naturali opera pendent ex bonitate instrumenti, quia anima non potest bene operari, nisi per bona instrumenta, nec opera vitæ exercere, nisi per instrumenta viva: at in corpore mystico opera non pendent ex bonitate aut vita instrumenti. Anima enim huius corporis, id est Spiritus sanctus, æque bene operatur per instrumenta bona et mala, viva et mortua.

t) Die Lehrbücher unterscheiden zwar insgemein nur zwei Bestandtheile, die Gewalt der Weihe und der Jurisdiction, und rechnen die Lehrgewalt stillschweigend zu der Ersteren. Allein dieses ist irrig. Denn ein Laie darf, wenn der Bischof es zuläßt, predigen; niemals aber kann er würksam das Meßopfer verrichten. Durch diese Ungenauigkeit verliert die ganze Darstellung ihre Schärfe und Bestimmtheit.

u) Jurisdictio ecclesiastica bezeichnete im Mittelalter die potestas ecclesiastica überhaupt, und wurde in die interna und externa eingetheilt, welches der potestas ordinis und jurisdictionis entspricht.

potestas ecclesiastica in specie). Diese drei Bestandtheile müssen in dem ganzen Stoff genau unterschieden werden.

§. 22. 2) Verwaltende Personen. a) Der Klerus.

Die Verwaltung der Kirche kann, der Ordnung der menschlichen Verhältnisse gemäß, nicht von Allen gemeinschaftlich geführt werden, sondern sie ist nach den Grundgesetzen der Kirche an besondere Aemter vertheilt. Zu diesen ist aber auch nicht Jeder ohne Unterschied zugelassen; sondern es wird dafür, kraft des durch den heiligen Geist bestehenden Unterschiedes der Gaben v), noch in weit höherem Grade wie bei der bürgerlichen Verwaltung, eine eigenthümliche Anlage und ausschließliche Bestimmung erfordert w). Wer also in der Kirche ein besonderes Amt verwalten soll, muß durch den heiligen Geist dazu berufen seyn. Dieser Beruf giebt sich zunächst durch die innere Stimme kund, wird durch das Zeugniß der Gemeinde x) und Vorsteher y) bekräftigt, und durch die Mittheilung der zur Verwaltung nöthigen Vollmachten und Gaben, in einer feierlichen mit Gebet und Hand-

---

v) Von diesem Unterschied der Gaben und dem darauf gegründeten Unterschied des Berufs spricht sehr bestimmt der Apostel, I. Cor. XII. 1 — 29. Ephes. IV. 11.

w) Der Unterschied der Stände hat seinen Grund in dem Unterschied der Beschäftigungen; dieser aber entsteht aus dem Unterschied der angebornen geistigen Anlagen; die Ungleichheit der Anlagen endlich gründet sich aber auf ursprüngliche, mithin göttliche, Anordnung. Die Kirche hat also in dem Unterschied des Klerus und der Laien nur allgemeine, überall wiederkehrende, Grundgesetze ausgebildet

x) Dieses Element ist, wie die spätere Entwickelung zeigen wird, nie vernachläßigt worden: nur hat es sich nach dem Geist und der Verfassung eines jeden Zeitalters auf verschiedene Art ausgesprochen, als Acclamation der Gemeinde, als Rücksprache der Kirche mit dem Landesherrn, als Präsentation des Kirchenpatrons, als Verkündigung des zu Ordinirenden von der Kanzel. Die Grundidee ist immer dieselbe.

y) Auf das Zeugniß der Vorsteher, der regierenden Kirche, wird das hauptsächliche Gewicht gelegt, weil diese, nach ihrer ganzen Stellung, tiefer in den Geist der Verhältniße eingeweiht sind. So ist überall in der kirchlichen Verfassung auf eine höchst bewunderungswürdige Weise dem Gemeingeist so viel Gelegenheit dargeboten, als er zu seiner Aufmunterung bedarf, doch aber gesorgt, daß nicht die bloße Majorität der Zahl, sondern Verstand und Weisheit den Ausschlag gebe.

auflegung verbundenen Einweihung oder Ordination z), vollendet. So wird ein bestimmter Kreis von Personen gebildet, in welchem sich die Gewalt in ununterbrochener Ordnung fortpflanzt a). Dieser Stand der besonders Berufenen ist seit den ältesten Zeiten unter dem Namen, Klerus, zusammengefaßt worden b). Ueber die Entstehung dieses Ausdrucks sind aber die Meinungen verschieden. Einige glauben, weil Matthias (der Erste, welchen die Apostel einsetzten) durch das Loos (κλῆροσ) erwählt wurde c), so sey dieser Ausdruck überhaupt für die Ordinirten beibehalten worden d). Andere hingegen leiten ihn von dem jüdischen Priesterstamme Levi ab. Da diesem nämlich bei der Vertheilung des Landes Canaan kein Stück Landes (κλῆρος) angewiesen wurde, und er blos von den Zehnten lebte, welche ihm die anderen Stämme entrichteten, so nannte er sich denjenigen, welcher sich Gott zum Erbtheil (κλῆρος) vorbehalten

z) Act. XIII. 3., I. Tim. V. 22., II. Tim. I. 6.

a) Es giebt also allerdings in der Kirche, wie auch im Staate, einen regierenden Stand; jedoch ist dieser nicht abgeschlossen oder erblich, sondern es steht Jedem, der einen anerkannten Beruf dafür hat, der Zutritt offen. Ein großer Theil der Verfassung ist blos darauf angelegt, den wahrhaften Beruf ausfindig zu machen und auszubilden. Wenn dieses dennoch nicht überall gelingt, so hängt das mit den Zufälligkeiten zusammen, wodurch wir auch im bürgerlichen Leben so Viele ihren Beruf verfehlen sehen.

b) Diejenigen, welche den ursprünglichen Unterschied zwischen Klerus und Laien läugnen, halten sich blos an die Stellen, wo κλῆρος von allen Gläubigen gebraucht wird, Ephes. I. 11. 14., Col. I. 12., I. Petr. V. 3. Allein diesem kann man die Stelle entgegensetzen, wo es den besondern Beruf bezeichnet, Act. I. 17.; besonders aber die Zeugniße des höchsten christlichen Alterthums, vorzüglich aus den Briefen des h. Clemens († 101) und Ignatius († 110), worin sich der Name und das Verhältniß auf das bestimmteste findet. Daher sagt selbst *Mosheim* Comment. de reb. Christian. p. 131: Ego quidem ad eorum accedo sententiam, qui (has appellationes) perantiquas et ipsis pæne Christianarum rerum initiis æquales esse putant.

c) Act. I. 26.

d) *S. August.* († 430) in Psalm. LXVII. Cleros et clericos hinc appellatos puto — quia Matthias sorte electus est, quem primum per Apostolos legimus ordinatum. — c. 1. D. XXI. (Isidor. c. a. 630.)

habe e), und dieses soll dann später auch auf den christlichen Priesterstand übergegangen seyn f).

§. 23. b) Die Gemeinde.

Neben dem Klerus steht aber doch auch der Gemeinde und jedem Einzelnen in ihr ein großer Einfluß auf die kirchliche Verwaltung offen, und es hängt nur von ihm selbst ab, wie weit er denselben ausdehnen will. Denn I. was das Lehramt betrifft, so kann jeder in seinem Beruf als Hausvater, Lehrer oder Schriftsteller, durch Wort und Beispiel, nach dem Maaß seiner Kräfte und Verhältnisse, dazu mitwürken, und die Kirche erkennt diese Theilnahme der Laien, selbst äußerlich auf ihren Concilien, ehrend an. II. Da in der Kirche alle Gläubigen geheiligt und zu lebendigen Gliedern Christi werden, so erlangen sie in diesem Sinne Alle eine priesterliche Würde g), und bestimmte dieser entsprechende Verrichtungen, Gebet und anderen innerlichen Gottesdienst. Sie können sogar, durch die Gemeinschaft des Gebets h), in das innere geheimnißvolle Leben der Kirche verwaltend eingreifen, bei dem Meßopfer, durch die Fürbitte für die Sünder, im Gebet für die zu Ordinirenden; so daß in diesen Fällen zwar der Priester allein die äußere Handlung verrichtet, die Gemeinde aber doch geistigerweise wahrhaft mitwürkt i). III. Endlich ist auch, wie die spätere Entwickelung

---

e) Num. XVIII. 20., Deuteron. XVIII. 1. 2.

f) c. 5. c. XII. q. 1. (Hieronym. a. 392), c. 7. eod. (Idem c. a. 410).

g) I. Petr. II. 9. V. 3. Diese allgemeine priesterliche Würde aller Christen wird bei den Vätern sehr oft hervorgehoben, *Irenæus* († 201) Advers hæres. IV 20., *Tertull.* († 215) De orat. c. 28., *Origen.* († 234) Homil. IX. in Levit. no. 9. Sonderbar ist es, daß man diese Stellen häufig wider die katholische Kirche anführt, als ob diese je dieses allgemeine Priesterthum verläugnet hätte.

h) Diese unter den Gläubigen durch das Gebet bestehende geistige Gemeinschaft (corpus mysticum), ist die erhabenste Seite der Kirche.

i) *P. de Marca* Diss. de discrim. cler. et laic. II. 8. Non alienum erit his adjungere, ex sacerdotii istius mystici et spiritualis dignitate (sc. omnium fidelium) fieri ut sacrificium incruentum mediatoris, quod a solis quidem sacerdotibus proprie sic dictis consecratur, ab ecclesia i. e. ab universo fidelium cœtu et Christi sponsa, quæ non habet maculam neque

zeigen wird, den Laien bei den meisten Zweigen der äußeren Kirchenzucht, namentlich bei der Besetzung der Kirchenämter und bei der Verwaltung des Kirchenvermögens, ein großer Antheil gestattet. Besonders tritt dieser in dem Verhältniß der weltlichen Obrigkeit zur Kirche, wenn es im Sinn des Christenthums geordnet und gehandhabt wird, hervor k).

§. 24. C) Verschiedene Ordnungen des Klerus.

Der Mittelpunkt und das Haupt der kirchlichen Verwaltung bei jeder Gemeinde ist der Bischof. Doch verwaltet er nicht alles selbst, sondern er muß einen bestimmten Theil seiner Befugnisse auf Andere unter seiner Aufsicht übertragen, und diese Vertheilung der Gewalten gehört selbst zu den ursprünglichen Grundgesetzen der Kirche. Dem Bischofe sind daher kraft göttlicher und apostolischer Einsetzung l), Priester oder Aelteste (πρεσβύτεροι) m)

---

rugam, deo offerri dicatur: unde ex spiritus unitate mira fit rerum connexio, quam observavit Augustinus, ut tam ipse Christus per ipsam ecclesiam, quam ipsa per ipsum offeratur, quod singuli, qui mysteriis intersunt, pro modulo suo quotidie præstare possunt, ut docent, quæ recitantur in Missa.

k) Die Geschichte, so wie die gegenwärtige Verfassung, giebt dafür, wenn man nur darauf aufmerksam seyn will, überall die Belege.

l) Conc. Trid. Sess. XXIII. can. 6. 7. de sacram. ordin.

m) Dem Unterschied zwischen Bischöfen und Aeltesten scheint für die älteste Zeit der Sprachgebrauch der h. Schrift zu widersprechen. Denn theils nennen sich die Apostel selbst häufig nur πρεσβύτεροι I. Petr. V. 1, II. Joann. I 1, theils werden die Ausdrücke ἐπίσκοποι und πρεσβύτεροι häufig vermischt gebraucht, Act XX. 17. 28, Tit I. 5. 7. Allein wenn auch die Namen anfangs noch nicht so genau unterschieden wurden, so beweisen doch die Briefe der Apostel, daß der Sache nach die Unterscheidung allerdings bestand, und daß einzelne Vorsteher unter den Uebrigen, als der Mittelpunkt der Einheit, besonders ausgezeichnet waren. So hat z. B. Titus selbst Aelteste zu bestellen, Tit. I. 5., und Timotheus gegen die Aeltesten Klagen anzunehmen, I Tim. 5. 19. Daher werden denn auch schon in dem ersten Jahrhundert beide Aemter von den apostolischen Vätern der Sache und dem Namen nach scharf unterschieden, *S. Clemens* († 101) ad Corinth. c 40 42. Daß die erste Stelle blos von der alttestamentlichen Verfassung rede, wie neulich behauptet worden ist, läßt sich nicht einsehen. Den Unterschied der Namen giebt *S. Ignat* († 110) ad Polycarp. c 6. Episcopo attendite, ut et Deus vobis. Devovear ego pro iis, qui subditi sunt episcopo, presbyteris, diaconis. *Idem* ad Philadelph. c. 4. Unus episcopus cum

und Gehülfen (διάκονοι) n) beigeordnet. Die Bischöfe selbst haben aber zur Erhaltung der Einheit noch das Primat über sich. Die Hierarchie in ihren wesentlichen Stufen besteht also aus den Bischöfen, Priestern und Diaconen, und aus dem Primat als dem Mittelpunkt der Einheit. Später sind aber nach und nach zum Dienst des Altars und anderen Bedürfnissen von den Diaconen abwärts noch fünf geringere Aemter eingesetzt, und zur genaueren Verbindung der Glieder von den Bischöfen bis zu dem Primat aufwärts mehrere Stufen eingeschoben worden. Alle diese Aemter werden nun, nach einer allerdings in der Sache selbst gegründeten Verschiedenheit auf zwei Systeme zurückgeführt o). Einige beziehen sich auf die Verrichtung der heiligen Handlungen und den Dienst des Altars, also auf die geheimnißvolle Seite des kirchlichen Lebens, die nicht vor dem Empfang der besonderen geistlichen Gaben verwaltet werden kann. Diese werden daher zusammen die Hirarchie der Weihe (hierarchia ordinis) genannt. Dazu gehören die Bischöfe, Priester, Diaconen, und die fünf übrigen Stufen abwärts. Andere Aemter beziehen sich blos auf die äußere kirchliche Regierung; sie können daher von dem gehörig Berufenen, auch ehe er noch ordinirt ist, verwaltet,

---

presbyterio et diaconis. Wie wenig aber aus den Namen gegen die Sache selbst gefolgert werden könne, ergiebt sich daraus, daß Irenäus an mehreren Orten (IV. 26. V. 2) die Bischöfe Presbyteri nennt, während man doch gewiß nicht behaupten wird, daß er die beiden Aemter selbst für gleichbedeutend genommen habe. Ueberhaupt hat sich in der Kirche, wie auch häufig in der bürgerlichen Verfassung, der Sprachgebrauch erst geraume Zeit später als die Sache gebildet, und man muß sich hier in die Zeiten versetzen, wo das bischöfliche Amt noch ohne Titel und persönliche Auszeichnung verwaltet wurde. Dawider beweisen denn auch die Stellen von Hieronymus und ähnliche nichts, weil sie sich blos an die Benennung halten, c. 24 D. XCIII. (Hieronym. c. a. 388), c. 5 D. XCV. (Idem c. a. 386), c. 1. §. 12. D. XXI. (Isid. c. 630). Aus allen diesen Gründen ist der Unterschied der Bischöfe und Priester als apostolische Anordnung selbst von den gelehrten Anhängern der englischen Episcopalkirche, Hammond, Pearson, Beverege, Dodwell, Bingham und Usser vertheidigt worden.

n) Die apostolische Einsetzung der Diaconen liegt deutlich in Act. IV. 3—6.

o) In der ältern Zeit war man sich dieses Unterschiedes nicht so bestimmt bewußt, daher wurden die Ausdrücke ordo, gradus, potestas, officium, jurisdictio ziemlich gleichbedeutend gebraucht.

oder auch einzelne Bestandtheile derselben dauernd an nicht ordinirte Personen übertragen werden p). Diese Aemter zusammen heißen die Hierarchie der Kirchenregierung (hierarchia jurisdictionis). Es gehören dahin die Bischöfe mit ihren Gehülfen und Stellvertretern, die Erzbischöfe, die Primaten, Exarchen und Patriarchen, wo sie noch bestehen, und der Pabst mit den Gehülfen seiner Regierung.

§. 25. d) Von dem Primat.

Wenn die Einheit sich in einem bleibenden Mittelpunkte darstellen soll, so muß in diesen das Ansehen gelegt seyn, welches nöthig ist, um die Glieder zur Einheit zu verbinden. Daher wurde dem Apostel Petrus, nachdem er als die Grundlage der Kirche bezeichnet war, die Gewalt der Schlüssel und das Weiden der Heerde vorzugsweise übertragen. q). Dieser Vorzug blieb auf dem römischen Stuhle ruhen, und wurde in ihm bei vorkommenden Gelegenheiten von der Kirche anerkannt, die davon theils durch den Mund einzelner Väter r), theils auf den öcu-

p) Von dieser Art sind z. B. die Rechte der Kirchenregierung, die von der Kirche den Landesherrn überlassen werden. Der K. Würt. kath. Kirchenrath, die Gr. Badische Kirchen-Sektion, beide stehend unter dem Ministerium des Innern.

q) *Matth.* XVI. 18. 19. Tu es Petrus, et super hanc petram ædificabo ecclesiam meam — Et tibi dabo *claves regni cælorum.* — *Joan.* XXI. 15—17. Pasce agnos meos — Pasce oves meas. — Auch wird Petrus unter den übrigen Aposteln immer zuerst genannt Matth X. 2., Marc. I. 36. III. 16., Luc. VI. 14., Act. I. 13 15. II. 14.

r) *S. Irenæus* († 201) adv. hæres. III. 3. Ad hanc enim (Romanam) ecclesiam propter potiorem principalitatem necesse est omnem convenire ecclesiam. — *S. Cyprian* († 258) epist. LV. Post ista adhuc insuper pseudoepiscopo sibi ab hæreticis constituto navigare audent et ad Petri cathedram atque ad ecclesiam principalem, unde unitas sacerdotalis exorta est, a schismaticis et profanis litteras ferre, nec cogitare eos esse Romanos quorum fides Apostolo prædicante laudata est (*Rom.* I. 8), ad quos perfidia habere non possit accessum. — *Optat. Milev.* (c. a. 350) adv. Parmen Lib II. c. 2. Igitur negare non potes, scire te in urbe Roma Petro primo cathedram episcopalem esse collatam, in qua sederit omnium Apostolorum caput Petrus; unde et Cephas appellatus est. — c. 35. c. II. q. 7. (August. c. a. 412.)

menischen Concilien s) Zeugniß gab. Auch die römischen Kaiser verehrten, da sie christlich geworden waren, den Bischof von Rom als das Haupt der Kirche t). Der Primat ist also in seinem Ursprung durch die Einheit der Kirche selbst gesetzt u); nicht aber wie ein fertiger Begriff, sondern als ein befruchteter Keim v), der sich im Leben der Kirche entwickelte w). Denn so lange die

---

s) Conc. Nicæn. a. 325 can. 6. Ecclesia Romana *semper* habuit primatum — Freilich fehlten diese Worte in dem Exemplar der Nicänischen Beschlüsse, welches auf dem Concilium von Chalcedon i. J. 451 von Seiten der Griechen vorgelegt wurde. *Mansi* Conc. T. VII. p. 423 — 454. Auch finden sie sich nicht bei Gratian, welcher den übrigen Theil desselben Canons anführt, c. 6 D. LXV. Desto unzweifelhafter ist Conc. Constantin. I. a. 381. c. 3. Constantinopolitanæ civitatis episcopum habeat oportet primatus honorem *post* Romanum episcopum, c. 3. D XXII. — Auch auf dem Concilium von Ephesus (431) erklärte der römische Legat Philippus (*Mansi* Conc. T. IV. p. 1295): Nulli dubium, imo sæculis omnibus notum est, quod sanctus beatissimusque Petrus, apostolorum princeps et caput, fideique columna, et ecclesiæ catholicæ fundamentum, a domino nostro Jesu Christo — claves regni æcepit, solvendique ac ligandi peccata potestas ipsi data est; qui ad hoc usque tempus et semper in suis successoribus vivit, et judicium exercet.

t) c. 8. C. de summ. trinit. (1. 1.), Nov. Valentin. III. de episc. ordin. (Novell. L. II. Tit. 17), Nov. Justin. 131. c. 2.

u) Es ist daher gar nicht nothwendig, den Primat historisch oder durch die Autorität der Väter erweisen zu wollen. Wie schon oft sehr richtig gesagt worden ist, man müßte den Primat erschaffen, wenn keiner vorhanden wäre: so hat die Geschichte nur ausgesprochen, was nothwendiges und wesentliches Element der Kirche überhaupt war. Daher ist auch gie göttliche Institution des Primates nicht etwa ein blos zufälliges Hinzuthun zur Würde und Befestigung derselben, sondern weil die Kirche göttlich ist, muß es auch ihr Fundament seyn. Nur diese Ueberzeugung, nicht aber die Beweisführungen und Berufungen auf einige Stellen der heiligen Schrift und der Kirchenväter hat so viele Jahrhunderte die Nationen an den Stuhl Petri geknüpft.

v) *Jos. de Maistre* Du Pape Liv. I. ch. 6 La suprématie du Souverain Pontife n'a point été sans doute dans son origine, ce qu'elle fut quelques siècles aprés; mais c'est en cela précisément qu'elle se montre divine: car tout ce qui existe légitimement et pour les siècles, existe d'abord en germe et se développe successivement.

w) Auf dieselbe Weise ist in den Anfängen des Staatenlebens, in den patriarchalischen Verhältnißen, durchaus das ganze monarchische

christlichen Gemeinden zerstreut, abgeschlossen und den überlieferten Lehren treu ergeben waren, wurde die Einheit unbewußt und von selbst bewahrt, und es reichte die Sorgfalt der einzelnen Bischöfe zur Abwendung der Störungen hin. Aber durch die Häresien und größten Spaltungen wurde das Bedürfniß der Einigung und dadurch das Bewußtseyn der eingepflanzten Einheit geweckt, und der Mittelpunkt zur Entwickelung der in ihn gelegten Thätigkeit aufgefordert x). Man kann daher auch in der Geschichte leicht verfolgen, wie jenes Bedürfniß in immer weitern Kreisen Vereinigungen und Einheitspunkte geschaffen, und erst in der Verbindung mit dem römischen Stuhl seine volle Befriedigung gefunden hat. Auf diese Weise mit dem Bedürfniß und dem Bewußtseyn gleichen Schritt haltend, trat das Einheitsprinzip im Lauf der Jahrhunderte immer schärfer auch in den äußern Formen hervor y); am raschesten da, wo die Ein-

---

Princip enthalten, ohne doch schon das, was wir Königthum nennen, zu seyn. Dieses Princip würkt, so lange alle Glieder kräftig und thätig sind, mit diesen verbunden und kaum bemerkbar; allmählig aber tritt es hervor, wenn die Thätigkeiten sich sondern, und nicht Jeder mehr für das Ganze arbeiten kann oder will. Der Fortschritt der Monarchie ist daher nicht ein Werk der Willkühr, sondern des innern Bedürfnißes. So hat im Gesammtleben der Geschichte Alles seine Nothwendigkeit, darum seine Gerechtigkeit und göttliche Anordnung. Verkennen kann dies nur derjenige, der überhaupt in ihr keine Ideen sucht, und sich statt derselben mit äußeren Handgreiflichkeiten abfinden läßt.

x) Man soll sich das Verhältniß nicht so vorstellen, als ob der römische Stuhl dasjenige, wozu er bestimmt war, im Voraus ganz übersehen, und gleichsam nur auf die Gelegenheit gelauert hätte, es zu vollbringen. Seine Aufgabe wurde ihm vielmehr durch die Zeit und Aufforderung der Kirche bezeichnet. Daher erscheint er auch anfangs für den Zweck der Einheit nie allein, sondern immer in Verbindung mit andern Bischöfen und Kirchen thätig.

y) Das Primat hat durch seine bestimmtere Ausbildung allerdings Vieles in der kirchlichen Disciplin geändert: dieses muß man unbedenklich eingestehen. Baronius und seine Nachfolger geben sich daher eine undankbare Mühe und versetzen sich zum Theil selbst auf den falschen Standpunkt ihrer Gegner, wenn sie so ängstlich für einzelne päbstliche Rechte das ihnen bestrittene hohe Alterthum festzuhalten suchen. Sie konnten vielmehr sagen, grade daß die alte Disciplin einer jüngern so von selbst und ohne Anstrengung gewichen sey, beweise, daß Jene der Idee und dem Bedürfniß der Kirche nicht mehr entsprach.

heit am meisten gefährdet oder die Gesundheit der Glieder zu ihrer Bewahrung nicht hinreichend schien, zögernd und selbst nicht ohne Widerspruch dort, wo sich der betreffende Theil seiner Aufgabe und Kraft bewußt war z). So hiengen Haupt und Glieder lebendig zusammen, und gegenseitig auf einander einwürkend, sich ergänzend, berichtigend, vollbrachten sie im Ganzen immer das, was nothwendig war; und selbst Verzögerungen oder einzelne Misgriffe dienten, weil der Kern gesund blieb, dazu, neue Kräfte und vollkommenere Einrichtungen zu entwickeln. Und so dürfen wir denn vertrauen, daß Kirche und Staat zu Entfernung jener Mißgriffe in schöner Einheit fördernd auf baldiger Synode, was nothwendig ist, erfassen und beschließen.

Zweites Kapitel.

Die Grundlagen der morgenländischen Kirche.

§. 26. Einleitung.

Der Orient theilt sich hinsichtlich der Religion in drei Partheien. Die eine ist diejenige, welche sich die orthodoxe katholische und apostolische Kirche des Morgenlandes nennt. Dazu gehören die Griechen, welche die Patriarchen von Constantinopel, Alexandria, Antiochien und Jerusalem, dann auch die Russen, Kosaken und Georgier, welche die heilige dirigirende Synode von Petersburg als ihr kirchliches Oberhaupt anerkennen. Der andere Theil besteht aus den vielen häretischen Christensecten, die im Orient und in Rußland verbreitet sind. Der dritte endlich begreift die Orientalen, welche sich zur römisch-katholischen Kirche bekennen. Von diesen drei Partheien bedarf aber die letztere keiner besondern Darstellung, da sie in allen wesentlichen Theilen der Lehre und Verfassung mit der katholischen Kirche übereinstimmt. Eben so wenig kommt hier die Zweite in Betracht, weil jene Secten in kirchlicher Beziehung zu unbedeutend sind, und auch größtentheils ihr System nicht in zuverläßigen Schrif-

Das Alte ist nicht deßwegen gut, und das Junge nicht deßwegen schlecht, sonst müßte das, was unsere Zeit erschafft, das Schlechteste seyn.

z) Dieses letztere zeigt die Geschichte der alten africanischen Kirche.

ten ausgesprochen haben. Man kann sich also auf die orthodoxe Kirche beschränken. Die Quellen, woraus man die Grundlagen ihres Systems schöpft, sind aber dreifacher Art. Die erste Classe begreift die Bekenntnißschriften. Zwar stimmt die griechische Kirche mit der katholischen darin überein, daß sie nie den ganzen Inhalt ihres Glaubens wie ein abgeschlossenes System öffentlich ausgesprochen hat. Doch aber sind zu verschiednen Zeiten und auf besondere Veranlassungen von ihr Erklärungen ausgegangen, die als züverläßige Zeugniße über ihren Glauben gelten können. Dahin gehört die Confession des Patriarchen Gennadius (früher Georg Scholarius genannt), die er nach der Eroberung von Constantinopel dem Sultan Mohamed II. überreichte a); ferner der Schriftwechsel, der in den Jahren 1576 bis 1581 zwischen den Tübinger Theologen und dem Patriarchen Jeremias von Constantinopel über die Augsburgische Confession und die griechische Lehre statt fand b); dann die Confession, welche zuerst von Petrus Mogilas, Metropoliten von Kiew, verfaßt, nachher 1643 von den vier Patriarchen von Constantinopel, Alexandria, Antiochia und Jerusalem und mehreren anderen Bischöfen unterschrieben, und von einer Synode zu Jerusalem 1672 nochmals gebilligt worden ist c); endlich die Erklärungen, welche

---

a) Sie verbreitet sich aber nur über das Allgemeinste der christlichen Lehre. Abgedruckt ist sie in folgendem Werke: Turcograeciæ libri octo a Martino Crusio in academia Tybingensi Græco et Latino Professore utraque lingua edita — Basil. fol. Die Dedicationsepistel zeigt das Jahr 1584. Die Confession steht mit der türkischen Uebersetzung auf Seite 109 bis 119 Auch findet man sie in den verschiedenen Ausgaben von *Chytræi* oratio de ecclesiæ græcæ statu.

b) Acta et scripta Theologorum Wirtembergensium et Patriarchæ Constantinopolitani D. Hieremiæ: quæ utrique ab anno MDLXXVI. usque ad annum MDLXXXI de augustana confessione inter se miserunt: Græce et Latine ab iisdem Theologis edita. Witebergæ 1584. fol.

c) Gedruckt erschien sie zuerst auf Veranstaltung des Drogmans Panagiota mit einer Vorrede vom Patriarchen Nectarius griechisch und lateinisch zu Amsterdam 1662. Dann öfters, vorzüglich mit lateinischer Uebersetzung von Laur. Normanns, Professor zu Upsala, Leipzig 1695. 8. Die neueste Ausgabe ist: Ὀρθόδοξος ὁμολογία τῆς καθολικῆς καὶ ἀποστολικῆς ἐκκλησίας τῆς ἀνατολικῆς, hoc

dieselbe Synode gegen die behauptete Uebereinstimmung der calvinistischen mit der griechischen Lehre abgab d). Bloße Privatschrift, aber doch auch brauchbar ist die Confession, welche Metrophanes Critopulus, ein griechischer Geistlicher aus Constantinopel, später Patriarch zu Alexandria, auf einer Reise um das Jahr 1625. zu Helmstädt für die dortigen Theologen aufsetzte e). Die zweite Classe von Quellen sind die theologischen Lehrsysteme f) und die Katechismen. Von diesen giebt es mehrere; der angesehenste ist vom Erzbischof Platon g). Die Quellen der dritten Art endlich sind die Berichte verschiedener Schriftsteller über die bestehende Praxis der morgenländischen Kirche.

§. 27. I. Von der Kirche.

Die morgenländische Kirche steht, wie die katholische, auf dem Glauben an Christus, als den Heiland und Erlöser der Welt, und an seine Verkündigung, als die einige und allein seligmachende Wahrheit h). Diese Verkündigung ist auf doppelte Art hinterlassen, durch die heiligen Schriften und durch mündliche Ueberlieferung i). Als ächte Bücher der heiligen Schrift werden

---

est Orthodoxa confessio catholicæ atque apostolicæ ecclesiæ orientalis cum interpretatione latina et versione latina. Wratisl. 1751. 8.

d) Abgedruckt in Harduins Ausgabe der Acta Conciliorum. Tom. XI. pag 179 — 274

e) *Metrophanis Critopuli* confessio ecclesiæ orientalis. Helmstædt 1661. 4.

f) Das vollständige dogmatische Handbuch ist: *Th Procopowicz* christ. orthod. theologia. Regiom. 177 — 75. 5 Tom. 8. Andere nennt *Walch* biblioth. theolog T. II. p. 570.

g) Rechtgläubige Lehre oder kurzer Auszug der christlichen Theologie zum Gebrauche seiner Kaiserlichen Hoheit — Paul Petrowitsch, verfasset von dem Jeronomach Platon, nunmehrigen Archimandriten des Troitzschen Klosters Aus dem Rußischen. Riga 1770. 8.

h) *Concil. Hierosol* a. 1672. cap. IX. (Harduin. T. XI. p. 239). Credimus neminem sine fide salvari. — Platon Rechtgläubige Lehre Th. II §. 23 Anm b. Es ist wahr, daß Christus für alle gestorben; — damit aber seine Gnade in uns würksam seyn könne, so ist der Glaube nöthig. — Fehlet es hieran, so verliert das kräftigste Verdienst Christi an uns seine Würkung, und wir können nicht selig werden.

i) *Orthodoxa confessio* Part. I. qu. 4. Gemina ac dupli-

dieselben angenommen, die der Canon der lateinischen Kirche nennt k). Doch reicht weder die heilige Schrift, noch die historische mündliche Ueberlieferung zur sichern Erkenntniß der Offenbarung hin. Daher hat Christus ein vom heiligen Geist erfülltes Lehramt, das Episcopat, eingesetzt, durch dessen Auslegung und Zeugniß die Glaubenslehre bestimmt wird l). Auch

---

cia ecclesiæ dogmata sunt: alia litteris mandata, quæ divinis sacræ scripturæ libris comprehensa habentur, alia viva voce ab Apostolis tradita Atque hæc ipsa sunt. quæ postmodum a Conciliis sanctisque Patribus, plenius declarata fuerunt; binisque hisce fundamentis fides superstructa exstat.

k) Nach *Metroph Critopul* Confess cap. 7. pag 83 sollen zwar die Schriften des alten Testaments, welche die katholischen Gelehrten deuterocanonische Bücher nennen, nicht als canonisch und unverwerflich gelten Allein dawider ist das folgende sehr bestimmte Zeugniß: *Synod. Hierosol* a 1672. qu. III (Harduin T. XI. pag. 258) Ecclesiæ catholicæ regulam sequentes, sacram scripturam eos omnes appellamus libros, quos ab Laodicena synodo Cyrillus, ipso quidem corrogante, probatos recenset; iis insuper additis, quos insipienter, inscite, aut magis malitiose vocavit apocryphos; Sapientiam videlicet Salomonis, librum Judit, Tobiam, Draconis historiam, historiam Susannæ, Machabæos, et Sapientiam Sirach. — Quos omnes et nos judicamus esse canonicos, et sacram eos esse Scripturam confitemur.

l) *Orthodox confess*. Part. I. qu. 72. Quidquid sancti Patres, in omnibus universalibus atque particularibus orthodoxis Conciliis, quocunque tandem loco habitis, statuerunt, id a Spiritu sancto profectum esse, credas oportet. — *Ibid.* Part I. qu 96. Ecclesia — habet Spiritum sanctum, qui illam perpetuo docet et instruit. — Quando itaque nos in illam credere profitemur; intelligimus nos credere in traditas divinitus sacras illius Scripturas, et inspirata a Deo dogmata — Hinc adducimur ad fidem habendam non modo sacro Evangelio ab Ecclesia, recepto, verum etiam reliquis omnibus sacris Scripturis et synodicis Decretis. — *Jeremias* in Act. Wirtemb. pag. 142 Non nobis licet nostræ propriæ confidendo explicationi, aliquod divinæ Scripturæ dictum aliter intelligere, animadvertere aut interpretari, nisi quemadmodum theologis istis visum est, qui a sanctis Synodis in S. Spiritu, ad pium scopum, probati receptique sunt. — *Synod. Hierosol.* a 1672. cap. II. (Harduin XI. pag 235) Credimus sacras scripturas a Deo fuisse revelatas, eisque propterea, non quidem ut libuerit, sed secundum ecclesiæ catholicæ traditionem et interpre-

ist in dasselbe die Verwaltung der geheimnißvollen heiligenden Handlungen niedergelegt m). Die Kirche ist also die sichtbare Vereinigung der Rechtgläubigen mit den Bischöfen, als Stellvertretern Christi auf Erden n). Diese Kirche nennt sich einig, heilig, katholisch und apostolisch o), daher allein wahr und seligmachend p). Doch beziehen sich diese Eigenschaften nur auf

---

tationem, adhibendam esse fidem omni dubitatione majorem. — Quamobrem eandem esse ecclesiæ catholicæ authoritatem credimus, quam sacræ scripturæ Enimvero utriusque auctor cum sit Spiritus sanctus, perinde est catholicam ecclesiam audieris, ac sacram scripturam.

m) *Synod. Hierosol.* a. 1672. cap. X. (Harduin. Tom XI. pag. 242). Apostolorum sucessor episcopus, impositione manuum, et Sancti Spiritus invocatione, datam sibi a Deo ex successione continua ligandi solvendique potestatem cum acceperit, viva Dei imago est in terris, et auctoris sacrorum Spiritus operationis participatione plenissima, fons omnium ecclesiæ catholicæ sacramentorum, quibus ad salutem pervenimus. — Transiisse autem ad nos usque magnum episcopatus sacramentum et dignitatem, manifestum.

n) *Orthod confess* Part. I. qu 85. Docemur Christum solum ecclesiæ suæ caput esse — Tametsi vero antistites in ecclesiis, queis præsunt, capita eorum dicuntur: sic illud tamen accipiendum, quod ipsi vicarii Christi, in sua quisque provincia, et particularia quædam capita sint. — *Synod Hierosol.* a. 1672. cap. X. (Harduin. T. XI. pag. 239). Credimus ecclesiam — omnes prorsus in Christo fideles comprehendere: eos videlicet, qui ad patriam nondum pervenere, sed etiamnum peregrinantur in terris. Nequaquam vero hanc, quæ in via, cum ea quæ in patria est, ecclesiam confundimus. — Huius autem catholicæ ecclesiæ — caput est ipse Dominus noster Jesus Christus, cuius et clavum ipse tenens, hanc sanctorum Patrum ministerio gubernat: ac singulis propterea ecclesiis, quæ vere ecclesiæ sunt, atque eius inter membra vere locum obtinent, præpositos et pastores, qui nequaquam abusive, sed verissime capitum instar illis præsint, episcopos Spiritus sanctus posuit. — Verumenimvero ita necessarium esse dicimus episcopatum, ut eo submoto, neque ecclesia neque Christianus aliquis esse aut dici possit.

o) *Orthod. confess.* Part. I. qu. 83. Ecclesiam (docemur) esse unam, sanctam, catholicam et apostolicam.

p) **Platon** Rechtgläubige Lehre Th. II. §. 28. Anm Sie ist eine einige Kirche: weil zu allen Zeiten ein einiger Glaube, ein einiger Grund des Glaubens, und ein einziges Haupt der Kirche, das ist

ihren wesentlichen und göttlichen Inhalt, nicht auf die Gebräuche und Einrichtungen, die blos durch menschliches Ansehen gesetzt sind q).

§. 28. II. Von der Kirchengewalt. A) Verwaltende Personen.

Alle Rechtgläubigen haben als geheiligte Glieder der Kirche ein geistiges Priesterthum, und eine daraus entspringende gottesdienstliche Verwaltung r). Außerdem aber giebt es ein sacramentalisches Priesterthum (μυστηριώδης ἱερωσύνη) für diejenigen die eine besondere Verwaltung in der Kirche erhalten. Dieses wird auf das Zeugniß der Gemeinde durch die Handauflegung (ἐπίθεσις τῶν χειρῶν) der Bischöfe ertheilt s). Es begreift in

---

Christus, gewesen ist: es ist nur ein Weg zur Seligkeit. — Die Wahrheit unserer rechtgläubigen griechisch-russischen Kirche aber gründet sich auf unbezweifelte Beweise. — Wir machen hieraus den Schluß, daß unsere rechtgläubige Kirche nicht nur die wahre, sondern die einige und eben dieselbe von Anfang der Welt sey.

q) Platon rechtgläubige Lehre Th. II. §. 40. Anm. In der Kirche sind viele von den Aposteln, oder auch von ihren Nachfolgern festgesetzte, von dem sämmtlichen heiligen Alterthum beibehaltene Gebräuche, von deren Beobachtung zwar unsere Seligkeit nicht einzig und allein abhängt, die aber dennoch ihren hinlänglichen Nutzen haben.

r) *Orthod. confess.* Part. I. qu 108. Sacerdotium duum est generum Alterum spirituale; alterum sacramentale. Communione sacerdotii spiritualis orthodoxi omnes Christiani fruuntur — Atque prout sacerdotium hocce est, ita eiusdem modi etiam fiunt oblationes; nimirum preces, gratiarum actiones, exstirpationes pravarum corporis cupiditatum adfectionumque, voluntaria martyrii propter Christum perpessio; ceteraque huiusmodi

s) *Orthod confess* Part. I qu. 109. Sacerdotium id, quod Mysterium est, Apostolis a Christo mandatum fuit: deinceps per manuum illorum impositionem, usque in hodiernum diem ordinatio eiusdem peragitur, succedentibus in locum Apostolorum episcopis, ad distribuenda divina mysteria, salutisque humanæ obeundum ministerium — Hæc œconomia res præcipue duas complectitur: una est facultas ac potestas solvendi delicta hominum — altera potestas et facultas docendi est. — Platon rechtgläubige Lehre Th. II. §. 37. Anm. In dem geistlichen Regimente erwählet die Gemeine, und durch diese der Herr selbst, ein würdiges Glied. — Nach der auf solche Art geschehenen Wahl erfolgt die Einsegnung zum Priester von den obersten Hirten der Kirche, dergleichen die Bischöfe sind; zu Bischöfen aber von andern Bischöfen.

seinem vollen Umfang dreierlei, das Lehramt, die Verwaltung der Sacramente. und die Aufrechthaltung der Ordnung in der Gemeinde t).

§. 29. B) Verschiedene Stufen der Verwaltung.

Der Bischof, als der Mittelpunkt der kirchlichen Verwaltung, vertheilt dieselbe in verschiedene Aemter, und ordnet dafür die tauglichen Personen an. Diese Aemter sind aber nach den damit verbundenen Verrichtungen von höherer und geringerer Bedeutung. Nach den Bischöfen kommen nämlich die einfachen Priester, dann die Diaconen, und von diesen abwärts noch andere Stufen u). Zwischen dem Bischof und dem einfachen Priester findet ein wesentlicher Unterschied statt v). Ueber den Bischöfen

---

Diese Einsegnung geschieht durch Anrufung des heiligen Geistes, und Auflegung der Hände in der Versammlung der Gemeine, als welche dabei ausrufet: er ist dessen würdig. Es hat aber diese Einsegnung durch Auflegung der Hände ihren Anfang von den Zeiten der Apostel, von welchen sie in einer unverrückten Folge bis auf uns gekommen ist.

t) Platon Rechtgläubige Lehre Th. II. §. 39. Anm. Die Pflicht der Hirten und Lehrer der Kirche ist: 1) daß sie die Gemeine lehren; — 2) daß sie die Sacramente verwalten, und die allgemeinen Gebete verrichten: dahin gehört das Taufen, das Austheilen des heiligen Abendmahls, das Anhören der Beichte, und dergleichen. Hienächst ist von unserem Erlöser den Hirten der Kirche die Gewalt zu binden und zu lösen, oder das Amt der Schlüssel, ertheilet: als welches darinnen besteht, daß sie einen ungläubigen Christen oder äußerst verstockten offenbarer Sünder, nach geschehener einfältigen Ermahnung, endlich im Namen Christi aus der Gemeine der christlichen Kirche ausschließen, und für einen Unchristen erklären können und sollen.

u) *Orthod. confess.* Part. I. qu. 111. Sacerdotium ceteros omnes in se continet gradus, qui nihilosecius legitimo ordine conferri debent: ut Lector, Cantor, Lampadarius, Subdiaconus, Diaconus. Ad officium Episcopi pertinet, ut in quocumque gradu quempiam constituit, clare et dilucide muneris illius rationes homini exponat, quod ipsi committit: sive divinum Liturgiæ officium sit: sive lectio Evangelii: sive apostolicarum epistolarum: sive ut sacra vasa gestet: sive ut mundum ecclesiæ servet.

v) *Synod. Hierosol.* a. 1672. cap. X. (Harduin. T. XI. pag. 243). Superiorem vero esse simplici sacerdotio pontificiam dignitatem, vel inde liquet, quod sacerdotem consecret episcopus, non vero a sacerdote, sed a duobus tribusve Pontificibus, juxta apostolorum canones, episcopus consecretur. etc.

stehen in der griechischen Kirche zur genauern Verbindung der Glieder die Metropoliten und Exarchen; über diesen die Patriarchen. Unter den Patriarchen wird ein historischer Vorrang der Kirche von Jerusalem, ein politischer den Kirchen des alten und neuen Roms zugestanden w). Wegen der bestehenden Spaltung kann dieser aber nur vom Patriarchen von Constantinopel ausgeübt werden, welcher also gleichsam den sichtbaren Mittelpunkt der griechischen Kirche bildet. In der russischen Kirche giebt es über den Bischöfen noch Erzbischöfe und Metropoliten; allein dieses sind bloße Titel. Das sichtbare Oberhaupt der Bischöfe ist aber die heilige Synode, welche sehr bedeutende Rechte besitzt. Der Unterschied von Hierarchie der Weihe und Jurisdiction wird in dem griechischen und russischen Kirchenrecht nicht ausdrücklich hervorgehoben, weil dasselbe überhaupt weniger systematisch ausgebildet ist; allein er ist doch in den Einrichtungen selbst enthalten.

Drittes Kapitel.

Grundlage des protestantischen Kirchenrechts.

§. 30. Einleitung.

Die Protestanten theilen sich hinsichtlich des Lehrbegriffs in zwei Hauptpartheien, Anhänger der Augsburger Confession, und Reformirte. Außerdem giebt es noch ziemlich viele besondere Secten. Von diesen kann aber hier nicht gehandelt werden, weil sie kirchlich und politisch zu unbedeutend sind. Die Lehre der Augsburger Confession und der Reformirten stimmt in mehreren Punkten, besonders in der Ansicht von der Kirche, überein; beide können daher verbunden abgehandelt werden. Nur ist da-

w) *Orthod. confess.* Part. I. qu. 84. Inter particulares ecclesias illa mater reliquarum dicatur, quæ prima omnium præsentia Christi ornata fuit. — Est itaque haud dubie mater et princeps ecclesiarum omnium ecclesia Hierosolymitana, quoniam ex illa in omnes orbis terminos diffundi cœpit Evangelium; quamvis postea imperatores primos dignitatis gradus antiquæ novæque Romanæ tribuerint, ob majestatem imperii, quæ iis locis domicilium habebat.

bei auf einige Modificationen Rücksicht zu nehmen, welche sie nach Verschiedenheit der Länder erlitten haben. Die Quellen, woraus diese Darstellung zu schöpfen ist, sind vorzüglich die protestantischen Confessionen oder Glaubenssymbole selbst x). Jedoch ist deren Behandlung nicht ohne Schwierigkeit; erstlich weil sie nicht selten unbestimmt und unvollständig sind; zweitens, weil die kirchliche Verfassung durch die Macht äußerer Umstände in vielen Punkten eine ganz andere Wendung erhalten hat, als ursprünglich beabsichtigt war; und drittens, weil die Lehre der Symbole häufig durch die neuere theoglogische Wissenschaft abgeändert worden ist y). Daher muß neben den Symbolen auch noch auf die bestehende Praxis und auf die gangbaren wissenschaftlichen Ansichten Rücksicht genommen werden.

§. 31. I. Von der Offenbarung.

Die Protestanten glauben wie die katholische Kirche, daß die Offenbarung um des ewigen Lebens willen gegeben worden z). Diese soll aber den Confessionen zufolge vollständig in der heiligen Schrift hinterlassen seyn a). Ueber den Canon der ächten Bücher erklärten sich die lutherischen Symbole weniger bestimmt, wie die reformirten b), und diese legten sich bei ihrem Ausspruch

---

x) Von diesen wird noch im zweiten Buch bei der Geschichte der Quellen die Rede seyn.

y) Dieses ist deßwegen zu berücksichtigen, weil nach den Grundsätzen der Protestanten selbst der Lehrbegriff einer Fortbildung und Veränderung fähig ist. Daher hat auch Planck seinem Abriß einer historischen und vergleichenden Darstellung der dogmatischen Systeme unserer verschiedenen christlichen Hauptpartheien, Götting. 1822., eine Uebersicht der dogmatischen Lehre der Rationalisten beigefügt. Dieses ist ein bemerkenswerthes Zeugniß, wie diese Lehre im Fortschritt begriffen ist, auch symbolische Autorität zu erhalten.

z) Aug. Conf. Art. II., Helvet. Conf I. Art. VII — XIII., Helvet. Conf. II. Cap. VIII XI. XV., Belg. Conf. Art. XIV — XXII., Gallic. Conf Art. IX — XIII., Angl. Conf. Art. XVIII.

a) Wirtemb. Conf. Tit. De sacra scriptura, Helvet. Conf. I. Art. I., Helvet Conf. II. Cap. I., Belg Conf. Art VII., Gallic. Conf. Art. IV. V., Angl. Conf. Art. VI., Scotic. Conf. Art. XVIII.

b) Belg. Conf. Art. IV. V. VI., Gallic. Conf. Art. III., Helvet. Conf. II. Cap. I., Wirtemb. Conf. Tit. De sacra scriptura.

selbst eine Art von Inspiration bei c). Durch jene Erklärung wurden die blos auf mündlicher Tradition beruhenden Glaubenslehren ausgeschlossen d); doch sollten überlieferte äußere Einrichtungen, wenn sie mit der heiligen Schrift übereinstimmten, beibehalten werden können e). Das Ansehen der heiligen Schrift wird aber blos aus ihr selbst, nicht von einem Zeugniß der Kirche abgeleitet, und ihre Auslegung soll, wenn auch ein kirchliches Lehramt sie handhabt, nur aus ihr selbst gezogen werden f). Daher giebt es für diese Auslegung, und mithin zur Feststellung der Glaubenslehre ein eigentliches Lehramt nicht, sondern es wird behauptet, daß der dogmatische Inhalt der heiligen Schrift aus ihr selbst deutlich und sicher erkannt werden könnte g). Auch die Aussprüche der Concilien und der heiligen Väter, selbst die uralten Symbole, sollen nur in sofern gelten, als sie mit ihr übereinstimmen h). In der Erfahrung bilden sich jedoch von selbst an der Stelle des aufgelösten Lehramts wissenschaftliche Autoritäten, woran sich diejenigen halten, welche die nöthigen Forschungen nicht anstellen kön-

---

c) Gallic. Conf Art. IV., Belg. Conf. Art. V.

d) Die Symbole verwerfen zunächst nicht die Tradition an sich, sondern die Traditionen der Katholiken, weil man sie für menschliche, der Schrift widerstreitende Erfindungen hielt, August. Conf. Art. XV. et Tit. VII. De potestate ecclesiastica, Helvet. Conf. I. Art. IV., Helvet. Conf. II. Cap II Doch begehen sie den Fehler, daß sie Vieles als Glaubenslehre bestreiten, was die Katholiken selbst nur für Disciplinarpunkte ausgeben. August. Conf. Tit. VII. De potestate ecclesiastica; Saxon. Conf Tit. De traditionibus et ritibus.

e) August. Conf. Tit. VII. De potestate ecclesiastica, Argentin. Conf. Cap. XIV. Aber nicht blos Gebräuche, sondern auch wesentliche Glaubenslehren, z. B. von der Inspiration der heil. Schrift, die blos auf der Tradition beruhen, sind faktisch beibehalten worden.

f) Helv Conf. I. Art. II, Helv. Conf. II. Cap. I. II., Angl. Conf Art. XX, Scotic Conf. Art. XVIII. XIX., Wirtemb. Conf. Tit. De sacra scriptura.

g) Die lutherischen Symbole sprechen sich darüber noch nicht bestimmt aus; die reformirten aber erklären die heilige Schrift als durch sich selbst deutlich und verständlich. Helv. Conf. I. Art. II., Helv. Conf. II. Cap. II.

h) Helv. Conf. I. Art. III., Helv. Conf. II. Cap II, Belg. Conf. Art. VII., Gallic. Conf. Art V, Angl Conf. Art. VIII. XXI., Wirtemb Conf. Tit. De sacra scriptura.

nen oder wollen; und da auf bloß wissenschaftlichem Wege die Auslegung sehr verschieden seyn kann, so hat man die Hauptpunkte der Lehre in kurzen Erklärungen zusammengefaßt, und so doch Symbole i) angenommen, über welche die Interpretation, ohne unkirchlich zu werden, nicht hinausgehen darf k).

§. 32. II. Von der Kirche.

Die Kirche im weitesten Sinn ist die Gemeinschaft der Heiligen oder wahren Gläubigen unter Christus als Oberhaupt l). Sie theilt sich in die triumphirende und in die streitende Kirche. Jene ist die uns unsichtbare Gemeinschaft der Heiligen, die bereits ver-

---

i) Jede Kirche bedarf eines Symbols, als Ausdrucks des gemeinsamen Glaubens, und es ist von der Kirche nur noch der äußere Schein übrig, wenn Jeder glauben kann, was er will. Daher muß auch ein jedes Symbol in so fern Autorität seyn, daß, wer es nicht annimmt, nicht zur Kirche gehört. Man hat zwar die Autorität der protestantischen Symbole durch die Unterscheidung bestreiten wollen, daß sie nicht als Norm des Glaubens, sondern nur als Bekenntniß der gemeinschaftlichen Ueberzeugung aufgestellt seyen. Allein dieses führt auf dasselbe hinaus; denn daraus folgt doch immer, daß, wer diese Ueberzeugung nicht bekennen kann, sich von der Gemeinschaft ausschließt. Mehr sagt aber auch die katholische Kirche nicht; denn sie hat eben so wenig, wie die Protestanten, ein Mittel, den, der nicht will, zum Glauben zu zwingen, oder beim Glauben festzuhalten: und auch sie vermag wider den Irrthum und Abfall nichts als Protestationen durch Gegenhaltung ihres Symbols und ihrer Wahrheit.

k) Der Differenzpunkt zwischen den Katholiken und Protestanten, worum sich Alles dreht, ist also der, daß jene die sichere Erkenntniß der Offenbarung nur durch ein unfehlbares Lehramt, diese schon durch blos menschliche Veranstaltungen, Selbstauslegung, wissenschaftliche Autoritäten und verabredete Symbole für möglich halten. Das Mißtrauen in diese menschlichen Hülfsmittel hat die Lehre der Quäker hervorgebracht, welche glauben, daß jeder Wiedergeborne zur Verständniß der Schrift ein inneres Licht empfange.

l) *Helvet. Conf* II. Cap XVII. Oportet omnino semper fuisse, nunc esse, et ad finem usque seculi futuram esse ecclesiam, id est e mundo evocatum vel collectum cœtum fidelium, sanctorum, inquam, omnium communionem, eorum videlicet, qui Deum verum, in Christo servatore, per verbum et Spiritum Sanctum vere cognoscunt et rite colunt. — Ecclesia non potest ullum aliud habere caput, quam Christum. — Eben so reden Helvet. Conf. I. Art. XIV., Belg Conf. Art. XXVII., Scotic. Conf. Art. XVI.

klärt und vor Gott verherrlicht sind m). Die streitende Kirche aber ist die Vereinigung der Gläubigen auf Erden, in welcher das wahre Wort Gottes gelehrt und die rechten Sacramente verwaltet werden n). Diese Kirche ist sichtbar, in so fern Lehre und Sacramente sichtbare Zeichen sind o); daher gehören auch noch die Bösen zu ihr, so lange sie sich zu dieser äußern Gemeinschaft halten p). Unsichtbar aber ist sie in so fern, als doch nicht die blos scheinbar, sondern nur die wahrhaft Frommen vor Gott Glieder der Kirche sind q). Doch wird die wahre Kirche dem Gläubigen, der sie sucht,

---

m) *Helvet. Conf* Cap. XVII. Diducitur quidem ecclesia in partes vel species varias, non quod divisa aut divulsa sit in semet ipsam, sed magis propter membrorum in ipsa diversitatem distincta Aliam enim faciunt ecclesiam militantem, aliam vero triumphantem. — Nihilominus habent illæ inter sese communionem vel conjunctionem

n) *Belg. Conf.* Art XXIX. Credimus imprimis diligenter ac circumspecte ex verbo Dei discernendum esse, quænam vera sit ecclesia, siquidem omnes sectæ, quotquot hodie in mundo sunt, ecclesiæ nomen prætexunt. — Notæ, quibus vera ecclesia cognoscitur, hæ sunt: si ecclesia pura evangelii prædicatione, si sincera sacramentorum ex Christi præscripto administratione utatur. — Dasselbe sagen August. Conf Art. VII, Helvet Conf. I. Art. XIV., Helvet. Conf. II Cap. XVII., Gallic. Conf. Art. XXVII., Angl. Conf. Art. XIX., Scotic. Conf. Art. XVIII.

o) *Saxon. Conf. Tit. De ecclesia.* Non igitur de ecclesia tanquam de idea Platonica loquimur, sed ecclesiam monstramus, quæ conspici et exaudiri potest. — Dicimus igitur ecclesiam visibilem in hac vita cœtum esse. — *Angl. Conf* Art. XIX. Ecclesia Christi est visibilis cœtus fidelium, in quo verbum Dei purum prædicatur, et sacramenta — administrantur.

p) *Helv. Conf.* II. Cap. XVII. Non omnes qui numerantur in ecclesia, sancti et viva atque vera sunt ecclesiæ membra. Sunt enim hypocritæ multi. — Et tamen dum hi simulant pietatem, licet ex ecclesia non sint, numerantur tamen in ecclesia: sicut proditores in republica, priusquam detegantur, numerantur et ipsi inter cives. — Uebereinstimmend sind Belg. Conf. Art. XXIX., Gallic. Conf. Art. XXVII, August. Conf. Art. VII., Apolog. Conf. IV De ecclesia, Wirtemb. Conf. Tit. de ecclesia. Art. III. VII., Scotic. Conf. Art. XV.

q) Auch die katholische Kirche verehrt Christum allein als ihr eigentliches unsichtbares Oberhaupt, und betrachtet das sichtbare nur als dessen Stellvertreter auf Erden, so wie die Fürsten Stellvertreter

in der sichtbaren genügend dargestellt, da das Wort Gottes und die Sacramente auch von Bösen wirksam verwaltet werden können r). Diese Kirche ist allgemein, einig, heilig und unfehlbar s); außer ihr ist kein Heil, daher müssen sich Alle an sie anschließen t).

Gottes sind. Ferner bekennt auch sie die Eintheilung in die streitende und triumphirende Kirche, und giebt bei der streitenden zu, daß, was die einzelnen Mitglieder betrifft, die scheinbare und die wahre Kirche verschieden seyn können, weil nicht die äußere Gemeinschaft allein, sondern diese verbunden mit der innern Gesinnung, worüber aber nur Gott ein sicheres Urtheil hat, zu ächten Gliedern der Kirche macht. Doch aber kann sie den, der die wahre Kirche sucht, an sich verweisen, weil sie weiß, daß in ihr die wahre Lehre und die rechten Sacramente enthalten sind. Also haben die protestantischen Symbole in so weit nur das System der katholischen Kirche auf sich übertragen.

r) *August. Conf* Art. XVIII. Quamquam ecclesia proprie sit congregatio sanctorum et vere credentium: tamen, cum in hac vita multi hypocritæ et mali admixti sint, licet uti sacramentis, quæ per malos administrantur. Et sacramenta et verbum propter ordinationem et mandatum Christi sunt efficacia, etiamsi per malos exhibeantur. — *Apolog. Confess.* IV. De ecclesia.

s) Dieses sagt sehr bestimmt die Helvet. Conf. II. Cap. XVII. Etwas verlegener spricht die *Wirtemb. Conf. Tit De ecclesia.* Art. II. (Credimus) quod hæc ecclesia a Spiritu sancto ita gubernetur, ut, etsi sinit eam esse in his terris imbecillem, conservet tamen eam perpetuo, ne vel erroribus vel peccatis pereat.

t) *Apolog. Confess.* IV. *De ecclesia.* Neque vero pertinet (promissio salutis) ad illos, qui sunt extra ecclesiam Christi, ubi nec verbum nec sacramenta sunt, quia regnum Christi tantum cum verbo et sacramentis existit. — *Belg. Conf.* Art. XXVIII. Credimus, quod cum sanctus hic cœtus et congregatio, servandorum sit cœtus, atque extra eam nulla sit salus, neminem, cuiuscunque ordinis aut dignitatis fuerit, sese ab ea subducere debere, ut se ipso contentus separatim degat; sed omnes pariter teneri huic se adjungere, eique uniri, ecclesiæ unitatem conservare, seque illius doctrinæ et disciplinæ subjicere. — Ut porro melius hoc observetur, omnium fidelium officium est, sese secundum Dei verbum, ab iis omnibus qui extra ecclesiam sunt disjungere, ut huic se congregationi adjungant, ubicunque illam Deus constituerit: quamvis magistratus principumque edictis adversantibus, quinimo licet mors aut qualiscunque corporis pœna subeunda esset. — Auf ähnliche Art reden Helvet. Conf. II. Cap. XVII., Gallic. Conf. Art. XXVI., Scotic. Conf. Art. XVI.

Die Einheit soll zwar in der Uebereinstimmung im Wort Gottes und den Sacramenten bestehen u); allein wie diese zu erhalten sey, wird nicht gesagt, sondern nur die Nothwendigkeit eines sichtbaren äußern Mittelpunkts bestimmt verworfen v), und die Uebereinstimmung in den Gebräuchen und zufälligen Theilen, mit einem irrigen Seitenblick auf die katholische Kirche, für unwesentlich erklärt w). Ob übrigens die protestantische Kirche jene wahre Kirche sey, bekennen die Symbole nicht ausdrücklich x); doch liegt es stillschweigend in ihrer Stiftung y), und wenigstens wird, daß es die katholische Kirche nicht sey, sehr bestimmt versichert z). Durch die neuere Wissenschaft ist aber der Begriff der unsichtbaren Kirche immer mehr erweitert, und dieser allein das, was die Symbole offenbar noch von der sichtbaren verstanden, beigelegt worden a), so daß die Behauptung, als ob die prote-

---

u) August. Conf. Art. VII., Helvet. Conf. II. Cap. XVIII.

v) Art. Smalc. Part. II. Art. IV. De papatu, Helvet. Conf. I. Art. XVIII., Helvet. Conf. II. Cap. XVII., Gallic. Conf. Art. XXX.

w) August. Conf. Art. VII., Helvet. Conf. II. Cap. XXVII., Angl. Conf. Art. XXXIV.

x) Eine Ausnahme macht nur die Scotic. Conf. Art. XVIII.

y) Daher ist es später gelegentlich sehr oft ausgesprochen worden. Als einer von den vielen Beweisen, die darüber in den Katechismen und theologischen Gutachten zu finden sind, kommt folgender vor: Kurze Anweisung zu dem rechten Verstand des kleinen Katechismi — in der untern und obern Markgrafschaft Baden-Durlach eingeführt. Karlsruhe 1770. S. 19. Fr. 11. Haben alle diejenigen, welche sich äußerlich zur christlichen Kirche bekennen, den wahren seligmachenden Glauben? Antw. Keineswegs, sondern nur die Evangelisch-Lutherische.

z) *Gallic. Conf.* Art. XXVIII. Papisticos ergo conventus damnamus, quod pura Dei veritas ab illis exulet, in quibus etiam sacramenta fidei corrupta sunt, adulterata, falsificata, vel penitus etiam abolita, in quibus denique omnes superstitiones et idolomaniæ vigent. Ac proinde arbitramur omnes eos qui sese eiusmodi actionibus adjungunt, et iis communicant, a Christi corpore se ipsos separare. — In demselben Sinne reden Helvet. Conf. II. Cap. XVII., Scotic. Conf. Art. XVIII. XXII., Saxon. Conf. Tit. De ecclesia, Artic. Smalc. Part. III. Art. XII. De ecclesia.

a) Unter unsichtbarer Kirche in diesem erweiterten Sinn denkt man sich die Einheit der wahren Gottesverehrer aller Confessionen und Religionen. In ihr sind also alle sichtbaren Zeichen der Gemeinschaft,

stantische Kirche allein die wahre Kirche sey, fast wie aufgegeben scheinen mögte. Allein materiell liegt sie noch immer, wie es auch nicht anders seyn kann, ihrem Kirchensystem zum Grunde b). Der Mangel eines sichtbaren Mittelpunktes, welcher die Uebereinstimmung in der Lehre und den Sacramenten festhält, hat aber allmählig eine sehr große Verschiedenheit nicht blos in den zufälligen, sondern selbst in jenen wesentlichen Theilen zur Folge gehabt, so daß die Einheit der protestantischen Kirche schon längst völlig aufgegeben worden ist c).

§. 33. III. Von der Kirchengewalt. A) Ursprüngliches System.

Die Gewalt, welche der Kirche von Gott für ihren Zweck verliehen ist, enthält drei Bestandtheile, das Lehramt, die Verwaltung der Sacramente und der andern Heilsmittel, und die Sorge für Zucht und Ordnung in der Gemeinde d). Dem ältern

Evangelium und Sacramente, bei Seite gelegt, und mithin das positive Christenthum selbst für gleichgültig erklärt. Weiter als zu jener unbestimmten allgemeinen Idee bringt man es aber in der unsichtbaren Kirche nicht: ja sie kann ihren Anhängern nicht einmal die Freude verschaffen, ihre gegenseitige Bekanntschaft zu machen; denn dann würde sie schon eine sichtbare Gemeinschaft zu bilden anfangen. Sie bleibt also durchaus im Gefühl jedes Individuums eingeschlossen. Gewiß ist es Pflicht aller Confessionen eine solche, jede christliche Gemeinde auflösende Theorie zu bestreiten.

b) Dieses wird bewiesen durch den großen Eifer der Protestanten ihre religiöse Ueberzeugung zu verbreiten, durch ihre Missions- und Bibelgesellschaften, und durch den Schmerz oder Unmuth, wenn einer aus ihrer Mitte zu einer andern Confession übertritt; was alles keinen Sinn hätte, wenn sie jede Confession für gleich wahr, oder Wahrheit und Irrthum für gleichbedeutend hielten. Die katholische Kirche findet es sehr begreiflich, daß keine Confession sich über ihren Glauben indifferent erklären kann: nur soll man auch ihr nicht diese Zumuthung machen.

c) *G. L. Bœhmer* Princip. jur. can. §. 6. not. *. Patet non dari universalem ecclesiam Protestantium, sed plures particulares Protestantium ecclesias; sola enim unio in eandem fidem, quæ liberi assensus est, ad illam non sufficit, sed requiritur unio in unam eandemque societatem.

d) *August. Conf. Tit.* VII. *De potestate ecclesiastica.* Sic autem sentiunt, potestatem clavium seu potestatem episcoporum juxta evangelium, potestatem esse seu mandatum Dei prædicandi evangelii, remittendi et retinendi peccata, et

Sprachgebrauch gemäß wird daher die Gewalt der Weihe und der Jurisdiction unterschieden e). Alle Gläubigen haben nun zwar ein geistiges Priesterthum; doch aber nehmen sie nicht gleichmäßig an der Verwaltung jener Vollmachten Theil, sondern es werden von der Kirche, nach der von Christus gegebenen Anordnung, Einige besonders berufen f). Niemand kann also das Lehramt und die Sacramente verwalten, als wer dazu rechtmäßig berufen ist g). Der wahrhafte Beruf wird von Gott selbst

---

administrandi sacramenta. — Item (competit episcopis) cognoscere doctrinam, et doctrinam ab evangelio dissentientem rejicere, et impios, quorum nota est impietas, excludere a communione ecclesiæ. — (Denique) liceat episcopis seu pastoribus facere ordinationes, ut res ordine gerantur in ecclesia. Dasselbe sagen Saxon. Conf. Tit. De ecclesia, Artic. Smalc. Tit. De potestate et jurisdictione Episcoporum, Helv. Conf. I. Art. XIX., Helvet Conf. II. Cap. XVIII.

e) *Apolog Conf. Tit.* XIV. *De potestate ecclesiastica.* Et placet nobis vetus particio potestatis in potestatem ordinis et potestatem jurisdictionis. Habet igitur episcopus potestatem ordinis, hoc est ministerium verbi et sacramentorum; habet et potestatem jurisdictionis, hoc est autoritatem excommunicandi obnoxios publicis criminibus

f) *Helvet. Conf.* II. Cap. XVIII. Nuncupant sane Apostoli Christi omnes in Christum credentes sacerdotes, sed non ratione ministerii, sed quod per Christum omnes fideles facti reges et sacerdotes offerre possumus spirituales Deo hostias. — *Wirtemb. Conf. Tit. De ordine.* Non est obscurum e sacris litteris, quod omnes fere Christiani consecrentur in baptismo per Christum filium Dei in spirituales sacerdotes, et debeant offerre Deo spiritualia sacrificia Nec est obscurum, quod Christus instituerit in ecclesia sua ministros, qui adnuntient evangelium suum, et dispensent sacramenta eius Nec permittendum est cuivis, quamvis spirituali sacerdoti, ut sine legitima vocatione usurpet publicum ministerium in ecclesia. — *Gallic. Conf.* Art. XXV. Credimus, quoniam non nisi per evangelium fimus Christi compotes, oportere sacram et inviolabilem εὐταξίαν eius authoritate in ecclesia sancitam conservari; ac proinde requiri in ecclesia pastores, quibus onus docendi verbi et administrandorum sacramentorum incumbat.

g) *August. Conf.* Art. XIV. De ordine ecclesiastico docent, quod nemo debeat in ecclesia publice docere, aut sacramenta administrare, nisi rite vocatus. — Dasselbe sagen Hel.

durch die Stimme der Gemeinde ertheilt, und durch Gebet und Handauflegung h) bekräftigt i). Diese Diener der Kirche sind die Werkzeuge, wodurch Gott in der Gemeinde seine Gnade austheilt k). Nach den Symbolen der Reformirten sollen, der Anordnung Christi gemäß, bei jeder Gemeinde dreierlei Aemter seyn, Pastoren, Aelteste und Gehülfen l), unter den Pastoren

---

vet. Conf. II. Cap XVIII., Gallic. Conf. Art. XXXI., Angl. Conf. Art. XXIII., Scotic. Conf. Art. XXII.

h) *Helvet. Conf.* I. Art. XVII. Est enim hæc functio nulli, quem non et legis divinæ peritia et vitæ innocentia et Christi nominis studio singulari esse compererint et judicarint ministri et ii, quibus id negotii per ecclesiam est commissum, concedenda. Quæ cum vera Dei electio sit, ecclesiæ suffragio et manuum sacerdotis impositione recte comprobatur. — *Helvet. Conf.* II. Cap. XVIII. Vocentur et eligantur electione ecclesiastica et legitima ministri ecclesiæ. — Et qui electi sunt, ordinentur a senioribus orationibus publicis et impositione manuum. — *Belg. Conf.* Art. XXXI. Credimus ministros divini verbi, seniores ac diaconos, ad functiones suas legitima ecclesiæ electione, cum nominis divini invocatione], eoque ordine, qui verbo Dei docetur, eligi debere.

i) Dieses System stimmt also mit dem der katholischen Kirche darin überein, daß beide die Einsetzung besonderer Aemter als eine Anordnung Christi betrachten. Sie unterscheiden sich aber darin, daß nach den protestantischen Symbolen die Berufung zu einem Amte hauptsächlich von der Gemeinde ausgehen soll, während in der katholischen Kirche die Gemeinde nur Zeugniß giebt, die Auswahl und Entscheidung aber den Vorstehern zusteht.

k) *Helvet. Conf.* I. Art. XV. Atque hanc ob causam ministros ecclesiæ, cooperarios esse Dei fatemur, per quos ille, et cognitionem sui et peccatorum remissionem administret, homines ad se convertat, erigat, consoletur, terreat, etiam et judicet: ita tamen ut virtutem et efficaciam in his omnem Domino, ministerium ministris tamen adscribamus.

l) *Belg. Conf.* Art. XXX. Credimus veram hanc ecclesiam, spirituali illa politia, quam nos Deus verbo suo docuit, gubernari debere: ut videlicet Ministri seu Pastores sint, qui verbum Dei annuncient et sacramenta administrent: Seniores quoque sint et Diaconi, qui cum Pastoribus senatum quasi ecclesiæ constituant. — *Gallic. Conf.* Art. XXIX. Credimus veram Ecclesiam gubernari debere ea politia sive disciplina, quam Dominus noster Jesus Christus sancivit, ita videlicet ut in ea sint pastores, presbyteri sive seniores, et diaconi.

aller Gemeinden aber völlige Gleichheit bestehen m). Die englische Kirche bewahrt den Unterschied der Bischöfe, Priester und Diaconen; aber auch mit völliger Gleichheit der Bischöfe n.) Die lutherischen Symbole sprechen sich über den Unterschied der Aemter nicht weiter aus, als daß die Bischöfe und Priester oder Pastoren eigentlich gleich seyen; daher könnte im Nothfalle auch von den Pastoren gültig die Ordination ertheilt und die Jurisdiction ausgeübt werden o). Allein außerdem legen sie der weltlichen Obrigkeit eine sehr bestimmte Verwaltung im Innern der Kirche bei p), und an sie sollten, wenn die geistliche Obrigkeit säumig wäre, die Theile der kirchlichen Jurisdiction zurückfallen, welche derselben, wie man meinte, blos nach menschlichem Recht

m) *Gallic. Conf.* Art. XXX. Credimus omnes veros pastores, ubicunque locorum collocati fuerint, eadem et æquali inter se potestate esse præditos; — ac proinde nulli ecclesiæ licere sibi in aliam imperium aut dominationem vendicare. — Dasselbe sagen Belg. Conf. Art. XXXI., Helv. Conf. II. Cap. XVIII.

n) *Anglica Confessio fidei* (inter opera Johannis Ivelli Episcopi Sarisburiensis edita.) Varios in ecclesia esse ordines ministrorum: alios esse diaconos, alios presbyteros, alios episcopos: neminem tamen unum nec esse, nec posse, qui summæ rerum universæ præsit. — Daher giebt es auch verschiedene Consecrationen und Ordinationen, Angl. Conf. Art. XXXVI.

o) *Artic. Smalc. Tit. De potestate et jurisdictione Episcoporum.* Una res postea fecit discrimen episcoporum et pastorum, videlicet ordinatio: quia institutum est, ut unus episcopus ordinaret ministros in pluribus ecclesiis. Sed cum jure divino non sint diversi gradus episcopi et pastoris; manifestum est, ordinationem a pastore in sua ecclesia factam, jure divino ratam esse. Itaque cum episcopi ordinarii fiunt hostes ecclesiæ, aut nolunt impertire ordinationem; ecclesiæ retinent jus suum. — Constat jurisdictionem illam communem excommunicandi reos manifestorum criminum pertinere ad omnes pastores.

p) *August. Conf. variata. Tit. De conjugio sacerdotum.* Sed non ad solos episcopos, verum etiam ad pios principes, ac maxime ad imperatorem pertinet, pure intelligere evangelium, dijudicare dogmata, advigilare ne impiæ opiniones recipiantur aut confirmentur, idololatriam omni studio abolere, — et curare ut boni doctores præficiantur ecclesiis etc. — *Saxon. Conf. Tit. De magistratu politico.* Ipsi quoque reges et principes sint membra ecclesiæ, et doctrinam recte intelligant — et cum sint inter præcipua ecclesiæ membra, videant ut judicia in ecclesia recte exerceantur.

angehörten q). Die reformirten Symbole hingegen rufen die weltliche Macht blos zum bürgerlichen Schutz ihrer Gemeinden auf r). Doch haben die englischen Bischöfe den König zum Oberhaupt ihrer Kirche erklärt; nur darf er in Person weder das Lehramt noch die Sacramente verwalten s). Alle Anordnungen in der Kirche, also auch die der weltlichen Obrigkeit, sollen aber nur vom Geiste des Evangeliums geleitet werden t).

§. 34. B) Praktische Entwicklung desselben.

Die Verwaltung des Lehramtes und der Sacramente ist würklich jenen Grundsätzen gemäß eingerichtet worden: im Uebrigen aber erhielt die kirchliche Verfassung durch die Umstände eine andere Wendung. Die ersten Abänderungen in der Lehre und dem Gottesdienste waren blos von den Geistlichen und den Gemeinden ausgegangen. Nachdem aber die Fürsten und Städte durch den Beschluß des Reichstags zu Speyer (27. August 1526) freiere Hand erhalten hatten u): so nahmen Einige von ihnen, durch

---

q) *August. Conf. Tit. De potestate ecclesiastica* Si quam habent (episcopi) aliam vel potestatem vel jurisdictionem in cognoscendis certis causis, videlicet matrimonii vel decimarum etc. hanc habent humano jure; ubi cessantibus ordinariis coguntur principes, vel inviti, suis subditis jus dicere, ut pax retineatur. — Dasselbe sagen die Artic. Smalc. Tit. de potestate et jurisdictione episcoporum.

r) Helvet. Conf. I. Art. XXVI, Helvet. Conf. II. Cap. XXX., Scotic. Conf. Art. XXIV.

s) *Angl. Conf.* Art. XXXVII. Regia majestas in hoc Angliæ regno ac cæteris eius dominiis summam habet potestatem, ad quam omnium statuum huius regni, sive illi ecclesiastici sint sive civiles, in omnibus causis suprema gubernatio pertinet, et nulli externæ jurisdictioni est subjecta, nec esse debet. Cum regiæ majestati summam gubernationem tribuimus — non damus regibus nostris aut verbi Dei, aut sacramentorum administrationem, quod etiam injunctiones ab Elizabetha regina nostra nuper editæ apertissime testantur.

t) Helvet. Conf. II. Cap. XVIII., Belg. Conf. Art. XXXII., Gallic. Conf. Art XXXII.

u) Abschied des Reichstags zu Speyer Anno 1526 aufgericht. §. 4. Demnach haben Wir, auch Churfürsten, Fürsten und Stände des Reichs und derselben Bothschafter, Uns jetzo allhie auf diesem Reichstag einmüthiglich verglichen und vereiniget, mitler Zeit deß Concilii, oder aber National-Versammlung nicht desto minder mit Unsern Unterthä-

die Reformatoren aufgefordert, schon vor der Uebergabe der Augsburger Confession an den Neuerungen selbst sehr thätigen Antheil. Sie ordneten zur Einführung und Verbreitung der neuen Lehre eine Kirchenvisitation an v), ernannten dazu einige Geistliche und weltliche Beamten, beriefen, wo es nöthig war, andere Lehrer, und ließen von den angesehendsten Theologen der Parthei eine Lehrnorm und Kirchenordnung abfassen w). Ueberhaupt wurde nun dieses Geschäft so wie jede Territorialangelegenheit behandelt, und daher nicht selten auch die Landstände zugezogen x). Bald erkannte man aber auch das Bedürfniß einer höhern kirlichen Behörde, namentlich für die Prüfung und Ordination der Geistlichen, die Visitationen, und die Entscheidung kirchlicher Streitigkeiten. Hiefür eigene Bischöfe zu ernennen, wagte man jedoch nicht, weil man den ganzen Zustand nur als provisorisch betrachtete y). Es wurden daher districtweise einzelne Pfarrer nur zu Superintendenten, Inspec-

---

nen, ein jeglicher in Sachen, so das Edict, durch Kayserl. Majest. auf dem Reichstag zu Wormbs gehalten, außgangen, belangen möchten, für sich also zu leben, zu regieren und zu halten, wie ein jeder solches gegen Gott und Kayserl. Majestät hoffet und vertraut zu verantworten.

v) Die erste Visitation in Sachsen wurde 1525, die andere unter Luthers Direction 1527 abgehalten *Seckendorf* Commentarius de Lutheranismo. Lib II. §. 8. et 36.

w) Die erste Kirchenordnung ist: Reformatio ecclesiarum Hassiæ juxta certissimam sermonum Dei regulam ordinata in venerabili Synodo per clementissimum Hessorum principem Philippum anno 1526 die 20 Octbr. Hombergi celebrata, cui ipsemet princeps interfuit (bei *Schminke* Monumenta Hassiaca T. I p 588) Die zweite, von Melanchthon verfaßt, ist: Unterricht der Visitation an die Pfarrherrn im Kurfürstenthum zu Sachsen. Wittenberg 1528 4. (neu herausgegeben von G Th. Strobel. Altenburg 1776. 8). Diese ist fast in allen protestantischen Ländern als Muster gebraucht worden.

x) Ein Beispiel hievon giebt der Lüneburgische Landtag von 1527. Ferner wollten bei der zweiten Visitation, welche Herzog Heinrich von Sachsen Albertinischer Linie 1539 vornehmen ließ, die Landstände ebenfalls gehört seyn. Eben so verlangten 1542 in Kursachsen und 1610 in Hessen die Stände die Errichtung eines Consistorii.

y) Man hielt sich und die Bischöfe nicht für völlig getrennt, sondern nur als im Streit befangen, und stellte ihnen die Anforderung, selbst herüberzutreten, wo dann die alte Verfassung fortbestehen würde,

toren oder Präpositen erhoben, und ihnen das Ordinationsrecht, die Visitation und die Aufsicht über die Geistlichen ihres Bezirkes übertragen z). Hiedurch war wenigstens ein Theil der bischöflichen Verwaltung ersetzt. Von den übrigen Theilen fielen einige von selbst weg, andere kamen an die Landesherrn, noch andere namentlich der Gebrauch des Kirchenbannes und die Dispensationen von Ehehindernissen blieben den einzelnen Pfarrern überlassen. Die Nachtheile, die daraus entstanden, so wie die Wichtigkeit anderer kirchlicher Rechtsverhältnisse, namentlich der Ehesachen, zeigten aber immer mehr die Nothwendigkeit einer ordentlichen Verwaltungsbehörde; und dieses veranlaßte endlich die Einsetzung der sogenanten Kirchenräthe oder Cosistorien a), die vom Landesherrn wie andere Landesbehörden angeordnet, jedoch zum Theil auch mit geistlichen Räthen besetzt wurden. So erhielten die Landesherrn die Ausübung fast aller bischöflicher Rechte, und der Religionsfriede bestätigte sie darin, indem er die Gewalt der katholischen Bischöfe über die Anhänger der Augsburgischen Confession förmlich suspendirte b). Ihre gesetzgebende Gewalt nicht blos über die äußere Kirchenzucht und die Gebräuche c), sondern selbst über die Lehre d), wurde dann durch die

---

August. Conf. Tit. De potestate ecclesiastica, Artic. Smalc. Tit. De potestate et jurisdictione Episcoporum.

z) Diese Einrichtung wurde zuerst in Kursachsen 1527 getroffen, und dann allgemein in den andern protestantischen Ländern nachgeahmt.

a) Den ersten Versuch zu einer solchen Einrichtung hatte der Kanzler Pontanus in Wittenberg 1539 gemacht, *Seckendorf* Comment. de Lutheran. Lib. III. §. 72. Ihre eigentliche Begründung erhielt sie aber erst auf Verlangen der Stände 1542, und hierauf wurde nach diesem Muster auch vom Herzog Moriz von Sachsen 1543 ein Consistorium in Leipzig angeordnet, *Seckendorf* Comment. Lib III. §. 110.

b) Abschied des Reichstags zu Augsburg Anno 1555. §. 20. Damit auch obberührte, beederseits Religionsverwandte, so viel mehr in beständigem Frieden und guter Sicherheit gegen und bei einander sitzen und bleiben mögen, so soll die Geistliche Jurisdiction — wider der Augspurgischen Confessions-Verwandten, Religion, Glauben, Bestellung der Ministerien, Kirchengebräuchen, Ordnungen und Ceremonien, so sie uffgericht oder uffrichten möchten, biß zu endlicher Vergleichung der Religion nicht exercirt, gebraucht oder geübt werden.

c) Dieses beweisen die Vorreden und Publicationsbriefe fast aller Kirchenordnungen.

d) So ist in der Pfalz der Heidelberger Katechismus 1563 auf Be-

inneren Streitigkeiten befestigt e), und endlich legte ihnen der Westphälische Friede geradezu das Diöcesanrecht und die kirchliche Jurisdiction im Sinne des canonischen Rechts bei f). Auch außerhalb Deutschland, so weit sich die neue Lehre verbreitete, nahmen die Verhältnisse eine ähnliche Wendung. In Schweden wurde schon 1527 auf dem Reichstage zu Westeras dem König die höchste Gewalt in der Kirche übertragen; doch behielt man das Amt der Bischöfe und ihre Kapitel oder Consistorien bei. Jenes geschah 1536 auch in Dänemark und 1537 in Norwegen; statt der Bischöfe wurden aber in diesen Reichen Superintendenten geweiht, die jedoch bald auch den bischöflichen Titel erhielten. Selbst in den Ländern, welche die reformirte Lehre annahmen, bekam die weltliche Obrigkeit bald mehr als bloße Schutzrechte. Am weitesten gieng dieses in der Schweiz, wo man auch hierin die Grundsätze Zwingli's befolgte. Aber auch in Genf und in Holland erwarb sie wenigstens einzelne Rechte der inneren kirchlichen Verwaltung.

§. 35. C) Spätere Theorieen. 1) Das Episcopalsystem.

Nachdem die Hohheit der weltlichen Macht über die Kirche schon eine Zeit bestanden hatte, so wurden, um diesem Zustand wissenschaftliche Haltung und Consequenz zu geben, dafür auch

---

fehl des Kurfürsten Friedrich III. verfaßt und eingeführt worden. Eben so geschah 1596 im Fürstenthum Anhalt die Einführung einer von der Landesherrschaft verfaßten Lehrvorschrift und Liturgie.

e) Kurfürst August von Sachsen rescribirte 1575 an seine Räthe: „Obwohl billig eine jede Obrigkeit Scheu tragen sollte, sich unter die verwirrten Gemüther der Theologen zu mengen, so habe ich doch bei mir die Vorsorge, da von allen Theilen (weil kein Pabst unter uns ist) die Obrigkeit nicht bei Zeiten darein greift, es würde keine Besserung, sondern mehr Schaden und Nachtheil, so unsere Nachkommen mit Schmerzen erfahren würden, daraus zu erwarten seyn."

f) *Instr. Pac Osnabr.* Art. V. §. 48. Jus diœcesanum et tota jurisdictio ecclesiastica, cum omnibus suis speciebus contra Augustanæ Confessionis electores, principes, status (comprehensa libera imperii nobilitate) eorumque subditos, tam inter Catholicos et Augustanæ Confessioni addictos, quam inter ipsos solos Augustanæ Confessionis status usque ad compositionem christianam dissidii religionis suspensa esto, et intra terminos territorii cuiusque jus diœcesanum et jurisdictio ecclesiastica se contineat.

Systeme erfunden g). Das älteste ist das Episcopalsystem h). Dieses geht davon aus, daß durch den Religionsfrieden von 1555 das Diöcesanrecht der Bischöfe gegen die Augsburgischen Confessionsverwandten bis zur gütlichen Vergleichung der Religionshändel suspendirt worden sey. Hieraus folgerte man weiter, es sey auf die Landesherrn einstweilen devolvirt, und in diesen müsse man also die doppelte Eigenschaft als Landesherrn und als einstweilige Bischöfe unterscheiden. Dieses System hat scheinbar den Sprachgebrauch des sechzehnten Jahrhunderts für sich, wornach die Landesherrn die obersten Bischöfe heißen. Allein dieser rührt eigentlich daher, daß man überhaupt die Gewalt in Kirchensachen nur unter dem Namen des bischöflichen Rechts kannte i). Die entscheidenden Gründe dawider sind aber, daß eine Suspension noch keine Devolution ist, und daß nach den katholischen Grundsätzen, worauf es doch damals ankam, eine solche Uebertragung gar nicht möglich war. Einige haben zwar ihrer Theorie die Wendung gegeben, durch die Suspension der Diöcesanrechte seyen diese an die weltliche Obrigkeit nicht so sehr devolvirt, wie vielmehr an sie, als an die Quelle, wovon sie ursprünglich ausgegangen, revolvirt k). Allein selbst die symbolischen Bücher behaupten jenes nicht von dem ganzen Umfange der bischöflichen Gewalt, sondern nur von einzelnen besondern Rechten l). Dieses System ist aber doch practisch wichtig geworden, weil man dadurch bei den Consistorien manche Sätze

---

g) *Dan. Netteblatt* de tribus systematibus doctrinæ de jure sacrorum dirigendorum domini territorialis evangelici quoad ecclesias evangelicas sui territorii (in *Eiusd.* Observ. jur. eccles. Halæ 1783 8 No. VI.)

h) Zuerst ist es vertheidigt worden von *Matthias Stephani* († 1646) De jurisdictione Frf ad Mœn. 1611. 4. Dann von *Theod. Reinkingk* († 1664) Tractatus de regimine seculari et ecclesiastico. Giess. 1619. 4. Basil. 1623. 8., *Bened. Carpzov* († 1666) Jurisprudentia ecclesiastica. Lips. 1649. fol., und mehreren andern. Sehr lebhaft bestritten hat es *J. H. Bœhmer* Jus eccles. Prot. Lib. I. Tit XXXI §. 21 — 23.

i) Auch der Westphälische Friede nimmt auf diesen Sprachgebrauch Rücksicht, Instr. Pac. Osn Art. VII §. 1.

k) Dieses ist namentlich die Ansicht von Reinkingk.

l) Der Beweis liegt in den oben §. 33. Note q) angeführten Stellen.

und Unterscheidungen des canonischen Rechts über die bischöfliche Gewalt analoger Weise anwenden konnte.

§. 36. 2) Das Territorialsystem.

Gegen das Ende des siebzehnten Jahrhunderts wurde das Territorialsystem ausgebildet. Dieses betrachtet die Hoheit in Kirchensachen als einen wesentlichen Theil des Majestätsrechts, mithin die Kirchengewalt nur als einen Zweig der Staatsgewalt (Cuius est regio illius est religio). Die Vertheidiger desselben haben ihre Gründe bald aus den Begriffen des allgemeinen Staatsrechts m) bald aus den ursprünglichen Principien der Protestanten; womit jede Art von Hierarchie unvereinbar sey n), bald aus dem historischen Recht oder dem Besitzstand der Landesherrn o) und dem Nutzen der Kirche p) entnommen. In Deutschland hat es selbst die Sprache der Reichsgesetze für sich q), und muß noch

---

m) Dieses thaten zuerst *Hugo Grotius* († 1645) De imperio summarum potestatum circa sacra, *Thom. Hobbes* († 1679) Elementa philosophica de cive, und Leviathan sive de materia forma et potestate civitatis ecclesiasticæ et civilis, *Spinoza* († 1677) Tractatus theologico politicus, *Chr. Thomasius* († 1728) Vindiciæ juris circa sacra.

n) Auf diesen Grundsatz stützte sich vorzüglich *J. H. Bæhmer* († 1749) Jus eccles. Protest. Lib I. Tit. XXXI §. 41 — 64.

o) Hieran haben sich vorzüglich die Juristen und Staatsmänner gehalten, besonders J. J. Moser († 1785) in allen seinen dahin einschlagenden Schriften.

p) Fr. Carl von Moser Vertraute Briefe über die wichtigsten Grundsätze des protestantischen geistlichen Rechts. (Frf am M. 1761. 8.) Eilfter Brief. Sie sehen hieraus, daß ich das ganze jus circa sacra evangelischer Landesherrn lediglich auf den erlangten Besitz gründe. — Und in was für bessere Hände wollten wir denn unser evangelisches Kirchenregiment bei jetzigen Umständen geben? Würden wir uns etwa mit einer demokratischen Regierungsform verbessern? Das läßt sich vernünftiger Weise gar nicht denken. Oder sollte etwa ein Synedrium von der Geistlichkeit ein unumschränktes Ruder des Kirchenschiffs führen? dafür behüte uns lieber Herre Gott. Wer die Kirchenhistorie inne hat, und die Geschichte der theologischen Streitigkeiten von Luthert bis auf unsere Zeiten unpartheyisch erwäget, der wird glauben müssen, daß daraus nichts als ein After-Pabstthum entstehen, und den Wölfen die Thüre des Schafstalls wieder aufgethan werden würde, damit sie unter einem neugeformten Schaafspelz die Schaafe würgen und umbringen könnten.

q) *Inst. Pac. Osn.* Art. V. § 30. Cum statibus immedia-

als das herrschende betrachtet werden. Doch wird es in der Ausübung durch Zuziehung von Theologen bei der Verwaltung und durch die Rücksicht auf die öffentliche Meinung gemildert.

§. 37. 3) Das Collegialsystem.

Dem Territorialsystem grade entgegen wurde später das Collegialsystem aufgestellt. Man gieng bei diesem vom Begriff einer vertragsmäßig errichteten, freien und gleichen Gesellschaft aus, und leitete alle Gewalt in der Gemeinde aus einer ausdrücklichen oder stillschweigenden Uebertagung der Einzelnen ab. Die Bestandtheile der Kirchengewalt sind daher auch die Collegialrechte genannt worden. Angeregt wurde dieses System überhaupt durch den verwandten Ideengang des Natur- und Staatsrechts im achtzehnten Jahrhundert. Die nähern Beweise dafür suchte man aber theils in der Natur der Sache, theils in der Geschichte, da eben diese Einrichtungen in den ersten christlichen Gemeinden bestanden haben sollten r). Allein es wird gerade durch die Geschichte selbst widerlegt. Denn erstlich weicht es von den symbolischen Büchern völlig ab s); zweitens ist der Vertrag, den es voraussetzt,

---

tis *cum jure territorii* et superioritatis — etiam *jus reformandi* Religionem competat; — conventum est, hoc idem porro quoque ab utriusque Religionis Statibus observari, nullique statui immediato jus, quod ipsi *ratione territorii et superioritatis in negotio Religionis* competit, impediri oportere.

r) Der Urheber dieses Systems ist *Christoph Matthæus Pfaff* († 1760) Origines juris ecclesiastici, und Academische Reden über das sowohl allgemeine als besondere Protestantische Kirchenrecht. Ihm folgten *Jo. Ulr. de Cramer* († 1772) Diss. de jure circa sacra collegiali et majestatico. Marb. 1736. (in Opusc. T. II.) und Obss. jur. univers. T. I. P. I. obs 416. 419., Joh. Lor. v. Mosheim († 1755) Allgemeines Kirchenrecht der Protestanten, *Ge. J. Bœhmer* († 1797) Principia juris canonici, und überhaupt die meisten neuern Schriftsteller.

s) Die Symbole betrachten die Theilnahme an ihrer Kirche nicht als Etwas, was man mit gleichem Recht thun und lassen kann, sondern legen sie um der Seligkeit willen als Pflicht auf. Der Einzelne, der in die Gemeinde eintritt, giebt daher aus sich nichts zur Kirchengewalt hinzu, sondern er findet sie schon als bestehend vor, und muß sich ihr, so wie sie da ist, unterwerfen. Die Verläugnung dieser einfachen handgreiflichen Wahrheit hat die großen Verwirrungen im Staats- wie im Kirchenrecht hervorgebracht, wo Jeder die öffentliche Ordnung aus sich machen, und mit sich von Neuem anfangen lassen will.

weder historisch, noch im Bewußtseyn der kirchlichen Mitglieder vorhanden; dritens widerspricht ihm auch der gegenwärtige Besitzstand der Landesherrn. Um die Consequenz in dieser letzten Beziehung zu retten, hat man folgende Wendung erfunden. Man unterscheidet im Landesherrn eine doppelte Classe von Rechten; die weltlichen Hoheitsrechte, als solche, über die Kirche (jura circa sacra), und die Hoheit im Innern derselben (jura in sacra). Erstere besitzt er als Landesher, selbst abgesehen von seiner Religion. Letztere, die sogenannten Collegialrechte, sollen ihm hingegen von der Gemeinde übertragen worden seyn, so jedoch daß sie jederzeit wieder zurückgefordert werden könnten. Allein eine ausdrückliche Uebertragung ist historisch ganz unerweislich; und eine stillschweigende, worauf man sich zuweilen berufen hat, wird durch die Reichsgesetze und Landtagsverhandlungen widerlegt, die überall eine Bestätigung des Territorialsystems enthalten. Das Collegialsystem besteht daher zur Zeit erst als eine bloße Schulmeinung, die jedoch auf den kirchlichen Sinn und die Behandlung der Geschichte höchst verderblich eingewürkt hat.

Viertes Kapitel.

Verhältniß der Kirche zum Staate.

§. 38. I. Wissenschaftlicher Standpunkt. A) Idee des Verhältnisses.

Der Staat ist die in einem bestimmten Volke dargestellte Ordnung der menschlichen Verhältnisse. Er reicht also so weit, wie die menschliche Natur selbst, und es gehört nicht blos das Recht, sondern auch die Sittlichkeit, Wissenschaft, Kunst und Religion in seinen Umkreis. Die Ordnung dieser Verhältnisse wird theils durch eine äußere Autorität, die Regierung, gehandhabt, theils erhält sie sich bei äußerlich freier Bewegung und Entwicklung von selbst durch die dem menschlichen Geiste eingepflanzten Gesetze t). Die Autorität der Regierung geht

t) Es werden, wie es scheint, viele Mißverständniße vermieden, wenn man den Staat und die Regierung genau unterscheidet; die Regierung ist nicht der Staat selbst.

hauptsächlich nur auf Handhabung des Rechts und des Friedens; hiefür giebt sie Gesetze und unterstützt diese durch äußern Zwang. Wo dieser nicht hinreicht, hört ihre unmittelbare Würksamkeit auf, sondern hier müssen Autoritäten anderer Art entscheiden. Daher ist die Sittlichkeit, Wissenschaft, Kunst und Religion auf ihre eignen Gesetze gegründet, nicht vom Willen der Regierung abhängig; diese kann sich nur dem Aeußern nach hülfreich erweisen durch Förderung nützlicher und Abwehrung schädlicher Einflüsse; das Innere muß sie der eignen Entwicklung überlassen. Diese für das religiöse Element zu leiten, ist die Aufgabe der Kirche. Die Kirche tritt also zwar im Staate auf, aber sie ist als solche der Regierung nicht unterworfen, weil sie eine Idee verfolgt, die von derselben unabhängig ist. Umgekehrt greift aber auch sie nicht in das Gebiet des äußern Rechts ein, sondern sie würkt nur in der Sphäre des Gewissens, ohne äußern Zwang, wozu sie keine Mittel hat, blos durch die Macht der Ueberzeugung. Die Staatsgewalt und die Kirche bewegen sich also in einer ganz verschiedenen Ordnung der Dinge, und sind jede für sich als frei und selbstständig zu betrachten. Beide haben aber gewisse Seiten, wo sie sich berühren. Denn der Staat ist nicht blos eine äußere mechanische Anstalt, sondern es liegt ihm wesentlich eine sitttliche und geistige Ordnung zum Grunde, und es ist vorzüglich die auf diese Ordnung gerichtete Gesinnung, welche ihm Kraft und inneres Leben ertheilt. Da nun der Grund aller Gesinnung und Pflichten in die Religion fällt, so trägt die Kirche auch das geistige Element des Staats, die Quelle der bürgerlichen Tugenden und des freien Gehorsams, in sich u); deshalb ist die Regierung sie zu schützen, zu fördern

---

u) *Leibnitz* Epist. censor. contra Puffendorff §. VI. Tolle religionem et non invenies subditum, qui pro patria, pro republica, pro recto et justo, discrimen fortunarum, dignitatum, vitæque ipsius subeat, si eversis aliorum rebus ipse consulere sibi, et in honore atque opulentia vitam ducere possit. — *Montesquieu* Esprit des Loix liv. XXIV. ch. 6 Bayle — ose avancer que de véritables chrétiens ne formeraient pas un état qui put subsister. Pourquoi non? Ce seraient des citoyens infiniment éclairés sur leurs devoirs, et qui auraient un très grand zèle pour les remplir; — — plus ils croiraient devoir à la religion, plus ils penseraient devoir à la patrie. Les principes du christianisme bien gravés dans le cœur, se-

und zu ehren verbunden. Umgekehrt muß aber auch die Kirche die moralische Kraft, welche ihr inwohnt, zur Wohlfahrt des Staats gebrauchen, von ihrem Würken offene Rechenschaft ablegen, dasselbe mit Vertrauen unter den Schutz der Regierung stellen, und in ihren äußern Einrichtungen, die das bürgerliche Leben berühren, den Anforderungen desselben, so weit es ihrem wesentlichen Inhalte unbeschadet geschehen kann, bereitwillig entgegenkommen. Also werden Kirche und Staat beide auf ihrem Gebiet frei für ihre Bestimmung würken, etwaige Eingriffe mit Schonung abwehren und ausgleichen, gemeinschaftliche Angelegenheiten friedlich verhandeln, und sich überhaupt einander wie hülfreiche Glieder eines Körpers erzeigen, in welchem das ganze und vollständige Leben des Menschen sich bewegt.

§. 39. B) Nähere Auseinandersetzung.

Das Verhältniß des Staats zur Kirche läßt sich also nach drei hauptsächlichen Gesichtspunkten ordnen. Erstlich hat die Regierung die Schirmvogtei der Kirche (advocatia ecclesiae), und muß ihr zur Erhaltung ihres Bestandes allen nöthigen bürgerlichen Schutz gewähren. Diese Verpflichtung ergiebt sich schon allgemein juristisch genommen daraus, daß die Kirche eine rechtlich anerkannte Corporation ist, die aber als blos moralischer Natur sich nicht selbst äußerlich vertheitigen kann; sie wird verstärkt durch das politische Interesse, welches der Staat dabei hat, daß seine Bürger durch die Kirche erzogen und veredelt werden; sie wird endlich sogar hohe Religions- und Gewissenspflicht, wenn die Regierung selbst sich zur christlichen Kirche bekennt. Diese Schirmvogtei äußert sich aber darin, daß die Regierung die Verordnungen der Kirche durch bürgerliche Gesetze unterstützt, äußere Verletzungen der Religion und Kirche züchtigt, die Mittel zum anständigen Unterhalt des Gottesdienstes und der Geistlichen herbeischafft, und die Diener der Kirche auch durch bürgerliche Gerechtsame ehrt und anerkennt. Um so mehr darf die Kirche Gehör hoffen, wenn sie sich wider bürgerliche Gesetze beschwert, die ihre Kraft schwächen oder gar zum Abfall verleiten. Insbesondere ist aber auch das Kirchenvermögen unter den Schutz

---

raient infiniment plus forts, que ce faux honneur des monarchies, ces vertus humaines des républiques, et cette crainte servile des états despotiques.

des Staats gestellt, und es muß in dieser Hinsicht wie das Eigenthum der Privatpersonen und anderer Corporationen anerkannt und gesichert seyn. Zweitens steht der Regierung ein Recht der Aufsicht (jus inspectionis saecularis) über die Kirche zu. Denn wenn der Staat die Kirche schützen soll, so muß er sich auch die Ueberzeugung verschaffen dürfen, daß sie das, was er für sich von ihr verlangt, würklich erfülle, und daß sie keine neuen, von ihrem ursprünglichen Inhalte wesentlich abweichenden, oder der bürgerlichen Ordnung widerstreitenden Bestimmungen in sich aufnehme. Die Regierung kann also über die bestehenden Einrichtungen Bericht abfordern, die Nachläßigkeit der Kirchenbeamten, wo sie für das bürgerliche Wohl nachtheilig wird, rügen, und die Einsicht neuer kirchlicher Gesetze und Anordnungen verlangen. Dabei soll sie aber jede mistrauische und zudringliche Einmischung vermeiden, vielmehr als eine christliche Obrigkeit vor Allem auf die der Kirche inwohnende Gewissenhaftigkeit und sittliche Kraft vertrauen, um derenwillen allein sie diese ja unter ihren Schutz genommen hat. Ueberhaupt muß dieses Verhältniß durchaus würdig und großartig gehalten, und nicht auf argwöhnische Beschränkung angelegt seyn v). Uebrigens erstreckt sich jene Aufsicht auch auf das Kirchenvermögen, daß dieses gehörig erhalten und verwaltet werde. Die Regierung hat dabei theils das Interesse, welches sie selbst am geordneten Bestand der Kirche nimmt, theils das ihrer Bürger zu vertreten. Doch darf sie unter jenem Titel nicht die Verwaltung selbst an sich ziehen. Drittens endlich muß die Regierung wachen, daß die äußere Seite der Kirche neben der fortschreitenden Entwicklung des bürgelichen Lebens mit demselben im Einklange bleibe w). Daher darf sie verlangen und durch ihre Gesetze dahin

---

v) Das Verhältniß zwischen Kirche und Staat muß schlechterdings von dem höhern ethischen und politischen Standpunkt aus aufgefaßt werden. Die Compendien behandeln es aber insgemein nur wie einen großen Proceß, worin Kirche und Staat, jedes seinen Vortheil ängstlich calculirend und den Gegner mißtrauisch beobachtend, sich gegenüber gestellt sind. Dadurch ist allmählig die Unbefangenheit der Gesinnung völlig verdorben worden, und selbst unsere Sprache hat zur Darstellung des ächten Verhältnisses kaum den schicklichen Ausdruck mehr. — Dies gegenseitige Zutrauen scheint hie und da in der Stellung weltlicher Kirchenbehörden zu den bischöfl. vermißt werden zu wollen.

w) Man hat dieses das Reformationsrecht genannt; allein hier

mitwürken, daß alte Einrichtungen, die sich unter andern Verhältnissen gebildet haben, nach den jetzt vorhandenen modificirt oder ganz abgestellt werden; ja sie kann im Nothfall ertheilte Privilegien, deren Grund nun weggefallen oder die für das Ganze nachtheilig geworden sind, widerrufen. Denn da das bürgerliche Leben rascher wie das kirchliche fortschreitet und wechselt, so kommen dessen Bedürfnisse der Regierung schneller zum Bewußtseyn, und daher steht ihr vorzugsweise ein Urtheil darüber zu. Jedoch ist jenes Recht mit großer Vorsicht zu gebrauchen, und wenn der Weg der Unterhandlung nicht hilft, so ist es rathsamer einen leidlichen Nachtheil zu ertragen, als förmlich zugesicherte Rechte oder gar das Gewissen der Unterthanen zu beeinträchtigen. Uebrigens erstreckt sich jenes Recht auch auf das Kirchenvermögen in so fern, als demselben unverhältnißmäßige Befreiungen wieder entzogen, oder davon Beiträge zu dem Staatsbedarf gefordert werden können. Allein niemal darf es bis zu gänzlichen Secularisationen ausgedehnt werden, da diese, als ein furchtbarer Eingriff in wohlbegründete Privatrechte, alles Vertrauen in die öffentliche Rechtlichkeit erschütern, und als gegen eine wehrlose Anstalt verübt, des Staates durchaus unwürdig sind x).

§. 40. II. Standpunkt der Confessionen. A) Katholisches Kirchenrecht.

Die katholische Kirche betrachtet nach der Lehre des Evangeliums den Staat als eine göttliche Ordnung, welcher in zeitli-

---

hat das Wort doch einen beschränktern Umfang wie nach den Reichsgesetzen. §. 36. not. q.) — Dadurch rechtfertigen sich wohl die in Würtemberg, Baden und Darmstadt erhobenen Stimmen an die Stände um Abrogirung des Cölibates der kathol. Priester. In der O. K. P. übt jeder Staat das verfassungsmäßige Schutz- und Aufsichtsrecht über die Kirche aus. Von Würtemb. und Bad. Reg. Blatt 1830. §. 3. Bayr. Rel. Edikt 1818. §. 50.

x) Der Begriff des Staatsobereigenthums, woraus man dieses Recht hergeleitet hat, ist eine von den höchst bedenklichen Erfindungen moderner Publicisten. — Problematisch ist es daher, wie die Säkularisationen, das Verschlingen der Stifter und Klöster in Gebäuden, Gründen und Kapitalien, und die spärliche Zuwendung des erbeuteten Schatzes an fromme Zwecke nach §. 35. 60—63. des Regensb. Reichs-Abschlusses — so wie das stäte Verschieben der Ausscheidung des Kirchengutes gerechtfertigt werden wolle.

chen Dingen Jeder untergeben seyn soll y). Sie ehrt daher die weltliche Gewalt als von Gott eingesetzt, und betet für deren Wohlfahrt und Erhaltung z). In das Innere der Kirche reicht diese aber nicht, sondern beide Gewalten sind jede in ihrem Kreise selbstständig a); beide unterstützten sich aber, und weisen auf einander hin b). Daher ruft die Kirche den Schutz des weltlichen Arms an c), damit dieser ihren Ermahnungen Nachdruck verleihe d), die Einheit der Lehre aufrecht erhalte e) und Störungen im äußersten Fall durch Zwang unterdrücke f). So sollen die göttlichen Dinge von der geistlichen und weltlichen Autorität gemeinschaftlich vertheidigt werden g). Für diesen

y) *Matth.* XXII. 21. Reddite ergo, quæ sunt Cæsaris Cæsari, et quæ sunt Dei Deo. — *Rom* XIII. 1 — 7. Omnis anima potestatibus sublimioribus subdita sit. Non est enim potestas, nisi a Deo; quæ autem sunt, a Deo ordinatæ sunt. Itaque qui resistit potestati, Dei ordinationi resistit. — 1. *Petr.* II. 13 — 15. Subjecti igitur estote omni humanæ creaturæ propter Deum — quia sic est voluntas Dei. — *Tit.* III. 1. Admone illos, principibus et potestatibus subditos esse, dicto obedire, ad omne opus bonum paratos esse.

z) 1. *Tim.* II. 1 — 3. Obsecro igitur primum omnium fieri obsecrationes, orationes, postulationes, gratiarum actiones pro omnibus hominibus, pro regibus, et omnibus qui in sublimitate sunt.

a) *Euseb.* Vita Constant. IV. 25. Vos quidem (inquit Constantinus) in iis, quæ intra ecclesiam sunt, episcopi estis. Ego vero in iis, quæ extra geruntur, episcopus a Deo sum constitutus. — c. 7. X. qui filii sint legit. (4. 17).

b) c. 6. D XCVI. (Nicol. I. a. 865). — In der O. K. Pr. setzt dieses fest B. über Sch. und U. A. R. §. 3. Bayr. Rel. Edikt 1818. §. 50.

c) *S. Leo* I. († 461) Epist. 81. Debes advertere regiam potestatem tibi non solum ad mundi regimen, sed etiam maxime ad præsidium ecclesiæ esse collatam, ut ausus nefarios comprimendo, et quæ bene sunt statuta, defendas, et veram pacem iis; quæ sunt turbata, restituas.

d) c. 20. c. XXIII. q. 5. (Isid. c. a. 625), c. 22. ibid (Conc. Turon. III. a. 813), c. 26. ibid. (Joann. VIII. c. a. 876).

e) c. 2. D. XCVI. (Marcian in Conc. Chalced. a. 451).

f) c. 35 c. XXIII. q. 5. (Augustin. c. a. 402), c. 42. 43. 44. ibid. (Pelag. I c. 557).

g) c. 21. c. XXIII. q. 5. (Leo I. a. 450).

Schutz der Kirche sind die Fürsten der Erde Gott verantwortlich h). Die Kirche hat aber aus sich blos eine geistige Macht i); wo sie bürgerliche Zwangsmittel ausübt, sind ihr diese vom Staat ausdrücklich oder stillschweigend übertragen. Selbst gegen den Staat, wo dieser sie verletzt oder unterdrückt, sind ihre äußersten Waffen nur Gebet und Thränen k); wo er aber Handlungen befiehlt, die der Glaubens- und Sittenlehre grade zuwider sind, so erklärt sie, daß man Gott mehr gehorchen müsse als den Menschen.

§. 41. B) Griechisches Kirchenrecht.

Ueber das Verhältniß zwischen der geistlichen und weltlichen Gewalt haben sich die Väter und Schriftsteller der griechischen Kirche im gleichen Sinne, wie die des Abendlandes ausgesprochen. Die neuere Lehre der russischen Kirche aber legt einen ansehnlichen Theil der kirchlichen Verwaltung in die Hände der wetlichen Macht. Denn, sagen ihre Bekenntniße, die christlichen Monarchen sind die obersten Fürsorger und Beschützer der Kirche, und sind eben sowohl für das Wohl der Kirche, als für das beste der bürgerlichen Gesellschaft zu sorgen verbunden. Von ihnen fordert die christliche Kirche, erstlich daß sie das göttliche Gesetz verstehen, zweitens daß sie durch Gottesfurcht andern zum Beispiel dienen, drittens daß sie darauf sehen, daß das Kirchenregiment ordentlich verwaltet, und diejenigen, die dasselbe getreu verwalten, aufgemuntert werden, viertens daß alle Spaltungen unterdrückt, und die Kirche wider alle Verfolger und Lästerer geschützt werde, fünftens daß die göttliche Lehre ausgebreitet werde, und die Lehrer ihr hinlängliches zeitliches Auskommen haben, und sechstens daß die ungläubigen Völker zum Glauben gebracht werden l).

---

h) c. 20. c. XXIII. q. 5. (Isid. c. a. 625).

i) *S. Petr. Damiani* († 1057) Lib. IV. Epist. 9. Inter regnum et sacerdotium propria cuiusque distinguuntur officia, ut rex armis utatur seculi, et sacerdos accingatur gladio spirituali, quod est verbum Dei.

k) c. 21. c. XXIII. q. 8. (Ambros. a. 386).

l) Dieses ist wörtlich entnommen aus **Platon** Rechtgläubige Lehre Th. II. §. 29. Anm.

§. 42. C) Protestantisches Kirchenrecht.

Die protestantischen Symbole erklären, wie die katholische Kirche, Staat und Kirche als ihrem innersten Wesen nach verschieden, und weisen der geistlichen und weltlichen Obrigkeit abgesonderte Kreise an m). Doch betrachten sie auch die weltliche Obrigkeit als von Gott zur Wohlfahrt des menschlichen Geschlechts angeordnet, und es muß ihr daher Treue und Ehrfurcht erzeigt, und für sie gebetet werden n). Dafür soll sie aber auch die Kirche, ihre Diener und Einrichtungen beschützen, für die Reinheit der Religion Sorge tragen und die Abtrünnigen züchtigen o). Wenn sie jedoch selbst ihre Macht wider die wahre Kirche wendet, muß man Gott mehr fürchten als menschliche Strafen p). Durch den Einfluß der äußern Umstände ist aber jene Schutzherrschaft zur vollen Hoheit geworden, so daß jetzt die kirchliche und bürgerliche Verwaltung in einer Hand zusammenfließt. Doch aber sind

---

m) *August Conf. Tit. De potestate ecclesiastica.* Cum potestas ecclesiastica concedat res æternas, et tantum exerceatur per ministerium verbi: non impedit politicam administrationem; sicut ars canendi nihil impedit politicam administrationem. Nam politica administratio versatur circa alias res, quam Evangelium: Magistratus defendit non mentes, sed corpora et res corporales adversus manifestas injurias, et coërcet homines gladio et corporalibus pœnis, ut justiciam civilem et pacem retineat.

n) August. Conf Art XVI, Saxon. Conf. Tit. De magistratu politico, Helvet. Conf. II Cap. XXX., Belg. Conf. Art. XXXVI., Gallic. Conf. Art XXXIX, Scotic. Conf. Art. XXIV. In Bayern und der O. R. P. sind solche Gebete Gesetz

o) *Saxon. Conf. Tit. De magistratu politico* Respublicæ sint nutrices ecclesiæ, præbeant hospitia ecclesiis et piis studiis. — *Helvet Conf.* II. Cap XXX Equidem docemus religionis curam imprimis pertinere ad magistratum sanctum. Teneat ergo ipse in manibus verbum Dei, et ne huic contrarium doceatur procuret. — Neque enim frustra accepit a Deo gladium. Stringat ergo hunc Dei gladium in omnes maleficos. — Coërceat et Hæreticos (qui vere Heretici sunt) incorrigibiles, Dei majestatem blasphemare et ecclesiam Dei conturbare, adeoque perdere non desinentes. — In demselben Geiste reden Helvet. Conf I. Art. XXVI., Belg Conf. Art. XXXVI., Scotic. Conf. Art. XXIV.

p) Belg. Conf. Art. XXVIII. (§. 32. not. t), Gallic. Conf. Art. XXVI.

beide Kreise ihrem innern Wesen nach immer getrennt, und werden auch in einem verschiedenen Geiste gehandhabt. Die Vertheidiger des Collegialsystems haben selbst wieder auf eine äußere Absonderung derselben hingearbeitet, und ihre Bemühungen sind für die wissenschaftliche Auseinandersetzung dieses Verhältnisses von großem Einfluß gewesen q).

§. 43. III Positives Recht. A) Historische Bemerkungen.

Das Verhältniß zwischen Staat und Kirche ist nicht immer nach scharfen wissenschaftlichen Gränzen unterschieden, sondern durch den Geist der Zeiten und die äußeren Umstände vielfach bewegt und verändert worden. Unter den heidnischen Cäsaren blieb der Kirche, zwischen die Gebote Gottes und die Zwangsbefehle der weltlichen Obrigkeit in die Mitte gestellt, nichts übrig, als die ihr um des Glaubens willen angedrohten Strafen willig zu ertragen; sie war daher ohne allen äußern Schutz, blos ihrer moralischen Kraft überlassen. Nachdem aber die Kaiser christlich geworden waren, traten sie als Schutzherrn der Kirche auf; doch griffen sie auch bald im Orient in das Innere derselben tiefer ein, als das richtige Ebenmaaß verstattet. Im Occident bereiteten sich mittlerweile andere Begebenheiten vor. Hier drang die Kirche mit ihrer gesammten erziehenden und bekehrenden Kraft in die treuen nordischen Herzen, zähmte die rohen kriegerischen Sitten, brachte ihnen Wissenschaften und Künste, und bildete allmählich, besonders seit der Herstellung der abendländischen Kaiserwürde, ein neues höchst ehrwürdiges Völker- und Staatsrecht aus. Es wurde gelehrt und geglaubt, die Christenheit sey wie ein einziger geheiligter Körper, in zwei Ordnungen, Priesterthum und Königthum abgetheilt, und das Königthum darin von Gott zur Handhabung des Rechts und zum Schutz aller wehrlosen Personen, daher vorzüglich auch der Kirche eingesetzt r). So entstand

q) Die katholische Kirche verlangt für sich nicht mehr, als was die Vertheidiger des Collegialsystems für ihre Kirche. Möge man das, was für den Einen Recht scheint, doch bei dem Andern nicht als Anmaßung und hierarchische Herrschsucht verschreien.

r) Conc. Paris. VI. a. 829 Lib. I. c. 3. Principaliter totius sanctæ Dei ecclesiæ corpus in duas eximias personas, in sacerdotalem videlicet et regalem, sicut a sanctis patribus traditum accepimus, divisum esse novimus. — Lib. II, c. 2.

das Bild von zwei Schwerdtern, welche die Christenheit regieren, und die sich gegenseitig hülfreich seyn sollen s). Von jenen zwei Ordnungen leuchtete aber die Kirche, als das Geistige, der Weltlichkeit vor. Denn ihre Hand spendete die geheimnißvollen Gaben, wonach die gläubigen Gemüther wie nach einer überirdischen Nahrung verlangten; sie heiligte die Ehen und alle wichtigen Begebenheiten des Lebens; sie gab dem Volke die Lehrer, die es unterrichteten, dem Reiche die Weisen, die es regierten; Wittwen und andere hülflose Personen fanden bei ihren Gerichten Schutz, die Verfolgten flüchteten in ihre geheiligten Gebäude, und die bürgerlichen Beschäftigungen erholten sich unter dem Schirm des Gottesfriedens; alle Wissenschaften und Künste lagen in ihren Händen, alle großen gemeinnützigen Unternehmungen giengen von ihr aus; sie gab dem Volke seine Feste, seine historischen Erinnerungen, seine Geschichtschreiber, bestimmte die Eintheilung des Jahres und die Tage der Ruhe und Arbeit. An der Spitze dieser Ordnung stand der Pabst, und war dadurch der Mittelpunkt des geistigen Lebens t). Wie der Kaiser für das weltliche, so wachte er für das göttliche Recht und das Heil der Seelen. Seine Weisheit gab bedrängten Völkern Hülfe u), und die Fürsten suchten sein Gericht als den Ausspruch der Religion und des höhern Rechts v). Er prüfte den erwählten Kaiser, auf daß seine Weihe

---

Regale ministerium specialiter est populum Dei gubernare, et regere cum æquitate et justitia, et ut pacem et concordiam habeant, studere. Ipse enim debet primo defensor esse ecclesiarum et servorum Dei, viduarum, orphanorum, cæterorumque pauperum, nec non et omnium indigentium.

s) *Sachsenspiegel* Buch I. Art. 1. Zwei swert liz Got in ertriche zu beschirmene die cristenheit. Deme babste ist gesaczt daz geistliche. Deme keisere daz wertliche etc. — *Constit. Frider.* II. a. 1220 c. 7. Cladius materialis constitutus est in subsidium gladii spiritualis. — c. 6. de sentent. excomm. in VI. (5. 11).

t) c. 6. X. de major. et obedient. (1. 33). Mehr sagt, unbefangen erwogen, dieses Schreiben von Innocenz III. nicht.

u) c. 2. de suppl. neglig. prælat in VI. (1. 8). Diese und die folgenden Stellen sind nicht als einseitige Anmaßungen, sondern als Zeugniße über die Ordnung der Dinge zu betrachten, aus der sie hervorgegangen. Von ihrer Anwendbarkeit ist aber jetzt, unter ganz andern Verhältnißen, nicht mehr die Rede.

v) c. 13. X. de judiciis (2. 1), c. 2. de sentent. et re judic.

kein unwürdiges Haupt berührte, ergänzte zweifelhafte oder unschlüßige Wahlen w), und sollte nach anerkanntem Staatsrecht den Kaiser im äußersten Falle durch den Bann züchtigen x). Doch stand die weltliche Hoheit selbst dem Pabste nicht zu y). Aber nicht lange erhielt sich die menschliche Schwachheit auf der Höhe jener Verhältnisse. Geistlose Schriftsteller, wie sie auch andere Höfe erzeugen, gründeten, gefällig gegen die herrschenden Umstände, Forderungen und Systeme auf das, was aus freier Huldigung hervorgegangen, nur durch Weisheit und Mäßigung erhalten werden konnte. Die Päbste verlangten vom Kaiser einen wahren Lehnseid z), von der weltlichen Gewalt die unbedingte Unterwürfigkeit unter die geistliche a). Da wandte sich die Stimmung des Zeitalters gegen sie. Auch die Einheit des Reichs verfiel, und die einzelnen Länder wurden mächtig. Irdische Interessen, vom neuen Welthandel genährt, gewannen die Ober-

---

in Clem. (2. 11). Glücklich die Zeit, wo auch in den großen Streitfragen der Politik die Sittlichkeit und Religion noch einen Vertreter hat, und das Recht nicht blos auf die Spitze des Schwerdtes gestellt ist.

w) c. 34. X. de elect. (1. 6).

x) *Sachsenspiegel* Buch III. Art. 57. Den keyser en muz der Bapst noch nieman bannen, sider der Zeit daz her gewihet ist, ane umbe dri sache: ab her an me gelouben zwivelt, oder sin eliche wib let, oder gotes hus zustoret — c. 2. de sent. et re judic. in VI. (2. 14). — Daß der Bann den Verlust des Reiches nach sich zog, hieng mit den bürgerlichen Würkungen der Excommunication zusammen, welche die Kaiser selbst in ihren Gesetzen angeordnet hatten.

y) *Sachsenspiegel* Buch I. Art. 3. Der babst en mag kein recht seezen da her unse lantrecht oder leurecht mete erge-re. — Sehr bestimmt sagt jenes auch *Card. Hostiens.* († 1221) ad c. 10. X. de hæret. (5. 7). Noch andere umständlichere Erklärungen dieser Art hat Raumer Geschichte der Hohenstaufen Th. VI. S. 43 — 47 (er großen Ausgabe) angeführt, wo überhaupt der Geist dieser Verhältniße gut dargestellt ist.

z) Dieses that Clemens V. (1311) im c. un. de jurejur. in Clem. (2. 9).

a) Dieses erklärte Bonifaz VIII. (1302) im c. 1. extr. comm. de major. et obed (1. 8) und Johann. XXII. (1322) im c. un. extr. comm. de consuet. (1. 1); beide auf eine Weise, die selbst für jene Zeit übertrieben und tadelnswerth war. Daher mußte auch gleich (1306) gegen Frankreich eine Art von Ehrenerklärung geschehen; c. 2. extr. comm. de privil. (5. 7).

hand; das Geld- und Kriegswesen brachte eine neue Staatskunst, neue Wissenschaften; und auch die alten wurden unvermerkt den Händen der Geistlichen entwandt. Allmählig trat eine große Reaction ein. Man wog die Leistungen der Kirche nach einem fremden einseitigen Maaßstaabe b); Versäumnisse und Mißbräuche wurden allenthalben geflissentlich, nicht ohne Vergrößerung an den Tag gezogen, Beschränkungen ihrer Diener, ihrer Institute und Güter gewünscht und ausgeführt. So, verarmt und von allen Seiten entblößt, wurde die Kirche von dem neuen Staatsrecht den weltlichen Behörden zur engsten Beaufsichtigung überliefert; und erst allmählig scheint sich wenigstens in den größern Ländern theils durch die eigenthümliche Bewegung der Zeit, theils durch die persönliche Gesinnung der Monarchen ein richtiges und würdiges Verhältniß herzustellen. c).

§. 44. B) Grundlage des heutigen Rechts.

Das Verhältniß der katholischen Kirche zur Staatsgewalt in

---

b) Joh. Müller Fürstenbund [Werke B. IX. S. 164.] Wenn die Hierarchie ein Uebel wäre, besser doch als Despotie; sie sey eine leimerne Mauer, sie ist's doch gegen Tyrannei; der Priester hat sein Gesetz, der Despot hat keins; jener beredet, letzterer zwingt, jener prediget Gott, letzterer sich. Man spricht wider die Unfehlbarkeit; wer darf eine Verordnung unweise oder ungerecht nennen, und ihr Gehorsam versagen? — wider den Pabst, als ob ein so großes Unglück wäre, wenn ein Aufseher der christlichen Moral dem Ehrgeiz und der Tyrannei befehlen könnte, bis hieher und nicht weiter! — wider die Personalimmunität, als ob ein großes Unglück wäre, daß jemand ohne Lebensgefahr für die Rechte der Menschheit reden dürfte? — wider ihren Reichthum, als wären die Laien gebessert, wenn der Priester mit ihnen darbt? — wider Steuerfreiheit; die französische Clerisey giebt so viel als die Laien; — wider Usurpationen, ohne zu berechnen, was die Fürsten der Kirche zu restituiren hätten für Kriege, Bedrückungen, Commenden, Pensionen, Reunionen; — wider die vielen Klöster, nicht wider die Vermehrung der Kasernen; — wider sechszigtausend ehelose Geistliche, und nicht wider hundert tausend ehelose Soldaten. d)

c) An Herstellung dieses Verhältnißes, an Ausscheidung des Geschäftskreises der bischöflichen und der weltlichen Kirchenbehörden ward in Baden und wird dem Vernehmen nach auch in Würtemberg gearbeitet; in Bayern haben sichtlich die Ordinariate freiere Bewegung, begründet durch das Vertrauen des Staates zur Kirche, was sich auch im kirchlichen Verhältniße der dortigen Protestanten erkennen läßt.

d) Eine übrigens unstatthafte Vergleichung, da der Soldat nicht einmal für die Dienstzeit an Ehelosigkeit gebunden ist.

den einzelnen Ländern beruht auf dem Herkommen, auf den Landesgesetzen, und auf Verträgen des Landesherrn mit dem Oberhaupt der Kirche. In so weit durch diese Titel für den Einen Rechte erworben sind, können diese von dem Andern nur im äußersten Nothfall und auch dann erst nach versuchter Vereinbarung geändert oder aufgehoben werden. Die Verträge müssen aber von beiden Seiten aufrichtig gemeint, redlich erfüllt, und in zweifelhaften Fällen nach gepflogener Uebereinkunft ausgelegt werden. Ueberhaupt soll das Verhältniß beider Theile zu einander vor allem auf Achtung und Vertrauen gegründet seyn. Das Verhältniß der griechischen Kirche zur ottomannischen Pforte ist durch Edicte und Privilegien bestimmt, welche der Sultan in dem Diplom, wodurch er den erwählten Patriarchen bestätigt, jedesmahl erneuert. In Rußland war früher die Geistlichkeit gegen die weltliche Macht fast noch höher gestellt, wie in den übrigen Reichen des Mittelalters. Seit der Aufhebung des Patriarchats unter Peter dem Großen ist sie aber ganz von den weltlichen Gesetzen abhängig geworden. Auch für die protestantischen Kirchen giebt es, da diese ebenfalls unter der Hoheit der Landesfürsten stehen, keine zweiseitigen Verträge, sondern ihr staatsrechtliches Verhältniß beruht auf dem Herkommen, auf Privilegien und auf den Gesetzen des Landes e).

Fünftes Kapitel.

Von dem Verhältniß verschiedener Religionstheile gegen einander.

§. 45. I. Standpunkt der Confessionen.

Die katholische Kirche, von der Wahrheit und heilbringenden Kraft ihrer Lehre innigst überzeugt, ist nach der ihr von Christus

e) Das Nähere dieser praktischen Verhältniße wird im Verlauf bei den einzelnen Lehren vorkommen. Es ist zwar in den neuern Lehrbüchern versucht worden, das Kirchenstaatsrecht als ein Ganzes, abgesondert von dem innern Kirchenrecht, zusammenzustellen. Allein diese Methode ist sehr fehlerhaft. Denn erstlich wird dadurch der ohnehin so sehr übertriebene Gegensatz zwischen Kirche und Staat noch weiter aus-

hinterlassenen Verpflichtung unablässig bemüht, das rechte Evangelium zu verbreiten und das Reich Gottes zu erweitern. Sie ruft daher, so weit ihre Stimme reicht, Allen zu, die außer ihrem Kreise im Irrthum wandeln, und fordert sie um der Seligkeit willen zur Vereinigung mit ihr auf. Um den Irrthum zu bestreiten und die Irrenden zurückzuführen, hat sie aber ihrer Natur nach keine andern Mittel, als gewissenhafte Darlegung ihrer Gründe und innern Wahrheit: alles andere, was nur eine scheinbare oder erkünstelte Ueberzeugung erschafft, ist ihrem Zweck und ihrer Würde zuwider f). Bekehrungen durch Zwang, Ueberredung, Schmeicheleien oder Verheißung weltlicher Vortheile sind daher von der geistlichen Obrigkeit nicht zu dulden g), und von der weltlichen nach Befinden zu bestrafen. Auch ist selbst, wer sich zudrängt, nicht zu rasch, sondern erst nach gehöriger Belehrung und Prüfung in die Gemeinschaft aufzunehmen, weil es nicht auf die äußere Vereinigung oder die Erweiterung des kirchlichen Gebietes, sondern auf das Innerste des Menschen ankommt h). Endlich soll der Streit wider den Irrthum immer

---

einander gezerrt. Zweitens kann das Verhältniß der Staatsgewalt zu einem kirchlichen Institut, z. B. zur Besetzung der Kirchenämter oder zur Liturgie, nicht lebendig dargestellt werden, ehe dieses Institut selbst gehörig begründet und erörtert ist Jene Methode führt also entweder zu einer blos trockenen Aufzählung, oder zu lästigen Wiederholungen. Diejenigen, welche das Kirchenstaatsrecht hinter dem innern Kirchenrecht abhandeln, können wenigstens den zweiten Fehler vermeiden.

f) Es ist kein Widerspruch, wenn die Kirche auf der einen Seite den Glauben als das Ergebniß freier Ueberzeugung, und auf der andern doch als eine Pflicht hinstellt; denn die Liebe ist auch etwas freiwilliges, und doch schreibt die Sittenlehre die Liebe gegen die Eltern, Ehegatten und Wohlthäter als eine Pflicht vor. Die Kirche weiß, daß sie Jeden, der sich ihr mit unbefangenem Gemüth nähert, überzeugen kann.

g) c. 33. c. XXIII. q. 5. (Augustin. a. 402), c. 6. D. XLV. (Leo I. a. 445), c. 3. eod. (Gregor. I. a. 602), c. 5. eod. (Conc. Tolet. IV. a 633), c. 9. X. de Judæis (5. 6).

h) Wenn auch bei Bekehrungen zuweilen Uebereilungen und Mißgriffe statt gefunden haben, so sollte man sich dieses doch nicht gegenseitig so bitter vorwerfen, denn keine Confession ist gegen Täuschungen und Mißbräuche ihrer Beamten ganz gesichert. In Deutschland stehen aber jetzt die Verhältniße so, daß der Vorwurf, man werde wegen äußerer Vortheile katholisch, fast nur noch eine Ironie seyn kann. — Bayr. Rel. Edikt §. 80 — 103. M. B. Nr. 56 — 58. Würt. Reg. Blatt 1807. S. 610.

nur auf die Sache selbst gerichtet, und ohne Spott und Bitterkeit geführt, gegen die Einzelnen aber ohne Rücksicht auf die Religionsverschiedenheit alle Pflichten der Nächstenliebe erfüllt, und für sie, auch öffentlich, gebetet werden. Die griechische Kirche beruht auf denselben Grundsätzen, wiewohl sie, durch die äußern Umstände gelähmt, weniger auf ihre Verbreitung bedacht seyn kann. Auch die protestantischen Symbole legen die Vereinigung mit der wahren Kirche um der Seligkeit willen als Pflicht auf (§. 32.); daher sind ihre Anhänger für die Verbreitung ihrer religiösen Ueberzeugung auf vielfache Weise thätig. Also stehen die verschiedenen Confessionen gegeneinander, jede sich als die wahre verkündigend, und daher verpflichtet, die andern zu widerlegen, zu bekehren.

§. 46. II. Standpunkt des Staats. A) Altes Recht.

Cod. Theod. XVI. 1. Just. I. 1. De fide catholica; C. Th. XVI. 4. De his qui super religione contendunt; C. Th. XVI. 5. Just. I. 5. De hæreticis.

Im römischen Reich war anfangs das bürgerliche Gesetz gegen die Kirche entweder gleichgültig oder feindseelig. Nachdem aber die Kaiser christlich geworden waren, fühlten sie sich als die Schutzherrn der Kirche bewogen, Spaltungen und Neuerungen auch durch äußere Zwangsmittel zu unterdrücken, und gewisse Arten von häretischen Partheien, besonders solche, die große Bewegungen und Unruhen veranlaßt hatten, an der bürgerlichen Rechtsfähigkeit, selbst am Leben zu bestrafen. Diese Gesetzgebung blieb in den germanischen Reichen wegen der engen Verbindung der Kirche mit allen bürgerlichen Einrichtungen, indem, wer jene angriff, dadurch auch diese verwirrte und aufhob i). Die Kaiser und Könige sahen sich daher um ihrer selbst willen genöthigt, die Strafgesetze wider hartnäckige und aufrührerische Häretiker zu handhaben und zu schärfen, weil sie durch die Weihe der kirchlichen Ordnung gewissermaßen angehörten, und ihr Ansehen wesentlich auf dieser ruhte k). Von einem

---

i) Daher haben alle Ketzereien jener Zeit gleich bürgerliche Kriege nach sich gezogen.

k) Die Ketzerei wurde demnach nur in so fern bürgerlich gestraft, als sie in ein bürgerliches Verbrechen übergieng, so wie man jetzt diejenigen züchtigt, welche falsche politische Grundsätze durch Lehre und

staatsrechtlichen Verhältniß zu einer andern als der katholischen Kirche konnte also gar nicht die Rede seyn. Im russischen Reich galten beziehungsweise dieselben Grundsätze; denn wenn gleich Ausländer anderer Confession tolerirt waren, so wurden doch die Ketzereien, die sich aus dem Schooß der russischen Kirche selbst entwickelten, noch im vorigen Jahrhundert mit dem Feuertode bestraft.

§. 47. B) Einfluß der großen Glaubenstrennung. 1) Im deutschen Reich.

Jenes Recht hatte bis ins sechszehnte Jahrhundert auch in Deutschland gegolten, und es war nur eine Anwendung desselben, als der Kaiser durch das Wormser Edikt vom 8. Mai 1521 Luther und seine Anhänger, nachdem ihre Lehre von der Kirche als irrig verworfen war, in die Acht erklärte, und den Obrigkeiten die Vollstreckung derselben befahl. Da aber die Fürsten nicht ernstlich mit Hand anlegten, ja mehrere derselben sogar sich zu Torgau am 4. Mai 1526. zur Vertheidigung der neuen Lehre verbündeten: so nöthigte dieses den in demselben Jahre versammelten Reichstag die Vollstreckung jenes Edicts einstweilen zu mildern [1]). Der Kaiser suchte zwar noch auf mehrfache Weise den Zwiespalt zu unterdrücken; allein die neue Parthei wurde so mächtig, daß man immer mehr darauf kam, die Religionsfrage von der politischen zu trennen. Letztere wurde endlich in Form eines Vergleichs zu Passau am 30. Juli 1552. so entschieden, daß „bis zur endlichen Vergleichung der spaltigen Religion ein beständiger Friedstand zwischen dem Kaiser, den Fürsten und Ständen aufgericht" würde. Dieses erhielt durch den Reichsabschied vom 25. September 1555 seine nähere Entscheidung dahin, daß fortan „kein Reichsstand von wegen der Augspurgischen Confession mit der That gewaltigerweise überzogen" und die geistliche Jurisdiction der katholischen Bischöfe wider die Augspurgischen Confessionsverwandte in Religions- und Kirchensachen vor der Hand sus-

---

That in Umlauf setzen. Wenn man also gegen die Inquisition und und Ketzerstrafen spricht, so klage man nicht die Kirche, sondern die politische Ordnung jener Zeit an. Jedoch muß man sich dann auch in den Zusammenhang der Verhältniße versetzen.

1) Abschied des Reichstags zu Speyer Anno 1526. §. 4. (§ 34. not. u).

pendirt bleiben sollte m). Der Westphälische Friede baute auf dieser Grundlage fort, und dadurch bekam Deutschland folgende Gestalt. Unter den Reichsständen machte in Beziehung auf die öffentlichen Rechte die Religion keinen Unterschied mehr, und daher zog selbst der Uebertritt von einer Confession zur andern in den reichsständischen Verhältnissen keine Veränderung nach sich. Doch waren jeder Confession die unmittelbaren Kirchengüter, die sie am 1. Januar 1624. besessen hätte, fernerhin zugesichert; daher sollte jeder geistliche Reichsstand, der seine Religion wechselte, das mit seinem Amt verbundene Kirchengut herauszugeben gehalten seyn. Dieser kirchliche Vorbehalt (reservatum ecclesiasticum) war auch schon in den Religionsfrieden von 1555 aufgenommen worden. Nach derselben Analogie sollten die Stellen in den Capiteln und Stiftern immer aus der Confession besetzt werden, welche an jenem Tage sie inne gehabt hätte, und daraus sind auch gemischte Capitel entstanden. Ferner entschied am Reichstag in Religionssachen die Mehrheit der Stimmen nicht mehr, sondern auch die Minderzahl durfte eine Opposition bilden (jus eundi in partes), und wenn man sich dann nicht gütlich vereinigen konnte, so mußte Alles beim Alten bleiben n). Zur Wahrnehmung ihrer Religionsrechte unterhielten die Stände sogar am Reichstag zwei engere Verbindungen, das Corpus Evangelicorum und Chatholicorum. Die innern Verhältnisse der einzelnen Territorien, und zwar zunächst das Recht der Religionsübung bestimmte der Friede nach dem Besitzstand im Normaljahr 1624 (annus decretorius) das heißt, die Religionspartheí, welche im Laufe dieses Jahres nachweislich Religionsübung an einem Orte gehabt hätte, sollte sie dort auch ferner behalten o): diejenigen aber, denen dieses fehlte, erhielten, falls sie aus freiem Willen

---

m) Abschied des Reichstags zu Augsburg Anno 1555. §. 7 — 30. (§. 34. not. b).

n) Inst. Pac. Osn. Art. V. §. 1. 14. 15. 23. 52.

o) Später änderte sich dieses in den Districten, welche durch Ludwig XIV. 1680. mit Frankreich reunirt worden waren. Hier hatte der König die katholische Religion überall zur herrschenden gemacht, und er bedung sich, da er im Ryßwicker Frieden 1697 alles wieder herausgab, im Art. 4. doch die Beibehaltung des dermaligen Religionszustandes aus. Dadurch wurde der Besitzstand des Normaljahres an 1922 Orten abgeändert.

oder auf Geheiß des Landesherrn auswanderten, freien Abzug ohne alle Verkürzung des Vermögens zugesichert. Für Schlesien und Niederösterreich galt jedoch das Normaljahr nicht, sondern hier behielt der Kaiser das freie landesherrliche Recht, die Ausübung der Religion zu bestimmen; doch versprach er Niemanden der Augsburgischen Confession wegen zum Auswandern zu nöthigen. Die bürgerlichen p) Nachtheile und Unehren, welche die Ketzer trafen, wurden aber überhaupt im Verhältniß beider Theile zu einander, aufgehoben. In Betreff der geistlichen Güter und Gefälle entschied der Besitz vom 1. Januar als dem Normaltag (dies decretorius). Die geistliche Jurisdiction endlich blieb wie früher gegen die Anhänger der Augsburgischen Confession suspendirt q). Alles dieses wurde, was früher nicht der Fall gewesen war, auch auf die Reformirten ausgedehnt, und über deren Verhältniß zu den lutherischen Landesherrn einige besondere Bestimmungen erlassen r).

§. 48. 2) In den andern Ländern.

In den katholischen Ländern, wo die neue Lehre nicht hindrang, blieb das Staatsrecht im Ganzen bei seinen bisherigen Grundsätzen. In Frankreich aber erhielten die Protestanten von Heinrich IV. durch das Edict von Nantes 1598 freie Religionsübung und gleiche bürgerliche Rechte wie die Katholiken. Dieses wurde jedoch von Ludwig XIV. 1685 widerrufen. Erst Ludwig XVI. gab ihnen 1788, wenn auch nicht die volle, bürgerliche Rechtsfähigkeit zurück. In den protestantischen Ländern außerhalb Deutschland änderte sich das staatsrechtliche System nur in so fern, daß es das ausschließliche Bürgerrecht, welches bis dahin die katholische Kirche gehabt hatte, auf die angenommene neue Lehre übertrug. In Dänemark und Schweden wurde daher nur den Bekennern der Augsburgischen Confession, in den vereinigten Niederlanden und in vier Cantonen der Schweiz

---

p) Nicht also der kirchliche Begriff der Ketzerei, denn darüber konnte ein weltlicher Friedensschluß nicht bestimmen. Doch kann man den Namen, worauf ohnehin nichts ankommt, auch als aufgehoben betrachten, in so fern damit sonst eine besonders verächtliche Bedeutung verknüpft war.

q) Inst. Pac. Osn. Art. V. §. 25. 31. 32. 35 — 40. 48.

r) Inst. Pac. Osn. Art. VII. §. 1. 2.

nur den Anhängern der reformirten Lehre öffentliche Religionsübung und bürgerliche Rechtsfähigkeit gestattet. Eben so wurde in England die bischöfliche Kirche zur herrschenden gemacht, und alle davon Dissentirenden, vorzüglich aber die Katholiken, mit drückenden Nachtheilen und Strafen belegt s). Doch erhielten in Schottland die Puritaner oder Presbyterianer schon seit 1560 die

---

s) Die wichtigsten Punkte der englischen Gesetzgebung, worauf es hier ankommt, sind folgende. I. Die Hoheit über die Kirche wurde vom Parlament als ein ausschließliches Recht der Krone erklärt, 26. Henr. VIII. c. 1., und dadurch die Anerkennung dieser Eigenschaft zu einer allgemeinen Unterthanenpflicht gemacht II. Hieraus entstanden schwere Strafen, selbst die des Hochverraths, wider diejenigen, welche die kirchliche Suprematie des Königs läugneten, 1. Edw. VI. c. 12. §. 6. 7. 22., 1. Elizab. c. 1 §. 27 — 30, und um so mehr wider diejenigen, welche die Suprematie des Pabstes anerkannten, 5. Elizab. c. 1. § 2. III. Um diese ausfindig zu machen, wurde der Supremateid eingeführt. Dieser gieng jedoch in seiner letzten Fassung (1. Will. III. c 8.) nicht auf positive Anerkennung der königlichen, sondern nur auf Abschwörung der Suprematie jeder auswärtigen Macht. Er konnte daher doch von den dissentirenden Protestanten beschworen werden. IV. Es wurden Strafgesetze erlassen wider diejenigen, die sich nicht zu dem Gottesdienst nach dem gesetzlich aufgestellten Ritus hielten, und um so mehr wider diejenigen, die den Gottesdienst nach einem andern Ritus begiengen, 5 et 6. Edw. VI. c. 1., 1. Elizab. c. 2. V. Wer ein Katholik zu seyn verdächtig schien, der konnte zum Suprematеid genöthigt, oder, wenn er sich weigerte, bestraft werden, 1. Jam. I. c. 4., 1. Will. III. c. 15. 18., 7 et 8. Will. III. c. 27. VI. Nach der Corporations-Acte von 1661 sollte Niemand ein öffentliches Amt erhalten, der nicht das Abendmahl nach dem gesetzlichen Ritus empfangen zu haben bescheinigte, 13. Car. II. st. 2. c. 1. Dasselbe und auch noch die Unterschrift einer Erklärung wider die Transsubstantiation verlangte die Test-Acte von 1673, 25. Car. II. c. 2. VII. Um im Parlament sitzen zu können mußte der Suprematеid und eine feierliche Abschwörung der katholischen Unterscheidungslehren abgelegt und unterschrieben werden, 30. Car. II. st. 2. c. 1. VIII. Nach der Revolution wurden von Wilhelm III. 1689 in Beziehung auf die protestantischen Dissenters die obigen Strafgesetze aufgehoben, nicht aber die Corporations- und Test-Acte, 1. Will. III. c. 18. 10. Ann. c. 2. IX. In Ansehung der Katholiken blieb es nicht nur beim alten Recht, sondern es wurden auch viele neue Strafbestimmungen wider sie erlassen. Diese sind, jedoch lange nicht vollständig, bei Blackstone angeführt. X. Auch noch nach neuern Gesetzen mußte man, um ein Civil- oder Militär-Amt zu erhalten, erst den Suprematеid ablegen, 1. Georg. I. st. 2. c. 13.

Oberhand, und wurden von Wilhelm III. 1690 sogar hier zur staatsrechtlichen Kirche erhoben.

§. 49. C) Heutiges Recht. 1) Uebersicht.

Seit etwa einem Jahrhundert hat aber die Politik im Punkt der Religion allmählig ihre Grundsätze erweitert. Veranlassung dazu gab die häufiger vorkmmende Vereinigung von Unterthanen verschiedener Confessionen unter demselben Landesherrn, die bereitwillige Aufnahme von Ausländern zur Begünstigung des Handels und der Industrie, die schärfere Unterscheidung zwischen rein menschlichen, bürgerlichen und kirchlichen Verhältnissen, die zum Theil falsche Richtung der neuern Zeit auf Allgemeinheit, endlich auch das in der Politik erloschene Interesse für die Angelegenheiten der Religion. Doch sprechen sich die neuen Verfassungsurkunden über alle Verhältnisse, die hier in Betracht kommen, nicht immer vollständig aus, und selbst das, was sie feststellen, kann noch auf verschiedene Weise verstanden und gehandhabt werden. In Spanien, Neapel, Sardinien, dem Kirchenstaat, Mexico und in Columbien t), ist nur eine Religion erlaubt, und die Ausübung jedes andern Cultus verboten. Doch leidet dieses eine Ausnahme bei den Gesandten: auch genießen die Ausländer anderer Confession, die sich hier niederlassen, den Schutz der Gesetze, und selbst bei den Inländern bekümmert man sich um abweichende persönliche Ueberzeugungen nicht, so lange dieselben nicht absichtlich verbreitet werden. In Portugal und Brasilien ist den Ausländern für ihre Religion der Haus- und anderer Privatgottesdienst u), im Grosherzogthum Toscana und im lombardisch-venetianischen Königreich noch freierer Gottesdienst gestattet. In Frankreich, im Königreich Polen, in der freien Stadt Cracau, und in der Republik Hayti ist zwar die katholische Religion als die Religion des Landes oder der Mehrheit der Bürger erklärt, aber jede andere Religion genießt Schutz und freie öffentliche Ausübung ihres Cultus, und die christlichen

---

t) Constit. von Mexico vom 31. Januar 1824. Art. IV., Grundlage der neuen Constitution der Republik Columbien von 1830. Art. 15.

u) Constit. von Portugal vom 19. April 1826. Art. 6., Brasilien vom 11. März 1824. Art. 5.

Confessionen haben gleiche bürgerliche und politische Rechte v). Lezteres ist auch für die deutschen Bundesstaaten festgesetzt worden w). Die Verfassungsurkunden der einzelnen Länder haben es jedoch, wie unstreitig auch die Absicht war, blos auf die anerkannten drei christlichen Confessionen beschränkt, übrigens aber allen andern Religionsmeinungen bürgerliche Straflosigkeit und wenigstens das Recht der einfachen Hausandacht zugesichert x). Das Nähere, namentlich was die Herrnhuter, Menoniten, Pietisten, Separatisten, Deisten und Juden betrifft, hängt von den Landesgesetzen ab y). In Oestreich und den dazu gehörigen Königreichen haben die nicht unirten Griechen schon seit ihrer Aufnahme im siebenzehnten Jahrhundert, die Protestanten der augsburgischen und helvetischen Confession aber seit dem Toleranz-Patent von Joseph II. 1781 freie Religionsübung und den gleichen Genuß der bürgerlichen und politischen Rechte; doch giebt es nach den Landestheilen noch einzelne Beschränkungen und Verschiedenheiten. Andere Secten werden nicht geduldet z). Von der schweizerischen Eidgenossenschaft sind neun Cantone katholisch [1]),

---

v) Constit. von Frankreich vom 4. Juni 1814. Art 5 6., Polen vom 27. Nov. 1815. §. 11., Cracau vom 3. Mai 1815. Art. 1. 2., Hayti vom 2. Juni 1816. Art 48. 49

w) Deutscher Bund vom 8. Juni 1815. Art. 16.

x) Verf. Urk. von Bayern vom 26. Mai 1818. Tit. IV. §. 9., Bayr. Rel. Edikt vom 26. Mai 1818. §. 1 — 11. 24. 25. 32 — 37., Verf. Urk. von Baden vom 22. Aug. 1818. §. 9. 18. 19., Würtemberg vom 25. Sept. 1819. §. 24. 27., Würtemb. und Baden Reg. Blatt 1830. V. über Sch. und A. R. §. 1. 2., Würtemb. Rel. Edikt Reg. Blatt 1807. Nr. 112., Großherzogthum Hessen vom 17. Dezbr. 1820. Art. 20 — 22., Sachsen-Coburg vom 8. Aug. 1821. Art. 12 — 14.

y) Ob die Protestanten, die keine symbolischen Bücher mehr anerkennen und blos ihrer Vernunft folgen wollen, noch als dieselbe Glaubenspartei wie ihre orthodoxen Namensgenossen gelten, und die bürgerlichen und politischen Rechte derselben verlangen können, ist vielfach bestritten worden. Die Gesetze sprechen sich über diese allerdings sehr wichtige Frage nicht aus.

z) Diese Rechtsverhältniße sind gut zusammengestellt bei: Jos. Helfert, die Rechte und Verfassung der Acatholiken in dem Oestreichischen Kaiserstaate. Zweite Aufl. Wien 1827. 8.

1) Verf. Urk. von Luzern vom 29. März 1814. §. 51., Freiburg vom 4. bis 11. Mai 1814. §. 31., Solothurn vom 17. Aug. 1814. §. 26., Zug vom 5. Sept. 1814. §. 1., Tessin vom 17. Dez. 1814. §. 1.

sechs reformirt *), sechs gemischt a) und einer getheilt b). In Rußland haben die Ausländer kraft der Manifeste von 1702 und 1735 freien öffentlichen Gottesdienst; auch wird bei Verleihung von Staatsämtern auf die Confessionen nicht gesehen; nur darf von der herrschenden Kirche Niemand zu einer andern übrrtreten. Auf den jonischen Inseln ist die griechische orthodoxe Religion die herrschende. Neben ihr soll die „herrschende orthodoxe Religion, wozu sich die hohe beschützende Macht (England) bekennt, die freieste öffentliche Ausübung" haben. Die katholische Religion wird besonders beschützt, und die übrigen tolerirt c). In dem neu gestifteten griechischen Reich ist für die Katholiken völlige Freiheit des Gottesdienstes und der bischöflichen Gerechtsame, und für alle Confessionen bürgerliche und politische Gleichheit stipulirt worden d). In Schweden haben zuerst die Reformirten 1741 freie Religionsübung erhalten; später wurde dieses auch auf die übrigen christlichen Confessionen ausgedehnt e); doch sind nur die Mitglieder der herrschenden Kirche zu öffentlichen Aemtern fähig, und nur sie und die Reformirten können zu Reichstagsdeputirten gewählt werden. In Dänemark besteht ein ähnlicher Zustand. In Norwegen bleibt die evangelisch-lutherische Religion die öffentliche Religion des Staates; Jesuiten,

---

Wallis vom 12. Mai 1815. §. 1., Unterwald ob dem Wald vom 28. April 1816. §. 3., Unterwald nid dem Kernwald vom 12. Aug. 1816. Art. I., Uri vom 7. Mai 1820. §. 1., und Schwyz nach dem Herkommen.

*) Verf. Urk. von Basel vom 4 März 1814. Art. 16, Zürich vom 11. Juni 1814. §. 1., Schaffhausen vom 12. Juli 1814. §. 31., Waadt vom 4. Aug. 1814. §. 36., Genf vom 24. Aug. 1814. Tit. 1. §. 2., Erklärung des großen Raths von Bern vom 21. Sept. 1815. §. 1.

a) Verf. Urk. von Glarus vom 3. Juli 1814. §. 2—6., Aargau vom 4. Juli 1814. §. 27, Thurgau vom 28. Juli 1814. §. 33. 38., St. Gallen vom 31. Aug. 1814. §. 1. 28—32 37., Graubündten vom 19. Juni 1820. §. 27. 28., Neuenburg vom 18. Juni 1814. §. II.

b) Appenzell der innern Rhoden ist katholisch, Verf. Urk. vom 30. Juni 1814, Appenzell der äußern Rhoden aber reformirt, Verf. Urk. vom 28. Juni 1814.

c) Constit. der jonischen Inseln vom 28. Dez. 1817. Cap. I. §. 3., Cap. V. Abschn. I. §. 1—4.

d) Protokoll von London vom 4. Febr. 1830.

e) Reichstagsbeschluß vom 26. Jan. 1779. §. 7., Königl. Verordn. vom 24. Jan. 1781., Schwed. Constit. vom 7. Juni 1809. §. 16.

Mönchsorden und Juden werden auf dem Gebiet nicht geduldet f.) In Grosbrittannien sind in der neueren Zeit allmählig alle wider die Dissentirenden gerichteten bürgerlichen und politischen Nachtheile aufgehoben worden g). Doch ist dadurch in dem Verhältniß der Katholiken zur herrschenden Kirche nichts geändert; und sie müssen an diese noch immer nicht nur die Zehnten und andere herkömmliche Abgaben entrichten, sondern es können ihnen in Irland auch noch zum Bau der protestantischen Kirchen von den Kirchspielsversammlungen, worin blos die Protestanten stimmen, neue Abgaben aufgelegt werden. Endlich im Königreich der Niederlande und in den vereinigten Staaten von Nordamerika haben alle Religionen, nicht blos die christlichen, Schutz, öffentliche Ausübung und gleiche politische Rechte h),

---

f) Constit. von Norwegen vom 4. Nov. 1814. §. 2.

g) Die wichtigsten der Gesetze, wodurch dieses geschah, sind folgende. I. Im Jahr 1778 wurde eine Eidesformel abgefaßt, die blos auf die bürgerlichen Unterthanenpflichten, mit Weglassung der kirchlichen Suprematie, gerichtet war, und die Katholiken, unter der Bedingung, daß sie diesen Eid leisten würden, fähig erklärt, Grundstücke zu erwerben und zu vererben, 18. Georg. III. c 60. II. Im Jahr 1791 sind in Beziehung auf die Katholiken in England, die eine der obigen ähnliche, rein bürgerliche Eidesformel beschwören würden, die meisten der wider sie gerichteten eigentlichen Strafbestimmungen aufgehoben, und ihnen auch das Recht des eigenen Gottesdienstes zugestanden worden, 31. Georg. III. c 32. III. Im Jahr 1793 wurden die Vortheile dieses Gesetzes auch auf die Katholiken in Schottland angewendet. IV. In demselben Jahr 1793 haben die Katholiken in Irland, nicht die in England, das Recht erhalten, die Parlamentsmitglieder mit zu wählen, und mehrere niedere Aemter zu bekleiden, Irisch. Act. 33. Georg. III. V. Im Jahr 1828 ist die Corporations- und Test-Acte aufgehoben worden; doch kam dieses nur den protestantischen Dissenters zu Statten, weil zur Erlangung eines öffentlichen Amtes regelmäßig noch immer der Suprematеid gefordert wurde. VI. Durch ein Statut vom 13. April 1829 sind endlich, unter Aufhebung aller entgegenstehenden Eidesformeln, die Katholiken der drei Reiche, nachdem sie den dafür abgefaßten blos bürgerlichen Unterthaneneid geleistet hätten, für fähig erklärt worden, an den Parlamentswahlen Theil zu nehmen, im Parlament zu sitzen, und alle öffentlichen Aemter, einige wenige ausgenommen, zu bekleiden.

h) Fundam. Ges. des Königr. der Niederl. vom 24. Aug. 1815. §. 190 — 193., Constit. der verein. Staaten vom 17. Sept. 1787. Anh. Art. III.

§. 50. 2) Allgemeine Grundsätze.

Nach dem jetzigen Standpunkt der Wissenschaft und der Politik ist das Benehmen des Staats gegen andere Religionspartheien nach folgenden vier Grundsätzen einzurichten. Erstlich, die Befestigung und Verbreitung des Glaubens ist zunächst die Aufgabe der Kirche, nicht der Regierung; diese soll daher bürgerliche Gewissensfreiheit gestatten, das heißt, weder zum Glauben zwingen, noch der blos abweichenden Ueberzeugung wegen strafen. Jedoch muß sie kraft ihrer Schirmvogtei die Verbreitung unkirchlicher Meinungen, woraus Spaltungen entstehen könnten, hindern, und daher auch Geistliche und Lehrer, die ihre falsche Ueberzeugung in ihrem amtlichen Würken geltend machen, entfernen helfen. Zweitens, ist in dem Lande eine andere christliche Religionspartheï vorhanden, so soll die Regierung sie toleriren und ihr die Uebung ihrer Religion gestatten: auch muß sie dann die inneren politischen Einrichtungen allmählig so zu erweitern suchen, daß sie jene Parthei mit gleichen Rechten, wie die Mitglieder der herrschenden Kirche, aufnehmen könne. Drittens, ist auf diese Weise, wie in Frankreich und Deutschland, Parität anerkannt, so soll die Regierung diese mit der größten Gewissenhaftigkeit handhaben, beide Theile gleichmäßig beschirmen, Spaltungen von ihnen abwehren, und in den Lehranstalten nichts Unkirchliches wider die Eine und die Andere dulden. Auch muß sie Beiden gleiche Freiheit in der Entwicklung ihres kirchlichen Lebens und ihrer Lehre gestatten, selbst wo sie, was für sie Pflicht ist, sich bestreiten, so lange nur in der Form die gebührende Mäßigung beobachtet wird. Endlich darf dann die Regierung den Uebergang von einer Confession zur Andern nicht hindern, und dieser soll weder in den öffentlichen Aemtern noch in andern bürgerlichen Beziehungen eine nachtheilige Aenderung hervorbringen. Neben dieser Unpartheilichkeit ist es aber der Regierung immer noch erlaubt, ja für sie selbst Pflicht, derjenigen Confession, zu welcher sie sich bekennt, eine besondere Aufmerksamkeit zu erzeigen, so lange nur nicht die andere dadurch verletzt wird. Auch muß sie das, was für alle christliche Confessionen gemeinschaftlich ist, besonders bei den Lehranstalten, im Auge behalten, weil sie sonst Alle untergraben oder Preis gegeben würden. [1]) Viertens, wollte die Regierung auch nicht christliche Religionen der christlichen völlig gleich stellen, so wäre dieses nicht mehr Unpartheilichkeit, sondern eine Gleichgültigkeit, die allmählig auf die Bürger zurückwürken und das innerste Prinzip des Staats verderben würde. [2])

1) An rein katholischen Lehranstalten sollten daher keine protestantische Lehrer angestellt, so wie an gemischten jeder Schein von Partheilichkeit vermieden werden.

2) Würtemb. Gesetz über öffentliche Verhältniße der Israeliten. Reg. Blatt 1828. S. 301.

Zweites Buch.
Von den Quellen des Kirchenrechts [i]).

Erstes Kapitel.
Allgemeine Beschaffenheit derselben.

§. 51. I. Quellen des katholischen Kirchenrechts. A) Vorschriften Christi.

Quelle des Kirchenrechts ist Alles, wodurch von der rechtmäßigen Autorität etwas als Recht der Kirche verordnet wird. Die erste und ursprüngliche Quelle bilden also die Vorschriften, welche Christus selbst theils über die Verfassung, theils über die innern Verhältnisse des kirchlichen Lebens hinterlassen hat. Diese sind ein Bestandtheil der Offenbarung, und können daher durch menschliche Satzungen in ihrem Wesen nicht mehr verändert oder aufgehoben werden. Einige dieser Vorschriften sind in den heiligen Schriften verzeichnet, andere durch mündliche Ueberlieferung fortgepflanzt worden. Das Lehramt der Kirche bewahrt sie alle, und giebt davon auf unfehlbare Weise Zeugniß.

§. 52. B) Menschliche Satzungen. 1) Alte Traditionen.

Durch Christus selbst sind nur die wesentlichsten Verhältnisse festgesetzt, das Uebrige aber ist von den Aposteln und den Gemeinden nach eigenem Ermessen eingerichtet worden k). Diese Anord-

i) Werke, die sich besonders mit den Quellen und der Litteratur beschäftigen, sind: *Joan. Doujat* Prænotionum canonicarum libri quinque — ed. nova. Lips. 1776—79. II. T. 8., *Chr. Fr. Glück* Præcognita uberiora universæ jurisprudentiæ ecclesiasticæ. Halæ 1786. 8., Corbin. Gärtner Einleitung in das gemeine deutsche Kirchenrecht. Augsb. 1817. 8.

k) I. *Cor.* VII. 12. Ego dico, non Dominus.

nungen wurden zunächst blos mündlich getroffen und eben so fortgepflanzt. Daher ist das Recht der Kirche auch auf menschliche Traditionen gegründet, und diese sind entweder apostolische oder kirchliche, je nachdem sie von den Aposteln oder von einer andern kirchlichen Autorität hergeleitet werden. Beide stimmen darin überein, daß sie, als blos aus menschlichen Ansehen gesetzt, nicht mehr durchaus unveränderlich sind l); jedoch sollen sie ihrer Urheber oder ihres hohen Alterthums wegen mit Ehrfurcht behandelt werden.

§. 53. 2) Concilienschlüsse.

Wenn die überlieferten Einrichtungen nicht ausreichen, so tritt die Kirche in Concilien zusammen, um die Beschlüsse zu fassen, welche durch die veränderten Umstände, durch eingerissene Gebrechen, oder durch andere Bedürfnisse nothwendig geworden sind. Eine solche Versammlung kann entweder für die ganze Kirche, oder nur für einen Theil derselben berufen werden; und die Beschlüsse können sowohl auf die Glaubens- und Sittenlehre, wie auf die äußere Disciplin gerichtet seyn. Sie bilden eine sehr wichtige und reiche Quelle des Kirchenrechts. In der neuern Zeit hat man von den Concilienschlüssen theils allgemeine m),

---

l) c. 8. D. XI. (August. c a 400), c 11. D XII. (Idem eod.)

m) Den Anfang machte die Sammlung von Jac. Merlin, Paris 1524. 2 B. fol., nachgedruckt zu Cölln 1530. 2. B. fol und Paris 1535. 2 B. 8. Darauf folgten die von Petr. Crabbe, Cölln 1538 2 B. fol und vermehrt 1551 3 B. fol; Laur. Surius, Cölln 1567. 5 B. fol. und vermehrt Vened. 1585. 5 B. fol; Sever. Binius, Cölln 1606. 5 B. fol. vermehrt 1618. 5 B. fol und zum drittenmal Paris 1638. 9 B fol; Jac Sirmond, Rom 1608. 4 B. fol.; und die große Sammlung aus der königlichen Buchdruckerei, Paris 1644. 37 B. fol. Die brauchbarsten sind: Sacrosancta concilia exacta a *Ph. Labbeo* et *Gabr. Cossartio* cum duobus apparatibus. Par. 1671. 72. XVII (XVIII) Vol. fol. (Baluze hat davon eine Fortsetzung begonnen, aber nicht vollendet, Paris 1683 und 1707. fol), Acta conciliorum et epistolæ decretales ac constitutiones summorum pontificum (cur. *Joh. Hardouin*) Par 1715 XI (XII) Vol. fol., Sacrosancta concilia ad regiam editionem exacta curante *N. Coleti* Ven. 1728 — 34 XXIII (XXV) Vol. fol. und dazu *J. Dom. Mansi* supplementum ad collectionem conciliorum. Luc 1748 — 52. VI. Vol fol, Sacrorum conciliorum nova et amplissima collectio — ed. *Joan. Dom Mansi* Flor. 1759 — 67. Tom. I — XIII. Venet. 1769 — 98. Tom. XIV — XXXI. fol. Der letzte Band geht erst bis in die Mitte des fünfzehnten Jahrhunderts.

theils für einzelne Länder bestimmte n) Sammlungen angelegt.

§. 54. 3) Päbstliche Constitutionen.

Greg. I. 2. Sext. I. 2. De constitutionibus; Greg. I. 3. Sext. I 3. Clem I. 2. De rescriptis.

Die päbstlichen Constitotionen sind ihrem Inhalt und Umfang nach sehr verschieden. Die wenigsten enthalten allgemeine Verordnungen für die ganze Kirche, und auch diese sind gewöhnlich auf einem allgemeinen oder römischen Provinzialconcilium erlassen, und nur unter dem Namen des Pabstes publicirt worden. Die meisten sind Decretalbriefe, das heißt gesetzliche Anordnungen auf Anfragen von Bischöfen, Entscheidungen vorgelegter Rechtsstreitigkeiten, Aufträge und Ermahnungen, Instructionen für Kirchenbeamte, Rescripte in Verwaltungssachen, und Verfügungen für einzelne Länder und Bisthümer. Ihrer Form nach sind sie jetzt entweder Bullen oder Breven o). Im Mittelalter, wo aus allen Ländern Anfragen und Bittschriften bei dem Pabst einkamen, war, um Misbräuche oder Verfälschungen zu verhüten, insbesondere die Lehre von den Rescripten, sowohl was deren inne-

---

n) Concilia *Germaniæ* quorum collectionem Joh. Fr. Schannat primum cœpit, contin. Jos. Hartzheim, Her. Schollius, Aeg Neissen, indic. digessit Jos. Hesselmann. Colon. 1749 — 90. XI. Vol. fol — Concilia antiqua *Galliæ* stud. Jac. Sirmondi. Par. 1629. V. Vol fol, Eorundem supplementum ed. P. de la Lande. Par. 1666. I. Vol. fol., Concilia novissima Galliæ ed. Lud. Odespun, Conciliorum Calliæ tam editorum quam ineditorum collectio stud. congr. S. Maur. Tom. I. Par. 1789. Fol. (Mehr ist nicht erschienen). — Collectio maxima conciliorum omnium *Hispaniæ* et novi orbis ed. Jos. Sænz de Aguirre. Rom. 1693. IV. Vol. fol., Concilia Magnæ *Britaniæ* et Hiberniæ ed. Dav. Wilkins. Lond. 1737. IV. Vol. fol. — Car. Peterffy Concilia ecclesiæ Rom. Catholicæ in regno *Hungariæ* celebrata. Pars. I. Vien. 1742. Fol. Pars. II. Poson. 1742. fol.

o) Die Bullen werden auf Pergament mit alter gallischer Schrift geschrieben, mit einem herabhängenden bleiernen Siegel versehen, und in der apostolischen Kanzlei expedirt. Ihr Name rührt her von der herabhängenden Kapsel oder Bulla, in welche sonst das Wachssiegel gegossen wurde. Ein Breve hingegen wird gewöhnlich nur von einem Sekretair aus dem apostolischen Sekretariat unterzeichnet und expedirt, und auf rothes Wachs mit dem Fischerring besiegelt. *Glück* Præcogn. uberior. Cap. III. Sect. IV. §. 230.

re p) als äußere q) Erfordernisse betrifft, zum Theil auch mit Nachahmung des römischen Rechts, sehr genau ausgebildet; jetzt aber hat dieses seine praktische Bedeutung größtentheils ganz verloren. Von den päbstlichen Constitutionen hat man noch in der neuern Zeit mehrere Sammlungen veranstaltet r).

§. 55. 4) Concordate und weltliche Gesetze.

Die Verhältnisse der Kirche in den einzelnen Reichen werden häufig auch durch Verordnungen der Landesherrn bestimmt. Diese sind ihrer Form nach doppelter Art, Verträge mit dem Pabst, und einseitige Gesetze. Jene werden seit dem fünfzehnten Jahrhundert Concordate genannt. Für Beides, soweit sie das deutsche Reich betreffen, giebt es neuere, wiewohl nicht ganz vollständige Sammlungen s). Diese haben aber jetzt fast nur noch historischen Werth. Die neuern landesherrlichen Verordnungen in Kirchen-

---

p) c. 15. c. XXV. q. 2. (Theodos. a. 426), c. 2. 20. 22. X. h. t. (1. 3.), c. 8. h. t. in VI. (1. 3.)

q) c. 11. X. h. t. (1. 3.), c. 6. X. de fid. instrum. (2. 22.), c. 5. 6. X. de crimin. fals. (5. 20.)

r) Zuerst sammelte Laert. Cherubini die nicht bereits in den Sammlungen des Mitelalters enthaltenen Constitutionen von Leo I. bis Sixtus V., und gab sie chronologisch geordnet unter dem Namen Bullarium zu Rom 1586 in einem Bande fol. heraus: dann vermehrt, Rom 1617. 3 B. fol. Sein Sohn Angel. Mar. Cherubini, dann Angel. a Lantusca, Paul a Roma und Andere setzten dieses zu verschiedenen Zeiten fort. Endlich erschienen fast zu gleicher Zeit folgende zwei neue Sammlungen: Bullarium magnum Romanum a Leone M. ad Benedict. XIV. Luxemb. 1727 — 58. XIX. Vol. fol., Bullarum Privilegiorum ac Diplomatum Romanorum pontificum amplissima collectio opera et studio *Caroli Cocquelines*. Tom. I — VI., von da an unter dem Titel: Bullarium Romanum seu novissima collectio anostolicarum constitutionum. Tom. VII — XIV. Rom. 1733 — 48. fol. Diese Fortsetzung und jene andere Sammlung werden, wie es scheint, in den litterärischen Angaben häufig verwechselt. Vielleicht haben auch die Herausgeber selbst durch veränderte Titelblätter Verwirrung verursacht.

s) *P. J. a Riegger* Corpus juris publici et ecclesiastici Germaniæ academicum. Vienn. 1764., *Ejusdem* Corpus juris ecclesiastici novissimi. Vienn. 1775., *J. J. Schmaus* Corpus juris publici S. R. Imperii academicum. Lips. 1774., *C. Gärtner* Corpus juris ecclesiastici catholicorum novioris quod per Germaniam obtinet. Salisb. 1797.

sachen sind, mit Ausnahme von Oestreich t) und Baiern u), noch nicht eigends gesammelt.

§. 56. 5) Particularrechte einzelner Diöcesen und Kirchen.

Greg. I. 2. Sext. I. 2. De constitutionibus.

Endlich können noch die einzelnen Diöcesen und Kirchen ihre besonderen Rechtsquellen haben v). Diese sind die Statute der Diöcesansynoden, die Verordnungen der Bischöfe w), die Privilegien der Päbste, Kaiser und Landesherrn, die besonderen Concordate des Bischofs mit dem Landesherrn, und die Statute der Kapitel x) oder anderer kirchlicher Korporationen. Früher waren auch die Capitulationen der Bischöfe mit ihren Kapiteln sehr wichtig y).

---

t) *P. J. a Riegger* Corpus juris ecclesiastici Bohemici et Austriaci. Wien 1770. II. T. 8. — Protokoll der k. k. landesfürstlichen Verordnungen und Gesetze in Publ. eccles. von 1770 — 82. Grätz. 7 B. fol. — Codex juris ecclesiastici Josephini. Frankf. und Leipz. 1788. 2 B. 8. — Politisch-geistliche Gesetze. Freiburg 1796.

u) Andr. Müller Repertorium der landesherrlichen Verordnungen in Kirchensachen, dann in andern den Würkungskreis der Geistlichen in Bayern betreffenden Gegenständen. Würzburg 1829. 2 Thle. 8. — Dekan Maurer Uebersicht der für die katholische Geistlichkeit in Würtemberg bestehenden Staats- und Kirchengesetze. Wangen 1831. Beilagen hiezu Wangen 1831. — Für Baden Sammlung bischöflicher Verordnungen, Konstanz 1809. Zeitschrift für die Geistlichkeit des Erzbisthums Freiburg. 1828. ꝛc. ꝛc.

v) Viele dieser besondern Rechtsquellen der deutschen Kirchen, die freilich jetzt fast nur noch historischen Werth haben, findet man in folgenden Sammlungen: *St. Alex. Würdtwein* Subsidia diplomatica ad selecta juris ecclesiastici Germaniæ et historiarum capita elucidanda. Heidelb. 1772 — 80. XIII. Vol. 8., *Ejusdem* Nova subsidia diplomatica etc. Heidelb. 1781 — 89. XIV. Vol. 8.

w) Vollständige Sammlung deren die Verfassung des hohen Erzstifts Kölln betreffenden Stücken, vor und nach ergangenen Verordnungen und Edikten. Kölln 1772. 73. 2 B. fol. — Sammlung der bischöflichen Speyerischen Hirtenbriefe und Diöcesanverordnungen vom Jahr 1720 — 1786. fol.

x) Thesaurus novus juris ecclesiastici potissimum Germaniæ seu Codex statutorum ineditorum ecclesiarum cathedralium et collegiatarum in Germania — editus ab *Andr. Mayer.* Bamb. 1791 — 94. IV. Vol. 4.

y) Eine sehr genaue Angabe der Quellen und Litteratur des in Preußen geltenden partikularen katholischen Kirchenrechts findet man

§. 57. C) Das Gewohnheitsrecht.

Greg. I. 4. Sext. I. 4. De consuetudine.

Neben dem Recht, welches als solches von einer Autorität absichtlich gesetzt ist, bleibt vieles noch dem Rechtsgefühl der Einzelnen überlassen, und dieses spricht sich in den vorkommenden Fällen durch die That selbst aus. Mehrere gleichförmige Handlungen dieser Art begründen, als Ausdruck der herrschenden Rechtsansicht, eine Autorität auch für die Zukunft, ein Gewohnheitsrecht z). Dieses ist eine höchst wichtige und unentbehrliche Ergänzung des geschriebenen Rechts, und die Kirche erkennt es ausdrücktich als solche an a). Nur soll es nicht wider das göttliche Recht, wider die Vernunft und guten Sitten, wider die öffentliche Ordnung, oder den Geist und die Rechte der Kirche verstoßen b). Die Gewohnheit, die sich bei einer kirchlichen Corporation über deren innere Verhältniße gebildet hat, wird jetzt die Observanz genannt. Diejenige, welche das Verfahren und andere Formalitäten bei den Gerichten betrifft, heißt der Gerichtsstyl (stylus curiæ). Das Gewohnheitsrecht endlich, welches sich in der gleichförmigen richterlichen Entscheidung ähnlicher Fälle ausspricht, ist der Gerichtsgebrauch oder die Praxis. Früher, wo viele Rechtsstreitigkeiten in letzter Instanz nach Rom kamen, waren die Entscheidungen der römischen Rota (Decisiones Rotæ Romanæ), als des höchsten geistlichen Gerichtshofes, sehr wichtig c).

---

zerstreut in dem unten (§. 60.) angeführten Werke des Freiherrn von Kamptz. Einen Auszug daraus, nach den Diöcesen der preußischen Monarchie geordnet, lieferte Jos. Scheill in *M. Schenkl* Instit. jur. eccles. ed. dec. Landish. 1830. Tom. II. p. 813 — 823.

z) c. 4. 5. D. I. (Isidor. c. a. 630).

a) c. 7. D. XI. (Augustin a 397), c. 6. D. XII. (Instit. Justinian. a. 533), c. 7. eod. (ex Cod. Just. VIII. 53), c. 8. eod. (Gregor. I. a. 591), c. 8. 9. X. h. t.

b) c. 8. 9. D. VIII. (Cyprian. a. 256 et 253), c. 4. 6. 7. eod. (Augustin. a. 400), c. 5. eod. (Gregor VII. c. a. 1075), c. 1. 3. 4. 5. 7. 10. 11. X. h. t.

c) Es giebt davon viele Sammlungen. Die ältesten sind: Romæ (U. Gallus) 1470. 1472. fol. (Lauer) 1475. fol., Mogunt. (Schoiffer) 1477. fol. Andere nennt: *J. H. Bœhmer* Prolog. ad edit. septimam Decisionum David. Mevii. Francof. ad M. 1740.

§. 58. D) Einfluß der Wissenschaft.

Zu den Quellen des Kirchenrechts gehört endlich auch die Autorität der Doctrin. Diese würkt zwar nicht so formell, doch aber der Sache nach eben so kräftig, wie die eigentliche Gesetzgebung. Denn sie verbindet die einzelnen Bestimmungen zu einem gleichartigen Ganzen, ergänzt deren Lücken, scheidet das Veraltete aus, leitet die richterliche Beurtheilung, und ist selbst die Quelle, aus welcher die neuen Gesetze hervorgehen. Die Kirche hat dieses würdige Verhältniß der Wissenschaft immer anerkannt, indem sie die durch Gelehrsamkeit und Tugend hervorragenden Männer als Väter und Lehrer der Kirche auszeichnete, ihre Schriften mit besonderem Vertrauen befragte, und zweckmäßige Privatarbeiten stillschweigend unter die Rechtsquellen aufnahm. Die kirchliche Doctrin ist überhaupt, in ihren großen Resultaten zusammengefaßt, nichts anders, als die wissenschaftlich geformte Tradition selbst.

§. 59. II. Quellen des griechischen Kirchenrechts.

Die griechische Kirche zählt zu ihren Rechtsquellen die schriftlich und mündlich überlieferten Anordnungen Christi, die alten Traditionen, die Beschlüsse der von ihr anerkannten Concilien, die Schriften der heiligen Väter, und das Herkommen. Statt der päbstlichen Constitutionen verehrt man Verordnungen und Schreiben der Patriarchen und anderer Vorsteher. Im Ganzen werden aber wenig neue Gesetze gemacht, sondern man behilft sich mit dem hergebrachten Recht. In der russischen Kirche sind aber seit hundert Jahren die Verordnungen der Kaiser und des dirigirenden Synods sehr wichtig geworden.

§. 60. III. Quellen des protestantischen Kirchenrechts.

Die Protestanten erkennen auch als Quellen des Kirchenrechts das Wort Gottes, so weit es äußere Handlungen betrifft: allein sie schöpfen dasselbe blos aus der h. Schrift. Demnächst folgen ihre symbolischen Bücher oder Confessionen. Von diesen giebt es Sammlungen, sowohl für die Lutheraner d), als für

---

d) Deutsche Ausgaben: *Concordia*. Dresd. 1580. fol., J. W. Schöpff, die symbol. Bücher der evang. luther. Kirche. Dresd. 1826. 2 B. 8. — Lateinische Ausgaben: *J. A. H. Tittmann* Libri symbolici ecclesiæ evangelicæ ad fidem optim. exemplar. ed.

die Reformirten e). Weiter aber haben sie keine gemeinschaftlichen Rechtsquellen mehr, sondern es beruht ihr Kirchenrecht in den einzelnen deutschen Ländern auf den landesherrlichen Gesetzen f), den Kirchenordnungen g), dem Gerichtsgebrauch und dem Herkommen. Das Recht, nach welchem von den geistlichen Gerichten in England gesprochen wird, ist aus dem römischen, dem canonischen, dem gemeinen Landrecht (common law), und den Parlamentsbeschlüssen (statute law h)) zusammengesetzt.

II. Misn. 1827. 8., *C. A. Hase* Libri symbolici ecclesiæ evangelicæ sive Concordia. Lips. 1827. II. Tom. 8.

e) Harmonia Confessionum fidei orthodoxarum et reformatarum ecclesiarum. Genevæ 1581. 4., Corpus et syntagma confessionum fidei. Genevæ 1612. 1654. 4., Corpus librorum symbolicorum qui in ecclesia reformatorum auctoritatem publicam obtinuerunt. ed. *J. Chr. G. Augusti*. Elberf. 1827. 8. — Deutsche Uebersetzungen: J. J. Meß Sammlung symbolischer Bücher der reformirten Kirche. Neuwied 1828. 2 Thle. 8., Die symbolischen Bücher der evangelisch-reformirten Kirche. Neustadt 1830. 2 Thle. 8.

f) Sammlung für Preußen: K. G. Haupt Sammlung der Kön. Preuß. Gesetze, das Religions-, geistliche, Kirchen- und Unterrichtswesen betreffend. Quedlinb. 1822. 3 B. 8., (F. G. H. Bädecker) Allgem. Preuß. Kirchenrecht. Dortm. 1825. 8. Auch findet man eine sehr genaue Nachweisung der in Preußen geltenden provincialen Rechte und Verordnungen über Kirchensachen bei: von Kamptz, die Provincial- und statutarischen Rechte in der preuß. Monarchie. Berlin 1826. 3. B. 8. — Sachsen: Corpus juris ecclesiastici Saxonici. Dresd. 1708. 4. — Würtemberg: F. G. Hartmann Kirchengesetze des Herzogthums Würtemberg. Stuttg. 1791—98. 4 B. 8., J. F. Reuchlin Kirchengesetze des Königreichs Würtemberg. (Fortsetzung der vorigen Sammlung bis 1808). Stuttg. 1809. 8. — Mecklenburg: G. C. B. Ackermann Kleine kirchliche Gesetzsammlung. Schwerin 1820. 8.

g) *Jo. Jac. Moser* Corpus juris Evangelicorum ecclesiastici oder Sammlung Evangelisch-Luther. und Reform. Kirchenordnungen. Züllichau 1737. 38. 2 B. 4. (unvollendet). — Ein Verzeichniß derselben giebt: *Herm. Casp. König* Bibliotheca Agendorum. Zelle 1726. 4., *J. H. Bœhmer* Jus. eccl. Prot. Lib. I. Tit. II. § 90.

h) Eine vollständige Zusammenstellung der die Kirche betreffenden Parlaments-Akten giebt es nicht: man muß diese also in den allgemeinen Sammlungen suchen. Zum Verständniß der Citirart dient Folgendes. Am Schluß jeder Parlamentssitzung werden die darin erlassenen Akten in ein Statut von mehreren Kapiteln vereinigt; und

Zu dem canonischen Recht gehören auch die Verordnungen, die auf den englischen Concilien, theils vor, theils nach der Glaubenstrennung, erlassen worden sind. In Schweden beruht das Kirchenrecht auf der Kirchenordnung von 1686, und den nachträglich erschienen königlichen Verordnungen. Von diesen gab es schon früher mancherlei Sammlungen i); jetzt ist davon auch eine gesetzliche veranstaltet worden k). Auch hat jedes Stift noch seine besondern Rechtsquellen, Synodalacten und königlichen Verordnungen l). In Dänemark besteht ein ähnlicher Zustand: nur sind die Quellen nicht gesammelt.

Zweites Kapitel.

Geschichte der Quellen.

§. 61. I. Von den ersten Zeiten bis auf das vierte ökumenische Concilium (451).

A) Ausbreitung und allgemeiner Zustand der Kirche.

Die Apostel eröffneten nach dem Pfingstfeste ihre Sendung

aus diesen Statuten zu Ende eines jeden Parlaments wieder eine Sammlung gemacht. Um nun eine Akte zu citiren, wird erst das Regierungsjahr des Königs, in welchem das Parlament gehalten worden, dann die Zahl des Statuts und Kapitels bezeichnet.

i) Utdrag af Sveriges Rikes Lag, och någre deras Kongl. Majestäters Försäkringar, Religionsstadgar och Bref etc. om Evang. Religions-Enighet uti Sverige. Stockh. 1742. 8., A. A. von Stiernman's Samling utaf åtskilliga, tid efter annan, utkomna Kongl. Stadgar, bref och förordningar angående Religion. Stockh. 1744.

k) Sammling af författningar och stadgar, hvilka ändra eller förklara krykolagen af år 1686 och ännu äro til efterlefnad gållande, förfatad och utgifven på Kongl. Maj. nådiga befallning år 1813. Stockholm 1813.

l) Es giebt davon Sammlungen für die einzelnen Stifte. Allgemeine und besondere Verordnungen beisammen findet man in: Sven Wilskmann Svea Rikes Ecclesiastice Werk i alphabetisk Ordning. 2te Aufl. Oerebro 1781. 82. 2 Del. 4., Olof Wallquist Ecclesiastique Samlingar Wexiö 1788—95. 2 B. 8., Fr. Oedrströmer Ecclesiastique Samlingar. Strengnäs 1806—13. 3 Hefte 8.

gleich bei den in Jerusalem aus allen Gegenden versammelten Juden, und verbreiteten sich von da bald über Judäa, Syrien, Kleinasien, Griechenland, Macedonien, die Inseln, Egypten, bis in das Abendland. Sie verweilten dabei vorzüglich in den Hauptstädten der Provinzen, sammelten hier eine Gemeinde, ordneten einen Bischof an, und überließen diesem die Verbreitung des Christenthums in die geringern Städte. Im zweiten und dritten Jahrhundert gab es auch schon christliche Gemeinden in Spanien, Gallien, Britannien und am Oberrhein. Bald aber erhob sich die Obrigkeit wider sie. Denn die Römer, wiewohl gegen die Religionen auswärtiger Völker gleichgültig, duldeten auf dem einheimischen Gebiet doch nur solchen Cultus, der vom Staate öffentlich anerkannt war. Sie behandelten überhaupt die fremden Religionen als eine nationale Einrichtung, die, wenn ein Volk unter die römische Herrschaft kam, in das römische Staatsrecht mit aufgenommen wurde. Das Christenthum erschien ihnen daher, sobald man dessen Verschiedenheit vom Judenthume einsah, als ein Verbrechen wider den Staat, weil es nichts Nationales war, vielmehr die Römer selbst ergriff, und den vaterländischen Göttern die Opfer, dem Cäsar seine gottesdienstlichen Ehren und den heiligen Eidschwur bei seinem Genius und seiner Fortuna entzog. Nachdem aber (324) Constantin Christ geworden war, hörten die Verfolgungen auf; das Heidenthum verschwand im römischen Reich fast gänzlich, und die Kirche erhielt den Schutz der Gesetze, Reichthümer und viele bürgerliche Privilegien. Ihre Verfassung bildete sich nun, zum Theil mit Beziehung auf die politischen Abtheilungen des Reichs, bestimmter aus. Beinahe jede Municipalstadt mit ihrem Gebiet bildete auch eine bischöfliche Parochie. Mehrere Parochien vereinigt, waren eine Provinz, deren Leitung dem Bischof der Metropolis zustand. Mehrere Provinzen zusammen bildeten endlich eine kirchliche Diöcese. Außerdem waren die Bischöfe von Rom, Constantinopel, Alexandrien, Antiochien und Jerusalem noch besonders ausgezeichnet, und wurden allmählig vorzugsweise Patriarchen genannt. Die Einheit des Ganzen stellte sich aber im Bischof von Rom dar. Die gewöhnlichen Angelegenheiten einer Provinz wurden auf regelmäßigen Provinzialsynoden verhandelt. Bei außerordentlichen Bewegungen über Glaubenslehren versammelte sich das ganze Episcopat. Die vier ökumenischen Concilien dieses Zeitraums sind die von Nicäa (325), Constantinopel (381), Ephesus (431) und Chalcedon (451). Mittlerweile wurde das Christenthum auch jenseits der Gränzen des römischen Reichs in Aethiopien (355), Schottland und Irland (430) verbreitet.

§. 62. B) Quellen des Rechts. 1) Alte Traditionen.

In den ersten Zeiten beruhte die Disciplin der Kirche nicht auf geschriebenen Gesetzen, sondern auf den überlieferten Vorschriften ihrer Stifter. Um diese in Uebung zu erhalten, wurden sie später im Orient, so wie sie in den bestehenden Einrichtungen fortlebten, in kurzen Sätzen aufgezeichnet, und diese die alten Canonen oder kirchlichen Regeln, später die Canonen der Apostel genannt. Ihre Zahl beträgt 85 m). Wahrscheinlich sind sie nicht alle zu gleicher Zeit niedergeschrieben worden; die ersten wohl zwischen dem zweiten und dritten Jahrhundert n). Die morgenländische Kirche hat sie ausdrücklich als Gesetze bestätigt o). Im Occident wurden sie lange nicht gebraucht, vielmehr wegen ihres unrichtigen Namens unter die apokryphen Schriften gestellt p). Allein durch Dionysius den Kleinen, der fünfzig davon übersetzte und in seine Sammlung aufnahm, erhielten diese ihrer innern Wahrheit wegen eine gewisse Autorität q). Eine andere Sammlung alter Traditionen sind die sogenannten, dem h. Clemens († 100) fälschlich zugeschriebenen, apostolischen Constitutionen in acht Büchern r). Sie enthalten

m) Die beste Ausgabe mit vielen Noten steht in *Jo. Cotelerii* Patres Apostolici Par. 1672. (ed. Jo. Clerici. Amstel. 1724. ed. Rich. Russelii Lond. 1746) Vol. I. Auch findet man sie in mehreren Ausgaben des römischen und canonischen Corpus juris.

n) *G Beveregius* Codex canonum ecclesiæ primitivæ vindicatus et illustratus. Lond. 1678. 4. Amstel. 1697. 4. Hier ist die richtige Ansicht vom Ursprung und Alter dieser Canonen vertheidigt. Beverege betrachtete sie, wie der Titel zeigt, als die älteste und ursprüngliche Sammlung der Kirchengesetze.

o) c. 4. D. XVI. (Conc. Trull. a. 692).

p) c. 3. §. 64. D. XV. (Conc. Roman. a. 494), c. 1. D. XVI. (Isidor. a. 700).

q) c. 1. D. XX. (Leo IV. a. 850), c. 3. D. XVI. (Leo IX. a. 1054).

r) Die schärfste Untersuchung darüber giebt: *Jo. Dallæus* De

aber Vieles, was erst der Disciplin des fünften Jahrhunderts angehört, und sind auch, wie die Trullanische Synode (692) erklärt, durch die Häretiker verfälscht worden. Die lateinische Kirche legt ihnen daher gar kein Ansehen bei s).

§. 63. 2) Conciliensschlüsse. a) Im Orient.

Als das kirchliche Leben sich mehr entwickelte, wurden häufig Concilien gehalten, und durch deren Beschlüsse die herrschende Disciplin befestigt oder abgeändert. Die ältesten, deren Canonen sich erhalten haben, sind die von Ancyra und Neucäsarea (314). Die Beschlüsse der ökumenischen Concilien galten für die ganze Kirche; die der andern zunächst nur für die Provinzen, deren Bischöfe zugegen gewesen waren. Jedoch wurden bald letztere mit jenen in denselben Sammlungen vereinigt, und durch diese in der ganzen Kirche in Umlauf gesetzt und anerkannt t). Sammlungen dieser Art u) gab es im Orient schon vor dem Concilium von Chalce-

---

pseudepigraphis Apostolicis libris tribus. Harderov. 1653. 8. Und ein Auszug daraus bei: *Gerh. von Mastricht* Historia juris eccles. §. 106 — 123.

s) Die beste Ausgabe steht in; *Jo. Cotelerii* Patres Apostolici Vol. I.

t) Neuere Werke, worin die alten Collectionen gesammelt sind, giebt es mehrere. Für den Occident und Orient gemeinschaftlich ist: Bibliotheca juris canonici veteris opera et studio *Gul. Voelli et Henr. Justelli* Lut. Par. 1661 II. Vol fol. — Blos für die Collectionen des Orients bestimmt sind: Συνοδικον sive pandectæ canonum SS. Apostolorum et conciliorum ab ecclesia Græca receptorum. *Guil. Beveregius* recensuit. Oxonii. 1672. II. Vol. fol. max, *Jos. Sim. Assemanni* Bibliotheca juris orientalis canonici et civilis. Rom. 1762 — 66. V. Vol. 4.

u) Die Geschichte der alten Collectionen bis auf Gratian ist mit mehr oder weniger Umfang in folgenden Schriften behandelt: *Pasch. Quesnell.* Diss. tres de codice canonum ecclesiæ Romanæ, de variis fidei libellis in antiquo Romanæ ecclesiæ codice contentis, et de primo usu codicis canonum Dionysii exigui in Gallicanis regionibus (in edit. Opp. Leon. M. Par. 1675 II. Vol. 4), *Petr. de Marca* De veteribus collectionibus canonum (in Ejusd. Opusc. ed. Baluz Par. 1681), *Petr. Coustant* De antiquis canonum collectionibus (in edit. Epistolarum Roman. Pontificum. Tom. I. Paris 1721. fol.), *Car. Berardi* De variis sacrorum canonum collectionibus ante Gratianum (in opere: Gratiani canones genuini ab apocryphis discreti. Tom.

don (451), denn es wurden hier Kirchengesetze daraus vorgelesen. Nach den Anführungen zu urtheilen, enthielten sie, in einer Reihe fortzählend, 20 Canonen von Nicäa (325), 25 von Ancyra (314), 14 von Neucäsarea (314), 20 von Gangra (u. 355), und 25 von Antiochia (332 wie die Ballerini erwiesen haben, nicht 341) v). Weiter kann man ihren Inhalt nicht mit Gewißheit verfolgen; auch waren sie, als bloße Privatsammlungen, sowohl in den Lesarten, wie in der Abtheilung der Canonen verschieden. Gleichzeitig oder doch bald darauf gab es im Orient noch andere etwas vermehrte Codices; ihre Beschaffenheit läßt sich aber nur aus den Uebersetzungen erkennen, die davon im Occident gemacht wurden w).

§. 64. d) Im Occident.

Im Abendlande, namentlich bei der römischen Kirche, hatte man ursprünglich nur die Nicänischen Beschlüsse und die des Con-

---

I. Taur. 1752 4), *P.* et *H* fratr. *Ballerini* De antiquis tum editis tum ineditis collectionibus et collectoribus canonum ad Gratianum usque (in edit Opp. Leon. M. Venet 1753 — 57. III. Vol. fol.), *P. J Riegger* De collectionibus juris ecclesiastici antiqui. Vien 1757. 8). (L. T. Spittler) Geschichte des canonischen Rechts bis auf die Zeiten des falschen Isidor. Halle 1778. 8. und etwas vermehrt in dessen sämmtlichen Werken. Stuttg. 1827. Th. I. — Eine Sammlung der Abhandlungen von Quesnell, Marca, Coustant, Berardi, Ballerini und Andern ist: De vetustis canonum collectionibus Sylloge, collegit *Andr. Gallandius.* Venet. 1778. fol. Magont. 1790. II. Vol. 4. Nach dieser letztern Ausgabe wird hier citirt werden.

v) Was man, oft sehr zuversichtlich, von ihren Verfassern erzählt, beruht auf bloßen Vermuthungen. Namentlich aber darf man, was Justeau vorbringt, nicht ohne die Berichtigungen der Ballerini gebrauchen.

w) Häufig hat man zwar behauptet, das Concilium von Chalcedon habe selbst eine gesetzliche Sammlung angeordnet, und diese sey dieselbe, welche Christ. Justeau unter dem Namen: Codex canonum ecclesiæ universæ Paris. 1610. herausgegeben, und Heinr. Justeau in seine Bibliothek aufgenommen habe. Allein jenes sagen die Acten des Conciliums nicht, und was den Codex betrifft, so hat diesen Justeau selbst, von jener falschen Voraussetzung ausgehend, nach eignen irrigen Vermuthungen zusammengesetzt. Die richtige Darstellung dieser Verhältniße findet man bei den *Ballerini* De antiq. collect. canon. Part. I. (*Galland.* Sylloge T. I. p. 239 — 302.)

ciliums von Sardika (344), und zwar waren letztere mit jenen unter demselben Namen verbunden x). Bald aber wurden durch Uebersetzungen griechischer Codices größere Sammlungen gebildet. Der Codex, den man in Spanien zuerst dazu brauchte, enthielt wie es scheint nur die Canonen von Nicäa, Ancyra, Neucäsarea und Gangra. Diesen fügte man aus dem Orginal die Canonen von Sardika, welche auf dem Concilium selbst schon griechisch und lateinisch abgefaßt worden waren, und etwas später aus einem andern griechischen Codex die Uebersetzung der Canonen von Antiochia, Laodicea (u. 372), Constantinopel (381) und Chalcedon (451) hinzu. Der griechische Codex, woraus diese Vermehrung geschah, enthielt also drei Concilien mehr, wie die oben (§. 63.) erwähnten. So war die spanische Sammlung um die Hälfte des fünften Jahrhunderts beschaffen. Um dieselbe Zeit wurde, wahrscheinlich in Italien, ebenfalls durch Uebersetzung eine andere Sammlung gebildet, wofür der Name Prisca herkömmlich geworden ist. Sie enthält in einem sehr schlechten Latein die Synodalschlüsse von Ancyra, Neucäsarea, Nicäa, Sardika (diese jedoch nicht aus dem griechischen Codex), Gangra, Antiochia, Chalcedon und Constantinopel y). Der griechische Codex, der dabei gebraucht wurde, hatte also zwei Concilien mehr, wie die zur Zeit des Conciliums von Chalcedon, und die übrigen in einer andern Ordnung. In Afrika bildete sich eine Art von Canonensammlung von selbst dadurch, daß auf den spätern Synoden die Beschlüsse der früheren wiederholt und in die Acten aufgenommen wurden. Besonders wichtig war das Concilium von Charthago vom Jahr 419, auf welchem in der ersten Sitzung nach den 33 (oder nach der Abtheilung anderer Handschriften 40) von ihm selbst erlassenen Canonen, die Satzungen der unter Aurelius vom Jahr 394 an gehaltenen Synoden wiederholt wurden. Unter den Canonen der Synode 394 befand sich auch ein Auszug der vom Concilium zu Hippo (393) unter demselben Aurelius gefaßten Beschlüsse. Zu allen diesen Stücken ka-

x) Die Beweise geben die *Ballerini* De antiq. coll. canon. Part. II. Cap. I. (*Galland.* Sylloge T. I. p. 303 — 323.)

y) Abgedruckt ist sie, jedoch mit willkürlichen Verstümmelungen, bei Justell. T. I. p 277. Eine nach fünf Handschriften berichtigte Ausgabe besorgten die Ballerini (Opp. Leon. T. III. p. 473), und nach dieser *Mansi* Conc. T. VI. col. 1105.

men dann noch sechs Canonen, welche jene Synode selbst in der zweiten Sitzung erließ z). Eine neue Rechtsquelle entstand aber in den Decreten und Briefen, welche die Päbste theils auf ergangene Anfragen, theils aus eigenem Antrieb an die Bischöfe der verschiedenen Länder über Gegenstände der Kirchenzucht erließen a). Seit dem fünften Jahrhundert wurden auch diese in die Canonensammlungen aufgenommen b). Eine solche gemischte Sammlung entstand um diese Zeit in Gallien. Für die grie-

---

z) Die Acten dieses Conciliums bildeten also fast eine geschlossene afrikanische Sammlung. Dionysius nahm sie als solche, jedoch verstümmelt, mit einigen Anhängen vermehrt, und in 138 Nummern abgetheilt, in seine Sammlung auf (§. 75). Von da kamen sie, ins Griechische übersetzt, auch in die Sammlungen des Orients. Mit dieser Uebersetzung zur Seite ließ Christ. Justeau jenen Theil des Dionysischen Codex, wie ein vollständiges Synodalgesetzbuch der afrikanischen Kirche, unter folgendem Titel abgesondert drucken: Codex Canonum ecclesiæ Africanæ. Lut. Par. 1615. 8. Eben so stehen sie bei *Mansi* Conc. T. III. col. 699 — 844.

a) Die päbstlichen Briefe dieses Zeitraums sind vollständig in folgenden Werken gesammelt: Epistolæ Romanorum pontificum et quæ ad eos scriptæ sunt a S. Clemente usque ad Innocentium I. quotquot reperiri potuerunt — studio et labore domini Petri Coustant presbyteri et monachi ordinis S. Benedicti e congregatione S. Mauri. Tomus I. ab anno Christi 67. ad annum 440. Parisiis 1721. fol. Mehr als dieser erste Theil ist nicht erschienen. Ein Abdruck desselben mit einigen unwesentlichen Weglassungen und mehreren Zusätzen ist: Pontificum Romanorum a S. Clemente I. usque ad S. Leonem M. epistolæ genuinæ et quæ ad eos scriptæ sunt quotquot hactenus reperiri potuerunt duobus voluminibus comprehensæ. Ex recensione et cum notis Petri Coustantii et fratrum Balleriniorum. Curavit Car. Traug. Gottl. Schoenemann. Tomus I. continens epistolas a S. Clemente I. usque ad S. Xystum III. Götting. 1796. 8. Der zweite Theil, der die Briefe Leo's I. nach der Ausgabe der Ballerini enthalten sollte, ist nicht erschienen.

b) Dieses beweisen die alte gallische und die drei italischen Sammlungen, wovon unten §. 75. not. b) die Rede seyn wird. Es ist also ganz falsch, wenn Spittler und nach ihm Andere so keck versichern, die Decretalen seyen erst durch Dionysius in die Canonensammlungen gekommen. Eben so falsch ist Spittlers und seiner Anhänger andere Behauptung, die Decretalen hätten nicht schon aus sich als Gesetze gegolten, sondern sie seyen dieses erst durch die Reception der Dionysischen Sammlung geworden. Man braucht sie nur anzusehen, um sich zu überzeugen, daß sie als wahre Gesetze erlassen waren.

chischen Canonen ist darin die altspanische Version gebraucht; nur die Canonen von Chalcedon erscheinen in der oben angeführten alten italischen Uebersetzung c).

§. 65. 3) Weltliche Gesetze.

Von der Zeit an, wo die Kaiser christlich waren, wurden auch die bürgerlichen Gesetze für die kirchlichen Verhältnisse wichtig. Da diese eben so sehr in das kirchliche wie in das bürgerliche Leben eingriffen, so wurden sie später größtentheils mit in die Sammlung aufgenommen, welche Theodosius II. (438) in Constantinopel für die kaiserlichen Edicte verfertigen ließ, und welche durch Valentinian III. für den Occident bestätigt wurde. Doch sind auch mehrere Rescripte, Edicte und Briefe der Kaiser, die sich auf kirchliche Gegenstände beziehen, von jener Sammlung unabhängig auf uns gekommen d). Das kirchliche Recht im Orient wie im Occident war also hauptsächlich in den Sammlungen der Concilienschlüsse, in dem Codex von Theodosius II., und in den nach diesem Codex erschienenen einzelnen Gesetzen enthalten.

§. 66. C) Wissenschaftliche Bearbeitung.

Das Kirchenrecht war in diesen Jahrhunderten mit dem ganzen kirchlichen Leben so innig verbunden, daß es in der wissenschaftlichen Behandlung noch nicht als ein eigener Stoff abgesondert wurde. Auch lernte man in jenen einfachen Verhältnissen das Einzelne durch eigne Anschauung hinreichend kennen. Aber die allgemeinen Grundwahrheiten der Kirche wurden doch theils in eigenen Abhandlungen, theils in den Streitschriften wider die Häretiker scharf und geistreich bearbeitet, und dadurch zum allgemeinen Bewußtseyn erhoben. Ein Werk, welches dem Kirchenrecht näher angehören würde, wird dem h. Dionysius Areopagita

---

c) Diese Sammlung ist mit den Werken des Pabstes Leo I. mehrmals herausgegeben worden, zuerst von Quesnell, dann von den Ballerini (§. 63. not. u). Quesnell erklärte sie für die alte Canonensammlung der römischen Kirche. Allein die Ballerini haben erwiesen, daß sie nur eine gallische Privatsammlung sey. *Ballerin.* De antiq. collect. can. Part. II. Cap. VIII. (*Galland.* Sylloge T. I. p. 400—402), *Eorund.* Observat. in Dissert. Pasch. Quesnelli de cod. canon. ecclesiast. (*Galland.* Sylloge T. I. p. 783—801).

d) Die wichtigsten derselben nennt: *Chr. G. Haubold* Institutiones jur. Rom. litterariæ. (Tom. I. Lips. 1809. 8.) §. 95.

(† 119) beigelegt e); Allein die Aechtheit desselben ist aus wichtigen Gründen bestritten worden f), und es rührt wahrscheinlich erst aus dem fünften Jahrhundert her.

§. 67. II. Vom vierten bis nach dem achten ökumenischen Concilium. A) Aeußerer Zustand der Kirche. 1) Im fränkischen und in den angelsächsischen Reichen.

Die Verfassung der Kirche war so fest gegründet, daß sie fortbestand, auch als das westliche römische Reich von den Germanen überwältigt wurde. Die Eroberer waren zum Theil schon Christen, nur von der arianischen Secte, was jedoch, einige Verfolgungen abgerechnet, auf die katholische Kirche wenig Einfluß hatte. Vielmehr behauptete diese ihren festen Geschäftsgang, und es wurden in verschiedenen Gegenden noch Concilien gehalten. Durch die Franken, welche mit ihrem König Chlodwich (496) sich auf den wahren Glauben taufen ließen, wurde sogar, nachdem sie sich (507) den gallischen Theil des westgothischen Reichs und (534) das burgundische Königreich unterworfen hatten, die katholische Kirche wieder in ganz Gallien herrschend. Ihre Verfassung blieb dabei unverändert, da die Bischöfe Gallische Römer waren, und das Concilium von Orleans, wohin sie Chlodwich (511) berief, setzte dieses für mehrere Puncte sogar ausdrücklich fest g). In den angelsächsischen Reichen, die seit 449 in Britannien entstanden waren, wurde das Christenthum meistens durch römische Missionarien zuerst in Kent (596), dann bis 668 in der ganzen Heptarchie verbreitet. Angelsächsische, irländische und fränkische Mönche trugen dasselbe während des siebenten und achten Jahrhunderts auch an den Rhein, in die Schweiz, unter die Allemanen, Baiern, Thüringer, Friesen und Hessen; und Winfried oder Bonifacius, zuletzt Erzbischof von Mainz († 754), gab der Kirche durch die Bisthümer

e) *S. Dionys.* De ecclesiastica hierarchia (in Opp. Antv. 1634. II. Vol. fol. Par. 1644. fol. Venet. 1755. fol.)

f) *Jo. Dallæus* De scriptis quæ sub Dionisii Areopagitæ et Ignatii Antiocheni nominibus circumferuntur. Genev. 1666. 4.

g) Conc. Aurelian a. 511. Can. 1. De homicidis, adulteris, et furibus, si ad ecclesiam confugerint, id constituimus observandum, quod ecclesiastici canones decreverunt, et Lex Romana constituit. — Can. 4. Antiquos canones relegentes, priora statuta credidimus renovanda etc.

und Klöster, die er im innern Deutschland errichtete, ihre feste Begründung. Nachdem endlich Karl der Große auch die hartnäckigen Sachsen bekehrt hatte, war das Christenthum im ganzen fränkischen Reich herrschend.

§. 68. 2) In Spanien und in Italien.

Im Reich der Westgothen, welches seit 468 in Spanien erstand, herrschte der Arianismus, bis daß Reccared, mit seinem Volk auf dem Concilium zu Toledo (589) den wahren Glauben annahm. Doch wurde seit 713 die Entwicklung der Kirche durch die arabische Herrschaft unterbrochen, wiewohl die Christen im Ganzen ihre Religionsfreiheit behielten. In Italien behauptete der erste Bischof der Christenheit unter den arianischen Herulern (476—93) und Ostgothen (493—554) seine alte Stellung und auch die kirchliche Gemeinschaft mit dem Orient h). Diese wurde noch enger hergestellt, nachdem Justinian (554) das ostgothische Reich zerstört, und in Italien zu einer römischen Provinz gemacht hatte. Durch die Langobarden, die sich seit 568 den größten Theil von Italien unterwarfen, erhielt zwar der Arianismus wieder eine Stütze; aber nach der Bekehrung ihres Königs Grimoald (670) wurde der wahre Glaube unter ihnen herrschend. Später (774) kam der größte Theil ihres Reichs an Karl den Großen, die griechischen Besitzungen in Mittel-Italien an den Pabst; Unter-Italien blieb theils langobardischen Herzogen, theils den Griechen.

§. 69. 3) Im Orient und in Afrika.

Afrika, wo die arianischen Vandalen seit 430 ein Reich gegründet hatten, erhielt seine kirchliche Freiheit wieder, als Justinian es (534) seiner Herrschaft unterwarf. Der Orient war inzwischen der Schauplatz großer Bewegungen, die durch theologische Streitfragen entstanden. Dadurch hauptsächlich wurden die folgenden drei ökumenischen Concilien veranlaßt, das zweite von Constantinopel (553), das dritte von Constantinopel (680), und das zweite von Nicäa (787). Aber diese unfruchtbare Behandlung der Religion, die unerträgliche Einmischung der Kaiser und der Stolz ihrer Patriarchen sonderte allmählig den Orient von der großen christlichen Gemeinschaft ab. Schon früh waren mehrmals

---

h) c. 8. Cod. Just. de summa trinit. (1. 1)

Uneinigkeiten mit dem Pabste entstanden und wieder beigelegt worden. Von dieser Art war der Streit zwischen dem Patriarchen Johannes und Gregor dem Großen, da jener (587) sich den Titel eines öcumenischen Bischofs beilegte. Ein neuer Kampf entstand als der Kaiser Michael III. den tugendhaften Patriarchen Ignatius (858) absetzte, und der Pabst Nicolaus I. sich desselben wider den vom Kaiser erhobenen Photius annahm. Zwar wurde Ignatius durch den Kaiser Basilius (867) wieder eingesetzt, und Photius von dem öcumenischen Concilium, welches der Kaiser (869) nach Konstantinopel berief, in den Bann gethan. Allein da Photius nach dem Tode des Ignatius (877) wieder den Patriarchenstuhl erhielt, so blieb von da an ein schismatisches Element in der griechischen Kirche, welches, wenn auch für den Augenblick durch die zweite Absetzung des Photius (886) unterdrückt, doch später völlig die Oberhand gewann. Mittlerweile kam Syrien (611) und Palästina (614) an die Perser, dann (636) an die Araber. Diese eroberten (640) auch Egypten, drangen seit 647 noch weiter vor, und bis 707 war das ganze christliche Afrika unter ihrer Herrschaft. Auch die nördlichen Provinzen giengen im Laufe des siebenten Jahrhunderts verloren. Doch nahmen die Servier im obern Mösien (630 — 40) gleich das Christenthum an. Die Bulgaren aber, die in dem untern Mösien seit 680 ein Reich gegründet hatten, bekehrten sich erst 865 und unterwarfen sich dem Patriarchen von Constantinopel.

§. 70. B) Rechtsquellen. 1) Im Orient. a) Canonensammlungen.

Die griechischen Sammlungen, deren Beschaffenheit man aus den Uebersetzungen des Occidents erkennen kann (§. 64), erhielten allmählig, man weiß nicht genau wann, drei neue Zusätze in den Canonen der Apostel, und den Concilienschlüssen von Sardika und Ephesus. Nach den gleich folgenden systematischen Zusammenstellungen des Orients zu urtheilen, enthielten sie also gegen das Ende des fünften Jahrhunderts die fünf und achtzig apostolischen Canonen, und die Satzungen der Concilien von Nicäa, Ancyra, Neucäsarea, Sardika, Gangra, Antiochia, Laodicea, Constantinopel, Ephesus und Chalcedon. Wahrscheinlich sind auch die Canonen dieser allgemeinen und Provincialconcilien unter denjenigen gemeint, welchen Justinian zu wiederholtenmalen bürgerliche Sanction ertheilte i). Aus

i) c. 45. C. de episc. (1. 3), nov. 6. c. 1. §. 8., nov. 131. c. 1.

diesen Bestandtheilen wurde aber nun eine neue Sammlung gemacht, die sich dadurch auszeichnet, daß sie nicht mehr in chronologischer, sondern des bequemern Gebrauchs wegen, in einer systematischen Ordnung angelegt ist. Ihr Verfasser ist Joannes, Presbyter von Antiochien, der später zum Apokrisiar, und unter Justinian zum Patriarchen von Constantinopel emporstieg. Dieser nahm die kirchlichen Quellen, wie er sie in jenen Sammlungen vorfand, zog noch 68 Canonen des Basilius hinzu, und zerlegte diesen Stoff in fünfzig Materien oder Titel k). Für einen damals sehr wichtigen Zweig der kirchlichen Zucht, für das Bußwesen, wurde aber vom Patriarchen Johannes Jejunator († 595) noch ein eigener Auszug gemacht l). Alle diese Sammlungen waren aber nur Privatarbeiten. Erst durch den zweiten Canon der Trullanischen m) Synode (692) wurde, wahrscheinlich der ausgebildeten Praxis gemäß, authentisch festgesetzt, welche Stücke als Kirchengesetze gelten sollten. Dazu gehörte aber nun weit mehr, als man bei Joannes antrifft. Aufgezählt n) werden nämlich außer den Canonen der Apostel und der vorhin genannten Concilien, die Beschlüsse der Synode von Carthago o) und einer andern von Constantinopel (394); dann die kanonischen Entscheidungen gewisser Patriarchen und Kirchenvorsteher des Orients aus dem dritten bis fünften Jahrhun-

---

k) Gedruckt ist diese Sammlung nur bei Justell. Tom. II. p. 499. Eine Vergleichung dieser Ausgabe mit sehr abweichenden Handschriften giebt Assemanni Tom. III. p. 354 — 421.

l) Dieses Pönitentialbuch steht hinter *J. Morini* comment. histor. de disciplina in administratione sacramenti pœnitentiæ. Paris. 1651. Bruxell. 1685 Venet. 1702. fol. Nachrichten darüber giebt *Fabric.* biblioth. græc. ed. Harless. T. XI. p. 110.

m) Diesen Namen erhielt sie von einem gewölbten Saal (trullum) des kaiserlichen Pallastes in Constantinopel, wo sie gehalten wurde. Sie heißt auch quinisexta (πενθ' ἕκτη), weil ihre Canonen von den Griechen wie ein Anhang des fünften und sechsten ökumenischen Conciliums betrachtet wurden, welche sich nur mit dogmatischen Gegenständen, nicht mit der Disciplin beschäftigt hatten. Auch wird sie zuweilen bei den Griechen die sechste Synode genannt.

n) c 7. D. XVI. (Conc. quinisext. a. 692) ibiq. Corr. Rom.

o) Diese Beschlüsse sind die der Synode von Karthago (419), worin die Canonen aller vom Jahr 394 an gehaltenen afrikanischen Synoden wiederholt wurden (§. 64. not. z). Ursprünglich waren sie lateinisch, wurden aber später, man weiß nicht wann und von wem, ins

dert; endlich noch ein Canon einer unter Cyprian zu Karthago (256) gehaltenen Synode. Zu allem diesem kamen aber gleich noch 102 Canonen, welche die Trullanische Synode selbst erließ, und später 22 Canonen des öcumenischen Conciliums von Nicäa (787). Setzt man diese Anhänge mit dem Obigen zusammen, so hat man die Gestalt der orientalischen Sammlungen bis gegen die Mitte des neunten Jahrhunderts p). Uebrigens wurde wahrscheinlich schon um diese Zeit die Sammlung des Joannes, ins Slavonische übersetzt, den eben bekehrten Bulgaren mitgetheilt q).

§. 71. b) Weltliche Gesetze. α) Gewöhnliche Sammlungen.

Im Anfang des sechsten Jahrhunderts waren die kaiserlichen Gesetze, welche die Kirche angiengen, theils im Codex von Theodosius II. gesammelt, theils davon unabhängig einzeln im Umlauf. Auch das gewöhnliche bürgerliche Recht entnahm die Kirche, wo sie dessen bedurfte, theils aus jenem Codex, theils aus den andern damals gangbaren Quellen. Dreißig Jahre später war aber dieses Verhältniß durch die Arbeiten Justinians wesentlich verändert. Die kaiserlichen Constitutionen kirchlichen Inhalts waren nun größtentheils in dem neuen Codex (534) gesammelt; und das übrige bürgerliche Recht schöpfte die Kirche theils aus diesem Codex, theils aus den Pandekten (533) und den Institutionen (533). Außerdem erschienen unter Justinian fortwährend einzelne Gesetze oder Novellen, von denen diejenigen, welche kirchliche Gegenstände betreffen, meistens an den Patriarchen von Constantinopel gerichtet sind. Diese Novellen

---

Griechische übersetzt, und kamen so im Orient in Gebrauch. Sie stehen unter 135 Nummern auch noch in der spätern griechischen Collection, Bevereg. T. I. p. 509 — 680.

p) Eine solche Sammlung ist es ungefähr, was Du Tillet herausgab unter dem Titel: Decreta Apostolorum et sanctorum conciliorum ex editione Joan. Tilii. Paris. 1540. 4. Der zweite Theil sollte die canonischen Entscheidungen enthalten; dieser ist aber nicht erschienen. Ein Abdruck jenes ersten Theils ist: Apostolorum et SS. Conciliorum decreta e canonicorum Divi Hillarii Pictaviensis et Augustana bibliotheca græce et lat. edita a M. Elia Ehingero. Witeb 1614. 4.

q) Die Handschrift dieser Uebersetzung ist beschrieben bei *Biener* De collect. canon eccles. Græc. §. 10.

waren aber nicht in eine authentische Sammlung gebracht, sondern nur in Privatsammlungen, von denen aber keine auf uns gekommen ist. Doch lassen sich drei davon noch mit ziemlicher Bestimmtheit erkennen. Die eine ist diejenige, woraus Julian (u. 556) seinen lateinischen Novellenauszug verfaßt hat; die zweite diejenige, welche der gewöhnlichen Sammlung von 168 Novellen zum Grunde liegt; die dritte diejenige, woraus die Versio vulgata gemacht ist. Jene Sammlung von 168 Novellen, deren Entstehung unter oder gleich nach Tiberius II. († 582) fällt, ist auch in der griechischen Kirche gebraucht worden; doch giebt es mehrere kirchliche Constitutionen Justinians, die sich von ihr unabhängig einzeln erhalten haben r). Auch unter den nachfolgenden Kaisern erschienen noch einzelne Verordnungen über kirchliche Gegenstände s), namentlich von Heraclius († 641), Leo dem Isaurier († 471), Constantinus V. († 775), Nicephorus († 811) und Theophilus († 842). Um die Mitte des neunten Jahrhunderts beruhte also das bürgerliche Recht der Kirche der Theorie nach noch auf den Sammlungen Justinians, und auf den einzelnen Novellen dieses und der nachfolgenden Kaiser. Allein der That nach wurden jene Sammlungen nicht mehr unmittelbar gebraucht, da das Lateinische schon seit Heraclius aufhörte, Geschäftssprache zu seyn: sondern man bediente sich nun allgemein statt des Originaltextes, der griechischen Uebersetzungen und Bearbeitungen, welche über alle Theile desselben erschienen waren. Dadurch fanden sich die Kaiser am Ende des neunten Jahrhunderts bewogen, aus diesen damals gangbaren Schriften und Gesetzen eine neue Sammlung, die Basiliken, zu veranstalten. Doch sollten durch diese die Justinianischen Rechtsbücher nicht aufgehoben werden, sondern beides neben einander gelten. Aber der That nach wurden bald hauptsächlich nur die Basiliken gebraucht.

§. 72. β) Besondere für die Kirche bestimmte Sammlungen.

Bei der großen Anzahl der kaiserlichen Verordnungen wurde

---

r) Einige derselben stehen in dem ersten Band der gleich zu nennenden Sammlung von Löwenklau.

s) Man findet diese zum Theil in folgenden Sammlungen: Juris orientalis libri III. ab Em Bonefidio digesti. Lutet. 1573. 8., Juris Græco Romani Tomi II. Joh. Leunclauii studio ex bibl. eruti editi cura Marq. Freheri. Francof. 1596. fol.

es Bedürfniß, daß man daraus dasjenige, was die Kirche angieng, excerpirte und zusammenstellte. Auszüge dieser Art haben sich in drei Sammlungen erhalten t). Die erste enthält nach einer Vorrede Excerpte aus etwa zehn Novellen in 87 Kapitel vertheilt, und ist von dem oben genannten Joannes, als er bereits Patriarch war, in den nächsten zehn Jahren nach Justinians Tode verfaßt worden. Gedruckt ist sie in ihrem ganzen Zusammenhang noch nicht. Die zweite Sammlung besteht aus 25 Kapiteln ohne alle Vorrede, und enthält Stücke aus dem Codex und den Novellen, allein nicht in Excerpten, sondern ganz rein. Ihre Entstehung fällt gegen das Ende des sechsten Jahrhunderts: allein ihr Verfasser ist unbekannt. Gedruckt ist sie ebenfalls noch nicht. Die dritte Sammlung ist die reichhaltigste, und zerfällt in drei Theile. Der erste enthält die ersten dreizehn Titel des Codex in einem vollständigen Auszuge: außerdem sind den meisten Titeln am Schlusse παρατιτλα beigefügt, die eine Reihe Auszüge aus dem Codex und den Novellen enthalten. Der zweite Theil giebt in sechs Titeln eine Reihe von Stellen aus den Pandecten und Institutionen, die sich auf das geistliche Recht beziehen. Der dritte Theil enthält, unter drei ziemlich weitläufige Titel vertheilt, mehr und minder vollständige Auszüge aus 34 Novellen. Auch hat jeder Titel wieder eine Zugabe von Paratitlen. Als Anhang des ganzen Werkes kommen endlich vier Novellen von Heraclius, geistliche Angelegenheiten betreffend. Der Verfasser dieser Sammlung, welche man irrig dem Balsamon zugeschrieben hat, ist unbekannt: ihre Entstehung fällt aber höchst wahrscheinlich in die Hälfte des siebenten Jahrhunderts u).

§. 73. c) Gemischte Sammlungen kirchlicher und weltlicher Gesetze. α) Der Nomocanon.

Um den Gebrauch des kirchlichen und weltlichen Rechts noch

t) Ueber diese und die übrigen kirchlichen Rechtsquellen des Orients verbreiten folgende ausgezeichnete Schriften von Fr. Aug. Biener neues Licht: Geschichte der Novellen Justinians (Berl. 1824. 8) S. 157 — 222. 584 — 604., De collectionibus canonum ecclesiæ Græcæ schediasma litterarium. Berol. 1827. 8.

u) Von dieser Sammlung ist zuerst nur eine lateinische Uebersetzung herausgegeben worden: Paratitla ed. Jo. Leunclau. Francof. 1593. 8. Dann von Fabrot aus zwei Handschriften der griechische Text mit jener Uebersetzung zur Seite bei Justell. T. II. p. 1217 — 1376.

mehr zu erleichtern, verfiel man auch darauf, beides in einer Sammlung systematisch nach Materien geordnet zu verbinden. Die erste Arbeit dieser Art ist der Nomokanon. Er besteht aus den oben (§. 70) erwähnten fünfzig Titeln des Joannes, nur dadurch vermehrt, daß unter jedem Titel gewisse darauf bezügliche Stücke des weltlichen Rechts eingetragen sind. Diese sind aber größtentheils aus der Sammlung von 87 Kapiteln (§. 72) entlehnt, und nur weniges aus dem Codex und aus den Pandecten. Zuletzt folgt ein Anhang von 21 Kapiteln, welche sämmtlich aus jenen 87 Kapiteln genommen sind. Die Entstehung dieses Nomocanon fällt bald nach Justinians Tode; nach der gewöhnlichen, wiewohl keineswegs sichern Meinung wird er auch dem Joannes beigelegt. Die Handschriften, die es davon giebt, weichen aber außer andern großen Verschiedenheiten darin von einander ab, daß einige die Canonen blos citiren und nur die concordirenden Gesetze (συνᾳδοντα νάμιμα) ganz ausschreiben v), andere aber beides vollständig liefern.

§. 74. β) Das Syntagma des Photius.

Jene Sammlung reichte nicht mehr aus, nachdem sich im siebenten und achten Jahrhundert die kirchlichen Gesetze so sehr vermehrt hatten: daher unternahm der Patriarch Photius eine neue. Ueber den Plan derselben giebt die Vorrede selbst Rechenschaft. Diese ist jedoch eigentlich aus zwei Vorreden zusammengesetzt w), und daraus geht hervor, daß die Sammlung zweimal bearbeitet worden ist. Nach der ersten Anlage enthielt sie die Beschlüsse von zehn Synoden, die unstreitig dieselben sind, welche Joannes in seine fünfzig Titel aufgenommen hat (§. 70.), dann die apostolischen Canonen, die karthagischen Synodalschlüsse (§. 70. not. o), endlich Briefe und Entscheidungen heiliger Väter. Nachdem diese Sammlung ge-

v) Nach einer Handschrift dieser Art ist die Ausgabe bei Justell. T. II. p. 603 — 72. gemacht. Einige Nachrichten über diesen Nomocanon und die Sammlung des Joannes Scholasticus giebt auch *Fabric.* biblioth. græc. ed. Harless. T. XII. p. 193.

w) Sie stehen bei Justell. T. II. p. 789 — 95., und zwar geht die erste bis zu den Worten μισθὸν ἀπενέγκασθαι (p. 792.), die zweite von da bis zum Schluß. In einer Pariser Handschrift giebt es eine eigenthümliche ungedruckte Vorrede, die auf eine dritte Bearbeitung hindeutet. *Biener* De collect. can. eccl. Græc. p. 23.

bildet war x), zog Photius den Inhalt derselben in vierzehn Titel zusammen, theilte jeden in Hauptstücke mit Rubriken, und trug in dieses System die einzelnen Canones der Concilien oder Abschnitte der Briefe, aber nur kurz mit Zahlen bezeichnet, an den betreffenden Stellen ein. Unter jedem Hauptstück gab er noch, wegen der Wichtigkeit der weltlichen Rechte für die Kirche, Excerpte aus kaiserlichen Verordnungen und juristischen Schriften y). Bei der zweiten Bearbeitung nahm er auch die Canonen des fünften, sechsten z) und siebenten öcumenischen Conciliums mit auf; eben so die der beiden unter seinem Vorsitz zu Constantinopel 861 und 879 gehaltenen Synoden; die Beschlüsse der achten öcumenischen Synode (869) aber nicht, vielmehr hatte er diese, weil er von ihr abgesetzt und in den Bann gethan worden war, auf seiner Synode im Jahr 879 als nichtig erklären lassen. Daher erkennen die schismatischen Griechen sie noch bis jetzt nicht an. Am Schluß der zweiten Vorrede wird die Zeit ihrer Entstehung, nämlich das Jahr 6391, nach unserer Zeitrechnung 883, genannt. Die Anordnung und nähern Bestandtheile der großen Sammlung gehen aus dem nach der Vorrede folgenden Verzeichniß hervor. Jedoch entspricht dieses nicht ganz weder der Aussage der Vorreden, noch dem, was sich in den Handschriften wirklich findet a). Die Allegate der weltlichen Rechte, die im systematischen Excerpt vorkommen, sind aber hauptsächlich aus der dem Balsamon

---

x) Es liegt in der Natur der Sache, daß die große Sammlung vor dem systematischen Excerpt fertig seyn mußte; auch sagt dieses die Vorrede ausdrücklich.

y) Dieses systematische Excerpt ist unter dem Namen Nomocanon gedruckt: Photii Nomocanon græce cum versione latina Henrici Agylæi et commentariis Theod. Balsamonis. Christ. Justellus ex Bibliotheca Palatina nunc primum edidit Lutet. Par. 1615 4. Am besten steht es bei Justell. T. II. p. 815 — 1140.

z) Unter diesem sechsten Concilium wird hier nach dem Sprachgebrauch der Griechen die Trullanische Synode (692) verstanden (§. 70. not. m).

a) Diese große Sammlung ist noch nicht genau gedruckt. In den Handschriften steht, wahrscheinlich nach der Anordnung von Photius selbst, das systematische Excerpt voran, und die große Sammlung folgt nach. Beides gehört zusammen, und mit Unrecht ist Ersteres wie ein selbstständiges Werk allein für sich gedruckt worden.

fälschlich zugeschriebenen Sammlung (§. 72.), zum Theil auch aus den Justinianischen Rechtsbüchern selbst entnommen.

§. 75. 2) Rechtsquellen in Italien. a) Sammlungen der Kirchengesetze.

Bald nach der ersten italischen Sammlung (§. 64.) wurden hier drei andere Sammlungen gemacht, die aber noch nicht gedruckt sind. b). Sie unterscheiden sich von jener Ersten unter andern dadurch, daß sie nicht blos Concilienschlüsse, sondern auch päbstliche Decretalen aufnahmen. Für die griechischen Canonen brauchten sie theils die erste italische, theils die altspanische Version (§. 64). Die Mängel jener gangbaren italischen Uebersetzung veranlaßten aber den Abt Dionysius († 536) zu Rom, einen Scyten von Geburt, eine neue Sammlung zu verfertigen. An die Spitze stellte er fünfzig der apostolischen Canonen, die er aus dem Griechischen übersetzte (§. 62). Hierauf ließ er, mit einer neuen Zahlenreihe anhebend, die Concilienschlüsse von Nicäa, Ancyra, Neucäsarea, Gangra, Antiochien, Laodicea und Constantinopel unter 165 fortlaufenden Nummern folgen. So weit war seine Arbeit nur Uebersetzung des einen griechischen Codex, den er benutzte (§. 63). Dann fügte er unter neuen Nummern die 27 Chalcedonischen Canonen, aus einer andern Handschrift übersetzt, hinzu. Zuletzt gab er, ebenfalls abgesondert numerirt, aus dem lateinischen Original die 21 Canonen von Sardica, und die Acten des Conciliums von Carthago vom Jahr 419, letztere aber auf seine Weise zugerichtet und in 138 Nummern abgetheilt (§. 64. not. z). Später, nachdem diese Sammlung schon eine geraume Zeit vollendet war, wahrscheinlich unter Symmachus (498 — 514) verfertigte er eine zweite, worin er die Briefe und Decrete von acht Päbsten, von Siricius († 385) an bis auf Anastasius II. († 498), umfaßte. Die Päbste folgen sich darin genau in chronologischer Ordnung, und unter jedem Pabste stehen die Stücke, die ihm angehören, in ihrer ursprünglichen Gestalt beisammen, nur in Nummern eingetheilt, welche von einem Stücke in das andere fortlaufen, aber bei jedem Pabste

---

b) Die genaue Beschreibung derselben nach den Handschriften geben die *Ballerini* De antiq. collect. canon. Part. II. Cap IV, VI. VII. (*Galland.* Sylloge T. I. p. 379 — 387. 389 — 400).

von Neuem anfangen. Beide Sammlungen blieben nun sehr lange im Gebrauch. Jedoch erlitt die Erste in ihrem Innern mancherlei Aenderungen. Die Zweite erhielt schon nach dem Tode des Symmachus einen Anhang; einen andern wahrscheinlich unter Gregor II. († 731). Endlich wurden diese angehängten Stücke in die Sammlung selbst nach ihrer chronologischen Ordnung eingerückt. Mit diesen Veränderungen und Zusätzen fanden sich die beiden Dionysischen Sammlungen auch in dem Codex vereinigt, den Hadrian I. dem König Karl (774) zum Geschenk machte. Aber auch jetzt noch hörte das Aendern und Vermehren derselben in Italien c) nicht auf d), bis daß sie, wie es scheint, nach dem neunten Jahrhundert durch die systematischen Sammlungen, welche jetzt aufkamen, verdrängt wurden. Außer jenen beiden Sammlungen machte aber Dionisius auf Antrieb des Pabstes Hormisdas eine dritte, welche blos die griechischen Concilienschlüsse, und zwar in gespaltenen Columnen den Text und die Uebersetzung nebeneinander, enthalten sollte. Diese ist jedoch verloren gegangen e). Später wurde von einem Diacon Theodosius wieder eine neue Sammlung

---

c) Dieses beweist die Aufzählung von Leo IV. (850) im c. 1. D. XX., welche wieder zwei Stücke mehr hat, wie der Codex von Hadrian.

d) Die gedruckten Ausgaben sind sämmtlich nach solchen jüngern vermehrten Handschriften gemacht; daher muß man sich an das Verzeichniß der Ballerini halten, wenn man sich die Sammlungen in ihrer ursprünglichen Gestalt vorstellen will. Die erste Ausgabe ist: Canones Apostolorum, veterum conciliorum constitutiones, decreta pontificum antiquiora — ed. Jo. Wendelstein. Magunt. 1525. fol. Fast bloße Wiederholung derselben ist: Codex Canonum vetus ecclesiæ Romanæ. Par. 1609. 8. Eine verbesserte und vermehrte Ausgabe sollte seyn: Codex canonum vetus ecclesiæ a Franc. Pithœo ad veteres manuscriptos Codices restitutus et notis illustratus. Ex Biblioth. ill. Claudii le Pelletier. Par. 1687. fol. Mancherlei kleine eigenmächtige Aenderungen haben die Ausgaben von Chr. Justeau (1628. 8., 1643 8. und nach diesen in der Biblioth. jur. can. T. I. p. 101). Bei Harzheim (Conc. Germ. T. I. p. 131.) steht nur die Canonensammlung.

e) Die Nachricht von dieser Sammlung gründet sich auf die Vorrede von Dionysius selbst, welche in einer Handschrift zu Novara wieder aufgefunden worden ist. *Giov. Andres* Lettera ad Sig. Abpate Morelli sopra alcuni codici delle biblioteche capitolari di Novara e di Vercilli. Parm. 1802.

veranstaltet, welche hauptsächlich Concilienschlüsse enthält. Für die griechischen Canonen brauchte er theils die altspanische, theils die Dionisische, aber auch eine dritte sehr alte und eigenthümliche Version f). Noch eine Sammlung endlich, die um die Hälfte des sechsten Jahrhunderts entstand, scheint weniger zum practischen, als zum historischen Gebrauch bestimmt worden zu seyn g).

§. 76. d) Weltliche Gesetze.

Um die Zeit, da die römische Herrschaft im Occident aufhörte, beruhte das bürgerliche Recht größtentheils auf den Schriften der Juristen, über deren Gebrauch vor Gericht gewisse Regeln bestanden, ferner auf den kaiserlichen Edicten, die im Codex von Theodosius II., und auf den kaiserlichen Rescripten, die in zwei andern Codices gesammelt waren. Dieser Zustand erlitt durch die germanische Eroberung keine gewaltsame Veränderung, indem nicht nur die römischen Unterthanen, sondern auch der Klerus und die Kirche vor Gericht fortwährend nach römischem Recht beurtheilt wurden. Nach der Wiedereroberung Italiens durch Justinian wurden an die Stelle jener Quellen die Sammlungen und Novellen dieses Kaisers eingeführt, und kamen dadurch auch unter dem Klerus, selbst am päbstlichen Hofe, in Gebrauch. Nur bediente man sich statt der ursprünglichen Novellen fast allgemein des lateinischen Auszugs von Julian. Dieses Verhältniß erlitt nun auch in den Theilen, welche an die Longobarden kamen, keine Aenderung mehr; und nachdem ihre Könige den katholischen Glauben angenommen hatten, unterstützten sie die Verordnungen der Kirche sogar durch ihre Edicte h).

§. 77. 3) Rechtsquellen in Afrika.

In Afrika waren mittlerweile die beiden Sammlungen entstanden, welche auf einem Concilium zu Carthago im Jahr 525

---

f) Die Beschreibung nach der Handschrift geben die *Ballerin.* De antiq collect. canon. Part. II. Cap. IX. (*Galland.* Sylloge T. I. p. 403 — 409).

g) Die Beschreibung nach den Handschriften geben die *Ballerin.* De antiq. collect. canon. Part. II. Cap. XII. (*Galland.* Sylloge T. I. p. 449 — 463).

h) Dieses geschieht für einige Punkte durch das Edict des Königs Liutprand.

aus dem Archiv vorgelegt wurden. Die eine scheint die Nicänischen Beschlüsse in der alten durch Cäcilian von Nicäa selbst mitgebrachten Uebersetzung, und die afrikanischen Synoden vor Aurelius; die zweite die Synoden unter Aurelius enthalten zu haben i). Eine dritte Sammlung ist diejenige, welche in 104 Nummern dem vierten Concilium von Charthago (398) fälschlich zugeschrieben wird. Sie scheint eher ein kurzer Begriff der ganzen Kirchendisciplin zu seyn, so wie er einem zu ordinirenden Bischof vorgelegt werden sollte. Auch das Vaterland derselben ist sehr zweifelhaft k). Eine vierte Sammlung, die man aus der spätern spanischen Colection, worinn sie aufgenommen wurde, erkennen kann, enthielt acht afrikanische Synoden, und darunter auch jene angebliche vierte von Chartago. Sie existirte schon in der Hälfte des sechsten Jahrhunderts. Nun kamen aber hier auch systematische Zusammenstellungen auf. Den Anfang machte die Breviatio canonum vom Diacon Fulgentius Ferrandus (u. 547). Sie besteht in einem materienweise unter 232 fortlaufenden Nummern geordneten Excerpt fast aller griechischen und afrikanischen Concilienschlüsse. Bei den erstern liegt die altspanische Version zum Grunde l). Eine andere Arbeit dieser Art ist die Concordia canonum des Bischofs Cresconius (u. 690). Diese ist ganz auf die beiden Dionysischen Sammlungen gebaut; nur sind deren Stücke, statt der chronologischen Ordnung, materienweise unter 300 Titel vertheilt. Die ersten 52 gehen nach der Reihenfolge der fünfzig apostolischen Canonen m). An die Spitze gleich nach der Vorrede stellte er 300 kurze Kapitel, wie ein Register, wo-

---

i) Die Ballerini haben mit ihrem gewöhnlichen Geist und Scharfsinn die Bestandtheile beider Codices aus andern Hülfsmitteln hergestellt. De antiq. collect. canon. Part. II. Cap. III. (*Galland.* Sylloge T. I. p. 334 — 378).

k) In den Handschriften heißt sie auch: Statuta ecclesiæ antiqua, und Statuta ecclesiæ orientalis. Die Ballerini haben sie aus vielen Subsidien neu herausgegeben, Opp. Leon M. Tom. III. p. 653., und darnach *Mansi* Conc. Tom III. col. 945. Tom. VII. col. 893.

l) Zuerst herausgegeben ist sie von Franz Pithou, Paris 1588. 8. Nachher öfter; unter andern in *Justell.* Biblioth. jur. can. T. I. p. 448., *Meermann.* Thesaur. T. I.

m) Die einzige Ausgabe steht in *Justell.* Biblioth. T. I. App. p. XXXIII.

rin er den Gegenstand und die Stüke jedes Titels bezeichnete. Diese Kapitel sind aber später häufig in Verbindung mit den Dionysischen Sammlungen, woraus sich ihre Citate auch nachschlagen ließen, abgeschrieben, und endlich wie ein eignes Werk unter dem Namen Breviarium gedrukt worden n).

§. 78. 4) Rechtsquellen in Spanien.

In Spanien gab es im sechsten Jahrhundert mehrere Sammlungen von Kirchengesetzen, worin die altspanische Sammlung (§. 64) aufgenommen, aber mit vielen Stücken vermehrt war. Diese haben sich aber nicht erhalten. Auch verfertigte der Bischof Martin von Braga in Gallicien (u. 572) einen Auszug hauptsächlich aus den griechischen Concilienschlüssen, die er zu diesem Zwecke selbst neu übersetzte. Er besteht in 84 Kapiteln in zwei Bücher eingetheilt, wovon sich das erste auf die Bischöfe und den Klerus, das andere auf die Laien bezieht o). Eine andere große Sammlung ist diejenige, welche dem Bischof Isidor († 636) von Sevilla zugeschrieben wird p). Sie zerfällt nach dem Beispiel der beiden Dionysischen Sammlungen in zwei Theile. Der erste enthält die griechischen Concilien nach der altspanischen Version; ferner acht africanische Concilien aus einer africanischen Sammlung (§. 77); hierauf zehn gallische, dann fünfzehn spanische Concilien; unter diesen aber auch die Kapitel des Martin von Braga; endlich am Schluß Sentenzen, die gewöhnlich dem Concilium von Agde beigelegt werden. Der zweite Theil ist ganz aus der zweiten Dionysischen Sammlung gebildet; nur sind mehrere De-

n) Zuerst erschien dieses mit der Breviatio des Ferrandus durch Franz Pithou; dann öfters, gewöhnlich mit dieser in Verbindung. Es steht auch in *Justell.* Biblioth. T. I p. 456.

o) Ausgaben: *Justell* Biblioth. jur. can. T. I. App. p. VII. *Lopez de Barrera* exercitatio historica de antiquo codice canonum ecclesiæ Hispanæ. Rom. 1758 4., *Mansi* Conc. Tom. IX. col. 846 — 860.

p) (*C. de la Serna Santander*) Præfatio historico critica in veram et genuinam collectionem veterum canonum ecclesiæ Hispanæ a divo Isidoro Hispalensi Metropolitano, Hispaniarum Doctore primum ut creditur adornatam. Bruxellæ Reip. Gal. Anno VIII. (im Supplément au catalogue des livres de la Bibliotheque de M. C. de la Serna Santander. Bluxelles an XI. (1803.) 8.)

cretalen, welche Dionysius nicht hat, unter den Päbsten, wovon sie herrühren, eingerückt. Die ganze Sammlung ist zwischen 633 bis 636 vollendet worden; welchen Antheil aber Isidor wirklich daran gehabt hat, läßt sich nicht genau bestimmen. Später wurden in den ersten Theil noch das zweite Concilium von Constantinopel und mehrere gallische und spanische Concilien, an den Stellen, wo die frühern Concilien desselben Namens standen, eingeschaltet. Der zweite Theil erhielt nur einen Zusatz q). Nach dieser vermehrten Sammlung ist dann gegen das Ende des siebenten Jahrhunderts ein systematischer Auszug gemacht worden. Dieser besteht in zehn Büchern, und jedes Buch in mehreren Titeln, worin die kirchliche Disciplin mit kurzen Sätzen bezeichnet und auf die entsprechenden Stücke der Sammlung nach ihren Nummern verwiesen wird r). Vielleicht ist selbst die ganze große Sammlung nach dieser systematischen Ordnung umgeschrieben worden, und jenes Excerpt das Register davon gewesen. Würklich existirt in Handschriften eine arabische Uebersetzung der so geordneten spanischen Sammlung s). Doch kann diese auch erst später nach Anleitung jenes Excerptes gemacht worden seyn. Neben diesen Sammlungen benutzte die Kirche noch theils den Codex von Theodosius II., theils das jetzt sogenannte Westgothische Breviarium, das heißt einen Auszug, den Alarich II. (506) aus den gangbaren römischen Rechtsquellen hatte verfertigen las-

---

q) Die beiden Theile der Sammlung sind erst in der neuern Zeit gedruckt worden: Collectio canonum ecclesiæ Hispanæ ex probatissimis et pervetustis codicibus nunc primum in lucem edita a publica Matritensi bibliotheca. Matriti ex typographia regia MDCCCVIII. Fol. (Præfatus est Fr. Ant. Gonzalez, publ. Matr. bibl. præfect. a. 1821). — Epistolæ decretales ac rescripta Romanorum pontificum. Matriti ex typographia hæredum D. Joachimi de Ibarra. MDCCCXXI.

r) Ausgaben dieses Excerptes sind: Index sacrorum canonum quibus ecclesia præsertim Hispanica regebatur ab ineunte sexto seculo usque ad initium octavi (in *Aguirre* Collect. Conc. Hispan. Tom. III), Codex veterum canonum ecclesiæ Hispanæ ope *Cajet. Cenni*. Rom. 1739. 4., *Mansi* Conc. Tom. VIII. col. 1179 — 1260.

s) *Casiri* Biblioth. Arabico Hispanica Escurialensis T. I. p. 541. No. 1618. Codex a Presbytero quodam Vincentio litteris Cuphicis anno Aeræ Hispan. 1087 (Chr. 1049) descriptus.

sen. Später, nachdem die Könige katholisch geworden waren, kamen auch in das gegen das Ende des siebenten Jahrhunderts neu bearbeitete Westgothische Gesetzbuch viele für die Kirche wichtige Bestimmungen.

§. 79. 5) Rechtsquellen in England und Irland.

In den angelsächsischen Reichen wurde die kirchliche Disciplin vorzüglich durch die Provinzialconcilien ausgebildet, und auf diesen die Beschlüsse der ökumenischen Concilien ausdrücklich angenommen. Außerdem bezeugten die Könige ihre Ehrfurcht gegen die Kirche durch wichtige Verordnungen, welche sie auf den Reichstagen für sie festsetzten t). Später verbreiteten sich auch die Dionysischen Sammlungen hierher. Um die Mitte des siebenten Jahrhunderts faßte der Erzbischof Theodor von Canterbury die wichtigsten Punkte der kirchlichen Disciplin in seinen Capitularien zusammen, welche aus 169 Nummern bestehen u). Eine große aus den vorhandenen Quellen gezogene systematische Sammlung verfertigte der Erzbischof Egbert von York († u. 771) unter dem Titel: De saccerdotali jure; davon sind aber nur einzelne Stücke gedruckt. Später ist daraus vom Diacon Hukarius (u. 1040) ein Auszug gemacht worden v), den man aus Mißverständniß dem Erzbischof Egbert selbst beigelegt hat w). Auch in Irland wurde, wahrscheinlich im achten Jahrhundert, eine systematische Sammlung in 65 Büchern oder Titeln verfertigt, worin die Dionysischen Sammlungen und außerdem römische, gallische und irländische Concilien benutzt sind x). Uebrigens

t) *D. Wilkins* Leges Anglo-Saxonicæ ecclesiasticæ et civiles. Lond. 1721. fol Blos die lateinische Uebersetzung steht in: *Canciani* Barbarorum leges antiquæ. T. IV.

u) Sie stehen bei *L. d' Achery* Spicilegium. Ed. nov. T. I. p. 486 — 491., *Mansi* Conc. T. XII. col. 25 — 37

v) Excerptiones e dictis et canonibus SS. patrum concinnatæ et ad ecclesiasticæ politiæ institutionem conducentes. Sie stehen bei *Wilkins* Conc. Britann. T. I. p. 101 — 112., *Mansi* Conc. Tom. XII. col. 411 — 431.

w) Der Irrthum ist nachgewiesen von *Jac. Waræus* Annotat. ad Synod. S. Patricii in edit. Opp. S Patricii. Lond. 1656, *Ballerini* De antiq. collect. canon. Part. IV. Cap. VI. (*Galland.* Sylloge T. I. p. 605.)

x) Es sind nur einzelne Stücke davon gedruckt bei: *L. d' Ache-*

entstanden für das Bußwesen, so wie im Orient, noch besondere Sammlungen, worin nach Anleitung der Concilien und h. Väter für die verschiedenen Vergehen die entsprechenden Büßungen genau verzeichnet wurden. Das wichtigste Pönitentialbuch dieser Art, welches bei allen folgenden benutzt worden, aber noch nicht in seiner ächten Gestalt gedruckt ist, hat den Erzbischof Theodor († 690) von Canterbury zum Verfasser y). Eine andere Bußsammlung von Beda († 735) ist nicht auf uns gekommen z). Auch in dem großen Werk des Erzbischofs Egbert befand sich ein eigner Abschnitt über die Büßungen; dieser ist, wie es scheint, als ein eigenes Werk abgeschrieben, und später dem Beda beigelegt worden a). Zwei andere Bußsammlungen aber, die man dem Erzbischof Egbert zugeschrieben hat, sind zwar in seinem Zeitalter, nicht aber von ihm selbst verfaßt b).

§. 80. 6) Rechtsquellen im fränkischen Reich. a) Sammlungen der Kirchengesetze.

Im fränkischen Reich wurde anfangs noch die alte gallische und spanische Sammlung gebraucht (§. 64); bald verbreiteten sich aber auch die Dionysischen Codices hierher. Aus diesen Hülfs-

---

ry Spicileg. Ed. nov. T. I. p. 492 — 507., *Edm. Martene* Thesaur. nov. Anecdot. T. IV. p. 2 — 22., *Mansi* Conc. T. XII. col. 118 — 144.

y) Was Jac. Petit, Paris 1677. 2 B. 4. herausgab, ist nicht die Sammlung Theodors selbst, sondern größtentheils aus deren in den spätern Sammlungen zerstreuten Bruchstücken zusammengetragen worden.

z) Was *Mansi* Conc. T. XII col. 498 — 520. unter Beda's Namen gegeben hat, ist wahrscheinlich eine gallische Sammlung

a) Er hat die Aufschrift: De remediis peccatorum, und steht in *Spelmann* Conc. Orb. Britann. T. I. p. 281 — 89, *Mansi* Conc. T. XII. col 489 — 98. Hiemit ist die Sammlung, welche *Martene* Thesaur. nov. Anecdot T. IV. p. 22 — 30. unter derselben Aufschrift giebt, nicht zu verwechseln.

b) Von der Einen sind nur einige Stücke gedruckt bei *Spelmann* Conc. Orb. Britann. T. I. p. 276 — 78., *Mansi* Conc. T. XII. col. 459 — 462. Die Ballerini hatten die Absicht, sie ganz zu ediren, De antiq. collect. canon. Part. IV. Cap. VI. (*Galland.* Sylloge T. I. p. 607. 608). Die Andere von weit kleinerem Umfang steht bei *Wilkins* Conc. Britann. T. I. p. 113 — 144., *Mansi* Conc. T. XII. col. 431 — 459. Spittler hat beide Sammlungen irrig verwechselt.

mitteln, verbunden mit den Canonen der fränkischen Provinzialconcilien entstanden nun neue Sammlungen. Die älteste ist um die Mitte des sechsten Jahrhunderts verfertigt. Doch ist davon nur noch ein handschriftlicher Auszug übrig. Nach diesem zu urtheilen enthielt sie die Nicänischen Beschlüsse in der Abkürzung des Rufinus, mit diesen unter demselben Namen verbunden die Canonen von Sardika, dann vorzüglich fränkische Concilien und päbstliche Decretalen, welche in der fränkischen Kirche Authoritates genannt wurden c). Eine andere Sammlung, die in dieselbe Zeit gehört, enthält in verworrener Ordnung griechische, africanische, gallische Canonen, und päbstliche Briefe, erstere theils nach der altspanischen, theils nach der Dionysischen Version d). Außerdem gab es noch andere Sammlungen, deren Handschriften aber größtentheils noch nicht genau beschrieben sind e). Durch Karl den Großen kam vorzüglich der Hadrianische Codex (§. 75) in Gebrauch f); doch wurden auch Abschriften der vermehrten spanischen Sammlung (§. 78), anfangs ganz rein g), dann mit Zusätzen und veränderten Lesar-

c) Die Sammlung ist nach der Handschrift beschrieben von den *Ballerini* De antiq. collect. can. Part. II. Cap. X. (*Galland.* Sylloge T. I. p. 412 — 420).

d) Sie ist beschrieben bei *Coustant* Diss. de antiq. canon. collect. Part. II §. II. (*Galland* Sylloge T. I. p. 68), *Ballerini* De antiq. collect. canon. Part. II. Cap. V. (*Galland* Sylloge T. I p. 387).

e) Zwei davon beschreiben die *Ballerini* De antiq. collect. can. Part. II. Cap X. (*Galland* Sylloge T. I. p. 420 — 423). Eine dritte, wahrscheinlich aus dem achten Jahrhundert, ist nach einer Handschrift von Diessen abgedruckt, in *Eus. Amort* Elementa jur. can. veter. et modern. (Ulm. 1757. III Vol. 4.) T. II. p. 273 — 594.

f) Namentlich bei der Kirche von Cölln unter ihrem Erzbischof Hildebald, *Harzheim* Conc. Germ. T. I. p. 131. 549. Auch in Baiern; dieses beweist eine Handschrift von Chiemsee aus dem achten Jahrhundert, welche die erste Hälfte des Hadrianischen Codex enthält. Sie ist abgedruckt bei *Amort* Elementa jur. can. veter. et moderni. Tom. II. p. 75 — 235.

g) Eine solche Abschrift ist der Codex, welchen der Bischof Rachion von Straßburg (787) verfertigen ließ, *Granddidier* Histoire de l'église et des evêques princes de Strasbourg. (Strasb. II. Vol. 4) T. I. p. 314. T. II. Cod. dipl. p. CXLI., *Koch* in den Notices et extraits des manuscrits de la bibliothèque nationale. T. VII. P. II. p. 173 — 215.

ten h) in der fränkischen Kirche verbreitet. Auch nahm man daraus mehrere Stücke in Abschriften der Hadrianischen Sammlung auf i). Uebrigens entstanden für einzelne Diöcesen noch kleine Gesetzsammlungen, welche Auszüge aus den vorhandenen Rechtsquellen mit eigenen Verordnungen der Bischöfe enthielten. Solche Kapitel gab es vom Erzbischof Bonifazius von Mainz (745) k), von den Bischöfen Theodulph von Orleans (u. 797) l), Haytho von Basel (u. 820) m), vom Erzbischof Herard von Tours (858) n), von Walter von Orleans (871) o) und vom Erzbischof von Rheims (852—874) p).

§. 81. d) Systematische Sammlungen und Auszüge.

Neben den größern chronologisch geordneten Sammlungen entstanden in der fränkischen Kirche über die Rechtsquellen auch Arbeiten anderer Art. Die älteste ist eine Sammlung worin die aufgenommenen Kirchengesetze, Canonen und Decretalen, verkürzt, blos ihrem Sinne nach, angegeben sind. Sie zeichnet sich dadurch aus, daß dabei spanische und gallische Codices gebraucht wurden, welche älter als die spanische Sammlung (§. 78) waren q). Hierauf folgten kurze systematische Zusammenstellungen nach Titeln. Von diesen sind nur zwei näher bekannt. Die Eine in 92 Titeln hat aus verschiedenen ältern Sammlungen, unter andern aus der von Dionysius, so wie sie vor Hadrian war,

---

h) Die Beschreibung solcher interpolirter Codices geben die *Ballerini* De antiq. collect. can. Part. III. Cap. IV. (*Galland.* Sylloge T. I. p. 517 — 520).

i) Die Beschreibung eines solchen aus der spanischen Sammlung vermehrten Hadrianischen Codex geben die *Ballerini* De antiq. collect. can. Part. III. Cap. V. (*Galland.* Sylloge T. I. p 526).

k) Sie stehen bei *L. d'Achery* Spicileg. Edit. nov. Tom. I. p. 507. *Mansi* Conc. T. XII. col. 383.

l) Sie finden sich bei *Mansi* Conc. T. XIII. col. 993 — 1008.

m) Diese stehen bei *Mansi* Conc. T. XIV. col. 393.

n) Sie finden sich in *Baluz.* Cap. reg. Franc. T. I. col. 1283 — 95.

o) Sie stehen bei *Mansi* Conc. T. XV. col. 503 — 509.

p) Diese giebt *Mansi* Conc. T. XV. col. 475 — 504.

q) Die Beschreibung nach zwei Handschriften geben die *Ballerini* De antiq. collect. can. Part. IV. Cap. IV. (*Galland.* Sylloge Tom. I. p. 587 — 594).

geschöpft. Sie ist also wenigstens vor der zweiten Hälfte des achten Jahrhunderts verfaßt r). Die andere in 72 Kapiteln ist aus derselben Zeit und von ähnlicher Beschaffenheit s). Beide stimmen darin überein, daß neben den Kirchengesetzen Zeugniße der Kirchenväter aufgenommen sind. Dadurch wurden diese allmählig unter die Rechtsquellen eingeführt. Eine systematische Sammlung von größerem Umfang entstand gegen das Ende des achten Jahrhunderts t). Sie enthält nur Stücke aus der spanischen und Hadrianischen Sammlung, vielleicht blos aus einem aus der spanischen Sammlung vermehrten Hadrianischen Codex (§. 80). Diese sind aber in drei Bücher vertheilt, wovon das erste von der Buße und den Büßenden, das zweite von den Accusationen, das dritte von der Weihe und dem Stande der Kleriker und der Bischöfe handelt u). Hieran schließt sich die Sammlung des Bischofs Halitgar von Cambrai (u. 825) in fünf Büchern, deren Stoff fast nur aus der vorigen entnommen ist. Ein sechstes Buch, welches wie einen Anhang bildet, enthält größtentheils Bruchstücke aus einem Pönitentialbuch, welches angeblich aus dem Archiv der römischen Kirche herrührte; außerdem einige Stellen aus Kirchenvätern und aus unächten päbstlichen Decreten v). Nach dieser Sammlung verfertigte Rabanus Maurus zwei andere. Die eine, an den Erzbi-

---

r) Jac. Petit hat daraus hinter dem Pönitentiale des Theodor von Canterbury einzelne Stücke abgedruckt. Die Beschreibung der ganzen Sammlung geben die *Ballerini* De antiq. collect can. Part. IV. Cap. VII. (*Galland.* Sylloge T. I. p 611 — 616).

s) Die Beschreibung derselben findet sich bei den *Ballerini* De antiq. collect. can. Part. IV. Cap VII. (*Galland.* Sylloge T. I. p. 616 — 618).

t) Diese und die drei folgenden Sammlungen beschreiben die *Ballerini* De antiq. collect. can. Part. IV. Cap. VIII. (*Galland.* Sylloge T. I. p. 619 — 622).

u) Die Sammlung ist abgedruckt in *L. d' Achery* Spicileg. Ed. nov. T. I. p. 509 — 564.

v) Die ganze Sammlung steht in *Henr. Canisii* Lectiones Antiquæ. Ed. Basnag. T. II. P. II. p. 81., *A. Gallandii* Bibliotheca veterum patrum. T. XIII. p. 521. Das römische Pönitentialbuch, welches dabei gebraucht wurde, in seiner wahren Gestalt ohne jene unächten Stellen, steht noch besonders in *H. Canisii* Lection. antiq. T. II. P. II. p. 132.

schof Otgar von Mainz (u. 841) gerichtet, heißt der Liber pönitentium w). Die andere, ein weitläufiges Sendschreiben an den Bischof Heribald von Auxerre (853), enthält dasselbe Material wie jene, nur in einer andern Ordnung x). In allen diesen Sammlungen kamen für das Bußwesen eigene Abschnitte vor; außerdem wurden aber dafür noch besondere Auszüge gemacht. Ein Pönitentialbuch dieser Art, aus dem ersten Viertel des achten Jahrhunderts, wird irrig dem Beda y), ein anderes dem Pabst, Gregor III. beigelegt z); ein drittes ist in einer Admonition des Bischofs Theodulph von Orleans (797) an die Geistlichkeit enthalten a).

§. 82. c) Weltliches Recht.

In ihren äußern Verhältnissen wurde die Kirche und die Geistlichkeit nach dem römischen Recht beurtheilt. Dieses schöpfte sie vorzüglich aus dem Codex von Theodosius II und aus dem Westgothischen Auszug. Doch verbreiteten sich von Italien aus auch die Sammlungen Justinians, dessen Novellen und die Epitome von Julian, hierher. Ferner wurden gewisse Verhältnisse der Kirche, welche das bürgerliche Leben berührten, in den für die einzelnen Stämme verzeichneten Rechten, namentlich im Ripuarischen, Baierischen und Alemannischen berücksichtigt b). Vorzüglich wichtig waren aber die Capitularien, welche von den Königen mit den geistlichen und weltlichen Ständen auf den Reichstagen erlassen wurden. Sie sind, wo sie von kirchlichen

---

w) Sie steht in *Ant Augustin.* Collect. canon. pœnitent. Tarrac. 1582. 4, *Rabani Mauri* Opera ed. Ge Colvenerii (Colon. 1627. VI. Vol. fol.) Tom. VI.

x) Sie ist öfters gedruckt, unter andern in *H. Canisii* Lection. antiq. ed. Basn. T. II. P. II. p. 293., *Harzheim* Conc. Germ. Tom. II. p. 191.

y) Dieses steht in *Martene* Thesaur. nov. Anecd. T. IV. p. 31 — 57., *Mansi* Conc. T. XII. col. 498 — 520.

z) Es findet sich in *Mansi* Conc. T. XII. col. 287 — 296.

a) Diese steht in *Mansi* Conc T. XIII. col 1009 — 1022.

b) Diese, so wie die früher erwähnten westgothischen und langobardischen Rechtsbücher sind gesammelt in *Petr. Georgisch* Corpus juris Germanici antiqui. Halæ 1738. 4., *P. Canciani* Barbarorum leges antiquæ. Venet. 1781 — 92. V. Vol. fol., *Ferd. Walter* Corpus juris Germanici antiqui. Berol. 1824. III. Vol. 8.

Einrichtungen handeln, meistens aus Canonen und Kirchenvätern geschöpft. Anfangs waren sie einzeln im Umlauf. Später machte der Abt Ansegisus (827) eine Sammlung in vier Büchern, wovon das erste die kirchlichen Verordnungen Karls, das zweite die seines Sohnes Ludwig enthält. Diesen fügte (845) Benedictus, Levite in Mainz, drei Bücher hinzu, worin er die Capitularien von Karl dem Großen und andere von Ansegius übergangene Stücke nachtrug. Doch nahm er auch Stellen der h. Schrift, der Kirchenväter, der Concilien, ächter und unächter päbstlicher Decrete, des Westgothischen Auszugs, des Codex von Theodosius II., der Epitome Julians, und der germanischen Volksrechte auf. Hiezu kamen noch vier Nachträge, deren Verfasser man nicht kennt. In allen diesen Sammlungen haben aber die Capitularien nicht ihre ursprüngliche Gestalt mehr, sondern sie sind in einzelne Sätze zerlegt, und diese, meistens ohne Angabe des Jahres und des Königs, zum Theil willkührlich durch einander geworfen c). Dennoch wurden diese Arbeiten, ihres reichen Materials wegen, sehr gebraucht. Der Bischof Isaac von Langres machte sogar (u. 859) aus den drei Büchern von Benedictus für seine Diöcese einen eigenen Auszug in eilf Titeln d). Uebrigens galten die Capitularien auch in Italien, so weit dieses unter die fränkische Herrschaft gekommen war e), und der Kaiser Lothar ließ (847) für dieses Königreich aus den Capitularien Karls und Ludwigs sogar einen eignen Auszug verfertigen f).

c) *Steph Baluzii* Capitularia Regum Francorum. Paris 1677. II. Vol. fol. Nov. ed. cura Petr. de Chiniac. Paris 1780. II. Vol. fol. Hier hat man sowohl die Fränkischen Sammlungen, wie die einzelnen bisher aufgefundenen Capitularien bis zum Abgang des Carolingischen Stammes. Dasselbe, noch mit einigen Stücken vermehrt, steht in der von mir herausgegebenen Sammlung der alten germanischen Rechte. Georgisch und Canciani geben zwar die fränkischen Sammlungen, aber die einzelnen Capitularien nicht vollständig.

d) Dieser steht in *Baluz.* Capitul. T. I. col. 1233 — 1283.

e) c. 9. D. X. (Leo IV. a. 847).

f) Er erschien zuerst von Vit. Amerbach, Ingolst. 1545. 8. Hierauf mit *Hincmari Remensis* Epistolæ ed. Joa. Busæus. Mogunt. 1602. 4. Dann in *M. Goldast* Collectio consuetudinum et legum imperialium. Frf. ad M. 1613. fol.

§. 83. d) Die falschen Decretalen. α) Geschichte derselben.

Neben den ächten Kirchengesetzen kamen aber auch mancherlei falsche Briefe, Decrete, Concilienacten und Urkunden anderer Art in Umlauf. Einige dieser Stücke wurden in der Hitze kirchlicher Streitigkeiten zur Begründung der eignen Behauptungen, oder zur Beschuldigung der Gegner erdichtet. Andere bildete man nach vorhandenen Einrichtungen, die man auf ältere Zeiten und Personen übertrug. Noch Andere entstanden so, daß man verlorene Briefe und Gesetze aus den Nachrichten, die man über deren Inhalt bei den Geschichtschreibern vorfand, in ihrer urkundlichen Form herzustellen, und dadurch das gesetzliche Material zu ergänzen versuchte g). Nach und nach wurden viele dieser falschen Stücke als ächt auch in die gangbaren Sammlungen der Kirchengesetze eingerückt h). Neue Verfäl-

---

g) Besonders anschaulich wird dieses in einer eigenthümlichen Sammlung des siebenten oder achten Jahrhunderts. Diese enthält nach den apostolischen Canonen die Statute der römischen Bischöfe von Linus an. Allein von den Constitutionen der ältern Päbste bis auf Siricius, welche nicht mehr existirten, giebt sie blos kurz in historischer Form deren Inhalt, und zwar diesen größtentheils aus den Nachrichten, die sie darüber in dem bekannten Liber Pontificalis vorfand. Diesen Theil schließt sie mit: Explici(un)t constitutiones breviatæ. Dann folgen Constitutionen der spätern Päbste meistens aus Dionysius. Von hier war es nur noch ein Schritt, jene Excerpte in eine gesetzliche Form einzukleiden. Diese Sammlung ist abgedruckt in *Zaccaria* Dissertazioni varie italiane a storia ecclesiastica appartenenti. (Rom. 1780. 8.) Tom. II. Diss. IV. (lateinisch in *Galland* Sylloge T. II. p. 678). Doch war sie bis zur vierten Auflage dieses Lehrbuchs ganz unbeachtet geblieben.

h) Die unächten Stücke, die bereits vor der gleich zu erwähnenden verfälschten isidorischen Sammlung in den Sammlungen der Kirchengesetze vorkamen, sind folgende. 1) Epistolæ II Clementis ad Jacobum Fratrem Domini. Diese sind sehr alt, und schon von Rufinus aus dem Griechischen übersetzt worden. 2) Canones Apostolorum 3) Capitulum editum a Silvestro papa. *Ballerini* De antiq. collect. canon. Part. II. Cap. IV. (*Galland.* Sylloge T. I. p. 385). Dieses ist noch nicht gedruckt; das Material stimmt mit dem folgenden Stück überein. 4) Canon Silvestri. (Mansi T. II. col. 618). 5) Constitutum Silvestri. (Mansi T. II. col. 1081). 6) Epistola (synodi Nicænæ) directa ad synodum Romæ. 7) Epistola Silvestri episcopi ad synodum (Nicænam). 8) Epistola Silvestri episcopi ad concilium Nicænum; abgedruckt bei den

schungen in großer Anzahl kamen aber im zweiten Viertel des neunten Jahrhunderts zum Vorschein i). Die ersten sichern Nachrichten darüber gründen sich auf die Handschrift einer Sammlung, welche zwischen den Jahren 858 bis 867 verfertigt worden ist k). Diese zerfällt in drei Theile. Der erste ent-

---

Ballerini De ant. collect. can. Part. III. Cap. III. (*Galland.* Sylloge T. I p. 494). Dieses und die fünf vorhergehenden Stücke sind um die Zeit von Symmachus verfertigt worden. 9) Gesta Marcellini, Liberii, Xysti, Polichronii. Um dieselbe Zeit erdichtet. 10) Eilf Briefe in der Sache des Acacius vor der fünften ökumenischen Synode von den Griechen erdichtet. 11) Constitutum domni Constantini imperatoris in gratiam Romanæ ecclesiæ. Die bekannte Schenkungsurkunde Constantins. Das Nähere darüber giebt *Biener* De colect. can. eccles. Græc. p. 72. 12) Interlocutio Osii. 13) Epistolæ II. Hieronymi ad Damasum et Damasi ad Hieronymum. 14) Epistolæ II. Damasi ad Hieronymum et Hieronimi ad Damasum. 15) Epistola Leonis ad episcopos Germaniarum. 16) Der große unächte Zusatz im Brief von Gregor I. an den Secundinus. — Dieses Verzeichniß ist auf die höchst genauen Angaben der Ballerini gegründet. Spittler hält auch noch folgende Stücke für älter als den Verfälscher der spanischen Sammlung. 17) Epistola Stephani Archiepiscopi et trium conciliorum Africæ ad Damasum. 18) Rescripta Damasi ad eosdem. 19) Schreiben des Damasus an die Bischöfe von Numidien. 20) Das sechste und siebente Kapitel im Schreiben des Vigilius an den Profuturus. Allein was Spittler als Grund für dieses höhere Alter anführt, läßt sich auch auf andere Weise erklären. *Ballerini* De antiq. collect. can. Part. III. Cap. IV. (*Galland.* Sylloge T. I. p. 520). Endlich kommen 21) im sechsten Buch der Sammlung Halitgars (§ 81) sieben kleine Abschnitte aus den angeblichen Decreten von sieben Päbsten des zweiten bis vierten Jahrhunderts vor. Diese bis zur vierten Auflage dieses Lehrbuches ganz unbemerkt gebliebenen erdichteten Decretalen sind von denen in der verfälschten spanischen Sammlung völlig verschieden. Gratian hat sie aber zum Theil aufgenommen.

i) *David. Blondell.* Pseudo-Isidorus et Turrianus vapulans. Genev. 1628. 4., *Z. B. van Espen* Diss. de collectione Isidori Merçatoris (in Opp. ed. Lovan. T. III., *Ballerini* De antiq. collect. canon. Part. III. Cap. VI. (*Galland.* Sylloge T. I. p. 528), *Car. Blasci* De collectione canonum Isidori Mercatoris. Neap. 1760. 4. (*Galland.* Sylloge T. II. p. 1.), *J. A. Theiner* De Pseudo-Isidoriana canonum collectione. Vratisl. 1827. 8. Ich nehme auf diese letzte Abhandlung hier nur deßhalb Rücksicht, weil man darin, wie schon in der vierten Auflage gezeigt war, alle schlechte Meinungen ihrer Vorgänger beisammen findet.

k) Die Ballerini haben diesen Codex genau beschrieben. Da:c

hält nach der Vorrede, die zum Theil aus der spanischen Sammlung (§. 78) genommen ist, und nach einigen andern Stücken, welche als Einleitung dienen sollen, erst die Canonen der Apostel, dann 60 erdichtete Briefe und Decrete der dreißig ältesten Päbste von Clemens bis Melchiades. Im zweiten Theil folgen nach einer Art von Proömium erst die falsche Schenkungsacte Constantins, hierauf zwei einleitende Stücke, wovon das eine wieder aus der Vorrede der spanischen, das andere aber aus der alten gallischen Sammlung (§. 64) gezogen ist, endlich die griechischen, africanischen, gallischen und spanischen Concilien, ganz nach der vermehrten spanischen Sammlung, so wie diese um das Jahr 683 beschaffen war. Endlich der dritte Theil enthält nach der Vorrede, die ebenfalls aus der spanischen Sammlung abgeschrieben ist, in chronologischer Ordnung die Decrete der Päbste von Sylvester bis Gregor II., darunter aber auch 35 falsche Decrete und mehrere erdichtete Concilien. Die ächten Stücke sind aus der spanischen, altgallischen (§. 64) und Dionysischen Sammlungen genommen, jedoch in einige derselben noch falsche Zusätze eingeschoben. Nach dem Decret von Gregor II., womit der Codex ursprünglich schloß, folgen von derselben Hand einige Stücke, die sich auf Symmachus († 514) beziehen, namentlich auch zwei ihm angedichtete römische Concilien; dann wieder von derselben Hand ein zweiter Anhang. Der Sammlung liegt im Ganzen, wie die Vorreden und der zweite Theil beweisen, die spanische dem Bischof Isidor von Sevilla zugeschriebene Sammlung zum Grunde l). Allein die unächten Stücke sind unstreitig im westfränkischen Reiche verfertigt m), und erst hier in die spa-

---

in der neuern Zeit nach Paris gebracht worden war, so hat Camus ihn nochmals in Vergleichung mit vier andern sehr abweichenden Handschriften untersucht, Notices et extraits des manuscr. de la biblioth. nation. T. VI. p. 265 — 301.

l) In jener ältesten Handschrift steht an der Spitze der Vorrede: Incipit præfatio S. Isidori episcopi libri hujus. Isidorus Mercator servus Christi lectori conservo suo et parenti in domino fidei salutem. Das Beiwort Mercator fehlt in andern Handschriften ganz, oder ist in einigen in peccator, den Beinamen, den sich die Bischöfe häufig gaben, corrigirt. Nach Blasci sollen auch einige Codices geradezu peccator lesen.

m) Daß die falschen Decretalen nicht aus Spanien gekommen sind, ist ausgemacht und allgemein zugegeben. Für ihren fränkischen Ur-

nische Sammlung, die durch den Erzbischof Riculf von Mainz (787 — 814) bekannt geworden war n), eingerückt worden.

---

sprung reden folgende entscheidende Thatsachen. Erstlich sind alle Handschriften der verfälschten Sammlung Fränkischer Abkunft, und die falschen Dekrete werden nur von Fränkischen Schriftstellern angeführt. Zweitens sind darin Briefe von und an Bonifacius, den Erzbischof von Mainz, benutzt, die nur im Fränkischen Reich bekannt waren. Drittens ist die spanische Sammlung, die dem Ganzen zum Grunde liegt, nicht aus den ächten spanischen, sondern aus den in Gallien mit veränderten Lesarten gebrauchten Handschriften (§. 80.) genommen. Dennoch behauptet Theiner nach Febronius, die falschen Dekrete müßten in Rom verfertigt seyn. Allein dawider ist der selbst von den Ballerini nicht benutzte Umstand entscheidend, daß in ihnen wörtliche Stücke aus der Lex der Westgothen und dem Westgothischen Auszug römischer Rechtsquellen vorkommen. Wären sie in Rom gemacht, so würden dafür nothwendig die Sammlungen Justinians benutzt worden seyn. Auch findet sich von den falschen Dekreten weder in italischen Handschriften, noch in den Archiven eine Spur, und die Päbste bezogen sich ausdrücklich nur auf die Decretalen, die im Dionysischen Codex standen, Leo IV. ad episc. Britann. a. 850 (im c. 1. D. XX.), Nicol I. ad Hincmar. Rhem. a. 863. (*Mansi* T. XV. col. 374). Der Beweis, den Theiner auf die Verbindung der Schenkungsacte Constantins mit den falschen Decretalen gründen will, zerfällt dadurch, daß jene Urkunde älter und von einer ganz andern Seite ausgegangen ist.

n) *Hincmar. Rhem* († 882) Opusc. contra Hincmar. Laudun. c. 24. Si vero ideo talia quæ tibi visa sunt, de præfatis sententiis (Angilramni) ac sæpe memoratis epistolis detruncando, et præposterando, atque disordinando conlegisti, quia forte putasti neminem alium easdem sententias, vel ipsas epistolas præter te habere, et idcirco talia libere te existimasti posse conligere: res mira est, cum de ipsis sententiis plena sit ista terra, sicut et de libro conlectarum epistolarum ab Isidoro, quem de Hispania adlatum Riculfus Magontinus episcopus, in hujusmodi sicut et in capitulis regiis studiosus, obtinuit, et istas regiones ex illa repleri fecit. Da die falschen Dekrete entschieden nicht in Spanien gemacht sind, so muß, was der Schluß jener Stelle dem Riculf beilegt, von der ächten spanischen Sammlung verstanden werden. Riculf scheint überhaupt fleißig gesammelt zu haben. Auf dem Reichstag zu Worms (803) legte er ein bisher unbekanntes, aber ächtes Dekret von Gregor II. vor, welches die verhandelte Frage entschied, Capit. Carol. M. a. 803. De purgatione sacerdotum. Auch sagt der Levite Benedictus in seiner Vorrede: Hæc vero capitula, quæ in subsequentibus tribus libellis coadunare studuimus, in diversis locis, et in diversis schedulis, sicut in diversis synodis ac placitis generalibus edita erant, sparsim invenimus, et maxime in S. Magontiacensis metropolis eccle-

Höchst wahrscheinlich sind sie zwischen den Jahren 829 bis 845 gemacht o); aber ob sie erst einzeln circulirten oder gleich in den spanischen Codex eingeschoben wurden, ob einer oder mehrere daran gearbeitet haben, läßt sich nicht bestimmen. Zum erstenmahl erscheinen einige derselben in der Sammlung des Leviten Benedictus ((§. 82), allein noch nicht mit dem Namen ihrer angeblichen Urheber. Mit diesen werden sie zuerst im Jahr 857 angeführt p). Die Sammlung galt als die wahre des Isidor

---

siæ scrinio a Riculfo ejusdem S. sedis metropolitano recondita — reperimus.

o) Dieses haben Blondel und die Ballerini erwiesen. Blasci und Theiner hingegen halten noch die Meinung fest, welche die Entstehung jener Decretalen in das achte Jahrhundert versetzt. Allein die Zeugniße, woraus sie dieses höhere Alter erweisen wollen, lassen sich leicht widerlegen. 1) Die oben angeführte Stelle aus Hincmar beruht auf einer Verwechslung der ächten isidorischen Sammlung mit den später eingeschobenen falschen Dekreten; sie beweist nicht, daß letztere schon unter Riculf darin standen. 2) Was der Levite Benedictus von Riculf und dem Mainzer Archiv sagt, braucht keineswegs von den falschen Decretalen verstanden zu werden, sondern die Stücke, die er davon anführt, konnte er anderswo gefunden haben. 3) Der auf die angeblichen Kapitel von Angilramn gebaute Beweis zerfällt dadurch, daß diese auch erst im neunten Jahrhundert, und zwar aus den falschen Decretalen selbst verfertigt sind. Eben so verhält es sich mit dem angeblichen Concilium des Bischofs Remedius von Chur (§ 88). 4) Das Capit. Aquisgran a. 803. c. 4. bezieht sich nicht auf eine falsche Decretale, sondern auf die ächte Epist. Innoc. I. ad Victric. c. 10. in der Dionysischen Sammlung. Daß dort die Worte: post episcopale judicium ausgelassen sind, beweist nichts, da die Epistel von Rechtssachen, jenes Kapitulare aber von einem Fall redet, wo auf diesen Vorbehalt nichts ankam. 5) Das Capit. VI. a. 806. c. 23. ist nicht aus einer falschen Decretale dieser Zeit, sondern aus dem falschen Canon des Sylvester geschöpft, welcher schon im sechsten Jahrhundert existirte. 6) Die übrigen von Theiner noch angeführten Zeugniße sind durchaus nichtssagend. Es bleibt also dabei, daß es vor der Sammlung des Leviten Benedictus keine sichere Spur dieser falschen Decretalen giebt. Dieses ist auch der stärkste Umstand, der gegen die successive Entstehung derselben spricht: sie hätten dann schon früher in den andern Codices erscheinen müssen.

p) Epistola synodalis Caroli post synodum Carisiacam a. 857. ad episcopos et comites Galliæ. (Mansi T. XV. col. 127. Baluz. T. II. col 92). Der vierte Anhang zu den drei Büchern des Leviten Benedictus, in welchem ebenfalls viele der falschen Dekrete namentlich vorkommen, ist wohl aus derselben Zeit.

von Sevilla q).; daher zweifelte man an der Aechtheit nicht r), und die falschen Decretalen wurden wie die andern von den Bischöfen und fränkischen Concilien angeführt, und in die systematischen Sammlungen, die im zehnten bis zwölften Jahrhundert entstanden, aufgenommen. Abschriften der ganzen Sammlung verbreiteten sich auch nach England und Italien; nach Spanien aber nicht s). Jedoch erlitt diese dabei, besonders im dritten Theil, mancherlei Veränderungen; die angehängten Stücke des Symmachus wurden in die Sammlung selbst eingerückt, die Ordnung verändert, andere ächte Stücke aufgenommen, falsche noch dazu verfertigt t). End-

q) *Hincmar. Rhem* Epist. VII. c. 22. Scriptum namque est in quodam sermone sine exceptoris nomine de gestis S. Silvestri excepto, quem Isidorus episcopus Hispalensis collegit cum epistolis Romanæ sedis pontificum a S. Clemente usque ad B. Gregorium, eundem S. Silvestrum decrevisse, ut nullus laicus crimen clerico audeat inferre etc. Es ist der Auszug aus dem fälschen, aber ältern Canon des Silvester gemeint. Diesen erwies Hincmar als unächt, aber die übrigen Dekrete führt er selbst in seinen Briefen mehrmals an.

r) Die Fränkischen Bischöfe bestritten nicht die Aechtheit, sondern nur die Gültigkeit einzelner Stücke, weil sie nicht in dem recipirten Codex, das heißt in der Dionysischen Sammlung ständen. Gegen diesen Grund konnte aber Nicolaus I. mit Recht vieles einwenden, besonders da jene sich in andern Fällen selbst darauf berufen hatten, Nicol. I. ad universos episcopos Galliæ a. 865. (Mansi T. XV. col. 693 auch zum Theil im c. 1. D. XIX). Wenn aber der Pabst sich zu Gunsten der falschen Decretalen auf die römischen Archive zu berufen scheint, so hat ihn darüber entweder sein Archivar falsch berichtet, oder es sind die unächten, aber schon im sechsten Jahrhundert verfertigten Akten von Marcellinus, Silvester und Sixtus III. gemeint: diese fanden sich in italischen Handschriften vor, *Mansi* ad Natal. Alexandr. Sæcul. IX. Diss VI. Würklich führt Nicolaus diese Stücke in andern Briefen an, Nicol. I. Epist. VIII. ad Michael. Imper. (Mansi T. XV. col. 186).

s) Den Beweis, daß in Spanien die ächte isidorische Sammlung fortwährend im Gebrauch geblieben, und die falsche bis zur Erfindung der Buchdruckerkunst ganz unbekannt gewesen ist, giebt *C. de la Serna Santander* Præfatio in veram collectionem ecclesiæ Hispanæ. §. 140 — 145.

t) Die Beschreibung dieser Handschriften geben die *Ballerini* De antiq. collect. can. Part. III. Cap. VI. VII. VIII. (*Galland.* Sylloge T. I. p. 554 — 570). Nach einem solchen veränderten und

lich hat die neuere Kritik die Verfälschung entschieden dargethan u).

§. 84. β) Inhalt der falschen Decretalen.

Die Gegenstände, wovon die falschen Briefe handeln, sind sehr verschieden: nicht selten stehn sogar in einer und derselben Decretale höchst ungleichartige Bestimmungen ohne alle Verbindung neben einander, so daß ein solches Schreiben nur wie aus rohen Excerpten zusammengesetzt erscheint. Nach der ältesten Handschrift berechnet reden in den erdichteten Stücken ohngefähr 17 Stellen von dogmatischen Punkten, 20 von der Würde und den Vorzügen der römischen Kirche, 16 von der höhern Hierarchie, 48 von den Accusationen und Verfolgungen der Bischöfe und Kleriker, 12 von der Appellation an den h. Stuhl, 8 wider die Usurpatoren des Kirchenguts, 12 von der Ordination, den Landbischöfen, Pfarrkirchen und 7 Diakonen, 7 von der Taufe, Firmung und Ehe, 10 von dem Meßopfer und dem Fasten, 12 von der Osterfeier, der Kreuzerfindung, der Verlegung der Leiber der Apostel, dem Chrisma, dem Weihwasser, der Consecration der Kirchen, dem Segnen der Feldfrüchte, den heiligen Gefäßen und Kleidungen; 5 endlich betreffen persönliche Angele-

---

vermehrten Codex ist der Abdruck gemacht, welcher den ganzen ersten Theil der Conciliensammlung von Merlin einnimmt. Dieses ist die einzige Ausgabe, die wir von der Sammlung selbst besitzen.

u) Schon im vierzehnten und fünfzehnten Jahrhundert wurde die Unächtheit nach den Zeugnißen, welche Blasci darüber beigebracht hat, sehr bestimmt behauptet. Allein ein ausführlicher Beweis war nicht eher möglich, bis daß die Sammlung gedruckt war. Diesen führten nun von Seiten der Protestanten die Magdeburger Centuriatoren (1564), während katholischer Seits fast gleichzeitig Le Conte in seiner Ausgabe des Corpus juris canonici und Ant. Augustin in den Noten zu den Kapiteln von Angilramn Beiträge dazu lieferten. Der spanische Jesuit Franz Torres suchte zwar (1572) die Aechtheit noch zu vertheidigen: allein selbst die Cardinäle Baronius und Bellarmin erklärten sich dagegen. Wider Torres insbesondere schrieb der reformirte Prediger Blondel (1628), dessen Hauptverdienst darin besteht, daß er die Materialien, aus denen die falschen Decretalen genommen sind, genauer, wenn auch keineswegs vollständig nachwies. Blondels Angaben sind in den Conciliensammlungen meistens zur Seite mit abgedruckt. Endlich hat noch die vortreffliche Kritik des Pater Constant und der Ballerini die Falschheit mehrerer wichtiger Stücke dargethan, welche selbst die Centuriatoren und Blondel als ächt behandelt hatten.

genheiten, und sehr Viele enthalten blos allgemeine Ermahnungen. Die Stellen, welche denselben Gegenstand berühren, sind sich häufig wörtlich ähnlich. Das Material derselben ist entnommen aus den alten Lebensbeschreibungen der Päbste v), aus andern ächten Gesetzen, aus den Kirchenvätern, aus den im neunten Jahrhundert gangbaren kirchengeschichtlichen Werken des Rufinus w) und Cassiodor x), aus dem sogenannten Westgothischen Breviarium y), und aus andern Theilen des römischen Rechts. Auch die Päbste und Concilien, denen die falschen Stücke beigelegt werden, sind nicht immer willkührlich, sondern nach ächten Nachrichten z) und andern historischen Beziehungen a), zuweilen so glücklich gewählt, daß dieß beweißt, wie dem

v) Liber pontificalis sive de vitis Romanorum pontificum cura Fr. et J Blanchini Rom. 1718 — 35. IV. Vol. fol (auch in *Muratori* Rer. Italic. Scriptor. Tom. III. Part. I. Mediol. 1723. fol.) Die hier von den einzelnen Päbsten gegebenen kurzen Notizen erscheinen sehr häufig in den ihnen beigelegten Decreten, nur weitläufiger und in gesetzliche Form eingekleidet. Zuweilen enthält sogar eine Decretale nichts weiter, als was in der Biographie steht. Dieses ist der Fall bei dem Brief von Anastasius I. an die Burgundischen Bischöfe.

w) Rufinus übersetzte neun Bücher des Eusebius, und schrieb noch zwei Bücher dazu, die bis 395 gehen.

x) *M. A. Cassiodorii* Historia ecclesiastica quam tripartitam vocant. (in Opp. ed. Garet. Venet. 1729 II Vol. fol) Sie ist ein Auszug aus Sokrates, Sozomenos und Theodoretos.

y) Besonders ist, wie sich unten zeigen wird, die im Breviarium unter den einzelnen Stellen vorkommende Interpretatio oft benutzt. Ich hatte diese Entdeckung gemacht, als ich fand, daß auch schon wenigstens mittelbar Ant Augustin in den Noten zu den Angilramnischen Kapiteln und Jac. Godefroi in seiner Ausgabe des Theodosischen Codex, worin er auch jene Interpretatio aufnahm, dieses angemerkt hatten. Durch diese starke Benutzung römischer Rechtssätze werden die falschen Decretalen, was bisher ganz übersehen worden war, auch für die Geschichte des römischen Rechts im Mittelalter wichtig, namentlich wird sich leicht zeigen lassen, daß der Levite Benedictus viele Stellen der Art nicht unmittelbar aus dem Breviarium, sondern nur aus den falschen Decretalen entnommen hat.

z) Ein Beispiel davon giebt c 5 D IV. (Ambros c. a. 380) verglichen mit c. 4. eod (einer falschen Stelle des Telesphorus).

a) Als Beispiel dienen die weitläufigen Dekrete von Julius I., welche von den Verfolgungen, Accusationen und Appellationen der Bi-

Verfasser der Stoff der Kirchengeschichte vollkommen gegenwärtig war b). Seine Absicht bestand also darin, aus den zerstreuten Hülfsmitteln die verloren gegangenen Materialien der kirchlichen Geschichte c) und Gesetzgebung möglichst herzustellen, und dadurch die herrschende Disciplin seiner Zeit zu belegen. Vorzüglich verweilte er aber bei dem Theil der Kirchenzucht, der in den damaligen Verhältnissen am meisten bedroht war, bei dem gerichtlichen Verfahren wider die Bischöfe und den Klerus. Der Geist und Inhalt der verfälschten Sammlung kann also nur aus dem Standpunkte des neunten Jahrhunderts richtig beurtheilt werden.

§. 85. γ) System der Decretalen über die Kirchenverfassung.

Ueber die Hierarchie enthalten die falschen Decrete folgende Sätze. Dem Wesen der Würde nach sind die Bischöfe sich gleich, wenn auch unter ihnen noch Metropoliten und Primaten unterschieden werden d). Ihr Amt ist eine göttliche Sendung zur Erleuchtung der Völker; daher sollen diese in ihnen Christum, der

---

schöfe handeln, und sich dabei auf die Nicänischen Dekrete berufen. Jenem liegen die Verhandlungen von Julius I. mit dem verfolgten Athanasius, die man aus Cassiodor kannte, zum Grunde. Die Beziehung auf die Nicänischen Dekrete hat aber eine doppelte Veranlassung. Einmal das Schreiben des Pabstes Zosimus, der sich gegen die afrikanischen Bischöfe wegen der Appellation an den römischen Stuhl auch auf die Nicänischen Dekrete berufen hatte; dieses wußte man aus der Dionysischen Sammlung. Zweitens die Verwechslung, die eben dem Pabste Zossimus begegnet war, der Nicänischen Beschlüsse mit denen von Sardika, die würklich von den Appellationen handelten, und meistens mit den Nicänischen unter demselben Namen abgeschrieben wurden (§ 64.)

b) Ein Beispiel giebt der Brief von Pelagius II. an die Bischöfe der Synode von Constantinopel. Gregor I. hatte in seinen Briefen ein jetzt verlornes Schreiben des Pelagius ähnlichen Inhalts erwähnt, und nach dieser Angabe ist jenes gedichtet worden.

c) Eine historische Absicht lag auch zum Grunde, weil die Decretalen genau nach der Reihenfolge der Päbste, ohne einen zu überschlagen, verfertigt sind.

d) Anacleti epist. III. c. 3. In der vierten Auflage dieses Lehrbuches, wo dieser Gegenstand zuerst mit der nöthigen Ausführlichkeit behandelt worden ist, hatte ich die falschen Briefe nach den Seitenzahlen der Merlinischen Ausgabe citirt. Da diese aber selten ist, so bediene ich mich jetzt der Bezeichnung, worunter die falschen Briefe in den neuern Conciliensammlungen bei den einzelnen Päbsten vorkommen.

sie gesandt hat, ehren, und wer ihnen widerstrebt, oder gar sie verfolgt, wird von der Gemeinschaft der Gläubigen ausgeschlossen e). Sie sind mit der Kirche, welcher sie angehören, innigst verbunden, und dürfen daher nur aus dringenden Gründen versetzt werden f). Die Metropoliten oder Erzbischöfe sind die Bischöfe der größten Städte, und Vorsteher der kirchlichen Provinzen. Primaten oder Patriarchen aber heißen nur die Metropoliten der Städte, denen von alten Zeiten her ein besonderer Vorrang zusteht g). Das Primat der ganzen Kirche hat der apostolische Stuhl zu Rom von Christus unmittelbar in Pet-

---

e) Clementis epist III (c. 11. c. XI. q. 3), Anacleti epist. II. c 2. (c. 15. c. II q. 7.), Alexandri epist. 1. c 1, Calixti epist II. c 1, Pontiani epist 1., Eusebii epist I. c. 1. epist. III., Pelagii II epist. II. et VIII. Die Hauptsätze sind wörtlich aus Conc. Tolet XI. a. 675. c 5., Capit. Carol. M. a. 805. De honore episcoporum.

f) Euaristi epist. II. (c. 11. c. VII. q. 1.), Callisti epist. II. c. 3. (c 39 eod), Anteri epist. (c. 34. eod, Pelagii II epist. I. (c 35. 36. eod.) Diese Stellen begründen zwar jenen Rechtssatz im Allgemeinen durch die Autorität des römischen Stuhls; allein die Ausübung desselben in den einzelnen Fällen, die Translationen selbst, legen sie, wie Blasci erwiesen hat, keineswegs dem römischen Stuhle bei, De collect. can. Isidor. Mercat. Cap X (*Galland* Sylloge T. II p. 83 — 86). Theiner beruft sich freilich auf das angeführte c. 34. c. VII q 1.; allein hier sind gerade die entscheidenden Ausdrücke spätere Zusätze von Gratian.

g) Clementis epit I. (c. 2. D LXXX.). Anacleti epist. II. c. 4. (c. 1. D XCIX.) epist. III c 3, Anicii epist. c. 2 (c. 2 eod), Stephani epist II c 6 (c 1 D. LXXX.), Julii epist II. c. 12. Das Rechtsverhältniß dieser Primaten setzte sich der Verfälscher, wie Blasci gut gezeigt hat, aus den Bestimmungen zusammen, die er in den ältern Quellen über die Patriarchen, Exarchen und apostolischen Vicarien vorfand. Auch zog er mehreres von den Primaten der afrikanischen Kirche herüber, welche aber etwas ganz anderes waren (§. 162). Dabei geräth er überdies nicht selten mit sich in Widerspruch. Namentlich bezieht er sich in einigen Stellen auf das Nicänische Concilium, Julii epist. II. c. 12., Epist. Aegypt. pontif ad Felic. II. (Mansi T. III. col 405), Felic. II epist. I. c. 12. Allein dann würden nur die Bischöfe von Rom, Alexandria und Antiochia Primaten seyn (§. 161). Uebrigens ist aber die Meinung des Blasci, es sey dem Verfälscher in jenen Stellen hauptsächlich um die Erhöhung des Stuhls von Mainz zu thun gewesen, ganz gewiß falsch, weil die Kennzeichen, die sie für die Primatensitze aufstellen, auf Mainz gar nicht oder nur höchst gezwungen passen.

rus erhalten h), welchem gegeben ward, der Erste unter den Aposteln zu seyn i). Die römische Kirche ist daher die Mitte, von welcher die andern Kirchen ausgegangen k), die Mutter, deren Sorgfalt sie alle umfaßt l). In ihr ist die apostolische Tradition unverfälscht erhalten m), daher soll man von ihren Regeln nicht abweichen n). Doch verwaltet sie nicht Alles selbst, sondern sie hat einen Theil ihrer Sorgfalt den andern Kirchen übertragen o). Es sind also die Geschäftskreise in einer bestimm-

---

h) Anacleti epit. III. c. 3. (c. 2. D. XXII), Julii epist. I. c. 1. 2; wörtlich aus dem Conc Rom a. 494 c. 2 (c 3. D XXI.) Einige Stellen hingegen scheinen das Primat Petri blos von der Wahl der Aposteln abzuleiten, Decreta Anacleti epist. II c 2. (c. 2 D XXI) (Apostoli) ipsum principem eorum esse voluerunt. Aehnlich lautet es in der Epist. I Julii c 2. Dieses kann wenigstens beweisen, wie arglos die falschen Decretalen gemacht sind. Daß übrigens im neunten Jahrhundert der Nachfolger Petri längst schon nicht blos das Haupt der Kirche genannt, sondern auch als solches allgemein verehrt wurde, bedarf wohl keiner nähern Nachweisung.

i) Melchiadis epist. procem., Vigilii epist II c. 7. Licet omnium apostolorum par esset electio, beato tamen Petro consessum est, ut cæteris præmineret. Wörtlich aus Leon. I. Epist XIV. c. 11.

k) Marcelli epist. I. (c. 15. c. XXIV. q. 1.), Vigilii epist. II. c 7. Dieser Satz war im Abendlande längst anerkannt. Innocent. I Epist. I. ad Decent. (c 11. D. XI)

l) Julii epist. I. c. 4. Wörtlich aus Leon I Epist. XIV. c. 11. Der Satz war auch sonst schon oft ausgesprochen, Innoc. I. Epist. XXV. ad Milev., Leon. I. Epist V. c 2., Gelas. Epist. VI ad Honor., Epist. XI. ad episc Dardaniæ.

m) Lucii epist. c. 6. (c. 9 c. XXIV, q. 1.), Felicis I. epist. III. c. 2. Marci rescript ad Athanas. Diese drei Stellen sind wörtliche Wiederholungen. Sie sind entnommen aus der Epist. Agathon. ad Imperat Constant. a 680. (Mansi T. XI col. 239) — Eusebii epist. III. (c. 11. c. XXIV q. 1); wörtlich wie im Exemplar precum Justiniani ad Agapetum (Mansi T. VIII col 847) Auch in anderer Form war dieser Satz längst ausgesprochen, Leon. I. Epist. IX. (c. 16. c. XXIV. q. 1.)

n) Calixti epist. I. c. 1. (c. 1. D. XII.), Julii epist. I. c 4. (c. 3. D. XI.) Der Stoff dieser Stellen ist aus Innoc. I. ad Decent. c. 11. D. XI.), Gelas. Epist. IX ad episc. Lucan. c. 9.

o) Vigilii epist. II c. 7. (c. 12. c. II. q 6.) Ipsa namque ecclesia, quæ prima est, ita reliquis ecclesiis vices suas credidit largiendas, ut in partem sint vocatæ sollicitudinis, non

ten Ordnung geschieden, die nicht überschritten werden darf p). Die Angelegenheiten einer Provinz gehören nämlich vor den Metropoliten, der sie in einträchtiger Berathung mit allen seinen Bischöfen erledigen soll q). Sind diese uneinig, so geht die Sache an die höhere Instanz, an den Primaten r). Die ganz wichtigen und schwierigen Sachen aber s), besonders

---

in plenitudinem potestatis Dieser Ausdruck ist aus einem Schreiben von Leo I. an seinen apostolischen Vikar in Thessalonien, den er wegen Ueberschreitung seiner Vollmacht zu tadeln hatte, Leon I. Epist. XIV. c. 1. (c. 8. c. III. q. 6.) Auf das gewöhnliche Verhältniß der Bischöfe angewendet, hat er keinen rechten Sinn mehr. Man legt ihm zwar häufig die Absicht unter, es hätte dadurch die ordentliche Gewalt der Bischöfe geleugnet, und diese blos als Delegirte des apostolischen Stuhls behandelt werden sollen Allein dem widersprechen die vielen Stellen, worin die gleiche Wahl der Apostel anerkannt (not. i), und die Bischöfe unmittelbar die Gesandten und Stellvertreter Christi (not. e) genannt werden. Ein Theil jenes Satzes wurde aber doch auch schon früher auf alle Bischöfe bezogen. Leon I Epist VII. c. 1. In consortium vos nostræ sollicitudinis advocamus.

p) Calixti epist. II. c. 3. (c. 1. 3. c. IX. q. 2.), Sixti II. epist. II. c. 3, Julii epist. II c. 6.

q) Hygini epist I. c. 2 (c. 4. c. IX q 3.), Anitii epist. c. 1. 3. (c. 5. 6. eod.), Calixti epist. II. c. 3. (c. 7. eod.), Lucii epist. c 3., Julii epist. II. c 23. Die falschen Decretalen drangen also sehr nachdrücklich darauf, daß Provincial-Concilien gehalten würden.

r) Ueber das Verhältniß der Primaten sind die falschen Dekrete nicht übereinstimmend Einige bezeichnen sie als eine regelmäßige zweite Instanz, Clementis epist. I. (Mansi T. I. col. 101), Anacleti epist. I. c. 3. 4, Pelagii II epist. VIII (c 5. D XVII) Andere weisen ihnen, als Bevollmächtigte des römischen Stuhls, auch die höhern Fälle zu, wenn diese durch besondere Hinderniße nicht nach Rom selbst gebracht werden könnten, Anitii epist. c. 3. Noch andere lassen die höhern Fälle vom römischen Stuhl, kraft besondern Auftrags, an sie zur Entscheidung zurückgehen, Anacleti epist II. c 4., Stephani epist. II. c. 6. c. 1. D. LXXX.) In den Instruktionen an die apostolischen Vikarien wurden schon seit dem fünften Jahrhundert die Sachen, die sie an Ort und Stelle im Namen des Pabstes erledigen konnten, von denjenigen, die nach Rom berichtet werden mußten, unterschieden. Viele Zeugniße darüber giebt *Coustant* De antiq. canon. collect Part. I. §. 23—25. (*Galland.* Sylloge T. I. p. 23—28)

s) Anacleti epist. I. c 4 (zum Theil im c. 3. c. II q. 6.) epist. III c. 4. Gaji epist. c. 6., Marcelli epist. I. (c. 15 c. XXIV. q I), Melchiadis epist. procem, Julii epist. I. (c. 9. c. III. q. 6.) epist. II. pr. et c 2., Vigilii epist. II. c. 7. (c. 12.

solche, wobei die Bischöfe betheiligt sind t), müssen, nachdem sie bei dem Metropoliten verhandelt sind, an den römischen Stuhl berichtet werden, welcher, wenn er will, die Entscheidung des Provinzialconciliums durch den Primaten abändern läßt u). In dem Nachfolger Petri trifft also die oberste Verwaltung der ganzen Kirche zusammen v), seine Decrete sind für alle verbindlich w), er beruft die allgemeinen Con-

---

c. II. q. 6.), Pellagii II. epist. VIII. (c. 5. D XVII.) Diese Stellen sind entnommen aus Innoc I Epist. II ad Victric. c. 3, Leon. I. Epist V. c. 6., Ennod Apolog a. 502 (c 6. D XVII), Irrig ist der gewöhnliche Vorwurf, die falschen Decretalen hätten die erste Instanz, welche der Brief von Innocenz I den Bischöfen ausdrücklich vorbehalte, umgeben, und die wichtigen Geschäfte dem römischen Stuhl unmittelbar zuwenden wollen; denn auch sie setzen erhobene Appellation voraus. Anacleti epist I. c. 4. Quod si difficiliores ortæ fuerint quæstiones aut episcoporum vel majorum judicia aut majores causæ fuerint, ad sedem apostolicam, si appellatum fuerit, referantur

t) Das angeführte Decret von Innocenz I. nannte zwar unter den höhern, dem apostolischen Stuhle vorbehaltenen Sachen die Appellationen der Bischöfe nicht ausdrücklich; allein seit dem Concilium von Sardika gehörten sie dazu gewiß Selbst die römischen Kaiser hatten dem römischen Stuhle die Jurisdiction über alle Bischöfe des Abendlandes sehr nachdrücklich bestätigt, Nov. Valentin. III. De episcoporum ordinatione (Mansi T V col. 1252.)

u) Marcelli epist. I, Julii epist. II. c. 21. Diese Stellen sind wörtlich aus der Rubrik des Conc Sard. can. 7. in der Dionysischen Sammlung entnommen. Die Sache selbst kam auch schon längst vor, Leon. I. Epist. X. c. 2.

v) Alexandri epist. I. procem (c. 14. c. XI. q. 1.) Dasselbe sagt schon das Conc. Roman. a. 680 (Mansi T. XI. col. 183.)

w) Damasi epist. V. (c. 12. c. XXV. q. 1) Gieseler und Theiner, beide dem Juristen Eichhorn folgend, halten den Inhalt dieser Stelle für etwas ganz Neues; allein sie ist wörtlich aus Leon. I. Epist. IV. c. 5., die durch die Dionysische Sammlung längst allgemein bekannt war. Aber auch davon abgesehen, so waren schon seit dem vierten Jahrhundert die Decrete des apostolischen Stuhls den Concilienschlüssen gleichgestellt, Decreta Siricii ad Himerium a. 385. c. 15. Deßhalb standen sie ja neben diesen in den Sammlungen. Præfatio Collect Hispan. c. a 633. (*Galland* Sylloge T. I p 504.) Subjicientes etiam decreta præsulum Romanorum, in quibus pro culmine sedis Apostolicæ non impar conciliorum exstat authoritas. Selbst die römischen Kaiser hatten sich darüber sehr bestimmt

cilien x), und auch die andern Synoden sollen nur mit seiner Zustimmung gehalten y), oder wenigstens von ihm bestätigt werden z). Bei der Ordination der Bischöfe a) und der Consecration der Kirchen b) ist jedoch in den falschen Decretalen von

---

ausgesprochen Nov. Valentin. III. De episcopor. ordinatione. Sed hoc illis omnibusque (episcopis) pro lege sit, quidquid sanxit vel sanxerit apostolicæ sedis authoritas. Dieses Gesetzgebungsrecht erstreckt sich, wie die ächten Decrete seit Siricius deutlich genug zeigen, auf alle Theile der kirchlichen Disciplin, und es war daher nicht, wie Theiner meint, etwas Neues und Unerhörtes, daß die falschen Decrete dasselbe thun.

x) Julii epist. I., Pelagii II. epist. VIII.

y) Julii epist. I. (c. 9. c. III. q. 6.) epist. II. procem. Non debere præter sententiam Romani pontificis ullomodo concilia celebrari. Wörtlich aus der Histor. tripart. L. IV. c. 9. 19., welche so die Aeußerung bei Socrates II. 8. 17. übersetzte. Also liegt hier, selbst bei der Angabe des Pabstes, eine historische Wahrheit zum Grunde. Bloße Wiederholungen sind Epist. Aegypt. pontif. ad Felic. II. (Mansi T. III. col. 404.), Pelagii II. epist. VIII. (c. 5. D. XVII.) In etwas veränderter Form Marcelli epist. I. et II. (c. 1. D. XVII.), Julii epist. II. c. 29. (c. 2. eod.), Damasi epist. IV. c. 2. Als förmliches Kirchengesetz und auf die Provinzialconcilien bezogen war jene Sentenz freilich neu; allein eben deßwegen ist sie auch niemals praktisch geworden (§. 166.)

z) Julii epist. II. c. 29. (c. 2. D. XVII.), Damasi epist. IV. c. 2. In anderer Form Epist. Aegypt. pontific. ad Felic. II. (Mansi T. III. col. 406.) Stephani ad Damasum (Mansi T. III. col. 430.) Diese beiden Stellen sind fast wörtlich aus Innoc. I. Epist. XXIV. ad Conc. Carthag. Bestätigung der Provinzialconcilien durch den römischen Stuhl war schon früher nichts Ungewöhnliches, Leon. I. Epist. XII. c. 13., Gelas. Epist. XIII. ad episc. Dardan. (c. 1. c. XXV. q. 1.), Hormisdæ Epist. XXVI. ad Sallustium Hispalensem (Mansi T. VIII. col. 433.), Bonifac. II. Authoritas a. 530. qua synodus Arausica confirmata est. Allgemeine Kirchenpraxis war es freilich nicht; aber dieses ist es auch durch die falschen Decretalen nicht geworden (§. 166.)

a) Anacleti epist. II. c. 1. (c. 2. D. LXIV., c. 1. D. LXXV., c. 2. D. LXVI.), Anitii epist. c. 1. (c. 4. D. LXIV., c. 1. D. LXVI.) Authoritate apostolica in der ersten Stelle Gratians heißt nicht, wie Eichhorn und Theiner meinen, auf Geheiß des apostolischen Stuhls, sondern, kraft allgemeiner apostolischer Anordnung. Dieses beweist die dritte Stelle Gratians, die mit den beiden vorhergehenden im Original unmittelbar zusammenhängt.

b) Felicis IV. epist. I. c. 1. (c. 1. 2. D. I. de cons.) Die

besonderen Rechten des römischen Stuhls nicht die Rede; und über die Confirmation, den Amtseid, und die Renuntiation der Bischöfe, über das Pallium, das Mönchswesen, die Privilegien und Dispensationen enthalten sie gar nichts c).

§. 86. δ) System der Decretalen über die Accusationen.

Die Grundsätze der falschen Decrete über die Accusationen der Bischöfe und Kleriker sind hauptsächlich aus dem römischen Recht geschöpft, welches noch unter der Geistlichkeit, als das eigenthümliche Recht dieses Standes fortlebte. Bei dem innern Verfall des Reichs war dieser Theil der Kirchenzucht am meisten der Willkühr Preis gegeben: auch schienen die rauhen Sitten und abergläubischen Meinungen, worauf das weltliche Gerichtsverfahren beruhte, selbst bei den geistlichen Gerichten Eingang zu finden. Dadurch erklärt sich die Genauigkeit und die ermüdenden Wiederholungen, womit die falschen Briefe sich über diesen Gegenstand in folgenden Sätzen verbreiten d). Jede Bestrafung soll überhaupt nur im Wege Rechtens nach gehöriger Anklage geschehen e). Die Bischöfe, die ohne Urtheil, blos durch Gewalt von ihren Sitzen vertrieben sind, müssen daher vor Allem wieder eingesetzt, und ihnen dann, ihrem Ankläger gegenüber,

---

Stelle von Gelasius c. 5. eod), welche Theiner als Gegenbeweis anführt, ist nicht aus den falschen Decretalen, sondern ächt.

c) Theiner leitet nach Sauter den Satz, daß das Haupt der Kirche nur Gott über sich zum Richter habe, auch aus den falschen Decretalen ab. Allein zwei von den Stellen, welche sie anführen, reden, im Zusammenhang gelesen, nicht vom römischen Stuhl allein, sondern von den Bischöfen überhaupt im Verhältniß zu den weltlichen Gerichten, Decreta Anacleti epist. II. c 2. (c. 11. D. LXXIX. verglichen mit c. 15. c. II. q 7.), Anteri epist. (c. 15. c. IX q. 3) Die dritte Stelle aber ist aus dem zwar unächten, allein weit älteren Canon. Silvestri c. 3 20. (c. 2. c. II. q. 4., c. 13. c IX. q 3) Uebrigens war auch jener Satz schon längst ausgesprochen und anerkannt, Gelas. Epist. IV. ad Faustum (zum Theil im c. 16. c IX. q. 3.), Epist. XIV. ad episc. Dardan. (c 17. 18. eod.) Synodus Roman. III. sub Symmacho a. 501., Ennod. Libell. apolog. a. 502. (c. 14. eod), Aviti Vienn. Epist. ad Senat. a. 502. (Mansi T. VIII. col. 293)

d) Schon in der Vorrede wird dieser Punkt mit besonderem Nachdruck hervorgehoben.

e) Eleutherii epist. I. c 2. (c. 4 c II. q. 1.), Marcelli epist. II. (c. 5. c. III. q. 9), Melchiadis epist. c. 1. (c. 13. c. II. q. 1.)

hinlängliche Frist zur Vertheidigung gelassen werden f). Die Anklage wird regelmäßig in der Provinz des Verklagten, vor dessen ordentlichen Richter, erhoben g); vor ein fremdes Gericht darf der Kläger ihn nicht ziehen h), noch auch der Verklagte, den Fall der Appellation abgerechnet, ein solches aufsuchen i); denn die nicht vom eigenen Richter gesprochene Sentenz bindet

f) Zephirini epist. II. c. 1. (c. 6. c. II q. 2; zum Theil wörtlich aus der Histor. tripart. Lib. VII c. 12.), Fabiani epist. II. c. 2. (verändert im c. 2. c III. q 1.), Stephani epist. II. c. 2. (c 3. c. II. q. 2), Felic. I. epist. II. c. 8. c. III q 2.; ein Theil jener Stelle, den aber Gratian weggelassen hat, ist aus Dionysius, Synod. Afric c 87.), Gaii epist. c. 3. (c. 1. c III. q. 1., c. 5. c. III. q. 2.), Marcelli epist. II., Eusebii epist. II. (ein Theil dieser Stelle ist aus L. Wisigoth. Lib. VIII Tit. 1. c. 2.; bei Gratian stehen nur Bruchstücke, c. 4. c. II q. 2., c. 4. c. III. q. 1., c. 6. c. III. q. 2), Julii epist. II. c 8 (c. 5. c. II. q. 2., zum Theil aus Enn. Libell. apol bei Mansi T. VIII. col. 281.), Felic. II. epist. I. c. 4. 8. (c. 7. c III. q. 2), Damasi epist. IV. c. 5. (wörtlich wie in der obigen Stelle des Zephyrinus); Synodus Rom. V. sub Symmacho (Mansi T. VIII col. 297.; diese und die sechste Synode unter Symmachus sind, wie die Ballerini erwiesen haben, ebenfalls unächt; die hieher gehörende Stelle ist eine wörtliche Wiederholung der von Eusebius); Decreta Johannis epist. I. (c. 1. c II. q. 2. c. 3. c III. q. 1.; diese zweite Stelle ist nach einer alten aus der Interpretation des Breviariums gezogenen Glosse gebildet, Savigny Geschichte des röm. Rechts Kap. IX. Note 104), Pelagii II. epist. II. (c. 2. c III. q. 2.) — Das Material dieser Sätze erscheint ausser den bereits angeführten Quellen auch in c. 3. C. Th. ad L. Jul. de vi publ (9. 10.), Leon I. Epist. XCIII. c. 3., Synod. Rom. III. sub. Symmacho. a. 501.

g) Eleutherii epist. I. c 3., Felic. I. epist. I. c. 4., Julii epist. II. c. 25. Diese Stellen stehen bei Gratian unter einem falschen Namen, c. 17. c. III. q. 6. Sie sind wörtlich aus der Interpr. Novell. Martian. Lib. III. Tit. 1.

h) Anacleti epist. I. c. 3. (c. 13. 15. c. III. q. 6.), Hygini epist. I. c. 4., Fabiani epist. III. c. 2. 3. 4. (c. 1. 2. 3. c. III. q. 6.), Stephani epist. II. c. 8. (c. 4. eod.), Felic. I. epist. II., Julii epist. II. c. 16. 17. 32., Damasi epist. IV. c. 9. (c. 7. c. III. q. 9.) Diese Stellen sind aus c. 10. C. Th de accus. et inscr. (9. 1.) und deren Interpretatio gezogen In einer andern Form steht jener Satz im Decret. Felic. I. epist. II (c 16. c. III. q 6) Dieses ist wörtlich aus der Rubr. Nov. Martian. Lib. III. Tit. 1.

i) Cornelii epist. II. c. 1., Marcelli epist. I. Die zweite Stelle ist wörtlich aus Innoc. I. Epist II c. 3. (c. 14. c. III. q 6.)

nicht k). Der Gerichtsstand der Bischöfe und übrigen Kleriker ist aber bei der Kirche, nicht vor den weltlichen Gerichten l). Ueber die Priester und geringeren Grade richten die Metropoliten und Primaten in letzter Instanz m). Die Anklagen wider Bischöfe werden bei dem Metropoliten in Gegenwart aller Bischöfe der Provinz verhandelt n), und mit Zustimmung des apostolischen Stuhls in rechtmäßiger Versammlung abgeurtheilt o).

---

k) Zephyrini epist. I. (mit Zusätzen im c. 1. c. III q. 8.), Calixti epist II c. 3, Fabiani epist. III. c. 5., Sixti II. epist. II. c. 3., Eusebii epist. III, Julii epist II c 34., Sixti III. epist. III. Wörtlich aus c. 2. C. Th de re judic. (4 16) und der Interpretatio.

l) Pontiani epist. I, Gaii epist. c. 2. (c 1 c XI q 1), Silvester in Conc. Romano II. (c. 9 10. eod) Diese Sätze waren nicht, wie Theiner meint, etwas Neues, sondern längst ausgesprochen, und auch in der Praxis anerkannt. (§. 195)

m) Eleutherii epist I c 2. (c 7 c. III q. 6) Es ist also irrig, wenn man die Appellationen einfacher Priester nach Rom, die nun allerdings häufig vorkamen, den falschen Decreten Schuld giebt; diese waren vielmehr gerade dawider. Jene Appellationen hatten ihren Grund in der Stimmung und Bedrängniß der Zeit, und sie bezeichnen die Wendung, die die Verhältniße ganz unabhängig von den falschen Decretalen nahmen.

n) Hygini epist. I c. 2. (c. 4. c. IX. q 3.), Anitii epist. c. 3. (c. 5 eod.) epist. III. c. 2. (c. 2. c. III. q. 6), Lucii epist. c. 4., Stephani epist. II. c. 7., Felic. I. epist II., Felic. II. epist. I. c. 17, Sixti III epist. III. Einige Stellen verlangen ein Gericht von zwölf Bischöfen, Anacleti epist I. c. 3., Zephyrini epist. I (c. 2. c. V. q. 4), Pelagii II epist VIII. (c. 2. c. VI. q. 3.) Dieses gründet sich auf Conc Carthag. II a. 390. c. 10. (c. 2. c. III. q. 8.), Gregor. I. Lib. V. Epist 53 (al. L. IV Ep. 50.)

o) Die Aeußerungen der falschen Decrete über diesen Punkt lauten etwas verschieden. Einige enthalten blos den allgemeinen Satz, Bischöfe sollten nicht ohne Vorwissen des apostolischen Stuhls verurtheilt werden, Decreta Eleutherii epist. I. c. 2. (c. 7. c. III q. 6.), Victoris epist. I. c. 3., Zephyrini epist I. c 1. c III. q. 8., c. 2. c. V. q. 4.), Sixti II. epist. I. (c. 5 c III. q. 6.), Julii epist. I. c. 2. (c 9. eod) Andere weisen das Urtheil ausdrücklich dem unter apostolischer Autorität versammelten Provinzialconcilium zu, Marcelli epist. I., Julii epist. I prooem, Felic. II. epist. I. c. 18., Damasi epist. IV. c. 2. (steht nur zum Theil im c. 6 c. III. q. 6.) Der Sinn ist also, daß das Provinzialconcilium nach der Untersuchung vor dem wirklichen Spruch erst an den römischen Stuhl

Wer sich durch den Spruch beschwert glaubt, darf frei an den römischen Stuhl appelliren p), der entweder selbst die Sache aufs Neue untersucht, oder seine Vikarien damit beauftragt q). Auch wem das Gericht partheiisch oder feindselig gesinnt erscheint, kann schon vor dem Spruch r) den Primaten oder den apostolischen Stuhl anrufen s); und so lange die Sache dort

berichten sollte. Bericht nach erfolgter Sentenz, und selbst Reformirung derselben durch den Pabst kam schon längst vor, Innocent. I. Epist. II ad Victric. c 3, Epist. VII. ad episc. Maced. (c 7. c. XXXV q. 9), Gelasii Epist. XV. ad episc. Orient. (Mansi T. VIII. col. 81 82.) Bericht vor dem Urtheil war freilich dem Buchstaben nach etwas Neues, und darauf gründet sich der Widerspruch des Erzbischofs Hincmar in der Sache des Bischofs Rothad von Soissons. Nicolaus I suchte aber den Satz nicht durch die falschen Briefe, sondern aus dem Geist des ältern Rechts zu erweisen. Wirklich neigte die Praxis, wie Blasci gezeigt hat, dazu hin, und selbst im Orient wurden um diese Zeit die Bischöfe unmittelbar unter das Gericht der Patriarchen gestellt, Conc. Constant. IV. a. 869. c. 26.

p) Sixti I. epist. II. c. 2. (c. 4 c II. q. 6.), Zephyrini epist. I. (c. 8. eod.), Sixti II. epist. I. (c 5 eod), Marcelli epist. II. (c 6. eod), Julii epist. II. c. 2. In einer andern Form reden Fabiani epist. III. c. 2. (c. 1. 2. 20. 21. c II q 6.; wörtlich aus der Interpr. c. 2. 15. 20. C. Th. de appell. (11. 30.)), Lucii epist. c. 2. oder Julii epist II. c 22 (c 9 c. II q 6.; der Eingang der Stelle ist aus Conc. Carthag III. c 10. (c 37. eod)) Die Appellationen an den römischen Stuhl waren im neunten Jahrhundert weder theoretisch, noch praktisch etwas Neues mehr; davon kann man sich schon aus Natalis Alexander überzeugen.

q) Victoris epist I. c. 3., Sixti II epist. I. (c 5. c. III. q. 6.), Julii epist. II c. 3. Die Quelle dieser Sätze ist Conc. Sardic. a. 344. c. 3. 7. (c. 7. c. VI. q 4., c 36. c II. q. 6.)

r) Victoris epist. I. c. 3. Placuit ut *accusatus* vel judicatus — licenter appellet. Eben so reden Fabiani epist. III. c. 5., Sixti II. epist. I. (c. 5. c. III. q. 6.), Julii epist. II. c. 3. 10.

s) Anitii epist. c. 3., Victoris epist. I. c. 3. (c. 7. c. II q. 6.), Sixti II. epist. I. (c. 15. eod.), Julii epist. II. c. 4., Felic. II. epist. I. c. 19 (c. 16. eod) In diesen Stellen ist das Conc. Chalcod. a. 451. c. 9. 17. nachgeahmt. Ferner gehören hieher Fabiani epist. III. c. 2. (c. 2. 21. c. II. q. 6.), Felic. I. epist. II., Sixti III. epist. III.; diese Stellen sind wörtlich aus der Interpret. c. 2. 15. C. Th. de appell. (11 30) Noch in einer andern Form steht jener Satz in Eleutherii epist. I c 3, Felic. I. epist. I. c. 4. Diese ist wörtlich aus der Interpret. Nov. Martian. Lib. III. Tit. 1. Was hier die falschen Decrete gewähren, wird jetzt das Recht, ei-

nicht entschieden ist, darf an seine Stelle kein Anderer ordinirt werden t). Accusationen sollen aber überhaupt nicht in schriftlichen Angaben, sondern mündlich, in Gegenwart des Verklagten u), ohne Uebereilung v), und in der bestimmten verpflichteten Form w) geschehen. Falsche Anklagen wider Bischöfe und Kleriker sind mit schwerer Strafe bedroht x). Auch werden als Ankläger gegen sie nur würdige und unbescholtene Männer zugelassen y). Ausgeschlossen sind daher alle, die einen schlechten Lebenswandel führen z), schwere Verbrecher a), selbst dann,

---

nen verdächtigen Richter zu recusiren, genannt. Nach den Buchstaben der ältern Kirchenverfassung war es etwas Neues; daher wurde es auch in dem Streit des Hincmar von Rheims wider Hincmar von Laon nicht anerkannt. Allein das römische Recht und die Natur der Verhältniße führten von selbst auf jenen Grundsatz hin, und die Päbste hatten ihn schon ausgesprochen, noch ehe ihnen die falschen Briefe bekannt geworden waren, Gregor. IV Epist. I. a. 835. (c 11. c. II. q. 6.), Leon. IV. Epist. II. c. a. 850. (c. 3. c. II. q. 4.)

t) Eleutherii epist. I. c. 2. (c. 7. c III q 6.); Sixti II. epist. I. (c. 5. eod.) Diese Stellen sind fast wörtlich nach Conc. Sardic. a. 344. c. 4. Dasselbe in etwas anderer Form sagen Marcelli epist. II. (c. 1. D. XVII.), Felic. II. epist. I. c. 19. (c. 16. c II. q. 6.

u) Telesphori epist. c. 4. (c. 1. c. III. q. 9.), Calixti epist. II. c. 5. (c. 1. c. II. q. 8.), Stephani epist. II. c. 5. (c. 5. eod.), Felic. I. epist. II. (c 18. c. III. q. 9.), Damasi epist. VII. (c 8. eod.) Das Material dieser Stellen ist fast wörtlich aus der Interpr. c. 15. C Th. de accus. et inscript. (9 1.), Interpr. c. 9. C. Th. de fide test. (11 39.)

v) Fabiani epist. III. c. 4. (c. 5. c. II. q. 3), Sixti III. epist. III.; wörtlich die Interpr. c. 5. C. Th. de accus. et inscript. (9 1.)

w) Eutychiani epist. II. c. 1. (c 3. c. II. q 8.), Damasi epist. IV. c. 7. (c. 2. c. IV. q. 4.) Die erste Stelle ist wörtlich aus der c. 19. C. Th. de accus. et inscript (9. 1.)

x) Gaii epist. c. 3 (c. 1. c. II. q. 3), Sixti III. epist. III., wörtlich aus der c. 41. C. Th. de episc. et cler. (16. 2.)

y) Anacleti epist. II. c. 2. (c. 15. c. II. q. 7.), Euaristi epist. II. (c 17. c. II. q. 7.), Hygini epist. I. c. 3. (c. 52. eod.), Pii epist. I. c. 2. (c. 3. c. III. q. 4. Die Quelle dieser Sätze ist Conc. Chalc. a. 451. c. 21. (c. 49. c. II. q. 7.)

z) Anacleti epist. II. c. 2. (c. 1. c. VI. q. 1.), Pii epist. I. c. 2 c. 9. c VI. q. 1.), Felic I. epist. II. (c. 3. c. IV. q. 6.) Zum Theil wörtlich aus Conc. Carthag. II. a 390. c. 6., Carthag. III. a. 397. c. 7. (c. 1. c. IV. q. 6.), Capit. I. Carol. M. a 789 c. 34.

a) Clementis epist. I. (c. 5. c. VI. q 1), Eutychiani epist.

wenn sie auf Einen als Mitschuldigen bekennen b), Verächter der christlichen Religion c), Häretiker, Heiden, Juden, Alle, die im Kirchenbanne oder in der Acht sind, Knechte, Freigelassene, und diejenige, welche auch nach den bürgerlichen Gesetzen nicht accusiren können d). Ferner soll der Niedere gegen den Höheren e), daher überhaupt der Laie gegen den Geistlichen f) nicht den Ankläger machen. Der Richter aber muß Alles

---

II. c. 1. (c. 3. §. 1. c. 11. q. 8.), Eusebii epist. III. (c. 9. c. III. q. 5.) Die beiden letzten Stellen sind wörtlich aus L. Wisigoth. Lib. II. Tit. IV. c. 1.

b) Dionys. epist. II., Stephani epist. II. c. 8. (c. 1. c. III. q. 11.), Julii epist. II. c. 18. (c. 5. c. XV. q. 3) Wörtlich aus c. 12. C. Th. de accus. et inscript. (9. 1.) und deren Interpretatio.

c) Anacleti epist. I. c. 1. (c. 2. c. III. q. 4.), Hygini epist. II. (c. 1. eod.)

d) Calixti epist. II. c. 5. (c. 18. c. II. q. 7., c. 5. c. III. q. 4.), Pontiani epist. II. (c. 4. c. III. q 5.), Fabiani epist. I. (c. 7. c. III. q. 4., c. 4. c. VI. q. 1.) epist. II c 2 epist III. c. 1., Stephani epist. I. c. 1. (c. 17. c. VI. q. 1.) epist II. c 4. 9. (c. 6. c. III. q. 4.), c. 8 c III. q. 5.), Eutychiani epist. II c 2 (c. 11. c III q. 4), Gaii epist. c. 1. (c 25. c. II q 7), Eusebii epist. I. c. 1. (c. 5. c. III. q. 5., c. 19. c. VI. q. 1.), Julii epist. II. c. 33. (c. 10. c. III q. 5.), Felicis II. epist. I. c. 14. (c. 11. eod.), Pelagii II. epist. II. (c. 6. eod.) Alle diese Sätze waren schon längst ausgesprochen, Conc. Constant. I. a. 381. c. 6, Carth. VII. a. 419. c 1. 2., Tolet. IV. a. 633. c. 64 (c. 24. c. II. q. 7.) Das bürgerliche Recht hatte auch in diesem Punkt ausdrücklich auf die Kirchengesetze verwiesen, Capit. I. Carol. M. a. 803. c. 7. Zu den Geächteten werden unter andern diejenigen gerechnet, welche den Gesetzen der Kirche und des apostolischen Stuhls den Gehorsam verweigern, Hygyni epist. II. (c. 1. c. III q 4.), Pii epist. I. c 2. (c. 3. eod.) Auch dieses ist aus der Praxis jener Zeit geschöpft, da der Excommunication, wenn man halsstarrig blieb, die bürgerliche Acht nachfolgte, Capit. Pippin. a. 755 c. 9.

e) Dieser Grundsatz ist aus dem zwar unächten, aber weit ältern Canon. Silvestri cap. III. (c. 10 c. II. q. 7.)

f) Clementis epist I. (c. 5. c. VI. q. 1), Marcellini epist. II. c 3 (c. 3. c. II. q. 7.), Euschii epist. I. c. 1. (c. 5. 14. eod.), Silvester in Conc. Roman. II. (c. 2. eod.) Die letzte Stelle, und also auch der Grundsatz selbst, ist wörtlich aus der alten Lebensbeschreibung des Pabstes Silvester. Da nach den nationalen Einrichtungen der Germanen der Beweis im Criminalproceß immer auf den Zweikampf oder Ordalien hinauslief, beides aber den Klerikern von der Kirche verboten war: so wollten auch die Laien diese nicht bei ihren

sorgfältig erforschen g), und nicht eher verurtheilen, als bis die Schuld durch Geständniß oder rechte Zeugen erwiesen ist h). Zum vollen Beweis wider einen Bischof sind 72 Zeugen nothwendig i). Das Zeugniß wird mündlich abgelegt k); doch sind nur diejenigen als Zeugen zugelassen, die auch Ankläger seyn könnten l). Das Endurtheil soll aber in Gegenwart des Verklag-

---

Gerichten als Ankläger zulassen. Hierauf beziehen sich sogar die falschen Briefe ausdrücklich, Thelesfori epist. c. 1., Fabiani epist. II. c. 2. (c. 6. c II. q 7), Sixti II. epist. II. c. 5., Julii epist. II. c. 36. (c. 4. eod.) Uebrigens ist aber dieser Grundsatz niemals praktisch geworden, sondern man half sich in den einzelnen Fällen, wie man konnte. Nicht selten mußten sich auch Geistliche Gotteeurtheilen und Zweikämpfen unterziehen, wozu sie dann gemiethete Kämpfer brauchten, c. 1. 2. X. de cleric pugnant. in duell. (5. 14.), c. 1. X. de purgat. vulgar. (5. 35.)

g) Eleutherii epist. I. c. 2. (c. 11. c. XXX. q. 5.), Julii epist. II. c. 31. Wörtlich aus der c. 1. C. Th. de judic. (2. 18.) und deren Interpretatio.

h) Zephyrini epist. I., Felic I. epist. I. c. 5. (c. 5 c. II. q. 1.), Julii epist. II. c. 26. Wörtlich zum Theil aus der Interpr. c. 1. C. Th. de pœn. (9. 40), woraus auch c. 2. c. II. q. 1. genommen ist.

i) Zephyrini epist. I. Dieser Satz ist aus dem falschen, aber weit ältern Canon Sylvestri c III. (c 2. c II. q 4.) Zum Gericht über einen Bischof 72 Bischöfe zu berufen, war ein alter Gebrauch, wovon Godefroi zur c. 20. C. Th. quorum appellat. (11. 36.) mehrere Beispiele nachweist. Unter den Germanen wurden daraus 72 Zeugen, das heißt Conjuratoren, welche die Anklage mit beschworen. Leon. IV. Epist. II. c. 8. 850. (c. 3. c. II q. 6.) Im Sinn des deutschen Rechts war diese Auffassung richtig, weil ein solcher Eid unmittelbar Verurtheilung zur Folge hatte, also die Conjuratoren eigentlich Richter waren. Dem Geist des canonischen Rechts war sie aber zuwider, und darauf bezieht sich der Vorwurf des Photius bei Baron. ann. 861. no. 46. Auch ist jener Satz nie praktisch geworden. Irrig ist es übrigens, wenn Gieseler jenes Schreiben des Photius auf Bekanntschaft mit den falschen Decretalen deutet; Photius konnte nur den Canon von Sylvester und den Brief von Leo IV. vor Augen haben.

k) Calixti epist. II. c. 5. (c. 15. c. III. q 9.) Wörtlich aus L. Wisigoth. Lib. II. Tit. 4. c. 5.

l) Dieser Grundsatz galt von jeher, Conc. Carth. VII c. 4. (c. 1. c. IV. q. 2.), und wiederholt sich in den meisten Stellen der falschen Decrete, die von der Unfähigkeit zur Anklage handeln.

ten gesprochen werden, damit es ihm nicht verborgen bleibe m).

§. 87. ε) Einfluß der Decretalen auf die kirchliche Disciplin.

Um endlich den Einfluß, den die falschen Decrete auf die Kirchenverfassung etwa gehabt haben, genau zu bestimmen, ist dreierlei zu untersuchen: erstlich ob sie in Vergleichung mit der Disciplin des neunten Jahrhunderts etwas Neues enthielten n); zweitens ob dieses Neue praktisch geworden; und drittens ob diese Veränderung auch würklich durch die Decretalen, oder nicht vielleicht durch andere Umstände bewürkt worden ist. Das Erste ist bereits einzeln nachgewiesen worden, und dadurch haben sich vier Grundsätze, als neues Recht enthaltend, herausgestellt. Allein von diesen kommen zwei, die Berufung und Bestätigung der Provinzialconcilien betreffend, hier nicht weiter in Betracht, da sie nicht ins kirchliche Leben übergegangen sind. Die beiden Andern aber, welche die Beschützung der Bischöfe wider den Partheigeist der Metropoliten beabsichtigen (§. 86. not. o s.), waren auch weniger neue Erfindung, wie vielmehr der Ausdruck einer durch manche Erfahrungen bereits geweckten und gebildeten Ansicht der Zeit, die auch ohne die falschen Decrete ihren weitern Fortgang gehabt hätte. o). Deßhalb ist in

---

m) Eleutherii epist. I. c. 3 (c. 2. c. III. q 9), Felic. I. epist. I. c. 6., Julii epist. II. c. 24. Diese Stellen sind wörtlich das Conc. Carthag. IV a. 398. c. 30. Eine andere Form für jenen Satz ist in Felic. I. epist II. (c 11. c. III. q. 9.) Diese ist wörtlich die Interpr ad Pauli Sent recept. Lib. V. Tit. 5. c 6.

n) Der Erfolg, den man der Sammlung gewöhnlich zuschreibt beruht auf einer Täuschung, die daher entsteht, daß man den Inhalt der falschen Decretalen nicht nach der Zeit, worin sie verfertigt sind, sondern nach der, welcher sie beigelegt werden, beurtheilt. Aber selbst Blondel hätte schon auf den richtigen Standpunkt hinführen sollen. Denn indem er die Unächtheit jener Stücke durch die Quellen des vierten und der folgenden Jahrhunderte, woraus sie oft wörtlich genommen sind, erwies, so hatte er dadurch auch dargethan, daß sie für die Zeit, der sie wirklich angehören, nichts Neues einführten. Freilich ist sein Werk in diesem Sinn, außer von Doujat, der eine ähnliche Bemerkung macht, noch nicht benutzt worden.

o) Die Bemerkung, daß man den falschen Decretalen gewöhnlich einen viel zu großen Einfluß auf die Veränderung der Kirchenverfassung beilege, und daß sie eigentlich nur das schon längst Vorhandene

Spanien, wiewohl die verfälschte Sammlung nicht dahin kam, die Verfassung doch eben so geworden, wie in den andern Ländern. Ueberhaupt hat sich im Mittelalter das kirchliche wie das bürgerliche Leben nicht nach dem Buchstaben, sondern nach ganz andern tiefer liegenden Kräften entwickelt, und der Buchstabe hat hauptsächlich nur zur Beurkundung des schon Vorhandenen p), oder als klarer Ausspruch eines innern Bedürfnisses gegolten. Irrig ist es also, daß man den falschen Decretalen die Zerrüttung der alten Kirchenzucht, den Verfall der Provinzialconcilien, und die schärfere Ausbildung des monarchischen Prinzips in der Kirche Schuld giebt q). Denn wenn man dieses aus den Beschränkungen herleiten will, welche sie bei den höhern Straf-

ausgesprochen und angewendet hätten, machte, wiewohl es unbeachtet blieb, auch schon *Schönemann* ad G. L. Böhmer princip. jur. can. ed VII. §. 122 not. b Noch bestimmter und geistreicher erklärt sich darüber: H. Luden Allg. Geschichte der Völker und Staaten des Mittelalters. Th. II. B. II. Kap. 10. §. 104. Hier findet sich das Beste, was je über die falschen Decretalen gesagt worden ist.

p) Die Erscheinung, daß falsche Urkunden gemacht werden, um dem Vorhandenen einen historischen Hintergrund zu geben, ist im Mittelalter nichts Ungewöhnliches. So werden die Rechte der Markgrafschaft Oestreich im zwölften Jahrhundert durch Gnadenbriefe von Julius Cäsar und Nero bewiesen; der Sachsenspiegel leitet den kaiserlichen Schutz über die Juden von einer Verleihung Vespasians ab; die Universität Bologna zeigt im dreizehnten Jahrhundert einen Stiftungsbrief von Theodosius II.; die Pairs von Frankreich, die Fehmgerichte, die Friesen wegen ihrer Landesverfassung berufen sich auf falsche Privilegien Carls des Großen; viele Städte auf erdichtete Freibriefe von Otto I. Die Phantasie spielte mit den Namen und Zeiten, Sagen dichtend, die treuherzig geglaubt, endlich hier als Legenden, dort als Gesetze oder Urkunden niedergeschrieben wurden. Reden oder Beschreibungen, wodurch ein Geschichtschreiber entfernte Zeiten zu vergegenwärtigen sucht, wirken auf ähnliche Art, nur mit mehr Kunst und Geschmack. Alles dieses gilt aber natürlich nur von den historischen Verfälschungen, nicht von denen, die zu praktischen, eigennützigen Zwecken gemacht worden sind.

q) Dieses haben zuerst besonders die französischen Schriftsteller, Baluze, Fleury, Coustant gethan, weil es zur damaligen Partheiansicht paßte Febronius und Spittler wiederholen es, indem sie sich auf jene Vorgänger berufen, und in Deutschland glaubt man jetzt mit der Sache fertig zu seyn, wenn man Spittlers Urtheil abgeschrieben hat. Allein bloße Namensauthoritäten machen eine Behauptung nicht zur Wahrheit.

sachen den Provinzialconcilien auferlegen: so setzt man dabei voraus, daß deren Hauptgeschäfte nur in der Abstrafung der Bischöfe bestanden hätten. Es blieb ihnen aber, davon ganz abgesehen, noch ein sehr würdiger Wirkungskreis übrig, und wenn sie sich demohngeachtet nicht hielten, so wird unten gezeigt werden, daß daran ganz andere Gründe Schuld gewesen sind. Eben so wenig kann man den Mißbrauch, der später mit den Appellationen an den römischen Stuhl getrieben worden ist, aus den falschen Decreten erweisen r). Das Resultat bleibt demnach, daß diese im Wesentlichsten am Gang der Kirchenverfassung nichts geändert haben s), daß sie jedoch jetzt, wo ihre Unächtheit erwiesen ist, nicht mehr unter die Rechtsquellen gezählt werden dürfen t).

§. 88. ζ) Andere aus den falschen Decretalen gezogene Sammlungen.

Hincmar von Laon berief sich im Jahr 870 zu seiner Ver-

r) Appellationen sind Anerkennung einer bereits bestehenden Macht; denn an einen, der nicht schützen kann, appellirt man nicht. Daher ist es irrig, wenn man aus den Sätzen des Conciliums von Sardika oder der falschen Decretalen über die Appellationen nach Rom eine neue Epoche der päbstlichen Macht ableitet. Auch was die spätern Mißbräuche betrifft, so sagt der h. Bernhard, der darüber klagt, doch nicht, daß die falschen Decrete daran Schuld seyen. Sie lagen in der Zeit und in der Einrichtung selbst. Mißbräuche werden auch mit den Recursen an den Landesherrn getrieben; daraus folgt nicht, daß der Grundsatz selbst als Verderb der Verfassung zu betrachten, oder daß den bedrängten Unterthanen diese Zuflucht abzuschneiden sey.

s) Man hat noch kürzlich wieder diese Ansicht die der Ultramontaner genannt. Allein der Kunstgriff den Eindruck einer Wahrheit, der man keine Gründe mehr entgegenstellen kann, durch einen Partheinamen zu schwächen, ist ernster Wissenschaft durchaus unwürdig. Und wie gehören denn die Protestanten Schönemann und Luden zu den Ultramontanern?

t) Deutsche Schriftsteller haben neulich den Pabst für verpflichtet erklärt, die falschen Decrete förmlich zu widerrufen, und wundern sich, daß die Bulle darüber noch nicht erschienen sey. Eben so gut sollte man aber auch vom jetzigen König von Frankreich eine Ordonnanz verlangen, worin er alle auf Rechnung seiner carolingischen Vorfahren gemachten falschen Urkunden cassirte. Das zu berichtigen, was Unwissenheit und Privatbetrug früherer Zeiten verschuldete, ist nicht Sache des Gesetzgebers, sondern der Wissenschaft; dem billigen Beurtheiler wird es genügen, daß die schärfsten Kritiker dieses Gegenstandes, die Ballerini, unter den Augen des Pabstes geschrieben haben.

theidigung auf eine Sammlung u), welche der Bischof Angilramn von Metz, als er sich (785) zu Rom aufhielt, von Hadrian I. zum Geschenk erhalten haben sollte v). Allein eigentlich war diese nur ein Auszug der Stellen der falschen Decretalen, die von den Accusationen und Appellationen handeln w), und die ihr gegebene Aufschrift war eine neue Verfälschung x). Sie muß vielmehr zwischen den Jahren 845 bis 870 verfertigt seyn y). In den Ausgaben wird sie bald in 72, bald in 80 Kapitel oder Sentenzen abgetheilt z). Eine andere Sammlung soll

u) Von dieser Sammlung handeln: *David* De Giudizi canonici de Vescovi Cap XV Art I, *Ballerini* De antiq. collect. canon. Part. III Cap. VI. (*Galland.* Sylloge T. I. p. 533 — 36.), *Blasci* Comment. de collect. canon. Isid. Mercat. Append. (*Galland.* Sylloge T. II. p. 151 — 153.), Spittler in Meusel Geschichtsforscher Th. IV. S. 92., *Camus* in den Notices et extr. des manuscr. de la biblioth. national. T. VI. p 294 — 301., *Theiner* De Pseudo-Isid. can. collect. p. 28 — 38.

v) *Hincmar. Rhem.* Opusc. contra Hincmar. Laudun c. 24. De sententiis vero, quæ dicuntur ex græcis et latinis canonibus, atque decretis præsulum et ducum Romanorum conlectæ ab Adriano papa, et Engelramno Metensium episcopo datæ, quando pro sui negotii causa agebatur etc. In einigen Handschriften lautet die Ueberschrift der Sammlung so, als ob umgekehrt Angilramn sie dem Pabst Hadrian gegeben hätte; und diese Meinung ist wirklich, wie man aus Camus sehen kann, früher vielfach vertheidigt worden. Allein wider diese Lesart sind nicht nur die meisten und besten Codices, sondern auch die Stelle von Hincmar.

w) Daß die Sammlung jünger als die falschen Decretalen, und ein Auszug daraus ist, zeigt schon die Vergleichung, und wird jetzt nach dem besondern Beweis, den die Ballerini dafür beigebracht haben, nicht mehr bezweifelt. Nur Camus hält sie noch für älter, und für die Quelle, woraus jene Decretalen geschöpft hätten. Allein den Geist der Kritik hatte die französische Schule seiner Zeit nicht mehr.

x) Dieses haben David, die Ballerini und Spittler hinreichend erwiesen; dennoch behandeln Camus und Theiner die Aufschrift noch als Wahrheit.

y) Da nämlich die Nachricht über den Ursprung und das Alter der Sammlung als falsch erwiesen ist: so kann letzteres nur noch nach dem Alter der falschen Decretalen, woraus sie gezogen sind, bestimmt werden. Theiner verfährt umgekehrt, weil er jene Nachricht für ächt hält.

z) Sie sind öfters gedruckt, unter andern in *Mansi* Conc. T XII. col. 903 — 936. Bei den an sich guten Noten von Ant. Augustin, die gewöhnlich mit abgedruckt sind, muß man sich erinnern,

nach der Ueberschrift, welche ein davon herausgegebenes Bruchstück führt, von dem Bischof Remedius oder Remegius von Chur (800—820) auf Befehl Karls des Großen aus den Briefen der Päbste zum Gebrauch der alamannischen Kirche ausgezogen worden seyn a). Allein dieser Ueberschrift ist nicht zu trauen b), die 49 Canonen, woraus jenes Bruchstück besteht, sind sämmtlich aus den falschen Decretalen von Clemens bis Urban I., und wahrscheinlich liegt hier Verwechslung mit einer andern Sammlung zum Grunde c).

§. 89. C) Bearbeitung des Kirchenrechts. 1) Wissenschaftliche Werke.

Durch die Sammlungen der Quellen war zwar das Material des kirchlichen Rechts besser zusammengestellt: doch aber lebte man noch zu sehr im Handeln und in der Anschauung selbst, um viel darüber zu schreiben. Im Orient wurde zuerst gegen das Ende des achten Jahrhunderts von Theodor Prodromus ein sehr kurzer, noch ungedruckter Commentar über die Canonen verfaßt d). Im Occident schrieb der Erzbischof Egbert von York

---

daß zur Zeit, als er sie schrieb, die Unächtheit der falschen Decretalen noch nicht ganz anerkannt war.

a) Zuerst herausgegeben in *M. Goldast* Rer. Alem. Scriptor. T. II. Part. II. p. 121 — 133, und darnach in *Harzheim* Conc. T. II p. 414 — 426. Einige Bemerkungen darüber geben die *Ballerini* De antiq collect. canon. Part. III. Cap. VI. §. IV. (*Galland.* Sylloge T. I. p. 540.)

b) Dieses erkennen auch die Ballerini und Spittler an. Karl hätte zu diesem Auszug die Hadrianische Sammlung, und nicht die verfälschte spanische, brauchen lassen, wenn diese auch schon existirt hätte. Goldast hat, ganz in der Art des Verfälschers der spanischen Sammlung durch Einkleidungen oder Ueberschriften, die er Stellen aus den Chronisten gab, und durch andere eigenmächtige Zusammenstellungen sehr viele Stücke seiner Sammlungen gebildet. Wer diese nur etwas untersucht hat, weiß, daß darauf gar nicht zu bauen ist. Dennoch behandeln Blasci, Camus und Theiner jene Ueberschrift als ächt.

c) Goldast beschreibt weder wie die Handschrift aussah, noch wo er sie her hatte. Sie scheint mir den ersten Theil der unten (§. 96. No. 10) erwähnten Sammlung enthalten zu haben.

d) Diese Angaben gründen sich auf das Zeugniß des Griechen *Nic. Comnenus* Prænotiones mystagogicæ ex jure canonico (Patav. 1696. fol) p. 409. Noch andere Nachrichten von ihm giebt *Fabric.* Biblioth. græc. T. XI. p. 45. 46.

(† u. 771) einen dürftigen Dialog über kirchliche Institutionen e). Wichtiger sind die Werke des Rabanus Maurus († 856) über die kirchliche Disciplin, und über die Ehen unter Blutsverwandten f).

§. 90. 2) Ritual- und Formelbücher.

Die äußern Gebräuche, womit die Kirche ihre feierlichen Handlungen begieng, beruhten ursprünglich blos auf mündlicher Anordnung und Ueberlieferung. Später wurden sie sehr umständlich niedergeschrieben, und sogar über die Bedeutung derselben von mehreren Schriftstellern Erklärungen abgefaßt. Besonders wichtig sind die Ritualbücher der römischen Kirche. Eines der ältesten und reichhaltigsten ist ein Ordo Romanus, der noch aus der Zeit Gregors des Großen († 604) herrühren soll. Außer den Gebräuchen, die sich auf den gewöhnlichen Gottesdienst beziehen, enthält er auch diejenigen, die damahls bei der Ordination der Bischöfe und des Pabstes, bei der Dedication der Kirchen, bei der Benediction der Könige und des Kaisers, und bei der Eröffnung der allgemeinen und Provinzialconcilien beobachtet wurden g). Für den schriftlichen Geschäftsstyl entstand ein ähnliches Hülfsmittel in den Formularien, welche über die gewöhnlich vorkommenden Geschäfte verfaßt wurden. Im fränkischen Reiche gab es mehrere Sammlungen dieser Art. Die älteste ist die des Mönches Marculf, der um das Jahr 660 schrieb. Andere sind von Sirmond, Bignon, Lindenbrog, Baluzius und Le Pelletier herausgegeben worden h). Es finden sich da-

e) Abgedruckt unter andern in *Wilkins* Conc. T. I. p. 82—86., *Mansi* Conc. T. XII. col. 482 — 488.

f) Sie stehen in *Rabani Mauri* Opera ed. Ge. Colvenerii. Colon. 1627. VI. Vol fol.

g) Die erste Ausgabe desselben erschien von Georg Cassander, Cölln 1561; dann mit andern alten Schriftstellern ähnlichen Inhalts in *Melchior. Hittorp.* De divinis catholicae ecclesiae officiis ac ministeriis. Colon. 1568. fol. Diese Sammlung wurde mit mancherlei Vermehrungen wieder herausgegeben von Georg Ferrari, Rom 1591. und Paris 1610. Von andern Ritualbüchern, die zum Theil auch Ordines Romani heißen, wird noch unten bei der Liturgie die Rede seyn.

h) Am vollständigsten stehen diese Formelbücher in den von Canciani und von mir herausgegebenen Sammlungen. Baluze hat sie nicht Alle.

rin unter andern die Formularien für die Empfehlungsbriefe, welche man reisenden Geistlichen mitgab, und besonders für die verschiedenen Geschäftsschreiben, die bei der Ernennung und Einsetzung eines Bischofs nöthig waren i). Eine Formelsammlung der römischen Kirche war der Liber diurnus k), der wahrscheinlich bald nach dem Jahr 714 verfaßt worden ist. Er handelt von den Curialien der Briefe des Pabstes an den Kaiser, die Kaiserin, den Patrizius Exarchen, Consul, König, und Patriarchen; ferner sehr ausführlich von der Ordination des Pabstes und der suburbicarischen Bischöfe, von der Verleihung des Palliums, von den Geschäftsverhältnissen, die zwischen dem Pabst und den von ihm ordinirten italischen Bischöfen vorkamen, von der Verwaltung und Veräußerung der Patrimonien der römischen Kirche, endlich von Privilegien und Concessionen mancherlei Art.

§. 91. III. Das Mittelalter bis nach Gratian. A) Aeußerer Zustand der Kirche.

Um die Mitte des neunten Jahrhunderts war das Christenthum in allen Theilen des Königreichs Germanien fest gegründet, und wurde von hier aus während der folgenden hundert Jahre durch Missionen und politischen Einfluß, unter den Böhmen, Wenden und Polen verbreitet. Auch die Hungarn erhielten unter ihrem ersten König Stephan (997—1038) feste kirchliche Einrichtungen. In Dänemark, Schweden und Norwegen hatten die Bekehrungsversuche eine Zeit lang wechselnden Erfolg; seit dem elften Jahrhundert blieb aber das Christenthum

---

i) Eine Sammlung von würklichen Geschäftsschreiben dieser Art, die theils aus den Werken Hincmars von Rheims († 882), theils aus den Archiven und andern Quellen gezogen sind, steht auch in *Sirmond* Conc. Galliae T II p. 638, *Baluz.* Capit. Reg. Franc. T. II p 593. Eigentliche Formeln, wie Sirmond sie genannt hat, sind sie also nicht, wiewohl sie die Praxis jener Zeit sehr anschaulich darstellen.

k) Liber diurnus Romanorum pontificum ex antiquissimo codice ms. nunc primum in lucem editus opera et studio *Joannis Garnerii* presbyteri e societate Jesu. Paris 1680. 4. Nachträge dazu gab *J Mabillon* Museum Italicum T. I P. II. p. 32. Mit diesen erschien er von neuem in *Chr. God. Hoffmann* Nova scriptorum et monumentorum collectio (Lips. 1733. II. Vol. 4) Tom II Zuletzt cur. P. J. Riegger, Vienn. 1762. 8. Ueber die Schicksale dieses unbekannt gebliebenen Werkes giebt Hoffmann in der Vorrede Auskunft.

in diesen Reichen herrschend, und wurde von Norwegen aus sogar nach Island und Grönland gebracht (1000). Später gelang es auch die Pommern (1126), die Finnen (1157), die Slaven und Wenden am baltischen Meer (1168), und die Liven (1186), zu bekehren. Um dieselbe Zeit brachte das Glück der Waffen nach langwierigen Kämpfen auch den größern Theil von Spanien wieder unter eingeborne christliche Könige. Alle diese Reiche wurden durch das Interesse der Religion an den Stuhl Petri geknüpft; in diesem berührten sich die entlegensten Nationen, und Rom wurde so der Mittelpunct des europäischen Völkerlebens. Aber auch vom Orient giengen große Bemühungen um die Sache des Christenthums aus, die allmählig die Bekehrung der Russen zur Folge hatten. Unter dem Großfürsten Wladimir, der 988 Christ geworden war, erhielt dieses Reich seine ersten Bischöfe und einen Metropoliten in Kiew; doch blieb dieser an den Patriarchenstuhl von Constantinopel gebunden. Also gab es gegen das Ende des zwölften Jahrhunderts in ganz Europa fast keine heidnischen Völker mehr. Mittlerweile waren aber die Streitigkeiten der griechischen und lateinischen Kirche, die eine Zeit lang geruht hatten, durch den Patriarchen Michael Cerularius von neuem aufgeregt worden, indem er (1053) in einer öffentlichen Schrift die lateinische Kirche irriger Lehren und Gebräuche angeklagt hatte. Der Versuch des griechischen Kaisers, Frieden zu vermitteln, half so wenig, wie die gründliche Schrift, wodurch eine päbstliche Gesandtschaft die Beschuldigungen widerlegte. Die Erbitterung stieg vielmehr so hoch, daß Pabst und Patriarch (1054) sich gegenseitig in den Bann thaten, und der Patriarch den Namen des Pabstes aus den Dyptichen ausstrich. Von dieser Zeit an kann die Spaltung der griechischen und lateinischen Kirche als vollendet betrachtet werden.

§. 92. B) Zustand des Kirchenrechts im Orient. 1) Quellen und deren Sammlungen.

Die Sammlung des Photius (§. 74.) erhielt, wie es scheint, wegen seiner zweiten Absetzung unter Leo, nicht gleich volles Ansehen; nachdem aber im zehnten Jahrhundert sein Andenken wieder zu Ehren erhoben war, kamen sie sehr in Gebrauch. Neben ihnen wurde aber doch fortwährend auch noch der dem Joannes zugeschriebene Nomocanon benutzt (§ 73), und es scheint überhaupt das Verhältniß der Quellen eine Zeitlang noch nicht recht fixirt gewesen zu seyn l). Die weltlichen Verordnungen, die die Kirche angiengen, schöpfte sie theils aus den Basiliken, theils aus den drei ältern aus dem Justinianischen Recht gezogenen Sammlungen (§. 72), weil dieses neben den Basiliken noch fort galt. Allmählig verbreitete sich aber unter den juristischen Praktikern die Meinung, daß alles, was vom Justinianischen Recht nicht in die Basiliken aufgenommen sey, keine Gültigkeit mehr hätte: und im zwölften Jahrhundert wurde dieser Grundsatz auch hinsichtlich der kirchlichen Praxis vertheidigt. Mit den Basiliken kamen in der griechischen Kirche auch die von den Kaisern Basilius und Leo bekannt gemachten Auszüge der weltlichen Rechte in Aufnahme m), wenigstens sind diese, wie die Handschriften zeigen, häufig mit den canonischen Sammlungen abgeschrieben worden. Uebrigens war aber der Stoff der kirchlichen Gesetzgebung nicht in jenen Sammlungen erschöpft, sondern er erhielt immer noch neuen Zuwachs durch die Synodalschlüsse, welche die Patriarchen von Constantinopel mit Zuziehung der benachbarten Bischöfe erließen. Auch erschienen fortwährend einzelne kaiserliche Verordnungen über Kirchensachen, namentlich unter Leo Philosophus († 911), Constantinus Porphyrogenneta († 961), Alexius Comnenus († 1118), Joannes Comnenus († 1143), und Isaacius Angelus (1185—90).

---

l) Um das Jahr 1071 schrieb nämlich Michael Psellus für den Kaiser Michael Ducas ein kurzes Lehrgedicht in 75 Versen, worin er ihm die Stücke aufzählt, die den Nomocanon bildeten. Diese betragen aber mehr, als Joannes, und weniger als Photius hat. Das Gedicht ist zuerst von Fr. Bosquet hinter der Synopsis desselben Psellus zu Paris 1632. 8. herausgegeben worden; dann in *Meermann* Novus Thesaur. T. I. p. 77. Mehr als jene Aufzählung enthält es nicht. Es war also ganz falsch, wenn man es, wie bis zur vierten Auflage dieses Lehrbuchs allgemein geschah, unter die Lehrbücher und wissenschaftlichen Bearbeitungen des canonischen Rechts rechnete. Man wurde dazu durch den ihm ganz willkührlich beigelegten Namen, Synopsis canonum, verleitet. Eben so irrig ist es, wenn Doujat ein anderes Gedicht desselben Psellus über das Dogma für den ersten Theil dieser angeblichen Synopsis gehalten hat.

m) Man kennt jetzt drei Compendien dieser Art, wovon aber zwei noch nicht gedruckt sind. Das dritte steht in *Leunclavii* Jur Graeco Roman. T. II. p. 79.

§. 93. 2) Wissenschaftliche Bearbeitung.

Durch die große Masse geschriebener Quellen, die zum Theil aus einer sehr fremd gewordenen Vorzeit herrührten, mußte endlich auch das Bedürfniß einer umfassenden wissenschaftlichen Bearbeitung entstehen. Dazu bot die reichhaltige Sammlung des Photius eine passende Grundlage dar. Zu dem einen größern Theil derselben, welcher die Concilien und die canonischen Briefe enthält, schrieb der Mönch Joannes Zonaras, der bekannte Geschichtschreiber, um 1120 ziemlich weitläufige Erklärungen. Dasselbe that Theodor Balsamon um 1170 sowol über jenen Theil, wie über den andern, den Nomocanon. Die Bemerkungen des Zonaras betreffen meistens nur den Wortsinn. Die des Balsomon hingegen beschäftigen sich mehr mit practischen Fragen, mit der Ausgleichung scheinbarer Widersprüche, und mit dem Verhältniß der Canonen zu den weltlichen Gesetzen. Sein Grundsatz dabei ist, daß jene diesen vorgehen, und daß von dem ältern Justinianischen Recht auch für die Kirche nur dasjenige noch Gültigkeit habe, was in die Basiliken aufgenommen sey. Zu diesem Zweck werden in seinen Scholien zum Nomocanon die dort angeführten Texte des Justinianischen Rechts mit den Basiliken sehr sorgfältig verglichen. Uebrigens hat aber die große Sammlung des Photius in diesen Commentarien nicht ganz ihre ursprüngliche Gestalt mehr; die Ordnung der Concilien ist verändert, indem die öcumenischen zusammen voran stehen, und einige Stücke sind ganz neu hinzugekommen, darunter auch diejenigen, welche die Trullanische Synode aufgezählt (§. 70), Photius aber vernachlässigt hatte. Wahrscheinlich rühren diese Aenderungen von Zonaras her n). Neben den canonischen

n) Von den Commentarien des Zonaras ist zuerst eine lateinische Uebersetzung seiner Scholien zu den Canonen der Apostel von Joa. Quintin, Paris 1558 edirt worden; dann die lateinische Uebersetzung seiner Erklärungen der Concilienschlüsse von Ant. Salmatia, Mail. 1613; hierauf diese Uebersetzung mit dem griechischen Original, Paris 1618: endlich auch seine Commentarien zu den canonischen Briefen, Paris 1622. Die Commentarien des Balsamon erschienen zuerst in lateinischen Uebersetzungen, die eine von Gentianus Hervet, Paris 1561. fol., die andere von Heinrich Agyläus, Basel 1561. fol Den Nomocanon mit den Scholien in der Ursprache und der Uebersetzung des Agyläus edirte dann Christoph Justeau, Paris 1615 (§. 74. not. y). Bald darauf erschien, jedoch nach schlechten Handschriften, die ganze Sammlung mit

Sammlungen selbst wurden aber auch Auszüge aus denselben gebraucht und bearbeitet o). Eine Epitome dieser Art war unter dem Namen des Stephanus von Ephesus vielleicht schon im fünften Jahrhundert vorhanden: dieser fügte man nun die Auszüge aus andern seitdem in die canonischen Sammlungen aufgenommenen Stücke bei. Eine solche vermehrte Epitome ist unter dem Namen des Magisters und Logotheta Simeon gedruckt p); ihre Anordnung nähert sich derjenigen, welche Zonaras und Balsamon befolgen. Denselben Stoff enthält die unter dem Namen des Aristenus gedruckte Synopsis q), nur die Ordnung ist anders, und stimmt mehr mit derjenigen, die Photius in seiner Vorrede angiebt, überein. Diese Synopsis wurde dann noch vermehrt, und von Alexius Aristenus um 1160 mit Scholien versehen r). Endlich sind auch noch die canonischen Briefe und

---

den griechischen Commentarien und der Uebersetzung des Hervet unter folgendem Titel: Canones SS. Apostolorum, Conciliorum generalium et provincialium, SS. Patrum epistolae canonicae. Praefixus Photii Nomocanon. Omnia cum comentariis Theodori Balsamonis. E bibl. Jo. Tilii. Lutet. Par 1620 fol. Die von Justeau gemachte Ausgabe des Nomocanon mit den Scholien hat sein Sohn, jedoch mit Verbesserungen, auch in die Bibliothek (1661) eingerückt. Die große Sammlung aber, ohne den Nomocanon, gab Beverege in seinem Synodikon (1672), nach sehr guten Handschriften wieder heraus, und zwar so, daß unter jeder Stelle des Textes erst der Commentar des Balsamon, dann der des Zonaras abgedruckt ist. In allen diesen Ausgaben hat man also zugleich auch die Sammlungen von Photius selbst, nur mit den damals gangbaren Veränderungen und Zusätzen. Eine Collation des Synodikon von Beverege mit drei Handschriften giebt noch *Jo. Chr. Wolf* Anecdota graeca sacra et profana. T. IV. p. 113.

o) Nähere Nachrichten über diese Auszüge giebt *Biener* De collect. can. eccles. Graec. p. 32—36, J. W. Bickell in den Jahrbüchern der gesammten deutschen juristischen Litteratur. Zehnter Band. Erlang. 1829. S. 164—169. Da die Hülfsmittel, um diese Auszüge nach ihrem Alter unter bestimmte Zeiträume zu ordnen, noch zu unzuverlässig sind: so sind sie hier zusammmengestellt worden.

p) Sie steht bei Justell. T. II. p 710—748. Was man aus dem Namen über das Alter derselben gefolgert hat, ist ganz unzuverläßig.

q) Diese steht bei Justell. T. II. p. 673—709. Der Name des Aristenus ist dabei, wie schon Beverege gezeigt hat, falsch; von ihm rühren nur die Scholien dazu her.

r) Diese vermehrte Synopsis mit den Scholien ist von Beverege in

andere Stücke excerpirt, und jener Synopsis angehängt worden s).

§. 94. 3) Rechtsquellen der russischen Kirche.

In der russischen Kirche wurde mit den übrigen griechischen Einrichtungen wahrscheinlich auch die Sammlung des Photius eingeführt, und zwar in der Ursprache, weil man noch eine Zeitlang die Bischöfe meistens aus den Griechen wählte. Auch erließen die Großfürsten für die Kirche mehrere wichtige Verordnungen, die sich jedoch nicht in ihrer ächten Gestalt erhalten haben t). Von einer Uebrsetzung der canonischen Sammlung ins Slavonische sind in der ersten Zeit nur unsichere Spuren vorhanden. Im Jahr 1274 machte aber Cyrillus, Metropolit von Kiew, auf einem Concilium zu Wladimir eine Uebersetzung der Sammlung des Zonaras bekannt, die er (1270) von Swiatislaus, Fürst von Bulgarien erhalten hatte. Von da an kommen Sammlungen der Kirchengesetze in slavonischer Sprache häufig vor. Die Handschriften, welche es davon giebt, theilen sich in zwei Klassen. Die eine ist hinsichtlich des Textes und der Anordnung auf Zonaras gegründet; die beigefügten Scholien sind aber hauptsächlich die des Aristenus, nur hin und wieder mit den Erklärungen von Zonaras vermischt. Die andere enthält als vorherrschenden Bestandtheil die unter dem Namen des Aristenus gedruckte Synopsis mit dessen Scholien; zuweilen giebt sie jedoch die Canonen im unverkürzten Text mit den Scholien des Zonaras. Keine dieser beiden Klassen stellt also die Sammlung des Zonaras oder

---

den ersten Theil des Synodikon eingerückt worden, jedoch zerstückelt, so daß unter jedem Canon nach den Commentarien des Balsamon und Zonaras, der Auszug und dessen Scholien stehn Dadurch hat sich also die Anordnung nach der des Zonaras bequemen müssen.

s) Diese Excerpte stehen ohne Seitenzahlen im zweiten Band des Synodikon gleich hinter den canonischen Briefen

t) Man hat zwar noch einen Nomocanon von Wladimir (993), eine Verordnung von Jaroslaw über die geistlichen Gerichte (1051), und die Erneuerung beider Gesetze durch Wassili Dimitrijewitsch (1403). Allein diese Urkunden sind nach den alten Sagen und bestehenden Einrichtungen gedichtet worden. Man muß sie aus demselben Gesichtspunkt, wie die falschen Decretalen des fränkischen Reichs betrachten. Nähere Nachweisungen darüber giebt *Biener* De collect. can. eccles. Graec. p. 50 — 52. Ph. Strahl Beiträge zur russ. Kirchengesch (Halle 1827). S. 6. 10. 21.

des Aristenus rein dar. Wie sich diese Mischung gebildet hat, ist nicht klar u).

§. 95. C) Zustand des Kirchenrechts im Occident. 1) Neue Gesetze.

In den einzelnen Ländern blieben die herkömmlichen Sammlungen der Kirchengesetze noch im Gebrauch; doch war dieses nicht fest abgeschlossen und begrenzt, und man entlehnte häufiig auch die Codices benachbarter Länder. Besonders scheint dieses, nach den Handschriften zu urtheilen, mit der verfälschten spanischen Sammlung geschehen zu seyn (§ 83). An den Stoff dieser Sammlungen schlossen sich dann die Canonen der Provinzialconcilien an, welche fortwährend in Italien, Frankreich, Deutschland und England gehalten wurden. Auch erließen die Päbste wie früher Decretalbriefe an einzelne Kirchenvorsteher. Ganz besonders wichtig wurden aber die Beschlüsse, welche sie theils auf römischen Particularsynoden, theils auf den öcumenischen Concilien festsetzten. Von diesen fallen drei in den gegenwärtigen Zeitraum, nämlich das erste (1123), zweite (1139) und dritte (1179) Lateranische. Hingegen hörten die weltlichen Verordnungen über Kirchensachen in Deutschland, Frankreich und Italien fast ganz auf, oder berührten nur die äußere staatsrechtliche Seite. Von dieser Art sind die Constitutionen von Otto I. v) und Heinrich II. w) über die Besitzungen der römischen Kirche und die Freiheit der Pabstwahl; besonders aber der Vertrag zwischen Calixtus II. und Heinrich V. (1122) über die Investitur der Bischöfe, wodurch ein langwieriger Streit beendigt wurde x).

u) Von diesen Sammlungen mußte des Zusammenhanges wegen schon hier gesprochen werden, wiewohl sie an sich erst in den folgenden Zeitraum fallen. Genaueres darüber giebt *Biener* De collect. can. eccles. Græc. p. 53 — 58.

v) Diese steht in *Goldasti* Collect. constit. imperial. edit alt. T. II. p. 44 — 46. Ein Bruchstück daraus giebt Gratian im c. 32. D. LXIII.

w) Diese findet man in *Goldasti* Collect. constit. imperial. T. I. p. 227 — 29.

x) Die beiden darüber auf dem Reichstag zu Worms ausgewechselten Urkunden sind häufig abgedruckt; unter andern in *Goldasti* Collect. constit. imperial. T. IV. p. 55., Senkenberg Neue Sammlung der Reichsabschiede Th. I. S. 4.

§. 96. 2) Neue Sammlungen der Kirchengesetze.
a) Vor Gratian.

Der Stoff des geschriebenen Kirchenrechts lag in der Hadrianischen, in der ächten und verfälschten spanischen Sammlung, in den Kirchenvätern, in den Büchern der Capitularien, und in den damals gangbaren Quellen des römischen Rechts so zerstreut, daß eine geordnete Zusammenstellung dringendes Bedürfniß war. Es wurden daher in verschiedener Form systematische Sammlungen veranstaltet, und in diese auch die mittlerweile erschienenen neuen Quellen aufgenommen. Solche Arbeiten blieben nicht auf das Land, wo sie entstanden waren, beschränkt, sondern verbreiteten sich ihrer innern Zweckmäßigkeit wegen sehr rasch auch in fremde Gegenden. So wurde durch die Wissenschaft und Praxis das der ganzen Kirche Gemeinschaftliche immer mehr ausgebildet, und die Erfahrungen des einen Landes dem Andern zugeführt. Die wichtigsten dieser Sammlungen y), von denen aber die meisten noch ungedruckt liegen, sind folgende. 1) Eine ungedruckte Sammlung in zwölf Theilen, mit der Zueignung an den Archipräsul Anselmus, in Italien höchst wahrscheinlich zwischen den Jahren 883 und 897 verfaßt. Sie ist aus der Hadrianischen Sammlung, woher sie auch die Uebersetzung der griechischen Canonen hat, ferner aus der verfälschten spanischen Sammlung, aus dem Registrum Gregors I. und aus den Justinianischen Rechtsbüchern geschöpft. 2) Die Sammlung der Regino, Abtes von Prüm († 915). Sie enthält eigentlich eine Instruktion, welche Punkte der Bischof bei der Visitation im Auge haben soll, und dieser werden als canonische Autoritäten die einschlagenden Gesetze angehängt. Sie theilt sich in zwei Bücher, wovon das Erste die Disciplin des Klerus, das Andere die der Laien betrifft. Die Gesetze sind hauptsächlich aus der dem Erzbischof Egbert zugeschriebenen, noch unedirten Sammlung (§. 79. not. b), und aus den Büchern des Halitgar und Rhabanus Maurus (§. 81.) entnom-

---

y) Die vollständigsten Nachrichten über die bis jetzt bekannten Sammlungen dieser Art findet man in *Ballerini* De antiq. collect. canon. Part IV. Cap. X — XVIII. (*Galland*. Sylloge T. I. p. 625 — 76.), Savigny Geschichte des röm. Rechts im Mitelalter Th. II. S. 273 — 94. Th. IV. S. 472 — 76.

men. Bei den griechischen Canonen ist bald die Dionysische, bald die spanische Version gebraucht, weil dieses auch in jenen Sammlungen so vorkam. Diesen Materialien hat aber Regino noch einige Stücke aus den Kirchenvätern, den falschen Decretalen, der Interpretation des Breviariums, den Capitularien, aus dem burgundischen und dem ripuarischen Recht beigefügt z.) 3) eine ungedruckte Sammlung in vier Theilen, vor dem eilften Jahrhundert verfaßt a). Darin sind auch die falschen Decretalen benutzt. 4) Die Sammlung des Abbo, Abtes von Fleuri († 1004). Sie enthält in 52 Kapiteln Stellen aus den Concilien, Decretalen, Capitularien, aus dem Breviarium und Julian, durch die eignen Sätze des Verfassers zu einem Ganzen verbunden b). 5) Die Sammlung des Burchard, Bischofs von Worms († 1025) c). Diese ist in zwanzig Bücher eingetheilt. In jedem stehen die einzelnen Stellen unverbunden, in ziemlich willkührlicher Ordnung. Die Quellen, woraus sie geschöpft sind, werden in der Vorrede d) umständlich

z) Die erste Ausgabe dieser Sammlung erschien von Joach. Hildebrand. Helmst. 1659. 4. Dann viel besser unter folgendem Titel: Reginonis Abb. Prumiensis libri duo de ecclesiastica disciplina edit. St. Baluz. Paris. 1671. 8. Diese Ausgabe ist wiederholt von J. A. Riegger, Wien 1765. 4. Auch steht sie in *Hontheim* Histor. Trev. Prodrom. p. 350., *Harzheim* Conc. Germ. T. II. p. 438.

a) Den Inhalt der einzelnen Kapitel und eine Nachweisung der Quellen, woraus sie genommen sind, giebt *Sarti* De claris archygymnasii Bononiensis professoribus T. I. Part. II. p. 189—91.

b) Sie ist abgedruckt in *Mabillon* Vetera analecta (edit. II. Paris. 1723. fol.) p. 133—48.

c) D Burchardi Wormaciensis ecclesiæ episcopi Decretorum Libri XX. ex Consiliis et orthodoxorum patrum Decretis, tum etiam diversarum nationum Synodis, ceu loci communes congesti, in quibus totum Ecclesiasticum munus luculenta brevitate, et veteres Ecclesiarum observationes complectitur. Opus nunc primum excussum, omnibus Ecclesiasticis ac Parochis apprime necessarium. Coloniæ MDXLVIII. fol min. Andere Ausgaben erschienen Paris 1549. 8., und Cölln 1560. fol.

d) Diese Vorrede steht in den Ausgaben mit mancherlei später hinzugekommenen Abänderungen. In ihrer ächten Gestalt ist sie abgedruckt von den *Ballerini* De antiq. collect. can. Part. IV. Cap XII. (*Galland.* Sylloge T. I. p. 635.)

genannt, nämlich eine nicht näher bezeichnete Canonensammlung, welche wahrscheinlich die verfälschte spanische ist, die Canonen der Apostel, die transmarinischen, germanischen, gallischen und hispanischen Concilien, die päbstlichen Decrete, das neue und alte Testament, die Schriften der Apostel, mehrere Kirchenväter und drei Pönitentialbücher. Die griechischen Canonen erscheinen, mit Ausnahme einiger Stellen, in der Version des Dionysius. Also muß Burchard auch die Hadrianische, oder eine andere aus Dionysius gezogene Sammlung gebraucht haben. Mehrere Stücke entnahm er auch aus Regino, besonders diejenigen, die dieser aus den Capitularien und aus Rhabanus angeführt hatte; nur legte ihnen Burchard, um ihr Ansehen zu erhöhen, in der Ueberschrift den Namen irgend eines Conciliums oder Pabstes bei. Diese falschen Angaben sind auch in die spätern Sammlungen, die aus Burchard geschöpft haben, übergegangen. 6) Eine noch ungedruckte Sammlung in dreizehn Büchern, die dem Bischof Anselm von Lucca († 1086) beigelegt wird e). Sie ist ihres reichhaltigen Materials wegen sehr merkwürdig, und von den spätern Sammlungen häufig benutzt worden. 7) Eine ungedruckte Sammlung des Cardinal Deusdedit in vier Büchern, am Ende des eilften Jahrhunderts verfaßt f). Sie hat aus den ältern Sammlungen, besonders, wie es scheint, aus der verfälschten spanischen, mehrere seltene Stücke aber auch unmittelbar aus den römischen Archiven geschöpft. 8) Die ungedruckte Sammlung des Bonizo, Bischofs von Sutrium, in zehn Büchern. Sie ist bald nach dem Jahr 1089 verfertigt g). 9) Zwei ungedruckte Sammlungen, die eine in sechs, die andere in fünfzehn Bücher eingetheilt, welche

---

e) Eine genauere Beschreibung nebst einigen Auszügen dieser Sammlung giebt *Sarti* De clar. archigymn. Bonon. profess T. I. Part. II. p. 191 — 94. Die neuesten Bemerkungen über sie sind: Anselmi epistola nunc primum vulgata, acc. in decretum ms. Anselmi animadversiones Mich. Ang. Monsacrati Lucæ 1821. 8.

f) Zu demjenigen, was die Ballerini über diese Sammlung gesagt haben, ist noch beizufügen *F. A. Zaccaria* De duab antiq. can. collect. Pars. II (Galland. Sylloge T. II p. 743 — 63).

g) Die neuesten Bemerkungen darüber giebt Camus in den Notices et extraits des manuscrits de la bibioth. national. Tom. VII. p. II. p. 74 — 83.

nach den Handschriften, worin man sie zuerst gefunden hat, die Sammlungen von Tarracona und von Saragossa genannt werden. Sie sind auch gegen das Ende des eilften Jahrhunderts entstanden. 10) Aus derselben Zeit ist eine andere ungedruckte Sammlung, die sich dadurch auszeichnet, daß sie zunächst nicht nach den Materien, sondern nach den Quellen abgetheilt ist. Die erste Abtheilung nämlich besteht aus Decretalen, ächten und falschen, in chronologischer Ordnung, die zweite aus Concilienschlüssen, die dritte aus Stellen der Kirchenväter, des römischen Rechts und ähnlicher Quellen, systematisch geordnet. 11) Eine ungedruckte Sammlung des eilften oder zwölften Jahrhunders in zwei Büchern. Das erste Kapitel des ersten Buches hat die Ueberschrift: Vom Primat der römischen Kirche, und es sind darin auch die falschen Decretalen benutzt h). 12) Die beiden Sammlungen des Ivo, Bischofs von Chartres († 1115). Die kleinere, Pannormia genannt, besteht aus acht Büchern i); die größere, das Decretum, aus siebenzehn k). Jene kann als die erste Anlage des später aus andern Sammlungen vervollständigten und umgearbeiteten Decretum betrachtet werden. Die gesammelten Stücke werden in der Vorrede bezeichnet; doch sind diese nicht aus der ersten Quelle, sondern hauptsächlich aus Regino und Burchard geschöpft. Daher erscheinen auch die Cano-

---

h) Dieses erste Kapitel ist zuweilen besonders abgeschrieben, und so von Wendelstein mit der Dionysischen Sammlung (§ 75. not. d) herausgegeben worden. Seitdem hat man es auch in die Conciliensammlungen aufgenommen, *Mansi* Conc. T. I. col 71—77.

i) Liber Decretorum sive pannormia ed. Sebastian Brand. Basil. 1499. 4., Pannormia seu Decretum Ivonis Carnotensis restitutum, correctum et emendatum ed Melch a Vosmediano. Lovanii 1557. 8. In der Sammlung der sämmtlichen Werke Ivos steht die Pannormie nicht.

k) Decretum D. Ivonis episcopi Carnutensis septem ac decem tomis sive partibus constans. —Cura ac studio Jo. Molinaei. Lovanii MDCLXI. fol. Eine andere nach einer andern Handschrift verbesserte Ausgabe besorgte Joh. Fronto in den Opera Ivonis, Paris 1647. II. Vol. fol. Sarti hält übrigens diese Ausgabe nicht für das Decretum in seiner wahren Gestalt, sondern das ächte Werk wollte er in einer Handschrift gefunden haben, wovon er im Anhang eine Beschreibung zu geben versprach, was aber sein Fortsetzer Fattorini nicht erfüllt hat. De claris. archigymnasii Bonon. profess. T. I. p. I. p. 249.

nen der griechischen Concilien gewöhnlich in der Dionysischen, seltener in der spanischen Version l). Dem Decretum hat Ivo noch manche Stücke aus dem römischen Recht, besonders aus der unter Nro. 10. genannten Sammlung einverleibt. 13) Die ungedruckte Sammlung des spanischen Priesters Gregorius, welche Polycarpus überschrieben ist. Sie ist in acht Bücher eingetheilt, und muß im zweiten Viertel des zwölften Jahrhunderts verfertigt seyn. Die Quellen, woraus Gregor geschöpft hat, sind nicht bekannt. 14) In den meisten dieser Sammlungen ist, wie früher, auf das Bußwesen besonders Rücksicht genommen. Außerdem wurden aber noch sehr viele eigne Pönitentialbücher gemacht. Eines derselben hat Burchard in das neunzehnte Buch seiner Sammlung aufgenommen. Andere sind an verschiedenen Orten herausgegeben worden m).

§. 97. b) Die Sammlungen des Gratian und des Cardinal Laborans.

An die bisher beschriebenen Sammlungen schloß sich diejenige an, welche Gratian n), ein Mönch des Klosters zum heil. Felix, welches damals zum Camaldulenser-Orden gehörte o), in Bologna um das Jahr 1141 p) verfertigte. Eine bloße

---

l) Dadurch wird die Angabe der Ballerini widerlegt, Ivo hätte hauptsächlich aus der verfälschten spanischen Sammlung geschöpft.

m) Ein großes Verzeichniß der Pönitentialbücher mit Angabe der Werke, worin sie gedruckt sind, findet man in *Salmon* Traité de l'étude des Conciles. (Leipz. 1726) pag. 693.

n) *J. H. Böhmer* Dissertatio de varia decreti Gratiani fortuna. Halae 1743. (vor seiner Ausgabe des Corpus iuris canonici), *P. J. de Riegger* Diss. de decreto Gratiani. Vindob. 1760. 8. (auch in *Schmidt* Thesaur. iur. eccl. T. I. No. III), *J. A. a Riegger* De Gratiano authore Decreti (in Opuscul. Friburg 1773 8 No. X.), *Sarti* De clar. archigymn. Bonon. profess T. I. P. I. p. 259—82. Durch Sarti sind viele falschen Angaben und Vorstellungen der ältern Abhandlungen berichtigt worden.

o) Dieses hat Sarti umständlich bewiesen. Gratian hat jene Regel entweder schon in einem andern Kloster, worin er früher stand, oder in Bologna angenommen.

p) Diese Zeitbestimmung gründet sich auf das Datum, welches Gratian der nach dem c. 31. c. II. q. 6. angeführten Formel beigefügt hat. Doch ist dabei Sarti's Kritik nicht zu übersehen.

Sammlung ist sie aber nicht, sondern eigentlich eine wissenschaftliche und praktische Abhandlung über das ganze Kirchenrecht, in welche die Gesetze als Beweisstellen wörtlich eingeflochten, der Sinn derselben untersucht, und scheinbare Widersprüche ausgeglichen werden. Sie zerfällt in drei Haupttheile q). Der erste handelt zuerst umständlich von den kirchlichen Rechtsquellen, dann von den Vollstreckern der Kirchengesetze, das heißt von den kirchlichen Personen und Aemtern. Der zweite enthält 36 Rechtsfälle, in der Art, daß erst der Fall kurz erzählt, dann die dadurch angeregten Rechtsfragen genannt, und zu deren Beantwortung die betreffenden Stellen beigebracht werden. Bei dem drei und dreißigsten Rechtsfall führt die dritte Frage zu einer weitläufigen Abhandlung über die Buße, die beinahe ein kleines Werk für sich bildet. Wahrscheinlich wurde Gratian dazu durch das Beispiel der früheren Sammlungen veranlaßt, worin das Bußwesen gewöhnlich auch einen eigenen Abschnitt bildete r). Der dritte Theil handelt von gottesdienstlichen Einrichtungen. Welchen Namen die ganze Sammlung vom Verfasser erhielt, ist nicht gewiß s). Als Beweisstellen sind Rechtsquellen jeder Art aufgenommen, apostolische Canonen, Concilienschlüsse, ächte und falsche Decretalen, Stücke aus den Kirchenvätern, aus drei Pönitentialbüchern t), aus dem Liber di.

---

q) Böhmer hat diese Eintheilung mit dem damaligen Studiencursus und den drei academischen Würden in Verbindung gebracht; allein solche Erfindungen bedürfen jetzt keiner Widerlegung mehr. Eben so willkührlich ist es, darin eine Nachahmung der römischen Institutionen-Eintheilungen zu finden. Die Institutionen nahmen bekanntlich unter den Vorlesungen jener Zeit eine zu untergeordnete Stelle ein, um die Veranlassung solcher systematischen Künsteleien zu werden.

r) Sarti meint, diese Abhandlung sey ursprünglich von Gratian abgesondert herausgegeben, vielleicht auch so in den Schulen gebraucht und erst später von ihm der großen Sammlung einverleibt worden.

s) Die Glossatoren citiren in decretis, und es sind dann die Stellen bei Gratian gemeint. Eben so Alexander III (1180) im c 6. X. de despons impub. (4. 2). Etwas später heißt die Sammlung Discordantium canonum concordia, und im dreizehnten Jahrhundert glaubte man wirklich schon, dieser Name rührte vom Verfasser selbst her, Savigny Gesch. des röm. Rechts im Mittelalter Th. III S. 475. Note 128. Allein dawider ist, daß er wie Sarti bemerkt hat, bei den ältesten fast gleichzeitigen Handschriften fehlt. Später ist die Sammlung auch das Decretum genannt worden.

t) Es sind dieselben, die auch Burchard benutzte, nämlich das

urnus und Ordo Romanus, aus dem römischen Recht, den fränkischen Capitularien, und auch aus rein historischen Werken. Die Canonen der griechischen Concilien erscheinen gewöhnlich in der spanischen Version; diese muß Gratian in der von ihm benutzten Sammlung des Anselm von Lucca oder des Cardinal Deusdedit gefunden haben. Viele Stellen kommen aber auch nach der Dionysischen Uebersetzung vor, und diese weisen auf die Benutzung des Burchard und Ivo zurück u). Eine der ältern chronologischen Sammlungen hat Gratian schwerlich gebraucht, sonst würde regelmäßig dieselbe Version befolgt seyn v). Gratians Arbeit war also als Sammlung von den frühern gar nicht wesentlich verschieden; höchstens zeichnete sie sich durch ihre größere Reichhaltigkeit aus w). Auch war sie nicht das einzige Unternehmen dieser Art in ihrer Zeit, sondern im Jahr 1182 gab der Cardinal Laborans eine Sammlung heraus, die hinsichtlich des Stoffes mit der von Gratian große Aehnlichkeit hatte. Sie ist in sechs Bücher eingetheilt; jedes Buch zerfällt in mehrere Theile und diese in Titel oder Rubriken, unter welche die einzelnen Stellen geordnet sind. Der Verfasser hatte zwanzig Jahre daran gearbeitet x).

Römische (§. 81. not. v.), das des Theodor von Canterbury (§. 79), und das dem Beda beigelegte Pönitentialbuch (§. 79. not. a).

u) Aus dieser Benutzung verschiedener Sammlungen erklärt sich auch, daß zuweilen dieselben Stellen an einem Orte in der Dionysischen, am andern in der spanischen Uebersetzung erscheinen. So Conc. Nicaen. c. 17. (c 2. D. XLVII. und c 8. c XIV. q. 4), Conc. Laod c. 12. (c 4 D XXIV, c. 6 D LXI). Man hatte bis jetzt diesen Punkt überhaupt nicht untersucht.

v) Sarti behauptet zwar das Gegentheil, weil Gratian einige von Burchard und Ivo in den Ueberschriften begangene Fehler verbessert habe. Allein diese richtigern Inscriptionen sind unstreitig aus Anselm oder Deusdedit genommen.

w) Irrig ist es also, wenn man Gratian dabei ganz besondere Tendenzen unterlegt, zum Beispiel die das vernachlässigte Studium des canonischen Rechts zu heben, oder den mit neuem Eifer bearbeiteten Sammlungen Justinians eine kirchliche Rechtssammlung entgegen zu stellen. Denn in der That litt das canonische Recht an Vernachläßigung gar nicht, und eben so wenig war an Sammlungen für dasselbe Mangel.

x) Die erste Nachricht von der Handschrift dieser Sammlung gab *Sarti* De claris. archigymn. Bonon profess. T. I P I p. 248. Sehr umständlich, ohne wie es scheint die Notiz bei Sarti gekannt zu

§. 98. Rechtsquellen in den nordischen Reichen.

In England wurden mittlerweile keine Sammlungen von größerem Umfang gemacht, sondern nur kurze Auszüge, die mit den Kapiteln der Bischöfe im fränkischen Reich Aehnlichkeit haben. Dahin gehören die für die Priester in Northumbrien, wahrscheinlich zwischen 949 bis 952 gegebenen Gesetze y), die unter Edgar um 960 erschienenen Canonen, worin auch vieles über das Bußwesen vorkommt z), ferner die von Aelfric, wahrscheinlich einem Mönche, für den Bischof Wulffinus um 970 zusammengestellten Canonen über die Reformation des Klerus a), und die von demselben Aelfric um 994 bekannt gemachten geistlichen Gesetze b), die aber nur eine angelsächsische Uebersetzung der Kapitel des Theodulph von Orleans (§. 80) sind. Von dem aus dem großen Werke des Erzbischofs Egbert um 1040 gemachten Auszug ist schon oben (§. 79) die Rede gewesen. Außerdem wurde aber die kirchliche Disciplin noch durch die Verordnungen sehr kräftig unterstützt, welche die Könige auf den Reichstagen erließen c). Dahin gehören die Gesetze Alfreds des Großen (871 — 901), der Vertrag desselben mit dem Dänenkönig Guthurn, welcher unter Eduard dem Aeltern (u. 905) erneuert wurde, mehrere Verordnungen von Aethelstan (928) und Edmund (944); ferner der erste Theil der Gesetze Edgars (967), unter welchem man anfieng die Verordnungen über

---

haben, beschrieb sie *Zaccaria* Dissert. latin. de rebus ad histor. atque antiquit. ecclesiae pertinentibus. (Fulginiae 1781 4) Tom. II. Diss XIV. (auch in *Galland.* Sylloge T. II. p. 767).

y) Sie stehen in *Wilkins* Conc. Britann. T. I. p. 218 — 221, *Mansi* Conc T. XIX. col 67 — 70.

z) Sie sind gedruckt in *Wilkins* Conc. Britann T. I p. 225 — 239, *Mansi* Conc. T XVIII. col. 514 — 526.

a) Sie stehen in *Wilkins* Conc Britann T. I. p. 250 — 55. Mangelhafter nach Spelmann in *Mansi* Conc. T. XIX col. 697 — 702.

b) Diese sind gedruckt in *Wilkins* Conc. Britann. T. I. p. 265 — 282. Bei Mansi stehen sie aus Versehen zweimal, einmal in der von Wilkins, dann in der von Spelmann gemachten lateinischen Uebersetzung, Conc. T. XIX. col. 179 — 194. 703 — 714.

c) Diese stehen in den oben (§. 79. not. t) genannten Sammlungen von Wilkins und Canciani Die meisten sind auch in die Conciliensammlungen von Wilkins und Mansi aufgenommen worden.

geistliche und weltliche Angelegenheiten in zwei Abschnitte zu trennen; dann das Buch der Constitutionen Aethelreds (1008), die Beschlüsse des Reichstags von Aenham (1009), die geistlichen Gesetze Aethelreds (1012), und die Constitution über den Frieden der Kirche (1014) d); endlich der erste Abschnitt der Gesetze Canuts des Großen (u. 1032) e). Die auf diese Rechtsquellen gegründeten Verhältniße wurden unter den Normannischen Königen, welche seit 1066 den englischen Thron einnahmen, befestigt und weiter ausgebildet. Dieses zeigen die Gesetze von Wilhelm dem Eroberer (1066 — 87), die unter dem Namen Eduards des Bekenners herausgegebene Rechtssammlung, welche aber unter Wilhelm II. (1087 — 1100) gehört f), und die Urkunden von Heinich I. (1116), Stephan (1136), und Heinrich II (1155) über die Freiheiten der anglicanischen Kirche. Die ältern, in angelsächsischer Sprache verfaßten, kirchlichen Sammlungen kamen aber außer Gebrauch, da bald die Bisthümer fast nur mit Normannischen Prälaten besetzt wurden. Dadurch verbreiteten sich die Sammlungen des Burchard und Ivo, später auch die des Gratian hieher. In Dänemark, Schweden, Norwegen und Island bildeten sich ebenfalls bald nach der Bekehrung eigenthümliche Quellen des Kirchenrechts; doch ist es besser diese mit denen des folgenden Zeitraums zusammenzustellen. In Ungarn waren die Verordnungen der Könige Stephan I. (u. 1016), Andreas I. (u. 1048), und Colomann (u. 1103) sehr wichtig g).

§. 99. IV. Von Gratian bis an das Concilium von Trient.

A) Aeußerer Zustand der Kirche.

Im dreizehnten und vierzehnten Jahrhundert wurden die

---

d) Von diesen vier Stücken, die unter Aethelred fallen, findet sich das erste und vierte in den Conciliensammlungen nicht, das dritte hingegen nur in diesen.

e) Eine neue Ausgabe derselben ist: Legum regis Canuti Magni quas Anglis olim dedit versionem antiquam latinam ex codice Colbertino variantibus lectionibus atque observationibus additis cum textu Anglo-Saxonico edidit J. L. A. Kohlderup-Rosenvinge. Hauniae 1826. 4.

f) Das Nähere darüber giebt G. Philipps Englische Reichs- und Rechtsgeschichte (Berlin 1827. 8) §. XXV.

g) Diese finden sich auch in der Conciliensammlung von Mansi.

letzten Reste der heidnischen Völker im Norden, die Preußen und Lithauer theils durch Eroberung, theils durch Unterricht zum Christenthum bekehrt; hingegen kamen die russischen Großfürsten seit 1210 unter die Oberherrschaft der Tartaren. Die Streitigkeiten zwischen den Griechen und Lateinern waren mittlerweile im zwölften Jahrhundert mit großem Eifer fortgeführt worden, wiewohl die Kaiser aus dem Hause der Comnenen die Vereinigung sehr begünstigten. Nach langen Anstrengungen kam diese unter Gregor X. auf dem zweiten Concilium von Lyon (1274) zu Stande, wurde aber schon nach zehn Jahren wieder zerissen. Im vierzehnten Jahrhundert thaten die Griechen, durch die Türken hart bedrängt, bedeutende Schritte zur Annäherung, ja der Patriarch (1367) und der Kaiser (1369) waren zu diesem Zwecke persönlich nach Rom gekommen; allein ihre Absicht scheiterte an der Stimmung des Volkes und der Mönche. Bessern Erfolg schienen die Bemühungen von Eugen IV. auf den Concilien zu Ferrara (1438) und Florenz (1439) zu versprechen. Der Kaiser Johann Paläologus und Patriarch Josephus hatten sich mit großem Gefolge eingefunden; dann wurden die einzelnen Streitpuncte von den gelehrtesten Männern beider Theile erörtert; und endlich war der Beitritt der Griechen förmlich und urkundlich erreicht. Allein da Josephus gleich darauf starb, so fiel bald nach der Rückkehr der Griechen der neuerwählte Patriarch, und mit ihm ein großer Theil der Bischöfe wieder ab. Seit dieser Zeit theilen sich die Griechen in unirte und nicht unirte. Die weitere Entwicklung ihres kirchlichen Lebens wurde aber durch die türkische Eroberung (1453) gehemmt, wiewohl ihnen das Aeußere ihrer Einrichtungen verblieb. Während so ein großes christliches Reich in die Hände der Ungläubigen gefallen war, machten sich die Russen (1481) von der Herrschaft der Tartaren wieder frei, und auch in Spanien wurde (1493) das letzte maurische Reich Grenada von Ferdinand I. erobert.

§. 100. B) Rechtsquellen im Orient. 1) In der griechischen Kirche.

In der griechischen Kirche blieben die herkömmlichen Sammlungen fortwährend im Gebrauch: doch wurde der Stoff des Kirchenrechts auf mancherlei Weise bereichert und ausgebildet, durch Synodalschlüsse der Patriarchen, canonische Briefe berühmter Kirchenvorsteher, Entscheidungen derselben auf ergangene Anfragen, kleine Abhandlungen, und durch Gesetze der Kaiser h). Manches davon wurde auch, wie ein Anhang, jedoch ohne alle Auswahl und Ordnung, jenen Sammlungen beigefügt. Uebrigens fehlte es aber doch auch an wissenschaftlichen Zusammenstellungen der Quellen nicht. Arsenius, Mönch vom Berg Athos, schrieb um 1255 eine Synopsis, die theils aus den gewöhnlichen canonischen Sammlungen, theils aus der Sammlung von 87 Kapiteln (§. 72) gezogen ist i). Großes Ansehen erhielt ferner das um das Jahr 1335 verfaßte Syntagma des Matthäus Blastares. Es ist in bald längere bald kürzere Kapitel eingetheilt, die alphabetisch nach dem Hauptwort ihrer Rubrik geordnet sind, so zwar daß unter jedem Buchstaben die Kapitelzahlen von Neuem anfangen. In einem Kapitel kommt gewöhnlich erst ein Auszug der einschlagenden kirchlichen, dann der weltlichen Gesetzen: bei letztern ist jedoch in der Regel die Quelle nicht bezeichnet, und daher nicht mit Gewißheit zu bestimmen. Die kirchlichen Verordnungen sind aus den gewöhnlichen canonischen Sammlungen geschöpft k). In den meisten Handschriften dieses Syntagma findet sich ein Anhang kleiner damals gangbarer Werke, der vielleicht von Blastares selbst herrührt. Etwas später um 1350 schrieb Constantin Harmenopulus ein Epitome des geistlichen Rechts in sechs Abschnitten, wobei nach der Aufzählung in der Vorrede, die von Zonaras umgeänderte Sammlung des Photius (§. 93), jedoch mit Weglassung einiger Stücke, gebraucht ist l). Vielleicht gehört auch die unter dem Na-

---

h) Löwenclau (§ 71. not. s) hat im ersten Theile viele solche Stücke auch aus den frühern Zeiträumen gesammelt. Das zweite Buch jenes Theils enthält nämlich Novellen der Kaiser über Kirchensachen; das dritte und vierte Synodalschlüsse der Patriarchen, jedoch ohne alle Ordnung; das fünfte und sechste Briefe, Entscheidungen und dergl.

i) Sie ist gedruckt bei Justell. T II p. 749—84 Eine Sylloge des Chartophylax Arsenius, und eine Secunda collectio canonum desselben wird erwähnt von *Nic Comnenus* Prænotion. mystagog ex jure canon. p 192. 210. 219.

k) Dieses Syntagma steht nur bei Beverege T. II. P. II. Ein Stück davon, welches wahrscheinlich abgesondert abgeschrieben gefunden wurde, gab *Leunclav*. Jur. Græco Rom. T. I Lib. VIII.

l) Sie steht nur in *Leunclav* Jur Græco Rom T. I. Lib. I.

men, Nomocanon, herausgegebene verworrene Sammlung eines Unbekannten in diese Zeit m).

§. 101. Rechtsquellen der russischen und serbischen Kirche.

Die tartarische Oberherrschaft über die Großfürsten änderte an den innern Verhältnissen der russischen Kirche nichts: daher entwickelten sich die Rechtsquellen ungestört weiter. Von den Sammlungen des dreizehnten Jahrhunderts ist schon oben (§. 94) die Rede gewesen. Eine neue Uebersetzung der griechischen canonischen Sammlung soll von Cyprian († 1406), Metropoliten von Moskaw, gemacht worden seyn n). Auch wurde das Syntagma des Blastares (§. 100) ins Slavonische übertragen. Neben diesen von der griechischen Kirche entlehnten Werken bildete sich aber das practische Recht noch auf mehreren Concilien weiter fort. Auch waren die Jarlyke oder Freybriefe, welche die Tartaren-Chane der russischen Kirche ertheilten, für deren äußere Verhältnisse sehr wichtig. In der serbischen Kirche entstand in diesem Zeitraum ebenfalls eine eigene Sammlung. Die wenigen Handschriften, die es davon giebt, enthalten erst canonisches Recht, welches unstreitig aus irgend einer griechischen Sammlung geschöpft ist, dann bürgerliche Gesetze byzantinischer Kaiser, endlich hinter diesen die Gesetze des Königs Duschan vom 21. Mai des Jahres 6857 (1349). So hatte man hier das kirchliche und bürgerliche Recht des Reichs beisammen o).

§. 102. C) Zustand des Kirchenrechts im Occident. 1) Neue allgemeine Quellen.

Im Abendlande folgten, nachdem der Anfang gemacht war, die öcumenischen Concilien eine Zeitlang ziemlich rasch auf einander, nämlich das vierte vom Lateran (1215), das erste (1245) und zweite (1274) von Lyon, und das von Vienne (1311). Zunächst betrafen sie besondere Angelegenheiten, die Kreuzzüge, entstandene Irrlehren, und dergleichen. Wenn diese erledigt wa-

m) Sie ist im Jahr 1677 mit einer Uebersetzung und Noten edirt worden in *Joa. Cotelerii* Monum. eccles. Græc. T. I.

n) Einiges Nähere darüber giebt *Biener* De collect. canon. eccles. Græc. p. 58.

o) Nachricht von dieser Sammlung gab Kopitar in den Jahrbüchern der Litteratur. Band XXXIII. (Wien 1826) S. 290.

ren, wurden aber auch sehr wichtige allgemeine Beschlüsse über die Disciplin gefaßt. Die darauf folgenden Concilien wurden aber durch das am Ende des vierzehnten Jahrhunderts entstandene große Schisma veranlaßt. Das Concilium zu Pisa (1409) vermogte jedoch noch nicht die Einheit herzustellen. Endlich aber gelang es dem Concilium von Kostnitz (1414 — 18) für den von ihm erwählten Pabst Martin V. die allgemeine Anerkennung zu erhalten. Während jener Unordnungen war beinahe in alle Theile der Kirchenzucht Willkühr und Verderben eingedrungen. Auch hiegegen hatte das Concilium Reformationsdecrete vorbereitet, die auf weiteren Concilien ihre Ausführung erhalten sollten. Eugen IV. berief daher eine neue Synode nach Basel (1431), die aber schon gleich nach der ersten Sitzung mit ihm zerfiel. Doch wurde vor der fünfzehnten Sitzung die Eintracht wieder hergestellt, und der Pabst erkannte das Concilium als ein gesetzliches an. Allein bei der obwaltenden Mißstimmung brachen bald neue Streitigkeiten aus. Der Pabst verlegte nach der fünf und zwanzigsten Sitzung (1437) die Versammlung von Basel nach Ferrara, und eröffnete hier ein neues Concilium (1438), welches sammt seiner Fortsetzung zu Florenz (1439) von der Kirche als das wahre öcumenische anerkannt wurde. Dadurch wurde die in Basel zurückgebliebene Versammlung schismatisch. Dennoch fuhr diese bei ihren Arbeiten fort; wiederholte in ihrer ein und dreißigsten Sitzung, wie sie schon in der zweiten und achtzehnten gethan hatte, die Kostnitzer Decrete über die Autorität allgemeiner Concilien, erklärte den Pabst seiner Stelle verlustig, und ernannte den Herzog Amadeus von Savoyen als Felix V. (1439). Eugen arbeitete unterdessen zu Florenz unermüdet an der Verständigung mit den Griechen, die ihm auch, wenigstens für den Augenblick, gelang (§. 99). Allmählich lößte sich dann doch die Baseler Versammlung von selbst auf (1443), und der Gegenpabst Felix V. legte endlich (1449) seine Würde freiwillig nieder. Noch ein am Ende dieses Zeitraums (1512—17) gehaltenes Concilium, welches das fünfte Lateranische heißt, ist nicht allgemein als öcumenisch anerkannt.

§. 103. 2) Wissenschaftliche Bearbeitung. a) Allgemeiner Character derselben.

Seit der zweiten Hälfte des elften Jahrhunderts war im Occident eine ganz eigenthümliche geistige Thätigkeit erwacht, welche bald auch die Wissenschaften ergriff und neu gestaltete. Als Organ derselben boten sich von selbst die geistlichen und weltlichen Lehranstalten dar, die schon von ältern Zeiten her, wiewohl dunkel und dürftig, bestanden. Unter diesen wurden aber bald die von Paris und Bologna berühmt und geehrt. Hier strömten in großer Zahl die jungen Männer aus allen Ländern zusammen, lernten die angenommenen Sammlungen des practischen Rechts kennen und verstehen, brachten die erworbene Wissenschaft in ihre Heimath zurück, und verbreiteten sie hier durch Schriften, als Sachwalter oder Richter. So erhoben sich die Universitäten zum Mittelpunct des geistlichen Lebens, und ihre Meinung, die etwas billigte oder verwarf, war fast für das ganze übrige Europa entscheidend. Neben der positiven Gesetzgebung entstand also ein neues Element, die Autorität der Schule, welche jene fast ganz beherrschte, und die Gleichförmigkeit dieses ausgebreiteten Stoffes erhielt.

§. 104. b) Bearbeitung der Sammlung Gratians.

Die Sammlung Gratians erschien in Bologna um die Zeit, als die dortige Legistenschule schon im hohen Grade blühend war, und bei der Wichtigkeit, die dieser Gegenstand ohnehin hatte, wurden sehr bald, vielleicht von Gratian selbst, darüber Vorträge gehalten. Es entstand also hier, mit jener Sammlung gleichzeitig, eine neue Schule, welche ihr von selbst, ohne irgend eine besondere Empfehlung p), in ganz Europa Ansehn und Aufnahme verschaffte. Die Lehrer derselben wurden Magistri etwas später Doctores decretorum, ihre Anhänger überhaupt aber Canonisten, Decretisten oder Decretallisten genannt q). Neben den mündlichen Vortägen waren die Lehrer aber auch durch schriftstellerische Arbeiten thätig. Diese bestanden hauptsächlich in Glossen, das heißt Erklärungen, welche Einer seinem Exemplar des Textes in der Absicht beischrieb, daß sie so wie andere Bü-

---

p) Nach dem Calendarium von Bologna soll sie zwar durch Eugen III gebilligt, und sehr nachdrücklich empfohlen worden seyn: allein die Falschheit jenes Calendariums ist jetzt allgemein anerkannt. Savigny Gesch. des röm. Rechts im Mittelalter Th. III S. 8 — 10.

q) Daß diese Ausdrücke gleichbedeutend gebraucht wurden, beweißt Savigny Gesch. des röm. Rechts im Mittelalter Th. IV. S. 477.

cher abgeschrieben und verbreitet werden sollten r). Anfangs waren diese Glossen sehr kurz, so daß sie zwischen die Zeilen geschrieben werden konnten; bald aber wurden daraus größere Erklärungen am Rande, die sich endlich allmählich zu einer Art von fortlaufendem Commentar erweiterten. Ein solcher Commentar eines einzelnen Juristen, der den ganzen Text erläuterte, wurde Apparatus genannt; gewöhnlich waren darin Glossen früherer Schrif steller mit aufgenommen. Später wurden die Erklärungen des Textes noch mehr zusammenhängend ausgearbeitet, und nun wirklich Commentarien genannt. Die ersten Bearbeiter der Sammlung Gratians, größtentheils seine Schüler und Nachfolger in Bologna, haben wahrscheinlich nur kurze Interlinearglossen verfaßt. Unter ihnen werden Paucapalea, Omnibonus, Sicardus, Ansaldus und Andere genannt s). Weitläufiger waren schon die Glossen von Rufinus, Silvester, Joh. Faventinus, Joh. Hispanus, Petr. Hispanus, Stephan von Tournay, und Anderen; doch sind diese theils noch ungedrukt, theils nur aus den Apparatus späterer Lehrer bekannt. Ein großer noch ungedrukter Commentar, unter dem Namen Summa Decretorum, wurde von Huguccio von Pisa begonnen, und nach dessen Tode (1210) von Joannes de Deo um 1247 fortgesetzt, jedoch nicht vollendet. Endlich schrieb Joannes Teutonicus (u. 1212) zum Decret eines Apparatus, welcher später (u. 1236) durch Bartholomäus von Brescia vermehrt und verbessert, und in dieser Gestalt in die gedrukten Ausgaben aufgenommen worden ist.

§. 105. 3) Neue Sammlungen der Kirchengesetze. a) Vor Gregor IX.

Bald nach Gratian wurde das kirchliche Recht durch neue Beschlüsse der ökumenischen Concilien bereichert: auch waren, bei dem großen Ansehen, worin der päbstliche Stuhl stand, nach

---

r) Das Verhältniß dieser schriftstellerischen Glossen zu den etwa in den mündlichen Vorträgen nachgeschriebenen Bemerkungen ist sehr klar dargestellt bei Savigny Gesch. des röm. Rechts im Mittelalter Th. III Kap. XXIV.

s) Die besten Untersuchungen über diese und die folgenden Glossatoren giebt das schon mehrmals angeführte, nicht vollendete Werk der Camaldulenseräbte Maurus Sarti († 1766) und Maurus Fattorini († 1789). Nähere Nachrichten darüber so wie über andere Hülfsmittel findet man bei Savigny Gesch des röm. Rechts im Mittelalter Th. III. Kap. XVII.

allen Richtungen hin Decretalen und andere Geschäftsschreiben erschienen. Da diese Stücke einzeln, außerhalb der herkömmlichen Sammlung circulirten, so nannte man sie Extravaganten. Ihre sich häufende Anzahl machte bald neue Sammlungen nothwendig. 1) Die erste derselben enthält unter 65 Titel vertheilt die Beschlüsse des dritten lateranischen Conciliums (1179), und Decretalen hauptsächlich von Alexander III. († 1181), aber auch von andern Päbsten. Die jüngsten sind von Urban III († 1187) t). 2) Darauf folgte eine andere Sammlung in fünfzig Theilen, wovon der erste blos die Beschlüsse des lateranischen Conciliums, die übrigen aber Decretalen verschiedener Päbste, besonders auch von Alexander III enthalten. Die jüngsten sind von Clemens III. († 1191) u). 3) Um dieselbe Zeit verfaßte Bernhard von Pavia († 1213), der in Rom und Bologna blühte, sein Breviarium extravagantium, worin er theils ältere Stücke, die Gratian nicht aufgenommen hatte, theils die Decretalen von Alexander III. bis Clemens III. sammelte v). Diese Stücke vertheilte er materienweise unter Titel und Rubriken, und die Titel unter fünf Bücher, die aber keine Ueberschrift haben. Augenscheinlich hat dabei der Justinianische Codex zum Muster gedient. Diese Collection kam nun neben der von Gratian bei der Schule von Bologna in Gebrauch, wurde auch glossirt, und als die erste anerkannte Extravagantensammlung, Compilatio prima genannt. 4) Die Sammlung, welche Gilbert, und eine Andere, welche Alanus

---

t) Diese Sammlung ist edirt von J. H. Böhmer in seiner Ausgabe des Corp. iur. canon. T. II Append. col. 181 — 340.

u) Sie steht in den Conciliensammlungen, namentlich in *Mansi* Conc T. XXII. col. 248 — 454.

v) Es ist zuerst mit drei anderen alten Decretalensammlungen zu Lerida 1576. fol. gedruckt worden. Diese jetzt sehr selten gewordene Ausgabe hatte Ant. Augustin, als er dort noch Bischof war, besorgt. Eine neue vermehrte und verbesserte Ausgabe erschien von Ph. Labbé unter folgendem Titel: Antiquæ collectiones decretalium cum Antonii Augustini episcopi Ilerdensis et Jacobi Cuiacii Ic. celeberrimi notis et emendationibus. Parisiis MDCIX. fol. J. A. Riegger wollte es in Vergleichung mit der Sammlung Gregors IX. herausgeben, allein hiervon ist nur der Anfang erschienen: *Bernardi* Præpositi Papiensis Breviarium extravagantium cum Gregorii IX decretal. collect. ad harmoniam revocatum. Part. I. Friburgi 1779. 4.

verfertigten, kamen nicht in Aufnahme, und sind eben so ungewiß, wie die persönlichen Verhältnisse ihrer Urheber. 5) Eine neue Sammlung, und zwar, wie es heißt, aus den Trümmern der beiden vorigen, machte am Anfang des dreizehnten Jahrhunderts Joannes Gallensis (wahrscheinlich aus Wallien). Sie ist nach der Anordnung der Compilatio prima, die auch fast bei allen folgenden Sammlungen beibehalten wurde, in fünf Bücher und Titel getheilt. Die jüngsten Decretalen, die darin vorkommen, sind von Cölestin III. († 1198). Sie wurde von der Schule anerkannt, glossirt, und Liber secundus decretalium oder Secundæ decretales genannt w). 6) Bernhard von Compostella der Aeltere sammelte unter Innocenz III. (1198—1216) die bis dahin von diesem Pabst erlassenen Constitutionen. Diese Sammlung wurde, weil sie in Rom selbst aus den dortigen Archiven gezogen war, die Compilatio Romana genannt. Sie erhielt jedoch kein Ansehen, und ist auch noch nicht gedruckt x). 7) Eben so wenig ist die Sammlung, welche der Diacon Rainerius, Mönch zu Pomposi, aus den drei ersten Büchern der Regesten von Innocenz III. verfaßte, anerkannt worden y). 8) Innocenz III ließ aber hierauf durch Petrus von Benevent (1210) seine bis zu dieser Zeit erschienenen Constitutionen in eine Sammlung bringen, und schickte diese nach Bologna, wo sie auch Aufnahme fand, und von Mehreren, besonders von Tancred, glossirt wurde z). Sie ist die erste Sammlung, die unter Autorität des Pabstes erschien, und die dritte unter den von der Schule zu Bologna anerkannten. 9) Die vierte wurde, man weiß nicht

---

w) Diese Sammlung ist die zweite in der angeführten Sammlung des Agustin und Labbé.

x) Ein Stück aus dem ersten Buch steht doch in der Pariser Ausgabe der Antiquæ collection. decretal. p. 721 — 740 Mansi erwähnt einer unter Innocenz III. verfaßten Sammlung, die im dritten Band der Mißcellaneen des Baluze nach der in Lucca besorgten neuen Ausgabe abgedruckt sey, Conc. T. XXI col. 1101. Wie sich diese zur Sammlung des Bernard verhält, vermag ich, da mir jenes Buch nicht zur Hand ist, nicht zu sagen.

y) Sie ist herausgegeben von Baluze in: Epistolarum Innocentii III. Romani pontificis libri undecim. (Paris 1682. III. Vol. fol.) T. I. p. 543 — 606.

z) Sie bildet die dritte Collation in der oben angeführten Sammlung des Agustin und Labbé.

von wem, nach dem vierten Lateranischen Concilium gemacht, und enthält theils dessen Beschlüsse, theils die andern von Innocenz III. nach dem Jahr 1216 erlassenen Decretalen. Sie ist besonders von Joannes Teutonicus glossirt worden a). 10) Honorius III. (1217—27), der Nachfolger von Innocenz, ließ eben so seine Decretalen sammeln, und schickte sie dem Archidiacon Tancred in Bologna, um sie bei der dortigen Schule einzuführen b). Sie bildet also die fünfte hier anerkannte Sammlung c); doch ist sie, weil sie bald durch die Sammlung Gregors IX. verdrängt wurde, nur von Jacobus de Albenga, Bischof von Faenza, glossirt worden.

§. 106. b) Decretalensammlungen seit Gregor IX.

Da die Decretalen in so verschiedenen Sammlungen zerstreut waren, so ließ Gregor IX. durch Raymund von Pennafort († 1275), Auditor der Rota und Pönitentiarius, aus den fünf recipirten Sammlungen und seinen eigenen seitdem noch erschienenen Constitutionen eine neue verfertigen, welche auch 1234 den Universitäten von Paris und Bologna zugeschickt wurde. Es lag dabei, wie das Begleitungsschreiben zeigt, eine sehr bestimmte legislative Absicht zum Grunde, und es sollten fortan keine andern Sammlungen in den Schulen und vor Gericht gebraucht, auch ohne besondere päbstliche Autorität keine neuen gemacht werden. Sie ist nach dem herkömmlich gewordenen Muster in fünf Bücher und Titel eingetheilt. Glossen und Apparate dazu schrieben Vincentius Hispanus, Goffredus Tranensis, und vorzüglich Sinibaldus Fliscus, der als Innocenz IV. den päbstlichen Stuhl bestieg. Mit Benutzung dieser Vor-

---

a) Mit diesen Glossen steht sie in der angeführten Sammlung des Agustin.

b) *J. A. Riegger* Diss. de collectione Decretalium Honorii III. (in dessen Opusc. p. 221.) Durch diese Abhandlung sind schon längst einige doch noch immer gangbar gebliebene Irrthümer widerlegt worden.

c) Quinta compilatio epistolarum decretalium Honorii tertii P. M. nunc recens e tribus vett. Mss. in lucem edita et notis illustrata studio et industria Innoc. Cironii. Tolosæ 1645. fol. Eine neue verbesserte Ausgabe hat J. A. Riegger in den Werken des Ciron, die er zu Wien 1764 4. neu herausgab, besorgt.

gänger verfertigte Bernhard de Botono († 1266) aus Parma den großen Apparat, der dabei gewissermassen stehend geworden ist. Bald hierauf folgten aber wieder drei kleine Sammlung n, die sämmtlich unter päbstlicher Autorität verfaßt, und den beiden Universitäten zugeschickt wurden. Die eine von Innocenz IV. (1243 — 54) enthält die Schlüsse des ersten Lyoner Conciliums (1245) und andere Decretalen dieses Pabstes d), und ist von Henricus Cardinal von Ostia († 1254) glossirt worden. Die andere von Gregor X. (1271 — 76) begreift blos die Schlüsse des zweiten Lyoner Conciliums (1274), und wurde auf diesem Concilium selbst besorgt e). Die dritte f) besteht blos aus fünf Decretalen von Nicolaus III. (1278 — 80). Diese drei Sammlungen sollten in die Decretalen Gregors IX. eingerückt werden, und zu diesem Zweck waren in jeder die einzelnen Stücke schon nach den Rubriken, worunter sie gehörten, zusammengestellt worden. Allein Bonifaz VIII. (1295 — 1303) ließ aus ihnen, einigen ältern, und seinen eignen Decretalen eine ganz neue Sammlung verfertigen, welche als Nachtrag zu den fünf Büchern Gregors IX. Liber sextus genannt, zu Rom (1298) in einem Consistorium der Kardinäle publicirt, und nach Bologna und Paris gesandt wurde g). Sie ist übrigens auch in fünf Bücher und Titel eingetheilt. Glossen und Apparate dazu schrieben Guido de Baysio, Joannes Monachus aus der Picardie († 1313), Zenzelinus de Cassanis, Joannes Andreä († 1348). Die Glosse des letztern hat vorzüglich Ansehen erhalten. Nach dieser Sammlung erschienen noch Decretalen von Bonifaz VIII.

---

d) Sie ist herausgegeben von Böhmer in seinem Corp. jur. can. T. II. App col. 349 — 68. Das Schreiben, womit sie an die Universität von Bologna geschickt wurde, steht auch bei *Sarti* De clar. archigymn. Bonon. profess. T. I. Part. II. p. 124

e) Sie findet sich in den Conciliensammlungen. Einige Varianten giebt Böhmer in seinem Corp. jur. can T. II. App. col. 369.

f) Sie steht, reichlich glossirt, mit den beiden vorigen in einer Handschrift der Erlanger Bibliothek, welche auch bei allen drei die Publicationsbullen an die Pariser Universität enthält. *Glück* Præcognita uberiora p. 368.

g) Die Publicationsbulle für Bologna steht vor den gedruckten Ausgaben. Die für Paris hat sich in einer Handschrift der Bibliothek zu Gießen gefunden, *Glück* Præcognita uberiora p. 356.

und Benedikt IX. († 1304), die von dem genannten Johannes Monachus einzeln glossirt, nicht aber unter päbstlicher Autorität gesammelt wurden. Hingegen ließ Clemens V. (1305 — 14) die Schlüsse des Conciliums von Vienne (1311) und andere von ihm erlassene Decretalen in eine Sammlung bringen, die (1313) in einem Consistorium der Kardinäle publicirt, und der Universität in Orleans zugesandt wurde. Sein Nachfolger Johann XXII. schickte sie auch (1317) nach Paris und Bologna. Sie ist auf die gewöhnliche Art eingetheilt, und von Joa. Andreä mit einer Glosse versehen worden, welche Franz Zabarella († 1417) verbesserte. Die nach dieser Sammlung noch erscheinenden Extravaganten wurden aber nicht mehr authentisch gesammelt, sondern, wie die seit dem Liber sextus bis auf Clemens V. erschienenen, einzeln abgeschrieben und glossirt h). Letzteres geschah von Guilielmus de Monte Lauduno († 1346) bei drei Extravaganten, welche Johann XXII. im Jahr 1317 erlassen hatte. Eben so glossirte Zenzelinus de Cassanis (1325) zwanzig Extravaganten, die von demselben Pabst von 1316 bis 1324 erschienen waren, und diese, worunter sich auch jene drei befanden, erhielten dadurch den Character einer kleinen Sammlung. Noch andere sind von Joa. Franciscus de Pavinis († 1466), viele aber auch gar nicht glossirt worden. Am Ende des fünfzehnten Jahrhunderts war also das gemeine canonische Recht hauptsächlich in den Sammlungen von Gratian, Gregor IX., Bonifaz VIII., und Clemens V., und in den einzeln circulirenden Extravaganten enthalten.

§. 107. 4) Selbstständige Werke über das canonische Recht.

Neben den Glossen entstanden auch andere von dem gesetzlichen Texte mehr unabhängige Werke. Dahin gehören die Summä, das heißt allgemeine Uebersichten über den Inhalt ganzer Titel der Rechtsbücher. Zunächst dienten sie als Einleitungen in den exegetischen Vorlesungen, wurden aber dann als Bücher ausgebildet. Eine solche Summe über Gratians Decret schrieb Si-

h) Das wahre Verhältniß dieser Extravaganten ist erst in folgender Schrift aufgeklärt worden: J. W. Bickel über die Entstehung und den heutigen Gebrauch der beiden Extravagantensammlungen des Corpus juris canonici. Marburg 1825. 8.

cardus i), über die Compilatio prima Bernhard von Pavia k) und Damasus um 1200, über die Decretalen Gregors IX. Goffredus Tranensis († 1245). Hierin lag der erste Anfang einer systematischen Behandlung dieser Wissenschaft. Bald wurden aber daraus große weitläufige Werke gemacht. Von dieser Art ist die Summe des Huguccio von Pisa über das Drecret (§ 104), und die des Henricus Cardinal von Ostia über die Decretalen Gregors IX. Mit den Summen ohngefähr gleichbedeutend waren die Distinctionen. Solche verfaßte Richardus Anglus um 1190 über das Decret, Petrus de Sampsone um 1240 über die Decretalen Joannes de Deo um 1247 über das ganze canonische Recht. Von demselben Joannes de Deo wurden auch unter dem Namen Breviarium und Flos decretorum zwei kurze Auszüge des Decrets verfertigt. Eine andere Art schriftstellerischer Werke, die wie die Summä ihre Entstehung zunächst den Vorlesungen zu verdanken hatten, waren die Casus, das heißt Erläuterungen einzelner Stellen der Rechtsbücher durch würkliche oder zu diesem Zweck erfundene Rechtsfälle. Solche Casus schrieb zu dem Decrete Benincasa Senensis (um 1200), und diese sind noch von Bartholomäus von Brescia gebraucht und verbessert worden. Casus zu den Decretalen Gregors IX. verfertigten Bernhard von Compostella der Jüngere um 1245, Joannes de Deo, Bernhard von Parma. Umgekehrt wurden aus den einzelnen Stellen häufig die darin enthaltenen allgemeinen Rechtsregeln abgeleitet, in den Glossen angemerkt, und davon endlich Sammlungen gemacht. Von dieser Art sind die Brocarda oder regulae canonicae des Damasus, die später von Bartholomäus von Brescia umgearbeitet wurden. Auch aus den damals von den Lehrern regelmäßig gehaltenen Disputationen giengen litterärische Werke hervor, indem die Doctoren ihre Thesen oder Quästionen, so wie sie mündlich behandelt worden waren oder doch hätten behandelt werden können, schriftlich ausarbeiteten und herausgaben.

---

i) Einige Stücke daraus giebt *Sarti* De clar. archigymn. Bonon. profess. T. I P. II. p. 195. Eine andere alte Summe über das Decret in einer Mainzer Handschrift erwähnt Savigny Gesch. des römischen Rechts im Mittelalter Th. III. S. 476.

k) Eine Anzeige derselben aus der Handschrift giebt Camus in den Notic. et extr. des manuscr. de la Biblioth. nation. T. IV. p. 49.

Solche gesammelte Quästionen hatte man von Damasus, Bartholomäus von Brescia, Joannes de Deo, Azo de Lambertacciis um 1280, Jacobus de Baysio um 1286 und vielen Andern. Zuweilen erhielten sie einen besondern Beinamen von dem Wochentage, an welchem der Verfasser seine Disputationen gewöhnlich hielt l). Von einzelnen Materien wurde unter andern m) der damals so wichtige Proceßgang vor den geistlichen Gerichten vielfach bearbeitet n). Bald entstanden auch große systematische Werke über das gesammte praktische Recht, worin außer dem gerichtlichen Verfahren das geistliche und bürgerliche Recht, beides vorzüglich in der Anwendung auf einzelne Rechtsverhältnisse und daher mit Angabe der entsprechenden Klagformeln, abgehandelt wurde o). Endlich wurden auch die Abweichungen und Widersprüche zwischen dem canonischen und römischen Recht, worauf man früher bei der scharfen Trennung der Canonisten und Legisten nicht so aufmerksam geworden war, durch jene praktische Verbindung immer mehr hervorgehoben, und selbst in eigenen Werken zusammengestellt p). In dieser Mannichfaltig-

---

l) So die dominicales und veneriales des Bartholomäus von Brescia; die mercuriales von Joh. Andreä.

m) Bearbeitungen solcher einzelnen Materien sind die Summa de matrimonio von Tancred, die Summa de electionibus von Bernhard von Compostella dem Aeltern, der von Guilielmus de Mandagoto um 1300 verfaßte Libellus electionum, den Joh. Andreä neu bearbeitete.

n) Dahin gehören die Schriften über den Ordo iudiciarius von Richardus Anglus, Petrus Hispanus, Tancred, Joannes de Deo, Aegidius Fuscararius um 1260.

o) Von dieser Art sind die beiden von Roffredus Epiphanii zwischen 1227 bis 1243 verfaßten Werke De libellis et ordine judiciorum und Libelli de jure canonico, wovon das erste auf das römische, das andere, welches aber nicht vollendet ist auf das canonische Recht geht, und die Beide zusammen als ein Ganzes zu betrachten sind. Besonders gehört aber hieher das große Speculum judiciale des Guilielmus Durantis († 1296).

p) Werke dieser Art schrieben Bartholus de Saxoferrato († 1355), Prosdocimus de Comitibus (um 1440), Hieronymus Zanettinus (um 1451), Salvanus Bononiensis (um 1460), Baptista a Sancto Blasio († 1497). Man findet diese beisammen im Primum Volumen Tractatuum ex variis juris interpretibus collectorum. Lugdun. 1549. fol.

keit der Formen zeigt sich mit welcher Regsamkeit der juristische Stoff damahls ergriffen wurde. Uebrigens erschienen aber auch über die Quellen selbst nach der Titelfolge noch große Commentarien und Lecturä; so von Baldus de Ubaldis († 1400) über die beiden ersten Bücher der Decretalen Gregors IX.; von Petrus de Ancharano († 1415) und Joannes ab Imola († 1436) über die Sammlungen Gregors IX., Bonifaz VIII. und Clemens V.; von Nicolaus de Tudeschis († 1443) q) und Andreas Barbatia Siculus († 1482) über die erste und dritte; von Felinus Sandeus († 1503) über das erste, zweite, vierte und fünfte Buch der Decretalen Gregors IX. Endlich sollte noch das Decretum eine gänzliche systematische Umarbeitung erleiden, indem Joa. a Turrecremata († 1468) dasselbe auseinander riß, und in eine neue, hauptsächlich nach den Decretalensammlungen eingerichtete Ordnung umgoß. Allein dieses Unternehmen erhielt keinen besondern Beifall r).

§. 108. 5) Besondere Rechtsquellen in Deutschland.

Während durch die Gesetzgebung und Praxis das gemeine canonische Recht ausgebildet wurde, entwickelte sich auch das Kirchenrecht der einzelnen Länder weiter fort. Dieses geschah durch Provinzialconcilien, Synodalstatute und weltliche Gesetze. Wichtige Reichsgesetze über kirchliche Verhältnisse in Deutschland waren die goldene Bulle von Friedrich II. vom Jahr 1213 s), zwei andere Gesetze desselben Kaisers vom Jahr 1220 über die kirchliche Freiheit und über die Rechte der geistlichen Fürsten t),

---

q) Dieser Nicolaus war in Sicilien geboren, wurde Abt, dann Erzbischof von Palermo, und wird daher Siculus, Abbas und Panormitanus genannt. Seine Werke sind öfters, zuletzt zu Venedig 1617 in neun Foliobänden gedruckt worden, wovon sieben jene Commentarien enthalten.

r) Dieses Werk ist erst in der neuern Zeit gedruckt worden. Gratiani Decretorum libri V. secundum Gregorianos Decretalium libros titulosque distincti per Joannem a Turrecremata, ordinis praedicatorum, S. R. E. episcopum cardinalem Sabinum, nunc primum prodeunt ex codice bibliothecae Barberinae, praefatione, brevibus scholiis et quatuor indicibus illustrati cura Justi Fontanini Archiepiscopi Ancyrani. Romae 1727. fol.

s) Sie steht in *Goldast* Collect. constit. imperial. T. I. p. 289—91. T. IV. p. 73.

t) Das eine dieser Gesetze steht in *Goldast* Collect. constit.

und zwei Constitutionen Carls IV. von den Jahren 350 und 1377, wodurch er jene Freiheiten bekräftigte und erweiterte u). Alle diese Gesetze sind auch von mehreren Päbsten und vom Kostnitzer Concilium bestätigt worden v). Seit dem fünfzehnten Jahrhundert schien aber für die Kirche eine neue Zeit zu beginnen. Der langwierige Streit der Päbste hatte die Nationen von ihnen entfernt, der Geist der Prälaten, das Interesse der Fürsten diese auf den Weg geführt, sich aus eignen Kräften zu helfen. Im Umkreis der allgemeinen Kirche bildeten sich Landeskirchen, wovon jede für sich die Anerkennung alter, die Zusicherung neuer Freiheiten verlangte. Der That nach hatten solche von jeher bestanden; allein öffentlich war dieses Verhältniß noch nicht so laut zur Sprache gekommen. Das erstemahl, wo es geschah, war auf dem Kostnitzer Concilium, welches sich gleich anfangs nach vier Nationen, der englischen, germanischen, französischen und italienischen, abtheilte, zu denen später noch die hispanische hinzukam. Gegen das Ende der Sitzungen (1418) wurden sogar von Martin V. mit drei Nationen besondere Concordate abgeschlossen; mit der englischen unbedingt, mit der deutschen und französischen vorläufig nur auf fünf Jahre. Das letztere erhielt jedoch die Zustimmung des Königs und der Parlamente nicht w). Die Eindrücke, die jenes Concilium, namentlich auch in Deutschland, hinterließ, wurden noch mehr zur Zeit der Baseler Versammlung sichtbar. Zwar hatten sich während der Streitigkeiten zwischen dieser und Eugen IV. die Churfürsten, welche in Frankfurt auf dem Wahlconvent versammelt waren, einstweilen (17. März 1438) noch für neutral erklärt x): da jedoch die Irrungen fortdauerten y), so fanden

---

imperial. T. IV. p. 75., das andere in Senkenberg Neue Sammlung der Reichsabsch. Th. I. S. 14.

u) Sie sind gedruckt in *Goldast* Collect. constit. imperial. Tom. II. p. 92. T. III. p. 415.

v) Diese Bestättigungen stehen in *Goldast* Collect constit. imperial. T. II. p. 95—106.

w) Man findet diese Verträge, wobei wohl zum erstenmal der Ausdruck, Concordate, vorkommt, unter andern in *Mansi* Conc. T. XXVII. col. 1184—95.

x) Diese Erklärung steht in Müller Reichtags-Theater unter Friedrich III. Th. I. S. 31.

y) Die Hauptwerke, worin man die nachfolgenden Actenstücke ge-

die Stände es schon auf dem Reichstage zu Mainz (26. März 1439) für angemessen, eine gewisse Anzahl der Baseler Reformationsdecrete feierlich zu acceptiren. Endlich waren die Churfürsten auf ihrem Verein zu Frankfurt (21. März 1446) sogar entschlossen, selbst gegen den Willen des Kaisers auf die Seite der Baseler Versammlung zu treten, wenn nicht Eugen IV. jene acceptirten Decrete bestätigen würde, und sie ließen dieses durch eine Gesandtschaft in Rom erklären. Allein durch Unterhandlungen des Kaisers Friedrich III. und seines Geheimschreibers Aeneas Sylvius, begnügten sie sich (4. Okt. 1446) mit einer bedingten Bestätigung, welche durch eine abermalige Gesandtschaft vom Pabste begehrt wurde, und welche Eugen wirklich noch auf seinem Sterbebette in vier Bullen (5. und 7. Febr. 1447) ertheilte z). Zugleich verwahrte er sich jedoch wegen seiner Krankheit gegen Alles, was dabei der Wahrheit, der Kirche oder dem römischen Stuhle nachtheilig werden könnte. Die Bedingung bestand in einer Entschädigung für die Rechte, welche er aufgab. Die nähere Ausmittelung selbst sollte erst auf einem Reichstag zu Aschaffenburg (1447), dann im folgenden Jahre zu Nürnberg geschehen. Allein inzwischen schloß der Kaiser allein mit dem Legaten des Pabstes Nicolaus V. zu Wien (17. Febr. 1448) einen Vergleich ab, der fast wörtlich aus den Kostnitzer Concordaten geschöpft, dem römischen Stuhle wieder mehrere wichtige Rechte einräumte a). Weiter sollte aber dadurch an jenen vier Bullen nichts abgeändert seyn b). Ein eigentliches

---

sammelt und erläutert findet, sind: (*J B. ab Horix*) Concordata nationis Germanicae integrâ variis additamentis illustrata, Francf. et Lips. 1771 — 73 III. Vol. 8, *C. G. Koch* Sanctio pragmatica Germanorum illustrata. Argent. 1789 4. Sie stehen zum Theil auch in den allgemeinen Sammlungen von Riegger, Schmauß und Gärtner (§. 55).

z) Diese Bullen, welche man gewöhnlich die Fürstenconcordate nennt, sind zuerst in den Annalen von Order. Raynald gedruckt worden

a) Dieser Vergleich wurde früher gewöhnlich der Aschaffenburger Receß genannt, weil man sich über den Ort des Abschlusses irrte. Erst Koch hat die richtige Ansicht begründet.

b) Die am Ende des vorigen Jahrhunderts entstandene Streitfrage, wie sich die Wiener Concordate zu den Fürstenconcordaten genau verhielten, hat jetzt, wo ganz neue Gesetze und Verhältnisse vorliegen, ihr practisches Interesse verloren.

Reichsgesetz waren diese Wiener Concordate zwar noch nicht; allein der Pabst erlangte durch besondere Unterhandlungen, hier früher dort später, deren Promulgation in den einzelnen Erzstiftern und Bisthümern c). So sind sie doch allmählig durch die Praxis als Grundgesetze der deutschen Kirche anerkannt worden d).

§. 109. 6) Besondere Rechtsquellen in Frankreich, England und Ungarn.

Der Eifer, womit Ludwig IX. sich aller Theile seiner Verwaltung annahm, führte ihn auch auf die Verhältnisse der Kirche und des Clerus. Besonders wichtig waren seine Etablissements über die Reformation der Sitten (1255), und die pragmatische Sanction (1268) über die Verleihung der Kirchenämter und die Freiheit der Wahlen e) Später brachte das Baseler Concilium hier ähnliche Bewegungen, wie in Deutschland hervor, indem Carl VII. 23 Sätze desselben auf einer Versammlung zu Bourges (1438) feierlich annehmen, und das Ganze bei den Parlamenten als pragmatische Sanction einregistriren ließ. Diese Sanction blieb nun auch eine Zeitlang bei Kraft, ungeachtet des Widerrufs durch Ludwig XI. (1461) und einer Bulle von Sixtus IV. (1471), wodurch dieser die Verhältnisse nach Art der Wiener Concordate einzurichten versuchte f). Erst zur Zeit des fünften lateranischen Conciliums wurde sie nach vielen Verhandlungen feierlich reprobirt, und zwischen Leo X. und Franz I. (1516) neue Concordate errichtet g). In England befestigte Johann ohne Land (1215) die Wahlfreiheit des Klerus durch eine feierliche Urkunde; auch enthielt die Magna Charta, welche dieser König in demselben Jahre den Prälaten und Baronen des Reiches gab, die allgemeine Anerkennung der kirchlichen Rechte

---

c) Zuerst in Mainz, dann in Trier, Freisingen, Salzburg, Kölln, Strasburg, Bamberg. *Koch* Sanctio pragmat. Germ. p. 42 — 44.

d) Reichsabsch. von 1497. § 24, von 1498 § 57., von 1500. Tit. 45.; Reichshofr. Ordn. von 1654. Tit. VII. §. 24.

e) Beide Gesetze stehen in *Mansi* Conc. Tom. XXIII. col. 877 — 884. 1259 — 62.

f) Die Bulle steht im c. 1. Extr. comm de treuga et pace (1.9).

g) Diese Verhandlungen und die Concordate stehen in *Harduin* Conc. T. IX. col. 1640 — 44. 1661. 1713. 1781. 1809 — 31. 1867 — 90.

und Freiheiten. Besonders wichtig für die Ausbildung der kirchlichen Verhältnisse waren aber die Verordnungen, die unter Otho, Legaten Gregors IX., und Othobon, Legaten von Clemens IV., um die Jahre 1230 und 1268 erlassen, und von Johann von Athon commentirt, dann die Beschlüsse verschiedener Provincialconcilien, die unter den Erzbischöfen von Canterbury von Stephan Langton bis Heinreich Chicheley gehalten, von Wilhelm Lindwood unter Heinrich V. († 1422) glossirt, und 1463 auch in der Provinz von York recipirt wurden. Mittlerweile erschienen auch von Seiten der Könige mehrere Gesetze über Kirchensachen, namentlich über das Verhältniß der geistlichen und weltlichen Jurisdiction. Von dieser Art sind mehrere Verordnungen h) von Heinrich III. († 1272) und Eduard I. († 1307), ferner die dem König Eduard II. von den englischen Prälaten (1316) überreichten Artikel, und die Charte Eduards IV. (1463), über die Freiheit der Kleriker i). Die Constitutionen für die Kirche und das Königreich Ungarien, welche der apostolische Legat Gentilis unter Karl I. in den Jahren 1308 bis 1311 bekannt machte, bezogen sich hauptsächlich auf die damals dort herrschenden politischen Verhältnisse k).

§. 110. 7) Rechtsquellen in den nordischen Reichen.

In den nordischen Reichen war die Kirche so eingerichtet worden, wie sie in den andern christlichen Ländern bestand, und erhielt, besonders durch die Fürsorge der Könige, Kraft und Festigkeit. Ob dabei eine von den damals gangbaren Sammlungen der Kirchengesetze gebraucht wurde, ist nicht bekannt. Bald aber bildeten sich auch eigenthümliche Quellen. Die wichtigsten von denjenigen, die Dänemark betreffen l), sind das Schoni-

---

h) Antiquae constitutiones regni Angliae sub regibus Joanne Henrico III. et Edoardo I. circa jurisdictionem et potestatem ecclesiasticam, per Gul. Pryne archivorum regiorum custodem. Londin 1672. fol.

i) Beide Stücke stehen in *Wilkins* Con. Britann. T. II. p. 460. T. III p. 583. Auch findet man jene Artikel in *Mansi* Conc. Tom. XXIV. col. 561., die Charte Eduards in *Harduin*. Conc. Tom. IX. col. 1469.

k) *Mansi* Conc. T. XXIV. col. 151—66.

l) Die ältern dänischen Kirchengesetze findet man zum Theil bei-

sche Kirchenrecht 1161 oder 1263 vom Erzbischof Eskild gegeben und von Waldemar I. bestätigt, das Seeländische Kirchenrecht, 1171 vom Erzbischof Absalon festgesetzt, welches mit dem vorigen im Wesentlichen übereinstimmt, die auf der Kirchenversammlung in Veile 1256 gegebene und vom Pabst im folgenden Jahre bestätigte Constitution, zwei Verordnungen des Erzbischofs Peter Hansen von 1345 und 1349 über die Jurisdiction der Geistlichen und das Gnadenjahr und mehrere andere Concilienschlüsse und Synodalstatute m). In Schweden wurden die Verordnungen für die Kirche hauptsächlich auf den Reichstagen, deren wichtigste Glieder die Prälaten waren, in Verbindung mit dem bürgerlichen Recht erlassen; und sie bilden unter dem Namen, Kirkiubalker, regelmäßig das erste Kapitel der verschiedenen schwedischen Gesetzbücher. Dieses beweisen das Wästgötha Laghbook und die Ostgötha Laghen, beide aus der zweiten Hälfte des dreizehnten Jahrhunderts, ferner die Uplandz Laghen, (1296), die Südhermanna Laghen (1327), das Westmanna-, Helsinga- und Dahle-Lagh aus der ersten Hälfte des vierzehnten Jahrhunderts n), und das 1347 verfaßte, aber 1442 umgearbeitete Allmen Swerikes Lagbok o). In Norwegen, welches in diesem Zeitraum noch ein selbstständiges Königreich bildete, erließ König Magnus 1270 oder 1280 ein eigenes Kirchenrecht p). Auch ist der zweite Abschnitt des Gesetzbuches dieses Königs q), Kristinn-

---

sammen in: Thorkelin Sammlung der dänischen Kirchengesetze. Kopenhagen 1781. 4.

m) Nähere Nachweisungen und Hülfsmittel giebt: Kolderup-Rosenvinge's Grundriß der dänischen Rechtsgeschichte übersetzt von Homeyer (Berlin 1825. 8.) §. 37. 87.

n) Die nähern litterärischen Angaben über die bis dahin genannten Gesetzbücher gehören, da sie hauptsächlich bürgerlicher Art sind, nicht hieher. Das Nöthige darüber giebt Grimm in der Zeitschrift für geschichtliche Rechtswissensch. Th. III No. III.

o) Dieses ist nach einer 1481 gemachten lateinischen Uebersetzung edirt worden: Leges Suecorum Gothorumque per Doctorem Ragvaldum Ingemundi ecclesiae Ubsaliensis archidiaconum a. MCDLXXXI latinitate primum donatae. Stockh. 1614. 4.

p) Dieses steht dänisch in: Paus Samling af gamle Norske Love. Kiöbenh. 1751. 52. II. Th. 4.

q) Die Urschrift dieses Gesetzbuches ist erst in der neuern Zeit gedruckt worden: Regis *Magni* Legum Reformatoris Leges Gula-Thingenses sive jus commune Norwegicum. Haumae 1817. 4.

dóms Bólkr, überschrieben, enthält jedoch größtentheils politische Bestimmungen. Island endlich erhielt für das geistliche Recht zwei Sammlungen. Die eine wurde 1123 von den Bischöfen Thorlak und Kettil entworfen, und auf einer Landes-Versammlung vom Oberrichter und den Vornehmsten des Volks gebilligt r). Die andere ist 1275, wo Island wieder unter Norwegischer Hoheit stand, vom Bischof Arna verfaßt worden s).

§. 111. V. Vom Concilium von Trient bis auf die neuesten Zeiten. A) Aeußere Schicksale der Kirche.

Durch die Entdeckungen und Eroberungen der Portugiesen und Spanier wurde das Christenthum in Ostindien, an den Küsten von Afrika und in Amerika verbreitet, und durch Errichtung vieler Bisthümer befestigt. In Europa aber fielen als Folge der seit 1517 entstandenen Glaubensstreitigkeiten mehrere deutsche Territorien, ein Theil der Schweiz, Schweden, England, Dänemark, Norwegen und die vereinigten Niederlande von der katholischen Kirche ab, und nahmen eine eigene kirchliche Lehre und Verfassung an. Die innern Verhältnisse der katholischen Kirche blieben jedoch, ohngeachtet mehrerer vorübergehenden Versuche und Erschütterungen, bis auf die neuern Zeiten unverändert. Schädlicher drohte die französische Revolution auf sie einzuwürken, indem (1789) die Kirchengüter säcularisirt, die Geistlichen, welche den Bürgereid nicht leisten wollten, vertrieben, endlich (1793) die christliche Religion selbst abgeschafft wurde. Allein schon Napoleon Buonaparte ließ die kirchliche Ordnung in der Hauptsache wieder herstellen, und diese erhielt sich auch wiewohl (1809) der Kirchenstaat dem französischen Reiche ein-

r) Jus ecclesiasticum vetus sive Thorlaco - Ketilianum constitutum An Chr. MCXXIII. Kristnirettr hinn gamli edr Thorlaks oa Ketils Biscups. Ex mss. Legati Magnaeani cum versione latina, lectionibus variantibus, notis, collatione cum jure canonico, juribus ecclesiasticis exoticis, indiceque vocum. Ed Grimus Johannes Thorkelin Isl. Hauniae 1775. 8.

s) Jus ecclesiasticum novum sive Arnaeanum constitutum anno Domini MCCLXXV. Kristinnrettr hin nyi edr Arna Biscups. Ex mss. Legati Magnaeani cum versione latina, lectionum varietate, notis, collatione cum jure canonico, conciliis, juribus ecclesiasticis oxoticis, judiceque vocum primus edit G. J. Thorkelin Ist. Hauniae 1777. 8.

verleibt, der Pabst gewaltsam nach Frankreich abgeführt, und (1811) auf einem Nationalconcilium zu Paris Abänderungen der kirchlichen Disciplin zu Gunsten des Kaisers versucht wurden. In Deutschland erlitt mittlerweile die Kirche ebenfalls durch die Folgen, welche der Krieg zwischen dem Reich und der französischen Republik nach sich zog, sehr nachtheilige Veränderungen. Zunächst betrafen diese jedoch blos ihre Güter und Territorien, welche nach der Ankündigung, die der Frieden von Lüneville (1801) vorausgeschickt hatte, durch den Reichsdeputationshauptschluß vom 25. Febr. 1803 säcularisirt, und zum Vortheil weiltlicher Fürsten verwendet wurden. Die Anordnung und kirchliche Verwaltung der Diöcesen blieb aber vorläufig bestehen; nur machte die Vereinigung des linken Rheinufers mit Frankreich einige Modificationen nothwendig. Dieses erwägend hatte bereits die Reichsdeputation den ersten erzbischöflichen Stuhl in Deutschland, den von Mainz nach Regensburg übertragen, und ihm als Dotation die Fürstenthümer Aschaffenburg, Regensburg mit einigen andern Herrschaften und Gefällen angewiesen. Zur würklichen Vollziehung fehlte aber noch die Mitwürkung des Pabstes. Diese erfolgte nach mehreren Verhandlungen in einer Bulle aus Paris vom 4. Febr. 1805, welche, jenen Beschluß stillschweigend berücksichtigend, die Cathedralkirche zu Regensburg zu einer Metropolitankirche erhob. Als Suffraganbischöfe wurden angewiesen alle Bischöfe auf dem rechten Rheinufer, welche sonst unter den Erzbischöfen von Mainz, Salzburg, Trier und Cölln gestanden hatten, jedoch mit Ausnahme der in Oestreich und Preußen gelegenen Diöcesen. Dieses war der Zustand, als der Sturz des französischen Kaisers (1814) theils die Erneuerung alter, theils die Gründung neuer Einrichtungen herbeiführte. Der Pabst erhielt den Kirchenstaat zurück, und es wurden mit ihm, um die kirchlichen Verhältniße zu ordnen, auch von akatholischen Fürsten wegen ihrer katholischen Unterthanen, Verabredungen getroffen oder selbst förmliche Verträge abgeschlossen. Die Verhandlungen der süddeutschen Fürsten zu Frankfurt führten zu keinem Ziele; dagegen bequemte sich Baiern zu einem — Aufsehen erregenden — Concordate, s. Tübinger Quartalschrift 1819. S. 300. Aus mehreren kleineren Staaten bildete sich durch die Bulle Provida, solersque 1821 und ad Dominici gregis custodiam

1827 die Oberrheinische Kirchenprovinz. Auf diese Weise hat die katholische Kirche in den verschiedenen Reichen neue Festigkeit erhalten. Von der Entstehung und Verfassung der protestantischen Kirche ist schon früher die Rede gewesen. Sie stellt jetzt eine gewisse Anzahl von Landeskirchen dar, die unter einander keine Verbindung und daher keine Einheit mehr haben. Auch im Orient bildete sich in diesem Zeitraum durch den Einfluß nationaler Verhältniße eine Art von Trennung, indem für Rußland, welches bis dahin noch immer unter dem Patriarchen von Constantinopel gestanden hatte, 1589 ein eignes Patriarchat in Moskau eingesetzt wurde.

§. 112. B) Zustand des Kirchenrechts im Orient. 1) Bei den Griechen.

In der griechischen Kirche ist noch jetzt die Sammlung des Photius mit den Scholien des Balsamon und das Syntagma des Matthäus Blastares im Gebrauch, und zwar wird das eine wie das andere Werk gewöhnlich Nomocanon, oder auch metaphorisch πηδαλιον, Steuerruder, genannt. Auch hat die Sammlung und Interpretation des Zonaras noch kirchliches Ansehen. Diese und andere Quellen werden größtentheils in Handschriften erhalten; doch sind die gedruckten Ausgaben des Beverege und Löwenklau dort keineswegs unbekannt. Um aber den Gebrauch des kirchlichen Rechts noch mehr zu erleichtern, ist auf Betreiben des Patriarchen und der Synode in der neuern Zeit eine gedruckte Sammlung veranstaltet worden t). Sie enthält in altgriechischer Sprache alle seit Photius und Zonaras anerkannten Canonen der Concilien und heiligen Väter, und zwar im Ganzen nach der Ordnung des Zonaras. Diesen ist aber die Interpretation authentischer Kommentatoren in neugriechischer Uebersetzung beigegeben, und zwar hauptsächlich die des Zonaras, dann des Balsamon, selten die des Aristenus, das heißt die diesem zugeschriebene Synopsis, oft die eines Anonymus, worunter aber nichts anders als die Scholien eben jenes

---

t) Genaue Nachrichten darüber gab zuerst Kopitar in den Jahrbüchern der Litteratur. Band XXIII (Wien 1823) S. 220. 221., Band XXV. (Wien 1824) S. 152—157., *Biener* De collect. canon. eccles. Graec. p. 39 — 43.

Aristenus zu verstehen sind (§. 93). Ferner wurden bei der Auslegung auch die Canonen solcher Väter berücksichtigt, die zwar von keiner allgemeinen Synode bestätigt waren, aber doch altes Ansehen genossen, und darunter kommen vorzüglich die kleinen Werke vor, die gewöhnlich schon hinter Blastares beigeschrieben wurden (§. 100). Aus den alten bürgerlichen Rechtsbüchern nahm man aber nur dasjenige in die Interpretation auf, was mit den Canonen übereinstimmte. Das Ganze erhielt endlich noch mancherlei Anhänge, darunter auch Formularien für kirchliche Geschäfte u). Auf diese und die andern Sammlungen ist also das Recht der jetzigen griechischen Kirche gegründet. Neue wissenschaftliche Bearbeitungen und Zusammenstellungen des canonischen Rechts waren aber kaum mehr zu erwarten, da der ohnehin so sehr gesunkene geistige Zustand durch die Eroberung völlig niedergedrückt wurde. Doch erschienen von Zeit zu Zeit noch Versuche v), und auch andere verwandte Schriften theologischen, polemischen und liturgischen Inhalts gaben kund, daß das geistige Leben in der griechischen Kirche noch nicht ganz erloschen sey.

§. 113. 2) Rechtsquellen der russischen und wallachischen Kirche.

In Rußland beruhte das Recht der Kirche auf den von der

---

u) Die Sammlung ist 1800 in Leipzig unter der Leitung des Mönchs Theodoritus vom Berg Athos auf Kosten der Pränumeranten gedruckt worden. Exemplare davon sind sehr selten, da die Herausgeber die ganze Auflage mit nach Griechenland genommen haben. Der Titel ist: *Εἰς δόξαν Πατρὸς, Ὑιοῦ καὶ ἁγίου Πνεύματος, τοῦ ἑνὸς θεοῦ. ΠΗΔΑΛΙΟΝ τῆς νοητῆς νηὸς, τῆς μιᾶς, ἁγίας, καθολικῆς, καὶ ἀποστολικῆς τῶν ὀρθοδόξων ἐκκλησίας, ἤτοι ἅπαντες οἱ ἱεροὶ καὶ θεῖοι Κανόνες, τῶν τὲ ἁγίων καὶ πανευφήμων Ἀποστόλων, των ἁγίων Οἰκουμενικῶν Συνόδων, των τοπικῶν καὶ τῶν κατὰ μέρος θείων πατέρων. Ἑλληνιστὶ μὲν, χάριν ἀξιοπιστίας, ἐκτιθέμενοι, διὰ δὲ τῆς καθ' ἡμᾶς κοινοτέρας διαλέκτου, πρὸς κατάληψιν τῶν ἁπλουστέρων ἑρμηνευόμενοι παρὰ Ἀγαπίου ἱερομοναχοῦ, καὶ Νικοδήμου μοναχοῦ. — Ἐν Λειψίᾳ τῆς Σαξωνίας, ἐν τῇ τυπογραφίᾳ τοῦ Βραϊτκοπφ καὶ Αἱρτελ. Αω* (1800) Fol.

v) Mehrere davon, die sämmtlich noch ungedruckt sind, nennt *Fabric.* Biblioth. Graec. T. XI. p. 47 — 50.

griechischen Kirche entlehnten Sammlungen, auf den Beschlüssen der einheimischen Concilien, und den weltlichen Verordnungen über Kirchensachen. Letztere, besonders die Bestimmungen über die Jurisdiction der Bischöfe, wurden in dem Gesetzbuch oder Uloschenie von Iwan III. Wassiljewitsch (1498), und in dem Ssudebnik oder Gesetzbuch von Iwan IV. Wassiljewitsch (1550) aufs Neue bestätigt. Später erhielt der Zustand der kirchlichen Quellen eine größere Gleichförmigkeit durch eine Sammlung w) in slawischer Sprache, die zur Zeit des Zaaren Alexij Michailowitsch und des Patriarchen Josephus gedruckt x), und 1653 vom Patriarchen Nicon an die Kirchen des Reichs vertheilt wurde y). Sie giebt sich den Namen Kormczaia Kniga, das heißt das Buch für den Steuermann, der überhaupt seit dem vierzehnten Jahrhundert bei den canonischen Sammlungen häufig vorkommt. Nach der Vorrede haben die Herausgeber bei ihrer Arbeit viele Handschriften aus der Klasse des Aristenus, und eine aus der Klasse des Zonaras benutzt (§. 93). Diese gedruckte Sammlung nun, so weit sie das Kirchenrecht betrifft, ist in 70 Kapitel eingetheilt. Davon fallen 41 in den ersten Theil der die Canonen der Apostel, die Concilien und die canonischen Briefe enthält. Die übrigen Kapitel bilden den zweiten Theil, worin Gesetze der byzantinischen Kaiser und verschiedene kirchenrechtliche Abhandlungen gesammelt sind. Vor dem ersten Theil stehen aber noch mehrere geschichtliche Nachrichten, welche die griechische und russische Kirche betreffen, und der Nomocanon des Photius in vierzehen Titel, jedoch ohne die Excerpte aus den kaiserlichen Gesetzen (§. 74). Diese sind vielmehr im zweiten Theil im Kapitel 44 auszugsweise zusammengestellt.

---

w) Umständlich handeln davon Kopitar in den Jahrbüchern der Litteratur. Band XXIII. (Wien 1823) S. 220—274., Band XXXIII. (Wien 1826) S. 288 — 290., *Biener* De collect. can. eccles. Graec. p. 60—72.

x) Der Druck geschah zu Moscau 1649. 1650. Neue Ausgaben erschienen zu Moskau 1787. 1804. 1816. fol Diese enthalten einige geringe Abänderungen, die vor dem ersten Theil bemerkt sind. Auch die Raskolniken haben eine Ausgabe davon besorgt, Warschau 1786.

y) Schon früher soll es eine gedruckte Sammlung gegeben haben, Strahl Beiträge zur russ. Kirchengesch. S. 8. Wie sich jedoch diese zu der andern verhält, vermag ich nicht zu sagen.

Am Ende der Sammlung folgt ein Bericht an den Leser über den Namen und die Ausgabe des Werkes, dann das Edict und die Schenkung Constantins an Sylvester, und ein polemischer Tractat wider die Lateiner. Bittere Ausfälle auf diese kommen auch in andern Stellen vor. Diese Sammlung genießt noch gegenwärtig nicht bloß in der Kirche, sondern auch bei den weltlichen Gerichten großes Ansehen. Concilien werden aber nicht mehr gehalten, nachdem unter Peter dem Großen das Patriarchat von Moscau erloschen, und 1771, kraft des neuen geistlichen Reglements, die heilige Synode wie ein stehender geistlicher Senat unter der Hoheit des Zaaren eingesetzt worden ist. Seit dieser Zeit sind über die kirchlichen Verhältnisse viele Ukasen erschienen. Auch gehört der zweite Band der Pandekten des russischen Civilrechts, welcher das Eherecht enthält, hieher z). Zu derselben Zeit, wo die russische Kormczaia Kniga gedruckt wurde, hat ebenfalls die Wallachei (1652) eine gedruckte canonische Sammlung in der Landessprache erhalten a). Sie zerfällt in zwei Theile. Der erste, in 417 Kapiteln, ist eine Uebersetzung eines jüngern ungedruckten Nomocanon b), desgleichen die griechische Kirche noch mehrere hervorbrachte (§. 112). Der zweite, Nomocanon überschrieben, enthält die Canonen der Apostel, der Concilien, des Basilius und anderer Väter in der Synopsis und mit den Scholien des Aristenus (§. 93). Die beiden griechischen Originalwerke hatten gar nichts miteinander gemein, und sind hier nur aus Irrthum als zwei Theile derselben Sammlung verbunden worden.

§. 114. C) Neue Quellen des katholischen Kirchenrechts.

1) Concilienschlüsse und päbstliche Constitutionen.

Die Bedürfnisse der Kirchenzucht, worüber auf den früheren Concilien und mit den einzelnen Nationen verhandelt worden,

---

z) Nähere Nachrichten über diese Pandekten giebt *Biener* De collect. can. eccles. Graec. p. 6. 7.

a) Die ersten genauen Nachrichten darüber gab Kopitar in den Jahrbüchern der Litteratur. Band XXV. (Wien 1824) S. 158 — 168. Band XXXIII. (Wien 1826) S. 290, *Biener* De collect. can. eccles Graec. p. 43—46.

b) Das griechische Original befindet sich, wie Biener herausgefunden hat, in der St. Markusbibliothek zu Venedig.

kamen auch wieder auf dem allgemeinen Concilium zur Sprache, welches der entstandenen Glaubensspaltung wegen unter Paul III. (1545) zu Trient eröffnet, unter Julius III. fortgesetzt, endlich unter Pius IV. (1563) beendigt wurde. Die Decrete desselben sind mit der tiefsten Einsicht in die herrschenden Gebrechen abgefaßt, und mit ihnen hat in der That für die Reformation der Disciplin und der Sitten ein neuer Zeitraum begonnen c). Zur Ausführung dieser Beschlüsse sind in den verschiedenen Ländern durch den edlen Eifer der Metropoliten viele Provinzialconcilien gehalten worden, auf denen hauptsächlich die jetzt gangbare Disciplin beruht d). Doch haben mehrere sehr wichtige Decrete, namentlich die über die Stifter, wegen der politischen Stellung dieser Institute, in Deutschland nicht durchdringen können, und erst jetzt, nachdem mit den Reichthümern der Kirche auch viele Misbräuche untergegangen sind, sieht man sie allmählig ins Leben treten. Mittlerweile erschienen immer noch einzelne päbstliche Constitutionen; allein eine authentische Sammlung wurde davon nicht mehr gemacht. Zwar hatte Gregor XIII. eine solche angeordnet, und diese soll unter Clemens VIII. 1598 würklich gedruckt worden seyn; allein aus besondern Rücksichten ist deren Publication unterblieben. Hingegen wurde von Petrus Matthäus aus Lyon (nicht Leiden) 1590 unter dem Namen, das siebente Buch der Decretalen, eine Privatsammlung herausgegeben, welche die Extravaganten bis Sixtus V. († 1590) umfaßt. Von dieser Zeit fangen auch die in chronologischer Ordnung angelegten Constitutionensammlungen oder Bullarien an (§. 54).

§. 115. 2) Besondere Rechtsquellen in Deutschland.

In Deutschland erschienen, auf Veranlassung der großen Kirchentrennung, mehrere Reichsgesetze und Friedensschlüsse,

c) Wie gründlich die Kirche reformirt werden kann, wenn nur die Tridentinischen Beschlüsse dem Geist und Buchstaben nach zur Ausübung gebracht werden, beweist der Erfolg des Erzbischofs Karl von Boromäus († 1584) von Mailand, der sein ganzes Leben an diese Aufgabe gesetzt hat. Acta Ecclesiae Mediolanensis a S. Carolo Cardinali condita, Patavii 1754. II. Vol fol.

d) Diese Concilien sind bis dahin von der Wissenschaft zu sehr vernachlässigt worden. Die deutschen, namentlich die der kölnischen Diöcese, findet man bei Harzheim.

welche in ihren Wirkungen auch die katholische Kirche angiengen, weil sie theils einer neuen kirchlichen Parthei reichsbürgerliche Existenz gewährten, theils aber auch ihre Rechte und ihren Güterbesitz unmittelbar angriffen. Diese sind der Passauer Vergleich von 1552, der Reichsabschied von 1555, und der Westphälische Friede von 1648 (§. 47). Gegen die beiden letzteren, in so fern dadurch die Kirche verletzt wurde, legten die Päbste Protestationen ein e), die jedoch die Verbindlichkeit dieser Verträge für die Contrahenten selbst und ihre Nachfolger nicht aufgehoben haben f). Eben so verhält es sich mit dem Frieden von Lüneville und dem Reichsdeputationsbeschluß von 1803 (§. 111), wogegen der Pabst noch bei dem Wiener Congreß (1815) seine Verwahrung niedergelegt hat. Die dort errichtete deutsche Bundesakte ist

---

e) Die Vergleiche von 1555 und 1648 sind in dem Bestreben, einen dauernden Friedenszustand unter den verschiedenen Religionspartheien zu begründen, nicht nur höchst achtbar, sondern lassen sich auch politisch sehr gut rechtfertigen, weil nach der damaligen Lage der Dinge, um dem Blutvergießen Einhalt zu thun, kein anderer Ausweg offen stand. Allein aus dem juristischen Standpunkt betrachtet, lag darin allerdings eine Rechtsverletzung gegen die katholische Kirche. Denn erstlich, das für geistliche Zwecke bestimmte und gestiftete Vermögen war Eigenthum der moralischen Person der Kirche, nicht der einzelnen Mitglieder oder Gemeinden. Diese hatten also, indem sie bei ihrem Austritt das unter ihren Händen befindliche Kirchengut behielten, einen Eingriff in fremdes Eigenthum verübt, der eben so sehr den natürlichen, wie den positiven Rechten zuwider war. Oder glaubt man etwa, daß wenn jetzt jemand seine Kirche wechselt, er einen verhältnißmäßigen Antheil ihres Vermögens mit herüberzunehmen dürfte? Zweitens, als die paciscirenden politischen Mächte über das factisch occupirte Kirchengut verfügten, nahmen sie eine Veräußerung desselben vor, die nach den bisherigen geistlichen und weltlichen Rechten nur durch den Bischof, zum Theil sogar nur mit Genehmigung des Pabstes geschehen konnte. Drittens endlich haben jene Friedensschlüsse allein aus sich manches über Aufhebung und innere Einrichtungen von Bisthümern und Kapiteln verordnet, wobei nach den alten anerkannten Rechten die Mitwirkung des Pabstes nothwendig gewesen wäre. Diese Gründe ließen sich noch leicht vermehren.

f) Die päbstliche Protestation war also nur eine Verwahrung, die der Pabst seiner Stellung und seinem Gewissen schuldig war, die jedoch in die äußere Rechtsordnung nirgends mehr stöhrend eingreifen konnte. Dieses erkennen auch Mitglieder des römischen Hofes an. Den Beweis darüber, so wie die richtige Darstellung des Verhältnisses, giebt *A. Schmidt* Instit. jur. eccles. German. P. I. §. 83—93.

wenigstens durch einen Artikel für die Kirche wichtig (§. 49). Mittlerweile hat aber auch die Gesetzgebung der einzelnen Territorien sich mehr oder weniger über kirchliche Verhältnisse verbreitet g).

§. 116. 3) Besondere Rechtsquellen in den andern Ländern.

In Frankreich beschäftigten sich die weltlichen Gesetze mehr und weniger auch mit den kirchlichen Einrichtungen, so weit diese die bürgerliche Ordnung berührten. Besonders wichtig sind die Ordonnanz von 1539 über die geistliche Gerichtsbarkeit, und die durch die Ständeversammlung zu Blois veranlaßte Ordonnanz von 1579, wodurch das Eherecht, den Beschlüssen des Tridentiner Conciliums gemäß, neu geordnet wurde. Später (1681) veranlaßten die Streitigkeiten des Pabstes mit Ludwig XIV., worin die Prälaten sich dem Hofe gefällig erzeigen wollten, eine Declaration des französischen Clerus über die Gewalt des Pabstes, die 1682 durch ein königliches Edict bestätigt, dann von vielen auswärtigen Bischöfen und von dem Pabste (1690) verworfen, hierauf vom König (1693) in einem Schreiben an den Pabst wiederrufen, doch noch immer als Reichsgesetz vertheidigt wird h). Nach der Revolution ist die kirchliche Ordnung durch das Concordat vom 15. Juli 1801, und das organische Gesetz vom 18. Germinal X. hergestellt worden. Die während der Gefangenschaft des Pabste angeknüpften Unterhandlungen über ein neues Concordat sind aber nicht weiter als zu einer (1813)

---

g) Die genauere Kenntniß dieser Reichs- und Landesgesetze muß man aus dem deutschen Staats- und Privatrecht schöpfen.

h) Die vier Artikel jener vielbesprochenen Declaration, die man ganz besonders zu den Freiheiten der gallicanischen Kirche gerechnet hat, lassen sich, wenn man sich über den Sinn derselben verständigt, allerdings vertheidigen; verwerflich waren sie aber dennoch wegen der Verhandlungen, der Stimmung und Incompetenz der Parthei, aus welcher sie hervorgiengen. Ueberhaupt kommt es bei solchen allgemeinen Sätzen, in der Kirche wie in der Politik, nicht blos auf den Buchstaben, sondern vorzüglich auf die Gesinnung und die Anwendung an; und in einer aufgeregten Zeit oder im Munde der Opposition können ganz unschuldige Wahrheiten eine höchst verfängliche Nebenbeziehung erhalten. Man darf daher auch Bossuets, dieses großen Bischofes, Vertheidigung jener Declaration, nicht mit den Mißbräuchen verwechseln, welche die Parlamente und andere weniger erleuchtete Schriftsteller damit getrieben haben.

unterzeichneten Punctation gekommen. In Spanien wurden über das königliche Ernennungsrecht zu den geistlichen Aemtern von den Päbsten Hadrian VI. und Clemens VII. mit Karl V., und später (1753) zwischen Benedikt XIV. und Ferdinand VI. Verträge abgeschlossen. Auch ist unter Karl III. 1762 ein Gesetz über die Publikation der päbstlichen Bullen, und 1774 ein Vergleich über die Nunziaturrechte zu Stande gekommen. Neapel hat 1728 durch eine Bulle Benedikts XIII. die wichtigen Privilegien der siculischen Monarchie bestätigt, und von Benedikt XIV. und Karl III. (1741) ein sehr ausführliches Concordat erhalten. Durch ein ähnliches Concordat zwischen jenem Pabst und dem Könige von Sardinien (1742) wurden auch die schon seit dem fünfzehnten Jahrhundert verhandelten Streitigkeiten über die Besetzung der kirchlichen Aemter in Savoien beigelegt. Die politische Umwälzung, welche Italien von Frankreich her erlitt, führte hier aber auch eine neue kirchliche Ordnung herbei. Das französische Concordat wurde nemlich auf die mit Frankreich vereinigten Theile ausgedehnt, und für die italienische Republik, die bald (1805) in ein Königreich übergieng, am 1. Juni 1803 ein eignes Concordat abgeschlossen. Außerdem ist aber die kirchliche Disciplin in diesen Reichen noch durch mancherlei kaiserliche und königliche Verordnungen modificirt worden.

§. 117. 4) Die neuesten Rechtsquellen.

Nachdem auf dem Congreß zu Wien ein gemeinschaftlicher Beschluß über die Herstellung der kirchlichen Ordnung in Deutschland nicht zu Stande gekommen war: so wurden die Unterhandlungen mit Rom abgesondert von Seiten der einzelnen Höfe fortgesetzt. In Folge derselben hat Baiern mit dem Pabst am 5. Juni 1817 ein förmliches Concordat abgeschlossen. Ohne die gewöhnliche Form eines Vertrags, allein in Gemäßheit einer, mittelst gewechselter Noten, zu Rom am 25. März 1821 vollendeten Uebereinkunft, ist über die Einrichtung der Kirche in Preußen am 16. Juli eine Bulle erlassen, und durch königliche Kabinetsordre vom 23. August als Staatsgesetz bestätigt worden. Auf ähnliche Art ist am 26. März 1824 für das Königreich Hannover eine Bulle erschienen. Endlich sind auch die von mehreren Bundesstaaten, Würtemberg, Baden, Kurhessen, Großherzogthum Hessen, Nassau, Meklenburg, den Herzogthümern Sachsen, Oldenburg, Waldeck, und den freien Städten Frankfurt, Lübeck und Bremen gemeinschaftlich geführten Verhandlungen mit Rom, in der Hauptsache durch die beiden Bullen vom 16. August 1821 und vom 11. April 1827 beendigt worden. Nur das Königreich Sachsen wird noch in kirchlicher Beziehung blos durch zwei apostolische Vikarien geleitet. Theils vor, theils seit der Errichtung des deutschen Bundes sind aber in vielen deutschen Ländern auch eigene Religionsedikte oder Gesetze über das staatsbürgerliche Verhältniß der Kirche erschienen i). Mit Frankreich wurde am 11. Juni 1817 ein neues Concordat unterzeichnet, konnte aber wegen Widerspruch der Kammer nur theilweise in Ausübung gesetzt werden. Bessern Erfolg hat das Concordat mit Neapel vom 16. Febr. 1818 gehabt. In den Staaten des Königs von Sardinien ist schon im Jahr 1814 alles auf dem alten Fuße vom Jahr 1798 hergestellt, und nur über die neue Begränzung mehrerer Bisthümer den 17. Juli 1817 eine Bulle erlassen worden. Durch zwei Bullen vom 11. März 1817 und vom 30. Juni 1818, und durch eine kaiserliche Verordnung vom 6/18 März 1817 hat die Kirche auch im Königreich Polen eine neue Einrichtung erhalten. In Rußland beruhen aber die Rechtsverhältnisse der katholischen Kirche noch auf den Kirchenordnungen von 1769, 1772, 1773, 1782 und 1784, die auch vom Pabste bestätigt worden sind. Mit den Niederlanden ist am 18. Juni 1827 ein Concordat zu Stande gekommen. Endlich ist auch in der Schweiz am 26. März 1828 mit den Kantonen Bern, Luzern, Zug und Solo-

---

i) Baier. Religionsedict vom 24. März 1809, Baier. Edict vom 26. Mai 1818 über die äußern Rechtsverhältnisse der Einwohner des Königreichs in Beziehung auf Religion und kirchliche Gesellschaften, Würtemb. Declaration vom 15. Okt. 1806 die freie Religionsübung der verschiedenen Religionspartheien betreffend, Constitutionsedikt vom 14. Mai 1807 die kirchliche Staatsverfassung im Großherzogth. Baden betreffend, Großherzogl. Weimar. Gesetz vom 7. Okt. 1823 über die Verhältnisse der katholischen Kirchen und Schulen, Königl. Sächs. Mandate vom 19. und 20. Febr. 1827., Großherzogl. Hessische Verordnung die Ausübung des oberhoheitlichen Schutz- und Aufsichtsrechts über die kathol. Landeskirche betreffend, vom 30. Januar 1830. (Eine ganz gleiche Anordnung ist auch in den andern Ländern, die zur rheinischen Kirchenprovinz gehören, publicirt worden. — Auf dieses erschien aber ein päbstl Breve vom 30. Juni 1830 über die Verordn. des Schutz- und Aufsichtsrechts des Staates betreffend; widerlegt in den Rotw. freym. Blättern von einem hochgeachteten Gelehrten. 1831. III.

thurn zur Wiederorganisirung und neuen Umschreibung des Bisthums Basel ein Concordat geschlossen worden, dem hernach auch noch andere Kantone beigetreten sind. In den jungen Republiken von Amerika sind aber die kirchlichen Verhältnisse noch nicht neu geordnet.

§. 118. D) Quellen des protestantischen Kirchenrechts. 1) Die symbolischen Bücher.

Die symbolischen Bücher (§. 60) der Lutherischen sind die Confession, welche die protestantischen Stände auf Befehl Karls V. dem Reichstag von Augsburg 1530 vorlegten, die von Melanchton 1531 verfaßte Apologie derselben, die beiden von Luther 1529 verfertigten Catechismen, die Schmalkaldischen Artikel von 1537, und die Concordienformel von 1577. Die Bekenntnißschriften der Reformirten in Deutschland sind die von den vier Städten, Strasburg, Constanz, Memmingen und Lindau 1530 dem Kaiser überreichte Confession, der Heidelberger Catechismus (1563), und das Bekenntniß Siegmunds von Brandenburg (1613). In der Schweiz erschienen die Confessionen von 1530, 1536, 1551, 1554, 1566, 1675, in Holland die belgische Confession von 1571, und die Satzungen der 1618 und 1619 zu Dordrecht gehaltenen Synode. Auch die französischen Reformirten haben 1559, und die schottischen 1560 ihre Confession ausgesprochen. Von diesen verschiedenen Bekenntnißschriften ist die belgische, der Heidelberger Catechismus, und die Dordrechter Synode von allen oder doch von den meisten Reformirten anerkannt.

§. 119. Besondere Rechtsquellen in den einzelnen Ländern.

In Deutschland beruht das protestantische Kirchenrecht vor allem auf den Reichsgesetzen und Friedensschlüssen, wodurch die neue Lehre bürgerliche Existenz erhielt (§. 115). Die innern Verhältnisse wurden hauptsächlich durch Kirchenordnungen (§. 60) ausgebildet. Für die äußern waren die Beschlüsse des Corpus der evangelischen Reichsstände (§. 47) wichtig k). Später haben sich die Landesgesetze immer mehr auch dieses Zweiges bemächtigt; auch sind wohl über das staatsbürgerliche Verhältniß dieser Kirche

k) Schauroth Vollständige Sammlung aller Conclusorum — des Hochpreisl. Corporis Evangelicorum, fortgesetzt von Herrich. Regensb. 1751 — 86. IV. Vol. fol.

eigne Edikte erschienen l). Die reformirte Kirche in Holland wurde nach den Canonen regiert, welche auf mehreren Synoden beschlossen, und zuletzt auf der Synode zu Dordrecht angenommen worden waren: im Jahr 1825 ist aber über ihre Verfassung ein neues ausführliches Reglement erschienen. Die Anhänger der Augsburgischen Confession folgen dort ihrer Kirchenordnung von 1681. Die Grundzüge der englischen Kirchenverfassung sind zum Theil in den 39 Artikeln enthalten, die unter der Königin Elisabeth 1562 verfaßt, und 1571 vom Parlament gebilligt wurden. Ihre nähere Ausbildung erhielt sie aber durch die Beschlüsse verschiedener Synoden. Diese sind das Canonenbuch über die kirchliche Disciplin von 1571, die Kapitel oder kirchlichen Constitutionen von 1597, die wichtigen 141 Canonen der Londoner Synode von 1603, die Constitutionen einer zu Dublin 1634 gehaltenen Versammlung, und die besonders gegen die Katholiken gerichteten Canonen von 1640 m). Uebrigens blieben aber doch auch die Sammlungen des canonischen Rechts n) und die Constitutionen der frühern englischen Concilien o) bei Gültigkeit. In Dänemark wurde die neue kirchliche Ordnung blos durch königliche Gesetze eingerichtet und gehandhabt. Die wichtigsten waren die Kirchenordonnanz Christians III. von 1537, das Gesetz von 1539 über der Priester Einkünfte, besonders über die Zehnten, die Ripener Artikel von Christian III. 1542 als Anhang der Kirchenordonnanz gegeben, die Ordonnanz Friedrichs II. von 1582

l) Baier. Edict vom 26. Mai 1818 über die innern Angelegenheiten der protestantischen Sammtgemeinde.

m) Diese fünf Stücke stehen in *Wilkins* Conc. Britann. T. IV. p. 263—269. 352—356. 380—405. 496—516. 543—549.

n) Nach der Glaubenstrennung wurde nämlich verordnet, daß die noch anwendbaren Bestimmungen des gesammten canonischen Rechts in einen Auszug gebracht werden, mittlerweile aber das bisherige Recht, soweit es nicht den Gesetzen und Gewohnheiten des Reichs oder den Vorrechten der Krone zuwider wäre, bei Kraft bleiben sollte, 25. Henr. VIII. c. 19., 35. Henr. VIII. c. 16., 1. Elizab. c. 1. §. 10. Jenes ist bis jetzt nicht zur Ausführung gekommen, daher dauert die provisorische Bestimmung fort.

o) Unter diesen haben noch jetzt die Constitutionen der oben (§. 109) angeführten Legate und Provinzialconcilien besonderes Ansehen. Diese werden daher vorzüglich unter dem Ausdruck legatine and provincial constitutions verstanden.

über die Ehesachen, das dritte Buch des großen Recesses Christians IV. von 1643, und die Privilegien desselben Königs für den geistlichen Stand von 1661. Das jetzige dänische Kirchenrecht gründet sich aber hauptsächlich auf das unter Christian V. 1683 erschienene Gesetzbuch p)., worin sich das zweite Buch umständlich mit diesem Zweige beschäftigt. In Norwegen ist auf ähnliche Art das Kirchenrecht in die von Christian IV. 1604 q) und von Christian V. 1687 r) verfaßten Gesetzbücher aufgenommen worden. Das letztere stimmt mit dem Dänischen sehr überein. In Schweden, nachdem 1527 auf dem Reichstag zu Westerås die neue Lehre angenommen worden, erschienen noch in demselben Jahre einige kleine Kirchenordnungen, welche auf dem Concil zu Oerebro 1529, und später 1554 vermehrt wurden. Eine vollständigere Kirchenordnung wurde 1572 von den Ständen als Reichsgesetz erklärt. Nach mancherlei Wechsel ist aber 1686 wieder eine neue verbesserte Kirchenordnung eingeführt worden, die noch gegenwärtig gilt. Nur sind seitdem viele Abänderungen und neue Verordnungen hinzugekommen (§. 60). Auch beziehen sich einzelne Abschnitte des neuen allgemeinen Gesetzbuchs von 1734 s) hieher, besonders der Giftermålsbalk oder Abschnitt von der Ehe, und der Missgärningabalk, oder Abschnitt von den Verbrechen. In Rußland endlich sind 1823 einige Bestimmungen der für die katholische Kirche bestätigten Kirchenordnung auch auf die protestantische ausgedehnt worden.

§. 120. E) Wissenschaftlicher Zustand im Occident. 1) Bearbeitung des practischen Rechts.

Bis zum Ende des fünfzehnten Jahrhunderts war im cano-

p) Ausgaben in dänischer Sprache sind häufig gemacht worden. Die lateinische Uebersetzung erschien unter folgendem Titel: Regis Christiani Quinti Jus Danicum latine redditum ab Henrico Weghorst. Hafniae 1698. 4.

q) Den Noske Low-bog offersect corrigerirt oc forbedrit. Kiöbenh. 1604. 4.

r) Christian V. Norske Low. Kopenh. 1687. 4.

s) Uebersetzungen davon sind: Codex legum Sueticarum receptus 1734. in comitiis Stokholmensibus et latine versus a Christiano König. Holmiae 1743. 4, Project oder Entwurf des neuen Schwedischen Gesetzes, wie es von der Commission entworfen worden Stockholm 1736. 4.

nischen wie im Civilrechte, durch Vernachlässigung des Quellenstudiums und durch Anwendung einer falschen Methode, völlige Verfinsterung und Geschmacklosigkeit entstanden. Die Verbesserung gieng in beiden Zweigen von der französischen und spanischen Schule aus. Zuerst wurde die Kritik auf den Text der gesetzlichen Sammlungen verwendet. Dahin zweckten die Arbeiten von Ant. Democharas († 1547), Ant. Augustin († 1586), Ant. Leconte († 1577), Peter († 1596), und Franz Pithou († 1621). Daran schloß sich die Bearbeitung und Herausgabe älterer canonischer Sammlungen durch Edm. Bonefidius († 1574), Joh. Löwenklau († 1593), Franz Pithou, Christoph Justeau († 1661), Wilh. Beverege († 1707), und Stephan Baluze († 1718). Durch den wissenschaftlichen Geist jener Zeit, so wie durch practisches Bedürfniß angeregt, wurde nun das canonische Recht nach allen Seiten hin bearbeitet. Zur Erklärung des Textes erschienen neue Commentarien, sowohl über das Decret t), wie über die Decretalen Gregors IX. u) u. Clemens V. v). Daneben wurden aber auch kürzere Lehrbücher in systematischer Form, nach Art der Justinianischen Institutionen, verfertigt w),

---

t) *Joa. Dartis* († 1651) Commentarii in universum Gratiani decretum (in Opp canon. Paris 1656 fol.).

u) *Jan a Costa* († 1637) Summaria et Commentarii in Decretales Gregorii IX. noviss ed Neapol. et Lips. 1778. II. Vol. 4., *Em. Gonzalz de Tellez* (u. 1650) Commentarii ad Decretalium V libros Gregorii IX. noviss. ed. Lugd. 1713. IV. Vol. fol., *Inn. Cironii* (u. 1650) Paratitla in quinque libros Gregorii IX. noviss. ed Vindob. 1761 II. Vol. 4., *Prosper Fagnani* († 1678) Jus canonicum sive commentaria in decretales. nov. edit. Colon. Allobr. 1759. VI. Vol. fol.

v) *Ant. Alteserrae* (u. 1682) In libros Clementinarum commentarii nov. ed. Halae 1782. 8., *Clementis* V. Constitutiones in concilio Viennensi in Gallia editae anno MCCCXII., notis locupletatæ, auctæ et illustratæ *a Hieron. Baldassino* Romae 1769. 4.

w) *Jo. Paul Lancelotti* († 1591) Institutiones juris canonici. Perus. 1563. 4. nov. ed. cum notis variorum. Halae 1716. IV. Vol 4., *Ant. Augustini* († 1586) Institut. jur. pontificii (in Opp. Tom. VII.), *Henr. Canisii* († u. 1610) Summa jur. canon. in IV. Institut. libros contracta nov. ed. Herbipoli 1707. 8., *Arn. Corvinus* (u. 1648) Jus canon. per aphorismos strictim explicatum nov. ed. August Vindel. 1782. 8., *Franc de Roye* († 1686) instit. jur. canon. libri III. nov. ed. Lips. 1722. 8. Witeb. 1748. 8., *Claud.*

und umgekehrt ohne alle systematische Form Bemerkungen über einzelne Stellen der gesetzlichen Sammlungen herausgegeben x). Aus jenen Commentarien giengen, indem man das Material der gleichartigen einzelnen Stellen mehr in einander zog, größere systematische Werke hervor; doch behielt man noch lange Zeit die Titelfolge der Decretalen bei, besonders in Deutschland, wo das katholische Kirchenrecht bis in das achtzehnte Jahrhundert fast ausschließlich in den Händen der Jesuiten und anderer Orden lag y). Auch die Protestanten haben damahls ihr Kirchenrecht nach dieser Ordnung bearbeitet z). Im Ausland wählte man aber bald eine freiere Form a), und dieses geschieht nun

---

Fleury († 1723) Institutiones juris ecclesiastici nov. ed. Frf. 1759 8 Par. 1767. 8.

x) *Aug Barbosa* († 1649) Collectanea in universum jus pontificium Lugd 1647. VI Vol. fol, *Inn. Cironii* († u 1650) Observat. in jus canon. nov. ed. Jenae 1726. 4., *Jo. Strauchii* († 1680) Amoenitates juris canonici, nov. ed. Jenae 1732. 4.

y) *P. Laymann* († 1635) Jus canonicum seu commentarii in libros Decretales. nov. ed. Dilling 1673. 4, *H. Wagnereck* († 1664) Commentarius exegeticus sacrorum canonum. Dilling. 1672., *L. Engel* († 1674) Collegium universi jur canon. nov. ed. Salisb. 1770. 4, *R. König* († 1713) Principia jur. canon ex libr. V. Decretal Gregor IX. Salisb. 1697, *Anacl. Reiffenstuel* Jus. can. universum juxta titulos librorum V. Decretalium. Venet. 1704. III. Vol. fol. Ingolst 1743 VI Vol fol, *J. Wiestner* Instit. canon. sive Jus ecclesiast. ad Decretal. Gregor. IX. libros quinque. Monach. 1705 V. Vol. 4., *F. Schmalzgruber* Jus ecclesiast. univers. Ingolst. 1726. III Vol fol, *Vit. Pichler* Jus canon secundum Gregorii IX. Decretalium titulos explanatum. Aug. Vind 1728. 1741. fol., *Fr. Schmier* († 1728) Jurisprudentia canonico-civilis seu Jus canonicum universum juxta libros V. Decretalium nov. ed. Avenion 1738. fol., *Plac Boeckhn* († 1752) Commentarius in jus canon. universum. nov. ed Paris 1776. III. Vol fol., *C. Seb. Berardi* Commentaria in jus ecclesiast. universum. Venet. 1778. IV. Vol. 4.

z) *J. H. Böhmer* († 1749) Jus ecclesiasticum Protestantium. nov. ed. Halæ 1756 V Vol. 4., *Ejusdem* Institutiones juris canonici tum ecclesiastici tum pontificii ad methodum decretalium. nov. ed. Halæ 1760. 8.

a) *Boet. Epo* († 1599) De jure sacro. Duaci 1588, *A. Barbosa* († 1649) Juris eccles. universi libri tres de personis, locis et rebus ecclesiast. Lugd 1699., *J. Cabassutius* († 1685) Theoria et praxis juris canonici. nov. ed. Venet. 1757. fol.,

allgemein. Doch ist auch in den neuern systematischen Werken der katholischen Canonisten, sowohl in den größern b), wie in den kleinern c), das protestantische Kirchenrecht gewöhnlich nicht berücksichtigt worden; nur einige machen davon eine Ausnahme d). Die protestantischen Schriftsteller hingegen haben regelmäßig beides verbunden abgehandelt e). Jedoch giebt es auch

---

Z. B. van Espen († 1728) Jus ecclesiasticum universum. nov. ed. Mogunt. 1791. III Vol. 4., *J. P. Gibert* († 1736) Corp. jur. canon. per regulas naturali ordine digestas. nov. ed. Lugd. 1737 III Vol. fol.

b) *G. Zallwein* († 1766) Principia jur. eccles. universalis et particularis Germaniæ nov. ed August. 1781. IV. Vol. 4., *Eus. Amort* († 1757) Elementa jur. can. veter. et moderni. Ulm 1757 III. Vol. 4., *Ubaldi Giraldi* Expositio juris pontificii juxta recentiorem ecclesiæ disciplinam. Romæ 1769. III. Vol fol., *P. J. Riegger* († 1775) Institutiones jurisprud. ecclesiast. nov. ed. Lovanii 1780. IV. Vol. 8., F. A. Frey († 1820) Kommentar über das Kirchenrecht. Zweite Aufl. Kitzingen 1823 4 Bd. 8.

c) *Jul. Caponi* Icti Neap. Institutiones canonicæ. Colon. Allobr. 1734. 8., *P. A. Danieli* Instit. canon. libri III. Romæ 1737. 4., *A. Schmidt* († 1805) Institutiones juris ecclesiastici Germaniæ accomodat editio III. Bamberg. 1778. II. Vol. 8., *Ph. Hedderich* (1808) Elementa jur. can. ad statum ecclesiarum Germaniæ præcipue ecclesiæ Coloniensis adcommadata ed. II Bonnæ 1791. IV. Part. 8., *P. G. Kufner* († 1792) Synopsis jurisprud. eccles universæ publ. et privat. statui Germaniæ maxime Bavariæ accomodatæ. Burghusii 1781. 8., *J. Zallinger* Inst. jur. natur. et ecclesiast. publici libri V. Aug. Vind. 1784. Trai. ad Rhen. 1823. Instit. jur. eccles. publ. et privati libri II subsidiarii. Aug. Vind. 1791. Instit jur. eccles. maxime privati Ibid. 1792., *Joa. Devoti* Institut. can. libri IV. Romæ 1785. IV. Vol. 8. Juxta edit. quart. Roman. Gandæ 1822. II. Vol. 8., *Maur. Schenkl* († 1816) Instit. jur. eccles. statui German. maxime Bavar. accomodat. edit. X. cur. Jos. Scheill. Landish. 1830 II. Vol. 8., *J. A. Sauter* († 1816) Fundamenta jur. eccles. Catholic. ed. III. Friburg 1825. II. Vol. 8. *Gambsjaeger* († 1816) Jus ecclesiast. Heidelb. 1815. II. Vol. 8.

d) F. Walter Lehrbuch des Kirchenrechts. Erste Ausgabe. Bonn 1822. 8., J. J. Lang Geschichte und Institutionen des kathol. und protest. Kirchenrechts. Erster Theil. Tübing. 1827. 8, C. A. von Droste-Hülshoff Grundsätze des gemeinen Kirchenrechts der Katholiken und Evangelischen, wie sie in Deutschland gelten. Münster 1828. 2 Thle. 8.

e) *Jo. Schilter* († 1705) Instit. jur. canon. ad ecclesiæ ve-

Bearbeitungen, die blos auf das protestantische Kirchenrecht gerichtet sind f). In jenen Werken, so weit sie von Deutschen herrühren, wurde natürlich auf die Anwendung in Deutschland vorzüglich Rücksicht genommen; eben so ist auch das französische g), spanische h), und in Deutschland noch das östreichische i) Kirchenrecht besonders bearbeitet worden. Noch mehr

---

teris et hodiernæ statum accommodatæ. nov. ed. Frf. et Lips. 1749. 8, *J. G Pertsch* († 1754) Elementa jur. can. et Protestantium ecclesiastici nov. ed. Francf. 1741. II. Vol 8., *J. R. Engau* († 1754) Elementa jur. canonico-ecclesiastici. nov. ed. Jenæ. 1753. 8., *G. L. Böhmer* († 1797) Principia juris canonici ed. VII. Götting. 1802. 8., A. J. Schnaubert († 1825) Grundsätze des Kirchenrechts der Protestanten und Katholiken in Deutschland. Jena 1792—94. 2 Th. 8. Neue Aufl. 1805. 2 Th. 8., G. Wiese († 1824) Handbuch des gemeinen in Deutschland üblichen Kirchenrechts. Leipz. 1799—1804. 3 Th. 8., Th. Schmalz Handbuch des canonischen Rechts. Zweite Aufl. Berlin 1824. 8., H. N. Clausen Kirchenverfassung, Lehre und Ritus des Katholicismus und Protestantismus. Aus dem Dänischen übersetzt von G. Fries. Neustadt 1828. 3 Th. 8.

f) *B. Carpzov* († 1660) Jurispr. ecclesiast. seu consistorialis nov. ed. Lips. 1721. fol., *Chr. M. Pfaff* († 1760) Institutiones jur. ecclesiast. nov. ed. Tubing. 1756. 8., *C. F. Hommel* († 1781) Principia jur. ecclesiast. Protestant. Viteb. 1770. 8., J. L. von Mosheim († 1755) Allgemeines Kirchenrecht der Protestanten. Neue Aufl. Leipz. 1801. 8., H. Stephani Das allgem. kanon. Recht der protest. Kirche in Deutschland. Tübing. 1825. 8., J. A. Ziebnert Prakt. evang. Kirchenrecht mit besonderer Beziehung auf Sachsen, Preußen und andere evangelische Länder. Meissen 1826. 2 Th. 8., J. G. Pahl Das öffentliche Recht der evangelisch-lutherischen Kirche in Deutschland. Tübing. 1827. 8. — J. F. Reichlin Kirchengesetze des Königreichs Würtemberg. Stuttg. 1809.

g) *L. Dubois* († 1731) Maximes du droit canonique de France. Paris 1703. 2. vol. 12., *L. de Héricourt* († 1752) Lois ecclesiastiques de France. Paris 1771. fol.

h) *Gaudisalvo de Suarez de Paz* Praxis ecclesiastica et secularis apud Hispanos. Olmeti. 1592. fol., Collectio maxima conciliorum Hispaniæ epistolarumque decretalium celebriorum a Ios. Card. de Aguirre edita, nunc vero ad juris canonici corporis exemplum nova methodo digesta a *Sylvestro Pueyo*. Matriti 1784. 1. vol. 4.

i) C. Gärtner Das besondere österreichische Kirchenrecht in Aphorismen. Salzb. 1807. 8., G. Rechberger Handbuch des österr. Kirchenrechts. Neue Ausg. Linz 1816. 2 Th. 8., A. W. Gustermann Oesterreich. Kirchenrecht. 1807. 3 Th. 8.

haben aber die Protestanten ihr Territorial-Kirchenrecht ausgebildet, weil in der That das praktische Recht blos darauf beruht k). Als Hülfsmittel für den praktischen Gebrauch wurden über das canonische Recht auch Werke in lexicographischer Form verfertigt l). Von den Kirchenrechten des Auslandes hat besonders das englische m), weniger das schwedische n), eine sorg-

k) P. L. Roman Versuch eines badischen evangelisch-lutherischen Kirchenrechts. Pforzheim 1806. 8. — J. H. Chr von Selchow Anfangsgründe des Braunschweig-Lüneburg. Privatrechts Götting. 1760. 2 Th. 8. — J. K. F. Schlegel Kurhannöv. Kirchenrecht. Hannov. 1801 — 6. 5 Th. 8. — K. W. Ledderhose Versuch einer Anleitung zum Hessenkasselschen Kirchenrecht. Neu bearbeitet von C H Pfeiffer. Cassel 1821. 8. — F. W. C. Siggelkow Handbuch des Meklenburg. Kirchen- und Pastoralrechts. Rostock 1797. 8. — W. Otto Handbuch des besondern Kirchenrechts der evang christl. Kirche im Herzogthum Nassau. Nürnb 1828. 8. — G A Bielitz Handbuch des preuß. Kirchenrechts. Leipz 1818. 8., J. P. C. Philipp Wörterbuch des preuß. Kirchenrechts Zeitz 1821. 8 — J. B. von Rohr Vollständ oberf. Kirchenrecht. Frkf. u. Leipz. 1723. 4, W F. Kunze Praktische Anweisung zu richtiger Anwendung der Kirchenrechte in kursächs. Landen. Dresd. 1789. 8., J. K. Kees Handbuch des protest Kirchenrechts nach den neuesten besond. sächs. Gesetzen. Leipz 1791. 8., C. G. Weber Systemat. Darstellung des im Königreich Sachsen geltenden Kirchenrechts. Th. I. Leipz. 1819. Th II in drei Abtheilungen. 1825—29. 8, Versuch eines oberlausitzischen Kirchenrechts. 1796. 8. — N. J. Johannsen Versuch das canonische Recht, so weit es für die Protestanten brauchbar ist, mit den eignen Worten der Kirchengesetze für die Herzogth. Schleswig und Holstein zu belegen. Friedrichsst 1804. 2 Th 4., C. F. Callisen Abriß des Wissenswürdigsten aus den die Prediger in Schleswig und Hollstein betreffenden Verordnungen. Altona 1810. 8. — J. F. Reuchlin Repertorium für die Amtspraxis der evang. luther. Geistlichkeit in Wirtenberg. Reutl. 1813. 2 Th. 8., J. C. Pfister Die evang. Kirche in Wirtemberg Tübing. 1821. 8.

l) Dictionnaire canonique par Durand de Maillane. 3. me edit. Lyon. 5. vol 4. et 6. vol. 8., Andr. Müller Lexicon des Kirchenrechts und der römisch-katholischen Liturgie. Würzburg 1830. 4 Bde. 8.

m) *Rich. Hooker* Of the laws of ecclesiastical polity eight books. Lond. 1617. 2. vol. fol. Oxford 1795. 3. vol. 8., *Edm. Gibson* Codex juris ecclesiastici anglicani, or statutes, constitution etc. of the churg of England methodically digested. Second edit Lond. 1761. 2. vol fol *Rich. Burn* The ecclesiastical law. Egith. edit. correct. by R. Ph. Tyrwhitt. Lond. 1824. 4. vol. 8. (in alphabetischer Ordnung)

n) Mehr statistisch, wie eigentlich juristisch ist das folgende, übri-

fältige Bearbeitung erhalten. Uebrigens erschienen fortwährend Vergleichungen des canonischen mit dem Civilrecht o), und Versuche, beides zu einem Ganzen zu verarbeiten p). Auch sind über einzelne Rechtsfälle Consultationen, Quästionen und Decisionen in großer Zahl gedruckt und gesammelt worden.

§. 121. 2) Historische und andere Werke.

Mit der praktischen Behandlung des canonischen Rechts wurden nun aber auch historische Studien und andere Hülfswissenschaften in Verbindung gebracht. Die Geschichte der Quellen erhielt theils vollständige Bearbeitungen q) theils Beiträge durch Abhandlungen über einzelne Stücke oder Zeiträume, worunter besonders die der Italiener höchst ausgezeichnet sind. Dieser Zweig galt für die gründliche Bildung als unentbehrlich, und

---

gens sehr nützliche Werk: F. W. von Schubert Schwedens Kirchenverfassung und Unterrichtswesen. Greifsw. 1821. 2 Th. 8.

o) *Fortunius Gartia Hispanus* (u. 1530) De ultimo fine juris canonici et civilis, de primo principio et subsequentibus præceptis, de derivatione et differentiis utriusque juris, et quid sit tenendum ipsa justitia (im Primum Volumen Tractatuum. Lugdun. 1549. fol.), *J Oldendorp* († 1567) Juris civilis et canonici collatio. Lugd. 1541., *C. Rittershusen* († 1613) Differentiæ juris civilis et canonici. Argent. 1618. 1638, *J. F. Böckelmann* († 1681) Differentiæ juris civilis et canonici hodierni. Trai. ad Rhen. 1694. 1737.

p) *Petri Gregorii* († 1617) Syntagma juris universi atque legum pene omnium gentium et rerum publicarum præcipuarum. nov. ed. Frkf. 1611. Genevæ 1623. 1639. fol. Der Verfasser war aus Toulouse, nicht Tolosa in Spanien.

q) *G. van Mastricht* († 1721) Historia juris ecclesiastici et pontificii. Duisb. 1676. 8. nov. ed. Halæ 1719. 8., *J. Doujat* († 1688) Histoire du droit canonique. Paris 1677. 8., J. G. Pertsch († 1754) Kurze Historie des canonischen und Kirchenrechts. Leipz. 1753. 8., *P. G. Zallwein* († 1766) Collectiones jur. eccles. antiqui et novi a primordiis ecclesiæ usque ad Decretum Gratiani. Dissert. I. Collectiones jur. eccles. novi et novissimi a Decreto Gratiani usque ad nostra tempora. Diss. II. Salisb. 1760. 4, *J. Mulzer* († 1772) Historia legum ecclesiasticarum positivarum, quibus in Germania utimur. Bamb. 1772. 8., J. M. Pichler Geschichte von dem Ursprung, Fortgang und dermaligen Zustand des geistlichen Rechts in katholischen Ländern. Ulm 1773., *M. Dannenmayr* Historia jur. ecclesiast. Vindob. 1806. 8.

wurde daher auch in die einleitenden Schriften aufgenommen, die man dem Studium des practischen Rechts voranschickte r). Auch über die Geschichte der innern kirchlichen Disciplin lieferte die französische Schule vortreffliche Werke s), die gleichzeitig und noch mehr später von den protestantischen Schriftstellern in Deutschland t) sehr benutzt worden sind. Für die verschiedenen Zweige der Litterärgeschichte wurde ebenfalls gesorgt. Die Geschichte der wissenschaftlichen Bearbeitung nämlich, und die Biographien der Rechtsgelehrten dieses Faches u), nahm man gewöhnlich in die einleitenden Schriften mit auf. Für die Bücher-

---

r) *J. Doviat* († 1688) Praenotionum canonicarum libri quinque. Par. 1687. 4. nov. ed. Mitav. et Lips. 1776—79 II. Vol. 8., *A. Plettenberg* Introductio in jus canonicum. Hildesh. 1692., *J. E. Floerke* († 1762) Praenotiones jurisprud. ecclesiast. Jenae 1723. Halae 1756. 8., *F. X. Zech* († 1772) Praecognita jur. can. ad Germaniae catholicae principia et usum accomodata. Ingolst. 1749. 1766. 8., *J. A. a Riegger* († 1795) Prolegomena ad jus ecclesiast. Vindob. 1764. 8., *J. Mulzer* († 1772) Introductionis in jurisprud. ecclesiast. positivam Germanorum Pars I. sive Praecognita. Bamb 1770. 8., *G S. Lakies* Praecognita jur. ecclesiast universi. Viennae 1775. 8., *C. F. Glück* Praecognita uberiora universae jurisprudentiae ecclesiasticae positivae Germanorum Halae 1786. 8.

s) *P. de Marca* († 1662) De concordia sacerdotii et imperii. Paris 1641. 4. Ed. Baluz. Paris 1663. fol. Ed. J H. Böhmer. Francof. 1708. fol. Nov. ed. Bamb. 1788. VI. Vol. 4., *L. Thomassin* († 1696) Ancienne et nouvelle discipline de l'eglise. Lyon 1678. Paris 1725. 3. vol. fol. Vetus et nova ecclesiae disciplina circa beneficia. Paris 1688. III. Vol. fol. nov. ed. Magont. 1787 X. Vol. 4., *L. E. du Pin* († 1719) De antiqua ecclesiae disciplina dissertationes historicae. Par. 1686. Colon. 1691., Histoire du droit public ecclesiastique français par M. D. B. Paris 1738. 2. vol. 12. nouv. ed. Londr. 2. vol. 4. sans date d'année.

t) *J. H. Böhmer* († 1749) XII. dissertationes juris ecclesiastici antiqui. Lips. 1711. Halae 1729. 8., *C. M. Pfaff* († 1760. Origines juris ecclesiastici. Tubing. 1719. Ulmae 1759. 4., G. J. Plank Geschichte der christlich-kirchlichen Gesellschaftsverfassung. Hannover 1803—9. 5 Bde. 8.

u) Dieses geschieht namentlich bei Doujat und Glück. Auch findet man die Lebensbeschreibungen der Canonisten in den allgemeinen, oder für einzelne Länder oder Lehranstalten verfaßten biographischen Werken dieser Art.

kenntniß aber wurden, neben den alle juristischen Fächer umfassenden bibliographischen Werken, besondere blos das canonische Recht betreffende systematische Verzeichnisse verfertigt v). Allmählig fieng dann auch die philosophische Behandlung dieses Stoffes an. Zuerst regte sich diese unter den Protestanten hinsichtlich des Verhältnisses zwischen Kirche und Staat, weil dieses nach ihrem positiven Recht am wenigsten bestimmt war. Später haben sich auch die katholischen Canonisten damit sehr lebhaft beschäftigt. Gewöhnlich wurden nun, theils in den Lehrbüchern über das ganze Kirchenrecht, theils in besondern Abhandlungen über das Kirchenstaatsrecht, die allgemeinen Grundsätze mit denen des positiven Rechts verbunden, letzteres aber dabei nicht selten nach jenen vorgefaßten Ansichten falsch behandelt. Doch sind die dadurch in Umlauf gesetzten Meinungen wegen ihres großen Einflusses auf die Politik und Gesetzgebung wichtig geworden. Für die philosophische Kritik des innern Kirchenrechts ist noch sehr wenig geleistet w). Endlich giebt es noch eine Menge von Abhandlungen historischer, praktischer und polemischer Art, wofür auch zum Theil eigene Sammlungen angelegt worden sind x).

Drittes Kapitel.

Von den Quellen nach ihrem heutigen Gebrauch.

§. 122. I. Von den gesetzlichen Sammlungen. A) Von ihrer Vereinigung.

Die Sammlung Gratians, so wie sie gegenwärtig gilt, trägt

v) *J. A. de Riegger* († 1795) Bibliotheca juris canonici. Vind. 1761 II. Vol. 8 Auch hat Glück ein solches, jedoch nicht gut geordnetes Verzeichniß in seine Einleitung aufgenommen.

w) Die unter dem Namen, allgemeines oder natürliches Kirchenrecht erschienenen Bearbeitungen enthalten nicht die Philosophie des positiven Kirchenrechts, sondern eine Construction der Kirche aus allgemeinen wirklich oder angeblich philosophischen, Sätzen. Ihre Beurtheilung gehört daher nicht hieher, sondern in die allgemeine Rechtsphilosophie.

x) *Joa. Thom. de Rocaberti* Bibliotheca maxima ponti-

nicht ganz ihre ursprüngliche Gestalt mehr, sondern hat unter den Händen der Schule mancherlei kleine Aenderungen angenommen. Der erste Theil ist nämlich zum bequemern Gebrauch in 101, der dritte in 5 Distinktionen abgetheilt, und zwar rührt beides nach fast gleichzeitigen Nachrichten von Paucapalea, einem Schüler Gratians, her. Eben so ist die Abhandlung über die Buße man weiß nicht von wem, in 7 Distinktionen eingetheilt worden. Ferner kommen im Dekrete zerstreut etwa 50 Stellen vor, welche, wie die Vergleichung der ältesten Handschriften gezeigt hat, nicht von Gratian selbst herrühren, sondern nach fast gleichzeitigen Zeugnissen von Paucapalea, unstreitig aber auch noch von Andern, eingeschoben worden sind. Anfangs wurden sie von der Schule nicht berücksichtigt, vielmehr nach einem damahls nicht ungewöhnlichen Ausdruck, worauf hier noch insbesondere der Name des Urhebers leicht hinführte, Paleá, Spreu im Gegensatz der Fruchtkörner Gratians, überschrieben. Später haben sie aber doch gleiches Ansehen wie die übrigen Stellen erhalten y). In dieser Form wurde nun die Sammlung mit dem Apparatus abgeschrieben und später auch so gedruckt z). Von den Decretalensammlungen haben nur drei gesetzliches Ansehen behalten, die von Gregor IX., wodurch nach dem Begleitungsschreiben an die Universitäten alle frühern (§. 105) außer Gebrauch gesetzt wurden, die von Bonifaz VIII., da laut deren Publicationsbulle von den seit Gregor erschienenen Decretalen nur die in die neue Sammlung aufgenommenen Gültigkeit haben sollten, und die von Clemens V. (§. 106). Diese drei Sammlungen sind denn auch mit ihren Glossen durch Handschriften vervielfältigt, und gleich nach Erfindung der Buchdruckerkunst gedruckt worden. a)

---

ficia. Romæ 1695 — 99. XXI. Vol. fol., *A. Schmidt* Thesaurus juris ecclesiastici. Heidelb., Bamb. et Wirceb. 1772 — 79. VII. Vol. 4.

y) *J. A. Riegger* Observ. de paleis Decreto Gratiani insertis (in Opuscul. Friburg. 1773. 8.) Eine neue auf Handschriften gegründete sehr genaue Untersuchung über die Paleä hat Prof. Bickell mit einem Marburger Festprogramm 1827 herausgegeben.

z) Die ältesten Ausgaben sind zwei Straßburger von Henr. Eggesteyn 1471 und 1472, eine Mainzer von Pet. Schöffer 1472, und eine Venetianer von Nic. Jenson 1477.

a) Als erste Ausgabe der Decretalen Gregors IX. gilt eine ohne Ort und Jahreszahl wahrscheinlich zu Mainz gedruckte; dann folgen

§. 123. B) Entstehung des Corpus juris canonici.

In diesen vier Sammlungen war das eigentlich herrschende Recht enthalten; daher kam der kirchliche Sprachgebrauch sehr natürlich darauf, sie als ein Ganzes, als das Corpus juris, zu bezeichnen b). Auf die Ausgaben ging aber dieser gemeinschaftliche Name nicht gleich über, sondern hier erschien jeder Theil als ein Ganzes für sich unter seinem eigenen Titel. Doch entstand von selbst eine gewisse Verbindung dadurch, daß gewöhnlich die verschiedenen Theile von derselben Offizin rasch hintereinander herausgegeben wurden. Auf diese Weise ist auch gegen das Ende des fünfzehnten Jahrhunderts zu Paris unter Zuziehung zweier Gelehrten, Vital de Thebes und Joa. Chappuis, eine Ausgabe jener Sammlungen veranstaltet worden, die eine ganz besondere Bedeutung erhalten hat c). Bis dahin waren nämlich in den Handschriften, und daher auch in den gedruckten Ausgaben, die gangbaren Extravaganten (§. 106) sehr unregelmäßig in größerer oder geringerer Zahl den Clementinen angehängt worden. Chappuis machte aber daraus zwei neue Sammlungen. Die eine bestand aus den von Zenzelinus glossirten zwanzig Extravaganten Johanns XXII., die er jedoch neu ordnete und in vierzehn Titel abtheilte d). Die andern bildete er aus den in den bisherigen Ausgaben zerstreut vorgekommenen Extravaganten, die er deshalb Extravagantes communes nannte, und deren Zahl er hier bis auf siebenzig brachte. In einer neuen Ausgabe 1503 fügte er noch fünf hinzu, darunter drei, die bereits unter denen

---

die von Mainz 1473, Rom 1474, Basel 1478 und 1482, Speier 1486. 1492. Die Sammlung von Bonifaz VIII erschien zuerst zu Mainz 1465 und 1470; die von Clemens V. zu Mainz 1460, 1467, 1471, und zu Straßburg 1471; dann beide vereinigt zu Rom 1472, und öfters, theils abgesondert, theils zusammen. Ein sehr genaues Verzeichniß giebt Bickel in der oben (§. 106. not. h) angeführten Schrift.

b) So unterschied namentlich das Baseler Concilium sehr genau die päbstlichen Reservationen, die ausdrücklich im Corpus juris vorkämen, im Gegensatz derjenigen, die sich nur auf Extravaganten gründeten.

c) Die Decretalen erschienen 1499, der Sextus, die Clementinen und die Extravaganten verbunden 1500, das Decret 1502.

d) Zwanzig Extravaganten, in vierzehn Titel abgetheilt, kommen in einigen Ausgaben des fünfzehnten Jahrhunderts vor. Diese sind aber von den oben genannten verschieden.

von Johann XXII. standen, jedoch nun mit der Glosse des Guilielmus (§. 106). Diese zweite Sammlung theilte er, um sie den ältern ähnlich zu machen, in fünf Bücher und Titel; jedoch ist das vierte Buch wegen Mangel an Stoff nur in der Ueberschrift angedeutet. Von nun an erschienen die Quellen des canonischen Rechts zwar immer noch ohne Gesammttitel, aber doch regelmäßig in drei Theilen, wovon der erste das Decret, der zweite die Decretalen Gregors IX., der dritte den Sextus, die Clementinen und jene beiden Extravagantensammlungen enthielt e).

§. 124. C) Kritische Bearbeitung des Corpus juris canonici.

Eine neue Zeit für den Text der canonischen Sammlungen begann mit den kritischen Ausgaben des Ant. Desmochares f) und Ant. Le-Conte g). Raymund von Pennafort hatte in den Decretalen Gregors IX. nach seinen Absichten mancherlei verändert, und namentlich die Geschichtserzählung (pars decisa), worauf die Entscheidung gebaut war, gewöhnlich unterdrückt. Diese stellte Le-Conte so viel wie möglich aus andern Hülfsmitteln her. Auch wurden von ihm zuerst die einzelnen Stellen des Decrets, wie bereits bei den Decretalen geschehen war h), mit Zahlen bezeichnet. Der wissenschaftlichen Richtung der Zeit folgend, ernannte

---

e) Die zahlreichen glossirten Ausgaben aus der ersten Hälfte des sechzehnten Jahrhunderts sehen sich in der Hauptsache ganz ähnlich. Die meisten sind aus folgenden Offizinen hervorgegangen: Paris. Ud. Gering et Berth. Rembolt, Paris. Thielmann Kerver et Joh. Petit, Basil. Joh. Amerbach et Petr. Froben, Lugdun. Fr. Fradin, Lugd. Hugo et hered. Aemonis a Porta. Etwas Neues waren die Noten von Dumolin in der Ausgabe von Lyon bei Hugo a Porta 1559. in 4. und fol. Der Gesammttitel corpus juris canonici ist wohl zuerst bei den unglossirten Ausgaben aus der zweiten Hälfte des sechzehnten Jahrhunderts aufgekommen.

f) Von diesem erschien zuerst das Decret Paris. ap Car. Guillard 1547. 8., dann drei Ausgaben des ganzen Corpus juris nur ohne die Glosse Paris. ap. Car. Guillard. 1550. 1552. IV. Vol. 8. Lugdun. ap. Guil. Rovillium 1554. VII. Vol. 12., und eine mit der Glosse Paris. ap. Guil Merlin 1561. III. Vol. fol.

g) Diese erschien Antverp. ap. Plantin. 1569 — 71: IV. Vol. 8.

h) Die Ausgaben der Decretalensammlungen aus dem fünfzehnten Jahrhundert enthalten diese Aenderung noch nicht. Doch findet sie sich schon, und wohl nicht zuerst, in der Lyoner Ausgabe von Fr. Fradin 1513.

Pius IV. zur Verbesserung jener Sammlungen eine eigne Congregation von Cardinälen und Gelehrten, deren Arbeiten aber erst unter Gregor XIII. 1580 vollendet, und in einer neuen authentischen Ausgabe, worin man aber doch die Glosse beibehielt, bekannt gemacht wurden i). Eine Reihe von Ausgaben, die seitdem erschienen, sind auf diese Römische gegründet k). Ohngeachtet der gründlichen Bemühungen der römischen Correctoren blieben aber doch, namentlich im Decrete, noch manche Fehler übrig, welche theils in besondern Abhandlungen darüber bemerklich gemacht l), theils in neuern kritischen Ausgaben m), jedoch noch keineswegs vollständig, verbessert worden sind. Mittlerweile kamen zu dem Ganzen noch zwei Anhänge, nämlich die Institutionen des Lancellotti (§. 120 not. w) und das siebente Buch des

i) Diese erschien Romæ in ædib populi Roman. 1582. III. Vol. fol. Die Bulle Gregors XIII. von 1580 steht jetzt meistens vor oder hinter dem Decret abgedruckt.

k) Von dieser Art sind folgende: Rom 1584. IV. Vol 4., Venet. 1584. IV. Vol. 4., Lugdun 1584. III. Vol. fol, Paris. 1585. III. Vol. fol., Francof. 1586. IV. Vol. 8., und noch viele Andere. Die letzte glossirte Ausgabe ist: Lugdun. ap. Huguetan. 1671. III. Vol. fol.

l) *Ant. Augustinus* De emendatione Gratiani libri duo. Tarracon. 1587. 4. Paris. 1607 4. cum not. St. Baluzii Paris. 1672. 8. cum not G. van Mastricht. Duisb 1676 8. ed. J. A. Riegger. Vienn. 1764. 8. ult. ed. in *Galland.* Dissertat. Sylloge ed. Mogunt. T. II. p. 185 613, *Diomedes Brava* (*Guido Grandi*), Disquisit. critic. de interpelatione Gratiani. Bonon. 1694. (in *J. H. Böhmer* Corp jur canon. Tom I p. XLII.), *C. S. Berardus* Gratiani canones genuini ab apogryphis discreti, corrupti ad emendatiorum codicum fidem exacti, difficiliores commoda interpretatione illustrati. Taurin. 1752 IV. Vol. 4., *J. A. Riegger* De Gratiani collectione canonum illiusque methodo et mendis (in Oblectam. histor et jur. ecclesiast. Ulm. 1776. 8.), *Jud. Le Plat.* Diss. de spuriis in Gratiano canonibus. (in *Z. B. van Espen* Comment. in jus nov. can. Bruxell. 1777. II. Vol. 8., *Galland.* Sylloge ed. Mogunt. T. II. p. 801 — 954)

m) Corpus juris canonici cum not. Pet. et Fr. Pithoeorum ed. Claud. Le Pelletier. Paris 1687. II. Vol. fol. Lips. 1695 1705. II. Vol. fol. August. Taurin. 1746. II. Vol. fol., Corpus juris canonici Gregorii XIII. Pont. Max. authoritate post emendationem absolutam editum, rec. J. H. Böhmer. Halæ 1747. II. Vol. 4.

Petrus Matthäus (§. 114); allein beide haben kein gesetzliches Ansehen erhalten n). Auch wurden schon früh Register verschiedener Art beigegeben; die wichtigsten sind aber die von Pet. Guenois, vier über das Decret und drei über die Decretalen, wodurch die einzelnen Stellen auf ihre Quellen zurückgeführt werden o).

§. 123. D) Von dem Ansehen und Gebrauch des Corpus juris canonici.

Die gesetzliche Kraft der drei Decretalen-Sammlungen gründet sich sowohl auf die Autorität der Päbste, welche sie bekannt machten, wie auf deren Reception durch die Wissenschaft und Praxis; die des Decretes und der beiden Extravagantensammlungen aber blos auf letztere, weil sie in ihrem Ursprung Privatarbeiten waren. p). Für Deutschland wird diese Reception noch

---

n) Die Institutionen von Lancelotti sind zwar aus Auftrag Pauls IV. verfertigt, nicht aber von ihm bestätigt worden. Im Anfang des siebzehnten Jahrhunderts gestattete Paul V. blos, daß sie den übrigen Quellen zur Erläuterung beigefügt würden. Das siebente Buch des Petrus Matthäus ist zuerst in der Lyoner Ausgabe von 1671 (nicht 1661) aufgenommen worden.

o) Zuerst erschienen sie in der Pariser Ausgabe von 1618. Böhmer hat vier davon aufgenommen, und diese von vielen, jedoch noch nicht von allen Druckfehlern und Unrichtigkeiten gesäubert.

p) Die gesetzliche Kraft der beiden Extravagantensammlungen ist nicht unbestritten. Einige behaupten, als Privatarbeiten jüngerer Zeit hätten sie im Ganzen kein Ansehen, sondern es käme auf die nachzuweisende Reception der einzelnen Stellen an. So viel ist allerdings richtig, daß in den Streitigkeiten des fünfzehnten Jahrhunderts ein Gegensatz zwischen dem gemeinen oder geschriebenen Recht, worunter man die vier anerkannten Sammlungen verstand, und den einzelnen damals noch nicht gesammelten, Extravaganten aufgestellt wurde. Allein vom sechzehnten Jahrhundert an erschienen die beiden Sammlungen des Chappuis in allen Ausgaben, und wurden vor Gericht wie die andern angeführt. Sie haben also, wie auch Bickel annimmt, im Ganzen den Gerichtsgebrauch für sich. Daß bei dieser Reception äußere Bequemlichkeit und Zufälligkeiten des Bücherwesens mitgewürkt haben, ist kein Grund sie zu bestreiten; denn allerdings hat auch die Bequemlichkeit des Gebrauchs, so wie die Thätigkeit der Stationarien und Bücherabschreiber in Bologna sehr vieles mit zur Reception der Sammlung Gratians beigetragen. Uebrigens ist aber diese ganze Streitfrage praktisch wenig erheblich, da die meisten Stellen nur vorübergehende und locale Verordnungen enthalten, oder durch veränderte Verhält-

durch das ausdrückliche Zeugniß der alten Landrechte und der Reichsgesetze bewiesen. q). Jenes gesetzliche Ansehn hat aber das Decret doch nur für den Text der eingeflochtenen Beweisstellen (§. 97.), nicht für die eigenen Sätze Gratians erhalten, da schon die Glosse darauf keine Rücksicht nahm. Eben so wenig ist es den über den einzelnen Stellen befindlichen Summá oder kurzen Inhaltsangaben, die im Decrete größtentheils von Gratian, in den Decretalen von den Glossatoren herrühren, zu Theil geworden. Uebrigens wird der Gebrauch dieser Sammlungen noch durch mehrere Rücksichten eingeschränkt. Ihre Bestimmung war nämlich keineswegs die, Gesetzbücher zu seyn, wodurch die Kirche durchaus gleichförmig beherrscht würde: sondern sie sollen nur neben den besondern Rechtsquellen, die überall fortbestehen, als Ergänzung dienen. Ferner dürfen solche, in sehr entfernten Zeiten gebildete Rechte und Gesetze nur in so fern zur Anwendung gebracht werden, als die jetzigen Verhältnisse mit denen damahls vorhandenen noch würklich gleichartig sind. Zwischen jenen Sammlungen und dem Leben steht also immer noch die Wissenschaft in der Mitte, welche das Veraltete ausscheidet, und den Buchstaben durch den Geist mildert, beschränkt oder erweitert. Noch mehr ist natürlich der Gebrauch der canonischen Sammlungen bei den Protestanten eingeschränkt. Luther versuchte sogar sie ganz abzuschaffen; allein das Bedürfniß der Wissenschaft und Praxis führte von selbst wieder darauf zurück. Daher blieben sie der Theorie nach als Quelle des gemeinen Rechts anerkannt, wurden aber in der Praxis überall nach den neuen Verhältnissen modificirt. Dadurch haben sie allmählig in rein kirchlichen Verhältnissen, mit Ausnahme von England, fast alle Anwendbarkeit verloren.

§. 126. II. Von dem Concilium zu Trient.

Eine andere Quelle des gemeinen katholischen Kirchenrechts

---

niße unbrauchbar gemacht, oder auch durch neuere Gesetze und Verträge näher bestimmt worden sind, so daß sie selbst nur zur analogen Anwendung einen Stoff darbieten

q) Schwabenspiegel Senkenb. Ausg Kap. V. — Aus dieser Stelle ergiebt sich, daß die canonischen Sammlungen mit zu des Reichs gemeinen Rechten gehörten, worauf die ältern Reichsgesetze im Allgemeinen verweisen. Ausdrücklich genannt wird das Corpus juris canonici in der Reichs-Hof-Raths-Ordnung 1654. Tit. VII. § 24.

bilden die Beschlüsse des Conciliums von Trient in 25 Sessionen (§. 114). Diese enthalten theils kurze Canonen, als Unterscheidungslehren gegen die Irrthümer, wider welche das Concilium versammelt war; theils weitläufigere Erörterungen einer Glaubenslehre, welche wieder in Kapitel eingetheilt sind, endlich auch Decrete über einzelne Theile der kirchlichen Disciplin, gewöhnlich ebenfalls in Kapitel eingetheilt. In den meisten Sessionen kommt unter andern ein Decret über die Reformation vor, welches sich mit den damahls am meisten auffallenden Gebrechen der Kirchenzucht beschäftigt r). Zur Ausführung und Interpretation dieser Beschlüsse sollte der Pabst entweder zuverläßige Männer aus der betreffenden Provinz einberufen, oder wenn es ihm nöthig schiene ein neues Concilium versammeln, oder sonst jedes geeignete Mittel erwählen s). Pius IV. setzte daher 1564 eine Congregation von Cardinälen nieder, um über die Befolgung des Conciliums zu wachen. Sixtus V. hat dieser auch das Recht in zweifelhaften Fällen authentische Declarationen zu ertheilen, jedoch nur für die Disciplinarvorschriften und nicht ohne Anfragen bei dem Pabste, beigelegt. In Frankreich wurden aber die Decrete über die Disciplin im Ganzen nicht angenommen, sind aber doch allmählich im Einzelnen durch Provinzialconcilien und königliche Ordonnanzen ins Leben eingeführt worden.

§. 127. III. Von den römischen Kanzleiregeln.

Zu dem praktischen Gebrauch der Quellen gehören auch die Regeln der apostolischen Kanzlei, das heißt Instructionen des Pabstes für seine Regierungscollegien, wie sie bei gewißen Geschäften verfahren sollen. Sie enthalten besonders Vorschriften über die Verleihung der Kirchenämter, die vom Pabste selbst vergeben werden, über die Zuläßigkeit der Resignation und der gerichtlichen Appellationen, über Clauseln, die bei gewissen Confessionen ausdrücklich beizufügen seyen, über den Münzfuß bei den

r) Die erste und authentische Ausgabe erschien von Paul Manutius, Rom. 1564. fol. Für die beste hält man die von Joa. Gallemart, welche zu Cölln 1700 und 1722, dann zu Augsburg 1781 neu aufgelegt worden ist. In dieser befinden sich auch die Declarationen der zur Auslegung dieser Beschlüsse niedergesetzten Congregation

s) Conc. Trid. Sess. XXV. Decret. de recipiendis et observandis decretis concilii.

Kanzleigebühren, und über die äußere Form der päbstlichen Urkunden. Ihr Zweck ist Willkühr der Unterbeamten, und allzu häufiges Anfragen nach Oben zu verhüten. Als bloße Instructionen gelten sie nur für die Lebenszeit eines Pabstes; doch werden sie gewöhnlich vom Nachfolger, gleich beim Antritt seines Amtes mit geringen Veränderungen erneuert, und vom Cardinal Vicekanzler publicirt. Publicationen und Protocollirungen bei der Kanzlei über Gegenstände, die dem Geschäftsgang zu Folge nach Rom gehörten, kamen wohl schon frühe vor. So ließ denn auch Johann XXII. (1316) die von ihm geschehenen Reservationen der Kirchenämter bei der Kanzlei protocolliren. Seine Nachfolger setzten dieses fort und wandten es auch auf andere Geschäftsverhältnisse, die mit der Kanzlei in Berührung standen, an. Die ältesten gedruckten Kanzleiregeln sind von Johann XXIII. (1410) t) und Martin V. (1418) Letztere sind noch auf dem Kostnitzer Concilium selbst erlassen u). Auch wurden dort die mit den Nationen geschlossenen Concordate gleich der Kanzlei mitgetheilt und dem Herkommen gemäß in deren Register eingetragen v). Die Regeln seiner Vorgänger, mit seinen eignen vermehrt, brachte den Nicolaus V. († 1455) in eine Sammlung, und diese wird mit einigen Zusätzen und Veränderungen im Ganzen noch gebraucht. Ihre Zahl beläuft sich darin auf ein bis zwei und siebenzig. Bei ihrer Anwendung nimmt aber die Curie jetzt auf die kirchlichen Verhältnisse der einzelnen Länder Rücksicht. In Frankreich waren vier, in Deutschland zwei derselben so recipirt, daß selbst die einheimischen Gerichte darnach erkannten w).

§. 128. IV. Verhältniß der verschiedenen Quellen in der Anwendung.

Bei der Anwendung der Quellen auf einen gegebenen Fall gehen die besondern Rechtsquellen den gemeinen vor. Es kommt

---

t) *Herm. von der Hardt* Conc. Constant. T. I. p. 954.

u) *Mansi* Conc. T. XXVIII. col. 499—516.

v) *Mansi* Conc. T. XXVII. col. 1184. 1189. 1193.

w) Commentarien über die Kanzleiregeln giebt es mehrere. Der neueste ist: *I. B. Rigantii* Commentarii in regulas constitutiones et ordinationes Cancellariæ apostolicæ. Rom. 1751. IV. Vol. fol.

also immer zunächst auf die bestehende Disciplin und Praxis des betreffenden Landes an. Von den Quellen des Kirchenrechts hat die jüngste, also das Concilium von Trient, den Vorzug. Eben so wird unter den canonischen Sammlungen des Mittelalters zunächst auf die jüngere, nicht auf das Alter der einzelnen Stelle gesehen, weil alle Stellen durch die Publication der Sammlung gewissermaßen deren Datum angenommen haben. Nur setzt dieses voraus, daß die Stelle, worum es sich handelt, würklich einer allgemeinen Ausdehnung fähig ist; sonst muß sie mehr aus dem historischen Standpunkt nach der Zeit und den besondern Verhältnissen, worunter sie erschien, behandelt werden. Dieses ist namentlich bei den meisten Extravaganten der Fall. Widersprechen sich Stellen einer und derselben Sammlung, so werden ebenfalls historische Unterscheidungen nothwendig. In Vergleichung mit dem römischen Recht, hat das canonische regelmäßig den Vorzug; doch kommt dieser Conflict in kirchlichen Verhältnissen jetzt selten mehr zur Sprache.

Drittes Buch.

Von der Verfassung der Kirche.

Einleitung.

§. 129. I. Uebersicht der kirchlichen Personen.

Die Mitglieder einer Kirche theilen sich, wie die eines Staates, in zwei Klassen, in solche denen das gewöhnliche kirchliche Bürgerrecht (status ecclesiasticus communis) zusteht, und solche die einem besondern kirchlichen Stand (status ecclesiasticus specialis) angehören. Ersteres wird durch die rechtmässige Aufnahme in die Kirche, und mit ihm das Recht ertheilt, an den Sakramenten, der äußern Religionsübung und den Lehranstalten derselben Theil zu nehmen, auch unter den gesetzlichen Bedingungen einen besondern kirchlichen Stand zu erwerben. Es legt aber auch die Verpflichtung auf, ihre Lehren zu bekennen, die vorgeschriebenen Religionshandlungen zu erfüllen, und ihren Gesetzen zu gehorchen. Als besondere Stände können nach der jetzigen Verfassung sowohl der abendländischen wie der morgenländischen Kirche, folgende drei unterschieden werden. Erstlich, der Stand der Ordinirten (status clericalis), welcher durch die Ordination erworben wird. In dieser Hinsicht werden die Kleriker den Laien entgegengesetzt. Zweitens, der Ordensstand (status religiosus), welcher durch das feierliche Gelübde zu einem religiösen Leben erworben wird. In dieser Beziehung werden die Ordensleute (religiosi sive regulares) den Weltlichen (saeculares) x) entgegengesetzt. Drittens, der kirchliche Beamtenstand (status ecclesiasticus sensu

---

x) In der h. Schrift werden nämlich durch κόσμος die Weltkinder bezeichnet, welches in der Vulgata durch saeculum übersetzt ist.

stricto), welcher durch ein Kirchenamt erworben wird. Bei den Protestanten fällt aber der Stand der Ordinirten, als ein von den Kirchenbeamten getrennter Stand, fast ganz weg, weil die Ordination regelmäßig nur in Beziehung auf ein bestimmtes Amt ertheilt werden soll. Eben so fehlt der Stand der Ordensleute. Es bleibt daher bei ihnen blos der Stand der Kirchenbeamten übrig.

§. 130. II. Anordnung dieses Buchs.

Früher wurde die Darstellung der kirchlichen Verfassung gewöhnlich an die jener drei besondern Stände angeknüpft. Dieses war auch den damaligen Verhältnissen der Kirche angemessen, da der Stand der Kleriker und Ordensleute sehr zahlreich, und letzterer, wie noch jetzt in der griechischen und russischen Kirche, sehr innig in die Verfassung verflochten war. Nach dem jetzigen Zustand ist derselbe aber seiner Zahl und Stellung nach so eingeschränkt, daß er richtiger im siebenten Buch unter den besondern Erzeugnissen des kirchlichen Lebens abgehandelt wird. Eben so ist es auch der eigentlichen Bedeutung der Ordination angemessener, sie im fünften Buch als Vorbereitung und Befähigung zum geistlichen Amte zu betrachten. Die Darstellung der Verfassung muß daher blos auf die kirchlichen Aemter oder Verwaltungsbehörden beschränkt seyn. Von den folgenden Kapiteln sind nun die vier ersten der katholischen, das fünfte der morgenländischen, das sechste der protestantische Kirche bestimmt.

§. 131. III. Begriff und Eintheilung der Kirchenämter.

Greg. I. 33. Sext. I. 17. De maioritate et obedientia.

Ein Kirchenamt (officium ecclesiasticum) ist das Recht und die Pflicht, die Kirchengewalt in bestimmten Verhältnissen wirklich anzuwenden und auszuüben. Gewöhnlich bezieht es sich auf eine der geographischen Eintheilungen des kirchlichen Gebietes, und bezeichnet dann die Ausübung der Kirchengewalt an einem bestimmten Ort und über bestimmte Personen. Der Inbegriff der Befugnisse eines solchen Amtes heißt die Amtsgewalt (maioritas), welcher der Gehorsam der Untergebenen entspricht. Diejenigen Personen, welchen sie zusteht, heißen Kirchenobern (superiores ecclesiastici), oder auch kirchliche Personen im engsten Sinn. Uebrigens werden die Kirchenämter auf sehr verschiedene

Weise eingetheilt. I. Einige beziehen sich auf die Verrichtung der heiligen Handlungen, andere auf die Jurisdiction und die äußere Verwaltung. Erstere heißen geistliche oder gottesdienstliche Aemter (officia sacra). Nach der jetzigen Verfassung gehören dahin blos die Pfarrer mit ihren verschiedenen Gehülfen, die Canonici wegen des Chordienstes, und die Bischöfe wegen der ihnen vorbehaltenen Rechte der Weihe y). II. Die Aemter der zweiten Art theilen sich wieder in zwei Classen. A) Einige enthalten eine wirkliche Jurisdiktion auf eignen Namen. Diese heißen Kirchenwürden (dignitates) z) oder Prälaturen im eigentlichen Sinn. Ursprünglich gehörten dahin blos die Bischöfe, Erzbischöfe, Patriarchen und der Pabst. Durch Privilegium und Herkommen haben aber auch die Cardinäle und päbstlichen Legate, die Aebte und Vorsteher der Mönchsorden eine gewisse Jurisdiktion erhalten. Uebrigens werden aber auch die höhern Stellen in den Capiteln Dignitäten a) oder Personate b) genannt. Personat nennt man jedoch jetzt vorzüglich die Würde, welche ohne reelle Bedeutung blos ein Ehrenrecht ertheilt. Auf jenen Gegensatz der Dignitäten und der übrigen Aemter bezieht sich auch die Eintheilung in die größern und geringern Stellen (officia majora et minora) c). B) Andere Aemter beschäftigen sich zwar mit äußern Verhältnissen, allein sie haben doch eine wirkliche Jurisdiktion nicht, wenigstens nicht auf eignen Namen. Diese heißen kirchliche Bedienungen (officia) schlechthin. Von dieser Art sind die Gehülfen der bischöflichen Jurisdiktion, die Officiale, Generalvikarien, bischöflichen Räthe und Commissarien, ferner die Erzpriester, Dechanten und Primicerien, zur Beaufsichtigung der Disciplin und der Liturgie; die Oekonomen und Administratoren des Kirchenvermögens, und andere Stellen für besondere kirchliche Geschäfte. Von diesen Aemtern sind aber viele theils veraltet, theils zu leeren Personaten herabgesunken.

---

y) Früher waren dahin alle Grade vom Ostiarius bis zum Presbyter zu rechnen, indem diese damals würkliche Aemter waren.

z) Tit. X. de præbend. et dignit. (3. 5.)

a) c. 8. X. de constit. (1. 2.), c. 6. X. de consuet. (1. 4.), c. 28. X. de præbend. (3. 5.)

b) c. 8. X. de constit. (1. 2.), c. 8. X. de rescript. (1. 3.), c. 13. 28. X. de præbend. (3. 5.)

c) c. 8. X de rescript. (1. 3.), c. 7. §. 2. X. de elect. (1. 6.), c. 8. X. de præbend. (3. 5.)

Erstes Kapitel.

Vom Pabst und dessen Gehülfen.

§. 132. I. Von dem Primate. A) Allgemeiner Inhalt desselben.

Der Pabst ist das Haupt der sichtbaren Kirche unter Christus als dem eigentlichen unsichtbaren Oberhaupt. Dieses Primat gründet sich auf die Vollmachten, die ihm als dem Nachfolger Petri zur Aufrechthaltung der Einheit in der Lehre und Verfassung hinterlassen worden sind (§. 25). Die Fülle der Gewalt, die zu diesem Zwecke nothwendig ist, steht ihm daher allein zu, und erstreckt sich auf alle Theile, weil alle in der Einheit verbunden seyn sollen d). Er muß also wie der allgemeine Vater über die ganze Kirche wachen e), und die Gläubigen sollen ihn mit kind-

d) Conc. Lugdun II. a. 1274. S. Romana ecclesia summum et plenum primatum et principatum super universam ecclesiam catholicam obtinet, quem se ab ipso Domino in B. Petro Apostolorum principe sive vertice, cujus Romanus Pontifex est successor, cum potestatis plenitudine recepisse veraciter et humiliter recognoscit. Et sicut præ cæteris tenetur fidei veritatem defendere, sic et si quæ de fide subortæ fuerint quæstiones, suo debent judicio definiri. Ad quam potest gravatus quilibet super negotiis ad ecclesiasticum forum pertinentibus appellare, et in omnibus causis ad examen ecclesiasticum spectantibus ad ipsius potest judicium recurri, et eidem omnes ecclesiæ sunt subjectæ, et ipsarum prælati obedientiam et reverentiam sibi dant. Ad hanc autem sic potestatis plenitudo consistit, quod ecclesias cæteras ad sollicitudinis partem admittit, quarum multas et patriarchales præcipue diversis privilegiis eadem Romana ecclesia honoravit, sua tamen observata prærogativa tum in generalibus conciliis, tum in aliquibus aliis semper salva. — Conc. Basil in respons. synod. a. 1432 (Hardouin T. VIII. p. 1323.) Summus pontifex, quod caput sit et primas ecclesiæ — et solus in plenitudinem potestatis vocatus sit, alii in partem sollicitudinis, et multa hujusmodi: — ista plane fatemur et credimus, operamque in hoc sacro concilio dare intendimus, ut omnes eandem sententiam credant. — Defin. S œcumen. Synod. Florent a 1439 Diffinimus sanctam apostolicam sedem et Romanum Pontificem, in universum orbem tenere primatum, et ipsum Pontificem Romanum successorem esse B. Petri principis Apostolorum, et verum Christi vicarium, totiusque Ecclesiæ caput et om-

lichem Vertrauen als ihren geistlichen Oberhirten ehren und anerkennen f). Als der Höchste hat er äußerlich keinen Richter über sich g), sondern er ist für seine Verwaltung, so wie die Fürsten der Erde für die ihrige, nur Gott und seinem Gewissen verantwortlich h). Innerlich aber wird seine Handlungsweise bestimmt durch den Geist und die Praxis der Kirche, durch die Ehrfurcht vor den ökumenischen Concilien i), und durch das Wohl der Christenheit, dessen er in allem eingedenk seyn soll. Daher ist doch gegen seine Verwaltung bescheidene Remonstration k), ja bei offenbarer Ungerechtigkeit selbst äußerer Widerstand gestattet l).

---

nium Christianorum patrem ac doctorem existere: et ipsi in B. Petro pascendi, regendi ac gubernandi universalem ecclesiam a Domino nostro Jesu Christo plenam potestatem traditam esse.

e) Conc. Basil. Sess. XXIII. c. 4. Ipse autem summus Pontifex, tanquam communis omnium Pater et Pastor, non solum rogatus ac sollicitatus, sed proprio motu ubique investiget, investigarique faciat, et quam potest omnibus filiorum morbis conferat medicinam.

f) Man hat hierüber neulich gesagt, das kindliche Vertrauen ließe sich als etwas Freiwilliges nicht gebieten. Ein ähnlicher Einwurf ist auch schon oben vorgekommen (§. 45.) Man vergißt aber dabei, daß die Kirche ihre Vorschriften nicht als Polizeigesetze, sondern als durch ihre innere Wahrheit begründete Ermahnungen ankündigt. Und stehen nicht selbst auch im politischen Katechismus Vaterlandsliebe und Anhänglichkeit an den König als Pflichtgebote an der Spitze?

g) Die alten Zeugniße für diesen Satz sind schon bei einer andern Gelegenheit angeführt worden (§. 85. not. c.)

h) Mit andern Worten, die Person des Pabstes, wie der Könige, ist heilig und unverletzlich. Ohne diese Wahrheit kann keine Monarchie bestehen. Diese Art Souverainität spricht auch Art. 57 der Bundestagsbeschlüsse vom 28. Juni 1832 an.

i) c. 7. c. XXV. q. 1. (Zosim. c. a. 418), c. 14. eod. (Conc. Chalc. a. 451), c. 1. eod. (Gelas. a. 495), c. 17. c. XXV. q. 2. (Leo I. a. 452.)

k) Zu allen Zeiten haben die Päbste auch den freimüthigsten Ermahnungen frommer und wohlmeinender Männer Gehör gegeben. Beispiele sind Pabst Victor und der h. Irenäus, Gregor VII. und Petrus Damiani, Eugen III. und der h Bernhard, Clemens VIII. und der Cardinal Bellarmin. Das Memorial des letztern mit der Antwort des Pabstes darauf steht in *Hoffmann* Nova scriptorum ac monumentorum collectio. T. I. p. 633.

l) *Bellarmin.* De Roman. pontif. L. II. cap. 29. Licet ne.

Also ist das päbstliche Primat, welchen Namen man ihm auch geben mag, in der Anwendung doch keineswegs willkührlich und unbeschränkt, sondern durch das Bewußtseyn der den Rechten zur Seite stehenden Pflichten, durch die Rücksicht auf alte Satzungen und Gewohnheiten m), durch den milden Ton der Regierung n), durch die anerkannten Rechte des bischöflichen Amtes, durch die darauf gegründete Vertheilung der Geschäfte, durch das Verhältniß zu den weltlichen Mächten, endlich durch den Geist der Nationen überall gebunden und gemildert o).

§. 133. B) Einzelne Bestandtheile des Primates.

Die einzelnen Regierungsrechte, welche dem Pabste zustehen, sind nicht bei der Einsetzung des Primates selbst bestimmt worden, sondern haben sich historisch aus ihm in dem Leben der Kirche und durch die Wissenschaft entwickelt p). Nach der jetzigen Verfassung lassen sie sich auf vier Gesichtspunkte zurückführen. I. Rechte, die zur Erhaltung der Einheit in dem Glauben, den Sitten und der allgemeinen Disciplin nothwendig sind. Zu diesem

---

sistere pontifici — invadenti animas vel turbanti rempublicam, et multo magis si ecclesiam destruere videretur, licet inquam ei resistere, non faciendo quod jubet, et impediendo ne exequatur voluntatem suam Non tamen licet eum judicare, vel punire, vel deponere, quod non est nisi superioris. Solchen Widerstand schließt obiger Beschluß der Bundesfürsten gänzlich aus.

m) c. 6. c. XXV. q. 1. (Urban. inc. a.), c 7. eod. (Zozim. a. 418), c. 19. c. XXV. q. 2. (Gelas. a. 494), c. 21. eod. (cap. inc.)

n) *Gregor.* I. († 604) Epist. VIII. 30. Verbum jussionis peto a meo auditu removete. quia scio, quis sum, qui estis. Loco enim mihi fratres estis, moribus patres.

o) *Bellarmin.* De Roman. pontif L. I. cap 3 Probandum erit esse (in ecclesia) summi pontificis monarchiam, atque episcoporum (qui veri principes et pastores, non vicarii pontificis maximi sunt) aristocratiam; ac demum suum quendam in ea locum habere democratiam, cum nemo sit ex omni christiana multitudine, qui ad episcopatum vocari non possit, si tamen dignus eo munere judicetur.

p) Der früheren Zeit ist das Bestreben, die einzelnen Regentenrechte im Kirchen- oder Staatsrecht vollständig aufzuzählen, fremd, weil man noch nicht durch Streitigkeiten darauf geführt war. Daher fehlt diese Erörterung in den älteren Werken über das canonische Recht gänzlich. Auch hier ist blos eine kurze Uebersicht gegeben, weil die nähere Entwickelung in die Lehre von der kirchlichen Verwaltung gehört.

Zwecke muß der Pabst vor Allem über die Ordnung und Vollziehung der Gesetze in der ganzen Kirche wachen, daher aus den verschiedenen Gegenden Bericht einfordern die Nachlässigkeit der Kirchenbeamten rügen, und im Nothfall zuverlässige Männer zur Untersuchung und Aushülfe absenden. II. Da das kirchliche Leben nicht stille stehen kann, sondern in einer beständigen Entwikkelung begriffen ist, so hat der Pabst zu sorgen, daß darüber das Wesentliche der Einheit nicht verloren gehe. Er muß daher den veralteten oder unpassend gewordenen Gesetzen durch neue oder durch Dispensationen nachhelfen, zur Fortbildung der Verfassung in den einzelnen Ländern mit den weltlichen Regierungen in Verkehr treten, und wenn die Umstände es verlangen ein allgemeines Concilium berufen. III. Da sich die Autorität des Pabstes über die ganze Kirche, die der Bischöfe nur über einzelne Theile erstreckt, so müssen die Einrichtungen, welche eine allgemeine kirchliche Gültigkeit haben sollen, vom Pabste selbst anerkannt seyn. Daher steht ihm die Anordnung allgemeiner Festtage und die Bestätigung der geistlichen Orden und der höhern kirchlichen Lehranstalten zu. Eben so können Institute dieser Art nur unter Mitwirkung des Pabstes wieder aufgehoben werden. IV. Der Pabst, als die höchste Autorität in der Kirche, hat endlich auch diejenigen Angelegenheiten zu besorgen, die wegen ihrer Wichtigkeit eine Gleichförmigkeit der Behandlung, oder eine besonders genaue Erwägung, oder den höhern Geist der Verwaltung, den nur eine große Uebersicht der Verhältnisse gewährt, erfordern. Dahin gehört die Bestätigung, Versetzung und Absetzung der Bischöfe, die Errichtung, Verlegung, Vereinigung und Theilung der bischöflichen Amtsbezirke, die Leitung des Missionswesens, die Selig- und Heiligsprechungen, die Prüfung der Reliquien, die Absolutionen und Dispensationen der höhern Art. Uebrigens waren allerdings früher viele der angeführten Rechte an Zwischenbehörden, Metropoliten, Provinzialkoncilien oder Patriarchen vertheilt, sind aber allmählig, in dem Verhältniß als die volle Bedeutung des Primates zum Bewußtseyn kam, an den Pabst übergegangen q).

---

q) Man sagt, die Päbste hätten die Rechte der Provinzialconcilien an sich gezogen. Eben so wie unserere Regenten die Rechte der Reichstage und alten Volksgemeinden. Daraus folgt aber nur, daß wenn solche Versammlungen sich mit dem Zeitalter nicht mehr vertrugen, an-

§. 134. C) Ehrenrechte des Pabstes.

Die hohe Würde des Pabstes drückt sich auch in den äußern Ehrenrechten aus, die ihm nach dem alten kirchlichen und völkerrechtlichen Herkommen zustehen. Seine Insignien sind ein grader Hirtenstab, worauf oben ein Kreuz steht, und eine dreifache goldene Krone, welche Regnum genannt wird. Nach einer alten Sage sollen diese und andere Auszeichnungen von Constantin herrühren r). Eine andere Sage erzählt von einer geschmückten Krone, welche Chlodwich (510) dem Pabst überschickte s). Der Gebrauch einer doppelten Krone fand höchst wahrscheinlich schon unter Nikolaus II. († 1061) Statt, wiewohl man ihre Erfindung erst Bonifaz VIII. (1297) zuschreibt. Die dreifache Krone findet sich aber ganz gewiß schon unter Clemens V. († 1314), nicht wie man gewöhnlich angiebt erst bei Urban V. (1352). In der Anrede heißt der Pabst: Heiligster Vater t). Sich selbst aber nennt er in seinen Bullen Servus servorum Dei. Diesen Beinamen gab sich zuerst Gregor I. im sechsten Jahrhundert zum Gegensatz gegen den Patriarchen von Constantinopel, der sich den ökumenischen Patriarchen nannte. Der Titel Pontifex maximus ist von den römischen Kaisern an ihn übergegangen u). Papa hieß ursprünglich jeder Bischof; seit dem sechsten Jahrhundert wird aber darunter vorzugsweise der Bischof von Rom verstanden v). Eben so war früher der Ausdruck Vicarius Christi auch bei an-

---

dere Formen ihre Stelle einnehmen mußten. Wer dabei beständig Arglist und Usurpation vorwirft, beweist nur entweder böse Absicht oder Mangel an historischem Sinn.

r) Diese Sage ist in der falschen Schenkungsacte Constantins näher ausgebildet, c. 14. D. XCVI.

s) Diese Nachricht hat Siegeb. Gemblac. ad a. 510.

t) Vestra sanctitas, vestra beatitudo ist die Anrede, die in den alten Briefen der Bischöfe untereinander regelmäßig vorkommt.

u) Die römischen Kaiser führen diese Würde noch bis Theodosius I. Von den Päbsten wird zuerst Leo I auf einer Inschrift so genannt, Gregor I. braucht den Ausdruck von sich häufig. Doch heißen auch andere Bischöfe nicht selten summi pontifices, c. 13. D XVIII. (Conc. Agath. a 506.)

v) *Thomassin.* Vet. et nov. eccles discipl. P I. L. I. c. 4. Der Name Sire hat eine ähnliche Geschichte erlebt, und war noch im dreizehnten Jahrhundert die Bezeichnung jedes Lehnsherrn.

dern Bischöfen gebräuchlich w). Zu den völkerrechtlichen Ehrenbezeugungen gehören vorzüglich die Gesandtschaften, welche die katholischen Mächte am päbstlichen Hofe unterhalten. Bei dem Ceremonial derselben sieht man jetzt über Manches, was nach den frühern Sitten nothwendig war, hinweg. Eine besondere Form der Huldigung ist der Fußkuß. Ursprünglich war dieses eine byzantinische Sitte, die dem Kaiser und den Bischöfen erzeigt wurde. Die ersten Beispiele, wo die Kaiser sich selbst ihr unterwarfen, kommen bei Johannes I. und Justinus (525), ferner bei Agapetus und Justinian vor. Jetzt ist aber der Gebrauch derselben sehr eingeschränkt.

§. 135. D) Wissenschaftliche Systeme über das Primat.

Die wissenschaftlichen Theorrieen, welche sich über das päbstliche Primat gebildet haben, lassen sich auf drei Classen zurückführen. Einige betrachten im streng monarchischen Sinne Pabst und Kirche als Eins, und legen Ersterem allein schon die Eigenschaften und Vollmachten bei, welche der Kirche hinterlassen sind. Andere legen die Kirche in die Gesammtheit der Bischöfe, der im Falle des Widerspruchs selbst der Pabst unterworfen seyn soll. Noch andere, und dieses ist unstreitig die richtige Ansicht, stellen den Pabst zu den Bischöfen in das Verhältniß des Hauptes zu den Gliedern, und erblicken den vollständigen Körper der Kirche nur in ihrer Vereinigung. Alle diese Theorieen sind aber noch vieler Abstufungen fähig, und es kommt dabei hauptsächlich auf die Behauptungen im Einzelnen an x). Hiemit hängt noch eine andere Darstellung zusammen, die in der Wissenschaft gangbar geworden ist. Man unterscheidet nämlich gewöhnlich in dem Primate die wesentlichen und zufälligen Rechte desselben. Wesentliche nennt man diejenigen, die zu Erhaltung der Einheit durchaus nothwendig sind; zufällige diejenigen, die sich nur auf den damaligen Besitzstand oder das historische Recht gründen y). Allein diese Unterscheidung ist schon in sich unrichtig,

w) c. 19. c. XXXIII. q. 5. (Hilar. diac. c a 380.)

x) Von diesen wird noch im Verlauf bei den einschlagenden Lehren die Rede seyn.

y) Jene Unterscheidung hat in den neuern kirchenrechtlichen Schriften zahlreiche Vertheidiger, s. Ulmer Jahrschrift, Dr Frid. Hubers Schriften; auch in den Frankfurter Unterhandlungen 1818 war man von dieser Ansicht ausgegangen. v. Sauter Fund. J. E. §. 84. 469.

weil das Primat nicht etwas Fertiges und Abgeschlossenes, sondern wie die Kirche selbst in beständiger Entwicklung begriffen ist z). Daher ist man selbst auch über die Gränzen jener Unterscheidung nicht einig. Einige haben aber damit sogar die Behauptung verbunden, daß die zufälligen Rechte, als auf bloßer Uebertragung der Kirche beruhend, zur Herstellung der ursprünglichen reineren Disciplin, oder wo das Wohl der Kirche es verlangte, selbst gegen den Willen des Pabstes, widerrufen werden könnten. Allein von einer solchen Uebertragung weiß die Geschichte nichts, und die Herstellung der alten Disciplin unter einer ganz neuen Umgebung ist, wie besonnene Geschichtsforscher anerkannt haben, ein eitler Vorwand, wobei man die Formen mit dem Geiste verwechselt a). Eben so wenig lassen sich solche Gewaltschritte durch das Wohl der Kirche rechtfertigen, weil man eben darüber, ob etwas zum Wohl der Kirche gehöre, nicht die Glieder gegen das Haupt zum Richter machen darf. Auch haben selbst protestantische Schriftsteller die Regierungen vor der Begünstigung von Grundsätzen gewarnt, die man aus ganz gleichen Gründen gegen sie selbst in Anwendung bringen könnte b).

---

z) Zu einer Zeit kann die Erhaltung der Einheit Maaßregeln erfordern, woran man zu einer andern gar nicht denkt. Es kommt daher immer auf die gegebenen Verhältniße an. Was würde zum Beispiel in neuern Zeiten aus der Einheit geworden seyn, wenn der Pabst nicht das Bestätigungsrecht der Bischöfe gehabt hätte?

a) Joh. Müller Briefe (Werke B XVI. S. 156.) Sobald Kaiser Joseph der Zweite seyn wird, wie einer der Jünger, wird Pabst Pius der Sechste das Abendmahl halten, wie Christus, unser Herr! Zu derselben Zeit wird auch der Mundkoch nicht mehr credenzen.

b) Lessing sagte (Jacobis Werke B. II. S. 334): Es wäre eine unverschämte Schmeichelei gegen die Fürsten, was Febronius und seine Anhänger behaupten; denn alle ihre Gründe gegen die Rechte des Pabstes wären entweder keine Gründe, oder sie gälten doppelt und dreifach den Fürsten selbst. Begreifen könne dies ein Jeder, und daß es noch keiner gesagt, mit aller Bündigkeit und Schärfe, die ein solcher Gegenstand gelitten und verdient, unter so vielen, die den dringendsten Beruf dazu gehabt; dieses wäre seltsam genug und ein äußerst schlimmes Zeichen. — Joh. Müller Fragment: Was ist der Pabst? (Werke B. VIII.) Man sagt, er ist nur ein Bischof. Eben so wie Maria Theresia nur eine Gräfin von Habsburg, Ludwig XVI ein Graf zu Paris, der Held von Roßbach und Leuthen einer von Zollern Man weiß, welcher Pabst Karl den Großen zum ersten Kaiser gekrönt; wer hat aber den ersten Pabst gemacht?

§. 136. E) Von dem Kirchenstaate.

Der Pabst hat neben seiner geistlichen Würde noch die weltliche Hoheit über den Kirchenstaat. Diese Besitzungen der römischen Kirche gründen sich auf Rechtstitel aus verschiedenen Zeiten, und sind auch auf dem Congreß zu Wien (1815) wieder anerkannt worden c). Ihre große Wichtigkeit für die ganze Kirche ergiebt sich aber aus zwei Punkten. Erstlich entspringt daraus die freie Stellung, die der Pabst, um den kirchlichen Verkehr mit allen Monarchen und Ländern unterhalten zu können, durchaus haben muß. Als geistliches Oberhaupt auf einem fremden Gebiete wohnend, würden die Mittheilungen durch Briefe und Gesandschaften bei jedem Kriege ins Stocken gerathen, und die Angelegenheiten der Religion durch die der Politik verwirrt werden. Zweitens erhält dadurch der Pabst die Mittel zur Bestreitung der Auslagen, die ihm seine Stellung, seine Beamten, die Institute zur Verbreitung des Christenthums, und andere Einrichtungen, die er im Interesse der ganzen Kirche unterhalten muß, verursachen. Sollten diese, was ohne eigne Besitzungen durchaus nothwendig wäre, durch Beiträge der katholischen Fürsten und Nationen gedeckt werden: so würden dadurch die Päbste in ein durchaus unpassendes Verhältniß gebracht, und die wichtigsten Interessen, wie die Erfahrung früherer Zeiten gezeigt hat, von der Gunst des Augenblicks und anderen Zufälligkeiten abhängig gemacht werden d). Der Kirchenstaat ist also zur Aufrechthaltung der Verfassung allerdings von sehr großer Bedeutung e).

§. 137. II. Von den Cardinälen. A) Entstehung dieser Würde.

Die nächsten Gehülfen und Rathgeber des Pabstes sind die Cardinäle. Diese sind ihrer ursprünglichen Bedeutung nach nichts

c) Die nähere Angabe dieser Titel gehört eben so wenig wie die Civilverfassung des Kirchenstaates hieher.

d) Welche Nation würde sich noch den Peterspfennig gefallen lassen, und ist nicht genug gegen Annaten gesprochen worden?

e) Die Gründe wider den Kirchenstaat hat man vorzüglich aus dem Evangelium genommen, weil Christus gelehrt habe, sein Reich sey nicht von dieser Welt. Allein daraus läßt sich auch folgern, daß kein Superintendent sein Staatsgehalt, kein Pfarrer seine Pfarreinkünfte beziehen dürfe, weil diese Dinge gewiß doch auch von dieser Welt sind.

Anders wie das Presbyterium oder der Senat, welcher der alten Verfassung gemäß, wie jedem Bischof überhaupt, so auch dem Bischof von Rom zur Hülfe und Berathung zur Seite stand. Die Priester und Diaconen, welche dazu gehörten, dienten anfangs unstreitig mit dem Bischof an einer Kirche vereint. Bald aber finden sich in Rom 25, dann seit dem fünften Jahrhundert 28 Hauptkirchen, in denen die Sacramente ausgetheilt wurden, und bei welchen außer anderen Priestern und Diaconen ein Hauptpriester angestellt war. Ferner wurde schon früh die Stadt in sieben kirchliche Regionen eingetheilt, und nach der vom Pabste Fabian um das Jahr 240 getroffenen Anordnung für jede ein diaconus regionarius bestimmt, dem die Aufsicht über die Armen- und Krankenanstalten und die damit zusammenhängenden Bethäuser oblag. Diese 28 Hauptpriester und 7 Diaconen wurden nun auch, weil sie stehend gewordene Kirchenämter (tituli) bekleideten, von den übrigen Geistlichen in Rom durch eine bestimmtere Benennung unterschieden. Episcopus, presbyter, diaconus cardinalis hieß nehmlich damahls überhaupt derjenige, welcher einer Kirche fest und dauernd einverleibt (intitulatus, incardinatus) war, im Gegensatz derjenigen Geistlichen, die nur vorübergehend, oder in einem minder festen Verbande dort standen f). In diesem Sinne wurden denn auch sie presbyteri und diaconi cardinales genannt, und als die angesehendsten Geistlichen von Rom machten sie das Presbyterium des Bischofs aus. Episcopi cardinales konnte es dort eigentlich nicht geben. Seit dem neunten Jahrhundert wurden jedoch sieben Bischöfe der Umgegend zu dem Gottesdienst und der Verwaltung näher beigezogen, und bald ebenfalls Cardinäle genannt. Neben jener kirchlichen Eintheilung der Stadt in sieben, bestand seit August die politische in vierzehn Regionen, und erhielt zuletzt über jene die Oberhand. Hierauf bezieht sich unstreitig die verdoppelte Zahl der vierzehn diaconi cardinales, welche seit dem elften Jahrhundert vorkommt. Diese wurde um dieselbe Zeit noch durch die vier diaconi palatini vermehrt, welche dem Pabste zur Hülfeleistung an der Laterankirche zugetheilt waren. Die Zahl aller Car-

f) c. 3. D XXIV. (Gelas. a. *494*), c. 42. c. VII. q. 1. (Gregor. I. a. *592*), c. *5*. 6. c. XXI q. I. (Idem eod.), c 5. D. LXXI. (Idem a. *596*) ibiq. Corr. Rom.

dinal-Geistlichen von Rom betrug also jetzt 53. Als Cardinäle hatten sie aber noch keine besondere Auszeichnung, sondern ihr Rang, sowohl unter sich, wie gegen andere Geistliche, bestimmte sich nach ihrem eigentlichen Amte. Allein wegen der Wichtigkeit ihrer Stellung, und besonders durch ihren Antheil an der Pabstwahl, wurden sie nach und nach als eine eigne sehr hohe Würde betrachtet, die selbst den Vorrang vor den Erzbischöfen und lateinischen Patriarchen erhielt g). Sie bildeten also von nun an in der Kirche ein abgesondertes Collegium h). Pius IV. untersagte auch (1567) allen übrigen Klerikern den Namen Cardinal zu führen.

§. 138. B) Jetzige Verfassung.

Die Cardinäle werden blos von dem Pabste ernannt, jedoch sollen nur ausgezeichnete Männer, und so viel wie möglich aus allen Nationen der Christenheit genommen werden i). Auch haben mehrere Monarchen das Recht, Personen zu dieser Würde zu empfehlen; (diese heißen Cardinales coronæ). Die Zahl, welche das Baseler Concilium, um Unkosten zu ersparen, auf 24 beschränkt wissen wollte, ist durch eine Bulle von Sixtus V. (1586) auf 70 festgesetzt, worunter 14 Diaconen, 50 Priester, und 6 Bischöfe, weil zwei der sieben Bisthümer, woran diese Würde haftet, mittlerweile vereinigt worden sind. Die Priester und Diaconen erhalten, um das ursprüngliche Verhältniß noch gewissermassen darzustellen, ihren Namen von einer Hauptkirche (titulus) in Rom, und üben selbst noch mehrere Rechte an der Kirche aus, welcher sie intitulirt sind k). Ihrer eigentlichen Be-

g) Die Gründe und die Wendung dieser Verhältniße beschreibt sehr gut *Thomassin.* Vet. et nova eccles. discipl. P. I. L. II. c. 113. 114.

h) Hierin, so wie in vielen andern Punkten, sind die Cardinäle den Kurfürsten ähnlich, und überhaupt gehen beide Einrichtungen denselben Gang.

i) Conc. Trid. Sess. XXIV. cap. 1. de ref. Daß die größere Zahl aus Italien und namentlich aus dem Kirchenstaate ist, beruht auf politischen Gründen. Es könnten die Fürsten, wie Buonaparte würklich gethan hat, die auswärtigen Cardinäle als ihre Unterthanen wieder in Anspruch nehmen, und so wäre der Pabst auf einmal ohne Rathgeber hingestellt.

k) c. 24. X. de elect. (1. 6), c. 11. X. de majorit. (1. 33.)

stimmung nach sind aber die Cardinäle die Freunde und Rathgeber des Pabstes, und es soll zwischen ihm und ihnen ein wahrhaft väterliches vom Geiste des Evangeliums geleitetes Verhältniß bestehen l). Zur Berathung über die kirchlichen Angelegenheiten werden theils gewöhnliche oder geheime, theils außerordentliche oder feierliche Consistorien gehalten. Während aber der päbstliche Stuhl durch Tod erledigt ist, beschränkt sich ihre Thätigkeit blos auf die neue Wahl, und die Verwaltung des Kirchenstaates wird nur durch den Cardinal-Kämmerling mit drei andern, nämlich dem ersten Cardinal-Bischofe, Priester und Diacon besorgt m). Seit dem fünfzehnten Jahrhundert haben auch die meisten katholischen Staaten unter den Cardinälen einen Protector zum Schutz ihrer Angelegenheiten. Dem kirchlichen Range nach folgen die Cardinäle gleich nach dem Pabste; der politische hängt von der Observanz der einzelnen Reiche ab. Besondere Ehrenrechte sind der rothe Hut, den ihnen Innocenz IV. (1245), und der Titel Eminentissimi, den ihnen Urban VIII. († 1644) ertheilte, um sie den geistlichen Kurfürsten gleich zu stellen. Auch war ihnen eine hohe körperliche Unverletzbarkeit zugesichert n). In demselben Verhältniß sollen sie aber auch über alle durch ihre Tugenden und Sitten hervorragen o).

---

l) Conc. Basil. Sess XXIII c. 4. Si quem ex Cardinalibus aliquid perperam facientem Papa cognoverit, paterna semper caritate et juxta doctrinam evangelicam corrigat: ut sic alter in alterum, pater in filios et filii in patrem caritatis opera exercentes, ecclesiam exemplari ac salubri moderamine gubernent. — Auswärtige Cardinal-Bischöfe stehen wegen der Residenzpflicht ausser dieser engern Bestimmung, könnten jedoch nach dem Geiste der kirchlichen Anstalt auf schriftlichem Wege in stetem Verkehr mit dem Oberhaupte der Kirche stehen, wie der h Bernhard und Eugen III. Wie schriftl. Verkehr der Bischöfe mit Rom beschränkt s. W. über Sch. u. A R. §. 19.

m) Früher stand die gesammte Verwaltung des apostolischen Stuhls während der Sedisvacanz dem Archipresbyter, dem Archidiakon, und dem Primicerius Notariorum zu. Liber Diurn. Rom Pontif. Cap. II. Tit. 1.

n) c. 5. de pœn. in VI. (5. 9.) Eine ganz ähnliche Vorschrift wurde bekanntlich für die Kurfürsten gegeben.

o) Conc. Trid. Sess. XXV. cap. 1. de ref.

§. 139. C) Congregationen der Cardinäle.

Aus den Cardinälen hat der Pabst gewisse Ausschüsse oder Congregationen gebildet, die entweder nur vorübergehend oder stehend sind. Von letztern beziehen sich einige auf das Bisthum von Rom als solches, namentlich die Congregatio visitationis apostolicæ; andere auf die Verwaltung des Kirchenstaats; die meisten aber auf die Regierung der ganzen Kirche. Diese sind 1) die Congregatio S. officii sive inquisitionis gegen Irrlehren, welche zuerst von Paul III. (1542) bestellt wurde, und nach der neuesten Einrichtung von Sixtus V. aus 12 Cardinälen, Beisitzern mit berathender Stimme und vielen Unterbeamten besteht. 2) Congregatio indicis, welche Pius V. für die Büchercensur bestellte, und Sixtus V. näher einrichtete. 3) Die Congregatio super negotiis episcoporum und die Congregatio super negotiis regularium, welche von Sixtus V. als zwei getrennte Collegien für Ordenssachen und Rangstretigkeiten bestellt, seitdem aber vereinigt wurden. 4) Die Congregatio concillii Tridentini interpretum, welche Pius IV, niedersetzte, deren Vollmachten aber Pius V., Sixtus V. und Gregor XIV. erweitert haben (§. 126). Sie erkennt auch über die Decrete der Provinzialconcilien, die Residenz der Kleriker u. a. Zur Unterstützung derselben dient die Congregation über den Zustand der Kirchen, welche Benedict XIV. anordnete. Sie hat unter Andern darauf zu sehen, ob die Bischöfe an den h. Stuhl über den Zustand ihrer Kirche berichten. 5) Die Congregatio sacrorum rituum für die Liturgie und Canonisationen von Sixtus V. niedergesetzt. 6) Die Congregatio immunitatum ecclesiæ et controversiarum jurisdictionalium von Urban VIII. bestellt. 7) Die Congregatio de propaganda fide zur Verbreitung des Glaubens und zu den Missionsanstalten durch Gregor XV. (1622) gestiftet. 8) Minder wichtige Congregationen sind noch die über die Wahl und Prüfung der Bischöfe, über das Cermonial, über Indulgenzen und Reliquien, und über die religiöse Disciplin.

§. 140. III. Von der römischen Curie. A) Geschichtliche Bemerkungen.

Schon in der ältern Zeit hatte der Bischof von Rom eine große Anzahl von Gehülfen, theils für die gottesdienstlichen Verrichtungen, theils für die äußere Verwaltung um sich p).

p) Der Pabst Cornelius († 253) erwähnt außer den Presbytern

Als allmählig sowohl die Menge der Geschäfte wie der Glanz des päbstlichen Hofes stieg, wurden besonders die byzantinischen Geschäftsformen und Einrichtungen nachgeahmt q). Hiemit traten später noch die eigenthümlichen Formen in Verbindung, die sich in den germanischen Reichen durch die Ministerialität bildeten. Das Geistliche und Weltliche war daher, wie an den Höfen der deutschen Bischöfe, vielfach in einander gemischt. In der neuern Zeit haben aber die Päbste dieses Geschäftswesen fortwährend zu verbessern gesucht. Leo X. († 1521) unternahm eine Generalreform mit den Prälaten, Officialen und Familiaren. Pius IV. († 1565) reformirte die römische Rota, die Pönitentiaria, viele Canzleistellen, die Tribunalien, und die Kammer selbst zweimal. Innocenz XI. († 1689) erleichterte die Taxen, und dem scharfsichtigen Benedikt XIV. († 1758) entgieng nicht leicht ein Zweig der öffentlichen Verwaltung. Doch setzen lange Gewohnheiten, Besorgnisse der Unzufriedenheit, und Schonung erworbener Rechte auch dem thätigsten Eifer eines Pabstes große Hindernisse entgegen *).

§. 141. B) Jetzige Verfassung.

Der Inbegriff der päbstlichen Regierungs- und Justizkollegien wird noch, nach einem Ausdruck des Mittelalters, die römische Curie genannt. Sie zerfällt I. In die curia gratiae, vor welche die Regierungssachen gehören. Diese enthält folgende Abtheilungen. 1) Die römische Kanzlei (Cancellaria Romana), welche hauptsächlich die Ausfertigung aller Sachen hat, die im Consistorium der Cardinäle verhandelt worden sind. An der Spitze stand sonst der Kanzler der römischen Kirche, den man als den Ersten nach dem Pabste ansah. Gregor VIII., der vor seiner Erhebung (1187) selbst Kanzler gewesen war, ernannte aber nachher keinen neuen Kanzler mehr, sondern überließ dessen Funktionen seinem bisherigen Vicekanzler r). Später unter Bo-

---

und Diaconen in Rom, 7 Subdiaconen, 42 Akoluthen, und 52 Exorcisten, Lectoren und Ostiarien. *Euseb* Hist eccl L VI. c. 43

q) Die meisten Nachrichten hierüber finden sich in den Briefen Gregors I. († 604), und in dem Liber Diurnus (§. 90.)

*) Ein Umstand, der auch in neuester Zeit mancher disciplinaren Verbesserung erschwerend entgegensteht.

r) Das Kanzellaramt in Germanien hat sich bekanntlich auch fast in eine bloße Titular verloren, und die würklichen Functionen sind durch einen Vicekanzler besorgt worden.

nifaz VIII. kam diese Würde an die Cardinäle. Das Haupt der Kanzlei ist also jetzt der Cardinal Vicekanzler. Dieser hat einen Kanzleidirektor (cancellariae regens) und viele Kanzleipersonen unter sich. 2) Die Dataria Romana, vor welche die meisten Gnadensachen gehören, namentlich die Vergebung der dem Pabste reservirten Pfründen, und die Dispensationen bei nicht geheim zu haltenden Fällen. In der ältern Zeit wurden diese Geschäfte blos von einem Primicerius oder Protonotar besorgt, dessen Geschäft vorzüglich darin bestand, auf der schriftlichen Bewilligung des Pabstes das Datum zu bemerken. Hievon hat das Ganze seinen Namen erhalten. Jetzt besteht sie aus dem Cardinal Prodatarius und mehreren Officianten. 3) Die Poenitentiaria Romana ertheilt die dem Pabste vorbehaltenen Absolutionen und Dispensationen, letztere jedoch nur in geheimen Fällen und blos pro foro interno. Sie besteht aus dem Cardinal Poenitentiarius major, mehreren Prälaten und Officianten, und auf ihre gute Besetzung wird großes Gewicht gelegt s). 4) Die Camera Romana besorgt die päbstlichen Finanzen. Früher lag dieses dem Archidiakon ob; jetzt aber ist es dem Cardinal Camarlingo übertragen. Er hat einen Auditor, einen Schatzmeister und zwölf Kammerklerici unter sich. Jener Kammerauditor bildet mit mehreren Offizianten ein eigenes Tribunal, welches eine ausgedehnte Jurisdiktion, nicht blos in Kameralsachen, besitzt. 5) Die Secretaria Apostolica bildet das päbstliche Kabinet, von wo die Breven und Bullen ausgehen, die sich auf die Verhandlungen mit auswärtigen Mächten beziehen. Es gehören dazu der Cardinal-Staatssecretair und der Cardinal-Secretarius Brevium. II. Die Curia Justitiae oder die päbstlichen Justizkollegien sind folgende. 1) Die Rota Romana t), das höchste Gericht in der katholischen

---

s) Auf die Functionen der Pönitentiarie bezieht sich Const. Pastor. bonus Benedict. XIV. a. 1744; auf das Personal derselben die Const. In apostolicæ Benedict. XIV. a. 1744.

t) Die Entstehung des Namens ist ungewiß. Einige meinen von dem Turnus der Geschäfte, andere von dem Kreise, worin die Auditoren saßen; noch andere von dem Fußgetäfel des Versammlungsortes, worin ein Rad abgebildet war, Ducange Glossar. s. v. Rota Porphyretica. Auch in Frankreich hieß das höchste Gericht in der Normandie, nach dem Fußgetäfel Chambre de l'échiquier; ein Anderes in Paris, nach dem Tische Table de Marbre.

Kirche. Eine der ältesten Verordnungen darüber ist von Johann XXII. (1326). Sixtus IV. († 1484) hat die Zahl der Mitglieder (auditores Rotae) auf zwölf festgesetzt, die aus verschiedenen Nationen genommen, aber vom Pabste allein besoldet werden. Sie zerfällt in drei Senate, wovon jeder einen Referenten (ponens) und drei Votanten (correspondentes) enthält. Auch sind gewisse Prokuratoren und Advokaten der Rota angestellt, durch welche die Partheien ihre Geschäfte betreiben. 2) Die Signatura Justitiae. Diese hat über verschiedene Rechtssachen, besonders über die Zuläßigkeit der Appellationen, Delegationen und Rekusationen zu erkennen. Sie besteht aus einem Cardinalpräfekten, zwölf votirenden Prälaten, und mehreren Referendarien. Signatur heißt sie deshalb, weil der Pabst selbst die verschiedenen Rescripte unterschreibt. 3) Die Signatura Gratiae. Vor diese gehören die Rechtssachen, worin die Entscheidung blos von der Gnade des Pabstes nachgesucht ist. Der Pabst führt hier in Person den Vorsitz. Die übrigen Mitglieder sind theils die von ihm dazu ausgesuchten Cardinäle, theils andere hohe Prälaten.

§. 142. IV. Von den apostolischen Legaten und Vicarien. A) Geschichtliche Einleitung.

Die Sorgfalt des apostolischen Stuhls, die sich über die ganze Kirche erstreckt, erfordert, daß der Pabst in den Gegenden, die er nicht selbst übersehen kann, wo es nöthig ist, zuverlässige Stellvertreter unterhalte. Gesandte dieser Art kommen schon in der ältern Zeit der Kirche zu verschiedenen Zwecken vor, theils vorübergehend, z. B. zur Vertretung des Pabstes auf einem Concilium, theils als stehende Botschafter am Hofe von Constantinopel. Letztere wurden apocrisiarii oder responsales genannt u). Als die Berufungen an den römischen Stuhl häufiger vorkamen, so stiftete auch der Pabst zur Erleiterung der entfernteren Gegenden die apostolischen Vikariate, das heißt, er bevollmächtigte den Bischof der Gegend, die einschlagenden Geschäfte statt des Pabstes zu besorgen. Auf diese Art findet man den Bischof von Thessalonich für Illyrien v), den von Arles für Gallien w), und

u) Nov 123. c. 25.

v) c. 8 c. III. q. 6. (Leo I. Anastas. episc. Thessalon. c a. 445), c. 5 c XXV. q. 2. (Idem ad eund. a. 445.)

w) c. 3. c XXV. q. 2. (Gregor. I. e. a. 604), c. 9. eod. (Idem Virgilio Arelat. episc. a. 599.)

den von Sevilla für Spanien x) als apostolische Vikarien aufgestellt. Anfangs gieng ein solcher Auftrag blos an den Bischof für seine Person; durch öftere Wiederholung wurde er endlich stehend, so daß mit einem gewissen bischöflichen oder erzbischöflichen Amte schon von selbst das päbstliche Vikariat in der Gegend verbunden war. Diese stehenden Vikariate giengen aber allmählig bis zum achten Jahrhundert ein. Im neunten Jahrhundert wurden jedoch wieder verschiedene Erzbischöfe zu apostolischen Vikarien erhoben; auch suchten die Päbste diese Würde wieder unter dem Namen der Primaten stehend zu machen. Allein dieses hatte keinen dauernden Erfolg. Das Verderben der Kirchenzucht, welches aus diesem Mangel an einer gehörigen Oberaufsicht hervorgieng, nöthigte daher die Päbste seit dem elften Jahrhundert durch eigene Botschafter, die sie von ihrer Seite in den Provinzen umhersandten, nachzuhelfen y), oder auch wie ehemals einzelnen Bischöfen des Landes dieses Amt zu übertragen.

§. 143. B) Verhältnisse des Mittelalters.

Greg. I. 30. Sext. I. 15. De officio legati.

Im Mittelalter gab es also theils Legate, die schon als Erzbischöfe in dem betreffenden Lande angestellt z), theils solche, die wirklich von der Seite des Pabstes dahin abgesandt waren a). Beide hatten, als Stellvertreter des Pabstes, eine sehr bestimmte mit den Bischöfen selbst schon in erster Instanz concurrirende Gerichtsbarkeit b). Bei den Ersteren ist aber die Würde des Legaten allmählig stehend und dadurch fast bedeutungslos geworden c).

---

x) c. 6. c. XXV. q. 2. (Hormisd. a. 517.)

y) Diese Legate waren in der kirchlichen Ordnung, was die königlichen Sendboten (missi dominici) in der weltlichen.

z) So die Erzbischöfe von Canterbury und York, c. 1. X. h. t., c. 1. X de appellat. (2. 28.) und der von Rheims, c. 13. X. qui fil. sint legit. (4. 17.)

a) Dieser Unterschied findet sich sehr bestimmt im c. 8. 9. X. h. t., c. 1. eod. in VI. Der Ausdruck de latere kommt schon sehr frühe vor, c. 36. c. II. q. 6. (Conc. Sard. a. 344.)

b) c. 1. X. h. t. Eben so durften in der weltlichen Ordnung die kaiserlichen Landgerichte mit den Territorialgerichten concurriren.

c) Dieselbe Wendung hat bekanntlich in der Reichsverfassung die Pfalzgrafenwürde genommen.

Besondere Vorrechte standen aber noch den Legaten der zweiten Art zu. Diese konnten von mehreren der vorbehaltenen Fällen absolviren, erwählte Bischöfe und Aebte bestätigen d), und, wenn sie zugleich Cardinäle waren, sogar erledigte Beneficien vergeben e). Ferner wurden durch ihre Gegenwart die Vollmachten der Legate der ersten Art suspendirt, und während ihres Aufenthalts durfte sich ein Erzbischof oder Patriarch nicht wie gewöhnlich sein Kreuz vortragen lassen f). Entzogen waren ihnen nur die ganz wichtigen Sachen, als Theilung und Vereinigung von Bisthümern, Versetzung oder Absetzung von Bischöfen, und auch die Collation der Wahldignitäten g). Allmählig wurden aber ihre Rechte mehr beschränkt, und ihre Zulassung von der Zustimmung der Landesfürsten abhängig gemacht h). Das Concilium von Trient hob sogar ihre mit den Bischöfen concurrirende Jurisdiction ganz auf i). Uebrigens dauerte aber ihr Verhältniß fort, und es wurden sogar an mehreren Orten stehende Nunciaturen errichtet, theils weil das politische Gesandtschaftswesen dieselbe Form annahm, theils weil die Religionsunruhen verstärkte Aufmerksamkeit nöthig machten k). Allein in der neuern Zeit sind diese zum Theil wieder eingegangen, oder haben doch eine sehr veränderte Gestalt erhalten.

§. 144. C) Heutiges Recht.

Man kann jetzt folgende Arten von apostolischen Legaten und Stellvertretern unterscheiden. I. Die geborenen Legate, welche es vermöge einer anderen kirchlichen Würde sind. Diese Eigenschaft haben in Deutschland die Erzbischöfe von Cölln l) und Prag.

---

d) c. 9 X. h. t., c. 36. de elect in VI. (1 6.)

e) c 6 X. h t., c. 1. eod. in VI., c. 31. de praebend. in VI. (3. 4)

f) c. 8. X. h. t., c. 23 X. de privileg. (5. 33.)

g) c. 3. 4 X h t., c. 4 eod in VI.

h) So in England, Frankreich, Spanien, *Thomassin*. Vet. et nov eccles discipl P I. L. II. c. 119.

i) Conc Trid. Sess XXIV. cap. 20 de ref

k) Stehende Nunziaturen wurden zu Wien 1581, Cölln 1582, Luzern 1586, Brüssel 1597, München 1785 errichtet.

l) Bei diesem gründet sie sich auf die Bullen von Urban III., Innocenz IV., Urban VI., Sixtus IV., Julius II., Leo X., Julius III. und Pius IV. Bei der Herstellung des Erzstiftes ist auch diese Würde wieder aufgelebt.

Doch hängen nur noch Ehrenrechte davon ab. Anders ist es in Sicilien: hier führt der König selbst die Würde eines apostolischen Legaten, und er läßt die daraus fließenden Rechte noch durch ein eigenes Gericht ausüben. Man nennt dieses die Privilegien der siculischen Monarchie. Sie gründen sich auf eine, freilich lange bestrittene, Bulle Urbans II. an Roger (1099), und sind von Benedikt XIII. (1728) ausdrücklich bestätigt worden. II. Wirkliche päbstliche Botschafter. Diese sind wieder verschiedener Art. 1) Legati a latere, Gesandte des ersten Ranges, wozu nur Cardinäle genommen werden. Sie erhalten ihre Instruktion unmittelbar vom Pabste. Doch werden sie jetzt nur bei außerordentlichen und besonders wichtigen Angelegenheiten gebraucht. 2) Die Nuntien, Gesandte des zweiten Ranges, wozu auch andere Prälaten, zuweilen cum potestate legati a latere ernannt werden. Sie sind entweder vorübergehend oder stehend. Ihre Vollmachten hängen von ihren besondern Instruktionen, ihre Zulassung von der Regierung des betreffenden Landes, ab m). Gewöhnlich haben sie aber mit der innern kirchlichen Verwaltung gar nichts mehr zu thun, sondern sie sind blos diplomatische Personen, durch welche die nöthigen Mittheilungen zwischen den Höfen geschehen. 3) Internuntien oder Residenten, Gesandte des dritten Ranges. III. Die apostolischen Vikarien. Diese bestehen in solchen Gegenden, wo entweder bischöfliche Sitze gar nicht vorhanden sind, oder durch lange Sedisvacanz und Auflösung des Kapitels die bischöfliche Jurisdiktion unterbrochen ist. Ihre Ernennung gründet sich auf die Pflicht der allgemeinen päbstlichen Fürsorge und auf das Devolutionsrecht.

Zweites Kapitel.

Von den Bischöfen und ihren Gehülfen.

§. 145. I. Von den Bischöfen.

Die Bischöfe, als die wahren Nachfolger der Apostel n), be-

m) Die entgegenstehende Stelle des gemeinen Rechts gilt nicht mehr, c. un. Extr. comm. de consuet. (1. 1.)

n) Dieses sagt auch das Conc. Trid. Sess. XXIII. cap 4 de sacram. ord.

sitzen die ganze Fülle der Gewalt, welche diesen von Christus für den Zweck der Offenbarung hinterlassen worden ist o). Sie sind also in ihrem Amte die wahren Stellvertreter Christi auf Erden p). Doch können sie nicht alles gemeinschaftlich verwalten, sondern der Wirkungskreis jedes Einzelnen muß, wie die Ordnung aller irdischen Verhältnisse es verlangt, räumlich abgetheilt, und an einen festen Sitz gebunden seyn. Daher ist jeder, nach einer uralten Einrichtung, an ein bestimmtes Gebiet angewiesen, außerhalb dessen er keine bischöfliche Rechte ausüben soll q). Durch diese Anordnung wendet also jeder Bischof auf seinen Theil die Verwaltung an, die dem Episcopate gemeinschaftlich für das Ganze gegeben ist r). Ein solcher Bezirk heißt nach dem älteren Sprachgebrauch eine Parochie (παροικια), jetzt gewöhnlich eine Diöcese. Die Bestandtheile des bischöflichen Amtes sind aber, seiner Bestimmung gemäß, dreifacher Art s). Erstlich ruht auf ihm die Sorgfalt für die Erhaltung und Verbreitung der Lehre in der Diöcese (jura magisterii), Zweitens sind in dasselbe alle Vollmachten zur Verwaltung der heiligen geheimnißvollen Handlungen (jura ordinis) niederlegt. Einige derselben haben die Bischöfe dem priesterlichen Amte mitgetheilt (jura communia),

---

o) Nicht also die ganze Fülle der Kirchengewalt, sondern nur diejenige, welche die Apostel selbst erhalten haben. Diese war aber den besondern Vollmachten Petri untergeordnet.

p) Die bekannte Streitfrage, ob die Bischöfe ihre Gewalt unmittelbar von Gott, oder nur mittelbar durch den Pabst erhalten, ist meistens, auch von Bellarmin, sehr falsch und buchstäblich behandelt worden. Die Gewalt lebt mit ihrer ursprünglichen Kraft in dem ungetheilten Episcopate fort, und geht auf jeden über, der auf die rechtmäßige Weise in den Kreis desselben aufgenommen wird. Die Formen, wie dieses geschieht, können nach den Zeiten wechseln; darauf kommt für das innere Verhältniß nichts an. So wird sich Alles, auch die Stellen der Kirchenväter, leicht vereinigen lassen.

q) Can. Apost. 34., c. 6. 7. c. IX. q. 2. (Conc. Antioch. a. 332), c. 27. c. VII. q. 1. (Conc. Carth. III. a. 397), Conc. Trid. Sess. VI. cap 5. de ref.

r) *S. Cyprian.* († 258) de unit. ecclesiæ. Episcopatus unus est, cuius a singulis in solidum pars tenetur. Dieser als unklar angefochtene Ausdruck läßt sich so wohl erklären, wiewohl immer eine gewisse Uebertreibung darin liegt.

s) Von diesen Verhältnißen wird unten bei der Verwaltung näher die Rede seyn. Hier soll nur eine Uebersicht gegeben werden.

andere aber sich ausschließlich vorbehalten (jura propria). Zu den letzteren gehört die Ertheilung der Firmung, die Weihe der Geistlichen, die Consecrirung der Bischöfe, die Salbung der Könige, die Benediktion der Aebte und Aebtissinnen, die Bereitung des Chrisma, die Consecration der Kirchen und Altäre, die Benediktion der Kirchhöfe und der geweihten Gefäße. Drittens umfaßt das bischöfliche Amt auch die ganze äußere Verwaltung der Diöcese, namentlich die Gesetzgebung in Diöcesansachen und das derselben entsprechende Recht der Dispensation, die geistliche Gerichtsbarkeit und Strafgewalt, die Beaufsichtigung der kirchlichen Institute, die Verleihung von Beneficien, die Verwaltung des Kirchengutes, und die Erhebung der herkömmlichen Abgaben zur Bestreitung der kirchlichen Bedürfnisse. Diese äußeren Regierungsrechte wurden im Mittelalter bei Gelegenheit eines einzelnen Falles noch in lex dioecesana und lex jurisdictionis unterschieden, so daß man in einer Beziehung exemt, in der andern dem Bischof unterworfen seyn könnte t). Der Sinn dieser Eintheilung ist aber bestritten. Einige verstehen letztere von der Jurisdiktion im engsten Sinn, und beziehen die erstere auf die gesammte Kirchengewalt mit Ausnahme der Gerichtsbarkeit und Strafgewalt. Andere nehmen umgekehrt die Jurisdiktion für gleichbedeutend mit der ganzen äußern Kirchengewalt, und unterscheiden von ihr die lex dioecesana blos als das Recht die herkömmlichen kirchlichen Abgaben zu erheben, was in der That richtiger scheint u). Die hohe Würde des bischöflichen Amtes spricht sich aber auch in den damit verbundenen Ehrenrechten (jura dignitatis) aus. Dazu gehören der Titel Reverendissimus, der Thron und die Pontificalkleidung, welche aus einem besondern Gewande, aus der Inful (mitra, cidatis bicornis), den Handschuhen und Sandalien, dem Brustkreuz, Ring und Stab (pedum, baculus pastoralis) besteht v). Die politischen Ehrenrechte hängen von der Staatsverfassung jedes Landes ab.

---

t) c. 18 X de offic jud. ordin. (1. 31.)

u) In der ältern Zeit bezeichnete die Lex diœcesana die gesammte bischöfliche Gewalt Erst der Glossator Jo. Hugutio hat bei der Auslegung des c. 1. c. X. q. 1. (Con. Ilerd. a. 524), c. 34. c. XVI. q. 1. (Idem eod), jene Unterscheidung aufgestellt. Eine Anwendung davon enthält, wie es scheint, c. 1. de V. S. in VI. (5. 12)

v) c. 1. §. 8—11. D. XXI. (Isidor. c. a. 630), c. 1. § 9. X.

§. 146. II. Von den bischöflichen Gehülfen und Stellvertretern. A) Geschichtliche Einleitung. 1) Ursprüngliches Verhältniß der Presbyterien und des Klerus.

In den ersten Zeiten des Christenthums, wo die Gemeinden noch wenig zahlreich waren, wurde der Gottesdienst für die ganze Parochie in der bischöflichen Kirche, und regelmäßig von dem Bischofe selbst verwaltet w). Die Einheit der Gemeinde, deren Mittelpunkt und Haupt er war, stellte sich also auch äußerlich sehr bestimmt dar. Neben und unter ihm dienten in ihren verschiedenen Aemtern die Priester, die Diaconen, und die übrigen Kleriker. Diese waren nach der Verfassung der lateinischen Kirche die Subdiaconen, welche dem Diacon beim öffentlichen Gottesdienst ministrirten, und außerdem häufig zu Sendungen gebraucht wurden, die Akolythen, welche die Lichter anzündeten, und andere Hülfeleistungen beim Altar verrichteten, die Exorcisten, welche über die Energumenen die Beschwörung und Handauflegung vornahmen, die Lectoren, welche die heiligen Schriften aufbewahrten und bei den nicht liturgischen Zusammenkünften vorlasen, die Ostiarien, welche die Thüren verschlossen und für die äußere Ordnung Sorge hatten, endlich die Cantoren oder Psalmisten für den Kirchengesang. x). Auch die geringern Aemter wurden, wie die Beschäftigungen es mit sich brachten, zuweilen mehrere vereinigt, von Erwachsenen bekleidet; und da die Kirche alles, was sich auf den Gottesdienst bezog, mit großer Ehrfurcht behandelte, so fand bei jedem eine besondere Einweihung statt y). Allmählig wurden aber diese Verhältnisse mehr künstlich eingerichtet, und mit den bischöflichen Schulen in Verbindung

---

de sacr. unct. (1. 15.), *Thomassin.* Vet. et nov. eccl. discipl. P. I. L. II. c. 58.

w) *S. Ignat.* († 110) ad Smyrn. c. 8. Non licet sine episcopo neque baptizare, neque agapen facere. Eben so verhielt es sich mit der Reconciliation der Büßenden, c. 1 5 c. XXVI. q 6. (Conc. Carth. II. a. 390), c. 14. eod (Conc Carth III. a. 397.)

x) Diese Aemter werden schon im vierten Jahrhundert als bestehend erwähnt. Die Beweisstellen findet man in den Werken über kirchliche Archäologie, wo gerade diese Verhältniße sehr genau abgehandelt werden.

y) c. 7. 8. 11. 15. 20. D. XXIII. (Conc. Carth. IV. a. 398.) Die Formen der Einweihung waren aber nicht bei allen Kirchen gleichförmig.

gebracht, so daß die jungen Kleriker nach dem Alter und den erworbenen Fähigkeiten von einem Amte zum andern aufstiegen z). Dadurch entstand von selbst die Eintheilung in ältere und jüngere, oder in höhere und niedere Kleriker. Zu jenen gehörten blos die Priester und Diaconen. Diese allein bildeten auch das Presbyterium, womit der Bischof die wichtigeren Sachen gemeinschaftlich verhandelte a), und welches, wenn er gestorben war, den Nachfolger wählte. Unter den Priestern stand aber derjenige welcher dem Amte nach der älteste war, den übrigen vor, und wurde daher Archipresbyter genannt. Eben so gab es unter den Diaconen einen Primus, Primicerius oder Archidiacon b); nur wurde dieser, weil dazu besondere Geschicklichkeit nothwendig war, nicht nach dem Alter der Ordination, sondern vom Bischof frei ernannt, oder auch von den Diaconen selbst erwählt.

§. 147. 2) Spätere Veränderungen.

Die Erweiterung der christlichen Gemeinden führte in diesen Einrichtungen mehrere Aenderungen herbei. Schon im dritten Jahrhundert wurden in den größern Städten neben der bischöflichen Kirche auch andere Gotteshäuser (tituli) zur regelmäßigen Verwaltung der Sakramente eingerichtet, und von der Hauptkirche aus mit Priestern und Diakonen versehen. Für das Land aber wurden eigene wie es scheint sehr unabhängige Landbischöfe (chorepiscopi) geweiht, oder bei den dort liegenden Kirchen unter der Aufsicht des Bischofs Priester angestellt, so daß jeder derselben einen bestimmten Bezirk unter sich hatte c). Diese Anordnung blieb die herrschende, nachdem die Landbischöfe vieler Mißbräuche wegen beschränkt und zuletzt ganz abgeschafft worden

---

z) c. 3. D. LXXXVII. (Siric. a. 385), c. 2. D. LIX. (Zosim. a. 418).

a) c. 6 D. XXIV. (Conc. Carth. IV. c. 398), c. 6. c. XV. q 7. (Idem eod.), *Bingham* Origin. Christ. L. II. c. 19.

b) Die Namen Archipresbyter, Archidiacon kommen schon im vierten Jahrhundert vor, c. 24. §. 1 D. XCIII. (Hieronym. c. a. 388), c. 7. D. LXXXVIII. (Conc. Carth. IV. a. 398.)

c) *S. Athanas.* († 375) Apolog. 2. Mareotes ager est Alexandriæ, quo in loco nunquam episcopus fuit, imo nec chorepiscopus quidem, sed universæ eius loci ecclesiæ episcopo Alexandrino subjacent, ita tamen, ut singuli pagi suos presbyteros habeant. — Conc. Carth IV. a. 398. c. 36. (c. 4. D. XCV.)

waren. d). In den germanischen Reichen wurde der Gottesdienst in den bischöflichen Städten theils in der bischöflichen Kirche, theils in den andern Kirchen der Stadt verwaltet; doch standen die dabei angestellten Kleriker nach der alten Weise noch immer in einer engen Verbindung und waren wie ehemals dem Archipresbyter und Archidiacon unterworfen. Eben so standen die der Kirche einer Vor- oder Landstadt einverleibten Kleriker dort unter dem ältesten Priester, der daher bald ebenfalls Archipresbyter genannt wurde e). Von diesen Conventen wurden dann dem Gange der geistlichen Colonisation gemäß auf dem Lande Oratorien eingerichtet f), die bald zu Taufkirchen erhoben, meistens aber noch immer von dem Stift, dem sie ihren Ursprung verdankten, mit Rektoren besetzt wurden. Weiter ins Land hinein endlich, bei den Klöstern, auf den Haupthöfen der großen Grundbesitzer, oder auf dem eignen Grunde freier Gemeinden gab es Oratorien, woraus ebenfalls allmählig Parochien entstanden g). Doch galten jene noch lange Zeit als die eigentlichen Mutterkirchen (plebes, ecclesiae baptismales), wohin man die Kinder zur Taufe und den Zehnten der Früchte brachte h) und es wurde den dabei angestellten Priestern eine Aufsicht über die Priester der kleineren Parochieen (tituli minores) ertheilt i). Die Bezirke, worüber es sich

---

d) Conc. Neocaes. a. 314. c. 13. 14., Conc. Ancyr. a. 314. c. 13., Conc. Antioch. a 332. c. 10., Conc. Laodic. c. a. 372. c. 57. (c. 5. D. LXXX.) Auf sie bezieht sich wohl auch c. 1. c. XVI. q. 3. (Conc. Chalced. a. 451.)

e) Dieser Name kommt in der angegebenen Bedeutung vor bei *Gregor. Turon.* († 594) De mirac. L. I. c. 78. L. II. c. 22., De glor. confessor. c. 5.

f) c. 5. D. III de cons. (Conc. Aurel. I. a. 511.), c. 35. D. I. de cons. (Conc. Agath. a. 506.)

g) Conc. Aurel. IV. a. 541. c. 26. Si quæ parochiæ in potentum domibus constitutæ sunt — clerici — corrigantur secundum ecclesiasticam disciplinam.

h) c. 45. c. XVI. q. 1. (Leo IV. c. a. 849), c. 56. eod. (Conc. Ticin. a. 855.) — Capit. Carol. Calv. a. 870. c. 11. Ut ecclesias baptismales, quas blebes appellant, secundum antiquam ecclesiæ consuetudinem, ecclesiæ filii instaurent.

i) Conc Ticin. a. 850. c. 13. Singulis plebibus archibresbyteros præesse volumus, qui non solum imperiti vulgi sollicitudinem gerant, verum etiam eorum presbyterorum, qui per minores titulos habitant, vitam jugi circumspectione custodiant.

erstreckt wurden Christianitäten oder Decanien k), und die Erzpriester „ als Vorsteher derselben, Rural-Dekane genannt l). Zur Beaufsichtigung der Erzpriester selbst dienten aber die Archidiaconen m), deren Amt mittlerweile sehr mächtig geworden war. Bei der großen Ausdehnung der Diöcesen in den germanischen Reichen reichte jedoch ein Einziger dazu nicht mehr hin. Daher wurden seit dem achten Jahrhundert fast in allen Bisthümern mehrere Archidiaconen ernannt, und jedem ein besonderer Bezirk zur Verwaltung angewiesen. So waren denn die Diöcesen in Archidiaconate, diese in Decanien oder Christianitäten, und diese in einfache Parochieen eingetheilt. Die Landbischöfe, die sich daneben im fränkischen Reiche noch erhalten hatten, wurden aber endlich im neunten Jahrhundert völlig abgeschafft n).

§. 148. 3) Von den Kapiteln. a) Entstehung des canonischen Lebens.

Greg. I. 24. De officio archipresbyteri, I. 25. De officio primicerii, I. 26 De officio sacristae, I 27. De officio custodis.

Während sich so die ursprünglichen Einrichtungen nach Außen hin erweiterten, giengen auch im Innern mancherlei Veränderungen vor. Das Amt des Archidiacons, in dessen Hand die ganze äußere Verwaltung zusammenfloß, stieg immer höher, und wurde bald über den Archipresbyter gesetzt, da dieser sich hauptsächlich nur mit dem Gottesdienst zu beschäftigen hatte o). Um aber die Disciplin noch mehr zu befestigen, führte der Bischof Augustinus († 430) unter dem Klerus seiner Kirche eine den Mönchen ähnliche Lebensart ein, indem er sie in einem gemeinschaftlichen Gebäude vereinigte. Andere ahmten dieses nach, und

---

k) Capit. Carol Calv. apud. Tolos. a 844. c. 3 Statuant episcopi loca convenientia per decanias, sicut constituti sunt Archipresbyteri.

l) c. 1. D. LX. (Conc. Claromont. a. 1095), c. 2. eod. (Conc. Later. I. a. 1123), c. 3. eod. (Conc. Later. II. a 1139.)

m) c. 3. D. XCIV. (Conc. Cabil. II. a. 813.)

n) Capit. I. Carol M. a. 789. c. 9., Capit. a. 799. c. 1. 2. 3., Capit. I. a. 803. c. 4. 5. 6. Im Geiste dieser Verbote sind auch mehrere falsche Decretalen gedichtet worden, c. 4. 5. D. LXVIII.

o) Das Verhältniß beider Aemter bezeichnet c. 1. §. 11. 12 D. XXV. (Isid. c. a. 633.)

im achten Jahrhundert war dieses gemeinschaftliche Leben unter den Canonici p) schon sehr verbreitet q). Chrodegang, Bischof von Metz, verfaßte dafür eine eigene Regel r), welche durch die Einfalt, Dürftigkeit und strenge Ordnung, die sie vorschrieb s),

---

p) Canonici hießen nämlich die Geistlichen, welche in die Matrikel (canon) einer Stadt- oder Landkirche eingeschrieben waren, im Gegensatz derjenigen, die bei Privatoratorien dienten. Conc. Arvern. a. *535.* c. 15

q) Conc. Vernens. a *755.* c. 11. De illis hominibus, qui dicunt quod se propter Deum tonsurassent — placuit ut in monasterio sint sub ordine regulari, aut sub manu episcopi sub ordine canonico.

r) Sie ist in 34 Kapiteln abgedruckt in *Labbé* Coll. Conc. T. VII. p. 1444., *Harduin* Concil T. VII. p 1181., *Mansi* Concil. T. XIV. col. 313. Der Abdruck in 86 Kapiteln bei *Harzheim* Conc. German. T. I. p. 96., *Harduin* T. IV. p. 1198. enthält spätere Zusätze. Ich citire nach ersterem.

s) *Regula Chrodogangi* cap. 3. Omnes in uno dormiant dormitorio — et per singula lecta singuli dormiant — et in ipsa claustra nulla femina introeat, nec laicus homo. — Cap. 4. Et postquam completorium cantatum habuerint, postea non bibant nec manducent usque in crastinum legitima hora; et omnes silentium teneant, et nemo cum altero loquatur — nisi si necesse fuerit, et hoc cum suppressione vocis cum grandi cautela. — Cap. 21. Prima mensa episcopi cum hospitibus et cum peregrinis sit. — Secunda mensa cum presbyteris. Tertia cum diaconibus. Quarta cum subdiaconibus. Quinta cum reliquis gradibus. Sexta cum abbatibus, vel quos jusserit Prior. In septima reficiant, qui extra claustra in civitate commanent, in diebus dominicis vel festivitatibus præclaris. Hierauf folgte eine genaue Tischordnung. Cap. 22. handelt von den Speiseportionen. — Cap. 23 von dem Wein, der jedem verabreicht wird, mit dem Zusatz: Si vero contigerit, quod vinum minus fuerit, et istam mensuram episcopus implere non potest — fratres non murmurent, sed Deo gratias agant et æquanimeter tolerent. — Cap. 24. Clerici canonici sic sibi invicem serviant, ut nullus excusetur a coquinæ officio. — Egressurus de septimana sabbato munditias faciat, vasa ministerii sui — sana et munda cellerario reconsignet. — Cap. 29. Illa media pars cleri, qui seniores fuerint, annis singulis accipiant cappas novas, et veteres quas acceperunt semper reddant, dum accipiunt novas. Et illa alia medietas cleri illas veteres cappas, quas illi seniores singulis annis reddunt, accipiant. — Camisiles autem accipiant presbyteri et diaconi annis singulis binos. — Calciamenta omnis clerus annis singulis pelles baccinas accipiant; solas paria quatuor.

dem einreißenden Verderben kräftig entgegenwürkte t). Karl der Große drang nun mit Nachdruck darauf, daß alle Kleriker entweder Mönche oder Canonici wären u). Eine neue ausführliche Regel, von Amalarius auf Befehl Ludwigs des Frommen entworfen, wurde auf einem Concilium zu Achen feierlich angenommen v), und dadurch das canonische Leben auch bei den Priesterconventen der Vor- und Landstädte fast allgemein eingeführt w). Uebrigens änderte aber das canonische Leben anfangs an den innern Einrichtungen des Klerus nichts, sondern diese giengen stillschweigend in die neue Verbindung über. Es dauerte also der Unterschied zwischen den ältern und jüngern Klerikern, der Zusammenhang der letztern mit der bischöflichen Schule x), die Rechte des Presbyteriums, und das Verhältniß der einzelnen Aemter fort. Der Vorstand des Ganzen war der Archidiacon y); die Aufsicht des Gottesdienstes hatte wie bisher der Archipres-

t) Das große Verdienst dieser Einrichtung wird einleuchtend, wenn man die Sitten des damaligen Klerus kennt. Einer sinnlichen Zeit mußte mit starken Mitteln begegnet werden.

u) Capit. I. Carol. M. a. 789. c. 71. Qui ad clericatum accedunt, quod nos nominamus canonicam vitam, volumus ut episcopus eorum regat vitam. c. 75 Clerici — ut vel veri monachi sint, vel veri canonici. Capit. I. a. 802. c. 22. Canonici — in domo episcopali vel etiam in monasterio — secundum canonicam vitam erudiantur. — Capit. I. a. 805. c. 9. Ut omnes clerici unum de duobus eligant, aut pleniter secundum canonicam, aut secundum regularem institutionem vivere debeant.

v) Sie steht in *Mansi* Conc. T. XIV. col. 147 — 246.

w) Auch die Päbste würkten dazu mit, c. 3. c. XII. q. 1. Eugen. II. a. 826.

x) *Regula Chrodogangi* cap 2. Ubicunque se obviaverit clerus junior, inclinatus a priore benedictionem petat; — nec præsumat junior consedere, nisi ei præcipiat senior suus. Erstere durften auch nicht im Chor sitzen, sondern standen an den untern Bänken (in pulvere.) Nach beendigtem Unterricht wurden sie von der Schule feierlich emancipirt. Dieses geschah gewöhnlich nach Ablauf des zwanzigsten Jahres, wo man die Weihe als Subdiacon empfieng, und welches damals häufig auch das Alter der bürgerlichen Großjährigkeit war.

y) *Regula Chrodogangi* cap 25. Archidiaconus vel præpositus in omnibus omnino actibus vel operibus suis sint Deo et episcopo fideles et obedientes, et non sint superbi, neque

byter; an der Spitze des Unterrichts stand der Scholasticus; für den Gesang und die Choralschule sorgte der Primicerius oder Cantor; die heiligen Gefäße und den Kirchenschatz bewahrte der Sacrista oder Thesaurarius z); die Obhut über das Gebäude hatte der Portarius a), und die über die Kirche insbesondere der Custos b). Als neues Amt kam nur der Cellerarius hinzu c). So war für die Verwaltnng des geistlichen Haushaltes nach allen Seiten hin gesorgt.

§. 149. b) Veränderungen im Mittelalter.

Allein nicht lange erhielten sich diese Einrichtungen in ihrer ursprünglichen Einfalt. Durch ansehnliche Schenkungen bereichert, und in die Regierungsgeschäfte der Bischöfe verflochten, nahmen sie eine mehr weltliche Richtung. Endlich hoben die Canonici während des zehnten bis zwölften Jahrhunderts, hier früher dort später, das gemeinschaftliche Leben wieder auf d).

---

rebelles, vel contemtores; sed casti et sobrii, patientes, benigni, atque misericordes. — Diligant clerum, oderint vitia, in ipsa autem correptione prudenter agant, et ne quid nimis, ne dum cupiunt eradere æruginem, frangantur vas. Meminerint calamum quassatum non conterendum.

z) c. 1. §. 13. 14. D. XXV. (Isid c. a. 630.)

a) *Regula Chrodogangi* c. 27. Portarius sit sobrius, patiens, qui sciat accipere responsum et reddere, et fideliter custodiat portas sive ostia claustri.

b) *Regula Chrodogangi* cap. 27. Custodes vero ecclesiarum qui ibi dormiunt, vel in mansiones juxta positas, teneant silentium, sicut cæteri clerici, in quantum possunt.

c) *Regula Chrodogangi* cap. 26. Cellerarius vero debet esse timens Deum, sobrius, non vinolentus, non contentiosus, non iracundus, sed modestus, moribus cautus, et fidelis.

d) Die Päbste schärften zwar fortwährend die alte Disciplin ein, c. 6. §. 2. D. XXXII. (Conc. Rom a 1063), c 9. X de vit. et honest. cleric. (3 1.) Auch bemühten sich mehrere Bischöfe des elften und zwölften Jahrhunderts diese unter dem Namen der Regel des h. Augustinus herzustellen; allein dieses blieb nur bei wenigen Stiftern von Bestand Mehrere haben auch die Prämonstratenserregel angenommen. Daher wurden die regulirten Chorherrn (canonici regulares) von den weltlichen (canonici sæculares) unterschieden, c. 1. X. de stat. monach. et canon regular. (3. 35), c. 43. §. 5. de elect. in VI. (1. 6.)

Der Unterschied aber zwischen den jüngern und älteren Canonici blieb e), auch eine Zeitlang noch die Vereinigung der erstern in der Domschule unter dem Scholasticus f); und die Rechte des Presbyteriums dauerten in dem Kapitel g) der Cathedralkirche, die Aemter in den Dignitäten und Personaten fort. Nur wurde jetzt, weil man auch in den Benennungen die Klostereinrichtungen zum Muster nahm, der Archidiacon gewöhnlich Probst (praepositus), der Archipresbyter Decan genannt. Bei der freieren Stellung, die den Kapiteln durch diese Trennung vom Bischofe zu Theil wurde, bildete sich ihre innere Verfassung noch schärfer aus; sie erhielten die Rechte selbstständiger Corporationen, eine gewisse Disciplinargewalt über die Mitglieder des Stifts h), und endlich größere oder geringere Exemtionen von der bischöflichen Jurisdiktion. Gewöhnlich wurde auch in den Statuten der Cathedralkirchen, selbst in denen mehrerer Collegiatstifter, der Verbote der Päbste ungeachtet i), zur Aufnahme Ritterbürtig-

---

e) In den Stiftern der Cathedralkirchen hießen die jüngern Canonici, Domicellarien, die ältern, Domherrn oder Kapitularen; in den nicht bischöflichen oder den sogenannten Collegiatstiftern aber canonici minores und majores. Eine mittlerweile eingetretene Veränderung war jedoch die, daß die Subdiaconen zu den letztern gehörten, weil sie seit dem zwölften Jahrhundert zu den höheren Weihen gestellt worden waren. Daher reichte nun, um Stimme im Kapitel zu haben, die Weihe zum Subdiacon hin, clem. 2. de aetat. et qualit. (1. 6.)

f) Dieses dauerte, bis die Universitäten aufkamen, weil nun die Domicellarien dort ihre Studien beendigten. Dadurch fiel auch die Emancipation von der Domschule weg. Doch wurde der Ritus derselben bei der Aufnahme in das Kapitel nachgeholt, und hat sich hier bis in die neuere Zeit erhalten.

g) Capitulum (Kapitelzimmer) hieß bei den Benedictinern der Saal, wo sie zusammenkamen, weil dort täglich ein Kapitel aus ihrer Regel verlesen wurde. Beides ist wiederholt in der *Regula Chrodogangi* Cap. 8. Ut quotidie omnis clerus canonicus ad capitulum veniant et istam — institutiunculam nostram — unoquoque die aliquod capitulum exinde relegant. Später ist blos der höhere canonische Klerus, der die Verwaltung hatte, so genannt worden.

h) c. 13. X de offic. ind. ordin (1. 31)

i) c. 37. X. de præbend. (3 5) Nach den Standesbegriffen und den politischen Verhältnißen des Mittelalters war jenes Recht des Adels, wenigstens für Deutschland, sehr wohl begründet Freilich hatte der Pabst seinerseits auch Recht, den höhern Standpunkt festzuhalten.

keit oder Ahnenadel verlangt, und eine geschlossene Zahl von Mitgliedern festgesetzt k). In dieser Form haben die Kapitel als politische Körperschaften, als Wahl- und Regierungskollegien der geistlichen Fürsten, als Landstände, als Versorgungen für die jüngern Söhne adelicher Häuser, namentlich für Deutschland vielfachen Nutzen gestiftet, allein von ihrer ursprünglichen Idee waren sie dadurch abgekommen.

§. 150. 4) Weitere Geschichte der Parochien.

Greg. I. 28. Clem. I. 7. De officio vicarii, Greg III. 37. Sext. III. 18 De capellis monachorum et aliorum religiosorum.

Gegen das neunte Jahrhundert wurde die Seelsorge im Innern der bischöflichen Städte der alten Einrichtung gemäß noch größtentheils vom Klerus der Cathedralkirche, in den Vor- und Landstädten von den hier aus den Presbyteralkonventen erwachsenen Kapiteln, auf dem Lande von den Erzpriestern der Taufkirchen und den Priestern der verschiedenen Oratorien versehen. Von dieser Zeit an wurden aber den Kapiteln und Klöstern, außer der Seelsorge, die sie schon an sich zu verwalten hatten, aus mancherlei Beweggründen l) noch andere Parochien so einverleibt, daß sie deren reiche Einkünfte bezogen, und den Dienst durch einen gering besoldeten, oft ohne alle Auswahl angenommenen Miethling versehen ließen m). Auch bei den nicht unirten Parochien nahmen nachläßige Rektoren solche Stellvertreter in Sold. Um aber den hieraus entspringenden großen Mißbräuchen zu steuern, verordneten die Gesetze, daß solche Priester nur mit Genehmigung des Bischofes, und regelmäßig auf Lebenszeit angestellt werden sollten n). Dieses ist auch durch viele Provin-

---

k) c. 8. X. de conc. præb. (3. 8) Früher, so lange das gemeinschaftliche Leben bestand, war die Zahl unbestimmt, und gieng so weit als der Raum und die Einkünfte reichten

l) Einiges Nähere darüber giebt *Thomassin*. Vet. et nov. eccles. discipl P. I. L. II. c. 25. L. III. c. 22. P. II. L. I. c. 36. P. III. L. II. c. 20.

m) Die Klöster mußten dem Bischof, gleichsam als dem Oberlehnsherrn, etwas bezahlen, so oft die Person des Stellvertreters wechselte. Dieses wurde aber verboten, c. 4. c. I q. 3. (Urban. II. c. a. 1095.)

n) c. 6. c XVI. q. 2. (Urban. II. c. a. 1095), c. 1. X. de capell. monach. (3. 37), c. 30. X. de præbend. (3. 5.)

zialconcilien o) und durch das Concilium von Trient eingeschärft worden p). Solche beständige Vikarien erhielten nun die Seelsorge als ein wirkliches Amt, und wurden auch, was die Verleihung und Absetzung betraf, von der Gesetzgebung q) und Wissenschaft als wahre Pfarrer behandelt. Den Kapiteln und Klöstern, wovon sie ausgegangen, blieb also von der Union nichts, wie die Temporalien und gewisse Ehrenrechte. Doch wurden sie zur Erinnerung an das bestandene Verhältniß, noch immer die ursprünglichen Pfarrer (pastores primitivi) genannt. Durch die Auflösung der Stifter und Klöster in der neuern Zeit ist aber auch dieses erloschen; die Temporalien aber sind an die Landesherrn gefallen.

§. 151. B) Heutiges Recht. 1) Stellvertreter der Bischöfe.

Greg. I. 23. De officio archidiaconi, Greg. I. 24. De officio archipresbyteri, Sext. I. 13. De officio vicarii.

Die vielen Geschäfte, die dem Bischof obliegen, machen nach allen Richtungen hin Stellvertreter nothwendig. Diese theilen sich in zwei Klassen, solche die sich auf die heiligen Verrichtungen und solche die sich auf die äußere Verwaltung beziehen. I. Erstere sind wieder verschieden. 1) Zur Vertretung in Beziehung auf die gewöhnlichen Presbyteralfunktionen an der Cathedralkirche dient ein Vice-Pastor, der also die Stelle wie sonst der Erzpriester einnimmt r). Zur Verwaltung des Bußsakraments soll aber noch ein eigner Pönitentiarius, der die zu diesem wichtigen Amte nöthigen Eigenschaften besitzt, angestellt werden s). 2) Stellvertreter für die bischöflichen Pontificalhandlungen sind die Weihbi-

---

o) Synod. Mogunt. a. 1225. can. 12. Enormis quædam consuetudo in quibusdam Allemaniæ partibus contra canonicas sanctiones invaluit, ut ponantur in ecclesiis conductitii sacerdotes vicarii temporales. Ne id fiat de cætero — omnibus modis inhibemus Sed cum vicarius poni debet et potest, perpetuus instituatur, idque assensu et authoritate Diœcesani et Archidiaconi loci illius.

p) Conc. Trid. Sess. VII. cap. 7. de ref.

q) c. 3. 6. X. de offic. vicar. (1. 28), c. un. de capell. monach. in VI. (3. 18), clem. un. de offic. vicar. (1. 7)

r) c. 15. X de off. jud. ordin. (1. 31.)

s) Conc. Trid. Sess. XXIV. c. 8. de ref.

schöfe (vicarii in pontificalibus, episcopi titulares, episcopi in partibus infidelium). Sie werden auf den Namen eines Bisthums, welches jetzt in den Händen der Ungläubigen oder Schismatiker ist, ordinirt. Spuren dieser Einrichtung finden sich schon frühe t); näher ausgebildet wurde sie aber im Occident, als in Spanien viele bischöfliche Städte in den Händen der Araber blieben, besonders aber als seit dem dreizehnten Jahrhundert die in Palästina errichteten Bisthümer nach und nach wieder an die Ungläubigen verloren giengen. Die Ernennung eines solchen Titular-Bischofs geschieht durch den Pabst u). II. Stellvertreter für die äußere Verwaltung sind 1) die Erzpriester auf dem Lande oder Landdekane. Eine eigentliche Jurisdiktion haben diese aber nicht, sondern nur eine Aufsicht. 2) Die Archidiacone. Diese hatten sich zu einer sehr ausgedehnten Verwaltung und zu einer wahren Gerichtsinstanz auf eignen Namen, wofür sie selbst Stellvertreter oder Offizialen hielten v), erhoben. Später sind sie aber der vielen Mißbräuche wegen, die damit zusammenhiengen, beschränkt w) und jetzt fast überall ganz aufgehoben, oder durch die sogenannten officiales foranei ersetzt worden. 3) Der Official oder bischöfliche Vikarius (officialis sive vicarius generalis). Dieses Amt entstand seit dem dreizehnten Jahrhundert, hauptsächlich um dadurch die Verwaltung von den Archidiaconen wieder an den Bischof zurückzubringen. Die Vollmacht eines solchen Offizials geht regelmäßig auf die ganze bischöfliche Jurisdiktion: ausgenommen sind nur gewisse Rechte, wozu eine besondere Vollmacht ertheilt werden muß x). Er ist aber nur Stellvertreter des Bischofs für dessen Person; daher erlischt sein Auftrag, sobald dieser stirbt, und es kann von ihm an den Bischof nicht appellirt werden y). Jetzt ist in den meisten Diöcesen ein ganzes Colle-

---

t) c. 6. D. XCII. (Conc. Ancyr a 314), c. 5. eod. (Conc. Antioch a 332), c 42. c. VII. q. 1. (Gregor. I. a. 592.)

u) clem 5. de elect (1 3), clem. un. de for. compet. (2. 2), Conc. Trid Sess XIV cap 2. de ref

v) c 3 pr § 1 de appellat. in VI. (2. 15)

w) Conc. Trid. Sess. XXIV. cap. 3. 20. de ref.

x) c. 2. 3. de offic vicar. in VI (1. 13), c 6. de offic. ordin. in VI (1. 16), c. 3. de tempor. ordin. in VI. (1. 9), Conc. Trid. Sess. XXIV. cap. 6. de ref.

y) c. 2. de consuetud. in VI. (1. 4), c. 3. pr. de appellat. in VI. (2. 15.)

gium an seine Stelle getreten, das Officialat oder Vikariat, worüber er nur den Vorsitz führt, und dessen Beisitzer geistliche Räthe genannt werden.

§. 152. 2) Von den Coadjutoren.

Greg III 6. Sext. III. 5. De clerico aegrotante vel. debilitato.

Für die außerordentlichen Fälle, wo der Bischof seinem Amte nicht vorstehen kann, ist auf folgende Art gesorgt. Ist er daran gänzlich verhindert durch Gefangenschaft, Suspension oder Excommunication, so soll das Kapitel an den päbstlichen Stuhl berichten z). Bei blos theilweiser Verhinderung, durch Alter oder Krankheit, brauchte, nach den alten Kirchengesetzen, der Bischof niemals von seinem Amte abzutreten a), theils aus billiger Rücksicht (afflicto non addenda afflictio), theils weil es um der Ordnung halber strenger Grundsatz war, daß es an einer Kirche nicht mehrere Bischöfe geben könne b); sondern es wurde ihm, und zwar gewöhnlich erst auf seine Bitte, von dem Provinzialconcilium ein Coadjutor ernannt c). Durch die Mitwirkung der Päbste kraft ihrer allgemeinen Oberaufsicht entstand daraus ein päbstliches Reservatrecht d). Die Beihülfe sollte aber nur so lange dauern, wie die Verhinderung, und es war selbst verboten, daß der Bischof den Coadjutor auch als seinen Nachfolger erklärte, weil dieses die Freiheit der Wahl aufhob e). Nur ausnahmsweise wurde dieses hin und wieder zugelassen f). Später erhielten aber diese Verhältnisse eine ganz andere Wendung. Die zeitigen Coadjutoren wurden durch die anderen bischöflichen Vikarien meistens unnöthig. Umgekehrt schien es aber aus poli-

z) c. 3. de suppl. negl. prælat. in VI. (1. 8)

a) c. 1. c. VII. q. 1. (Gregor. I a. 601), c. 2. eod. (Idem a. 591), c. 3. eod. (Idem a. 593), c. 4. eod (Nicol. I. a. 865.)

b) c. 5. 6. eod. (Cyprian. c. a. 255.)

c) c. 12. eod. (Paulin a 396), c. 13 eod. (Gregor. I. a. 599), c. 14. eod. (Idem a. 603), c. 17. eod. (Zacharias Bonifacio a. 748.)

d) c. 13. 14. 17. eod. cit., c. 5. 6. X. h. t., c. un. h. t. in VI.

e) c. 3. c. VIII. q. 1. (Conc. Antioch. a. 332), c. 4. eod. (Conc. Bracar. a. 572), c. 7. eod. (Conc. Lateran. II. a. 1139.)

f) c. 17. c. VII. q. 1. (Zachar. Bonifacio a. 748.)

tischen Gründen, oder um zwistigen Wahlen vorzubeugen, öfters rathsam, unter dem Namen Coadjutor dem Bischofe schon im Voraus, selbst wenn er noch völlig gesund war, einen Nachfolger zu ernennen (coadjutor cum jure succedendi). Eine Beihülfe in der Verwaltung wurde also dadurch nicht bezweckt. Das Concilium von Trient hat jedoch solche Coadjutoren, als dem Geiste der Kirche zuwider, nur aus dringenden Beweggründen und mit Genhemigung des Pabstes zugelassen g). Jetzt werden sie nur selten mehr vorkommen.

§. 153. 2) Von den Rechten der Kapitel. a) Bei besetztem bischöflichen Stuhle.

Greg. III. 10. De his quae fiunt a praelato sine consensu capituli, III. 11. De his quae fiunt a maiore parte capituli.

Die neueren Gesetze haben die Kapitel wieder auf ihre ursprüngliche Bestimmung zurückzuführen, und besonders, dem Bedürfniß der Zeit gemäß, das wissenschaftliche Element in ihnen schärfer auszubilden gesucht. Schon nach dem Concilium von Trient sollten die Stellen nicht der Einkünfte wegen oder zur Versorgung, sondern an solche, die die wirklichen Verrichtungen zu erfüllen im Stande wären, auch wenigstens die Hälfte an Magistern, Doktoren, oder Lizentiaten der Theologie oder des canonischen Rechts verliehen werden. Ferner verlangte es, um Stimme im Kapitel zu haben, mindestens ein Alter von 22 Jahren und die Weihe als Subdiacon; wo möglich sollten aber alle Mitglieder, und wenigstens die Hälfte, Priester seyn h). In den neuern Verträgen mit Baiern, Preußen und Hannover sind diese Eigenschaften noch genauer bestimmt worden. Von den Vorzügen der Geburt ist dabei nicht mehr die Rede. Eben so fallen die Domicellarien oder jüngern Canonici weg, weil das Unterrichtswesen der Kleriker eine andere Gestalt erhalten hat. Eine neue eigenthümliche Einrichtung sind aber in Preußen die Ehrencanonici, die aus der Geistlichkeit der Diöcese genommen werden, und auch bei den Bischofswahlen stimmfähig sind. Die Dignitäten der frühern Zeit haben sich zum Theil erhalten. Neu hin-

---

g) Conc. Trid Sess. XXV. cap 7. de ref.

h) Conc. Trid. Sess. XXII. cap. 4. Sess. XXIV. cap. 12. de ref.

zugekommen ist die Würde des Theologen, der nach den frühern Gesetzen in jedem Metropolitan-Kapitel, nach den spätern auch in den bischöflichen, zur Auslegung der h. Schrift und zur Berathung bei wichtigen theologischen Fragen angestellt werden sollte i). Alle Dignitäten sollen nur an graduirte Personen vergeben werden k). Nach den neuesten Verträgen giebt es in Baiern und Preußen in jedem Kapitel zwei Dignitäten, der Probst als die erste, und der Dekan: in Hannover und den kleinern deutschen Staaten nur eine, der Dekan. Zwei andere Mitglieder sollen das Amt des Pönitentiarius und des Theolgen übernehmen. Das Verhältniß des Kapitels zum Bischofe hängt von dem Herkommen ab l), und nach diesem ist letzterer jetzt in seiner Verwaltung nicht mehr wesentlich an die Zustimmung des Kapitels gebunden. Doch erfordert es der Geist der Kirche und dieser Einrichtung insbesondere, daß er die wichtigern Geschäfte mit ihm berathend verhandle m).

§. 154. b) Bei erledigtem bischöflichen Stuhle.

Greg. III. 9. Sext. III. 8. Ne sede vacante aliquid innovetur.

War der bischöfliche Stuhl durch Tod erledigt, so kam in der älteren Zeit die Verwaltung einstweilen an das Presbyterium. Häufig wurde auch von dem Metropoliten ein Intercessor oder Visitator dahin abgeordnet n). So war es auch in den germanischen Ländern. Nach dem Recht des Mittelalters stand aber die Verwaltung regelmäßig dem Kapitel zu o). Ein Visitator konnte nur noch von dem Pabst abgeordnet werden; außer wenn das Kapitel nachläßig oder schlecht verwaltete; denn dann durfte schon der Erzbischof nach Untersuchung der Sache einen solchen

---

i) c. 1. 4. 5. X. de magistr. (5. 5), Conc. Basil Sess. XXXI. c. 3, Conc. Trid. Sess V. cap. 1. Sess. XXIII. cap. 18. de ref.

k) Conc. Trid. Sess. XXIV. c. 12. de ref.

l) Bair. Concordat 1817. Art. 3.; für die O. R. P. die Bulle Provida rc. 1821. — c. 6. X. de his quæ fiunt a prælat. (3. 10), c. 3. de consuet. in VI. (1. 4.)

m) c. 4. 5. X. de his quæ fiunt a prælat. (3. 10)

n) c. 22. c. VII. q. 1. (Conc. Carth. V. c. a. 401), c 16. D. LXI. (Gregor. I. a. 602), c. 19. eod. (Idem a 594.)

o) c. 14. X. de major. et obed. (1. 33), c un. eod. in VI. (1. 17), c. 3. de suppl. neglig prælat. in VI. (1. 8)

bestellen p). Nach dem neuern Recht endlich muß das Kapitel nach dem Tode des Bischofs zur Verwaltung der bischöflichen Jurisdiktion innerhalb acht Tagen einen Vikar ernennen, oder den bestehenden bestätigen q). Auf diesen sind dann noch die ältern Grundsätze anwendbar, namentlich der Satz, daß das Bestehende erhalten und keine Neuerung vorgenommen werden soll r). Von der Verwaltung der Einkünfte während der Sedisvacanz wird unten (§. 268) die Rede seyn.

§. 155. 4) Von den Pfarrern und deren Gehülfen, a) Bedeutung des Pfarramtes.

Greg. III. 6. Sext. III. 5. De clerico ægrotante vel debilitato, Greg. III. 29. De parochiis et alienis parochianis.

Die Pfarrer s) sind, wie deren Geschichte zeigt, die alten Presbyteri, nur auf bestimmte Bezirke oder auf geschlossene Kreise von Familien angewiesen. In so weit ist also ihr Amt ebenfalls göttlicher Einsetzung t). Die wesentlichen Rechte und Pflichten desselben bestehen in dem Vortrag der Religionswahrheiten u), in dem religiösen Unterricht der Jugend v), in der Verwaltung

---

p) c. 4 de suppl. neglig. prælat. in VI. (1. 8), c. 42. de elect. in VI. (1. 6.)

q) Conc. Trid Sess. XXIV. cap. 16. de ref.

r) c 1 3. X. ne sede vacante aliquid innovetur (3. 9.)

s) In unsern Quellen kommt der Ausdruck parochus noch nicht vor, sondern er heißt hier rector ecclesiæ c. 3. 4. X. de cler. æg. rot. (3 6), plebanus c 3. X. de off jud ord (1. 31), parochialis ecclesiæ curatus clem. 2. de sepult. (3. 7), presbyter c. 2. X. de paroch (3 29.)

t) Conc. Aquisgran II. a. 836. cap II. Art. V. Presbyterorum vero, qui præsunt ecclesiæ Christi, et in confectione divini corporis et sanguinis consortes cum episcopis sunt, ministerium esse videtur, ut in doctrina præsint populis, et in officio prædicandi, nec in aliquo desides inventi appareant. Item ut de omnibus hominibus, qui ad eorum ecclesiam pertinent, per omnia curam gerant, scientes se pro certo reddituros rationem pro ipsis in die judicii, quia cooperatores oneris nostri esse procul dubio noscuntur.

u) Conc. Trid. Sess. V. c. 2. Sess. XXIV. cap. 4. de ref.

v) Conc. Trid. Sess. XXIV. cap. 4. de ref.

der Sakramente w), und in der Fürsorge für die Armen x). Ohne Vorwissen des Pfarrers darf also niemand in seinem Bezirke predigen, Messe lesen, oder andere gottesdienstliche Handlungen verrichten y); und eben so wenig dürfen die Eingepfarrten die Handlungen, wobei sie an den Pfarrer gewiesen sind, von einem andern Geistlichen vornehmen lassen z). Die Verbindlichkeit einer Person, einen Pfarrer als den ihrigen anzuerkennen, wird aber, die Gleichheit der Religion vorausgesetzt, schon durch den Aufenthalt in der Pfarrei begründet. Wo eine Parochie für einen einzigen Rektor zu groß ist, sollen nach der Verordnung des Conciliums zu Trient Gehülfen ernannt werden a). Nach der heutigen Verfassung sind diese Vice-Pastoren (capellani, cooperatores) auch ein regelmäßiges Seelsorger-Amt geworden. Bei außerordentlicher Verhinderung kann noch ein Vikarius oder Coadjutor beigegeben werden b). Zur Aushülfe der Pfarrer, besonders im Predigen, Beichthören und Catechisiren, dienten sonst hauptsächlich die religiösen Orden, und diese hatten dafür ihre bestimmten Stationen. Nach den neuern Gesetzen durfte es aber nicht gegen den Willen des Pfarrers geschehen c). Endlich zur Obhut der Kirche und zu andern äußern Dienstleistungen

---

w) c. 2 D. XXXVIII. (Conc. Tolet. IV. a. 633), Conc. Trid. Sess. XXIV. cap. 7. de ref.

x) Conc. Trid. Sess XXIII. cap. 1. de ref.

y) c. 6. D. LXXI. (Conc. Carth I a. 348), Conc. Trid. Sess. XXIV. cap. 4. de ref. Fremde Geistliche soll er gar nicht zulassen, wenn sie sich nicht durch Briefe von ihrem frühern Obern (litteræ commendatitiæ) gehörig ausweisen, c 1. 2 3. X. de cleric. peregr. (1. 22), Conc Trid Sess. XXIII. cap. 16. de ref. — s. M. B. Nro. 72.

z) c. 2. X. h. t. (3. 29), clem 1. pr. de privileg. (5. 7), c. 2. Extr. comm. de treug et pac (1 9.)

a) Conc. Trid. Sess XXI. cap. 4. de ref.

b) Conc. Trid. Sess. XXI. cap. 6. de ref.

c) c. 1 Extr. comm. de privileg. (5. 7), clem. 2. de sepultur. (3. 7), clem 1 pr. de privileg. (5. 7), c. 2. Extr comm. de treug. et pac. (1. 9.) — In Würt und Baden steht an der Spitze der Kapitels-Geistlichkeit der Dekan, für die Verwaltung der Kämmern, für das Schulwesen der Schulinspektor; dann folgen Pfarrer, Kapläne als Selbstständige, dann Pfarrverweser und Vikare; auch neuestens Dekanats-Gehülfen, s. M. B. Nro. 276. In Baiern heissen Kapläne Benefiziaten, und die Vikars Kapläne.

werden die Custoden angestellt, deren Verhältniß meistens durch die neuern Provinzialconcilien genauer bestimmt worden ist.

§. 156. b) Von der Verwaltung der Kapellen.

Neben den Parochien giebt es häufig noch kleinere Oratorien oder Kapellen d). Diese dürfen in einer Privatwohnung blos zum Gebete, zur Verwaltung der Sakramente aber oder öffentlich nur mit Erlaubniß des Bischofs e), ohne eigennützige Absichten f), und ohne dadurch von der Hauptkirche abzuziehen g), errichtet werden. Besondere Vorrechte haben die Kapellen an den Höfen der Fürsten. Unter den fränkischen Königen gab es solche Oratorien bei allen königlichen Palatien im Reiche umher; doch waren sie den gewöhnlichen Beschränkungen und die dabei angestellten Kleriker der Gewalt ihrer Bischöfe unterworfen. Eben so war es in andern Reichen. Allmählig erhielten aber die Geistlichen der Hofkapelle gewisse Befreiungen von der bischöflichen Jurisdiktion, die ihnen auch durch neuere Verordnungen bestätigt worden sind h). Der Vorsteher der fränkischen Hofgeistlichkeit hieß zuerst blos Kapellan, seit dem achten Jahrhundert aber Archikapellan. Durch seinen Antheil an den Regierungsgeschäften wurde er eine sehr angesehene Würde, wozu Karl der Große mit Zustimmung des Pabstes und der Reichssynode mehrmals einen Bischof nahm i). Später hat sich der Name Archikapellan wieder verloren.

---

d) Der Name kommt wahrscheinlich her von cappa, einer Bedeckung, welche man über den Altären, die häufig auf freiem Felde standen, c. 26. D. I. de cons (Conc. Carth. V. a. 401), c. 29. eod. (Conc. Bracar. c. a. 572) oder die man auf Reisen mit sich führte, errichtete. Andere leiten ihn ab von dem Mantel (cappa) des h. Martin von Tours, welcher in einem solchen Oratorium niedergelegt war. *Ducange* Gloss. s. v. capella.

e) Nov. Just. 58. pr. nov. 67. c. 1. c. 33. D. I. de cons. (Conc. Aurel VI. a. 615), c. 34 eod. (Conc. Constant. a. 706), Capit. Reg. Franc. L. V. c. 383, Conc. Trid. Sess. XXII. Decret. de observ. et evitand. in celebr. missæ.

f) c. 10. D. I. de cons. (Conc. Bracar. II. a. 572.)

g) Sehr eindringlich spricht darüber Conc. Paris. VI. a. 829. L. I. c. 47.

h) c. 16. X. de privileg. (5. 33), Conc. Trid. Sess. XXIV. cap. 11. de ref.

i) Capit. Francof. a. 794. c. 53.

§. 157. III. Von der bischöflichen Curie.

Für das schriftliche Geschäftswesen, welches das bischöfliche Amt mit sich bringt, besteht die bischöfliche Curie oder Kanzlei. Früher dienten dazu besonders die Notarien oder Exceptoren, deren Vorsteher in Rom Primicerius Notariorum später Protonotarius hieß, und auch das Archiv in Verwahr hatte. Aehnlichkeit hatten mit ihnen die Chartularien, und diese wurden wie jene häufig auch zu Sendungen und auswärtigen Geschäften gebraucht k). Jetzt sind aber andere Geschäftsformen angenommen. Als beständige persönliche Begleiter des Bischofs und als Zeugen seines Privatlebens dienten aber nach Vorschrift der ältern Kirchengesetze die Syncellen. Später sind sie Familiaren oder Consiliarien genannt worden. Auch die neuern Provinzialconcilien haben diese auf sehr guten Gründen beruhende Ordnung eingeschärft.

§. 158. IV. Von den Exemtionen.

Greg. V. 33. Sext. V. 7. Clem. V. 7. De privilegiis et excessibus privilegiatorum.

Alle in einer Diöcese errichteten kirchlichen Institute sind dem Bischofe, als der ordentlichen Obrigkeit derselben unterworfen. Ausnahmen entstehen, wenn sie davon durch eine höhere Autorität eximirt, und unmittelbar unter diese gestellt werden. Als eine Abweichung von der Regel dürfen aber solche Exemtionen nur zum Nutzen der Kirche und aus rechtmäßigen Gründen statt finden. Diese treten ein, wenn geistliche Anstalten einer höhern über den localen Standpunkt hinausgehenden Leitung und Beaufsichtigung, oder einer besonderen Aufmunterung, oder eines gewissen äußeren Glanzes bedürfen l). Doch sind soche Ausnahmen im Zweifel beschränkend zu behandeln, und es werden dadurch auch niemahls die dem Bischofe zustehende Ehrenrechte aufgehoben. Früher gab es viele eximirte Klöster und Kapitel; auch die Universitäten und einzelne Dignitäten genossen dieses Privilegtum.

---

k) Umständlicher handelt davon *Thomassin.* Vet. et nov. ecceles. discipl P. I. L. II. c. 104 — 106.

l) Aus diesen Gründen sind auch noch jetzt die Universitäten, oder in Handelsstaaten die großen Handelsinstitute von den gewöhnlichen Verwaltungsbehörden eximirt, und unter höhern Schutz gestellt.

Lange waren freilich die Klöster, wie die andern kirchlichen Institute, dem Bischofe unterworfen m). Allein nach und nach fiengen die Bischöfe und die Provinzialconcilien selbst an, ihnen gewisse Befreiungen zu ertheilen n). Auch die fränkischen Könige eximirten einzelne Klöster von der Jurisdiktion der Gaugrafen, und stellten sie unmittelbar unter den königlichen Schutz o). Die Päbste folgten dieser Richtung, indem sie den Klöstern solche Privilegien, welche meistens die drückenden finanziellen Rechte der Bischöfe betrafen, bestätigten und vermehrten. Seit dem elften Jahrhundert waren dadurch nach und nach sehr viele Klöster von der bischöflichen Gewalt nach allen Seiten hin befreit worden p). Die zu häufigen Privilegien dieser Art führten aber zuletzt zu großen Klagen q) und zu einer gänzlichen Entkräftung der bischöflichen Gewalt; besonders als solche unmittelbare Klöster selbst die ordentliche Kirchenregierung über ganze Distrikte erwarben. So waren Prälaturen entstanden, die gar keiner Diöcese mehr angehörten (praelaturae nullius dioeceseos), sondern die selbst die bischöfliche Gewalt (jus episcopale vel quasi) und gleichsam eigene Diöcesen (dioeceses vel quasi) hatten. Um die Ordnung wieder herzustellen, hat aber das Concilium von Trient die Jurisdiktion über die Eximirten den Bischöfen wenigstens

---

m) c. 12. c. XVI. q. 1. (Conc. Chalced. a 451), c. 10. c. XVIII. q. 2. (Idem eod.), c. 16 eod. (Conc. Aurel. I. a. 511.), c. 17. eod. (Conc. Arelat. V. a. 554.)

n) c. 34. c. XVI. q. 1. (Conc. Ilerd. a. 524), *Thomassin.* Vet. et nov. eccles. discipl P. I. L. III. c. 29 — 38.

o) Capit. Carol. M. a. 793. c. 6., Capit. VI. Ludov. Pii a. 819. c. 5.

p) Die kirchlichen Exemtionen müssen aus dem Standpunkt ihrer Zeit beurtheilt werden. In Frankreich eximirten die Könige die städtischen Communen von der Knechtschaft der Territorialherrn, und gründeten darauf die königliche Gewalt. In Deutschland stiftete der Kaiser Reichsstädte und reichsunmittelbaren Adel; und dennoch vermochte er nicht die Reichsverfassung gegen die emporstrebende Landeshoheit zu retten. Der Pabst sah dieselbe Gefahr, und überwand sie. Also waren die Exemtionen für ihr Zeitalter nützlich und nothwendig.

q) c. 12. X. de excess. prælat. (5. 31), c. 3. X de privil. (5. 33), c. 1. 7. eod. in VI. (5. 7.) Doch haben auch die Klöster von den Bischöfen manches zu leiden gehabt, clem. un. de excess. prælat. (5. 6.)

als päbstlichen Delegaten zurückgegeben r), und in einigen Punkten sie ihnen selbst schlechthin unterworfen s). Auch die Exemtionen der Kapitel t) und der einzelnen Dignitäten u) sind durch dieses Concilium eingeschränkt worden. Mit der Aufhebung jener Institute haben aber die Exemtionen von selbst aufgehört *).

Drittes Kapitel.

Von den Erzbischöfen, Exarchen, Patriarchen und Primaten.

§. 159. I. Von den Erzbischöfen. A) Bedeutung dieser Würde.

Nach der jetzigen Verfassung sind mehrere Diöcesen meistens zu einer kirchlichen Provinz unter einem Bischofe vereinigt, der jetzt Erzbischof v) heißt, und zugleich Bischof einer Diöcese ist. Die unter ihm vereinigten Bischöfe werden seine Suffragane genannt w). Der Ursprung dieser Einrichtungen geht bis in das apostolische Zeitalter hinauf. Die Apostel hatten sich nämlich aus einleuchtenden Gründen zunächst an die Metropolen der römischen Provinzen gewendet, und der hier eingerichteten Ge-

r) Conc. Trid. Sess. VI. cap. 3. de ref. Sess VII. cap. 14. de ref. Sess XIV. cap. 4. de ref Sess. XIV. cap. 4. de ref. Sess. XXII. Decr. de observ. in celebr. miss. Sess. XXIV. cap. 11. de ref.

s) Conc. Trid Sess. XXIII. cap. 15. de ref. Sess. XXIV. cap. 4. de ref. Sess. XXV. c. 3. 4. 11. 12. 13. 14. de regular.

t) Conc. Trid. Sess. VI c. 4. Sess. XXV. c. 6. de ref.

u) Conc. Trid. Sess. XXIV. cap. 11. de ref.

*) B über Sch. u. A. R. 1830. §. 2. Bair. Concordat Art. 2. für Passau.

v) Der Name Archiepiscopus findet sich vor dem vierten Jahrhundert nicht. Anfangs steht er besonders häufig beim Bischof von Alexandria, und scheint von diesem an die übrigen Exarchen gekommen zu seyn. Später gieng er im Occident auf alle Metropoliten über. Im Orient kam er seit Justinian auch an die Bischöfe der größeren Städte.

w) c. 10. c. III. q. 6. (Nicol. I. a. 866), c. 11. X. de elect. (1. 6.)

meinde die weitere Verbreitung des Christenthums in die Städte der Provinz überlassen x). Der Bischof der Metropolis hatte also theils das Ansehen der Mutterkirche, theils den apostolischen Ursprung seines Lehrstuhls für sich; dadurch wurde er ein natürlicher Mittelpunkt für die höhern kirchlichen Verhandlungen y), und seit dem vierten Jahrhundert der Metropolitan, zuweilen auch der Primas oder Exarch der Provinz genannt. Früher waren die Rechte der Metropoliten sehr bedeutend, und sie bildeten, besonders in Verbindung mit den Provinzialconcilien, eine regelmäßige Stufe der kirchlichen Regierung. Später sind aber ihre Rechte theils erloschen, theils an den Pabst übergegangen z); und selbst diejenigen, deren Aufrechthaltung ihnen das Concilium von Trient dringend anempfohlen hat, werden nicht mehr ausgeübt a). Das Nähere wird bei den einzelnen Theilen der Verwaltung vorkommen. Uebrigens giebt es

---

x) Die Beziehung der Apostel auf die damalige Provinzialeintheilung des römischen Reiches tritt in ihren Schriften selbst hervor. Dahin gehört z. B. die Erwähnung von Pontus, Galatien, Cappadocien, Asia und Bithynien, I. Petr. 1 1., von Syrien und Cilicien Act. XV. 41., Macedonien und Achaja Rom XV. 26. Sie haben daher häufig blos an die Hauptstadt geschrieben, wenn sie die ganze Provinz meinten; so namentlich nach Corinth, als die Hauptstadt von Achaja, II. Cor. 1. 1., nach Thessalonich, als die Hauptstadt von Macedonien, I. Thess. IV. 9. 10. Aus diesen Gründen erscheinen auch die Hauptstädte der genannten Provinzen, so weit die Nachrichten reichen, allgemein als die ältesten und berühmtesten Metropolitansitze.

y) Can. Apost 33.

z) Daran sind nicht die Päbste, sondern die Metropoliten selbst hauptsächlich Schuld gewesen, indem sie durch ihre Nachläßigkeit, Bedrückung oder Herrschsucht die öffentliche Meinung gegen sich aufbrachten. Die Belege dazu, mit einer vortrefflichen Schlußbemerkung, giebt der gründliche *Thomassin.* Vet. et nov. eccl. discipl. P. I. L. I. c. 48.

a) Dieses ist der beste Beweis, daß die Metropolitangewalt in ihrer alten Ausdehnung, zu den heutigen Verhältnißen und Ansichten nicht mehr paßt. Die Bischöfe selbst würden sich dieselbe nicht gefallen lassen, und wollte man durch den Arm der Staatsgewalt nachhelfen, so würden bald Reibungen und Hofintriguen, wie in der fränkischen Zeit, davon die Folge seyn. — In der O. R. P. stehen die dem Erzbischofe zukommenden Metropolitanrechte unter dem Gesammtschutz der vereinten Staaten. Bad. Reg. Blatt 1830. Nro. III. und Würt. 1830. Nro. 9. §. 8. Bair. Concordat 1817. Art. 17. Rel. Edikt §. 39.

auch eximirte Bischöfe, die zu keiner Provinz gehören, sondern unmittelbar unter dem Pabste stehen.

§. 160. B) Erzbischöfliche Ehrenrechte.

Greg. I. 8. De usu et authoritate pallii.

Die besondern Ehrenrechte eines Erzbischofs bestehen hauptsächlich in dem Kreuze, welches ihm bei feierlichen Gelegenheiten innerhalb seiner Provinz vorgetragen wird, und in dem Pallium. Dieses ist eine weiße wollene mit Kreuzen durchwirkte Binde, welche in Rom bei dem Grabe des h. Petrus gesegnet, und vom Erzbischof über die Schultern herabhängend getragen wird. Die Verleihung des Palliums kommt als eine große Auszeichnung schon früh vor b). Allmählig ist dieses dann mehr ausgebildet, und mit der Metropolitanwürde in regelmäßige Verbindung gebracht worden c). Nach der jetzigen Verfassung wird das Pallium als Symbol der Vereinigung mit dem apostolischen Stuhle betrachtet d). Daher soll der Erzbischof, zum Beweis seiner Anhänglichkeit an denselben, binnen drei Monaten nach seiner Ernennung um das Pallium inständigst nachsuchen, und, ehe er es erhalten hat, darf er keine erzbischöflichen Handlungen ausüben e). Die Ueberreichung geschieht unter gewissen Feierlichkeiten, nachdem der Erwählte den Eid der Treue geleistet hat f). Hinsichtlich des Gebrauchs bestehen die Regeln, daß es der Erzbischof nur innerhalb der Provinz, im Innern einer Kirche, bei der Verrichtung von Pontificalhandlungen,

---

b) Das älteste Document darüber im Occident, welches sich aber schon auf altes Herkommen beruft, ist Symach. Epist. ad Theodor. Laureac. c. a. 501. (Mansi T. VIII. p. 528) Andere Zeugniße sind c. 2. D. C. (Gregor. I. a. 597), c. 3. c. XXV. q. 2. (Idem a. 604.)

c) Genaue Nachrichten hierüber findet man bei *Thomassin.* Vet. et nov. eccl. discipl. P. I. L. II. c. 53 — 57. Falsch ist die sehr verbreitete Meinung, als ob das Pallium ursprünglich ein prächtiger Mantel, ein Theil des kaiserlichen Ornates gewesen, und daher nur von den Kaisern oder mit deren Erlaubniß von den Patriarchen verliehen worden sey.

d) c. 4. X. de elect. (1. 6.)

e) c. 3. X. h. t. (1. 8), c. 28. §. 1. X. de elect. (1. 6.)

f) c. 4. D. C. (Johann. VIII. c. a. 873), c. 4. X. de elect. (1. 6.) Pontificale Roman. Tit. De pallio.

und nur an gewissen Tagen tragen darf g). Wer zwei Provinzen hat, bedarf zweier Pallien; und es ist so sehr auf die Person des Erzbischofs beschränkt, daß es mit diesem begraben werden soll h). Auch einige Bischöfe haben das Pallium als ein besonderes Privilegium erhalten.

§. 161. II. Von den Exarchen und Patriarchen.

Um unter den höhern Gliedern der Kirche noch nähere Einheitspunkte zu stiften, entstand seit dem vierten Jahrhundert die Einrichtung, daß, gleichwie mehrere Parochien zu einer Provinz, so mehrere Provinzen zu einer Diöcese vereinigt wurden. Doch war diese Eintheilung nur im Orient genauer durchgeführt, stimmte aber hier mit den politischen Diöcesen fast ganz überein i), deren es im ganzen römischen Reich dreizehn gab. Die Bischöfe, welche Vorsteher einer kirchlichen Diöcese waren, wurden, beson-

---

g) c. 6. D. C. (Gregor. I. a. 595), c. 8. eod. (Idem a. 593), c. 1. 4 — 7. X. h. t. (1. 8.)

h) c. 2. X. h. t. (1. 8.) Dieses beruht darauf, damit nicht, wie in England einmal geschah, mit dem Pallium des Verstorbenen das Erzbisthum selbst usurpirt werden könnte.

i) Im Occident ist dieses anders. Von Gallien und Hispanien, welche doch politische Diöcesen waren, ist nicht bekannt, daß sie einen kirchlichen Exarchen hatten. Italien aber war auf folgende Art organisirt. In bürgerlicher Beziehung zerfiel die Präfektur Italia in drei Diöcesen, Italien, das westliche Illyrien und Afrika. Die Diöcese Italien war wieder unter zwei Vicarien vertheilt, wovon der eine in Mailand sieben, der andere in Rom zehn Provinzen theils auf dem festen Lande, theils auf den Inseln unter sich hatte. In kirchlicher Beziehung kennt man aber in der ältern Zeit in Italien nur zwei Provinzen oder Metropoliten, die von Rom und von Mailand: gegen das Ende des sechsten Jahrhunderts finden sich aber noch die von Ravenna, Aquileja, Syracus und Calaris auf Sardinien. Noch später wurde ihre Zahl in Italien sehr vermehrt. Außer den Rechten, die der Bischof von Rom als Metropolit besaß, und die sich über neun und sechzig Bisthümer erstreckten, übte er aber noch besondere Vorrechte in den suburbicarischen Provinzen aus. Diese bestanden hauptsächlich darin, daß nicht blos die Ordination der Metropoliten, sondern auch die der Bischöfe unmittelbar von ihm ausgieng. Wie viel aber zu diesen Provinzen gehörte, ist sehr bestritten. Einige beschränken sie auf das Gebiet, worüber sich die Jurisdiction des Praefectus urbi erstreckte. Höchst wahrscheinlich sind es aber die zehn Provinzen, die zum Vikariat von Rom gehörten, so daß in dieser Beziehung doch eine gewisse Einwirkung der politischen Eintheilung sichtbar ist.

ders in der Sprache des Orients, Exarchen oder Patriarchen k) genannt. Ihre Rechte bestanden in der Ordination der ihnen untergebenen Metropoliten, in der Leitung der Diöcesansynode, in einer allgemeinen Oberaufsicht und höheren Jurisdiktion l). Unter diesen Exarchen waren aber die Bischöfe von Rom m), Alexandrien und Antiochien von Alters her besonders ausgezeichnet n). Neben diesen hatte zwar der Bischof von Jerusalem einen besondern Rang o), allein keine höhere Jurisdiktion, sondern er war selbst dem Bischof von Cäsarea als seinem Metropoliten unterworfen. Nach langen Streitigkeiten wurde ihm aber auf dem Concilium von Chalcedon vom Exarchen von Antiochien ein Theil seiner Diöcese überlassen, und er trat dadurch in die Reihe der Exarchen ein. Auf ähnliche Art gieng es mit dem Bischof von Constantinopel. Anfangs war dieser dem Bischofe von Heraclea als Metropoliten untergeben: später erhielt er aus politischen Gründen wenigstens einen höhern Rang p), und endlich auch eine bestimmte Diöcese q). Auf diese fünf Exarchen von Rom, Constantinopel, Alexandrien, Antiochien und Jerusalem r), wurde nun vorzugsweise der Name Patriarch angewendet, und unter den vier letzteren eine gewisse Rangordnung festge-

---

k) Der Ausdruck Exarch kommt aber nicht selten auch bei einfachen Metropoliten vor. Patriarch nannte man oft selbst einen gewöhnlichen Bischof. Erst auf dem Concilium von Chalcedon wurde dieser Titel ausschließlich auf die Vorsteher der Diöcesen bezogen.

l) c. 46. c. XI. q. 1. (Conc. Chalced. a. 451), nov. 123 c. 22.

m) Es ist sehr bestritten, wie weit sich das Recht des römischen Bischofes als Exarch oder Patriarch erstreckte. Die Meinung, die ihn als Patriarch des ganzen Occidents betrachtet, ist mehr als zweifelhaft. Höchst wahrscheinlich gieng es nicht weiter als die suburbicarischen Provinzen.

n) c. 6. D. LXV. (Conc. Nicæn. a. 325.) Die Auslegung dieser Stelle, wovon es sehr verschiedene Lesarten giebt, ist schwierig. Einige glauben, daß sie von jenen Bischöfen blos als Metropoliten handle: allein richtiger wird sie wohl auf die Exarchenrechte bezogen.

o) c. 7. D. LXV. (Conc. Nicæn. a. 325.)

p) c. 3. D. XXII. (Conc. Constant. a. 381.)

q) Conc. Chalced. a. 451. can. 28.

r) Man darf nicht glauben, daß die fünf Patriarchate das ganze Gebiet der Kirche umfaßt hätten: denn eigentlich sind es nur fünf kirchliche Diöcesen.

setzt s). Diese ist nach mehrerem Widerspruch endlich auch von der lateinischen Kirche anerkannt, und im dreizehnten Jahrhundert, als in Folge der Kreuzzüge jene vier Patriarchalstühle eine Zeitlang mit Lateinern besetzt waren, ausdrücklich erneuert worden t). Bald darauf sind zwar jene vier Sitze wieder in die Hände der Ungläubigen und Schismatiker gekommen; doch werden auf deren Namen in der Lateinischen Kirche immer noch Patriarchen geweiht u). Neben jenen fünf hohen Patriarchen haben aber auch andere Exarchen und Metropoliten diesen Titel beibehalten. Das älteste Patriarchat dieser Art war im Occident das von Aquileja. Aus diesem entstand durch Spaltung seit dem sechsten Jahrhundert noch das von Grado. Später (1451) ist letzteres nach Venedig verlegt, das von Aquileja aber (1751) ganz aufgehoben worden. Ein bloßer Ehrentitel ist der Name Patriarch des occidentalischen Indiens, den der Großkaplan des Königs von Spanien von Paul III., und der Name Patriarch von Lissabon, den der dortige Erzbischof von Clemens XI. erhalten hat. Endlich haben auch noch im Orient die mit der katholischen Kirche vereinigten Chaldäer, Melchiten, Maroniten, Syrer und Armenier ihre eigenen Patriarchen.

§. 162. III. Von den Primaten.

Primas hieß ursprünglich der Bischof, der unter den Bischöfen der Provinz der Erste war. Vorzüglich galt dieser Sprachgebrauch in der afrikanischen Kirche, weil hier jene Würde nicht an eine Stadt, sondern an das Alter der Ordination geknüpft war v). In den übrigen Ländern wurde der erste Bischof gewöhnlicher Metropolit, zuweilen aber doch auch Primas w) genannt. Die apostolischen Vikarien waren also, diesem Sprach-

---

s) c. 3. D. XXII. (Conc. Constant. a. 381), nov. Just. 131. c. 2.

t) c. 6. 7. D. XXII. (Conc. Constant. IV. a. 869), c. 23. X. de privil. (5. 33.)

u) c. 3. Extr. comm. de elect. (1. 3.)

v) Can. Apost. 33. c. 5. D. LXV. (Conc. Carth. II. a. 390), c. 10. XVIII. (Conc. Carth. V. a. 398.)

w) Leon. I. Epist. CVI. cap. 5. Epist. CVIII. cap. 1., c. 1. c. IX q. 3. (Conc. Bracar. c. a. 5. 2)

gebrauch gemäß, die Ersten unter den Primaten x). Im neunten Jahrhundert wurden sie daher y), wenigstens im fränkischen Reiche z), vielleicht auf Veranlassung der falschen Decretalen a), vorzugsweise Primaten genannt. Doch war diese Würde nicht von Bestand. Seit der zweiten Hälfte des elften Jahrhunderts versuchten daher die Päbste, und jetzt zuweilen mit ausdrücklicher Berufung auf die falschen Decretalen, in den verschiedenen Reichen die angesehensten Erzbischöfe zu Primaten zu erheben. Allein die Eifersucht der übrigen Metropoliten ertrug dieses nicht lange, und es entstanden daraus so viele Reibungen und Streitigkeiten b), daß jene Würde bald wieder erlosch, oder sich in einen bloßen Titel verlor c). Die Primaten welche noch vor-

x) Diesen Ausdruck braucht auch Innocent. I. Epist. ad Rufum (Mansi T. VII. col. 751.)

y) Eine nähere Veranlassung dazu lag noch darin, daß die Exarchen, womit die Vicarien den Geschäftsverhältnißen nach große Aehnlichkeit hatten, in der Dionysischen Sammlung Primaten der Diöcesen heißen. Conc. Chalcedon. a. 451. c. 9. 17.

z) Im fränkischen Reiche wurden damals, was längere Zeit unterblieben war, wieder mehrere apostolische Vicarien ernannt. Dieses geschah fast gleichzeitig mit der Erscheinung der falschen Decretalen, aber gewiß nicht auf deren Veranlassung, weil sie nicht gleich in Rom bekannt waren. Auch werden jene Vicarien in den päbstlichen Ernennungsbriefen selbst, nicht Primaten genannt. Zwar findet sich dieser Ausdruck in Nicol. I. Epist. ad Rudolph. Bituric. archiepisc. a. 864. (c. 8. c. IX. q. 3.) Allein hier ist er unstreitig aus der Klagschrift des Erzbischofs von Narbonne aufgenommen. Uebrigens hält Blasci sogar jenes ganze Schreiben und die Stiftung des Primates von Bourges im neunten Jahrhundert für eine Erdichtung, De collect. canon. Isid. cap XII. (*Galland.* Sylloge Tom. II p. 108.)

a) Die falschen Decretalen reden viel von Primaten, die wie die apostolischen Vicarien zwischen den Metropoliten und dem Pabste stehen. (§. 85. not. g.) Ob sie diesen Sprachgebrauch selbst gebildet haben, oder nur den bereits gebildeten wiederholen, läßt sich nicht mit Gewißheit entscheiden.

b) Beispiele geben c. 17. X. d. M. et O. (1. 33.), c. 4. X. de dilation. (2 8)

c) Wäre es nach der Absicht der Päbste gegangen, so hätten die Primaten, wie sonst die apostolischen Vicarien, eine höhere Instanz gebildet; es würden dann, wie auch Thomassin richtig bemerkt, nicht so viele Sachen unmittelbar nach Rom gegangen, und viele Zeit und Unkosten erspart worden seyn. Man kann also hier das, was man Verderb der Kirchenzucht nennt, weder den Päbsten, noch den falschen Decretalen zuschreiben.

kommen, haben daher nur gewisse Ehrenrechte, namentlich den Vorsitz auf den National-Concilien und die Krönung des Königs.

Viertes Kapitel.

Von den Concilien.

§. 163. Einleitung.

Nach der bisher beschriebenen Verfassung ist der ganze Körper der Kirche wieder in kleinere Körperschaften zerlegt, und in jeder ein Einzelner als der Mittelpunkt und das Haupt an die Spitze gestellt. Doch sollen diese verschiedenen Häupter in ihren größern und kleinern Kreisen nicht schlechthin allein regieren, sondern es ist seit den ältesten Zeiten Grundsatz der Verfassung, daß möglichst eine Berathung mit den übrigen Gliedern statt finde d), damit dadurch der Gemeingeist belebt, und nichts ohne die reiflichste Erwägung beschlossen werde. Die Berufung und Leitung solcher Versammlungen muß aber regelmäßig von den Vorstehern ausgehen, in deren Geschäftskreis sie gehören. Doch kann nöthigenfalls die weltliche Obrigkeit dazu mitwirken, und Gegenstände der Berathung zur Sprache bringen. Auch müssen die Beschlüsse, welche das bürgerliche Leben berühren, von ihr ausdrücklich oder stillschweigend bestätigt werden.

§. 164. I. Von den allgemeinen Concilien. A) Einrichtung derselben.

Die allgemeinen Concilien sind Versammlungen, worin die ganze Kirche sich darstellen soll. Es müssen also dazu alle Bischöfe, als die ordentlichen Lehrer und Hirten der Kirche berufen seyn. Außer den Bischöfen haben aber durch das Herkommen auch andere hohe Würden, nämlich die Cardinäle, die mit wirklicher Jurisdiktion versehenen Prälaten und Aebte (§. 158), und die Generale der Mönchsorden, wegen ihres großen Einflusses auf den Geist und das Leben der Kirche, die Theilnahme an den allgemeinen Concilien erlangt. Titular-Bischöfe können berufen

---

d) Can. Apost. 33, c. 2. c. IX. q. 3. (Conc. Antioch. a. 332), c. 5. D. XCV. (Hieronym. a 386.)

werden und mit stimmen; allein nothwendig ist es nicht, weil sie keine wirkliche Jurisdiktion haben. Neben diesen Vätern des Conciliums, welche eine entscheidende Stimme führen, werden aber auch die Gesandten der Fürsten, als die Häupter der christlichen Politik e), ferner Doktoren der Theologie und des canonischen Rechts, und selbst gelehrte Laien, mit berathender Stimme zugelassen. So stellt sich in dieser Versammlung wahrhaft das Gesammtleben der Kirche dar. Uebrigens ist aber, damit die Versammlung als allgemeines Concilium gelte, nicht nöthig, daß alle Berufenen wirklich erscheinen f), und es wird auf diese Anzahl, als auf eine Zufälligkeit, nur ein untergeordnetes Gewicht gelegt. Die Berufung selbst geht regelmäßig von dem Pabste aus, und dieser führt auch entweder in Person, oder durch Legate den Vorsitz g). In außerordentlichen Fällen, namentlich wenn der päbstliche Stuhl streitig ist, kann die Berufung auch durch das Collegium der Cardinäle oder auf jede andere passende Art geschehen. Doch ist ein solches Concilium ohne Haupt unvollkommen, und seine Aufgabe eigentlich nur die, den ordentlichen Zustand herzustellen h). Für die Ruhe und Würde der Verhandlungen wird durch den Geschäftsgang gesorgt, den die Versammlung selbst, den älteren Erfahrungen gemäß, festsetzt i);

---

e) c. 2. D. XCVI. (Marcian. Imper. a. 451), c. 7. eod. (Nicol. I. a. 865.)

f) Abreisende Bischöfe ließen sich in der ältern Zeit durch Priester, selbst durch Diaconen vertreten. Auf dem Concilium von Trient wurden aber überhaupt keine Bevollmächtigten zugelassen.

g) Dieses kann dem Grundsatz und der bestehenden Praxis nach nicht mehr bestritten werden. Die Einwendungen aber, die man aus dem Hergang bei den ältesten Concilien geschöpft hat, sind auch aus der Geschichte zu lösen. Denn erstlich sind uns die Acten dieser Concilien, namentlich was ihnen vorhergieng, nicht vollständig bekannt. Zweitens waren damals durch das römische Kaiserthum, wie es sich neben die Kirche gestellt hatte, ganz andere Verhältniße vorhanden. Drittens hat sich überhaupt die Bedeutung der öcumenischen Concilien in der Wissenschaft und dem Bewußtseyn der Kirche erst allmählig entwickelt, und man handelte daher in den ersten Zeiten nicht so, wie es hätte geschehen sollen, sondern wie die nächsten Umstände es an die Hand gaben.

h) In diesem Sinne hat das Concilium von Kostnitz gehandelt.

i) Das Nähere darüber findet man in *August Patric. Piccolomin.* (a. 1488) Sacrar. cæremoniarum Roman. eccles Lib. I. Sect. XIV. (*Hoffmann* Nov. monument. collect. T. II. p. 458.)

auch gehen religiöse Feierlichkeiten vorher, und die ganze Christenheit wird aufgefordert, sich im Gebete mit den Arbeiten des Conciliums zu vereinigen. Die Promulgation der Beschlüsse endlich geschieht durch den Pabst. Uebrigens werden die allgemeinen Concilien nicht regelmäßig, sondern nur aus dringenden Beweggründen, worüber man die öffentliche Meinung zu Rathe zieht, versammelt; und die Verhältnisse selbst machen dabei Rücksprache mit den Fürsten der Christenheit nothwendig.

§. 165. B) Verhältniß der allgemeinen Concilien zum Pabste.

Die allgemeinen Concilien, als eine Vereinigung des Primates mit dem Episcopate, bilden die höchste Autorität in der Kirche, und diese muß auch der Pabst mit Ehrfurcht anerkennen, weil er dasjenige, was er oder seine Vorgänger, von der Weisheit der übrigen Bischöfe unterstützt, festgesetzt hat, nicht einseitig oder willkührlich wieder aufheben darf. Er ist daher in seiner Verwaltung regelmäßig an die bestehenden Gesetze gebunden (§. 132), und in so weit den Concilien unterworfen. Nur ausnahmsweise steht ihm, wo die Nothwendigkeit oder der Nutzen der Kirche es verlangt, das Recht zu dispensiren zu k). In diesem Sinne findet also ein Gegensatz zwischen dem Pabst und dem Concilium nicht statt, sondern jener ist in diesem mit enthalten l). Daher bedürfen auch dessen Beschlüsse, wenn der

---

k) *Thomassin* Vet. et nov. eccles. discipl. P. II. Lib. III. c. 28. Illud altissime animo infigni operæ pretium est, quod pontifices, qui ab aliquibus domini canonum vocantur, dispensatores tantum eorum sint, nec his vocibus *domini canonum*, aliud significetur, quam eximia quædam potestas de iis dispensandi, *ubi ecclesiæ vel necessitas cogit vel invitat utilitas.* Eodem redit et alia illa conflictatio verborum, cum de re conveniat, ubi aiunt alii, pontificem esse supra canones, alii canonibus subesse. In ipso jure sunt, quæ illi, nec desunt, quæ huic faveant verborum consuetudini. Porro utrobique una sententia est, posse pontificem de canonibus dispensare, eoque nomine esse quodammodo supra canones: sed cum dispensare non possit, nisi juxta canonicas regulas, ex utilitate et necessitate ecclesiæ, eo sensu subest canonibus.

l) *Thommassin.* Diss. de synod. Chalced. n. 14. Ne digladiemur major synodo Pontifex, vel pontifice synodus œcumenica sit; sed agnocamus succenturiatum synodo pontificem se ipso majorem esse; *truncatam* Pontifice synodum se ipsa esse minorem.

Pabst selbst den Vorsitz geführt, oder sein Legat nach ausdrücklichen Instruktionen dazu mitgewürkt hat, einer besonderen päbstlichen Bestätigung nicht mehr. Stehen aber der Pabst und die Bischöfe getrennt, so kann ein Beschluß, so lange er die Zustimmung des Pabstes nicht erhalten hat, nicht als Ausspruch der Kirche gelten, weil die Glieder ohne das Haupt nicht der volle Körper sind m). Noch weniger darf sich aber die Versammlung der Bischöfe über den Pabst gar erheben, ihn richten oder absetzen n), weil dieser auch unter den vereinigten Bischöfen doch immer das Oberhaupt bleibt o). Nur wenn bei einer Spaltung der rechtmäßige Pabst zweifelhaft, also die Kirche eigentlich ohne

m) Dieses Verhältniß des Oberhauptes zur Gesetzgebung wird in den neuen Verfassungen das Recht des Veto genannt. Könnten die Reichsstände auch gegen den Willen des Königs etwas zum Gesetz machen, so hörte dieser auf das Haupt des Staates zu seyn, oder es würden zwei höchste Gewalten nebeneinander gesetzt, was ein Unsinn wäre.

n) Das neuere Staatsrecht drückt dieses gewöhnlich so aus: die Person des Monarchen ist heilig und unverletzlich; und dieser Satz gehört zur Monarchie so wesentlich, daß sie ohne ihn gar nicht besteht. Darin ist auch ein Wahlreich von einem erblichen gar nicht verschieden; denn beide unterscheiden sich nur durch die Art, wie die Person des Monarchen bestimmt wird; das, was zum Wesen der Würde gehört, ist in beiden Fällen durchaus dasselbe, und diese wird mit der Person deßjenigen, der sie einmal rechtmäßig erworben hat, immer unzertrennbar verbunden. Falsch ist daher der Schluß, was durch Wahl gegeben sey, könne durch Wahl auch wieder genommen werden; daraus würde auch folgen, daß das Kapitel, welches seinen Bischof gewählt hat, diesen wieder absetzen könnte. Die Wahl erhebt zwar eine bestimmte Person zu einer gewissen Würde; allein die Wähler sind es doch nicht, von denen die Würde selbst ausgeht; diese liegt vielmehr in der Ordnung des Ganzen, und wird auch durch diese in der Zeit, wo sie erledigt ist, aufbewahrt. Behauptet man aber gar, daß die Bischöfe, wenn es ihnen nöthig schiene, die Person des Pabstes von seiner Würde wieder trennen könnten: so ist dieses dasselbe sophistische Kunststück, wodurch die französische Revolution, ebenfalls das Königthum von der Person Ludwigs XVI. trennend, diesen unter das Schlachtmesser gelegt hat.

o) Man stellt zwar häufig das Verhältniß so dar, als ob der Pabst nur im Namen der zerstreuten Bischöfe regiere, wenn diese aber vereinigt seyen, in die Reihe der gewöhnlichen Glieder zurücktrete. Allein das Primat des Pabstes ist unmittelbar von Christus, nicht von den Bischöfen eingesetzt worden.

Haupt ist, so kommt es, wie zu Kostnitz p), auf die Entscheidung des Conciliums an. Außerordentliche Fälle dieser Art können aber für das gewöhnliche Verhältniß keine Regeln begründen q).

§. 166. II. Von den National- und Provinzial-Concilien.

Die National-Concilien sind Versammlungen der Bischöfe eines Reiches unter dem Patriarchen oder Primaten. In der Sprache der älteren Zeit sind diese häufig auch allgemeine Concilien genannt worden. Die Provinzial-Concilien bestehen aus dem Metropoliten und den Bischöfen seiner Provinz. Nach den ältern Kirchengesetzen sollten diese zweimahl r), nach den spätern wenigstens einmahl s) jährlich gehalten werden. Doch wurde dieses in den germanischen Reichen nicht befolgt t), weil die Bi-

p) Conc. Constant. Sess. V. S Synodus declarat, quod ipsa — potestatem a Christo immediate habet, cui quilibet cujuscunque status vel dignitatis, etiam si papalis existat, obedire tenetur in his, quæ pertinent ad fidem et extirpationem dicti schismatis, et reformationem dictæ ecclesiæ in capite et membris. Dieses Decret ist auf dem Baseler Concilium in der zweiten, achtzehnten und ein und dreißigsten Sitzung, und hier allerdings in einer etwas allgemeinern Fassung wiederholt worden. Allein dabei kommen ebenfalls die Zeitverhältniße in Betracht. Vollständig behandelt wurde dieser Punkt, noch auf dem Concilium selbst, in der äußerst fein unterscheidenden, keineswegs übertriebenen Apologie des Jo. a. Turrecremata (Harduin T. IX. p. 1236 — 76.) Er erwähnt unter anderen, daß der Satz von der Autorität der Concilien allerdings in einem gewissen Sinne wahr, in einem andern aber falsch, und der Natur der Einheit und des Primates widersprechend sey; daß es also immer auf die Auslegung und die Folgerungen ankomme.

q) Die Berufung auf die Geschichte bei den Streitfragen der höheren Politik ist immer sehr mißlich, weil die Verhältniße niemals ganz gleichartig sind Im Mittelalter konnte nach den Grundsätzen der Reichsverfassung der Kaiser selbst vor Gericht gefordert und abgesetzt werden. Was will man aber daraus gegen unsere heutige Souveraine folgern?

r) Can. Apost. 36., c. 3. D. XVIII. (Conc. Nicæn. a. 325), c. 4. eod. (Conc. Antioch. a. 332), c. 6. eod. (Conc. Chalc. a. 451.)

s) c. 7. D. XVIII. (Conc. Nicæn. II. a. 787.)

t) Darüber klagte schon, und zwar lange vor den falschen Decretalen, der heil. Bonifazius, und eben so das Conc. Paris. VI. a. 829. c. 26.

schöfe zu sehr in weltliche Geschäfte verwickelt waren, und die Angelegenheiten der Kirche zum Theil schon mit auf den Reichsversammlungen besprochen wurden. Auch die Versuche der Päbste und der allgemeinen Concilien, die ältere Disciplin herzustellen, waren fruchtlos u). Selbst die neueren Verordnungen, daß die Provinzial-Concilien doch wenigstens alle drei Jahre gehalten werden sollen v), werden nicht mehr befolgt, weil sich jetzt überhaupt die Geschäfte mehr in die Hände stehender Behörden gezogen haben w). Die Berufung geschah durch den Metropoliten mit Zustimmung des Landesherrn x); eine Anfrage bei dem Pabst war nicht nothwendig. Eben so bedurften die Beschlüsse, wenn sie nicht Glaubensfragen betrafen y), der päbstlichen Bestätigung nicht z). Doch werden sie seit dem Concilium von Trient vor der Bekanntmachung dem römischen Stuhle vorgelegt a).

---

u) c. 25. X. de accusat. (5. 1), c. 16. X. de judæis (5. 6.) Die Bemühungen der Päbste zeigt *Thomassin.* Vet. et nov. eccles. discipl. P. II. L. III. c. 57.

v) Conc. Basil. Sess. XV., Conc. Trid. Sess. XXIV. cap. 2. de ref.

w) Für ganz unnöthig erklärt sie daher jetzt *Sauter* Fundam. jur. eccles. P. I. § 96. Dieses ist aber doch wohl etwas zu unbedingt.

x) Das Verhältniß des Königs zu den National- und Provinzial-Concilien der fränkischen Zeit steht sehr umständlich bei *Thomassin.* Vet. et nov. eccles. discipl. P. II. L. III. c 48.

y) Dieses liegt in der Natur der Sache, und ist seit den ältesten Zeiten anerkannt. Die Beweise giebt *Coustant* De antiq. can. collect. P. I. § 21. (*Galland.* Sylloge T. I. p. 20)

z) Die Stellen der falschen Decretalen, welche Gratian in die Dist. XVII. aufgenommen hat, sind also nicht praktisch geworden. Dieses sagt schon die Glosse zur Dist. XVIII.

a) Dieses thaten die Metropoliten anfangs freiwillig. Auch führte die dem Pabst übertragene Sorgfalt, über die Beobachtung der Tridentiner Beschlüsse zu wachen, darauf von selbst hin. Daher hat die zu diesem Zwecke niedergesetzte Congregation es in einem Rundschreiben von 1596 ausdrücklich eingeschärft. Eine eigentliche Bestätigung liegt aber darin nicht, und diese ist nach dem Zeugniß der angesehensten Schriftsteller auch noch jetzt nicht nothwendig. *Thomassin* Vet. et nov. eccles. discipl P. II. L III. c. 57.. *Schmalzgruber* Jus eccles. univ. Diss procem. §. VIII. (Ed. sec. Ingolst. 1728. T. I. p. 74.), *Blasci* De collect. can. Isidor. cap. IX. (*Galland.* Sylloge T. II. p. 82)

§. 167. III. Diöcesan- und kleinere Versammlungen.

Zur Handhabung der Disciplin und zur Bekanntmachung der auf den Provinzial-Concilien gefaßten Beschlüsse b) dienten die Versammlungen, welche der Bischof ein- oder zweimal jährlich mit dem Clerus seiner Diöcese hielt. Diese Einrichtung ist noch durch neuere Gesetze eingeschärft worden c), wird aber nicht mehr beobachtet. Auch hatten die Erzpriester auf dem Lande zu bestimmten Zeiten, und zwar anfangs am ersten Tage jedes Monates eine Zusammenkunft mit den Priestern, worin die Verordnungen der Diöcese bekannt gemacht, die Mittel zu deren Aufrechthaltung besprochen, später sogar auch Statute entworfen wurden. Zuweilen hatten solche Vereine die Gestalt geistlicher Brüderschaften, und wurden dann Kalandgesellschaften genannt. Jetzt sind einigermaßen die Pastoral-Conferenzen an deren Stelle getreten.

---

b) c. 2. D. XXXVIII. (Conc. Tolet. IV. a. 633), c. 17. D. XVII. (Conc. Tolet. XVI. a. 693)

c) c. 25. X. de accusat. (5. 1.), Conc. Basil. Sess. XV., Conc. Trid. Sess. XXIV. cap. 2. de ref. — Provinzial- und Diöcesan-Synoden können in der O. R. P. nur mit Genehmigung der Staaten, und in Beiseyn landesherrlicher Commissarien gehalten werden; die Beschlüsse unterliegen der Staatsgenehmigung. V. über Sch. und A. R. 1830. §. 9. 18. Baier. Rel. Edikt 1818. §. 56. 58. — M. Ueb. §. 122.

Der Wunsch einer baldigen Provinzial-Synode ward vor dem letzten Badischen Landtage ernstlich angeregt, ist auch sonst in unsern Tagen laut geworden, daher unerklärbar ist, wie Ed. III. Sauter Fund. J. E. zu §. 96 kommt: „Nec est, cur usus eorum renovetur." — s. die kirchliche Archäologie von F. W. Rheinwald 1830. b. Enslin. §. 38. Freym. Blätter, Rotweil 1830. I. S. 150, und 1831. II. S. 259. Mittheilungen über die Verwaltung der Seelsorge, v. Wessenberg. Augsb. 1832. Nro. 1. und 36. — Die Pastoral-Conferenzen, wenn sie nach Erzbischöfl. Freib. Verfügung 1828. — M. B. Nro. 164. — auch nach den Augsburger und Eichstädter Diöcesan-Verordnungen gehalten werden, könnten allerdings der Synode vorarbeiten, vorzüglich, wenn auch die Protokolle und Aufsätze so gefaßt würden, daß sich aus denselben die Wünsche des Clerus offen und unbemäntelt erkennen ließen.

Fünftes Kapitel.

Verfassung der morgenländischen Kirche.

§. 168. Einleitung.

Die Verfassung der griechischen und russischen Kirche stimmt, bis auf die Einrichtung des Patriarchats, größtentheils überein, und ist im Ganzen wenigstens den Namen und Formen nach noch diejenige, die im Orient im neunten Jahrhundert bestand. Sie ist aus Weltgeistlichen und Mönchen gemischt, und letztere sind darin, so wie im Occident während des Mittelalters, als das höhere geistige Element zu betrachten. Daher werden auch die Bischöfe blos aus ihnen, und zwar gewöhnlich aus den Archimandriten und Hegumenen, das heißt den Klosteräbten und Prioren, gewählt. Diese hohe Geistlichkeit vom Bischof aufwärts wird bei den Russen in dem Ausdruck, die Archijereien, zusammengefaßt.

§. 169. I. Von den Bischöfen und deren Gehülfen. A) Von den heiligen Aemtern.

Der Bischof ist das Haupt der geistlichen Verwaltung einer Parochie oder Eparchie. Von ihm, als dem Mittelpunkte, gehen die übrigen heiligen Aemter aus, und er theilt die dazu nöthigen Vollmachten durch die Weihe mit. Unter ihm, als seine Stellvertreter und Gehülfen, sowohl bei der bischöflichen Kirche wie an die verschiedenen Kirchen des Sprengels vertheilt, stehen also die Priester oder Popen, die Diaconen, die Hypodiaconen, die Lampadarien, Psalten oder Cantoren, und Anagnosten oder Lectoren (§. 29). Für die drei letztern findet aber dieselbe Weihe statt, so daß es bis zum Priester aufwärts nur vier Weihen giebt. Neben diesen geweihten Gehülfen giebt es noch Schatzmeister oder Schlüsselbewahrer, Custoden, Chorsänger, Glöckner und andere Kirchenleute; allein diese werden zu ihren Verrichtungen nicht eingeweiht. In Rußland ist, wie viel von allen diesen Personen bei einer Kirche angestellt seyn sollen, durch eine Verordnung der Synode, nach der Größe und dem Ansehen jeder Kirche genau bestimmt worden.

§. 170. B) Bischöfliche Gehülfen anderer Art.

In der griechischen Kirche hatten die Bischöfe ehemals ein sehr glänzendes und zahlreiches Personal um sich. Jetzt aber hat dieses sehr abgenommen. Ein Begriff, welche Aemter dabei vorkamen, wird unten bei der Verfassung der großen Kirche von Constantinopel gegeben werden. In Rußland hat der Bischof bei seiner Kirche einen Protopop oder Protoierei und einen Protodiacon, welche im Ganzen noch die Geschäfte wie sonst der Archipresbyter und Archidiacon versehen. Auch sind an den Landkirchen Protopopen zur Aufsicht über die gewöhnlichen Popen ihres Bezirkes angestellt. Zur Handhabung der Jurisdiction dient aber das bischöfliche Consistorium, welches aus drei Mitgliedern, die Archimandriten oder Hegumenen oder Protopopen sind, besteht. Diesem sind noch kleinere Gerichtshöfe, Cantoirs genannt, untergeordnet, in welchen gewöhnlich zwei Mitglieder und ihre Schreiber sind. Auch hat jeder Bischof die ihm nöthigen Kanzleibedienten.

§. 171. II. Von den Erzbischöfen, Metropoliten und Exarchen.

Die Erzbischöfe der griechischen Kirche waren nicht ganz den Metropoliten gleichbedeutend, sondern blos Bischöfe besonders angesehener Städte. Sie hatten also selbst keine Bischöfe unter sich. Jetzt aber wo die meisten Metropoliten ihre untergebenen Bischöfe verloren haben, sind sich beide Würden fast ganz ähnlich geworden. Das Amt der Exarchen ist aber schon seit dem zehnten Jahrhundert erloschen, und jetzt ein bloßer Titel. Der Unterschied zwischen Metropoliten, Erzbischöfen und Bischöfen bestand früher eben so in der russischen Kirche. Allein seit Peter I. ist er der Sache nach aufgehoben worden, und jene Würden unterscheiden sich nur noch durch den Rang, den Titel und die Kleidung; übrigens sind sie gleichmäßig der heiligen Synode unterworfen. So hat sich das Verhältniß der Metropoliten zu den Bischöfen im Orient fast auf gleiche Art wie im Occident gestaltet.

§. 172. III. Von den Patriarchen und ihrem Hofe.

Die Häupter der griechischen Kirche sind die vier Patriarchen, unter welchen der von Constantinopel der Vornehmste ist (§. 29). Dieser hatte allmählig um sich einen glänzenden Hof gebildet. Die ersten Würden (ὀφφικια, ἀρχόντικα, ἀξιώματα) waren ὁ μέγας οἰκονόμος, der die Einkünfte drr Kirche verwaltete und dafür Unterbediente anstellen durfte; ὁ μέγας σακελλάριος, der die Aufsicht über die Mannsklöster des Patriarchats und besonders der Stadt hatte; ὁ μέγας σκευοφύλαξ, mit der Aufsicht über das Kirchengeräthe und der Jurisdiktion über die dahin einschlagenden Sachen; ὁ μέγας χαρτοφύλαξ, der Großkanzler, der die Stelle des Archidiacons vertrat und daher eine sehr weit reichende Verwaltung hatte; ὁ Σαλελλίου, welcher die Aufsicht über die Kirchen der Stadt und die Nonnenklöster führte. Diese fünf Würdenträger hießen zusammen die Exokatacolen. Unter dem Patriarchen Xiphilin im zwölften Jahrhundert wurde ihnen noch der πρωτέκδικος oder Großdefensor beigegeben, der Vorsteher eines Gerichts war, und zwölf Beisitzer unter sich hatte. Die Exokatacölen hatten, wenn sie auch nur Diakonen waren, allmählig den Rang vor den Bischöfen erhalten, und können in so weit den Cardinaldiaconen verglichen werden. Andere hohe Würden waren ὁ πρωτοσύγκελλος, der Erste der Syncellen (§. 157), die hier eine weit größere Bedeutung hatten, wie im Occident, ferner ὁ πρωτονοτάριος der Geschäftsführer der Kirche, ὁ καστρήνσιος der Aufseher über die Kleidungen, ὁ ῥεφερενδάριος, der zu Gesandtschaften diente, ὁ λογοθέτης der Siegelbewahrer, ὁ ὑπομνηματόγραφος der Protocollführer, ὁ ὑπομιμνήσκων, der die Memorialen für das geistliche Gericht in Empfang nahm, ὁ διδάσκαλος der Scholasticus des Occidents. Aus diesen Beamten, besonders aus den höheren, war auch die Patriarchalsynode gebildet. Außerdem gab es noch viele Gehülfen, die sich bloß auf den Gottesdienst bezogen, und darunter fand namentlich der Protopapas oder Erzpriester seine Stelle. Aber auch jene Verwaltungsbeamten hatten beim feierlichen Gottesdienste mehrere Verrichtungen zu versehen, und waren zu diesem Zweck in einen rechten und linken Chor und in verschiedene Ordnungen eingetheilt. Unter der türkischen Herrschaft sind alle diese Einrichtungen in Verfall gerathen und nur noch die Titel davon übrig. Die Patriarchalsynode besteht jetzt blos aus acht Bischöfen, die sich wöchentlich zweimal beim Patriarchen versammeln. Davon ist die Verwaltung des kirchlichen Gemeinwesens getrennt, welche von vier jener Bischöfe, vier der angesehensten Fürsten, und vier der ersten Bürger geführt wird. Zur größern Sicherheit ist noch das Siegel des Patriarchen in vier Theile getheilt, und die Stücke den vier andern Bischöfen gegeben, der Griff aber in der Hand des Patriarchen zurückgelassen worden, so daß, wo eine Besieglung nothwendig ist, alle fünf zusammenkommen müssen.

§. 173. IV. Von dem Haupte der russischen Kirche.

Die russische Kirche stand anfangs unter einem Metropoliten, der vom Patriarchen zu Constantinopel geweiht wurde, und von diesem abhängig war. Im fünfzehnten Jahrhundert gaben die Patriarchen zu, daß der Metropolit von den Bischöfen des Reichs ordinirt werden, und den ersten Platz nach dem Patriarchen von Jerusalem einnehmen sollte. Doch blieb er noch dem Obergericht des Patriarchen von Constantinopel unterworfen. Um auch dieses aufzuheben errichtete Feodor Iwanowitsch 1589 mit Zustimmung der übrigen Patriarchen ein eignes Patriarchat in Moskwa. Nach dem Tode des Patriarchen Hadrian 1700 ernannte aber Peter I. keinen neuen mehr, sondern ließ dessen Geschäfte durch einen sogenannten Exarchen und ein Concilium verwalten. Endlich da man an diesen Zustand etwas gewöhnt war, setzte er 1721 die heilige Synode als ein stehendes Concilium unter der Oberhoheit des Kaisers ein. Diese Anordnung wurde auch 1723 von dem griechischen Patriarchen anerkannt. Anfangs bestand die Synode aus zwölf Mitgliedern; später ist diese Zahl bald vermehrt, bald vermindert worden. Sie werden vom Kaiser aus den Bischöfen, Archimandriten, Hegumenen und Protopopen ernannt. Auch ist ihnen ein weltliches Mitglied, als oberster Procurator der Krone beigegeben. Die Sitzungen werden in Petersburg gehalten; doch besteht auch in Moskwa eine besondere Synodalkanzlei. Uebrigens standen die russischen Patriarchen bei dem Fürsten und dem Volke in großer Hochachtung; sie hatten den Sitz neben dem Zaar, und wurden in den wichtigsten Angelegenheiten des Reichs um Rath gefragt; ohne sie wurde weder Krieg noch Frieden beschlossen. Auch gab es, wie im Occident, eine religiöse Ceremonie, wo zum Andenken des Einzugs Christi in Jerusalem dem Patriarchen vom Zaar das Pferd geführt und der Steigbügel gehalten wurde. Von dergleichen ist natürlich jetzt nicht mehr die Rede.

Sechstes Kapitel.

Geistliche Verfassung der protestantischen Länder.

§. 174. I. Verfassung in Deutschland. A) Beamten für die Seelsorge.

Die Verwaltung der Seelsorge ist blos auf das Pfarramt begründet. Zwar werden hin und wieder auch Bischöfe ernannt, allein dieses sind bloße Titel. Ueber die Rechte und Pflichten des Pfarramtes und über den Begriff von Pfarrgemeinde stimmt das protestantische Kirchenrecht mit dem katholischen überein (§. 155). Bei größeren Gemeinden sind zuweilen mehrere Geistliche angestellt, welche bald als Diacon, Archidiacon und Pastor, bald als Pfarrer und Oberpfarrer unterschieden werden. Verschieden von diesen Nebengeistlichen sind die Gehülfen, welche mit den Kaplänen, und die Substituten, welche mit den Vikarien der katholischen Kirche gleichbedeutend sind. Zuweilen bilden die Pfarrer einer Stadt ein besonderes Collegium, welches das Ministerium heißt, und worin die Angelegenheiten der Seelsorge besprochen werden. Neben dem Pfarrer steht als ein Ausschuß der Gemeinde der Kirchenrath oder das Presbyterium, in welchem man das Verhältniß der alten Presbyterien zum Bischof herzustellen geglaubt hat (§. 33). Allein die Thätigkeit desselben hat sich in den meisten Ländern allmählig blos auf die Verwaltung des Kirchenvermögens beschränkt. Die Verrichtungen der Custoden oder Küsters sind dieselben, wie in der katholischen Kirche (§. 155).

§. 175. B) Behörden für die äußere Kirchenregierung.

Die äußere Kirchenregierung liegt in den Händen des Landesherrn, und wird durch die Behörden, die er dafür eingesetzt hat, ausgeübt. Ueber den Pfarrern, nach Bezirken abgetheilt, stehen nämlich die Superintendenten, Inspektoren, Dekane, Präpositen oder Ephoren. Diese haben jedoch keine Gerichtsbarkeit, sondern nur ein Recht der Aufsicht. Sie sind daher mit den Dekanen oder Erzpriestern der katholischen Kirche zu vergleichen. Ueber den Superintendenten stehen die Consistorien, deren es in den kleinen

Ländern eins, in den größern aber, nach den Provinzen vertheilt, mehrere giebt. Ursprünglich waren sie sowohl Verwaltungs- als Justizkollegien für die geistlichen Sachen; später ist ihnen aber in mehreren Ländern, namentlich in Preußen, die Gerichtsbarkeit entzogen und den gewöhnlichen Landesgerichten übergeben worden. Die mehreren Consistorien eines Landes sind endlich dem geistlichen Ministerium oder einem Oberconsistorium untergeordnet. Doch giebt es auch besondere Rechte, die sich der Landesherr zur eigenen Ausübung vorbehalten hat (jura reservata,) wohin namentlich das Gesetzgebungsrecht gehört. *)

§. 176. C) Von den Synoden.

Neben den stehenden Verwaltungsbehörden werden in vielen Ländern auch Synoden gehalten. Diese können ihrem Umfange nach Kreis-, Provinzial- oder General-Synoden seyn. Doch ist dieser Theil der kirchlichen Verfassung noch wenig entwickelt. Denn zur Verwaltung eignen sich solche Versammlungen nicht, weil sie vorübergehend sind. Die Gesetzgebung aber hat der Landesherr an sich gezogen. Sie sollen daher nur zur Berathung und zur Erhöhung des kirchlichen Gemeingeistes dienen. Auch werden regelmäßig blos die Geistlichen dazu berufen. Viele Stimmen der neueren Zeit verlangen jedoch, daß den Synoden, um ihnen wahre Bedeutung zu geben, das Gesetzgebungsrecht eingeräumt, und daß, um nicht in ihnen eine geistliche Herrschaft herzustellen, auch weltliche Abgeordnete der Gemeinden zugezogen werden müßten. Allein es ist zu bezweifeln, ob geistliche Angelegenheiten, deren Behandlung eine eigenthümliche nur durch Wissenschaft und Uebung zu erlangende innere Bildung erfordert, von einer solchen gemischten Versammlung heilsam beschlossen, und noch mehr, ob diese Beschlüsse, nach den gangbaren Ansichten von Gewissensfreiheit, von den Uebrigen, die nicht zur Synode mitgewürkt haben, als bindend anerkannt werden möchten. **)

---

*) Würt. Verf. Urkunde §. 75. Für Baden besteht eine evang. Kirchensektion, — für Baiern ein protest. General-Consistorium; in Rheinbaiern erhielt die kirchliche Vereinigung der luther. und reform. Confession den 10. Okt. 1818 die höchste Bestätigung.

**) In Baiern, Würt. und Baden sind derlei Synoden üblich, nicht immer von praktischem Werthe, da sie noch häufig in skolastischen Uebungen, selbst in lateinischer Syllogistik bestehen.

§. 177. II. Kirchenverfassung in Holland.

Die reformirte Kirche in Holland hat nach dem neuen Reglement (§. 119), welches jedoch größtentheils auf die älteren Einrichtungen gebaut ist, folgende Verfassung. An jeder Gemeinde bestehen ein oder mehrere ordinirte Prediger, Aeltesten (Ouderlinge), die abwechselnd aus der Gemeinde erwählt werden, und Diaconen. Die Aeltesten bilden unter dem Vorsitz des Predigers den Kirchenrath (Kerken-raad), der die Aufsicht über den Gottesdienst und die Gemeinde, und zu diesem Zweck eine geistliche Disciplinargewalt hat. Die Diaconan führen die Verwaltung des Armenwesens. Mehrere Gemeinden bilden einen Kreis (Ring), worin die dazu gehörenden Prediger unter dem Vorsitz eines erwählten Prätors zur Mittheilung reli ,iöser Ansichten und Erfahrungen nach ihrem Gutbefinden Zusammenkünfte halten. Mehrere Kreise machen eine Klasse, und diese wird durch einen Ausschuß von Moderatoren verwaltet, wozu ein Präses, ein Assessor, ein Scriba, zwei bis vier Prediger, und ein Aeltester, der jährlich wechselt, gehören. Sie versammeln sich regelmäßig sechsmal jährlich, führen die Aufsicht über die Gemeinde der Klasse, namentlich über die Wahl und Entlassung der Prediger, entscheiden in erster Instanz die Streitigkeiten, die zwischen den Kirchenräthen entstehen, und in zweiter und letzter diejenigen, worin vom Kirchenrath an sie appellirt wird; auch üben sie eine Censur über die Prediger, Aeltesten und Candidaten der Klasse aus. Neben diesem stehenden Ausschuß findet aber noch, besonders zur Revision gewisser Rechnungen, eine Versammlung der Klasse (Classicale Vergaderinge) statt, wozu jede Gemeinde ihre Prediger und einen oder mehrere Aeltesten sendet. Mehrere Klassen endlich sind unter einer Provinzialregierung vereinigt, wozu aus jeder Klasse ein Prediger, und noch aus einer Klasse, die jährlich wechselt, ein Aeltester ernannt wird. Diese versammeln sich jährlich dreimahl, und sind mit der Oberaufsicht und der Handhabung der Kirchengesetze in ihrer Provinz beauftragt. Auch entscheiden sie in letzter Instanz auf erhobene Appellation die Streitigkeiten, die in erster Instanz, bei den Moderatoren der Klasse anhängig waren, und können gegen die Prediger, Candidaten und Aeltesten nach geschehener Untersuchung bis auf Absetzung erkennen. Von den Mitgliedern der Provinzialregierung scheidet jedes Jahr ein Drittheil nach einem bestimmten

Turnus aus, und wird durch neue ersetzt, wozu in jeder Klasse die Moderatoren sechs in Vorschlag bringen, welche die Provinzialregierung auf drei vermindert, worunter der König endlich Einen ernennt. Auf dieselbe Weise wird für jedes Mitglied ein Sekundus, als Stellvertreter für den Fall der Verhinderung, erwählt. Der Präsident aber wird vom Könige aus den Predigern, die zur Provinzialregierung gehören, ernannt. Präses unter den Moderatoren jeder Klasse ist der Prediger der aus dieser Klasse Mitglied der Provinzialregierung ist; und sein Sekundus ist hier Assessor. Der Scriba aber und die übrigen Moderatoren, wovon jährlich die Hälfte austritt, werden aus sechs von der Jahres-Versammlung jeder Klasse vorgeschlagenen und von der Provinzialregierun auf drei verminderten Subjekten vom Könige bestimmt. Die Mitglieder aller dieser verwaltenden Collegien stimmen übrigens nach ihrem eigenen Ermessen, und sind nicht an Aufträge der Gesellschaft, in deren Namen sie erscheinen, gebunden. Die höchste kirchliche Inspektion endlich ist einer Synode übertragen, wozu jede Provinzialregierung jährlich ein Glied aus ihrer Mitte nebst einem Sekundus als Stellvertreter ernennt. Auch wird noch aus einer Provinz, welche der Reihe nach wechselt, ein Aeltester, und von jeder der drei theologischen Fakultäten ein Mitglied, dieses jedoch nur mit berathender Stimme, zur Synode erwählt. Der beständige Sekretair derselben wird aber vom Könige ernannt. Die Synode versammelt sich jährlich einmahl, und ist eine Gerichts-Appellations- und gesetzgebende Instanz; doch wohnt ein Kommissär der Regierung ihren Sitzungen bei, und ihre Verordnungen müssen durch das Ministerium des Kultus dem Könige zur Genehmigung vorgelegt werden. Die Mängel dieser Verfassung bestehen übrigens darin, daß zu viel jährlicher Wechsel statt findet, wodurch sich kein zusammenhängender Geschäftsgeist bilden kann, und daß durch die allzu häufigen Wahlen, besonders in unserer Zeit, die Leidenschaften und Partheien in beständiger Aufregung erhalten werden. Auch hat sie zu wenig Analogie zu der bürgerlichen Verfassung des Landes, und es hätten durch stehende Behörden die Unkosten und der Zeitverlust, der durch das Hin- und Herreisen entsteht, dem Lande leicht erspart werden können.

§. 178. III. Verfassung der englischen Episcopalkirche.

Die Verfassung der englischen Kirche ist äußerlich fast ganz dieselbe geblieben, wie sie im Anfang des sechzehnten Jahrhunderts war; nur ist der König, und zwar nicht blos dem Namen sondern auch der wirklichen Verwaltung nach, an die Stelle des Pabstes getreten d). Unter ihm stehen in England die Erzbischöfe von Canterbury und York. Jener ist der Vornehmste und wird Primas oder Metropolitan von ganz England genannt. Auch hat er eine Art von geistlichem Hofstaate, wozu selbst vier Bischöfe gehören. In Irland giebt es vier Erzbischöfe. Hierauf folgen die Bischöfe, deren Amtsverrichtungen dieselben, wie in der katholischen Kirche sind. Jeder Bischof hat ein Capitel (chapter) zur Seite, an dessen Spitze der Dekan (dean) steht, der eine mit Jurisdiktion versehene Dignität hat. Die Bisthümer sind in Archidiakonate (archdeaconries) und diese in Land-Dekanate (rural deanries) eingetheilt. Der Archidiacon hat noch ein besonderes geistliches Gericht, welches er durch einen Offizial verwalten läßt, und wovon an den Bischof appellirt wird. Die Land-Decanate sind aber theils ganz eingegangen, theils bloße Titel geworden. Der Zustand der Pfarreien (parishes parsonages) e) endlich hängt noch genau mit den ältern Verhältnissen zusammen (§. 150). Die Klöster hatten nämlich schon früh auch hier durch Incorporirung (appropriation, impropriation) fast die Hälfte der Pfarrstellen des Landes erworben, und zwar auf doppelte Weise. Bei einigen Pfarreien umfaßte die Appropriation sowohl die Spiritualien wie die Temporalien, so daß die Seelsorge entweder unmittelbar von den Mönchen selbst, oder durch einen von ihnen beliebig ernannten und besoldeten Stellvertreter verwaltet wurde. Bei andern begriff die Appropriation nur die Temporalien, und für die Seelsorge wurde ein regelmäßig dotirter, lebenslänglicher Vikar angestellt. Die späteren Gesetze wollten zwar, daß auch in dem ersten Fall von dem Kloster eine feste Dotation ausgewor-

---

d) Nach einem Gesetz Heinrichs VIII. (35. Henr. VIII. c 3.) führt der König unter andern den Titel: Beschützer des Glaubens, und der Kirche von England, so wie der von Irland Oberhaupt auf Erden. Den Titel, Beschützer des Glaubens, hatte Heinrich noch von Leo X. erhalten, weil er kurz vorher gegen Luther geschrieben hatte.

e) Parson, persona, in dem Sinne als Seelsorger, kommt schon in den ältern Quellen vor, c. 4. c. I q. 3. (Urban II. a. 1095.)

sen würde; allein dieses ließ sich nicht überall durchsetzen. Bei der Aufhebung der Klöster im sechzehnten Jahrhundert fielen die appropriirten Pfarreien an die Krone, wurden aber von dieser wieder allmählig an geistliche Corporationen oder an Weltliche, und zwar unter denselben Bedingungen, wie sie von den Mönchen besessen worden waren, verliehen f). Es giebt also jetzt Pfarreien, deren Haupt-Einkünfte einer geistlichen Würde oder Corporation oder einem Weltlichen zufallen, die Seelsorge aber doch von einem auf Lebenszeit ernannten und in Grundstücken oder Gefällen, gewöhnlich mit dem kleinen Zehnten, regelmäßig dotirten Vikar verwaltet wird; und andere, wo die Vikarie nur eine vom Eigenthümer der Pfarrei verliehene und besoldete Seelsorger-Stelle (stipendiary curacy) ist. Doch findet auch hier nicht mehr eine willkührliche Absetzung statt. Neben diesen impropriirten Pfarreien giebt es aber noch viele, die an regelmäßige Rektoren vergeben werden. Jedoch verwalten auch diese nicht selbst, sondern besolden meistens von ihren reichen Einkünften einen Curaten als Stellvertreter. Solche Curaten werden oft selbst von den auf Lebenszeit ernannten Vikarien gehalten. Außer den Pfarreien giebt es in der bischöflichen Kirche auch viele Kapellen. Darunter sind die königlichen Kapellen zu St. James und zu Windsor besonders ausgezeichnet. Zur Hofgeistlichkeit gehören gegen hundert Personen, worunter der Dekan der königlichen Kapelle und der Großalmosenier die Vornehmsten sind.

§. 179. IV. Kirchenverfassung in Dänemark und Island.

Die kirchliche Verfassung des Königreichs Dänemark (§. 119) ist zwar dem Namen nach noch auf Bischöfe gegründet; allein diese haben keine Jurisdiktion mehr, sondern blos ein Recht der Oberaufsicht, und sind daher mit den General-Superintendenten zu vergleichen. Der König ist der oberste Bischof, Gesetzgeber und Richter, und alle Bischöfe stehen unmittelbar unter ihm. Das General-Kirchen-Inspektions-Collegium zu Kopenhagen ist aber seit 1791 aufgehoben, und seine Geschäfte sind theils an die königliche Kanzlei, theils an das Missions-Collegium verwie-

---

f) 31. Henr. VIII. c. 15. Impropriations shall be held by laymen as they were held by the religious houses from which they were transferred.

sen worden. Unter den Bischöfen hat der von Kopenhagen einen höhern Rang. Der von Seeland aber ist der eigentliche Metropolitanbischof, welcher die übrigen ordinirt und den König salbt. Jedem Bischof ist ein Stiftsamtmann als Commissarius des Königs an die Seite gesetzt, der alle äußeren Angelegenheiten des Stiftes besorgt. In den Stiften giebt es ferner Pröbste, einen in jeder Harde (Herred), denen die Aufsicht über ihren Bezirk und auch eine gewisse Gerichtsbarkeit in geistlichen Sachen zusteht. Sie werden von den Pastoren der Harde aus ihrer Mitte gewählt und vom Bischofe bestätigt. Die Pröbste jedes Stifts kommen jährlich auf einer Synode zusammen, wo mit dem Bischofe der Stiftshauptmann den Vorsitz führt; und theilen dann zu Hause ihren Pastoren mit, was dort bekannt gemacht worden ist. Die Pastoren dürfen, wenn Alter, Krankheit oder die Größe der Pfarrei es nothwendig machen, sich einen Diakon oder Kaplan als Gehülfen halten; doch müssen sie diesen selbst besolden. Endlich wird in jeder Gemeinde eine gewisse Zahl von Adjutoren erwählt, die den Pastoren besonders bei der Ausübnng der Kirchenzucht unterstützen sollen.

§. 180. V. Kirchenverfassung von Schweden und Norwegen.

Das Haupt der schwedischen Kirche ist der König, der hiezu, nach dem Ausdruck der Kirchenordnung (§. 119), von Gott gesegnet ist. Die Rechte die damit zusammenhängen, werden durch die geistliche Expedition ausgeübt, welche eine Abtheilung der im Jahr 1809 eingesetzten königlichen Kanzlei bildet. Nach dem Könige kommen die Bischöfe, worunter der Erzbischof von Upsala der Vornehmste ist. Das bischöfliche Amt hat sich hier, auch was die äußere Verwaltung und Gerichtsbarkeit betrifft, in seinen alten Rechten erhalten. Jeder Bischof hat in seinem Stift ein Domkapitel oder geistliches Consistorium zur Seite, worin er den Vorsitz führt, und womit er gewisse Geschäfte gemeinschaftlich verwaltet. Mitglieder desselben sind der Domprobst oder Pastor der Domkirche, und in Upsala und Lund die ordentlichen Professoren der Theologie; in den übrigen Stiften aber die Lektoren, das heißt die ordentlichen Lehrer des Gymnasiums, wovon wenigstens vier ordinirt seyn müssen. Das Amt des Dekans wechselt unter den Lektoren. Zuweilen ist jedoch das Amt und Einkommen des Domprobstes dem Bischofe selbst beigelegt. Ein

Stift zerfällt in Contracte, deren Vorsteher Pröbste heißen, und ein Aufsichtsrecht ausüben. Die meisten Dompröbste sind zugleich Pröbste eines Contracts. Die Contracte endlich theilen sich in Pastorate, denen ein Pfarrer (Kyrkoherde) vorsteht. Diese enthalten gewöhnlich mehrere Kirchspiele, und fast immer auch eben so viele Kirchen. Die Gemeinde, worin der Pastor wohnt, heißt die Muttergemeinde, die übrigen Annexen, das heißt Filiale. Zuweilen erhalten die Pastoren den Titel, Probst, als eine Auszeichnung, und pflegen dann von den Visitationen der wirklichen Pröbste eximirt zu seyn. Nicht selten sind aber auch die Pastorate wie Präbenden mit einer geistlichen Würde oder mit einer Lehrstelle entweder für immer oder für die Person des gegenwärtigen Inhabers zur Erhöhung des Einkommens verbunden, und werden dann durch einen Vicepastor oder Adjunkten, jedoch mit geringern Einkünften, verwaltet. Außer den Pastoren giebt es ferner fast in allen Stadt- und Landpfarreien Comministri oder Kapläne, als regelmäßig dotirte Gehülfen. Als außerordentliche Hülfsgeistliche, wenn der große Umfang der Pfarrei oder Alter und Krankheit es nothwendig machen, dürfen sich die Pastoren mit Bewilligung des Consistoriums auf ihre Kosten einen Adjunkten halten. Zur Handhabung der Kirchenzucht besteht in jedem Kirchspiel ein zum Theil erwählter Kirchenrath (Kirkoråd), wovon der Pastor Präses ist, und der zur Erforschung vorgefallener Unordnungen und zur Vollziehung seiner Beschlüsse die Sexmän unter sich hat. Versammlungen aller Geistlichen eines Stiftes sind die Bischofssynoden, die jedoch jetzt seltener gehalten werden. In Norwegen besteht eine ähnliche Verfassung. Nur kommen neben den Bischöfen und Kapiteln, wie in Dänemark, Stiftshauptleute vor.

Viertes Buch.
Von der Verwaltung der Kirche.

Erstes Kapitel.
Verwaltung der Lehre.

§. 181. I. Von der Erhaltung der Lehre.

Die Sicherheit der Lehre beruht auf der Unfehlbarkeit des Lehramts, in dessen Hände sie niedergelegt ist. Dieses ist im gewöhnlichen Zustande räumlich verbreitet und zerstreut; es kann aber auch, wenn die Verhältnisse es erfordern, örtlich auf einem Concilium zusammentreten. Dieses geschieht gewöhnlich, wenn in einem Zeitalter lebhafte Streitigkeiten über Glaubenslehren entstanden sind, deren Entscheidung eines nachdrücklichen Ausspruchs des Lehramts bedarf. Das Concilium schafft aber alsdann keine Glaubenswahrheiten; sondern die versammelte Kirche bezeugt oder spricht blos bestimmter aus, was die zerstreute wirklich glaubt und als Ueberlieferung bewahrt. Hiebei wird auf das Zeugniß der römischen Kirche ein besonderes Gewicht gelegt, weil diese immer mit ganz besonderer Sorgfalt über die Reinerhaltung der apostolischen Tradition gewacht hat, und deßwegen seit den ältesten Zeiten mit vorzüglicher Sicherheit über den Kirchenglauben befragt worden ist g). Auch hat der römische Stuhl das Recht bei Glaubensstreitigkeiten, welche die Einheit oder den Frieden der Kirche bedrohen, Stillschweigen zu gebieten oder eine einstweilige Entscheidung zu erlassen; und diese kann, wenn die

g) *S. Irenæus* († 201) Adv. hæres. III. 3, c. 7. c. XXIV. q. 1. (Ambros. a. 376), c. 14. 25. eod. (Hieronym. c. a. 378), c. 12 eod. (Innoc. I. a. 417), c. 16. eod. (Leo I. a. 445)

Mehrheit des Lehramts ihr ausdrücklich oder stillschweigend beitritt, selbst dogmatische Autorität erlangen. Die morgenländische Kirche erkennt zwar neben der hl. Schrift noch die Tradition an; allein sie beschränkt diese blos auf die ältern Väter und die sieben ersten ökumenischen Concilien, so daß sie, wie es scheint, auf ein inspirirtes lebendiges Lehramt Verzicht geleistet hat, und also doch unter die Herrschaft des Buchstabens gefallen ist. Bei den Protestanten, welche die Lehre blos aus der hl. Schrift schöpfen, hängt die Erhaltung der Lehre von der richtigen Auslegung derselben ab: diese aber ist blos der Wissenschaft überlassen. Bei Glaubensstreitigkeiten, welche allzu lebhaft werden wollen, legt sich die weltliche Obrigkeit in die Mitte (§. 33. 43).

§. 182. II. Von der Verbreitung der Lehre.

Auf die Verbreitung der Lehre beziehen sich dreierlei Anstalten. I. Das Predigen. Dieses soll, nach dem Ausspruch der Apostel, eine Hauptverrichtung des bischöflichen Amtes seyn h). Ohne Erlaubniß des Bischofs durfte daher früher niemand predigen. Später ist dieses aber regelmäßig an das Pfarramt gekommen. Doch haben die Kirchengesetze fortwährend den Bischöfen dringend ans Herz gelegt, auch noch in Person dieses Amt zu versehen, oder wenigstens, im Fall rechtmäßiger Verhinderung, tüchtige Stellvertreter anzuordnen i). Laien haben in der ältesten Zeit mit Erlaubniß des Bischofs zuweilen gepredigt: allein dieses ist jetzt verboten, weil der christliche Lehrvortrag nicht blos Wissenschaft, sondern auch Uebung im geistlichen Leben erfordert k). In der morgenländischen Kirche bedarf jeder Priester noch jetzt um zu predigen der besondern Erlaubniß des Bischofs l). Die Protestanten haben das Predigen als den Haupttheil des Gottesdienstes erklärt m); doch setzen die Kirchenordnungen häu-

---

h) VI. Act. 2 — 4., I. Cor. 1. 18, II. Tim. 4. 2., c. 6. D. LXXXVIII. (Conc. Carth. IV. a 398)

i) c. 15 X. de off jud ord. (1 31), Conc. Trid. Sess. V. cap. 2. Sess. XXIV. cap. 4. de ref.

k) c. 20 D. IV. de cons (Conc. Carth. IV. a. 398), c. 12. 14. X. de hæret. (5. 7.)

l) Synod Hierosol. a. 1672. capit. X. (Harduin. T. XI. col. 243.)

m) Helvet. Conf I. Art. 23., Helvet. Conf. II. Art. 23.

fig ein bestimmtes Maaß von Zeit dafür fest. In Schweden wird die Gemeinde nach gehaltener Predigt über deren Inhalt noch examinirt. Uebrigens werden bei den Protestanten, mit Ausnahme von England, auch nicht Ordinirte zum Predigen zugelassen. II. Das Katechisiren. In den ältesten Zeiten gieng der katechetische Unterricht in den Wahrheiten des Christenthums regelmäßig der Taufe vorher, und wurde, nach verschiedenen Klassen abgetheilt, theils öffentlich durch den Bischof und andere von ihm angestellte Geistliche, theils zu Hause durch andere damit beauftragte Personen, auch durch Laien, ja für Weiber selbst durch fromme Weiber, ertheilt. Jetzt aber folgt der Unterricht der Taufe nach, und geschieht theils durch den Pfarrer zu bestimmten Zeiten in der Kirche n), theils durch die bei den Schulen angestellten Religionslehrer. Die Auswahl solcher Lehrer steht, weil sie einen Theil des kirchlichen Lehramts zu verwalten haben, blos dem Bischofe zu. In der morgenländischen Kirche wird der katechetische Unterricht theils durch den Ortspriester, theils durch Mönche besorgt. Bei den Protestanten bildet er einen Theil des Pfarramtes; die Anstellung der Religionslehrer bei den Schulen geschieht aber in Deutschland durch die Consistorien. III. Die Missionen zur Bekehrung der Heiden. Die gründlichste Anstalt zu diesem Zweck ist das zu Rom gegründete Collegium zur Verbreitung des Glaubens, worin junge Missionarien in den nöthigen Sprachen und Kenntnissen unterrichtet werden, und womit Druckereien aller Art in Verbindung stehen. Diese höchst wichtige und kostspielige Anstalt verdient die lebhafteste Unterstützung der übrigen katholischen Welt. Die Leitung derselben hat eine Congregation von Cardinälen, der auch die für solche Länder angeordneten apostolischen Vikarien untergeben sind. Zum Unterhalt jenes Collegiums werden mehrere päbstliche Einkünfte, namentlich ein Theil der Gelder für Dispensen verwendet. In der neuern Zeit hat auch Frankreich Vieles für das Missionswesen geleistet. In der russischen Kirche und bei den Protestanten kommen ebenfalls Missionsanstalten vor. *)

---

n) Conc. Trid. Sess. XXIV. cap. 4. de ref.

*) Den Missionen in Frankreich, der Schweiz und Savoyen, die den Fanatismus predigen, ist der Eingang in die deutschen Staaten durch bestimmte landesherrliche Verordnungen erschwert.

§. 183. III. Von der Abwehrung falscher Lehren.

Zur Abwehrung falscher Lehren bestehen für die Kirche folgende Mittel. 1) Die öffentliche Verwerfung irriger dem Glauben der Kirche widersprechenden Behauptungen. Dieses verpflichtet dann diejenigen, welche noch zu der Kirche gehören wollen, davon abzustehen. 2) Die Aufstellung von Symbolen oder Glaubensbekenntnissen, worin die Hauptsätze der christlichen Lehre, besonders solche, worüber Streit entstanden ist, kurz zusammengefaßt sind. In der katholischen Kirche giebt es acht Symbole dieser Art, das Apostolische, Nicänische, das von Constantinopel, das Athanasische, das Latheranische von 1215 o), das des Conciliums von Vienne p), das Decret Eugens IV. für die Armenier, und das von Pius IV. q). Das erste, zweite und vierte Symbol ist auch in den Bekenntnißschriften der Protestanten anerkannt worden; von ihren andern symbolischen Büchern ist schon oben die Rede gewesen (§. 118). Die morgenländische Kirche bedient sich des unveränderten Nicänischen und des Athanasischen Symbols. 3) Da durch falsche Uebersetzungen der heil. Schrift die Lehre selbst verunstaltet werden könnte: so ist wegen derjenigen, welche den Urtext nicht zu gebrauchen im Stande sind, in der sogenannten Vulgata r) eine authentische und zuverläßige Uebersetzung aufgestellt s). Für richtige Uebersetzungen in der Muttersprache zu sor-

---

o) c. 1. X. de summ. trinit. (1. 1.)

p) clem. un. de summ. trinit (1. 1.)

q) c. Injunctum nobis 4. de summ. trinit. in VII. (1. 1.)

r) Schon zu Zeiten der Apostel wurde das alte Testament meistens in einer griechischen Uebersetzung gebraucht, welche wahrscheinlich jene der 72 Dolmetscher ist, die auf Befehl von Ptolomäus Philadelphus II. (v. Chr. 265) verfertigt seyn soll. Lateinische Uebersetzungen gab es sehr viele und abweichende; am meisten galt diejenige, welche die versio Itala, vulgata, communis, vetus genannt wurde, und welche sowohl das alte, wie das neue Testament begriff. Aus dieser und aus einer neuen Uebersetzung und Vergleichung des Urtextes, wozu der h. Hieronymus († 420) wegen seiner Gelehrsamkeit durch den Pabst Damasus aufgefordert wurde, ist diejenige Uebersetzung zusammengeflossen, welche unter dem Namen der vulgata seit dem sechsten Jahrhundert in der ganzen abendländischen Kirche üblich ist.

s) Conc. Trid. Sess. IV. de edit. et usu sacror. libror. Dadurch ist aber weder die Uebersetzung über den Grundtext erhoben, noch auch für unverbesserlich ausgegeben: vielmehr hat Clemens VIII.

gen, ist Sache der Bischöfe. Auch müssen diese, mit Rücksicht auf die Länder und Zeiten, gegen die Mißbräuche zu schützen suchen, die aus dem ohne Vorbereitung und Leitung getriebenen Bibellesen, besonders unter den ungebildeten Ständen entstehen können t). In der griechischen und russischen Kirche bestehen hinsichtlich des Lesens und der Uebersetzungen der hl. Schrift ähnliche Verhältnisse u). Bei den Protestanten wird die Uebersetzung Luthers der That nach wie eine authentische behandelt: hinsichtlich des Lesens bestehen aber keine Vorsichtsmaßregeln, sondern dieses wird vielmehr absichtlich durch die Bibelgesellschaften zu verbreiten gesucht. 4) Zur Bezeichnung der der Religion schädlichen Bücher dient die Censur. Diese haben regelmäßig die Bischöfe für ihre Diöcesen. Als Ober-Censurcollegium für die ganze Kirche besteht eine Congregation (§. 139), welche einen Index der als religionswidrig bezeichneten Bücher herausgiebt. Doch finden dabei mancherley Unterscheidungen statt. Das weitere Verfahren zur Unterdrückung solcher Bücher hängt von der weltlichen Obrigkeit ab. Bei den Russen und Protestanten wird von dieser die Censur selbst ausgeübt v). 5) Umgekehrt empfiehlt die Kirche solche Schriftsteller, die sich durch wahre christliche Wissenschaft und durch Bekämpfung des Irrthums besonders ausgezeichnet haben. Diese werden daher Väter und Lehrer der Kirche genannt. 6) Zur Versicherung, daß nicht die Kirchenbeamten

---

in der Vorrede zu seiner Ausgabe der h. Schrift von Beidem ausdrücklich das Gegentheil erklärt — Päbstliche Authorisation erhielten die katholischen Bibeln bei Andreä in Frankfurt und von Allioli in Regensburg.

t) Daß aus dem Lesen der h. Schrift Mißbräuche ja die furchtbarsten Verirrungen entstanden sind, bedarf wohl keines näheren Beweises. Dieses berechtigt also doch wohl von Vorsichtsmaßregeln zu reden. Allerdings handelt es sich aber darum, die richtigen zu treffen.

u) Synod. Hierosol. a. 1672. capit. XVIII. qu. I. (Harduin. T. XI. col. 255)

v) Die kirchlichen wie die weltlichen Censurbehörden müssen, wenn sie nicht eher schaden als nützen sollen, aus Männern zusammengesetzt seyn, die mit dem geistigen Zustand ihrer Zeit innigst vertraut, und auf den Höhen der Wissenschaft ganz einheimisch sind. Fehlt dieses, so können sie selbst die Schutzbehörden einseitiger oder gar schädlicher Doctrinen werden. — Bair. Concordat 1817. Art. 13, M Ueb §. 155. über Censur und Preßfreiheit. Der Religionseid wird in der O. K. P. von dem Pfarrer bei der Investitur in der Kirche geleistet.

selbst unkirchliche Lehren verbreiten, wird von ihnen bei der Anstellung das Glaubensbekenntniß w) und ein Religionseid verlangt. Diesen leisten die Seelsorger dem Bischofe, die Canonici und Dignitäre dem Bischofe und dem Kapitel, die Bischöfe dem Pabst x). Auch der Pabst legt ein solches Glaubensbekenntniß ab y). Aehnliches geschieht in der morgenländischen Kirche bei der Consecration der Bischöfe, und auch bei den Protestanten kommt bei der Ordination ein Religionseid vor z).

Zweites Kapitel.

Verwaltung der heiligen Handlungen.

§. 184. I. Natur dieser Verwaltung.

Außer der Lehre hat Christus heilige Handlungen eingesetzt, wodurch demjenigen, der würdig daran Theil nimmt, eine außerordentliche Gnade mitgetheilt wird. Dadurch würkt also Gott unmittelbar und auf übernatürliche Weise auf den Menschen ein; und wenn auch dabei ein Priester in der Mitte steht, der die äußern Zeichen der Handlung vornimmt: so bestimmt dieser doch aus sich selbst nichts, sondern ist blos wie ein Werkzeug zu

w) c. 2. D. XXIII (Conc. Carth. IV. a. 398), c. 6. eod. (Conc. Tolet. XI. a. 675) Die jetzige Form ist das Glaubensbekenntniß, welches Pius IV. (1564) eingeführt hat.

x) Conc. Trid. Sess. XXIV. c. 1. 12. Sess. XXV. cap. 2. de ref., c. Injunctum nobis 4. de summ. trinit. in VII. (1. 1.)

y) Früher mußte der Pabst sogar eine dreimalige professio fidei ablegen. Liber diurnus Roman. pontif. Cap. II. Tit. 9.

z) Nach den falschen Ansichten von Gewissensfreiheit hat man in neuerer Zeit häufig gegen diesen Religionseid gesprochen. Allein eine Verletzung der Gewissensfreiheit liegt darin nicht. Denn niemand wird gezwungen, wider seinen Willen und Gewissen ein Lehramt zu übernehmen; und eben so wenig wird er gezwungen, das übernommene zu behalten, wenn er das, was er lehren soll, nicht mehr mit seiner Ueberzeugung und seinem Gewissen vereinigen kann. So lange er aber im Amte ist, darf allerdings die Kirche die Versicherung verlangen, daß er es zu dem Zwecke, wozu es ihm verliehen wurde, gebrauche. Dieses ihr verweigern, hieße ihr Vertrauen und ihre Lehre dem Verrath und der Willkühr jedes Predigers Preis geben.

betrachten. Daher kömmt es, wenn die Handlung nur im Uebrigen gehörig vollzogen ist, auf dessen persönliche Eigenschaft und Gesinnung nicht an a); und die Handlung bleibt an und für sich gültig b). Die morgenländische Kirche ist auf dieselben Grundsätze gebaut. Aber auch die Protestanten erkennen diese nach ihren Bekenntnißschriften sehr bestimmt an c), und sie treten praktisch besonders in der Verfassung der englischen Kirche hervor d).

§. 185. II. Verschiedene Stufen der Verwaltung.

Die Verwaltung der heiligen Handlungen ist vollständig in das bischöfliche Amt niedergelegt, und in dieser Beziehung stehen sich die Bischöfe, die Erzbischöfe und der Pabst ganz gleich. Doch braucht der Bischof nicht alle jene Handlungen in Person vorzunehmen, sondern er kann auch die Vollmacht dazu andern übertragen. Dieses geschieht an die Priester durch die Ordination, jedoch nicht ganz vollständig, sondern nur so weit der Bischof will, oder die bestehende Verfassung es mit sich bringt. So sind allmählig mehrere heilige Verrichtungen, die der Bischof ursprünglich allein verwaltete (§. 146), regelmäßig an das priesterliche Amt gekommen; andere e) aber noch dem Bischofe aus-

---

a) Die Oeconomie der Kirche selbst führt auf jene Sätze hin. Denn auf der einen Seite müßten die heiligen Handlungen von einem bestimmten äußern Mittelpunkt ausgehen, weil sonst der Gottesdienst in blossen Gemüthshandlungen bestehen, und dadurch alle äußere Gemeinschaft unnöthig würde. Auf der andern Seite muß aber doch die Würksamkeit jener Handlungen von der Persönlichkeit des Priesters unabhängig seyn, weil sonst auch der würdigste Vorbereitete nicht überzeugt seyn könnte, ob er wirklich ein Sakrament empfangen hätte.

b) Darauf gründet sich die Gültigkeit der Taufe durch Ketzer, der Ordination durch häretische Bischöfe, c. 8. D XIX. Anastas. II. a. 497), *Augustin.* De baptism. contr. Donat. L. III. c. 23.

c) August. Conf Art. VIII. (§ 32. not. r), Apolog Confesss Tit IV. De ecclesia, Helvet. Conf. II. c XVIII., Angl. Conf Art. XXVI.

d) Der katholische Priester, der zur englischen Kirche übertritt, wird nicht aufs Neue ordinirt, weil er schon von einem, wenn auch nach ihrer Meinung irrgläubigen Bischofe ordinirt ist.

e) c 1. c. XXVI. q. 6. (Conc Carth. II a 390), c. 2 eod. (Conc. Carth III. a. 397), c. 1 §. 9. D. XXV. (Isid. a. 633), Conc. Trid Sess. XXIII. cap. 4. de ordine. — Im Occident fängt

schließlich verblieben (§ 145). In der morgenländischen Kirche besteht, mit Ausnahme der Firmung, die dort schon seit alten Zeiten den Priestern überlassen ist, dieselbe Unterscheidung. Auch in den protestantischen Ländern, wo es noch Bischöfe giebt, steht diesen ausschließlich das Recht zu ordiniren, in England auch das zu confirmiren zu.

Drittes Kapitel.

Verwaltung der Disciplin.

§. 186. I. Von der Gesetzgebung. A) Theorie derselben.

Die gesetzgebende Gewalt ist ein wesentlicher Bestandtheil der Kirchengewalt, weil sich ohne sie die Fortbildung des Rechts und der Verfassung nicht denken läßt. Daher ist sie nach Verhältniß der Gegenstände an die verschiedenen Autoritäten in der Kirche vertheilt. In den Sachen der höhern und allgemeinen Disciplin steht sie dem Pabst f) und den allgemeinen Concilien, für die örtlichen Bedürfnisse der einzelnen Theile den Provinzialconcilien, Erzbischöfen und Bischöfen zu g). Ihrem Umfang nach reicht sie so weit wie die kirchliche Verbindung selbst, wird aber überall durch die Rücksicht auf den Zweck und die Wohlfahrt der Kirche beschränkt. Daher ist es Geist der Verfassung, daß bei der Gesetzgebung ein gewisses Maaß beobachtet, und sie nur dann angewendet wird, wenn die überlieferten Einrichtungen nicht mehr

---

man ebenfalls an, diese als zweckgemäßer in den Händen der Pfarrer zu wünschen, s. Hirschers Katechetik 1830. §. 110. 3. c.

f) Den Beweis dieses Satzes geben die von den Päbsten ausgegangenen Decretalen selbst (§. 85. not. w.)

g) Die Bischöfe besitzen zwar in ihren Diöcesen alle Gewalt, die zur Verwaltung und Anwendung der bestehenden Gesetze nöthig ist. Sollten sie aber auch das Recht haben, über Gegenstände der höheren und allgemeinen Disciplin neue Gesetze zu machen, und also auch, was damit zusammenhängt, die Gesetze der Päbste und Concilien zurückzuweisen: so würde jede Diöcese ein abgeschlossenes Reich bilden, und von der Einheit nicht mehr die Rede seyn. — Es möchte übrigens im eigenen Interesse der Päbste und Concilien liegen, durch zeitgemäße Aenderung in Disciplinargesetzen solcher Zerwürfniß vorzubeugen.

ausreichen (§. 20). Dem Recht, Gesetze zu erlassen, entspricht die Pflicht der Untergebenen sie aufzunehmen und bekannt zu machen. Doch bringt es die Natur der Kirche als eines auf Gewissen und Ueberzeugung gegründeten Vereins mit sich, daß die geistlichen Verordnungen nicht in der befehlenden Sprache des Gesetzes, sondern ermahnend und belehrend abgefaßt, und durch Gründe gerechtfertigt werden. Auch sind die Bischöfe befugt, gegen allgemeine Gesetze, die zu den örtlichen Verhältnissen nicht passen, Einsprache zu erheben oder die nöthigen Modifikationen zu erwürken. Die verbindliche Kraft für die einzelnen Gläubigen hängt von der Promulgation in der Diöcese ab h), und dazu muß nach der alten Observanz fast aller Länder, auch die weltliche Obrigkeit ihre Zustimmung ertheilen i). Jedoch ist dieses Recht im Geiste einer christlichen Obrigkeit mit großer Schonung zu gebrauchen (§. 39). Namentlich kann die Regierung Verordnungen dogmatischer Art oder solche, die blos auf die Erhaltung der bestehenden Einrichtungen gerichtet sind, ohne Verletzung der Gewissensrechte oder des zugesicherten Besitzstandes nicht hindern, sondern von diesen nimmt sie nur Einsicht um sich zu überzeugen, daß ihnen nicht Verordnungen anderer Art beigemischt seyen. In der russischen Kirche steht die Gesetzgebung dem Kaiser und der heiligen Synode zu. Die Bekenntnißschriften der Protestanten erkennen zwar das Gesetzgebungsrecht der Kirche an k); allein die Ausübung desselben ist in Deutschland, Däne-

h) c. 8 X. de fid. instrum. (2. 22.), c. 13. X. de pœnitent. (5. 38.) Die Meinung, als ob die päbstlichen Bullen schon durch ihre Publication in Rom verbindliche Kraft erhielten, kommt jetzt nicht mehr in Betracht.

i) Dieses geschieht unter verschiedenen Formeln, Placet, Pareatis, Exequatur. Eine gründliche Abhandlung über das königliche Placet ist *Z. B. van Espen* Tractat. de promulgat. leg. ecclesiastic. Pars II. (in Opp. ed. Lovan. T. IV. p. 132. — V. über Sch. u. A. R. 1830. §. 4. 5., Würt. Verf. Urk. §. 72., Bair. Rel. Edikt. 1818. §. 38. Im Geiste dieser Schonung stünde allerdings dies Placet würdiger im Contexte der kirchlichen Erlasse, als **ober** denselben; — was soll auch das Placet eines protestantischen Regenten ober dem kathol. Meß- und Brevier-Direktorium für eine Wahrung enthalten?

k) August. Conf. Tit. VII. De potestate ecclesiastica. Belg. Conf. Art. XXXII, Galic. Conf. Art. XXXII, Angl. Conf. Art. XXXIV.

mark und Schweden ganz in die Hände des Landesherrn gekommen. Auch in England werden jetzt Gesetze über Kirchensachen blos durch den König und die Parlamente beschlossen; und selbst in Holland müssen die Entwürfe der Synode dem Könige zur Genehmigung vorgelegt werden.

§. 187. B) Von den Privilegien und Dispensationen.

Greg. V. 33. Sext. V. 7. Clem. V. 7 De privilegiis.

Wo die Anwendung eines allgemeinen Gesetzes mit dem Wohl des Ganzen oder der Einzelnen nicht mehr bestehen kann: müssen nach den Grundsätzen der höhern Gerechtigkeit Ausnahmen zugestanden werden. Dieses geschieht entweder in der Form eines Privilegiums, wodurch eine stehende Befreiung von der Rechtsregel ertheilt wird, oder im Weg der Dispensation, als Befreiung für den einen vorliegenden Fall. Nach der Theorie der Gesetzgebung können solche Ausnahmen nur von derselben Autorität ausgehen, welche auch die Regel festgesetzt hat l). In den ersten Zeiten der Kirche ist jedoch das Recht zu dispensiren mehr zu der Verwaltung gerechnet worden, und stand daher, auch wo es sich um allgemeine Gesetze handelte, den Provinzialconcilien und den Bischöfen zu. Aber schon früh wurde bei den wichtigern Fällen der römische Stuhl befragt m), und dadurch, besonders weil die Aufrechthaltung der Kirchenzucht eine gewisse Strenge und Gleichförmigkeit bei den Dispensationen nöthig machte, sind diese allmählig an den Pabst gekommen n). Nach dem heutigen Recht steht also das Recht zu dispensiren in gewissen Fällen den Bischöfen zu; in andern ist es dem römischen Stuhle vorbehalten. Doch werden auch mehrere dieser vorbehaltenen Fälle vom Pabste den Bischöfen durch besondere Vollmachten (facultates), die nur von Zeit zu Zeit erneuert werden müssen, übertragen. Der Pabst läßt sich für seine Person, weil er keinen Oberen hat, durch seinen Beichtvater dispensiren. Dispensen

---

l) Der Grund steht in c. 16. X. de M. et O. (1. 33.), clem. 2 pr. de elect. (1. 2)

m) c. 56. D. L. (Siric. a 385.), c. 41. c. I. q. 1. (Innocent. I. a. 414.), c. 18. c. I. q. 7. (Leo. I. a. 442), c. 6. eod. (Gelas. a. 494.)

n) Die Beweise für das Gesagte giebt *Thomassin.* Vet. et nov. eccl. discipl. P. II. Lib. III. c. 4 — 29.

sollen aber überhaupt mit reifer Ueberlegung, aus einer gerechten Ursache und unentgeldlich ertheilt werden o). Bei den Protestanten wird das Recht zu dispensiren ebenfalls theils zur Gesetzgebung, theils zur Verwaltung gerechnet, und durch ähnliche Regeln eingeschränkt.

§. 188. II. Von der geistlichen Gerichtsbarkeit. A) Gegenstände derselben. 1) Im römischen Reiche.

Die geistliche Gerichtsbarkeit hat sich aus verschiedenen Gründen entwickelt. I. In der Gewalt der Kirche ist von selbst das Recht enthalten, streitige Verhältnisse in ihrem Innern, so weit diese unter einen kirchlichen Gesichtspunkt fallen, ihren Gesetzen und Vorschriften gemäß zu entscheiden. In so fern bildet die Gerichtsbarkeit einen wesentlichen Bestandtheil der Kirchengewalt, und ist als solche auch von den christlichen Kaisern anerkannt worden p). Auf die bürgerlichen Verhältnisse erstreckt sich diese aber nicht; auch kann der Ausspruch der Kirche nur durch geistliche Zwangsmittel unterstützt werden. II. Da die Kirche das Hadern vor den weltlichen Gerichten wenigstens als der christlichen Liebe zuwider, und wenn es mit dem Bewußtseyn des Unrechts verknüpft ist, sogar als sündhaft betrachtet: so bestand schon von den Zeiten der Apostel her die Vorschrift, daß die Christen überhaupt ihre Streitigkeiten unter einander nicht vor den weltlichen Richter bringen, sondern auf friedlichem Wege durch Vergleich oder nach dem Ausspruch des Bischofs beilegen sollten q). Dieses war jedoch nur eine Ermahnung, keine unbedingte Pflicht, und setzte daher, wie jedes schiedsrichterliche Verfahren (arbitrium), die Zustimmung beider Theile voraus; dann aber sollte nach einer Verordnung Constantins r), welche auch die nachfolgenden Kai-

---

o) c. 16. c. I. q. 7. (Cyrill. c. a. 432.). c. 6. eod. (Gelas. a. 494.), c. 17. eod. (Conc. Meld. a. 845), c. 30. 38. X. de elect. (1. 6.), c. 11. X. de renunt. (1. 11), Conc. Trid. Sess. XXV. cap. 18 de ref. — Aus den süddeutschen Staaten wandern keine Dispensationsgelder mehr nach Rom; die bischöfl. Ordinariate dispensiren gratis; nur der Staat bezieht seine Sporteln daraus. — s. W. über Sch. u. A. R. 1830 §. 22.

p) c. 1. C. Th. de religion (16. 11.), Novell. Valentin. III. de episcop. judic. (Novell. Lib. II. Tit. 35.)

q) I. Cor. 6., c. 7. D. XC. (Conc. Carth. IV. a. 398.)

r) *Sozomen.* histor. I. 9. Illud est maximum reverentiæ

ser wiederholten s), der Ausspruch des Bischofs ohne weitere Appellation durch den weltlichen Arm vollzogen werden. Die Vortheile, welche diese einfache Rechtspflege gewährte, und das Vertrauen, worin damals die Bischöfe standen, führte ihnen nun sehr viele Rechtshändel zu t). III. Was für die Laien nur Ermahnung war, wurde für die Geistlichen Pflicht, weil diese in den Beweisen christlicher Gesinnung als Muster vorleuchten sollten. Daher war ihnen, unter Androhung kirchlicher Strafen, verboten, bei ihren Streitigkeiten unter sich die weltlichen Gerichte aufzusuchen, sondern sie sollten sich an ihren Bischof, die Bischöfe aber an die Synode wenden u). Die bürgerlichen Gesetze erlaubten dieses zwar, schrieben es aber nicht als Pflicht vor. Um so weniger wurde ein Laie gezwungen, seine Klage

---

imperatoris erga religionem argumentum, quod — illis, qui erant in judicium vocati, dedit potestatem, *si modo animum inducerent magistratus civiles rejicere*, ad episcoporum judicia provocandi; atque eorum sententiam ratam esse, et aliorum judicum sententiis plus habere authoritatis, tanquam ab ipso imperatore prolatam statuit. Quin etiam jussit, ut magistratus res judicatas re ipsa exequerentur, militesque eorum voluntati inservirent.

s) c 7. 8 C. J. de episc. audient. (1. 4.), nov. Valentin. III. de episc. judic. (Novell. Lib. II. Tit. 35.) Nach einer andern Stelle [c. 1 C. Th de episc judic. (16. 12.)], welche hier dem Kaiser Constantin zugeschrieben wird, hätte sogar eine Parthei einseitig jeden bürgerlichen Rechtsstreit vor den Bischof bringen können. Allein Gothofred hat die Unächtheit aller drei Constitutionen dieses Titels bewiesen: daher ist er auch in der neuesten Ausgabe (Jus civile Anteiust. Berolin. 1815. II T. 8) ganz weggelassen worden.

t) *S. Augustin* († 430) Confess. VI. 3. Secludentibus me ab eius [Ambrosii] aure atque ore *catervis negotiosorum hominum*, quorum infirmitatibus serviebat. — *Idem* De oper. monach. c. 37. Quantum attinet ad meum commodum, multo mallem per singulos dies certis horis — aliquid manibus operari, et cæteras horas habere ad legendum et orandum, — quam tumultuosissimas perplexitates causarum alienarum pari de negotiis sæcularibus vel judicando dirimendis, vel interveniendo præcidendis.

u) c. 43 c. XI. q. 1. (Conc Carth. III. a. 397), c. 1. 2. 6. 7. D. XC. (Conc. Carth. IV. a. 398), c. 46. c. XI. q. 1. (Conc. Chalced. a. 451.)

gegen einen Kleriker bei dem Bischofe anhängig zu machen v). Beides änderte aber Justinian, indem er festsetzte, daß die Civilklagen gegen einen Geistlichen bei dem Bischofe, die gegen einen Bischof bei dem Metropoliten verfolgt, und dessen Urtheil vom weltlichen Richter vollstreckt werden sollte. Dadurch erhielten also die Kleriker einen wahren privilegirten Gerichtsstand. Dasselbe Vorrecht wurde auch den Ordensleuten ertheilt w). Wenn aber ein Geistlicher gegen einen Laien klagen wollte, so blieb es bei der allgemeinen Regel, daß er dessen Gerichtsstand aufsuchen mußte x). IV. Da die Kirche alle Interessen der Humanität in ihre Fürsorge aufnahm, so waren die Armen, Wittwen, Waisen und andere hülflosen Personen unter den besonderen Schutz der Bischöfe gestellt y). Um diesen sicherer zu handhaben, wurden, unstreitig nach dem Muster der Defensoren in den Städten, eigene Defensoren ernannt, welche jene Personen vor den weltlichen Gerichten vertreten sollten z). Eine eigene Gerichtsbarkeit über sie hatten also die Bischöfe noch nicht. V. Im Vertrauen auf die große Gewissenhaftigkeit der Bischöfe legte ihnen das bürgerliche Recht noch eine Reihe besonderer Verpflichtungen auf. Sie erhielten die Aufsicht über die Lebensmittel, damit durch Vertheuerung die Armen nicht gedrückt würden a), über die öffentlichen Gefängnisse und über den Stand der ausgesetzten Kinder, die Mitwürkung bei Ernennung der Vormünder und bei andern Rechtsverhältnissen, endlich sogar das Recht, gegen einen säumigen oder verdächtigen Richter in der Provinz Be-

v) Nov. Valentin III. de episc. judic. (Novell. Lib. II. Tit. 35), c. 13. 25. C. de episc. audient. (1. 4.)

w) Nov. Just. 79. nov. 83. pr. nov. 123. c. 8. 10. 21 — 23

x) Nov. Valentin. III. de episc. judic. (Novell. Lib. II. Tit. 35.)

y) *S. Ambrosius* († 387) De offic. II. 29. Egregie hinc vestrum enitescit ministerium, si suscepta impressio potentis, quam vel vidua vel orphana tolerare non queat, ecclesiæ subsidio cohibeatur; si ostendatis, plus apud vos mandatum domini, quam divitis valere gratiam. Meministis ipsi, quoties adversus regales impetus pro viduarum imo pro omnium depositis certamen subierimus Commune hoc vobiscum mihi.

z) c. 10. c. XXIII. q. 3. (Conc. Carth. V. a. 401.)

a) Zu Alexandria stand deßwegen der Markt für die Lebensmittel unter der Polizei des Patriarchen.

schwerden anzunehmen, und im Falle wo dieser selbst Parthei war, über ihn zu richten b).

§. 189. 2) Zustand im Mittelalter.

Greg. II. 1. Sext II. 1. Clem II 1. De judiciis, Greg. II. 2. Sext. II. 2. Clem II. 2 De foro competenti.

Diese Verhältnisse wurden durch die Gesetze der byzantinischen Kaiser noch mehr entwickelt, und giengen von da auf die russische Kirche über. Auch in den germanischen Reichen bildeten sie sich noch weiter aus. Es gehörten also hier vor die geistlichen Gerichte: I. Alle Rechtsverhältnisse, wobei Pflichten der Religion und des Gewissens in Frage standen c). Dazu rechnete man namentlich die Ehesachen, wegen der Heiligkeit dieser Verbindung, daher auch die Streitigkeiten über die eheliche Abstammung, weil diese von der Rechtmäßigkeit der Ehe abhieng d); ferner die Testamente, weil deren genaue Erfüllung als Gewissenspflicht galt e), alle durch einen Eid bestärkte Verbindlichkeiten wegen der Heiligkeit des Eides f), und die Streitfragen über die Zulässigkeit des kirchlichen Begräbnisses g), über das Patronat und die Zehnten h), weil in diesen noch der kirchliche Gesichtspunkt vor dem Vermögensinteresse vorherrschend war. Als Zwangsmittel zur Erfüllung hatten die geistlichen Gerichte zwar zunächst nur kirchliche Strafen; doch war die weltliche Obrigkeit ausdrücklich angewiesen, den Bischöfen nöthigenfalls hülfreiche Hand zu leisten i). II. Die Frömmigkeit der Zeit verschaffte der Ermahnung der Kirche, als Christen nicht unter einander zu ha-

---

b) c. 1. 22. 23. 24. 30 31. 32. C. de episc. audient. (1. 4.), nov. 86. c. 1. 2. 4. 7.

c) c. 8. X. de arbitr. (1. 43), c. 2. X. de judic (2. 1.)

d) c. 12. X. de excess. prælat. (5. 31), c. 5. 7. X. qui fil. sint legit. (4. 17.)

e) c. 3. 6. 17. X. de testament. (3. 26.)

f) c. 3. de for. compet. in VI (2 2), c. 2. de jurejur. in VI. (2. 11.)

g) c. 11. 12. 14. X. de sepult (3. 28.)

h) c. 3 X. de judic. (2. 1), c. 7. X. de præscript. (2. 26)

i) Conc. Arelat. VI. a 813. c. 13., Conc. Magont. a. 813. c. 8., Capit. I. Ludov. a. 823. c. 6, Conc. Pontigon. a. 876. c. 12.

dern, noch mehr Eingang, und viele Streitigkeiten wurden blos durch die Vermittlung der Bischöfe oder Priester abgemacht k). Doch war dies, wie auch früher, den Laien nicht als unbedingte Verpflichtung auferlegt l); daher mußten beide Theile darüber einig seyn m). III. Geistliche gegen Geistliche durften aber nur vor dem Bischofe klagen n), und bald würde ihnen, wahrscheinlich nach dem Vorbilde der Gesetze Justinians, die durch die Päbste im Occident bekannt wurden o), der Gerichtsstand vor dem Bischofe auch bei Civilklagen von Seiten eines Laien zugesichert p). Doch kamen für solche Fälle eine Zeitlang auch gemischte Gerichte vor q). Jenes Vorrecht bestand nun, durch das Ansehen der Kaiser r) und des canonischen Rechts s) unterstützt, während des ganzen Mittelalters in allen christlichen Ländern fort, und zwar so, daß weil es zur Ehre des Standes gehörte, nicht einmal freiwillig darauf verzichtet werden durfte t). Doch bezog es sich nur auf die persönlichen Verbindlichkeiten; die ding-

k) c. 1. c. XV. q 4. (Conc. Tarrac. a. 516.)

l) Capit. Reg. Franc. Lib V. c 387. In civitatibus, in quibus præsides præsunt, ipsi audiant causas. — Qui autem episcopum vel secerdotes aut clericos judicare sibi maluerint, hoc quoque fieri non prohibemus.

m) Nach einer Stelle, nämlich Capit. Reg. Franc. Lib. VI. c. 366, welche in c. 35 — 37 c. XI q 1. und aus diesen von Innocenz III. im c. 13. X. de judic. (2 1.) wiederholt ist, sollte ein Rechtsstreit auch einseitig gegen den Willen der andern Parthei vor den Bischof gebracht werden können. Allein die Praxis erkannte dieses niemals an. Auch beziehen sich jene Stellen blos auf die oben erwähnte falsche Constitution Constantins, die aber Innocenz dem Kaiser Theodosius beilegt.

n) c. 6. c. XI. q. 1. (Conc. Matisc I. a. 583), c. 42. eod. (Conc Tolet. III. a. 589), c. 39 eod. (Gregor. I. a. 601), Capit. I. Carol. M. a. 789. c. 27.

o) c. 15. c. XI. q I. (Pelag. II. a. 580), c. 38. eod. (Gregor. I. a. 603.)

p) *Cassiodor*. Varior. VIII. 24., Edict. Chlotar. II. a. 615. c. 4., Capit. Carol. M. ad Leg. Langob. c. 99.

q) Capit. Carol. M. a. 794. c. 28.

r) Auth. *Statuimus* Frider. II ad c. 33. C. de episc. (1. 3.)

s) c. 17. X. de judic. (2. 1.), c 1. 2. 9. X. de for. compet. (2. 2.)

t) c. 12. 18. X. de for. compet. (2. 2.)

lichen und Lehnsverhältnisse, worin ein Kleriker stand, gehörten vor den weltlichen Richter u). Die Praxis und die Gesetze der einzelnen Länder machten noch andere Ausnahmen. Auch blieb es, wenn der Geistliche Kläger war, sowohl nach dem ältern v), wie nach dem Recht des Mittelalters w), bei der Regel, daß er dem Gerichtsstande des Laien folgen mußte. IV. Wittwen, Waisen und andere hülflose Personen wurden durch die Concilien x) und Reichstage y) dem Schutze der Bischöfe besonders anempfohlen. Die Könige bekräftigten dieses noch dadurch, daß sie ihren Grafen auferlegten, die Bischöfe hierin thätigst zu unterstützen z) und die Rechtshändel der Wittwen und Waisen, wie die Sachen der Kirchen, vor Gericht zuerst abzumachen a). Endlich, als die weltlichen Gesetze völlig verwilderten, wurden sie, wie geistliche Personen, ganz unter die Gerichtsbarkeit der Kirche gestellt b). Aus ähnlichen Grüden erhielten auch die Pilger und Kreuzfahrer dieses Vorrecht c). Ueberhaupt waren die geistlichen Gerichte

---

u) c. 5. 13. X. de judic. (2. 1), c. 6. 7. X. de form. compet. (2. 2.) *Beaumanior* Cout. de Beauvois. chap. XI. rechnet dahin auch die Klagen aus Handelssachen, wenn der Geistliche dieses Gewerbe treibt.

v) Conc. Agath. a. 506. c. 32. (c. 17. 47. c. XI. q. 1.; nur muß man hier statt Clericum nullus lesen Clericus nullum), Conc. Epaon. a. 511. c. 11., Conc. Aurel. III. a. 538. c. 32., Capit. Reg. Franc. Lib. VI. c. 157.

w) c. 5. 10. 11. X. de for. compet. (2. 2.)

x) Conc. Turon. II. a. 567. c. 27., Conc. Matisc. II. a. 584. c. 12, Conc. Tolet. IV. a. 633. c. 32.

y) Conc. Francof. a. 794. c. 38., Conc. apud. Caris. a. 857. c. 2., Capit. Lothar. I. ad Leg Langob. c. 102.

z) Conc. Magont. a. 813. c. 8. (Capit. Reg. Franc. L. V. c. 182), Capit. I. Ludov. a. 823. c. 6.

a) Conc. Vernens. a. 755. c. 23., Capit. II. Carol. M. a. 805. c. 2., Capit. Carol. M. ad Leg Langob. c. 58., Capit. I. Ludov. a. 819. c. 3.

b) c. 11. 15. X. de for. compet. (2. 2), c. 26. X. de verb. signif. (5. 40)

c) Den Umfang der geistlichen Gerichtsbarkeit in Frankreich zeigt sehr gut ein altes vortreffliches Rechtsbuch v. J. 1283. *Beaumanoir* Coutume de Beauvoisis chap. XI. Bonne chose et pourfitable seroit selonc Dieu et selonc le siecle, que chil qui gardent la Justiche espirituel se mellassent de che qui appartient à

die Zuflucht derer, welche sich dem Zweikampfe, worauf das Verfahren bei den Land- und Lehnsgerichten regelmäßig hinauslief, nicht stellen konnten. Geistliches und Weltliches war also in jener Zeit durch Stand, Sitte und Gericht scharf geschieden. V. Endlich war den Bischöfen auch noch die Aufsicht über die Gefängnisse d), die Mitwürkung bei den Vormundschaften e) und die Beschützung wider die Ungerechtigkeit der weltlichen Richter f) zur Pflicht gemacht. Die Kirche sollte also überhaupt aushelfen, wenn vor den weltlichen Gerichten kein Recht zu erlangen wäre g). Doch war, wie weit dieses gehen könnte, nicht näher bestimmt, und hieng von der Persönlichkeit der handelnden Theile und von der Praxis der einzelnen Länder ab. VI. Ein neues Verhältniß entstand dadurch, daß der Grund und Boden der bischöflichen Kirchen und der Klöster mit den darauf angesessenen Leuten von der Gerichtsbarkeit der weltlichen Beamten befreit, und unter einen eigenen Gerichtsvogt (advocatus), den der Bischof ernannte, gestellt wurden. Diese Einrichtung war aber blos politischer Art, und gehört daher weiter nicht hierher.

§. 190. 3) Heutiges Recht.

I. Das Recht der Kirche, über ihre inneren Angelegenheiten zu richten, ist seit dem sechzehnten Jahrhundert in den meisten katholischen Ländern von Seiten des weltlichen Arms wieder auf

---

Espiritualité tant seulement, et lessassent justichier et esploitier à la laye Justiche les cas, qui appartiennent à la Temporalité, si que par la Justiche espirituel et par la Justiche temporel drois fu fez a chacun. Es rechnet aber dann doch zur geistlichen Gerichtsbarkeit alle Sachen über Glauben, Ehe, Kirchengüter, Testamente, eheliche Abstammung der Kinder, Asilrecht, Zauberei, Streitigkeiten der Kreuzfahrer, Wittwen und Waisen, geistliche Zehnten. Eben so war es, wie das Rechtsbuch des Bracton beweist, in England. Auch in Deutschland bestand dasselbe Verhältniß; doch kann man dieses nur zum Theil aus dem Sachsenspiegel und den anderen alten Landrechten erkennen.

d) Conc. Aurelian. V. a. 549. c. 20.

e) L. Wisigoth. Lib. IV. Tit. 3. c. 3., Capit. Lothar. I. ad Leg. Langob. c. 102.

f) Conc. Turon. II. a. 567. c. 27., L. Wisigoth. Lib. II. Tit 1. c. 29. 30., Conc. Tolet. IV. a 633. c. 32.

g) c. 6. 10. 11. X. de for. compet. (2. 2.)

die rein religiösen Gegenstände beschränkt worden. Zu diesen werden aber doch noch die Ehesachen gerechnet h). Nur in Frankreich hat die bürgerliche Gesetzgebung auch diese an sich gezogen. Hinsichtlich der Execution genießt die Kirche in einigen Ländern der Unterstützung des weltlichen Arms, in anderen nicht. In Rußland und Schweden haben sich die bischöflichen Gerichte zum Theil, in England ganz in ihren alten Vorrechten behauptet. In Dänemark sind sie so gut wie aufgehoben. In Deutschland wurden die Consistorien an deren Stelle gesetzt; doch ist später in Preußen die geistliche Gerichtsbarkeit den gewöhnlichen Gerichten überwiesen worden. Auch in Holland haben die Synoden nichts mehr mit den Ehesachen zu thun, und das Uebrige wird mehr als Verwaltungssache behandelt. II. Die schiedsrichterliche Gewalt der Bischöfe wird nach den jetzigen Sitten selten mehr in Anspruch genommen. Nur bei den Griechen werden noch die meisten Streitigkeiten, die sie unter sich haben, auf diesem Wege abgemacht. III. Die Kleriker haben den geistlichen Gerichtsstand in rein-bürgerlichen Angelegenheiten fast in allen Ländern verloren. Doch haben auch noch neuere Provinzialconcilien eingeschärft, daß sie wenigstens bei Streitigkeiten unter sich den Bischof anrufen sollten i). IV. Die Gerichtsbarkeit über die hülflosen Personen ist den Bischöfen schon früh wieder entzogen worden, und besondere geistliche Anstalten zur Beschützung derselben sind nach der jetzigen bürgerlichen Verfassung nicht mehr nöthig. V. Eben so wenig ist mehr von einer Aufsicht der Kirche über die bürgerliche Rechtspflege und über andere polizeiliche Institute die Rede.

§. 191. B) Von den geistlichen Gerichten.

Greg. I. 23. De officio archidiaconi, Greg. I. 29. Sext. I. 14. Clem I. 8. Extr. comm. I 6. De officio et potestate judicis delegati, Greg I. 30. Sext. I. 15. De officio legati, Greg. I. 31 Sext. I. 16. Clem. I 9 Extr. comm. I. 7. De officio judicis ordinarii, Sext I. 13. De officio vicarii.

Die geistlichen Gerichte sind nach den Verhältnissen verschie-

---

h) Conc. Trident. Sess. XXIV. can. 12. de matrim. Dieses ist auch in dem neuen baierischen Concordat anerkannt worden. — Bair. Concordat 1817. Art. 12. c., vergl. Rel. Edikt 1818. §. 64. d. M. Ueb. §. 61.

i) Conc. Bituric. a. 1584. Tit. XXV. c. 10. — In Würt. muß

den. I. Die gewöhnlichen Streitsachen wurden in den ältesten Zeiten vom Bischof mit Zuziehung des Presbyteriums entschieden k). In den germanischen Ländern kam die Rechtspflege vorzüglich in die Hand des Archidiacons; doch wurden auch die Diöcesansynoden dazu benutzt. Wo die gemischten Gerichte eingeführt waren, wohnte der Bischof oder Archidiacon mit seinen Geistlichen dem Gericht des Grafen oder Centenarius bei l). Daher wurden nach germanischer Sitte die umstehenden Laien in kirchlichen Sachen, wenigstens in solchen die mehr bürgerlicher Art waren, über das zu weisende Recht befragt m). Allmählig hörte aber diese Verbindung auf, und es wurde nun die geistliche Jurisdiction regelmäßig durch den bischöflichen Vicarius oder Offizial (§. 151) mit Zuziehung wissenschaftlich gebildeter Kleriker verwaltet. Daneben bestanden die Archidiaconal-Gerichte noch eine Zeitlang fort, sind aber allmählig ganz eingegangen. Mit der ordentlichen Jurisdiction des Bischofes concurrirte im Mittelalter die des Pabstes so, daß man sich schon in erster Instanz an diesen wenden, und der Pabst selbst Sachen, die bei den untern Gerichten bereits anhängig waren, abrufen konnte n). Hiezu dienten vorzüglich die päbstlichen Legate, die sich in den verschiedenen Ländern aufhielten o). Diese Concurrenz ist aber jetzt aufgehoben, und es muß jede geistliche Sache

---

bei allen Klagsachen gegen Geistliche das Gericht zuvor durch den Dekan gütliche Beilegung verursachen, s M. B. Nro. 127. V. über Sch. u. A. R. 1830. §. 6., Bair. Rel. Edikt 1818. § 62 — 72.

k) c. 6. c. XV q. 7. (Conc. Carth IV. c. a. 398.)

l) Dieses geschah in England allgemein. Erst durch Wilhelm den Eroberer wurden die weltlichen und geistlichen Gerichte, zum Vortheil der letzteren, wieder völlig getrennt. Privileg. Eccles. Linc. bei *Wilkins* Leg. Anglo-Sax. p. 292.

m) Dieses zeigt sehr deutlich das Verbot Innocenz III. im c. 3. X. de consuet. (1. 4) und Urbans V. in einem Rescript von 1367 bei *Canciani* Leg. Barbar. ant. Vol. II. col. 348.

n) c. 1. X. de off. legat. (1. 30), c. 56. X. de appell. (2. 28.)

o) Der Grund, warum im Mittelalter die päbstliche Rechtsprechung ein so großes Vertrauen besaß, liegt darin, daß die Partheien selbst hier das Uebergewicht wissenschaftlicher Ordnung anerkannten. Etwas Aehnliches trat auch bei den Spruchcollegien ein, die man deßwegen doch keiner Usurpation beschuldigen wird. Es wurde ja niemand sie zu brauchen gezwungen.

in erster Instanz beim bischöflichen Gericht angebracht werden p). Durch diese verschiedenen Stellvertreter, welche sich der Pabst und die Bischöfe ernannten, bildete sich auch im canonischen Recht die Lehre von der übertragenen Jurisdiction, welche noch im römischen Recht wenig entwickelt war, sehr sorgfältig aus. Sie wird in die delegirte und in die mandirte Jurisdiction eingetheilt. Beide unterscheiden sich hauptsächlich dadurch, daß der delegirte Richter eine eigene Instanz bildet, wovon an den Delegirenden appellirt werden kann, während der Mandatar als eine Person mit dem Mandanten gilt. Eine delegirte Jurisdiction hatten die Archidiacone; eine mandirte hat das Generalvicariat. Bei den Griechen übt der Bischof die Gerichtsbarkeit noch größtentheils in Person aus; in Rußland dient dazu das bischöfliche Consistorium und die Cantoirs (§. 170). In England besteht in jeder Diöcese das bischöfliche Gericht (consistory) unter Vorsitz des Chancellors oder Officials, und in vielen Diöcesen giebt es auch noch Archidiaconal-Gerichte (§. 178). In Schweden wird die geistliche Gerichtsbarkeit unmittelbar vom Kapitel verwaltet. Von den Consistorien in Deutschland ist schon mehrmals die Rede gewesen. II. Die Civilklagen gegen einen Bischof sollten nach den geistlichen und weltlichen Gesetzen des römischen Reiches bei dem Metropoliten, die gegen einen Metropoliten beim Exarchen der Diöcese angebracht werden q). Im fränkischen Reich gehörten sie aber vor den König r), und im Mittelalter vor den Reichshof. Auch noch jetzt ist in den meisten Ländern den Bischöfen der Gerichtsstand vor den Obergerichten ertheilt. III. Die Apellation von den bischöflichen Gerichten gieng in der ältern Zeit an Schiedsrichter, oder an den Metropoliten und das Provinzialconcilium s); später an den erzbischöflichen Offizial t), und

p) Conc. Trid. Sess. XXIV. cap. 20. de ref. — In Würt. ist diese erste Behörde das Dekanat, und durch die jährlichen Prädikaten-Tabellen die obern Kirchenbehörden. s. M. B. Nro. 70 — 75.

q) c. 46. c. XI. q. 1. (Conc. Chalc. a. 451), Nov. Just. 123. cap. 22.

r) Capit. III. Carol. M. a. 812. c. 2.

s) c. 35. c. II. q. 6. (Conc. Milevit. a. 416), c. 15. D. XVIII. (Conc. Bracar. c. a. 572.)

t) c. 66. X. de appell. (2. 28), c. 1. de off. ordin. in VI. (1. 16), c. 3. de appell. in VI. (2. 15.)

von da an den Pabst oder dessen Legate u). Doch wurde diese Ordnung nicht immer befolgt, sondern es war die Umgehung der bischöflichen Instanz und die Apellation an den römischen Stuhl sogar vor erlassener Definitivsentenz nicht selten v). Beides wurde aber schon durch die Päbste selbst beschränkt w). Auch entstand seit dem zwölften Jahrhundert zur Erleichterung der Partheien der Gebrauch, daß die Päbste die Sachen, worin an sie appellirt war, nicht mehr unmittelbar nach Rom zogen, sondern durch delegirte Richter, wie sonst durch die apostolischen Vicarien, in der Provinz aburtheilen ließen. Dieses wurde dann bald durch Gesetze genauer geordnet x). In diesem Geiste sind die Bestimmungen der Kostnitzer Concordate von 1418 und der neuern Concilien gefaßt. Nach den letzteren ist eine Apellation nur von einer Difinitivsentenz zugelassen; und bei Berufungen an einen Legaten oder an den römischen Stuhl soll die Sache an Ort und Stelle durch delegirte Richter (judices in partibus), welche die Provinzial- oder Diöcesan-Concilien mit Rücksicht auf die ältern Verordnungen zu ernennen haben, abgemacht werden y). In der russischen Kirche kann man von den Cantoirs an das Consistorium, von da noch an den Bischof, und von diesem an die Synode appelliren. In England geht die Appellation vom Archidiacon an seinen Bischof; wenn aber die Sache vor dem bischöflichen Gericht angefangen hat, von diesem an den Erzbischof, und es findet dann kein weiteres Rechtsmittel statt. Hat der Streit bei einem Archidiacon des Erzbischofs seinen Anfang genommen, so wird an das erzbischöfliche Gericht (audience), und von diesem noch an den Erzbischof selbst appellirt. Das Gericht des Erzbischofs von Canterbury wird der Gerichtshof der Bogen (court of arches) genannt. Mit diesem ist jetzt das

u) c. 1. X. de offic. legat. (1. 30), c. 52. 66. X. de appell. (2. 28.)

v) c. 5. 7. 66. X. de appellat. (2. 28.)

w) c. 59. 66. X. de appellat. (2. 28.) Noch andere Beweise giebt Raumer Gesch. der Hohenstaufen S. 152 (der großen Ausgabe.)

x) c. 28. X. de rescript. (1. 3), c. 11. X. de rescript. in VI. (1. 3.)

y) Conc. Basil. Sess. XXXI. Decret. de causis et appellationibus, Conc. Trid. Sess. XXIV. cap. 20. Sess. XXV. cap. 10. de ref.

Gericht der eximirten Kirchspiele (court of peculiars) verbunden. Früher stand jenes unter dem Offizial, dieses unter einem eigenen Decan. Daneben hat jeder Erzbischof noch einen privilegirten Hof (prerogative court) für die Testamentssachen, wenn das Vermögen des Verstorbenen in verschiedenen Diöcesen der Provinz liegt. Von diesem und wenn eine Sache in erster Instanz beim Erzbischof anhängig war, wird an den König in die Kanzlei appellirt, der dazu unter dem großen Siegel eine Kommission (court of delegates) niedersetzt z). In Schweden werden die Appellationen von den Consistorien an das weltliche Hofgericht und an den König gerichtet.

§. 192. C) Von dem Verfahren.

Das Verfahren vor dem Bischof war anfangs gewiß sehr einfach, bis die Ausdehnung der Geschäfte und die verwickelteren Verhältnisse bestimmtere processualische Formen nothwendig machten. Unstreitig wurden hiefür die des römischen Rechts gebraucht, und diese erhielten sich bei den geistlichen Gerichten, wiewohl vielfach modificirt, auch in den germanischen Reichen, weil das römische Recht das Standesrecht des Klerus blieb. Durch die Verbindung mit den weltlichen Gerichten gewannen jedoch hin und wieder auch die germanischen Prozeßformen Eingang. Seit dem zwölften Jahrhundert wurde aber der canonische Prozeß theils durch päbstliche Rescripte, theils durch die Universitäten, mit Benutzung des römischen Rechts, höchst genau ausgebildet a), und dadurch allmählig die germanische Prozedur sogar bei den weltlichen Gerichten gänzich verdrängt. Bei den Fortschritten, welche die Wissenschaft des Prozesses beständig macht, können aber die geistlichen Gerichte nicht bei der canonischen Prozedur stehen bleiben, sondern sie müssen sich darin nach den Gesetzen ihres Landes richten. Die Vollstreckung der Urtheile geschieht durch geistliche Zwangsmittel, die jedoch selten mehr vorkommen, und soweit es nach den Landesgesetzen geschehen kann, durch Anrufung des weltlichen Arms. In England hat sich aber bei den

z) Diese Ordnung der Appellationen ist durch Heinrich VIII. so eingerichtet worden. 24. Henr. VIII. c. 5. ss. 6. 7. 8. 12., 25. Henr. VIII. c. 19. st. 4.

a) In den Sammlungen der Decretalen beschäftigt sich ein großer Theil des ersten und das ganze zweite Buch mit der Procedur.

geistlichen Gerichten noch ganz das alte Verfahren erhalten, und wer der Sentenz nicht Folge leistet, wird excommunicirt, worauf nach erfolgter Anzeige bei der Kanzlei ein Verhaftbefehl (writ de excommunicato capiendo) gegen ihn ergeht b).

§. 193. III. Verwaltung der Oberaufsicht.

Die Ordnung in der Kirche beruht auf der Befolgung ihrer Vorschriften. Daher ist es wesentliche Pflicht der Beamten in ihren verschiedenen Kreisen darüber zu wachen. Dieses geschieht theils durch Untersuchungen, die sie an Ort und Stelle vornehmen, theils durch Berichte, die sie durch Andere einziehen. Beides geschah schon von den Aposteln c), und wurde im Laufe der Zeit mit den übrigen Einrichtungen genauer ausgebildet. I. Die regelmäßige Aufsicht über die Diöcese hat der Bischof. Für die Visitationen, die dazu nöthig sind, wurden im Orient schon im vierten Jahrhundert eigene Reisepriester (περιοδεύται, circuitores) ernannt d). Im Occident nahmen aber die Bischöfe dieses Geschäft noch längere Zeit selbst vor, und zwar sollten sie nach den spanischen Concilienbeschlüssen jedes Jahr die Kirchen ihrer Diöcese bereisen e). Dasselbe wurde auf den fränkischen Concilien oder Reichstagen eingeschärft f). Die Untersuchung war sowohl auf den Klerus und den Zustand der Kirchen, wie auf die Sitten der Gemeinde gerichtet. Um den Bischof hierin zu unterstützen, kam im neunten Jahrhundert eine neue Einrichtung hinzu g). Es wurden nämlich in jeder Gemeinde sieben oder meh-

b) Dieses Verfahren ist noch im Jahr 1813 näher bestimmt und etwas modificirt worden. 53. George III. c. 127. — In der O. P. K. P. geht die Appellation an die Landesbehörde. s. V. über Sch. u. A. R. 1830. §. 36., Bair. Rel. Edikt 1818. §. 65—72.

c) Act. XV. 36., I. Cor. I. 11., Coloss. I. 4.

d) c. 5. D. LXXX. (Conc. Laodic. c. a. 372), c. 42. §. 9. C. de episc. (1. 3.)

e) c. 10. c. X. q. 1. (Conc. Taracon. a. 516), c. 12. eod. Conc. Bracar. II. a. 572), c. 11. eod. (Conc. Tolet. IV. a. 633.)

f) Capit. I. Carlom. a. 742. c. 3., Capit. Pippin. 744. c. 4., Capit. Carol. M. a. 769. c. 7. 8., Eiusd. Capit. I. a. 813. c. 16., Eiusd. Capit. II. a. 813. c. 1., Capit. Carol. Calv. a. 844. c. 4—6.

g) Am deutlichsten erkennt man diese aus zwei Visitationsordnungen, die in jener Zeit verfaßt worden sind; die eine von Hincmar von Rheims (Opp. T. I. p. 716), die andere von Regino (§. 96.)

rere Männer (testes synodales, Sendschöffen) erwählt und vereidet h), welche in der jährlichen Versammlung (synodus, Send) die mittlerweile vorgefallenen Vergehen auf Befragen des Bischofes i) zur Anzeige bringen mußten. Allmählig wurden aber diese Visitationen blos den Archidiaconen übertragen, und endlich gehörten sie ganz regelmäßig zu ihrem mittlerweile auch selbstständig gewordenen Amte. Durch den Einfluß der Standesverhältnisse geschah es aber, daß sich die höhern Stände wieder davon eximirten, und auf einem eigenen Send unmittelbar unter dem Bischof zusammenkamen. Ferner sonderten die Archidiaconen selbst von ihrem Send die Handwerker und andere geringe Leute ab, und stellten sie unter den Send des Erzpriesters. So war nach dem bürgerlichen Stand der Personen eine dreifache Art von Senden entstanden k). Das Verfahren übrigens blieb, und es wurde fortwährend von den Concilien des zwölften bis sechzehnten Jahrhunderts auf Anstellung von Sendschöffen gedrungen. Von da an aber kamen sie allmählig ab. Doch hat das Concilium von Trient den Bischöfen, Archidiaconen und Decanen die Visitation ihrer Bezirke dringend anempfohlen l). Neben diesen Senden dienten zur Beaufsichtigung der Kleriker insbesondere noch die Diöcesansynoden (§. 167), weil sie hier dem Bischof über ihre Amtsführung Rechenschaft ablegten. Auch mußten sie zu diesem Zweck regelmäßig jedes Jahr in der österlichen Zeit bei dem Bischof erscheinen m). Jetzt sind schriftliche Berichte an die Stelle getreten. II. Die Oberaufsicht über die Provinz steht dem Metropoliten zu. Diese war früher

---

h) Die Wahl und Vereidung findet sich im c. 7. c. XXXV. q. 6. Diese Stelle, welche hier fälschlich dem Eutychianus beigelegt wird, steht bei Regino im Anfang des zweiten Buchs; woher sie dieser hat, ist nicht bekannt. Bei der Anzeige incestuoser Ehen wurden noch besondere Zeugen vereidet, um über die Nähe der Verwandschaft auszusagen, c. 5. 6. 8. c. XXXV. q. 6.

i) Diese Fragen wurden, wie aus Hincmar und Regino hervorgeht, hintereinander nach einer bestimmten Ordnung gestellt, und erstreckten sich auf alle Theile der kirchlichen Disciplin.

k) So erklärt sich der Sachsenspiegel Buch I. Art. 2.

l) Conc. Trid. Sess. XXIV. cap 3. de ref.

m) Capit. Carlom. a. 742. c. 3, Capit. Pippin. a. 744. c. 4., Capit. Carol. M. a. 769. c. 8.

sehr ausgedehnt. Nach dem vierten Lateranischen Concilium sollten sogar in jeder Diöcese Synodalzeugen ernannt werden, die dem Provinzialconcilium oder dem Erzbischof die nöthigen Anzeigen machen könnten n). Allein diese haben sich nicht erhalten. Doch ist den Metropoliten auch noch jetzt namentlich die Aufsicht über die Residenz der Bischöfe o) und über die geistlichen Seminarien p) zur Pflicht gemacht. In der ältern Zeit nahmen sie auch Visitationen der Provinz vor. Dieses wurde jedoch, weil es zu Reibungen führte, im Orient verboten q). Im Occident ist davon auch bis zum elften Jahrhundert keine Spur mehr. Von da an wurden sie aber durch die Gesetze selbst wieder hergestellt r). Nach dem neuesten Recht sollen sie jedoch nur aus einem bestimmten Grunde, der von dem Provinzialconcilium gebilligt seyn muß, gehalten werden s). Dadurch sind sie nun außer Gebrauch gekommen. III. Die Oberaufsicht über die ganze Kirche hat der Pabst t). Die dazu nöthigen Visitationen wurden früher hauptsächlich durch die Legate ausgeübt u). Auch diente dazu die Verbindlichkeit, welche den Bischöfen auferlegt war, zu gewissen Zeiten entweder in Person oder durch Botschafter in Rom zu erscheinen v). Jetzt wird dieses durch schriftliche Berichte über den Zustand der Kirchen ersetzt, wofür eine eigene Congregation angeordnet ist (§. 139). IV. Bei den Russen und Protestanten kommen zur Handhabung der Oberaufsicht ganz ähnliche Einrichtungen vor.

---

n) c. 25. X. de accusat. (5. 1.)

o) Conc. Trid. Sess. VI. c. 1. Sess. XXIII. cap. 1. de ref.

p) Conc. Trid. Sess. XXIII. cap. 18. de ref.

q) Conc. Constantin. IV. a. 869. c. 19.

r) c. 16. X. de præscript. (2. 26), c. 14. 25. X. de censib. (3. 39), c. 1. 5. de censib. in VI. (3. 20.)

s) Conc. Trid. Sess. XXIV. cap. 3. de ref.

t) Epistola Synodi Sardic. a. 344. ad Julium urbis Romæ episcopum. Hoc enim optimum et valde congruentissimum esse videbitur, si ad caput, id est ad Petri Apostoli sedem, de singulis quibusque provinciis domini referant sacerdotes.

u) c. 17. X. de censib. (3. 39), c. 1. Extr. comm. de consuet. (1. 1.)

v) c. 4. X. de jurejur. (2. 24.)

§. 194. IV. Von der kirchlichen Strafgewalt. A) Gegenstände derselben. 1) In der älteren Zeit.

Die Strafgewalt der Kirche beruht auf verschiedenen Gesichtspunkten. I. Als eine Einrichtung, die vor allem die Zucht und Besserung der Menschen bezweckt, ist das Recht ihre ungehorsamen Mitglieder zu ermahnen, zu strafen und zuletzt von ihrer Gemeinschaft auszuschließen, von ihrem Wesen unzertrennlich w). Daher übten die Bischöfe, von den Aposteln dazu ermächtigt x), schon in den ersten Zeiten der Kirche eine strenge Zuchtgewalt aus, und wachten mit der treuesten Sorgfalt über den Glauben und die Sitten der anvertrauten Gemeinde. Die Grundlage der Beurtheilung bildete der Decalog; daher wurden selbst die bürgerlichen Vergehen ohne Rücksicht auf die Strafe, die etwa der weltliche Arm verfügte, aus dem Gesichtspunkt der Kirche besonders geahndet y). Doch hatte die kirchliche Strafe immer nur die Besserung der Schuldigen und die Reinerhaltung der Gemeinde zum Zweck, und bestand in mehr und minder strengen Büßungen oder im äußersten Fall in der Verstoßung aus der kirchlichen Gemeinschaft z), welche alsdann auch nur durch harte Büßungen in der Form der öffentlichen Pönitenzen wiedererlangt werden konnte. Bürgerliche Nachtheile konnte aber die Kirche nicht zufügen, und nur in Nothfällen rief sie den weltlichen Arm um Unterstützung an a). II. Die religiösen und amtlichen Vergehen der Kleriker gehören nach der Natur der Sache vor das Gericht der Kirche, und dieses erkannten auch die christlichen Kaiser an b). Außerdem waren sie aber durch ihren Stand selbst zu besonders strengen Sitten verpflichtet, und deswegen

---

w) Matth. XVIII. 15—18., II. Cor. XIII. 2. 10.

x) Tit. II. 15., I. Tim. V. 20.

y) Can. Apost. 83., c. 81. §. 2. D. I. de pœnit. (Augustin. c. a 415.) Die näheren Beweise, so wie überhaupt die beste Erörterung dieses Verhältnißes für die ältere Zeit findet man bei *Bingham* Origines eccles. Lib. XVI. cap. 4—14.

z) I. Cor. V. 1—6., I. Tim. I. 19. 20.

a) c. 19. c. XI. q. I. (Conc. Charth. III. a 397.)

b) c. 23. C. Th. de episc. (16. 2), c. 1. C. Th. de religion. (16. 11), nov. Valentin. III. de episc. judic. (Novell. Lib. II. Tit. 35), c. 29. §. 4. de episcop. audient. (1. 4), nov. 83. pr. c. 1. (c. 45. c. XI. q. 1.)

der genauern Aufsicht des Bischofes unterworfen. Man dehnte dieses so weit aus, daß sie nach der Absicht der Kirchengesetze wegen aller Vergehen nur bei dem Bischofe belangt werden sollten c). Allein das weltliche Recht gab dieses nur bei den leichteren bürgerlichen Vergehen zu; die schwereren Verbrechen gehörten vor den weltlichen Richter d). Doch war nach den Gesetzen Justinians bei Anklagen wider Bischöfe, um sie vor den weltlichen Richter zu zwingen, ein kaiserlicher Befehl nothwendig; auch durfte der Bischof das Urtheil wider einen Kleriker als ungerecht suspendiren und an den Kaiser berichten e). III. Nach der Ansicht der Kirche sollten auch die bürgerlichen Strafen nicht die Vertilgung, sondern nur Besserung und das Seelenheil des Schuldigen bezwecken. Todesstrafen waren ihr daher zuwider f), und sie hoffte für das Herz des Verstockten mehr von zweckmäßig geleiteter Milde als von Peinigung. Deshalb traten die Bischöfe, wo sie konnten, vor den weltlichen Gerichten mit Fürsprache auf; und es entstand der regelmäßige Gebrauch, daß an dem hohen Freudentag des Christenthums, wenigstens die, welche wegen leichteren Vergehen im Kerker saßen, frei gegeben wurden g). Besonders suchte aber die Kirche die Verbrecher zu schützen, welche dadurch, daß sie sich zu ihr flüchteten, den ersten Beweis reumüthiger Gesinnung abgelegt hatten h); und bald erhielt dieses Asylrecht, wovon auch schon im heidnischen Recht etwas Aehnliches vorkam i), von den Kaisern, jedoch mit mehreren Ein-

c) c. 43. 44. c. XI. q. 1. (Conc. Carth. III. a. 397), c. 46. eod. (Conc. Chalced. a. 451.)

d) Die Gesetze scheinen zwar die Accusation wider die Kleriker unbedingt vor die Kirche zu verweisen, c. 12. 41. 47. C. Th. de episc. (16. 2.) Allein Godefroi hat bewiesen, daß dieses nur von den leichtern Vergehen zu verstehen ist.

e) Nov. Just. 123. c. 8. c. 21. §. 1.

f) c. 3. c. XXIII. q 5. (Augustin. a. 408), c. 1. 2. eod. (Idem a. 412)

g) c. 3. 4. 6. 7. 8. C. Th. de indulgent. crimin. (9 38), c. 3. C. de episc audient. (1. 4)

h) c. 28. c. XXVIII. q. 8. (Conc. Sard. a. 344), c. 10. 11. eod. (Gelas. c. a. 494)

i) c. un C. Th. de his qui ad statuas confugiunt (9 44), c. un. C. J. eod. (1. 25.)

schränkungen, bürgerliche Bestätigung k). Die Würkung bestand dann darin, daß der Flüchtling nicht mit Gewalt aus der Kirche weggeholt werden durfte, und daß der Bischof bei der Auslieferung sich die Verschonung mit einer tödtlichen oder verstümmelnden Strafe versprechen ließ. Dafür legte er ihm aber schwere kirchliche Pönitenzen auf, und hielt ihn in der Erinnerung an die von der Kirche empfangene Wohlthat zur ernstlichen Besserung seines Lebens an.

§. 195. 2) Verhältniß der kirchlichen Strafgewalt im Mittelalter.

Diese Verhältnisse entwickelten sich in den germanischen Reichen auf folgende Art. I. Zur Handhabung der kirchlichen Zuchtgewalt entstand eine neue Einrichtung in den Sendgerichten, und die Könige selbst legten darauf großen Werth (§. 193). Die Grundlage der Beurtheilung bildete wie früher der Decalog; daher wurden auch die meisten bürgerlichen Vergehen dort gerügt. Die kirchlichen Strafen oder Pönitenzen aber wurden nach den sehr genauen Verzeichnissen oder Pönitentialbüchern auferlegt, und waren oft sehr hart l), weil viele jener Verbrechen bürgerlich gar nicht bestraft wurden, oder mit Geld ablösbar waren. Wer sich ihnen nicht unterwerfen wollte, wurde excommunicirt, und nun schritt der weltliche Arm mit bürgerlichen Zwangsmitteln ein m). So entstand die allgemeine Ansicht, das die kirch-

---

k) Tit. C. Th de his qui ad eccles. confug. (9. 45), Idem Tit. C. J. (1. 12), Nov. Just 17. c. 7.

l) c. 8. c. XXXIII. q. 2 (Paulin. ad Heistulf. c. a. 794), c. 17. c. XII. q. 2 (Nicol. I. c. a. 860)

m) Decretio Childeberti c. a. 595. c. 2. Qui vero Episcopum suum noluerit audire et excommunicatus fuerit, — de palatio nostro sit omnino extraneus, et omnes facultates suas parentibus legitimis amitat. — Capit. Pippin. a 755. c. 9. Quod si aliquis (excommunicationem) contempserit, et episcopus emendare minime potuerit, regis judicio exilio contemnetur. Capit. Reg Franc. Lib. VII. c 432. Quod si aliquis tam liber quam servus — episcopo proprio — inobediens vel contumax, sive de hoc sive *de alio quolibet scelere* extiterit, omnes res ejus a Comite et a Misso Episcopi ei contendantur, usque dum episcopo suo obediat, ut pœniteat. Qod si nec se ita correxerit, a Comite comprehendatur, et in carcerem sub magna ærumna retrusus teneatur, nec rerum suarum potestatem habeat, quousque Episcopus jusserit.

liche und bürgerliche Acht sich gegenseitig zur Unterstützung dienten, so daß, wer binnen Jahr und Tag sich nicht aus der einen löste, dann von selbst in die andere verfiel n). Im Mittelalter hatte nun die geistliche Strafgewalt nach dem Recht der Decretalen folgenden Umfang o). Kraft des ersten Gebots strafte die Kirche den Götzendienst, die Häresie, das Schisma, die Apostasie, den Gottesraub und die Simoni oder den Wucher mit geistlichen Gaben p). Wegen des zweiten ahndete sie die Gotteslästerung q), unnöthiges Schwören und den Meineid. Das dritte war nach der Annahme des Christenthums durch den allgemeinen Gebrauch so geheiligt r), daß ein Verstoß dawider nicht leicht vorkam. Das vierte Gebot bezog die Kirche auch auf die Pflichten des Gesindes gegen die Herrschaft, und der Unterthanen gegen den Regenten. Kraft des fünften verbot sie jede Art von Tödtung und Verstümmelung, daher auch die Turniere, allzu

---

n) Constit. Frideric. II. a. 1220. c. 7. Quia gladius materialis constitutus est in subsidium gladii spiritualis, excommunicationem, si sic excommunicatos in ea ultra sex septimanas pertitisse — nobis constiterit, nostra proscriptio subsequatur, non revocanda nisi prius excommunicatio revocetur. — Etablissem. de St. Louis Liv. I. chap 121. Se aucuns escommuniés un an et un jour, et li officians mandast à la Justice laie que il le contrainsist par la prise de ses biens, ou par le cors, — la Justice doit tenir toutes ses choses en sa main, sauf son vivre, jusques à tant que il se soit fet assoudre.

o) Die Titelfolge im fünften Buch der Decretalen geht augenscheinlich, wie bisher noch nicht bemerkt worden war, nach der Ordnung des Decalogs. Dieses erklärt sich dadurch, daß hier die ältern Pönitentialbücher zum Muster dienten, welche meistens dieselbe Ordnung befolgen.

p) V. 3. De simonia, et ne aliquid pro spiritualibus exigatur, V. 4. Ne prælati vices suas vel ecclesias pro annuo censu concedant, V 5. De magistris, et ne aliquid exigatur pro licentia docendi, V. 6. De Judæis, Sarracenis, et eorum servis, V. 7. De hæreticis, V. 8. De schismaticis et ordinatis ab eis, V. 9. De apostatis, et reiterantibus baptisma.

q) V. 26. De maledicis. Dieser Titel ist zufällig unter die besonderen Verbrechen der Kleriker gestellt worden.

r) c. 1. c. XV. q. 4. (Conc. Tarræ. a. 516), c. 2. eod. (Conc. Erphurd. a. 932), Const. Childeb. c. a. 554, Præcept. Gunthramni a. 585., Decret. Childeb. II. c. a. 595. c. 14, Capit. Germ. c. a. 744. c. 23.

mörderische Kriegswaffen s), und sogar rohe und grausame Nationallustbarkeiten t). Aus dem sechsten Gebote folgerte sie nicht blos die Bestrafung der wirklich vollbrachten, sondern auch der attentirten Fleischesverbrechen u). Das siebente Gebot bezog die Kirche auf den Raub, die Brandstiftung, den Diebstahl und selbst den Zinswucher v). Unter das achte Gebot stellte man die Verläumdungen und falschen Zeugnisse; daran knüpfte man dann auch Fälschungen anderer Art, namentlich durch betrügerische Zauberkünste (magia) zur Entdeckung verlorener Sachen (sortilegium), oder zur Vorhersagung künftiger Dinge (divinatio) aus der Hand (chiromantia) und durch Himmelszeichen w); auch gehörte hieher die Fälschung durch Alchymie x). Das neunte Gebot, welches auf die sündlichen Begierden gerichtet war, konnte nur selten bei den Gerichten zur Sprache kommen. Endlich kraft des zehnten Gebotes bestrafte die Kirche ungerechte Anmaaßungen und Verletzungen fremden Gutes y). Auch hielt sie, und wie es scheint mit Erfolg z), den Grundsatz fest, daß selbst eine rein bürgerliche Rechtsverletzung unter dem Gesichtspunkt der Sünde vor das geistliche Gericht gezogen, und hier als solche geahndet werden könnte a) II. Die religiösen und amtlichen Vergehen der Kleriker gehörten wie bisher blos vor die Kirche b).

---

s) V. 10. De his qui filios occiderunt, V. 11. De infantibus et langnidis expositis, V. 12. De homicidio voluntuario et casuali, V. 13. De torneamentis, V. 14. De clericis pugnantibus in duello, V. 15. De sagittariis.

t) c. un. De tauror. et alior. animal. agitat. in VII. (5. 18.)

u) V. 16. De adulteriis et stupro.

v) V. 17. De raptoribus, incendiariis et violatoribus ecclesiarum, V. 18. De furtis, V. 19. De usuris.

w) V. 20. De crimine falsi, V. 21. De sortilegiis.

x) c. un. Extr. comm. de crimine falsi (5. 6.)

y) V. 36. De injuriis et damno dato.

z) Etabl. de St. Louis Liv. I. chap. 84. Quand en la terre au Baron a aucun usurier — li meubles si doivent ètre au Baron, et puis si doivent estre pugnis par sainte Eglise pour le peché. Car il appartient à sainte Eglise de chastier châcun pecheur de son pechié selon droit escrit en Decretales, el titre des Juges, au chapitre *Novit.*

a) c. Novit. 13. X. de judic. (2. 1)

b) V. 23. De delictis puerorum, V. 24. De clerico venatore,

In Betreff der bürgerlichen sollte nach Vorschrift der Kirchengesetze wenigstens ein Kleriker vor dem andern nur vor dem Bischof, ein Bischof aber überhaupt nur vor dem Metropoliten verklagt werden dürfen c). Allein das weltliche Recht verwies die Anklagen wider Kleriker noch vor gemischte Gerichte d). Endlich aber wurden im achten Jahrhundert die Geistlichen doch von der weltlichen Gerichtsbarkeit gänzlich befreit, und unbedingt unter ihre eigenen Gerichte gestellt e). Der Grund lag unstreitig darin, weil sich die Beweisführung vor den weltlichen Gerichten durch Eideshelfer und Zweikampf mit dem geistlichen Stande nicht wohl vertrug. Auf diesen Zustand sind denn auch die falschen Decretalen gebaut f). Im Mittelalter war jenes Vorrecht sowohl in den geistlichen g) wie in fast allen weltlichen Rechten h), jedoch nicht überall ohne Einschränkungen aner-

V. 25. De clerico percussore, V. 26. De maledicis, V. 27. De clerico excommunicato, deposito vel interdicto ministrante, V. 28. De clerico non ordinato ministrante, V. 29. De clerico per saltum promoto, V. 30. De eo qui furtive ordinem suscepit, V. 31. De excessibus prælatorum et subditorum.

c) c. 6. c. XI. q. 1. (Conc. Matisc. I. a. 581), c. 42. eod. (Conc. Tolet. III. a. 589), Conc. Matisc. II. a. 585. c. 9. 10.

d) Edict. Chlotar. II. a. 615. c. 4. Ut nullus judicum de quolibet ordine clericos de civilibus causis, *præter criminalia negotia*, per se distringere aut damnare præsumat. — Qui vero convicti fuerint de crimine capitali *juxta canones* distringantur et cum *Pontificibus* examinentur.

e) Capit. Pippin. a. 755. c. 18., Capit. I. Carol. M. a. 789. c. 37., Capit Francof. a. 794. c. 37.

f) Die falschen Decretalen (§. 86. not. l.) haben hierin wörtlich aus den oben (§. 194. not. d) angeführten Stellen des römischen Rechts geschöpft. Freilich nehmen sie diese ganz allgemein; dies that aber längst vor ihnen die Westgothische Interpretation auch schon, und sie durften es ebenfalls nach demjenigen, was die Capitularien darüber nun festgesetzt hatten.

g) c. 4. 8. 10. 17. X. de judic. (2. 1), c. 12. 13. X. de for. compet. (2. 2.)

h) In den Ländern, die zum römischen Reich gehörten, durch die Auth. *Statuimus* Frider. II. ad c. 33. C. de episc. (1. 3.) In Frankreich durch die Etablissem. de St. Louis Liv. I. chap. 82. Se li Rois ou Quens, ou Bers, ou aucun an Justice en sa terre prent Cler, ou Croisié, on aucun homme de religion, tous fust.il lais, l'en le doit rendre a Sainte Eglise de quel.

kannt. III. Der Gebrauch, an den hohen Festtagen die Eingekerkerten frei zu geben, erhielt sich i), auch die Fürbitte der Bischöfe für die Schuldigen, besonders für solche, die zu der Kirche ihre Zuflucht nahmen. Das Asylrecht wurde sogar auf die bischöfliche Wohnung und auf den Kirchhof ausgedehnt k), und von den weltlichen Gesetzen l) als eine heilsame Schutzwehr gegen eine formlose, grausame Rechtspflege, und gegen die germanische Sitte der Blutarche, befestigt m). Doch fanden dabei wie früher mancherlei Einschränkungen statt n).

§. 196. 3) Heutiges Recht.

I. Die Kirche hat noch immer das Recht alle Vergehen unter dem Gesichtspunkt der Sünde mit kirchlichen Strafen zu ahnden. Nachdem aber jetzt das weltliche Strafrecht vollständiger und besser geordnet worden ist, so braucht sie sich um die Vergehen, die unter dieses fallen, nicht mehr zu bekümmern, sondern sie kann die bürgerliche Strafe als Ersatz der kirchlichen gelten lassen, so wie früher das umgekehrte statt fand. Aus dem Standpunkt des christlichen Staatsrecht betrachtet, übt also der Staat in diesen Strafen zugleich eine religiöse Funktion aus. Der Kirche ist blos die Züchtigung der rein kirchlichen Vergehen überlassen. Doch schreitet sie auch bei diesen jetzt selten mehr mit

---

que meffet que il face. In England galt es im dreizehnten Jahrhundert, als Bracton schrieb, noch nicht, wurde aber bald darauf eingeführt, 3. Edward I. c. 2, 25. Edward. III. st. 3. c. 4.

i) Capit. Reg. Franc. Lib. VI. c. 107., L. Burgund. Tit. LII.

k) c. 36. c. XVII. q. 4. (Conc Aurelian. I. a. 511), c. 35. eod. (Conc. Tolet. IX. a. 655), c. 20. eod. (Conc. Tribur. a. 895), c. 6. eod. (Nicol. II. a. 1059), c. 5. 6. 10. X. de immunit. eccles. (3. 48)

l) Decret Chlotar. II. a. 595. c. 13—15., L. Alemann. Tit. III., L. Baiuvarior. Tit. I. c. 7., Capit. Carol. M. de partib. Saxon. a. 789 c. 2., Eiusd. Capit. II. a. 803. c. 3.

m) Joh. Müller Beobachtungen (Werke B. XV. S. 383.) Im Mittelalter floh der Bedrängte vor der Wuth des Adels zu Gräbern und Heiligen, und die Kirche veranstaltete Stillstand zwischen den Räubern.

n) Capit. German. c. a. 744. c. 21., Capit. Carol. M. a. 779. c. 8., c. 6. c. XVII. q. 4. (Nicol. II. a. 1059), c. 6. 10. X. de immunit. eccles. (3. 48), c. 1. X. de homicid. (5. 12), c. 1. eod. in VI. (5. 4.)

öffentlichen kirchlichen Strafen ein. Eben so sind die bürgerlichen Nachtheile der Exkommunication durch die neuern Landesgesetze beschränkt oder ganz aufgehoben worden. In Griechenland hat aber der Patriarch noch das Recht wegen aller Vergehen auf Gefängniß oder Galeerenstrafe zu erkennen, und seine Urtheile werden von der Pforte nachdrücklich unterstützt. Auch in Rußland hat sich die kirchliche Strafgewalt noch zum Theil in ihrem frühern Umfang erhalten; eben so in England. Von den bürgerlichen Würkungen, welche die Excommunication hier hat, ist schon oben (§. 192) die Rede gewesen. II. Die Bestrafung religiöser und amtlicher Vergehen der Kleriker steht nach der Natur der Sache blos der Kirche zu. Dieses ist auch in allen christlichen Ländern anerkannt. Die Immunität oder der befreite Gerichtsstand bei bürgerlichen Vergehen ist jedoch, weil jetzt ganz andere Verhältnisse vorhanden sind, in den meisten Ländern aufgehoben, oder wenigstens sehr beschränkt worden. In England stand früher jenes Vorrecht nicht blos den würklichen Klerikern, sondern selbst den Laien, wenn sie lesen konnten, zu. Die Würkung war die, daß der Verklagte, nachdem er vor dem weltlichen Gericht schuldig befunden, dem Bischof übergeben, und von diesem mit zwölf andern Klerikern, dem damaligen Verfahren gemäß, nochmals gerichtet wurde. Später (1489) wurde aber diese Rechtswohlthat den Laien nur ein einzigesmahl gestattet, und ihnen daher, wenn sie davon Gebrauch gemacht hatten, ein Kennzeichen in das Fleisch des linken Daumens gebrannt o). Elisabeth hob dann (1576) jenes Verfahren vor dem Bischof ganz auf, und setzte eine Gefängnißstrafe an dessen Stelle, welche der weltliche Richter nach seinem Ermessen bis auf ein Jahr zuerkennen durfte p). Später (1707) wurde auch die Unterscheidung zwischen den Laien, die lesen könnten oder nicht, abgeschafft, und die Berufung auf die Rechtswohlthat der Klerisei (benefit of clergy) allen Bürgern ohne Ausnahme wenigstens einmahl in ihrem Leben gestattet q). Endlich wurde noch durch neuere Gesetze den Richtern in mehreren Fällen erlaubt, statt der Brandmarkung des Daumens, Geld-, Gefängniß- und andere züchtigende Stra-

o) Diese Einschränkung machte das Statut 4. Henr. VII. c. 13.

p) Dieses geschah durch das Statut 18. Elizab. c. 7.

q) Dieses geschah durch das Statut 5. Ann. c 6.

fen zuzuerkennen. So war durch eine sonderbare Wendung aus einem Privilegium des Klerus ein Vorrecht der ganzen Nation geworden, dessen Würkung darin bestand, daß die Geistlichen, so oft sie zu einer bürgerlichen Strafe verurtheilt wurden, und die Laien wenigstens einmahl, Milderung derselben und Beibehaltung der Rechtsfähigkeit, die durch die gewöhnliche Strafe verloren gegangen wäre, erlangen konnten. Doch waren schon seit den ältern Zeiten gewisse Verbrechen ausgenommen, wo man sich nicht darauf berufen konnte. Endlich ist (1827) dieses Beneficium ganz abgeschafft worden r). III. Die Rücksicht auf die Festtage und andere Verhältnisse des Christenthums bei der Begnadigung der Verbrecher findet regelmäßig nirgends mehr statt, und auch das Asylrecht ist seit dem sechzehnten Jahrhundert überall beschränkt, meistens ganz aufgehoben worden s).

§. 197. B) Von den kirchlichen Strafen. 1) Einzelne Arten.

Greg. V. 37. Sext. V. 9. Clem V. 8. Extr. comm. V. 8. De pœnis, Greg. V. 38. Sext. V. 10. Clem. V. 9. Extr. comm. V. 9. De pœnitentiis et remissionibus, Greg. V. 39. Sext. V. 11. Clem. V. 10. Extr. comm. V. 10. De sententia excommunicationis (suspensionis et interdicti.)

Die kirchlichen Strafen sind theils gemeinschaftliche, theils solche, die nur gegen Kleriker angewendet werden. I. Zu den ersteren gehören 1) Die kirchlichen Büßungen. Diese bestanden in Gebet, Fasten, Allmosen geben, Tragen von Bußkleidern und anderen körperlichen Kasteiungen, die bei schweren Vergehen oft Jahre lang dauerten t), und so strenge waren, daß man während der Bußzeit sich von allen weltlichen Beschäftigungen entfernt halten mußte, und selbst nicht eine Ehe eingehen durfte u).

---

r) Dieses geschah durch das Statut 8. Georg IV. c 28. § 6.

s) In England wurde das Asylrecht (pr. vilege of sanctuary) im Jahr 1624 aufgehoben, 21. Iam. I. c. 28. §. 7. — In der O. K. P. schon seit dem 28. Mai 1804.

t) c. 6. c. XXVI. q. 7. (Conc. Carth. IV. c. a. 398), c. 66. De I. de pœnit. (Hieronym. a. 408), c 81. § 3. eod. (Augustin. c. a. 415), c. 84. eod. (Idem a 401), c. 8. c. XXXIII. q. 2. (Paulin. ad Heistulf. c. a. 794), c. 17. c. XII. q 2. (Nicol. 1. c. a. 860.)

u) c. 4. D. V. de pœnit. (Conc. Nicæn a. 325), c. 2 3. eod. (Leo I. a. 443), c. 12. c. XXXIII. q. 2. (Siric. a. 385), c. 14. eod. (Leo I. a. 413), c. 13. eod (Leo IV. c. a. 850.)

Jetzt sind aber die öffentlichen Kirchenbußen ganz außer Gebrauch gekommen. 2) Denjenigen, deren Alter und Gesundheit für jene Pönitenzen zu schwach war, wurde die Umwandlung in eine Geldbuße gestattet, welche zum Loskauf von Gefangenen oder Leibeignen, zur Unterstützung der Armen, der Erbauung von Kirchen, Brücken und zu andern gemeinnützigen Anstalten verwendet wurde v). Auch kamen bei den geistlichen Gerichten andere kleine Geldstrafen auf, die eben so zu frommen Zwecken benutzt werden sollten w). Jetzt ist aber beides ebenfalls außer Gebrauch. 3) Mit den Pönitenzen war zwar nicht die Ausschließung von der christlichen Gemeinschaft, doch aber von gewissen Theilen des gemeinschaftlichen Gottesdienstes verbunden. Dieses hatte vier Grade. Der erste (fletus, πρόκλαυσις) bestand darin, daß die Büßenden in Bußkleidern außen vor der Kirche stehen mußten. Im zweiten (auditio, ἀκρόασις) waren sie in das Innere der Kirche zugelassen, jedoch nur zum Anhören der heiligen Bücher, und an einem abgesonderten Orte. Auf der dritten Stufe (substratio, genuflexio, ὑπόπτωσις) wurde an gewissen Tagen über sie, an der Erde hingebeugt, gebetet. Endlich in der letzten (consistentia, σύστασις) durften sie mit den Gläubigen zum gemeinschaftlichen Gebete um den Altar herumstehen, waren aber noch von den Oblationen und der Kommunion ausgeschlossen. Alle diese Absonderungen wurden auch Excommunicationen genannt x). Später kamen zwar jene vier Stufen allmählig ausser Gebrauch: allein die Ausschließung vom Gottesdienst und von den Sakramenten wurde doch als eine Kirchenstrafe unter dem Namen der kleinern Excommunication beibehalten y). Diese kommt auch noch in den Beschlüssen der neueren Concilien z) und in den protestantischen Kirchenordnungen vor.

---

v) Die Beweise findet man in allen Pönitentialbüchern.

w) c. 3. X. de pœn. (5. 37), Conc. Trid. Sess. XXV. cap. 3. de ref.

x) Der Unterschied dieser kleineren Excommunicationen und des großen Anathema lag in der Natur der Sache, und ist daher nicht, wie Andere meinen, erst später erfunden worden.

y) Gratian. ad c. 24. c. XI. q. 3., c. 2. X. de except. (2. 25), c. 10 X. de cleric. excomm. (5. 27), c. 59. X. de sentent. excomm. (5. 39)

z) Conc. August. a. 1548. c. 19., Conc. Constant. a. 1567.

4) Das Anathema, wodurch der Schuldige von der Kirche, als dem Leibe Christi, gänzlich abgeschnitten wird a). Dieses ist schon früh ebenfalls Excommunication genannt worden b), und wird jetzt sogar regelmäßig unter diesem Worte verstanden c). Das Recht zu dieser Strafe ist, wie auch die protestantischen Bekenntnißschriften anerkennen d), in dem Wesen der Kirche und dem Beispiel der Apostel selbst gegründet (§. 194). Sie wird nach den Umständen zuweilen unter sehr feierlichen Formeln und Ceremonien ausgesprochen e); doch ändert dieses an ihrem innern Wesen nichts. Um die Erinnerung an diese schwere Strafe lebendig zu erhalten, wurden nach einem alten Gebrauch die Verbrechen, worauf sie gesetzt war, jährlich von neuem bekannt gemacht. Hieraus ist die Bulle entstanden, welche am Donnerstag in der Charwoche in Rom und in andern Bisthümern feierlich verlesen wurde f). Doch ist dieses jetzt abgekommen. In der

---

P. I. Tit. X. c. 4., Conc. Camerac. a. 1604. Tit. V. c. 3., Conc. Paderborn. a. 1688. P. II. Tit. IV. c. 12.

a) I. Cor. V. 5., I. Tim. I. 20., c. 21. c. XI. q. 3. (Origen. c. a. 217), c. 33. eod. (Augustin. c. a. 412), c. 32. eod. (Idem c. a. 415.)

b) Wenn also das Anathema und die Excommunication sich entgegengesetzt werden, so ist unter der letzteren die kleinere zu verstehen, c. 12. c. III. q. 4. (Johann. VIII. c. a. 873), Gratian. ad c. 24. c. XI. q. 3., c. 10. X. de judic. (2. 1) Wenn hingegen die Excommunication und die Ausschließung von den Sakramenten unterschieden werden, so ist erstere mit dem Anathema gleichbedeutend, c. 2. X. de except. (2. 25), c. 59. X. de sentent. excomm. (5. 39)

c) c. 59. X. de sentent. excomm. (5. 39.)

d) Helvet. Conf. II. Cap. XVIII., Belg. Conf. Art. XXXII., Gallic. Conf. Art. XXXIII., Angl. Conf. Art. XXXIII.

e) c. 106. 107. c. XI. q. 3. (Capp. incert.) Große Begeisterung für eine Wahrheit ist von selbst mit einem lebhaften Abscheu gegen den Irrthum verbunden, und daraus sind die grellen Excommunicationsformeln der ältern Zeit hervorgegangen. Man thut wohl, sie jetzt zu mildern, weil sie in der That nicht genau genug den Irrthum von den Irrenden unterscheiden.

f) Von den durch den Druck bisher bekannt gewordenen Rezensionen der Bulle In coena domini, ist die älteste von Urban V. (1362) die jüngste von Urban VIII. (1627). Es werden darin unter anderen excommunicirt die Piraten, wer gestrandete Schiffe ausplündert, Pilgrime beraubt, und wer den Türken Waffen oder Kriegsmunition zu-

morgenländischen Kirche geschieht dasselbe in dem Dienst des orthodoxen Sonntags, der noch jetzt gefeiert wird. Die Würkungen des Anathema waren so strenge, daß der Verstoßene nach den Worten des Apostels g) selbst im bürgerlichen Verkehr durchaus vermieden werden mußte h). Dieser Grundsatz, vom Staatsrecht der germanischen Reiche aufgefaßt (§. 195), führte von selbst auf die bürgerliche Acht hin i). Für den Verkehr entstanden jedoch daraus manche Nachtheile; daher wurden von der Kirche doch billige Ausnahmen gestattet k), und auch als Strafe der Uebertretung nicht mehr wie sonst die große, sondern nur die kleine Excommunication festgesetzt l). Später ist aber selbst diese auf den Fall beschränkt worden, wo derjenige, mit welchem man Umgang gehabt hat, durch einen richterlichen Spruch namentlich excommunicirt, und öffentlich als solcher bekannt gemacht worden ist m). Auch kommt es dabei noch auf die Praxis jedes Landes an. Uebrigens sollen Excommunicationen mit Maaß und nur

---

führt. Diese und ähnliche Bestimmungen sind aus der Stellung, die der Pabst sonst im europäischen Völkerrecht einnahm, zu erklären.

g) Matth. XVIII 17, II. Joann. 9—11.

h) Can. Apost. 10., c. 19. c. XI. q. 3. (Conc. Carth. IV. a. 398), c. 24. eod. (Chrysost. c. a. 404), c. 7. eod. (Conc. Bracar. c. a. 572), c. 18. eod. (Isid. c. a. 630.)

i) Da die Verbindung der bürgerlichen Acht mit der Excommunication damals Regel war, so erklärt sich, wie die Concilien zuweilen ohne weiteres mit auf erstere erkennen konnten, Con. Trid. Sess. XXV. cap. 19. de ref. Sie thaten dieses kraft des damahls bestehenden Staatsrechts, also im Auftrag der weltlichen Macht; denn aus sich waren sie dazu nicht berechtigt. Wohl aber durfte die Kirche aus eigenem Recht die Excommunizirten von ihren Gerichten als Ankläger, Zeugen oder Procuratoren ausschließen. Daraus folgte auch die Unfähigkeit zu testiren, weil man sowohl zur Errichtung wie zur Execution eines Testaments des geistlichen Arms bedurfte.

k) c. 103. c. XI. q. 3. (Gregor. VII. c. a. 1079), c. 110. eod. (Urban. II. c. a. 1093), c. 31. X. de sentent. excomm. (5. 39.)

l) c. 2. X. de except. (2. 25), c. 29 X. de sent. excomm. (5. 39), c. 3. eod in VI. (5. 11.)

m) Dieses geschah durch eine Extravagante die unter dem Namen Martins V. als von dem Kostnitzer Concilium erlassen bekannt gemacht, in die Concordate mit der deutschen Nation aufgenommen, und vom Baseler und fünften Lateranischen Concilium bestätigt worden ist.

aus gehörigen Gründen gebraucht werden n). Weil mit ihr auch bürgerliche Strafen verbunden waren, so fand schon früher zuweilen um letztere abzuwehren eine Zuflucht und nochmalige Untersuchung vor den weltlichen Gerichten statt. Daher muß noch jetzt nach den österreichischen Gesetzen die kirchliche Sentenz von dem weltlichen Richter bestätigt werden. Die Strafe dauert aber immer nur bis zur Besserung o), und die Reconciliation kann nach den Umständen feierlich geschehen p). 5) Das Interdict. Dieses besteht darin, daß der Gebrauch kirchlicher Handlungen untersagt wird, ohne doch eigentlich die Gemeinschaft selbst aufzuheben. Im Mittelalter wurde es meistens auf ganze Städte oder Provinzen angewendet, welche sich eines großen Frevels wider die Kirche schuldig gemacht hatten. Doch wurden schon damahls mancherlei Milderungen und Ausnahmen festgesetzt q), und jetzt ist es ganz außer Gebrauch. II. Die besondern Strafen der Kleriker sind 1) Die Suspension oder das Verbot die Rechte der Weihe oder eines Kirchenamtes auszuüben. Dieses kann auf eine bestimmte, oder auf eine unbestimmte Zeit, oder für immer ausgesprochen werden r). 2) Disciplinarstrafen wider Verletzungen der geistlichen Zucht. Diese können seyn Verweisung an einen abgesonderten Ort zur Buße und Betrachtung, auferlegtes Fasten, selbst Einsperrung für eine mäßige Zeit. Solche Mittel sind zur Aufrechthaltung der Sitten unentbehrlich. In der ältern Zeit kamen, besonders gegen die jüngeren Kleriker, weil diese zugleich unter der Schuldisciplin standen, sogar körperliche Züchtigungen vor s). Dieses hat sich aber jetzt verloren. 3) Die Absetzung vom Kirchenamt, statt deren häufig auch die

n) Conc. Trid. Sess. XXV. cap. 3. de ref.

o) c. 11. X. de constit. (1. 2), c. 1. de sent. excomm. in VI. (5. 11.)

p) c. 108. c. XI. q. 3. (Cap. incert.)

q) c. 11. X. de sponsal. (4. 1), c. 11. X. de pœnit. (5. 38), c. 43. 57. X. de sent. excomm. (5. 39), c. 17. 19. 24. eod. in VI. (5. 11), c. 2. Extr. comm. eod. (5. 10.)

r) c. 7. §. 3. X. de elect. (1. 6.), c. 1. X. de cler. venat. (5. 24), c. 16. de elect. in VI. (1. 6), c. 2. X. de calumn. (5. 2), c. 1. de sent. excomm. in VI. (5. 11.)

s) c. 6. c. XI. q. 1. (Conc. Matisc. I. a. 581), c. 8. D. XLV. (Conc. Bracar. III. a. 675), c. 1. X. de calumn. (5. 2.)

Versetzung dient. Von beiden wird noch unten die Rede seyn. 4) Die Verstoßung aus dem geistlichen Stande. Diese war in der älteren Zeit, wo jeder Kleriker ein würklicher Kirchenbeamter war, in der Absetzung mit enthalten, und wurde Deposition oder auch Degradation genannt. Sie kam ohngefähr in den Fällen vor, wo den Laien die Excommunication traf. Die Würkung bestand darin, daß der Abgesetzte nur noch zur Laien-Communion zugelassen wurde t). Nach den jetzigen Verhältnissen der Kleriker könnte die Verstoßung aus dem geistlichen Stande eine abgesonderte Strafe seyn; doch ist sie nur in einem Falle gebräuchlich, nämlich um einen Kleriker, an welchem vom weltlichen Arm eine bürgerliche Strafe vollzogen werden soll, zuvor seiner geistlichen Würde zu entkleiden u). Eine solche Degradation wird mit vieler Feierlichkeit vorgenommen v). 5) Die zeitliche oder lebenslängliche Einsperrung in ein Kloster oder Gefängniß w). Letztere war sonst mit der Degradation regelmäßig verbunden x). Jetzt kommt sie kaum mehr vor. 6) Die Auslieferung an den weltlichen Arm. Doch soll die Kirche dabei um Verschonung mit der Lebensstrafe bitten y).

---

t) Can. Apost. 24, c. 3. 5. D. XLVI. (Conc. Carth. IV. a. 398), c. 13. D. LV. (Gelas c a. 494), c. 7. D. L. (Conc. Agath. a. 506), c. 8. D. LXXXI (Conc. Cabil. II. a. 813), c. 7. eod. (Eugen. II. a. 826), c. 4. X de excess. prælat (5. 31), c. 6. X de pœn. (5. 37)

u) Nov. Just. 123 c. 21., c. 10. X de judic. (2. 1), c. 7. X. de crimin. fals. (5. 20), c. 27. X. de V. S. (5. 40) — In der O. K. P. s. oben §. 338. p. Die Strafe besteht stufenweise in Mahnung, Warnung, Verweis, Suspension, Versetzung, Entsetzung, Correktionshaus. Degradation kommt nicht mehr vor. Bair. Concordat 1817. Art. 12. d., Rel. Edikt 1818. §. 40. 41.

v) c. 65. c. XI. q. 3. (Conc. Tolet. IV. a. 633), c. 1. de hæret. in VI. (5. 2.) c. 2. de pœn. in VI. (5. 9.), Conc. Trid. Sess. XIII. cap. 4. de ref.

w) c. 35. X. de sent. excomm. (5. 39), c. 27. §. 1. de V. S. (5. 40), c. 3. de pœn. in VI. (5. 9)

x) c. 13. D. LV. (Gelas. c. a. 494), c. 7. D. L. (Conc. Agath. a. 506), c. 8. D. LXXXI. (Conc. Cabilon. II. a. 813), c. 4. X. de excess. prælat. (5. 31), c 6. X. de pœn. (5. 37)

y) c. 4. 10. X. de judic. (2. 1), c. 9. X. de hæret. (5. 7), c. 10. X de V S. (5. 40) — Eine denkwürdige Todesstrafe ward 1829 an einem protestantischen Helfer in Reutlingen in Würtemberg wegen

§. 198. 2) Allgemeine Grundsätze.

Die geistlichen Strafen können im allgemeinen nur in Entziehung der Vortheile bestehen, welche die Kirche selbst gewährt, also im äußersten Falle in der Verstoßung aus der Gemeinschaft, oder in solchen Nachtheilen, denen sich der Schuldige, um jenem äußersten Uebel zu entgehen, freiwillig unterwirft. Die Excommunication ist daher der Stützpunkt der geistlichen Zucht. Wo die Kirche auch bürgerliche Strafen zuerkennt, hängt dieses mit den ihr vom weltlichen Arm übertragenen Jurisdictionsverhältnissen zusammen. Uebrigens werden die kirchlichen Strafen noch auf verschiedene Art eingetheilt. Einige sind blos heilende Strafen (poenae medicinales) oder Censuren, und treffen den Schuldigen nur so lange, bis er zu sich kommt und gehörige Genugthuung anbietet. Andere sind wirklich ahndende Strafen (poenae vindicativae), die der Gerechtigkeit als eigentlicher Ersatz der begangenen Schuld dienen sollen. Die Censuren sind die Excommunication, das Interdict und die Suspension, wenigstens diejenige, die auf unbestimmte Zeit ausgesprochen wird z). Ferner sind die Strafen entweder solche, die den Schuldigen erst dann treffen, wenn sie durch richterlichen Spruch über ihn erkannt worden sind (poenae ferendae sententiae), oder solche, die das Gesetz unmittelbar an die That selbst, so als ob schon gesprochen wäre, geknüpft hat (poenae latae sententiae). Strafen der zweiten Gattung kommen erst seit dem dreizehnten Jahrhundert vor; besonders wurden bei vielen Vergehen Excommunicationen der Art festgesetzt. Practisch kommt aber nicht viel mehr darauf an, weil Unwissenheit davon befreiht, und zur Ermittlung der Thatsache doch eine richterliche Untersuchung und ein Spruch nöthig ist, der die eingetretene Strafe erklärt a).

§. 199. C) Von den Gerichten.

Die Gerichte in Strafsachen sind nach den Verhältnissen verschieden. I. Die kirchlichen Vergehen der Laien wurden früher durch die Bischöfe selbst gerügt. Später dienten dazu hauptsäch-

---

Kindesmord vollzogen; was das Consistorium zur Milderung der Strafe versucht, ist unbekannt.

z) c. 20. X de V. S (5. 40)

a) c. 19. de hæret. in VI. (5. 2), clem. 2. de pœn. (5. 8.)

lich die Senden und Archidiaconen. Durch das Concilium von Trient sind aber die Strafsachen diesen entzogen und ausschließlich den bischöflichen Gerichten zugewiesen worden b). So verhält es sich auch in der griechischen und russischen Kirche. In England kommen aber bei den Archidiaconal-Gerichten zur Verfolgung der Vergehen noch Sendschöffen (sidesmen, questmen) vor. Doch ist deren Amt häufig auch mit dem der Kirchenältesten (churchwardens) verbunden. In Schweden, wo die Kirchenstrafen noch zu den polizeilichen Einrichtungen des Landes gehören, werden die geringeren von den Kirchenräthen und den Consistorien, die höheren von den weltichen Gerichten, der große Bann vom König ausgesprochen. In Dänemark und Holland ist die Handhabung der Kirchenzucht hauptsächlich auf die Kirchenräthe gegründet. In Deutschland greifen, so weit es noch vorkommt, die Consistorien und die weltlichen Gerichte ein. II. Anklagen wider Priester und Diaconen wegen kirchlicher Vergehen wurden im Orient blos vor dem Bischof verhandelt c). Im Occident sollten noch andere Bischöfe zugezogen werden d); doch ist dieses schon längst außer Gebrauch. Jetzt gehören sie daher blos vor das bischöfliche Gericht. Eben so ist es in England. In Holland wird die Strafgewalt über die Geistlichen hauptsächlich durch die Provinzialregierungen gehandhabt (§. 177); in Dänemark durch das Probstgericht, welches in jedem Stift zweimahl jährlich vom Stiftshauptmann und Bischof zusammen gehalten wird. In Schweden hingegen geschieht es durch die weltlichen Gerichte; doch wohnt den Sitzungen ein Abgeordneter des Consistoriums bei, und die Absetzung selbst wird durch den geistlichen Arm vollzogen. In den deutschen Ländern gehören jene Strafsachen vor das Consistorium, oder auch vor die Landesgerichte. III. Die amtlichen Vergehen eines Bischofs wurden ehemals vom Metropoliten mit Zuziehung anderer Bischöfe oder von dem Pro-

b) Conc. Trid. Sess. XXIV. cap 20. de ref.

c) c. 6. c. XI. q. 3 (Conc. Antioch a. 332), c. 2. c. XXI. q. 5. (Idem eod.), c. 29. C. de episc. audient (1. 4), Nov. Just. 137. c. 5.

d) c 3. c. XV. q. 7. (Conc. Carth. I a. 348), c 4 eod. (Conc. Carth. II. a 390), c. 5 eod. (Conc Carth. II. a. 397), c. 1. 7. eod. (Conc. Hispal. II a. 619), Conc. Tribur a. 895. c. 10.

vinzialconcilium gerichtet e). Später, da die Metropoliten und Concilien dieses mißbrauchten, wurde die Absetzung der Bischöfe dem römischen Stuhl ausschließlich vorbehalten f). Nach dem jetzigen Recht gehören also die leichteren Vergehen vor das Provinzialconcilium, die schwereren vor den Pabst g). In Rußland stehen die Bischöfe unter der Synode, in England unter ihrem Erzbischof, in Schweden und Dänemark unter dem König. IV. Die Appellation eines verurtheilten Presbyters gieng in der ältern Zeit an den Metropoliten und das Provinzialconcilium, oder an die umliegenden Bischöfe h); die eines Bischofs an den Metropoliten einer benachbarten Provinz oder an den römischen Stuhl i). Jetzt ist die Ordnung ohngefähr dieselbe, wie bei den andern geistlichen Sachen (§. 191).

§. 200. D) Von dem Verfahren.

Greg. V. 1. De accusationibus, inquisitionibus et denunciationibus, Greg. V. 2. De calumniatoribus, V 22 De collusione detegenda, V. 34. De purgatione canonica, V. 35. De purgatione vulgari.

Das Verfahren in Strafsachen war nach den Zeiten und Verhältnissen sehr verschieden k). I. Die Vergehen der Laien untersuchte und rügte der Bischof kraft seines Amtes, so wie sie zu seiner Kunde kamen. Bestimmte Formen gab es dafür noch nicht, und waren auch mit einem blos von der Liebe geleiteten

---

e) c. 1. 5. c. VI. q. 4. (Conc. Antioch. a. 332), c. 3. c. XV. q. 7. (Conc. Carth. I. a. 348), c. 4. eod. (Conc. Carth. II. a. 390), c. 46. c. XI. q. 1. (Conc. Chalc. a. 451), Nov. Just. 137. c. 4. 5.

f) c. 2. X. de trans. episcop (1. 7.) Von der Wendung dieser Verhältniße ist schon oben die Rede gewesen (§. 86. not. o)

g) Conc. Trid. Sess. XIII. cap. 8. Sess. XXIV. c. 5. de ref.

h) c. 2. c. XXI. q. 5. (Conc. Antioch. a. 332), c. 4. c. XI. q. 3. (Conc. Sardic. a. 344), c. 5 eod. (Conc. Carth. II. a. 390), c. 35. c. II. q. 6. (Conc. Milev. a. 416), c. 29. C. de episc. audient. (1. 4.)

i) c. 1. c. VI. q. 4. (Conc. Antioch a. 332), c. 7. c. VI. q. 1. (Conc. Sardic. a. 344), c. 36. c. II. q. 6. (Idem eod.)

k) Gründlich nach seiner Weise handelt davon: F. A. Biener Beiträge zu der Geschichte des Inquisitions-Prozesses. Leipzig 1827. 8.

und auf das Seelenheil gerichteten Verfahren unverträglich l). Doch setzte natürlich die Bestrafung immer gehörigen Beweis oder freiwilliges Geständniß voraus m). II. Das Verfahren vor dem Bischof konnte aber auch, der Vorschrift des Evangeliums gemäß, durch die Denunciation eingeleitet werden, die Einer aus der Gemeinde wider einen Mitbruder machte n). Hinsichtlich des Verfahrens und des Beweises wurde es dann wie im vorigen Fall gehalten, nur mit dem Unterschiede, daß nun dem Angeschuldigten ein bestimmter Denunciant gegenüber stand. III. Förmlicher war das Verfahren wider die Kleriker, wenigstens dasjenige, welches auf Absetzung gieng, eingerichtet. Dabei wurde der accusatorische Proceß des römischen Rechts zum Muster genommen o). Auf dieselben Grundsätze sind auch die falschen Decretalen gebaut (§. 86), und aus diesen, so wie aus den älteren ächten Quellen giengen sie in die Bücher der Capitularien über. IV. Die amtliche Verfolgung der Vergehen erhielt eine bestimmtere Form durch die Sendgerichte. Das Verfahren blieb der Sache nach zwar eine Untersuchung von Amtswegen; allein da die Beschuldigung auf Befragen des Bischofes durch bestimmte Personen, die Sendzeugen, und öffentlich geschah: so näherte es sich von dieser Seite aus dem accusatorischen Prozeß. Beide hatten daher auch mehrere Verhältnisse gemein. V. Nämlich gegen notorische, offenkundige Vergehen bedurfte es einer förmlichen Anklage oder einer umständlichen Beweisführung nicht p). Gegen die nicht notorischen mußte der gehörige Beweis geliefert werden, und dieses geschah, den ererbten Grundsätzen des römischen Rechts gemäß, zunächst durch Zeugen. War dieses nicht möglich, oder blieb der Beweis unvollständig, so griffen die nationalen germanischen Grundsätze ein. Laien mußten sich also dann durch einen Eid mit Eideshelfern, ja sogar, wenn der Beschul-

---

l) c. 19. §. 2. 3. c. II. q. 1. (Augustin. c. a. 400.)

m) c. 1. 18. c. II. q. 1. (Augustin. c. a. 415.)

n) Matth. XVIII. 15 — 17, c. 17. D. XLV. (Origen. c. a. 217), c 1. X. de purgat. canon. (5. 34.)

o) c 4 c. II. q. 3. (Conc. Eliberit. a. 313), c. 5. c. XV. q. 7. (Conc. Carth. I.I. a. 397), c. 7. c. II. q. 1. (Gregor. I. a. 603.)

p) c. 15. c. II. q. 1. (Ambros. c. a. 384), c. 16. eod. (Nicol. I. a. 863), c. 17. eod. (Stephan. V. c. a. 885.)

digte von geringerem Stande, der Fall sehr verwickelt oder der Verdacht dringend war, durch ein Gottesurtheil reinigen q). Dieses scheint, der Verbote der Päbste ohngeachtet r), bei den Sendgerichten besonders in Deutschland nicht selten vorgekommen zu seyn. Bei den Klerikern hatte die Leistung des Reinigungseides anfangs Bedenklichkeit; die Päbste begünstigten ihn aber, weil er gut zu der höheren Wahrhaftigkeit dieses Standes paßte, und er dadurch gegen die Gottesurtheile sicher gestellte wurde s). Doch war dieß blos ein Recht, nicht eine Verpflichtung t), bis daß die Capitularien nach mancherlei Verhandlungen es zur Regel erhoben, und dadurch die Kleriker hierin den Laien gleich machten u). Seit dieser Zeit galt der Eid mit Eideshelfern als das regelmäßige Reinigungsmittel (purgatio canonica) beschuldigter Geistlichen v). Reinigung durch Gottesurtheil (purgatio vulgaris) aber wurde den Klerikern vor den weltlichen Gerichten nicht auferlegt. Doch entstand hiefür ein Ersatz in der Reinigung durch das Abendmahl w). V. Diese Elemente bildete Innocenz III. mit mancherlei Veränderungen weiter aus. Nach seinen Gesetzen konnte ein fünffaches Verfahren statt finden, durch Accusa-

---

q) c. 24. c. XVII. q. 4. (Conc. Mogunt. a 847), c. 15. c. II. q. 5. (Conc. Tribur. a. 895), c. 24 25. eod. (Conc. Salegunst. a. 1022)

r) c. 22. c. II. q. 5. (Nicol. 1 a. 867), c. 20. eod. (Stephan. V. c. a. 886), c. 7. §. 1. eod. (Alexand. II. c. a. 1070), c. 1. 2. 3. X. de purgat. vulgar. (5. 35.)

s) c. 6. c. II. q. 5 (Gregor. I. a 592), c. 8. 9. eod. (Idem a. 599), c. 7. eod (Idem a 603), c. 5. eod. (Gregor. II. a. 726.)

t) c. 18. c. II. q. 5. (Leo III. a. 800.) In diesem Geiste sind auch die falschen Decretalen gedichtet, Cornelii epist. II. c. 1. (c. 1. 2 3 c. II. q. 5), Sixti III. epist. III. (c. 10. c. II. q. 5.)

u) Capit. Interrogat. Carol. M. a. 799., Capit. I. Carol. M. a. 803. c. 7. (c. 19. c. II. q. 5), Capit. II. a. 803. De purgatione sacerdotum, Capit. III. a. 803. De purgatione sacerdotum.

v) c. 16. c. II. q. 5. (Hincmar. a. 850), c. 12. 13. eod. Cap. incert. c. a 900), c. 17. eod. (Innocent. II. a. 1131), c. 8. X. de cohab. cleric. (3. 2), c. 10. X de accusat. (5. 1), c. 7. 8. 9. X. de purgat. canon. (5. 34.)

w) c. 23. 26 c. II. q 5. (Conc. Wormac. a 868), c. 4. eod. (Conc. Tribur. a. 895.) Daß Gregor VII. sich auch so Heinrich IV. gegenüber gereinigt hat, ist bekannt

tion, Inquisition, Denunciation, Exception, und wegen Notorietät x). Die Accusation blieb im Ganzen wie im älteren Recht. Die Inquisition oder Untersuchung von Amtswegen sollte um der Aufrechthaltung der Ordnung willen eintreten, wenn zwar keine bestimmte Person, wohl aber ein öffentlich verbreitetes, durch scheinbare Gründe unterstütztes Gerücht gleichsam den Ankläger machte y). Dieser Fall nahm auch denjenigen, wo bisher der Reinigungseid eingetreten war, in sich auf; jedoch erhielt dieser dabei eine andere Wendung. Der Eid wurde nämlich, der augenscheinlichen Gefahr des Meineides wegen, nicht mehr jedem Berüchtigten ohne weiteres gestattet: sondern zunächst trat die amtliche Untersuchung ein, und nur um diese etwa zu ergänzen, konnte der Richter nach seinem Ermessen noch die eidliche Reinigung auferlegen z). Die Reinigung durch Gottesurtheil kam aber nun wirklich ganz ab a). Die Denunciation bildete Innocenz III. so aus, daß sie auf der einen Seite einem gemilderten accusatorischen Verfahren ähnlich wurde, auf der andern Seite aber mit der Untersuchung von Amtswegen zusammentraf. Von jenem unterschied sie sich durch die minder strengen Folgen, die sie für den Ankläger, wie für den Angeschuldigten hatte; von dieser dadurch, daß der Denunciant mit als Beweisführer thätig seyn konnte. Der eigentliche Charakter dieser so eingerichteten Denunciation bestand aber darin, daß sie, wenn sie glaubhaft war, auch ohne daß übrigens eine öffentliche Berüchtigung vorlag, eine amtliche Untersuchung veranlaßte b). Durch Exception entstand das Verfahren dann, wenn Jemand, der als

---

x) Diese fünf Arten ergeben sich aus c. 16. X. de accusat. (5. 1), c. 31. X. de simon. (5. 3)

y) c. un. X. ut eccles. benefic. sine deminut. confer. (3. 12.) c. 31. X de simon. (5. 3), c 17. 24 X. de accusat. (5. 1.) Die näheren Voraussetzungen dieses Verfahrens stehen im c. 21. X. de accusat. (5. 1.)

z) c. 19. c. 21 §. 2. X. de accusat. (5. 1), c. 10. 12. X. de purgat. canon (5 34), Glossa ad c. 6. c. II. q. 5.

a) Daher wurden nun mehrere Stellen des älteren Rechts, worin von Gottesurtheilen die Rede war, bei der Aufnahme in die Decretalensammlungen umgeändert, c. 1. X. de purgat. canon. (5. 34), c. 2. X. de pœnit. (5. 38.)

b) c. 14. 19. X. de accusat. (5. 1.)

Ankläger oder als Zeuge auftreten wollte, oder der die Ordination oder ein Kirchenamt nachsuchte, durch den Vorwurf eines Vergehens dazu als unfähig dargestellt werden sollte. Der Keim davon findet sich schon im ältern Recht c); die Decretalen haben es aber näher ausgebildet d). Endlich das Verfahren bei vorhandener Notorietät beruhte auf den älteren Grundsätzen e). Neben diesen fünf Arten dauerten aber auch noch die Sendgerichte mit ihrer Proceßform fort. Jedoch hatten die Verordnungen von Innocenz III. auch für sie die wichtige Folge, daß auf die Anzeige eines Sendschöffen nicht mehr gleich der Reinigungseid, sondern eine ordentliche amtliche Untersuchung statt fand f). VI. Jetzt beruht das Verfahren auf den Gesetzen und der Praxis jedes Landes, wovon aber das Recht der Decretalen immer noch die Grundlage bildet.

§. 201. V. Von dem kirchlichen Besteuerungsrecht. A) Regelmäßige Abgaben der Laien.

Greg. III 30 Sext. III. 13. Clem III. 8 Extr. comm. III. 7. De decimis, primitiis et oblationibus.

Die Kirche bedarf zum anständigen Unterhalt des Gottesdienstes und ihrer Geistlichen bestimmter Einkünfte, und diese müssen, wenn es an andern Mitteln fehlt, von denjenigen, welche auch die Vortheile der kirchlichen Verbindung genießen, beigeschafft werden. Doch ist es dem Geist der Kirche angemessen, daß dieses in der Form freiwilliger Beiträge und ohne die kirchlichen Mitglieder zu beschweren, geschehe. Sollen die Beiträge Zwangsabgaben seyn, so kann dieses nur durch die bürgerliche Obrigkeit festgesetzt werden. Auch steht dieser, da es sich hier um weltliche Güter handelt, über die Art und das Maaß der Erhebung ein näheres Aufsichtsrecht zu. Die Abgaben, woraus

---

c) c. 22 c. II. q. 7. (Augustin. a. 387), c. 24. eod. (Conc. Tolet. IV. a. 633), c. 1. D. LXXXI. (Augustin. c. a 412.)

d) c 2. § 1 X de ordin cognit. (2. 10), c. 1. X. de except. (2. 25), c. 16. 23 X de accusat. (5 1.)

e) c. 23 X. de elect. (1. 6), c 21. X. de jurejur. (2. 24), c. 8. 10. X. de cohab. cleric. (3. 2), c. 24. X. de accusat. (5. 1), c. 31. X. de simon. (5. 3), c. 15. X de purgat. canon. (5. 34), c. 24. X. de V. S. (5. 40.)

f) c. 1. § 4. de censib. in VI. (3. 20.)

die Kirche in der ältern Zeit ihre regelmäßigen Bedürfnisse bestritt, waren nun folgende g). I. Die Oblationen. Diese bezogen sich eigentlich blos auf das Meßopfer, und bestanden in dem Brod und Wein, welches jeder mitbrachte, wovon dann ein Theil auf dem Altar consecrirt und bei der Communion unter die Gemeinde ausgetheilt, der Rest aber gesegnet und unter dem Namen der Eulogie auch vertheilt oder den Abwesenden zugesendet wurde. Sachen anderer Art durften natürlich so nicht offerirt werden h). Diese Oblationen standen also mit dem Gottesdienst in der engsten Beziehung i). Später sind die Geldbeiträge, die während der Messe eingesammelt werden, an deren Stelle getreten; die Eulogie aber dauert in den gesegneten Broden fort, die in mehreren Gegenden an den hohen Festtagen besonders an die angesehenen Mitglieder der Gemeinde vertheilt werden. Die morgenländische Kirche hat den alten Dienst der Oblation noch in seiner ursprünglichen Gestalt bewahrt. Neben diesen gottesdienstlichen Oblationen gab es aber noch andere, die der Kirche zufielen, und die in Naturalien oder Geldbeiträgen bestanden k). Diese haben sich unter verschiedenen Formen in vielen Ländern, auch in der griechischen, englischen und schwedischen Kirche erhalten. II. Die Erstlinge (primitiae) der Feldfrüchte und Thiere. Diese Abgabe war schon bei den Juden im Gebrauch, und gieng von ihnen auf die Christen über l). Später wurde ihr Verhältniß genauer bestimmt m); doch sind sie nach und nach, mit Aus-

---

g) Eine vollständige Zusammenstellung des kichlichen Abgaben- und Besteuerungssystems war vor der vierten Auflage dieses Lehrbuches noch nie versucht worden.

h) Can. Apost. 3., c. 5. D. II. de cons. (Conc. Carth. III. a. 397), c. 6. eod. (Conc. Trull. a. 692.)

i) c. 2. 8. D. XC. (Conc. Carth. IV. a. 398), c. 73. D. I. de cons. (Innocent. I. a. 416), c. 69. eod. (Gregor. VII. a. 1078.) — In der O. K. P. ist das Opfergeben unter der Messe längst untersagt. M. Ueb. §. 143.

k) *Tertullian.* († 215) Apolog. c. 39. Modicam unusquisque stipem menstrua die, vel cum velit, et si modo possit, apponit: nam nemo compellitur, sed sponte confert. Hæc quasi deposita pietatis sunt.

l) Exod. XXIII. 11., Can. Apost. 4., c. 65. c. XVI. q. 1. (Hieron. a. 408), c. 1. c. XVI. q. 7. (Gregor. VII. a. 1078.)

m) c. 1. X. de decim. (3. 30.)

nahme der griechischen Kirche, ganz abgekommen. III. Die wichtigsten Abgaben waren aber die Zehnten (decimae). Diese beruhten auf dem Satz, daß jeder in seinem Gewissen verpflichtet sey, von seinen Einkünften den zehnten Theil zur Verherrlichung Gottes, der seine Arbeit so gesegnet, zur Unterstützung seiner Mitmenschen und zur Beförderung gemeinnütziger Anstalten abzugeben. Es lag also dabei die großartigste Absicht zum Grunde, wozu sich die Besteuerung erheben kann. Diese Einrichtung bestand ebenfalls schon bei den Juden, und wurde von den Christen freiwillig angenommen, wenn auch in den ersten Jahrhunderten nicht immer ganz regelmäßig in Ausübung gebracht n). Im sechsten Jahrhundert schärften aber die Concilien die alten Ermahnungen, den Zehnten zu entrichten, bestimmter ein o), und unter Karl dem Großen wurde diese Verpflichtung durch die bürgerlichen Gesetze so geordnet, daß im Fall der Verweigerung nöthigenfalls selbst bürgerlicher Zwang eintreten sollte p). Auch die Güter und Einkünfte der Krone sollten ihr unterworfen seyn q). Dadurch war also diese Abgabe zu einer ordentlichen Steuer erhoben, woraus die Kirche sehr viele dem gemeinen Wohl dienliche Anstalten unterhielt. Die Kirchengesetze arbeiteten nun ebenfalls auf dieses Ziel selbst durch Androhung

---

n) Levit. XXVII. 30. seq., c. 6. c. XXI. q. 3. (Cyprian. a. 249), c. 8. c. XVI. q. 7. (Augustin. a. 405), c. 65. c. XVI. q 1. (Hieronym. a. 408.)

o) Conc. Matiscon. II. a. 585. c 5. Leges itaque divinæ — omni populo præceperunt decimam fructuum suorum locis sacris præstare. — Quas leges Christianorum congeries longis temporibus custodivit intemeratas. — Unde statuimus, ut mos antiquus a fidelibus reparetur, et decimas ecclesiasticis famulantibus ceremoniis populus omnis inferat, quas sacerdotes aut in pauperum usum, aut in captivorum redemtionem prærogantes, suis orationibus pacem populo et salutem impetrent. Si quis autem contumax nostris statutis saluberimis fuerit, a membris ecclesiæ omni tempore separetur.

p) Capit. Carol. M. a. 779. c. 7., Capit. de part. Saxon. a. 789. c. 17., Capit. Francof a. 794. c 23., Capit. VI. Ludov. a. 819. c. 9., Eiusd. Capit. a. 823 c. 21., Eiusd. Capit. a. 829. Sect. I. c. 7.

q) Capit. de part. Saxon. a. 789. c. 16., Capit. de villis a. 799. c. 6.

kirchlicher Strafen hin r). Doch erhielten bald die Klöster mancherlei Befreiungen, wofür diese aber auch einen Theil der öffentlichen Lasten selbst übernahmen s). Neben diesem Zehnten, der sich auf die Verbindlichkeit der Laien gegen die Kirche bezog (decimae ecclesiasticae), wurde aber von den Grundstücken der Krone noch ein Zehnten an den König entrichtet (decimae dominicæ, indominicatæ, regales, salicæ), so daß in diesem Fall das Grundstück einem doppelten Zehnten unterworfen war t). Auch Kirchengüter wurden auf diese Weise ausgethan, wo dann jene doppelte Abgabe an die Kirche selbst fiel u). In England ist der Kirche das Zehntrecht durch die Könige Offa (794) und Aethelwulf (855), in Schweden durch Knut Eriksson (1200) bestätigt worden. Im Orient wurde aber die Anwendung kirchlicher Strafen zur Beibringung kirchlicher Abgaben verboten v); daher sind die Zehnten hier nicht in Gebrauch gekommen w). Von den ferneren Schicksalen dieser Abgabe im Abendlande wird im sechsten Buche die Rede seyn. *)

§. 202. B) Abgaben bei besonderen Vorfällen.

Abgaben bei besonderen Vorfällen sind folgende. I. Die Gebühren (jura stolae), welche den Geistlichen für die Verrichtung

---

r) Conc. Cabilon. II. a. 813. c. 19. (Capit. Reg. Franc. Lib. II. c. 39), c. 2. c. XVI. q. 2. (Conc Magont. a. 813), c. 3. eod. Nicol II a. 1059), c. 6. D. XXXII. (Alexand. II. a. 1063), c. 5. c. XVI. q. 7. (Conc. Rothomag. a. 1189.)

s) c. 47. c. XVI. q. 1. (Paschal. II. a. 1101), c. 10. 11. 12. 34. X. de decim. (3. 30), clem. 1. de decim. (3. 7)

t) Capit. Ludov. a. 829. Sect. I. c. 10. Der zweite Zehnte wurde als der neunte Theil der Früchte, die nach Abzug des ersteren übrig blieben, berechnet, was dasselbe Resultat giebt, als ob man vom Ganzen zwei Zehntheile abzieht. Daher der Ausdruck decimæ et nonæ.

u) Capit. Reg. Franc. Lib. I. c. 157., Capit. Carol. M. a. 779. c. 13., Capit. Francof. a. 794. c. 23., Capit. Ludov. a. 816. c. 14., Eiusd. Capit. a. 823. c. 21., Eiusd. Capit. a. 829. Sect. I. c. 5.

v) c. 39. §. 1. C. de episc. et cler. (1. 3), Photii Nomocanon Tit. VI. Cap. 1.

w) c. 11. X. de transact. (1. 36), c. 32. X. de decim. (3. 30.)

*) In der O. K. P. bestehen Zehntordnungen, auch wird an Ablösung der Zehnten gearbeitet. s. M. B. Nro. 266.

gewisser gottesdienstlicher Handlungen gegeben werden. Der Strenge nach sollten zwar gottesdienstliche Verrichtungen unentgeldlich geschehen; doch waren freiwillige Gaben zugelassen, und diese sind allmählig, weil sich nicht leicht ein passender Ersatz finden läßt, zur regelmäßigen Observanz geworden x). Diese Abgaben kommen unter verschiedenen Namen auch im Orient und in den protestantischen Ländern vor. II. Der schriftliche Geschäftsgang, der zur Ordnung der Kirche gehört, macht bei den verschiedenen Behörden die Anstellung einer mehr oder minder großen Anzahl von Kanzleipersonen nothwendig, zu deren Unterhalt billigerweise diejenigen beitragen müssen, die deren Dienst in Anspruch nehmen. Hierauf gründen sich die Kanzleigebühren, welche für die Ausfertigung gewisser amtlicher Schriften, besonders solcher, worin Dispensationen und ähnliche Gesuche bewilligt werden, zu entrichten sind y). Diese sind für die römische Kanzlei, um Willkührlichkeiten abzuschneiden, schon früh (1316) auf einen festen Fuß gesetzt z), und allmählig zu einer weitläufigen Taxe ausgebildet worden a). Auch bei der Kanzlei des Patriarchen von Constantinopel haben die verschiedenen Schriften, die von ihr ausgehen, ihren bestimmten Preiß. III Bei außerordentlichen Vorfällen darf eine Nothsteuer (subsidium charitativum) erhoben werden b). Doch ist dieses nur höchst selten in Anwendung gebracht worden c).

---

x) c. 42. X. de simon. (5 3.) — s. M. Ueb. §. 205.

y) Es ist also falsch, wenn man diese Gebühren, die blos für die schriftliche Expedition gegeben werden, so darstellt, als ob dadurch die Dispensation oder die Absolution selbst erkauft würde. Finden denn nicht auch bei der Rechtspflege Sporteln, Stempelabgaben und andere Kanzleigebühren statt? — s. V. über Sch. u. A. R. §. 22.

z) c. un. Extr Johann. XXII. de sent. excomm. (13.) — s. V. über Sch. u. A. R. §. 22.

a) Die älteren Taxen der römischen Kanzlei sind öfters herausgegeben worden; zu Rom 1512 und 1514, Kölln 1515 und 1523, Paris 1520, Witteberg 1538, im fünfzehnten Band der großen, unter dem Namen Tractatus zu Venedig 1584 erschienenen Sammlung, ferner von Laur. Bank zu Franeker 1651, und zu Herzogenbusch 1706. Eine neuere von 1616 steht in *Rigant*. Commentar. in regulas Cancellar. apostol. T. IV. p. 145.

b) c. 6. X. de censib. (3. 39), c. 1. de pœnit. in VI. (5. 10.) c. un. Extr. comm. de censib. (3. 10.)

c) Ein Beispiel der neuesten Zeiten giebt die Kön. Preuß. Kabi-

§. 203. C) Besondere Lasten des Klerus.

Greg. III. 39. Sext. III. 20. Clem. III. 13. Extr. comm. III. 10. De censibus, exactionibus et procurationibus.

Den kirchlichen Beamten waren früher mancherlei besondere Lasten und Abgaben auferlegt, weil man bei ihnen, die aus dem Vermögen der Kirche und zwar meistens sehr reichlich unterhalten wurden, auch eine um so größere Bereitwilligkeit zu den Zwecken der Kirche beizutragen, voraussetzen konnte. Jene Abgaben waren besonders folgende. I. Das Cathedraticum, ein jährlicher Tribut den alle Kirchen der Diöcese als eine Art von Huldigung dem bischöflichen Stuhl entrichteten. Gewöhnlich bestand es in Geld d), zuweilen in Naturalien e). Es wurde meistens auf der jährlichen Versammlung um Ostern dargebracht, und daher auch Synodaticum genannt f). Jetzt hat es sich in den meisten katholischen Ländern verloren. In England besteht es aber noch; auch in der griechischen Kirche, nur nicht unter jenem Namen. II. Die freie Bewirthung (procuratio, parata, circada, circatura, comestio, albergaria, mansionaticum, servitium, fodrum), welche dem kirchlichen Oberen während der Visitation geleistet werden mußte. Um Misbräuche zu verhüten, wurde das Maaß derselben schon früh sowohl durch die geistlichen g), wie durch die weltlichen Gesetze h) genau bestimmt. Aehnliche Verordnungen sind auch während des Mittelalters bis auf das Concilium von Trient herab erlassen worden i). Mit den Visitationen hat aber diese Last von selbst aufgehört. In England ist jedoch daraus eine

---

nets-Ordre vom 3. April 1825, wodurch die Bischöfe berechtigt werden, bei jeder Taufe, Trauung und Beerdigung eine kleine Abgabe zum Unterhalt der Cathedralkirchen einzuziehen. — Zu Kirchen- und Schulhausbauten werden häufig milde Sammlungen veranstaltet.

d) c. 1. c. X. q. 3. (Conc. Bracar. a. 572), c. 8. eod. (Conc. Tolet. VII. a. 646.)

e) Capit. Carol. Calv. apud. Tolos. a. 844. c. 2. 3.

f) c. 16. X. de off. jud. ordin. (1. 31.)

g) c. 6. c. X. q. 3. (Conc. Tolet. III. a. 586), c. 10. eod. (Pelag. II. c. a. 590), c. 8. eod. (Conc. Tolet. VII. a. 646), c. 7. eod. (Conc. Cabil. II. a. 813.)

h) Capit. Carol. Calv. apud. Tolos. a. 844. c. 4. 6.

i) c. 6. 23. X. de censib. (3. 39), c. un. Extr. comm. de censib. (3. 10), Conc. Trid. Sess. XXIV. cap. 3. de ref.

stehende Abgabe an die Archidiaconen geworden. Visitationsgebühren und freie Bewirthung werden auch in der dänischen und in vielen deutschen Kirchenordnungen ausdrücklich zuerkannt. III. Im dreizehnten Jahrhundert, wo die Pfründen sehr reich waren, räumten die Päbste zuweilen einem Bischof zur Zahlung seiner Schulden das besondere Vorrecht ein, von allen während der nächsten zwei, drei, fünf oder sieben Jahren vacant werdenden Pfründen seiner Diöcese die Früchte des ersten Jahres zu beziehen k). Später bei dringenden Verlegenheiten bedienten sie sich zuweilen dieses Rechts zu ihrem eigenen Vortheil. Namentlich legte Clemens V. (1305) diese Abgabe auf die Pfründen, die in England während der nächsten zwei Jahre, Johann XXII. (1319) auf die Pfründen aller Länder, die während der nächsten drei Jahre l) erledigt würden. Diese Art von Besteuerung ist aber nicht mehr im Gebrauch; denn die Annaten, die noch vorkommen, werden nicht von allen Pfründen, sondern nur von denjenigen, die der Pabst verleiht, erhoben, und stehen unter einem anderen Gesichtspunkte (§. 206). IV Bei besonderen Vorfällen wurde den Kirchenbeamten von den Päbsten und Concilien ein Zehnten oder ein anderer Theil ihres Einkommens als außerordentliche Beisteuer (exactio) auferlegt; so zur Unterstützung der Kreuzzüge (decimae Saladinae), zur Errichtung neuer Lehrstellen m). Doch sollte dieses nicht misbraucht werden n). V. In vielen Ländern, besonders in Schweden, ist das Einkommen der Geistlichen noch mit mancherlei kleinen Abgaben, die zu kirchlichen Zwecken verwendet werden, beschwert; und in England wird von allen Pfründen, auch den Bisthümern, der zehnte Theil der jährlichen Einkünfte an die Krone entrichtet o).

§. 204. D) Besondere Abgaben an den Pabst.

Die Besitzungen oder Patrimonien, womit die römische Kirche schon früh beschenkt worden war, bezogen sich eigentich blos auf

k) c. 32. X. de V. S. (5. 40), c. 10 de rescr. in VI. (1. 3.)

l) c. 11. Extr. comm. de præbend. (3. 2.)

m) clem. 1. de magistr. (5. 1), Conc. Trid. Sess. V. cap. 1. Sess. XXIII. cap. 18. de ref.

n) c. 6. §. 1. X. de censib. (3. 39.)

o) Dieses bestimmte das Statut 26. Henr. VIII. c. 3. § 9.

das Bisthum Rom, und wurden daher unzureichend, als die Zeit den Pabst zu einer Stellung erhob, die ihm sehr bedeutende Auslagen für das Interesse der ganzen Kirche, ja selbst des europäischen Völkerrechts, auferlegte. Diese Einsicht bewog die Fürsten und Völker ihm unter verschiedenen Formen und Namen Geldbeiträge zufließen zu lassen. Außer denen, die bereits erwähnt worden sind, kommen besonders folgende vor. I. Eine directe Abgabe, die von jedem Heerd für den Pabst erhoben wurde. Ein solches Römergeld (Romfeoh, denarius S. Petri) zahlte England seit dem achten Jahrhundert, jedoch mit häufigen Unterbrechungen. Der griechische Patriarch bezog eine ähnliche Haussteuer, allein nur innerhalb seiner Provinz. II. Später als die Fürsten nach den Begriffen jener Zeit den königlichen Titel häufig von den Päbsten nachsuchten und erhielten, oder ihre Reiche dem besondern Schutz des Vaters der Christenheit anempfahlen, machten sie sich zum Zeichen ihrer Huldigung gewöhnlich zu einem jährlichen Tribut verbindlich. Zinsgelder dieser Art bezahlten Polen, England, Dänemark, Norwegen, Schweden, Portugal, Arragonien, Neapel. III. Aehnliche Abgaben entrichteten auch viele Kirchen und Klöster entweder als Schutzgelder, oder zur Erkenntlichkeit für erhaltene Befreiungen p). Diese Einnhme war sehr bedeutend q).

§. 205. E) Abgaben bei der Verleihung der Kirchenämter.
1) Historische Einleitung.

Bei der Verleihung der Kirchenämter finden noch mancherlei besondere Abgaben statt, deren Ursprung sich hoch hinauf führen läßt. Wiewohl nämlich von jeher der Grundsatz feststand, daß die Ordination selbst durchaus unentgeldlich ertheilt werden müsse r): so waren doch allmählich, wahrscheinlich durch Nachah-

---

p) c. 8. X. de privileg (5. 33)

q) Für diese Verhältniße sehr brauchbar ist das Zinsbuch der römischen Kirche vom J 1192, welches der Cardinal Cencius, der später als Honorius III. Pabst wurde, zusammengetragen hat. Abgedruckt ist es bei *Muratori* Antiquit. Ital. med. ævi. T. V. p. 851. — In Würt. mußte nach Dekr. vom 5. Mai 1818 über alle nach Rom gehenden Gelder an die Behörden berichtet werden.

r) Can. Apost. 28., c 8. c. 1 q. I. (Conc. Chalced. a. 451), c. 51. C. de episc. (1. 3), nov. Just. 123. c. 2.

mung römischer Einrichtungen s), gewisse Ehrengeschenke (συνή-θεια, consuetudenes) herkömmlich geworden, die nach vollzogener Ordination theils an den Ordinirenden für dessen persönliche Bemühung (pro inthronisticis), theils an dessen Kanzleipersonen (notarii) entrichtet wurden. Justinian schrieb diesen ein bestimmtes Verhältniß vor t). Natürlich bestanden diese Einrichtungen auch an der römischen Kanzlei für die Bischöfe, die zu Rom bestätigt oder consecrirt wurden. Gregor I. versuchte zwar auf einem römischen Concilium diese Gebühren gänzlich abzuschaffen u); allein wie es scheint vergeblich, da man sie während des ganzen Mittelalters wieder erwähnt findet. Nur mit der Taxe gieng die Veränderung vor sich, daß sie überhaupt dem mäßig angesetzten Werth der Einkünfte eines Jahres gleich gestellt wurde v). Aehnliche Gebühren forderten die Metropoliten von den Bischöfen, welche sie consecrirten, die Bischöfe und Kapitel von den Pfründen, die sie vergaben. Diesem Gebrauche folgend schrieb daher auch Bonifaz IX. (1392) vor, daß bei den Pfründen, die von Rom aus verliehen würden, die Hälfte der Einkünfte des ersten Jahres an die päbstliche Kammer entrichtet werden sollte w). Auf dem Concilium von Kostnitz wurden zwar alle diese finanziellen Rechte mit unter den zu reformirenden Punkten

---

s) Auch in den heidnischen Zeiten war die Erlangung der Priesterwürden mit großen Unkosten verknüpft, *Sueton.* Calig. 22., Claud. 9.

t) Die fünf Patriarchen bezahlten zwanzig Pfund Goldes oder 1440 Solidi; die übrigen Erzbischöfe und Bischöfe nach Verhältniß ihres Einkommens an den Ordinirenden von 100 bis 12 Solidi, an die Kanzleipersonen von 300 bis 6 Solidi abwärts, nov. 123. c. 3. Bei den niedern Geistlichen durften die Gebühren nie den Werth der Früchte eines Jahres übersteigen, nov. 123 c. 16. Die Eintragung (εμφανεία, insinuatio) in die Kirchenmatrikel mußte ganz unentgeldlich geschehen, nov. 56. c. 1., nov. 131. c. 16.

u) c. 4. c. I. q. 2. (Conc. Roman. a. 595), c. 3. D. C. Gregor. I. a. 596), c. 116. 117. c. I. q. 1. (Idem eod. ann.)

v) Card. *Ostiensis* c. a. 1260. in C. *Inter cætera* 15. X. de offic. jud. ordin. (1. 31.)

w) *Oderic. Raynald* ad. ann. 1392. c. 1. Ingravescentibusque rei pecuniariæ difficultatibus ob continuos armorum fragores sanxit, ut redigendorum ex omnibus sacerdotiis, *qua ea sede apostolica conferrentur*, vectigalium, quæ *primo* labente *anno* obvenirent, *dimidia pars* in fiscum pontificium inferretur.

bezeichnet x): allein da man für den Unterhalt der päbstlichen Beamten keine andere Quelle anweisen konnte, so blieb es im Ganzen bei dem alten Zustand y), den auch die deutsche Nation in ihrem besonderen Concordate noch eigends anerkannte z). Rascher gieng die Baseler Synode zu Werk, und hob, nachdem sie früher im Allgemeinen Entschädigung versprochen hatte, die Confirmationsgebühren und Annaten gänzlich auf a). Allein die Ausführung scheiterte in den meisten Ländern grade an der Schwierigkeit, eine solche Entschädigung zu finden; und auch in Deutschland, wo die Fürstenconcordate jene Baseler Decrete angenommen hatten, sah man sich doch genöthigt, in den Wiener Concordaten (1418) wörtlich auf jenen Kostnitzer Vergleich zurückzukehren.

§. 206. 2) Heutiges Recht.

Hieraus lassen sich die verschiedenen Taxen, welche jetzt vorkommen, leicht entwickeln. Diese sind I. Die Ehrengeschenke für die Verleihung des Palliums. Diese werden schon unter den Gebühren genannt, welche Gregor I. abschaffen wollte b), haben sich aber bis jetzt erhalten. II. Die Servitia communia, welche von den Bisthümern und Consistorialabteien entrichtet werden, und dem Werth der Früchte eines Jahres, nach der alten sehr niedrigen Taxe der apostolischen Kammer gerechnet c), gleich stehen. Sie lassen sich schon in den Ehrengeschenken erkennen, die nach Justinians Vorschrift dem Patriarchen oder Metropoliten und seinen Klerikern, also in Rom dem Pabst und den Kardinälen gemeinschaftlich zufielen. Hieraus ist auch ihr Name, der schon i. J. 1317 vorkommt, entstanden. Nach den Kostnitzer und Wiener Concordaten wird die eine Hälfte im ersten, die andere im folgenden Jahre entrichtet. In der griechischen

x) Conc. Constant. Sess XI.

y) Conc. Constant. Sess XLIII.

z) Conc. Nat. Germ. a. 1418. c. 3.

a) Conc. Basil. Sess. XII. XXI.

b) c. 3. D. C. (Gregor I a. 595.)

c) c. 1. Extr. comm de treug. et pac. (1 9) In dem Concordat mit Baiern ist eine neue Schätzung versprochen worden In der Bulle für Preußen ist diese würklich vorgenommen. Der Goldgulden römischen Kammersatzes beträgt 4 Flor. 50 Kr. rhein.

Kirche sind die Ehrengeschenke der neuen Bischöfe an den Patriarchen von der Synode und den Aufsehern des Gemeinwesens nach dem Zustande jeder Diöcese bestimmt worden. In der englischen Kirche fällt der Ertrag des ersten Jahres an die Krone d). III Die Servitia minuta, die eigentlichen Kanzleigebühren, die in fünf Portionen an die untern Beamten der päblichen Kanzlei vertheilt werden. Sie finden sich ebenfalls schon in jener Verordnung Justinians. Aehnliche Gebühren kommen mehr oder weniger überall vor. IV. Die Annaten im eigentlichen Sinne. Diese sind von allen Pfründen zu entrichten, die der Pabst außer dem Consistorium verleiht. Sie bestehen in dem halben Werth der Früchte eines Jahres. Ihr Ursprung liegt in der erwähnten Vorschrift von Bonifaz IX. Durch die Kostnitzer und Wiener Concordate sind sie ausdrücklich bestätigt worden, jedoch mit der auch sonst vorkommenden e) Beschränkung, daß die Pfründen, welche nicht mehr als 24 Ducaten eintragen, ganz frei sind. Da nun alle Pfründen in Deutschland, Belgien, Frankreich und Spanien ohne Rücksicht auf ihr würkliches Einkommen zu 24 Ducaten angesetzt sind, so ist diese Taxe so gut wie aufgehoben. In England gehören aber nach jener Verordnung Heinrichs VIII. auch von den niederen Pfründen jeder Art die vollen Früchte des ersten Jahres (first fruits) der Krone. Doch hat die Königinn Anna aus ihnen und aus den Zehnten der geistlichen Aemter (§. 203) einen ewigen Fond zur Verbesserung der ärmern Pfarrstellen gebildet f) und zu dessen Verwaltung Curatoren niedergesetzt, die eine eigene Corporation (governors of the bounty of queen Anne) ausmachen. V. Die Quindennia, welche für solche Pfründen, die für immer mit geistlichen Corporationen unirt worden sind, also nie mehr vacant werden, als Ersatz der dadurch ausfallenden Annaten alle fünfzehn Jahre bezahlt werden müssen g). Diese Abgabe rührt von Paul II. (1470) her, ist aber beinahe überall stillschweigend aufgehoben.

---

d) Dieses bestimmte das Statut 26 Henr. VIII. c. 3. §. 2.

e) c. 2. de annat. in VII. (2 3.)

f) Dieses geschah durch das Statut 2 et 3. Ann. c. 11.

g) c. 4. 7. de annat. in VII. (2. 3.) — s. oben §. 329. b.

Fünftes Buch.

Von dem Beamtenwesen.

Erstes Kapitel.

Von der Bildung und Erziehung der Kleriker.

§. 207. I. Verhältnisse der älteren Zeit.

Da die Kleriker jeder Diöcese, nach dem Geiste der ursprünglichen Einrichtungen (§. 24), Gehülfen und Stellvertreter des Bischofes sind, wofür dieser wie für sich selbst vor Gott verantwortlich ist: so entspringt daraus für ihn die Aufgabe, deren Bildung und Erziehung bis auf den Punkt zu leiten, wo er ihnen mit Sicherheit einen Theil der bischöflichen Sorgfalt anvertrauen kann. Im Gefühl dieser Verpflichtung haben die Bischöfe gleich in der ältesten Zeit Anstalten gegründet, worin die jüngern Kleriker unter ihren Augen, häufig sogar von ihnen selbst, unterrichtet und erzogen wurden h). Der Hauptzweck dieses Unterrichts war die h. Schrift; doch wurde die nöthige weltliche Gelehrsamkeit nicht vernachläßigt i). Allmählig wurden auch diese Einrichtungen mit dem Institute der niedern Grade in Verbindung gebracht (§. 146), so daß der Unterricht und die Erziehung im geistlichen Leben gleichzeitig neben einander herlief.

h) *Socrat.* Hist. L. I. c. 11. Alexander Alexandriæ episcopus — pueros — in ecclesia educari jubet, studiisque doctrinæ erudiri; et maxime omnium Athanasium. Quem quidem, cum jam adolevisset, diaconum ordinavit.

i) *Socomen* Hist. L. III. c. 5. Eusebius cognomento Emisenus — ab ineunte ætate ut mos patrius fert sacris in litteris educatus, deinde disciplinis humanioris litteraturæ institutus.

Aehnliche Anstalten entstanden auch im Abendlande k); wo sie fehlten halfen die Klosterschulen aus; auch wurde den Priestern auf dem Lande aufgegeben, die bei ihrer Kirche dienenden Kleriker wenigstens in den Anfangsgründen zu unterrichten l). Die letzte Vorbereitung zum Presbyterat mußte aber immer in der bischöflichen Lehranstalt erworben werden m).

§. 208. II. Einrichtungen im Mittelalter.

Eine noch festere Begründung erhielten die bischöflichen Schulen, als das canonische Leben unter dem Klerus aufkam, indem nun die jüngern Kleriker mit den ältern und dem Bischof in einem Gebäude vereinigt, und das Lehrwesen unter die Aufsicht eines eignen Magisters gestellt wurde n). Die Päbste schärften die Ausbildung dieser Einrichtungen wiederholt ein o). Auch nach der Auflösung des gemeinschaftlichen Lebens blieben diese Schulanstalten doch noch eine Zeitlang in demselben Hause unter dem Scholastikus in der Form eines Convictoriums bestehen p).

---

k) c. 5. D. XXVIII. (Conc. Tolet. II. a. *531*), c. 1. c. XII. q. 1. (Conc. Tolet. IV. a. 633.)

l) Conc. Vasion. II. a. *529*. c. 1. Placuit ut omnes presbytery, qui sunt in parochiis constituti, secundum consuetudinem, quam per totam Italiam satis salubriter teneri cognovimus, juniores lectores — quomodo boni patres, spiritaliter nutrientes, psalmos parare, divinis lectionibus insistere, et in lege domini erudire contendant, ut sibi dignos successores provideant.

m) Conc. Turon. III. a. 813 c. 12. Sed priusquam ad consecrationem presbyteratus accedat, maneat in episcopio, discendi gratia officium suum, tamdiu, donec possint et mores et actus eius animadverti: et tunc, si dignus fuerit, ad sacerdotium promoveatur.

n) *Regul. Aquisgran.* a. 816 c. 135. Pueri et adolescentes qui in congregatione sibi commissa nutriuntur vel eruduntur, jugiter ecclesiasticis disciplinis constringantur. — Quapropter talis a prælatis constituendus est vitæ probabilis frater, qui eorum curam summa gerat industria, eosque arctissime constringat.

o) 12. D. XXXVII. (Eugen. II. a. *826*), c. 3. c. XII. q 1. (Idem eod.)

p) Zur Bezeichnung des Zeitalters dient eine Verordnung des Erzbischofs Willigis von Mainz v. J. 976 (*Guden*. Cod. diplomat. T.

Eine neue Belebung erhielten sie durch die Verordnungen des dritten und vierten Lateranischen Conciliums, daß an jeder bischöflichen Kirche eine Lehrstelle der Grammatik, an jeder Metropolitankirche außerdem noch eine Lehrstelle der Theologie errichtet werden sollte q). Dennoch vermochte dieses nicht die bischöflichen Schulen zu halten, und allmählig giengen sie ganz ein, indem die niederen Fächer den Klosterschulen, die höheren den Universitäten, die sich in mehreren Städten zum Theil aus jenen geistlichen Lehranstalten entwickelt hatten, zufielen. Dadurch wurde das Amt des Scholastikus ein leeres Personat, bis daß es in einer andern Form in der Würde des Theologus wieder auflebte (§. 153). Als aber auch auf den Universitäten der männliche Geist, der sie so hoch gehoben hatte, nach und nach verschwand, und die einreißende Sittenroheit sich mit der Disciplin des geistlichen Standes nicht mehr vertrug: so suchte das Concilium von Trient die ältere Form der geistlichen Erziehungshäuser wieder herzustellen. Es sollte nämlich bei jeder bischöflichen Kirche ein Collegium gegründet, und darin, wie in einer geistlichen Pflanzschule (seminarium), die Jünglinge der Diöcese oder Provinz, die sich dem geistlichen Stande bestimmten, nach zurückgelegtem zwölften Jahre verpflegt, erzogen und in den nöthigen Wissenschaften bis zur Vollendung ihrer Bildung unterrichtet werden r).

§. 209. III. Heutiges Recht.

Die Vorschriften des Conciliums von Trient sind in mehreren Ländern würklich in Ausübung gebracht worden. In an-

---

I. p. 352.) Scholares Canonici a Magistro de præbendis suis victum et vestitum accipiant. Cappam, pelles, et pellicium de ovibus, caligas et sutulares Magister tantum dabit. Si puer parentes vel substantiam non habuerit, unde alia ei provideantur, Abbas, exceptis denariis ad vestitum pertinentibus, Magistro singulis annis quinque solidos addat. — In scholis vero, in choro, seu in quocumque loco, nullus invito Magistro ad correptionem scolarium manum extendat; nisi Cantor, dum cantum hesternum recitant, eos corripiat. — In omni loco fratres Decano et Magistro assurgant, et omnem reverentiam exhibeant.

q) c. 1. 4 5. X. de magistr. (5. 5.)

r) Conc. Trid. Sess. XXIII. cap 18. de ref.

deren, namentlich in Deutschland, haben sie aber die Wendung erhalten, daß in dem Seminarium nur die letzten Vorbereitungsjahre zugebracht, die früheren Studien aber auf den gewöhnlichen weltlichen Lehranstalten getrieben werden. Daraus entspringt aber für den Bischof die Verpflichtung, auch auf diese ein wachsames Auge zu haben, daß hier nichts Unchristliches gelehrt, oder diejenigen, die sich dem geistlichen Stande bestimmen, nicht schon im Voraus ihrem Beruf entfremdet werden; und er darf von einer christlichen Regierung mit Vertrauen erwarten, daß sie ihm die Einwürkung gestatte, ohne welche er die Verantwortlichkeit für seine Kleriker nicht übernehmen kann. Umgekehrt ist aber auch die Regierung, da ihr an der wissenschaftlichen Bildung der Kleriker aus vielen Gründen gelegen seyn muß, berechtigt, ihnen vor der Beförderung zum geistlichen Stande gewisse Prüfungen aufzuerlegen. Außer diesen regelmäßigen Bildungsanstalten junger Geistlichen giebt es aber an verschiedenen Orten noch besondere Stiftungen. Unter diesen sind die von Gregor XIII. für die Deutschen, Engländer, Griechen und Maroniten, von Clemens VIII. für die Schottländer, von Urban VIII. für die Illyrier gegründeten Collegien in Rom besonders auszuzeichnen. In der griechischen Kirche wird der Unterricht der angehenden Geistlichen fast allein von den Mönchen besorgt, und ist im Ganzen sehr schlecht bestellt. In Rußland sind, besonders auf Betreiben Peters I., bei dem Hauptkloster jedes Prälaten in diesem Zweck Seminarien oder Collegien eingerichtet worden, worunter einige sich zu einem ziemlich blühenden Zustand erhoben haben. Bei den Protestanten wird die theologische Bildung regelmäßig auf den gewöhnlichen weltlichen Lehranstalten ertheilt; hin und wieder kommen zu diesem Zweck auch Seminarien vor, die jedoch blos Staatsanstalten sind. Nur in England hat sich noch ein sehr enger Zusammenhang der Kirche mit den Universitäten erhalten. *)

*) In Baden, Baiern und Würtemberg geht die Bildung der Cleriker durch die Gymnasien, Universität und Seminarium unter gemeinsamer Aufsicht des Staates und der Kirche s. V über Sch. u. A. R. 1830 §. 25 — 27., Bair. Concordat 1817 Art 5 — Am meisten hat hierin Würtemberg geleistet; in zwei niedern Convicten erhalten wirklich 160, im Wilhelmsstift 200, im Seminar 40 — also normalmäßig 400 Zöglinge — freie Kostverpflegung, selbst Kleidung und Unterricht.

Zweites Kapitel.

Von der Ordination.

§. 210. I. Bedeutung der Ordination. A) Katholisches und griechisches Kirchenrecht.

Greg. I. 16. De sacramentis non iterandis, V. 28. De clerico non ordinato ministrante.

Der Bischof, indem er andere Kleriker als Gehülfen und Stellvertreter beruft, muß auf diese einen Theil der außerordentlichen Fähigkeit übertragen, die ihm, als einem Nachfolger der Apostel mitgetheilt worden ist. Dieses geschieht durch die Ordination, eine feierliche Weihe, wodurch der Erwählte die außerordentlichen Gaben erhält, die zu den heiligen Verrichtungen des Amtes, wozu er bestimmt ist, nothwendig sind s). Diese Weihe ist, als auf einer göttlichen Gnade beruhend, dauernd und unauslöschlich t), und darf nicht mehr wiederholt werden u). Ist ein Kirchenamt blos auf Handlungen der Jurisdiction gerichtet, so ist dazu an und für sich die Ordination nicht nöthig (§. 24); jedoch wird sie auch hier wegen des engen Zusammenhanges dieser Verhältnisse in der Regel erfordert. In allen diesen Punkten stimmt das griechische Kirchenrecht mit dem katholischen überein (§. 28).

Derlei Leistungen eines H v. Cammerer, v. Werkmeister, v. Schedler gebührt öffentliche eherende Anerkennung. Der Studienlauf der protestantischen Zöglinge geht durch die Gymnasien, niedere Klöster und das evangelische Seminarium, größtentheils frei; der Fleiß der Zöglinge wird durch reiche Stipendien für Preißfragen ermuntert.

s) Die Ordination ist also nicht die Verleihung des Amtes selbst, und noch weniger die feierliche Einsetzung in ein bereits verliehenes Amt. Eben so verhielt es sich mit ihr auch in der ältern Kirche. Zwar waren damals absolute Ordinationen verboten, d. h. es sollte eine Ordination regelmäßig nur mit Beziehung auf ein bestimmtes Amt vorgenommen werden; allein daraus folgt nicht, daß die Ordination blos die Uebertragung des Amtes gewesen sey.

t) c. 97. c. I q. 1. (August. c. a. 400.) ibiq. Gratian., Conc. Trid Sess XXIII. can. 4. de sacr. ordin.

u) Can. Apost. 67, c. 107. D. IV. de cons. (Conc. Carth. III. a. 397), c. 1. D. LXVIII. (Gregor. I. a. 592.)

§. 211. B) Grundsätze der Protestanten.

Die Ordination ist bei den Protestanten, wie sich aus dem Zusammenhang ihrer Einrichtungen ergiebt, ebenfalls die feierliche Einweihung v), die dem rechtmäßig Berufenen zu seinem Amte ertheilt wird (§. 33). Ohne sie können daher die mit dem geistlichen Amte verbundenen heiligen Verrichtungen nicht ausgeübt werden. Diese Einweihung wird in der englischen, dänischen und schwedischen Kirche von den Bischöfen, in den andern Ländern von den gewöhnlichen ordinirten Geistlichen vollzogen. Die dadurch erworbene Eigenschaft dauert, auch wenn das Amt verloren oder verändert wird, fort; daher darf die Ordination nicht wiederholt werden. In so fern theilt sie also doch auch einen unauslöschlichen Character mit, wiewohl derselbe nach den übrigen Einrichtungen der protestantischen Kirche von dem Amte getrennt nicht besonders zur Sprache kommen kann. Nur in der englischen Kirche tritt er auch äußerlich schärfer hervor, indem durch die Ordination an sich schon der priesterliche Stand erworben wird, der, wenn man auch das Amt selbst aufgiebt, doch nicht wieder verlohren geht.

§. 212. II. Verschiedene Stufen der Ordination. A) Von der Tonsur.

Der Ordination geht als eine feierliche Bestimmung zum geistlichen Stande die Tonsur voraus, welche von dem Bischof unter gewissen Gebräuchen vollzogen wird. Es soll dadurch die Ablegung der weltlichen Eitelkeit und Pracht und die Bekehrung zum geistlichen Leben symbolisch ausgedrückt werden w). Zuerst war

v) Die Ordination ist also auch bei den Protestanten nicht, wie ihre Schriftsteller häufig sagen, blos die Verleihung des Amtes oder das feierliche Zeugniß dieser Verleihung; denn dann müßte sie, so oft jemand in ein anderes Amt eintritt, aufs Neue vorgenommen werden. Der Widerspruch der hierüber gangbaren Meinungen rührt überhaupt daher, daß man die Aehnlichkeit mit den katholischen Einrichtungen nicht eingestehen will, und doch durch die Natur der Verhältniße selbst immer wieder darauf hingetrieben wird. Dadurch ist, wenigstens in Deutschland, das entstanden, was ein protestantischer Jurist selbst sehr bündig sagt: *Hommel.* Epitom. jur. sacr. Cap. XVI. §. 5. Caeterum in hac materia tam parum constantes Evangelici, ut, quid sibi velint, plane nesciant.

w) I. Cor. XI. 14.

sie bei den Mönchen in Gebrauch, welche darin, weil sie überhaupt den Stand der veredelten Dienstbarkeit darstellen wollten, vielleicht die römischen Sclaven nachahmten, denen ebenfalls das Haar geschoren wurde. Im fünften Jahrhundert kam sie aber auch schon bei den Klerikern vor x). Unter den Germanen mußte die symbolische Bedeutung dieser Handlung noch besonders erhöht werden, weil das lange Haupthaar als ein vorzügliches Zeichen weltlicher Hoheit galt. Ursprünglich gieng sie unmittelbar der Ordination voraus; später wurde sie aber von dieser unabhängig selbst Kindern ertheilt, die man dem geistlichen Stande bestimmte; auch nahmen oft Erwachsene die Tonsur, weil diese schon den geistlichen Stand y) und dadurch viele bürrgerliche Vorrechte ertheilte. Allmählig ist aber beides beschränkt worden z), und jetzt kommt es nicht leicht mehr vor. Da übrigens die Kirche auch die Beibehaltung der Tonsur zur Pflicht machte a), so erreichte sie dadurch zugleich, daß ihre Kleriker dem Bereich der Mode, die sich im Mittelalter besonders viel mit den Haaren zu schaffen machte, entzogen wurden.

§. 213. B) Die sieben Weihen.

Die gottesdienstlichen Verrichtungen waren nach den Aemtern verschieden (§. 146); daher fand auch bei jedem eine verschiedene Einweihung statt. Später sind zwar in der abendländischen Kirche die Aemter selbst erloschen oder an Laien übergegangen, die entsprechenden Ordinationen aber doch bildlich zur Erinnerung der alten Disciplin beibehalten worden. Es kommen also hier sieben Weihen vor, die des Ostiarius, Lectors, Excorcisten, Akolythen, Subdiacons, Diacons und Priesters b). Das Concilium von Trient hat sogar den Wunsch ausgesprochen, diese Grade in ihrer alten reellen Bedeutung herzustellen c), was sich

---

x) c. 7. c. XII. q. 1. (Hieronym. c. a. 410)

y) c. 11. X. de ætat. et qualit. præficiend. (1. 14.)

z) c. 7. de cleric. conjug. (3. 3), c. 4. de tempor. ordin. in VI (1. 9), c 1. de cleric. conjug in VI. (3. 2), Conc. Trid. Sess. XXIII. c. 4. 6. de ref.

a) c. 22. D. XXIII. (Conc. Agath. a. 506), c. 23. eod. (Gregor. II. a 721.)

b) Conc. Trid. Sess. XXIII. c. 2. de ordine.

c) Conc. Trid. Sess. XXIII. cap. 17. de ref.

aber nicht ausführen läßt. In der morgenländischen Kirche giebt es von den alten Zeiten her nur vier Ordinationen, doch sind damit noch wirkliche Aemter verbunden (§. 169). Bei den Protestanten kommt blos eine Ordination, die zum Predigtamte, vor; nur die englische Kirche bewahrt noch neben der Weihe des Bischofs die des Priesters und Diacons als eine göttliche und apostolische Einrichtung.

§. 214. C) Unterschied der höhern und niedern Weihen.

Die Aemter wurden ursprünglich eingetheilt in diejenigen, womit das Priesterthum (sacerdotium), das heißt die Vollbringung des geheimnißvollen Opfers verbunden war, und diejenigen, welche sich blos auf den Dienst (ministerium) oder die Hülfeleistungen dabei bezogen. Zu den erstern gehörte das Amt des Bischofs und Presbyters, zu den zweiten die Uebrigen d). Unter diesen wurde das Amt des Diacons, weil es von apostolischer Einsetzung herrührte, mit besonderer Auszeichnung behandelt. Allmählig gieng diese aber auch auf das Subdiaconat über. Dieses spricht sich schon im fünften Jahrhundert darin aus, daß, wie unten gezeigt werden soll, die Vorschriften über das ehelose Leben auch auf die Subdiaconen ausgedehnt wurden. Noch schärfer tritt es in den Einrichtungen der Kapitel hervor e). Doch wurde das Subdiaconat bis in das elfte Jahrhundert noch nicht zu den höheren heiligen Aemtern gerechnet f). Im zwölften Jahrhundert geschah es aber von mehreren Schriftstellern, und seit dem dreizehnten wurde diese Ansicht allgemein g). Seit dieser Zeit werden also vier niedere h) und drei höhere Grade unterschieden i).

---

d) c. 11. D. XXIII. (Conc. Carth. IV. a. 398.)

e) Die eigenthümliche Auszeichnung der Subdiaconen von den übrigen jüngern Klerikern zeigt sich darin, daß sie an einem besondern Tische speisten (§ 148. not. s), und nicht mehr unter der strengeren Schuldisciplin standen (§ 148. not. x.)

f) c 4 D. LX. (Urban. II. a. 1091) In einer anderen Beziehung stellt aber dieser Pabst den Subdiacon doch schon mit dem Diacon und Priester zusammen, c. 11. D. XXXII. (Urban. II. c. a. 1090.)

g) c. 9 X de ætat. et qualit. præficiend. (1. 14.)

h) Die Geistlichen der vier untern Weihen werden auch gewöhnlich unter dem Ausdruck, Kleriker, schlechthin zusammengefaßt, während

Die Ordination zum Sacerdotium gilt nach der gemeinschaftlichen Tradition der morgen- und abendländischen Kirche als ein Sacrament k), welches bei den Aposteln seinen Anfang genommen, in den Bischöfen, welche sie einsetzten, fortgepflanzt, und von da an bis auf uns herab in der Weihe der Bischöfe und Priester beständig erneuert worden ist. Ob und in wie fern die Weihe zum Diacon auch schon ein Sacrament sey, wird von den Theologen verschieden beantwortet. Die Protestanten haben aber die Bedeutung der Ordination als eines Sacraments völlig verworfen.

§. 215. III. Von der Fähigkeit zur Ordination.

Greg. I. 17. Sext. I. 11. De filiis presbyterorum ordinandis vel non, Greg I 18. De servis non ordinandis, I. 19. De obligatis ad ratiocinia non ordinandis, I. 20. De corpore vitiatis non ordinandis, Greg. I. 21. Sext. I. 12. De bigamis non ordinandis, Greg III. 43. De presbytero non baptizato.

Absolut unfähig ordinirt zu werden sind nur die Ungetauften und die Weiber: jene, weil Einer nicht das besondere Priesterthum erwerben kann, der noch nicht einmahl durch die Taufe zum allgemeinen geweiht ist l); diese, weil die Uebernahme eines öffentlichen Amtes der natürlichen Bestimmung ihres Geschlechts widerstreitet m). Die ertheilte Ordination ist also bei beiden völlig unwürksam. Davon abgesehen wird aber auch nicht Jeder zur Ordination zugelassen, sondern es sind, der großen Bedeutung dieser Handlung gemäß, über die nöthigen persönlichen Eigenschaften sehr genaue Vorschriften aufgestellt. I. Es gehört dazu vor allem das der betreffenden Weihe angemessene Alter n), hin-

---

die drei Höheren mit ihren eigenthümlichen Namen bezeichnet werden. Diese Bemerkung ist für die Behandlung der Quellen von Wichtigkeit. Beispiele geben c. 5. 7. X. de cleric. conjug. (3. 3), c. 1. de cleric. conjug in VI. (3. 2), clem. 1. de vit. et honest. cleric. (3. 1.)

i) c. 1. X. de tempor. ordinat. (1. 11), c. 1. X. de cleric. conjug (3. 3), Conc. Trid. Sess. XXIII. cap. 2. de ordine.

k) Orthod. confess. Part. I. qu. 108 109. (§. 28. not. r. s.), Conc. Trid. Sess. XXIII. cap. 3. de ordine.

l) c. 1. 3. X. de presbyt. non baptiz. (3. 43.)

m) I. Cor. XIV. 34., c. 29. D. XXIII. (Conc. Carth. IV. a. 398.)

n) c. 4. D LXXVIII. (Conc. Neocaes. a. 314), c. 5. D.

reichende Festigkeit im kirchlichen Glauben, weßhalb Neubekehrte nicht gleich ordinirt werden durften o), und gewisse Kenntnisse p). Um sich von diesen zu überzeugen, muß vorher eine Prüfung angestellt werden q). II. Abzuweisen sind diejenigen, die mit körperlichen Fehlern behaftet sind, welche zu den geistlichen Amtsverrichtungen ungeschikt machen r), oder der Gemeinde Anstoß gewähren könnten s); und um so mehr die, wodurch die Ehre des Standes befleckt würde, namentlich Infamirte t), und uneheliche Kinder, besonders der Geistlichen u). III. Ferner sollen nicht ordinirt werden diejenigen, deren Gewissen mit einem Verbrechen v), oder auch mit einer unfreiwilligen Blutschuld, so lange nur noch eine entfernte Zurechnung besteht w), belastet ist; auch nicht, die im Kriege x) oder als Richter bei einem Blut-

---

LXXVII. (Conc. Carthag. III. a. 397), clem. 3 de ætat. et ordin. præficiend. (1. 6), Conc. Trid Sess. XXIII c. 12 de ref. Das griechische Kirchenrecht ergiebt sich aus c. 4. De LXXVII. (Conc. Trull. a. 692), nov. Leon. 16. 75.

o) I. Tim. III. 6., c 1. D. XLVIII. (Conc. Nic. a. 325), c. 2. eod. (Gregor. I. a 599), c 9. D. LXI. (Ambros. c. a. 396.)

p) c. 3. D. XXXVI. (Origen. a. 217), c 2. eod. (Zosim. a. 418), c. 1. eod. (Gelas. a. 494), c. 4. D. XXXVIII. (Cœlestin. a. 429), c. 3. eod (Leo. I. a. 449), c. 1. eod. (Conc Tolet. IV. a. 633), Conc. Trid. Sess. XXIII. cap 4. 11. 13. de ref.

q) c 5. D. XXIV. (Conc. Nannet. c. a. 890), Conc. Trid. Sess. XXIII. c. 7. de ref.

r) c. 6. 7. X. de corpor. vitiat. (1. 20), c. 2. 3. 4. X. de cleric. ægrot. (3. 6.)

s) c. 13. D LV. (Gelas. c. a. 494), c. 2. c. VII. q. 2. (Idem a. 495), c. 2. X. de corpor. vitiat. (1. 20)

t) c. 5. D. LI. (Conc. Tolet. IV. a. 633), c. 56. X. de testib. (2. 20)

u) c. 14 — 18. X. de fil. presbyt. (1. 17), Conc. Trid Sess. XXV. cap. 15 de ref. Diese kluge Verordnung hat auch oft dazu gedient, uneheliche Kinder fürstlicher Personen, die man mit Pfründen versorgen wollte, zurückzuweisen.

v) c. 4. 17. X de tempor. ordinat. (1. 11.)

w) c. 5 6. D. L. (Nicol. I. c. a 876), c. 1. 2. 6. 7. 10. 11. 12. 18. 20. X. de homicid. (5. 12), Conc. Trid. Sess. XIV. cap. 7 de ref. Rein zufällige Tödtung hindert aber nicht, c. 3. 9. 13 — 17. 19. 22. 23. 25. X. eod.

x) c. 4. D. LI. (Conc. Tolet. I. a. 400), c. 2. eod (Innoc. I. a. 402), c. 1. eod. (Idem a. 406), c. 24. X. de homicid (5. 12.)

gericht y) gedient, und dadurch den höheren geistlichen Sinn abgestumpft haben; eben so nicht diejenigen, die sich selbst verstümmelt z), oder die durch das Verbrechen der Wiedertaufe a), durch ein Vergehen bei dem Empfang einer Weihe b), oder durch Misbräuche bei der Ausübung der Weihe c) ihren Mangel geistlichen Sinnes kund gegeben haben; daher auch nicht, die zum zweitenmahl oder mit einer Wittwe verheirathet gewesen sind d). IV. Endlich sind auch die ausgeschlossen, deren persönliche Verhältnisse mit den Verpflichtungen des geistlichen Standes in einen Widerspruch kommen würden, daher solche, welche aus weltlichen Geschäften noch in Rechnungsablage stehen e), Ehemänner ohne Zustimmung ihrer Ehefrau f), und Knechte oder Leibeigene vor erhaltener Freiheit g). V. Das Hinderniß, welches aus einer dieser Vorschriften entsteht, heißt eine Irregularität; doch kann diese, wenn triftige Beweggründe da sind, durch Dispensation gehoben werden. Das Recht zu dispensiren steht theils dem Pabste theils den Bischöfen zu h). VI. In der morgenländischen Kirche und in den protestantischen Kirchenordnungen und Landesgesetzen kommen überall analoge Bestimmungen vor.

---

y) c. 30. c. XXIII. q. 8. (Conc. Tolet. IX. a. 675), c. 21. X. de homic. (5. 12), c. 10. X. de excess. prælat. (5. 31.) Man muß bei diesen Verboten an den Zustand der Criminalgerichte im Mittelalter denken.

z) Can. Apost. 20—22., c. 4. 9. D. LV., c. 3—5. X. de corpor. vitiat. (1. 20)

a) c. 2. X. de apostat. (5. 9.)

b) c. 1. 2. X. de ordin. ab episcop. (1. 13), c. 1. 2. X. de eo qui furt. (5. 30.)

c) 1. 2. X. de cler. non ordin. (5. 28)

d) Can. Apost. 16. 17., c. 2. D. XXXIII. (Gennad. c. a. 490), c. 8—15. D. XXXIV., c. 2. 6. X. de bigam. (1. 21.)

e) c. 3. D. LIV. (Conc. Carthag. I. a. 348), c. 1. D. LIII. (Gregor. I. a. 598), c. un. X. h. t. (1. 19.)

f) c. 5. 6. X. de cleric. conjug. (3. 3.)

g) c. 1. 21. D. LIV. (Leo. I. a. 445), c. 12. eod. (Gelas. a. 494), c. 1. 2. 5. X. h. t. (1. 18.)

h) c. 2 X. de corpor. vitiat. (1. 20), c. 1. de fil. presbyt. in VI. (1. 11), Conc. Trid. Sess. XIV. cap. 7. Sess. XXIV. cap. 6. de ref.

§. 216. IV. Von den Bedingungen der Ordination.

Greg I. 11. Sext. I. 9. De temporibus ordinationum, Greg. I. 12. De scrutinio in ordine faciendo, I. 13 De ordinatis ab episcopo qui renuntiavit, I. 22. De clericis peregrinis, V. 29. De clerico per saltum promoto, V. 30. De eo qui furtive ordinem suscepit.

I. Da durch die Ordination nach ihrer eigentlichen Bedeutung ein Theil des bischöflichen Amtes übertragen werden soll: so folgt daraus von selbst, daß sie würksam nur von einem Bischof ertheilt werden kann i). Der Ordnung wegen haben die Kirchengesetze dieses noch näher dahin bestimmt, daß der Ordinirende in Beziehung auf denjenigen, den er ordinirt, auch der rechtmäßige (proprius) Bischof seyn soll. Sie gehen dabei von der engen Verbindung des Bischofes mit den Gläubigen seiner Diöcese aus, kraft welcher ihm diese gleichsam wie Unterthanen geistlicher Weise angehören. Deshalb war es schon in den ältesten Zeiten dem Bischof untersagt, außerhalb seiner Diöcese Ordinationen vorzunehmen k), oder einen Laien aus einem andern Bezirke bei sich zu ordiniren l), oder einem schon an einer anderen Kirche ordinirten Kleriker eine höhere Weihe zu ertheilen m). Dadurch wurde auch der Vortheil erreicht, daß die Kirchenämter in jeder Diöcese regelmäßig nur an Eingeborne, die also mit deren Geiste und örtlichen Verhältnissen vertraut waren, verliehen werden konnten. Das jetzige Recht bewahrt in der Hauptsache noch denselben Grundsatz. Die Competenz des Bischofes zur Ordination entsteht nämlich daraus, wenn der zu Ordinirende in dessen Diöcese geboren ist (ratione originis), oder darin wohnt (ratione domicilii), oder eine Pfründe darin besitzt (ratione beneficii), oder drei Jahre lang mit ihm genauen Umgang gehabt hat (ratione familiaritatis sive commensalitii n). Ein fremder

i) Conc. Trid. Sess. XXIII. cap. 4. de ordine.

k) Can. Apost. 34., c. 6. 7. c. IX. q. 2. (Conc. Antioch. a. 332), c. 8. 9. eod. (Conc. Constant. a. 381.)

l) c. 6. D. LXXI. Conc. Carth. I. a. 348.)

m) c. 3. D. LXXI. (Conc. Nicæn. a. 325), c. 1. eod. (Conc. Sardic. a. 344), c. 6. eod. (Conc. Carth. I. a. 348), c. 2. eod. (Innoc. I. a. 404.)

n) c. 1. 2. 3. de tempor. ordin. in VI. (1. 9), Conc. Trid. Sess. XXIII. cap. 9. de ref.

Bischof kann nur dann ordiniren, wenn der Candidat Dimissorialbriefe (literae commendatitiae sive dimissoriales) von seinem rechtmäßigen Bischofe beibringt o). Bei den Protestanten haben diese Verhältnisse, weil die Ordination regelmäßig nur mit Beziehung auf ein bestimmtes Amt ertheilt wird, eine andere Wendung genommen. II. Da die Ordination einen unauslöschlichen Stand mittheilt, so muß die Kirche sorgen, daß ihr nicht müßige oder verarmte Kleriker zur Last fallen. Es soll daher niemand ohne Titel ordinirt werden. In der ältern Zeit wurde unter Titel nur ein Kirchenamt verstanden p). Später aber, da die Geistlichen zu vielerlei Diensten als Lehrer, bei den Gerichten und in Staatsämtern verwendet wurden, hat dieses allmählig eine andere Richtung erhalten. Jetzt wird daher jener Ausdruck auf jedes standesmäßige Auskommen bezogen. Es kann also außer einem Kirchenamte (titulus beneficii) auch das eigene Vermögen (titulus patrimonii) q), oder das Versprechen einer dritten Person den Unterhalt zu übernehmen (titulus mensae sive pensionis), endlich bei den Mönchsorden selbst das Gelübde der Armuth (titulus paupertatis) als Titel dienen. Die neuern Gesetze haben jedoch dabei große Vorsicht anempfohlen r). Der Bischof, welcher ohne Titel ordinirt, muß den Ordinirten ernähren s); wer einen falschen Titel vorgiebt, wird suspendirt t). Bei den Pro-

o) Conc. Trid. Sess. XIV. cap. 2. Sess. XXIII. cap. 8. de ref. — Solche Briefe kommen schon in der ältesten Zeit in verschiedenen Anwendungen vor: theils in der eben angeführten Beziehung, c. 8. D. LXXI. (August. c. a 392); theils als Zeugniß der ertheilten Ordination, c. 1. D. LXXIII. (Conc. Nicæn a. 525); endlich als Empfehlungsbriefe auf Reisen zur gastfreundschaftlichen Aufnahme, c. 9. D. LXXI. (Conc. Antioch. a. 332.) Zur größern Sicherheit fanden dabei gewisse eigenthümliche Bezeichnungen oder Chiffres statt, und in dieser Gestalt wurden sie litteræ formatæ genannt, c. 1. 2. D. LXXIII.

p) c. 1. D. LXX. (Conc. Chalc. a. 451.) Die Worte dieser Stelle: nullum tale factum valere heißen aber im Original: μηδαμοῦ δύνασθαι ἐνεργεῖν, was einen andern Sinn giebt. — c. 2. D. LXX. (Urban. II. a. 1095.)

q) c. 4. 23. X. de præbend. (3. 5)

r) Conc. Trid. Sess. XXI. cap. 2. de ref.

s) c. 2. 4. 16. X de præbend. (3. 5), c. 37. eod. in VI. (3. 4)

t) c 1. D. LXX. (Conc. Chalc. a. 451), Conc. Trid. Sess. XXI. cap. 2. de ref.

testanten geht die Ordination regelmäßig auf ein bestimmtes Amt; doch kommen zuweilen auch absolute Ordinationen vor, zum Beispiel bei Missionarien, oder bei Candidaten, die den Pfarrern zur Unterstützung beigegeben werden. III. Nach den alten Kirchengesetzen, die auch durch das Concilium von Trient wiederholt worden sind, muß der Ordination eine dreifache Prüfung (scrutinium) vorhergehen. Die eine, die das Alter und den früheren Lebenswandel des zu Ordinirenden betrifft, soll durch den Pfarrer in dessen Heimath vorgenommen werden u). Jetzt sind aber die Zeugnisse der Lehranstalten an deren Stelle getreten; doch wird noch immer wenigstens eine öffentliche Bekanntmachung in der Pfarrkirche erlassen. Die zweite Prüfung ist auf die wissenschaftliche Fähigkeit und Kenntnisse gerichtet (§. 215). Die dritte besteht in einigen bei der Ordination selbst vorkommenden feierlichen Fragen, welche noch an die Zeit erinnern, wo der Archidiacon und das versammelte Volk selbst Zeugniß über den zu Ordinirenden ablegten v). IV. Die Weihen müssen in der gehörigen Reihenfolge w), mit Beobachtung der gesetzlichen Zwischenräume (interstitia) x), an den bestimmten Tagen y), an dem bestimmten Orte z), und mit den gehörigen Feierlichkeiten a) ertheilt werden. V. Ueber die erhaltene Ordination wird

---

u) Conc. Trid. Sess. XXIII. cap. 5. de ref.

v) c. 2. D. XXIV. (Conc. Carth. III. a. 397), c. 5. D. LXI. (Leo I. a. 442), c. un. X. de scrutin. (1. 12.)

w) c. un. X. de cler. per saltum promot. (5. 29.)

x) c. 2. X. de eo qui furtiv. (5. 30), c. 13. 15. X. de tempor. ordin. (1. 11), Conc. Trid Sess. XXIII. c. 11. 13. 14. de ref. Ueber das ältere Recht: c. 3. D. LXXVII. (Siric. a. 385), c. 2. eod. (Zosimus a. 418), c. 8. 9 eod. (Gelas. a. 494.)

y) c. 4. 5. D. LXXV. (Leo I. a. 445), c. 7. eod. (Gelas. a. 494), c. 6. eod. (Ordo Rom. c. a. 800), 2. 3. 8. 13. 16 X. de temp. ordin. (1. 11), Conc. Trid. Sess. XXIII. cap. 8. de ref.

z) c. 6. D. LXXV. (Ordo Roman. c. a. 800), Conc. Trid. Sess. XXIII. cap. 8. de ref.

a) c. 7. 8. 15 — 20. D. XXIII. (Conc. Carth. IV. a. 398), c. 13. 14. eod. (Conc. Hipsal. II. a 619), c. 5. 12. eod. (Nicol. I. c. a. 864), c. 3. X. de sacram. non iter. (1. 16) Die jetzigen Feierlichkeiten, welche in der Hauptsache noch immer dieselben sind, finden sich ausführlich im römischen Pontificale; die der Griechen und Protestanten in ihren Ritualbüchern.

ein schriftliches Zeugniß oder Ordinationsschein (litterae testimoniales ausgestellt b).

§. 217. V. Von den Würkungen der Ordination. A) Allgemeine Standespflichten der Geistlichen.

Greg. III. 1. Sext III. 1. Clem. III. 1. Extr. comm III. 1. De vita et honestate clericorum, Greg. III 2. De cohabitatione clericorum et mulierum, Greg. III. 50. Sext. III. 24. Ne clerici vel monachi sæcularibus negotiis se immisceant, Greg. V. 24. De clerico venatore, V. 25. De clerico percussore.

Die Weihe legt mit der hohen Würde, die sie ertheilt, auch große Verpflichtungen auf. Diese hat die Kirche seit den ältesten Zeiten in ihrer Gesetzgebung sehr oft und lebhaft ausgesprochen, und den Geistlichen die Aufgabe gestellt, eben so sehr durch ihr Leben und ihr Beispiel, wie durch ihre Lehren, die Gemüther an die Religion und die Kirche zu fesseln c). Sie sollen daher I. Von sich alle Beschäftigungen und Gewohnheiten entfernt halten, die entweder schon an und für sich tadelnswerth sind, oder doch leicht in gefährliche Leidenschaften übergehen können d), namentlich im Essen und Trinken Mäßigkeit beobachten e), nicht die Wirthshäuser f) oder Schauspielhäuser g) besuchen, viel weniger selbst Mummereien anstellen h), nicht jagen i), keine Ha-

b) Dazu dienten in der ältern Zeit, wie oben bemerkt, auch die litteræ formatæ, c. 1. D. LXXIII. (Conc. Nicæn. a. 325.)

c) c. 21. c. VIII. q. 1. (Hieronym. a. 386), Conc. Trid. Sess. XXII. cap. 1. de ref.

d) c. 3. D. XXIII. (Isidor. c. a. 633.) Um das Bedürfniß und den großen Werth dieser so oft wiederholten Vorschriften einzusehen, muß man sich an die Zeiten erinnern, in denen sie gegeben wurden.

e) c. 4. D. XXXV. (Hieronym. a. 387), c. 2. 3. 5. 6. eod. (Idem a. 390), c. 9. eod. (Conc. Agath. a. 506), c. 5. 6. D. XLIV. (Gregor. I. a. 592), c. 7. eod. (Conc. Nanet. I. a. 658), c. 14. X. de vit. et honest. (3. 1.)

f) c. 2. D. XLIV. (Conc. Laodic. c. a. 372), c. 4. eod. (Conc. Carth. III. c. a. 397), c. 3. eod. (Conc. Trull. a. 692), Capit. Episc. a. 801. c. 14. 19.

g) c. 19. D. XXXIV. (Conc. Agath. a. 506), c. 15. X. de vit. et honest. (3. 1.)

h) c. 7. D. XLIV. (Conc. Nanet. a. 658), c. 12. X. de vit. et honest. (3. 1.) Unstreitig bezieht sich diese Stelle auf das im Mittelalter übliche Narren- und Eselsfest.

zardspiele k) und keinen Wucher l) treiben, nicht zank- oder schmähsüchtig seyn m), nicht mit Schlägen sondern mit Ermahnungen strafen n), und den vertrauten Umgang mit weiblichen Personen, ja selbst den Schein desselben vermeiden o). II. Es ist ihnen eine größere Zurückgezogenheit und ein besonderer äußerer Anstand (decorum clericale) anempfohlen, damit sie sich vor den Laien auszeichnen. Sie sollen daher keine Waffen p), goldene Tressen, Spornen, oder bunte Aufschläge q), keine langen Haare

i) c. 2 D. XXXIV. (Conc Agath a 506), c 3. eod (Conc. Germ c. a 742), c 1. 2. X de cler venat. (5. 24), Conc. Trid. Sess. XXIV. c. 12. de ref. — Auch die weltlichen Gesetze untersagten es, Capit I Carlmann. a. 742. c. 2., Capit. Pippin a. 744 c. 3., Capit. I Carol. M. a. 769 c. 3., Capit. III. Eiusd a 789. c. 15., Capit. Eiusd a. 802 c. 19.

k) c 1. D. XXXV. (Can. Apost. 41. 42), Capit Reg Franc. Add. III c. 53., c. 15. X de vit et honest (3 1.) Eine charakteristische Erzählung über die Leidenschaft, womit man das Schachspiel trieb, findet sich in einem Briefe von Petrus Damiani bei *Baron.* Annal. ad a 1061. c 41. 42.

l) c. 1. D. XLVII. (Can. Apost. 43), c. 5 eod (Conc. Eliber. a. 313), c. 2. eod. (Conc Nic. a 325), c 9 D. XLVI. (Conc. Laod. a. 372), c. 10. eod. (Leo. I. a 443.)

m) c. 4—8. D. XLVI. (Conc. Carth. IV a 398)

n) c. 7. D. XLV. (Can. Apost. 26), c. 6. eod. (Leo. I. a. 445), c. 9. 14. eod. (Gregor I. a. 590), c. 1. 15. eod. (Idem a. 593), c. 8 eod. (Conc. Bracar. III. a 675), c. 1. 2. X. de cler. percuss. (5. 25.)

o) c. 16. D. XXXII. (Conc. Nic. a. 325), c. 28. D. LXXXI. (Conc. Laodic. c. a 372), c. 27. 32. eod (Conc. Carth. III. a. 397), c. 24. eod (Gregor. I. a 591), c. 23. 25. eod. (Idem c. a. 598), c. 1. D. XXXIV. (Nicol I. a. 865), c. 15. D. LXXXI. (Gregor. VII. c. a. 1073), c. 1. 2. 9. X. de cohab. cler. (3 2), Conc. Trid. Sess. XXV. cap 14 de ref. — Auch die weltlichen Gesetze sprachen darüber sehr oft, Capit. I Carlmann a 742 c 7, Capit. Pipp. a. 744. c 8., Capit I. Carol M. a. 789 c. 4, Capit. Episc. a. 801. c. 15., Capit. I. Carol. M. a. 802. c. 23. 24.

p) c. 6. c. XXIII. q. 8. (Conc. Meld. a. 845), c. 2. X. de vit. et honest. (3 1) — Capit. I Carlmann. a. 742. c. 2, Capit. Wermer. a. 752. c. 16, Capit Episc a 801. c. 18.

q) c. 2. c. XXI. q. 4. (Conc. Trull. a. 692), c. 3. eod. (Zachar. a. 743), c. 1. eod (Conc. Nicæn. II a. 787), c. 15. X. de vit. et honest. (3. 1.) — Den Luxus des Mittelalters beschreibt mit seiner gewöhnlichen Lebhaftigkeit Petrus Damiani bei *Baron.* Annal. ad a. 1061. c. 47. 51—53.

oder Bärte r), sondern überhaupt eine bescheidene einfache Kleidung tragen s). Bei den heiligen Handlungen war von jeher eine besondere Tracht gebräuchlich t). Im gewöhnlichen Leben hingegen hatten die Geistlichen anfangs keine ausgezeichnete Kleidung; nur war ihnen dabei größere Bescheidenheit auferlegt u). Seit dem sechsten Jahrhundert ist dadurch eine mehr regelmäßige geistliche Kleidung aufgekommen v). Diese Zurückgezogenheit schließt aber eine anständige Freigebigkeit und Gastfreundschaft nicht aus, vielmehr ist ihnen diese zur besonderen Pflicht gemacht w). III. Endlich sollen die Geistlichen ihre religiöse und wissenschaftliche Bildung fortwährend vervollkommnen x), und daher alle Beschäftigungen vermeiden, wodurch sie davon abgezogen werden, oder welche mit dem Geiste ihres Standes nicht vereinbar sind, namentlich gewinnsüchtigen Handel y), Handwerke außer zu ihrem Vergnügen z), zu große Vorliebe für weltliche Wissenschaften a), Jurisprudenz und Medizin b), chirur-

r) c 22. D XXIII. (Conc. Agath. a. 506), c. 32. eod. (Conc. Bracar. a. 561), c. 5. X. de vit. et honest. (3. 1.)

s) clem. 2. de vit. et honest (3. 1), Conc. Trid. Sess. XIV. c. 6. de ref.

t) c. 19. D. XCIII. (Conc. Carth IV. a. 398), c. 3. D. LXXV. (Conc. Tolet. IV. a. 633), c. 65. c. XI q. 3 (Idem eod.)

u) c. 5. D. XLI. (Conc. Gangr. a. 376), c. 7. eod. (Conc. Carth. IV. a. 398.)

v) c. 22. D. XXIII. (Conc. Agath. a. 506), Conc. Matisc. I. a. 581. c. 5, Cap it. Carlmann. a. 742. c. 7.

w) c. 1. D. XLII (Conc. Gangr. a. 376), c. 2. eod. (Chrysost. c. a. 400), Capit. Carol M. a. 789. c 73.

x) c. 3. D. XXXVIII (Leo I. a 449), c. 1. eod. (Conc. Tolet. IV. a. 633), c. 1. D. XXXIX. (Gregor. I. a. 600.)

y) c. 9. D. XXXVIII. (Hieron. a. 392), c. 10. eod. (August. a. 392), c. 12. eod. (Idem c. a. 415), c. 2. eod (Gelas a. 494), c. 13. eod. (Cassiod. c. a. 550), c. 6. X. ne cleric. vel monach. (3. 50.)

z) clem. 1. de vit. et honest. (3. 1.)

a) c. 1. D. XXXVII. (Conc. Carth. IV. a. 398), c. 2—5. 10. 11. eod. (Hieronym. † c. a. 422.)

b) c 3. 10. X ne cleric. vel monach. (3. 50.) Man darf bei diesen Verboten die Umstände nicht übersehen: das Zuströmen der Domherren zu den jungen Universitäten, das Zudrängen der Geistlichen zu den Gerichten als Räthe oder Sachwalter.

gische Praxis c), das Notariat d), und andere Staats- oder Kriegsdienste e). Die Uebertretung dieser Vorschriften heißt ein Exceß, und soll von dem Bischof nach den Umständen schwerer oder gelinder bestraft werden f). IV. In der russischen Kirche und bei den Protestanten giebt es über die Standespflichten der Geistlichen ähnliche oft sehr genaue Landesgesetze.

§. 218. B) Von der Verpflichtung zum ehelosen Leben.
1) Historische Einleitung.

Die Entsagung auf das eheliche Leben, um ungetheilt den göttlichen Dingen nachzugehen, wird durch die Sache selbst als ein Zustand höherer Vollkommenheit bezeichnet, und ist auch von Christus und den Aposteln als ein solcher anerkannt worden g). Diese Entsagung schien aber derjenigen besonders würdig, die im täglichen Umgang mit den heiligen Geheimnissen diesen ausschließlich ihr Gemüth zuwenden sollten h). Schon in den ältesten Kirchengesetzen wurde daher den Priestern die Eingehung einer Ehe verboten i). Doch hielt man es mit diesem Verbote noch vereinbar, die Weihe an bereits verheirathete Männer zu ertheilen; und bei dem Mangel an Geistlichen mußte man darüber weg sehen, wenn diese den Umgang mit ihren Eheweibern fortsetzten k). Seit dem vierten Jahrhundert bildeten aber die Ge-

c) c. 19. X. de homic. (5. 12.)

d) c. 3. D. XXXVI. (Origen. a. 217), c. 1. 2. 4. 5, 8. 9. X. ne cleric. vel monach. (3. 50.)

e) Capit. I. Carol M. a. 769. c. 2, Eiusd. Capit. VIII. a. 803. Wie nothwendig solche damals waren beweist *Albert. Stadens.* ad a. 1172. Christianus Moguntinus *Archiepiscopus* — omnia depopulans Bononiensis invasit, et in equo residens, indutus thorace et desuper tunica hyacinthina, habens in capite galeam deauratam, et in manibus *clavam trinodem*, ipse in eodem prælio dicitur stravisse *novem homines propria manu.*

f) Conc. Trid. Sess. XXII. cap. 1. de ref.

g) Matth. XIX. 12., I Cor. VII. 8. 32. 33. 34 38.

h) Sehr bestimmt spricht darüber *Origen.* († 234.) In libr. Numer. homil. XXIII. c. 3.

i) Can. Apost. 25., c. 9. D. XXVIII. (Conc. Neocæs. a. 314), c. 8. eod. (Conc. Ancyr. a. 314.)

k) *S. Epiphan.* († 403) Advers. hæres. Lib. II. Tom. I. hæres. 59. c. 4. Ita enim profecto sese res habet, ut post

setze der abendländischen Kirche diese Verhältnisse schärfer aus; sie verlangten die Enthaltsamkeit vom ehelichen Leben nicht blos bei den Priestern, sondern auch bei den Diaconen l), und erlaubten daher bereits verheirathete Männer zu diesen Graden nicht anders als nach abgelegtem Gelübde der Keuschheit zu ordiniren m). Endlich wurde die Verpflichtung zum ehelosen Leben auf das Subdiaconat ausgedehnt, und auch bei der Ertheilung dieser Weihe an verheirathete Männer das Versprechen sich zu enthalten n) oder seine Frau zu entlassen, vorgeschrieben o). Eine Uebertretung aller dieser Gesetze zog aber nicht Trennung der Ehe, sondern nur Entfernung von den geistlichen Verrichtungen nach sich. Die griechische Kirche wich von der Strenge der lateinischen darin ab, daß sie einen Verheiratheten ohne allen Vor-

---

Christi in orbem terrarum adventum eos omnes, qui secundum priores nuptias mortua uxore alteri sese nuptiis illigarint, sanctissima Dei disciplina reiiciat: propterea quod incredibilis est sacerdotii honor et dignitas Atque istud ipsum sacrosancta Dei ecclesia cum omni provisione diligentiaque servat. Quin eum insuper, qui adhuc matrimonio degit, ac liberis dat operam, tametsi unius sit uxoris vir, nequaquam tamen ad diaconi, presbyteri, episcopi aut subdiaconi ordinem admittit: sed eum duntaxat, qui ab unius uxoris consuetudine sese continuerit, aut ea sit orbatus; quod in illis locis præcipue fit, ubi ecclesiastici canones accurate servantur. Atenim nonnullis adhuc in locis presbyteri, diaconi et subdiaconi liberos suscipiunt? Respondeo: non illud ex canonis authoritate fit, sed propter hominum ignaviam, quæ certis temporibus negligenter agere ac connivere solet; et ob nimiam populi multitudinem, cum scilicet qui ad eas se functiones applicent, non facile reperiuntur.

l) c. 3 4. D LXXXII. (Siric. a. 385), c. 3. D. LXXXIV. (Conc. Carth II. a. 390), c. 13. D. XXXII. (Conc. Carth. V. a. 401), c. 4. 5 D. XXXI. (Innoc. I. a. 404), c. 2. D. LXXXII. (Idem a. 405), c. 1. D. XXVII. (Mart. Brac. a. 572)

m) c 10 D. XXXI (Leo I. a. 443), c. 6. D. XXVIII. (Conc. Arel. II. a 452), c. 7. eod (Conc. Arel. IV. a. 524.)

n) c. 1. D XXXII. (Leo I a. 445), c. 5. D. XXVIII. (Conc. Tolet. II. a 531), c. 1. D. XXXI. (Gregor. I. a. 591.)

o) c. 1. D XXXII. (Leo I a. 445), c. 5. D. XXVIII. (Conc. Tolet. II a. 531), Conc. Turon. II. a. 567. c. 19., Conc. Altisiod. a. 570. c. 20 — 22.

behalt bis zur Weihe des Presbyters zuließ p), und erst bei der Ordination zum Bischof die Trennung von der bisherigen Ehefrau verlangte q). Hingegen wiederholte Justinian bei den Graden vom Subdiacon aufwärts das Verbot, nach erhaltener Weihe zu heirathen, mit einer sehr wichtigen Verstärkung: indem die Uebertretung nicht nur mit der Verstoßung aus dem geistlichen Stande bestraft werden, sondern auch die Kinder als ungesetzlich, mithin die Ehe selbst als nichtig gelten sollte r). Später entstand zwar die Gewohnheit, daß diesen Klerikern nicht blos vor, sondern auch noch zwei Jahre lang nach erhaltener Weihe zu heirathen erlaubt wurde: allein der Kaiser Leo stellte das alte Recht wieder her. Doch machte er in einer anderen Beziehung die Milderung, daß die Geistlichen, welche nach der Ordination heiratheten, nicht mehr völlig aus dem geistlichen Stande verstoßen, sondern nur ihres Amtes entsetzt, übrigens aber für die kirchlichen Dienste, womit die Ehe vereinbar war, beibehalten werden sollten s). In der lateinischen Kirche wurden mittlerweile die alten Verordnungen wider die Priesterehen mehrmals und sehr nachdrücklich wiederholt t); auch erhielten sie durch die Einrichtung der Kapitel eine äußere Verstärkung. Allein nach der Auflösung des gemeinschaftlichen Lebens und dem damit zusammenhängenden Verfall der Kirchenzucht drangen jene Vorschriften so wenig durch, daß es in allen Ländern und selbst unter den Augen des Pabstes wieder viele verheirathete Priester gab u). Dadurch war

p) Nov. 6. c. 5., nov. 123. c. 12., c. 7. D. XXXII. (Conc. Trull. a. 692), c. 13 D. XXXI. (Idem eod.)

q) c. 42. §. 1. C. de episc. (1. 3), nov. 123. c. 1., Conc. Trull. a. 692. c. 48.

r) c 42. §. 1. c. 45. C. de episc. (1. 3), nov. 6. c. 5., nov. 22 c 42., nov. 123. c. 14.

s) Nov Leon. 3. 79., Balsamon ad Conc. Trullan. can. 6.

t) Conc. Roman. a. 743. c. 1. 2., Conc August. a 952. c. 1. 11., c. 16 — 18 D. LXXXI. (Alexand. II c. a. 1065.) In England griff schon im zehnten Jahrhundert der König Edgar mit sehr kräftigen Maaßregeln wider die beweibten Priester durch, *Mansi* Conc. T. XVIII. col. 479 483. 527.

u) *Desiderius* († 1087) apud *Mabillon.* Act. Sanctor. ordin S Benedict. Sæc. IV. P II p. 451. Itaque cum vulgus clericorum per viam effrenatæ licentiæ nemine prohibente

der Klerus auf vielfache Weise an die Welt gefesselt, und die Kirche, grade als sie jener rohen Zeit gegenüber der höchsten geistigen Anstrengungen bedurfte, durch ihre Diener gelähmt und unter die Zeitlichkeit erniedrigt. Endlich stellte Gregor VII., um die Freiheit der Kirche zu retten v), die alte Zucht durch einen entscheidenden Schritt wieder her, indem er (1074) sowohl die beweibten Priester selbst, wie die Laien, welche bei ihnen beichten oder die Messe hören würden, in den Bann that w). Die Ehe selbst war aber doch noch gültig, und zog nur, wie früher, die Entfernung von den geistlichen Verrichtungen nach sich x). Allein bald nachher wurden, wie im Orient schon unter Justinian geschehen war, die Ehen der Kleriker vom Subdiacon aufwärts selbst für nichtig erklärt y). Bei den niederen Graden griffen die älteren Gesetze nicht so unbedingt ein, sondern man richtete sich mehr nach dem Herkommen jeder Kirche z). Daher gab es auch

---

gauderetur, cœperant ipsi presbyteri ac diaconi, qui tradita sibi sacramenta dominica mundo corde castoque corpore tractare debebant, laicorum more uxores ducere, susceptosque filios hæredes testamento relinquere, nonnulli etiam episcoporum, verecundia omni contemta, cum uxoribus domo simul in una habitare. Et hæc pessima et execranda consuetudo intra urbem maxime pullulabat, unde olim religionis norma ab ipso Apostolo Petro eiusque successoribus ubique diffusa processerat.

v) *Gregor*. VII Epist. III. 7. Non liberari potest ecclesia a servitute laicorum, nisi liberentur clerici ab uxoribus.

w) Gregor VII. muß im Ganzen den Geist seiner Zeitgenossen für sich gehabt haben; denn wie hätte er sonst, der den rohen Kräften nur geistige Waffen entgegenzustellen hatte, dennoch die Oberhand behalten können. Auffallend ist es übrigens, wie protestantische Schriftsteller, namentlich Joh. Müller, Hüllmann, Joh. Voigt, und vorzüglich Luden, den großen Mann auch hierin viel gründlicher und gerechter beurtheilen, wie die katholischen. An Widerspruch der sinnlicher Gestimmten hat es freilich damals, so wie auch zu andern Zeiten, nicht gefehlt.

x) c. 10 11. D. XXXII. (Urban. II. a. 1089.)

y) c. 8. D XXVII. (Conc Later. I. a. 1123), c. 40. c. XXII. q. 1. (Conc. Later. II a. 1139)

z) c. 4. D LXXXIV. (Conc. Carth. V. a. 401), c. 15. D. XXXII. (Conc. Chalc. a. 451), c. 14. D. XXXIV. (Conc Agath. a 506.)

im Abendlande noch lange verheirathete Kleriker dieser Art, welche geistliche Verrichtungen versahen a). Seit dem zwölften Jahrhundert wurden aber die geschärften Cölibatgesetze auch auf die niederen Kleriker in der Weise ausgedehnt, daß die Ehe derselben zwar gültig bleiben, allein unmittelbar und von selbst den Verlust des Amtes b) und der Privilegien des geistlichen Standes c) nach sich ziehen sollte. Später aber ist Letzteres unter gewissen Voraussetzungen gemildert d), und auch im Nothfall die Verrichtungen der niederen Weihen verheiratheten Männern zu übertragen gestattet worden e).

§. 219. 2) Heutiges Recht.

Greg III. 3. Sext. III. 2. De clericis conjugatis, Greg. IV. 6. clerici vel voventes matrimonium contrahere possunt.

I. Die jetzige Disciplin der katholischen Kirche hinsichtlich der Priesterehen ist noch auf das Recht des Mittelalters gegründet, da dieses durch das Concilium von Trient ausdrücklich wiederholt worden ist. Die Kleriker der höheren Weihen dürfen sich also nicht verheirathen, sondern ihre Verbindung ist kirchlich nichtig und verbrecherisch, und zieht von selbst den Verlust des geistlichen Amtes nach sich f). Ob und wie sie bürgerlich zu einer Ehe gemacht werden könne, hängt von den Landesgesetzen ab. Verheirathete Kleriker der niederen Weihen, die noch wirklich die geistlichen Verrichtungen ausüben, werden nach der jetzigen Verfassung auch nicht leicht vorkommen. II. In der morgenländischen Kirche dürfen noch jetzt, den alten Vorschriften gemäß, die Geistlichen der höhern Grade nach empfangener Weihe nicht heirathen. Da aber umgekehrt bereits Verheirathete ordinirt werden können: so ist es der That nach dahin gekommen,

---

a) c. 14. D. XXXII. (Humbert. Card. a. 1054.)

b) c. 1. 2. 3. 5. X. de cleric conjug. (3. 3.)

c) c. 7. 9. X. de cleric. conjug. (3. 3.)

d) c. 1. de cler. conjug. in VI. (3. 2), clem. 1. de vit. et honest. (3. 1), Conc. Trid Sess. XXIII. cap 6. de ref.

e) Conc Trid Sess. XXIII. cap. 17. de ref.

f) c. 1. 4 X. de cleric. conjug (3. 3), c. 1. 2. X. qui cleric. vel vovent. (4. 6), Conc. Trid. Sess. XXIV. can. 9. de sacram. matrim.

daß regelmäßig jeder angehende Geistliche kurz vor dem Empfang der Weihe zur Ehe schreitet. Doch werden zur Weihe diejenigen nicht mehr zugelassen, die in einer zweiten Ehe stehen, oder eine Wittwe geheirathet haben g). Auch dürfen die Geistlichen bei Verlust des Amtes nach dem Tode ihrer Ehefrau nicht eine zweite nehmen. Die Bischöfe sollen sogar ganz ohne Frau leben h), und werden daher regelmäßig aus dem Mönchsstand gewählt. III. Die Protestanten haben zwar den Vorzug des ehelosen Lebens für den geistlichen Beruf anerkannt i), doch aber ihre Prediger von allen gesetzlichen Beschränkungen dieser Art entbunden k).

§. 220. 3) Allgemeine Bemerkungen.

I. Die Verpflichtung der Geistlichen zum ehelosen Leben gründet sich in der Hauptsache auf die Bedeutung und Würde des Priesterthums, welches nur denjenigen ertheilt werden soll, die diesen hohen Beruf seinem ganzen Umfange nach erkannt, und den weltlichen Dingen mit dem ernstesten, unabänderlichen Entschluß den Abschied gegeben haben. Schon in dem Alterthum wurde dem jungfräulichen Stande eine höhere Ehre beigelegt, und von den Dienern der Mysterien theilweise oder gänzliche Enthaltsamkeit gefordert. Die Kirche hat also hier, wie auch sonst häufig, nur eine durch das allgemeine Gefühl bezeichnete Wahrheit näher aufgefaßt und entwickelt. II. Die ausgedehnten Pflichten, die nach der Disciplin der katholischen Kirche dem Geistlichen als Seelsorger auferlegt sind, vertragen sich ebenfalls mit dem ehelichen Leben nicht. Häusliche Sorgen ziehen den Geist vom Allgemeinen ab, lähmen die Selbstaufopferung am Krankenbett, den Muth in den Zeiten der Verfolgungen, hindern die Freigebigkeit gegen die Armuth, und rauben die Nebenstunden,

---

g) Nov. Just. 6. cap. 1. §. 3. cap. 5., nov. 22. cap. 42., nov. 123. cap. 1. 12.

h) Nov. Just. 6. cap. 1. §. 7.

i) Helvet. Conf II. Cap. XXIX. Aptiores autem hi (scil. qui donum habent cælibatus) sunt curandis rebus divinis, quam si privatis familiæ negotiis distrahuntur.

k) Helvet Conf. I. Art. XXVII., Angl. Conf. Art. XXXII., August. Conf. Tit. II. De conjugio sacerdotum, Saxon. Conf. Tit. De conjugio.

welche dem Gebet und den Wissenschaften gewidmet seyn sollen. Wenn also die Kirche von dem, der diesen Dienst erwählt, fordern darf, daß er ganz und ungetheilt Vater seiner Gemeinde werde, so ist eben dadurch auch ihr Gebot des ehelosen Lebens begründet und gerechtfertigt. III. Die Kirche betrachtet überhaupt jeden Beruf im Staate wie in der Kirche als eine göttliche, durch die inneren Anlagen und Neigungen angezeigte Bestimmung. Sie läßt daher zwar die Wahl völlig frei l), allein sie verlangt, daß diese mit Besonnenheit gefaßt m), und der einmal erwählte Beruf mit männlichem Ernste im Leben durchgeführt werde. Der Verpflichtung der Geistlichen zum Cölibate ist daher das für die Laien nicht minder inhaltsschwere Gesetz der Unauflösbarkeit der Ehe an die Seite gestellt, und es liegt nur eine oberflächliche, durch Sinnlichkeit bestimmte, Auffassung dieser Verhältnisse zum Grunde, wenn man wähnt, daß zur würdigen Durchführung der Ehe eine geringere moralische Kraft, wie zum ehelosen Leben, erforderlich sey. Hauptsächlich durch diesen hohen sittlichen Ernst, womit die Kirche die Lebensverhältnisse auffaßt und ordnet, hat sie den Nationen die Ehrfurcht vor ihrem Heiligthum eingeflößt, und selbst ihren unbefangenen Gegnern Achtung abgenöthigt. Ihre Feinde wissen daher auch recht gut, warum sie grade diese Seite so eifrig bestreiten. IV. In der morgenländischen Kirche sind zwar die Weltgeistlichen regelmäßig verheirathet; allein eben deßhalb hat sich der Mönchs-

---

l) Es ist daher ganz falsch, wenn man das Cölibat als einen widerrechtlichen Zwang betrachtet; die Kirche nöthigt ja niemand Geistlich zu werden. Wohl aber darf sie von demjenigen, der es werden will, verlangen, daß er sich den zur Vollkommenheit dieses Standes gehörenden Anordnungen unterwerfe. Oder ist es etwa auch eine Beeinträchtigung der Menschenrechte, wenn der Staat verbietet, daß man nicht zugleich Professor und Schauspieler, oder Soldat und Handwerker seyn könne?

m) Der Ausspruch Christi (Matth XIX 11. Das Wort fasset nicht jedermann) beweist daher gegen das Cölibat nichts: denn die Kirche setzt hier eben solche voraus, die es gefaßt haben Diesem kann man auch nicht entgegenstellen, daß so viele nicht nach wahrhaft erkanntem Beruf, sondern mehr durch Zufälligkeiten bestimmt, in den geistlichen Stand treten; denn dieses beweist nur, daß die Bischöfe die vielen Mittel, die ihnen die kirchliche Gesetzgebung und das geistliche Erziehungswesen, um den wahren Beruf ausfindig zu machen, darbietet, sorgfältiger benutzen sollten.

stand in der öffentlichen Meinung weit über sie erhoben, und dieser hat fast ausschließlich das Vertrauen im Beichtstuhl und die wissenschaftlichen Beschäftigungen an sich gezogen. Eben so würde im Abendlande, wenn man den Geistlichen die Ehe gestattete, in denjenigen, die doch im höheren Geist ihres Berufs sich davon entfernt hielten, ein freiwilliger Mönchsstand sich darstellen, ihnen die Achtung und das Vertrauen der Gemeinde vorzugsweise zufallen, Stiftungen für sie entstehen, und zuletzt, wie im Mittelalter, durch die Verwendung der Fürsten und Bischöfe, in einer neuen Form das Cölibat und Mönchswesen eingerichtet seyn. V. Verheirathete Bischöfe vertragen sich aber mit den Einrichtungen der Kirche schlechterdings gar nicht: es würde dadurch, wie der Zustand der englischen Kirche zeigt, die Vergebung der Aemter dem ärgsten Nepotismus, die Verwendung des Kirchengutes den größten Gefahren n) ausgesetzt seyn o). Beiden Uebeln könnte nur durch eine strenge Aufsicht, entweder von Seiten des Pabstes, oder wie in der schwedischen Kirche von Seiten der Regierung, begegnet werden, dadurch aber der Geist und die Freiheit der Verfassung ganz zu Grunde gehen. VI. Würde zwar den Priestern die Ehe gestattet, den Bischöfen nicht,

---

n) Die Kirche verlangt für die Bischöfe eine reiche Dotation, aber nicht zur äußern Pracht und Weltlichkeit, sondern damit sie nach den Pflichten ihres Amtes zu religiösen, wissenschaftlichen und mildthätigen Zwecken würdig und großartig mitwürken können. Durch die Ehe der Bischöfe würde diese große Absicht gänzlich vereitelt. Allerdings haben mehrere englische Bischöfe herrliche Stiftungen gegründet; allein dieses sind gerade solche, die nicht verheirathet waren.

o) Beides hat die griechische Kirche schon früh erfahren, und daher die Vorschrift erlassen, daß zu Bischöfen nur solche genommen werden dürften, die weder Kinder noch Enkel hätten, c. 42. §. 1. C. de episc et cler. (1 3), nov. 6. cap. 1. §. 4., nov. 123. cap. 1. — Hier muß diese neue Auflage zwar obiges stehen lassen, jedoch bemerken, daß nicht nur die aus Dr. Frid. Hubers — und aus der Werkmeisterschen Schule hervorgegangenen obersten Kirchenvorstände — sondern selbst der Hochw. Bischof J. M. v. Sailer, s Hand. der christl. Moral § 245., mit obigen Sophismen unmöglich aufrichtig einverstanden seyn können; daß die im Sinne des absoluten Bundestages hierüber erlassenen Hirtenbriefe den gewünschten Effekt schwerlich machen werden, und daher einzig in der vor der Badischen Kammer in Antrag gebrachten Synode gründliche Heilung des allgemein erkannten Schaden Josephs zu hoffen seyn dürfte.

so wäre dadurch stillschweigend die Mißbilligung der Priesterehe eingestanden, dem freiwilligen Mönchsstand eine neue Aufmunterung und Anerkennung gewährt, und so in die Verfassung der innere Widerspruch aufgenommen, der die griechische Kirche drückt. VII. Der gewöhnliche Vorwurf, daß das Cölibat zur Unsittlichkeit führe, entspringt aus einem geringen Vertrauen auf die moralische Kraft des Willens. Nach den jetzigen bürgerlichen Verhältnissen sind ohnehin die Wenigsten im Stande, schon in den Jahren, wo die Leidenschaft am stärksten ist, zu heirathen, und so ist eigentlich durch jenen Vorwurf unsere ganze Jugend gebrandmarkt. Auch schützt selbst die Ehe, wie die Erfahrung zeigt, den Weichling gegen Lüsternheit nicht. Weit sicherer würde der Unsittlichkeit des Klerus vorgebeugt, wenn die Bischöfe in der geistlichen Erziehung mehr das so sehr vernachläßigte ascetische Element ausbilden wollten. VIII. Der Vorwurf, daß das Cölibat dem Staate nachtheilig sey, verdient keine Widerlegung mehr, da man täglich in den Auswandernden und in denen, die wie die Schweizer ihr Leben in fremden Kriegsdiensten verkaufen, die unglücklichen Schlachtopfer der Bevölkerungs-Politik vor Augen hat.

§. 221. C) Allgemeine Standesrechte der Geistlichen.

Greg II. 2. Sext. II. 2. Clem. II. 2. De foro competenti, Greg III. 49. Sext. III. 23. Clem. III. 17. Extr. comm. III. 13 De immunitate ecclesiarum.

Die Würde und eigenthümlichen Rücksichten, die der geistliche Stand verlangt, sind in den christlichen Staaten auch durch mehrere bürgerliche Vorrechte anerkannt worden. Dahin gehört I. Die Befreiung von den öffentlichen persönlichen Lasten, Einquartierung, Frohnden, und Kriegsdiensten p). II. Die Immunität von den Steuern und Abgaben. Der Umfang dieses Vorrechts hat jedoch nach der Steuerverfassung jeder Zeit sehr gewechselt q). Jetzt ist es sehr beschränkt. In der größten Aus-

---

p) c. 8. 10. 14. C. Th. de episc. (16. 2), c. 1. 2. C. I. de episc. (1. 3), c 69. c. XII. q. 2. (Conc. Tolet III. a. 589), Capit. Reg. Franc. Lib. VII. c. 185. 290. 467.

q) c. 8. 10. 14. 15. 26. 36 C. Th de episc. (16 2), c. 1. 2. 3. 6. C. I. de episc. (1. 3), Auth. ad c. 2. C. eod., c. 4. 7. X. de immunit. (3. 49), c. 4. de censib. in VI. (3. 20), clem. 3. eod. (3. 13.)

dehnung besteht es noch in Rußland und England. III. Die Befreiung von den Staats- und Gemeinde-Aemtern, weil sich diese mit den geistlichen Beschäftigungen nicht vertragen r). IV. Der befreite Gerichtsstand vor den geistlichen oder den höhern weltlichen Gerichten. Davon ist schon bei der Jurisdiktion gehandelt worden. V. Die Rechtswohlthat der Competenz (beneficium competentiae), kraft welcher ihnen, wenn sie wegen Schulden ausgeklagt werden, doch so viel als zu ihrem nothdürftigen Lebensunterhalt gehört, gelassen werden muß. Dieses beruht aber nicht auf ausdrücklichen Gesetzen s), sondern nur auf der Billigkeit und Praxis. VI. Um die wehrlosen Diener der Religion und des Friedens gegen Rohheit und Frevel zu schützen, haben die Kirchengesetze t) denen, die wider einen Geistlichen eine Realinjurie begehen würden, mit dem Anathem gedroht (privilegium canonis). Auch nach den bürgerlichen Gesetzen werden überall die ihnen zugefügten Beleidigungen besonders strenge bestraft.

Drittes Kapitel.

Von den Kirchenämtern im Allgemeinen.

§. 222. I. Bedeutung eines Kirchenamtes.

Jedes Amt ist, im höheren Sinn der Kirche aufgefaßt, ein Inbegriff von Pflichten, die man für das Wohl des Ganzen aus innerem Beruf, und daher als eine dauernde Bestimmung u),

r) c. 1. 2. 7. 9. 11. 19. 21. 24. C. Th. de episc. (16. 2), c. 6. 52. C. I. de episc. (1. 3), c. 40. c. XVI. q. 1. (Justinian. c. a. 532.)

s) Das Cap Odoardus 3. X. de solution. (3. 23), welches man gewöhnlich dafür anführt, beweist es nicht. — Günstige Verordnungen für Würtembergs kathol. Geistlichkeit enthält M. Ueb. §. 67. 85. 121. V. über Sch. und A. R. §. 35. 36.

t) Capit. Reg. Franc. Lib. V. c. 192., c. 29. c. XVII. q. 4. Conc. Later. II. a. 1139), c. 5. 6. 14. 17. X. de sentent. excom. (5. 39.) Man muß bei diesen Gesetzen an die damaligen Zeiten denken.

u) I. Cor. VII. 20. Unusquisque in qua vocatione vocatus est, in ea permaneat.

übernimmt. Es ist also I. Kein wahres Kirchenamt, wenn blos der Genuß von kirchlichen Einkünften oder andern selbstnützigen Rechten ohne bestimmte Verpflichtungen übertragen wird. Im Mittelalter, wo die Kirche aus ihrem ansehnlichen Vermögen eine große Zahl von Personen zu unterhalten im Stande war, gab es zwar viele Aemter, die verhältnißmäßig nur wenige wirkliche Dienstleistungen auferlegten. Doch blieb jener Grundsatz selbst immer anerkannt v). Der gemeinen Auffassung nach wurde freilich das mit solchen Aemtern verbundene Einkommen als die Hauptsache betrachtet w): daher ist der Ausdruck Beneficium, der eigentlich nur die mit einem Amte verbundene Dotation bezeichnet, auch für das Amt selbst gebraucht x), und das Verhältniß des Inhabers häufig unter den rein privatrechtlichen Gesichtspunkt gezogen worden y). Auf der anderen Seite entsprang aber daraus für die Kirchenbeamten, so wie für die weltlichen Beamten aus dem Lehnwesen, der Vortheil einer höchst selbstständigen und gesicherten Stellung. II. Eben so wenig können die kirchlichen Verrichtungen, die blos auf eine bestimmte Zeit oder auf willkührlichen Widerruf ertheilt werden, ein wahres Kirchenamt heißen. Verhältnisse dieser Art sind selbst, besonders für die Seelsorge, dem Geiste der Verfassung zuwider, weil sich dabei kein wahres Band zwischen dem Beamten und der Gemeinde bilden kann z). III. Uebrigens sind aber auch die Stiftungen von Privatpersonen, an deren Genuß die Verbindlichkeit Messe zu lesen oder eine andere gottesdienstliche Verrichtung geknüpft ist, selbst wenn dieser Genuß dauernd und auf Lebenszeit verliehen wird, so lange sie der Bischof nicht zum Titel eines Be-

---

v) c. ult. de rescr. in VI. (1 3)

w) Wir sollten uns doch auch hierin nicht so sehr über das Mittelalter erheben. Wie Viele giebt es denn, die bei den Staatsämtern nicht hauptsächlich das Einkommen im Auge haben? Und wie viele Aemter werden nicht blos zur Versorgung geschaffen?

x) Sogar das Amt des Pabstes wurde in diesem Sinn ein beneficium genannt, c. 1. X. de maledic (5. 26.)

y) c. 40. de præbend. in VI. (3. 5.) Hier wird ein jus ad præbendam und in præbenda, so wie damals in der Schule ein jus ad rem und in re, unterschieden.

z) Conc. Trid. Sess. VII. cap. 7. Sess XXIII. cap. 16. Sess. XXIV. cap. 13. de ref.

neficiums erhoben hat, nicht für eigentliche Beneficien zu halten, weil diese nicht durch eine bloße Privatperson gegründet werden können. Ein solches Stiftungsvermögen ist also auch nicht Kirchengut, sondern Eigenthum der Familie.

§. 223. II. Von der Errichtung der Kirchenämter.

Da die Kirchenämter zur Handhabung der kirchlichen Gewalt bestimmt sind: so kann die Errichtung eines Kirchenamtes (constitutio sive erectio beneficii) rechtmäßig nur von der Kirche selbst ausgehen. Die Errichtung der Bisthümer geschah daher in der älteren Zeit durch das Provinzialconcilium a); seit dem achten Jahrhundert aber häufig durch den Pabst b), und dieses ist jetzt bei den höheren Kirchenämtern und Corporationen zum gemeinen Recht geworden. Die Errichtung der niederen Kirchenämter geschieht durch den Bischof c). Doch ist auch die Zustimmung des weltlichen Arms nöthig, und von diesem geht selbst häufig der erste Antrag aus. Bei der Errichtung muß aber die Kirchenbehörde theils das Bedürfniß und die Zweckmäßigkeit des neuen Amtes, theils die etwaige Collision mit den Rechten dritter Personen d), endlich auch die Größe der Dotation e) untersuchen. Von der Art, wie diese beigeschafft werden kann, wird unten im sechsten Buch die Rede seyn. In Betreff der Bisthümer besteht insbesondere die wohlbegründete Vorschrift, daß sie nur in größern, ansehnlichen Städten errichtet werden sollen f). Der Errichtung steht gleich, wenn ein schon bestehendes Amt in ein anderes verwandelt (immutatio beneficii), oder wenn ein unterdrücktes Amt wieder hergestellt wird (restitutio beneficii). In der russischen Kirche und in den protestantischen Ländern geschieht

---

a) c. 50. c. XVI q. 1. (Conc Carth II. a. 390.)

b) Beispiele davon findet man in *Mansi* Conc. T. XII. col. 316. 320. Doch kommen auch noch im dreizehnten Jahrhundert Fälle vor, wo blos ein Erzbischof ein Bisthum errichtete, c. 16. X. de M. et O. (1. 33.)

c) Conc. Trid. Sess. XXIV. cap. 13. de ref.

d) c. 36. X. de præbend. (3. 5)

e) c. 9. D. I. de cons. (nov. Justin. a. 538), c. 8. X. de consecr. eccl. (3. 40), c. 3 X. de eccl. ædific. (3. 48.)

f) c. 5. D. LXXX. (Conc. Laod. c. a. 372), c. 4. eod. (Leo I. a. 442), c. 53. c. XVI. q. 1. (Gregor. III. c. a. 738.)

die Errichtung neuer Kirchenämter größtentheils durch den Landesherrn.

§. 224. III. Von der Veränderung der Kirchenämter.

Die einmahl errichteten Kirchenämter bestehen so lange fort, bis daß auf rechtmäßigem Wege eine Veränderung (innovatio) damit vorgenommen wird. Diese kann aber gesetzlich nur durch dieselben Behörden geschehen, die zu der Errichtung mitgewürkt haben, als bei den höhern Aemtern durch den Pabst g), bei den niederen durch den Bischof h). Auch ist in den meisten Ländern Rücksprache mit der Regierung nothwendig. Eine Veränderung kann aber auf verschiedene Art vorkommen. I. Als Theilung (sectio, divisio), wenn aus einem Amte mehrere gebildet werden i). Dieses geschieht bei Pfarreien insbesondere dann, wenn die Bevölkerung für einen Vorsteher zu groß, oder einzelne Ortschaften zu weit von der Pfarrkirche entfernt sind. Doch müssen der Mutterkirche gewisse Ehrenrechte vorbehalten werden k). II. Durch Vereinigung (unio). Diese geschieht entweder so, daß zwei Aemter völlig in einander verschmolzen werden (unio per confusionem) l), oder so, daß Beide ihren Namen und Rechtsverhältnissen nach wie zwei getrennte Aemter fortbestehen, und nur in der Person des Inhabers verbunden sind (unio per aequalitatem) m), oder endlich so, daß das Eine dem Andern angehängt und untergeordnet wird (unio per subjectionem). Von den auf solche Art unirten Pfarreien wird die Eine die Mutter-, die andere die Filialkirche genannt. Uebrigens verbleiben dem annexen Amte alle Rechtsverhältnisse, die neben der Unterwerfung

g) c. 48. 49. c. XVI. q. I. (Greg. I. a. 592), c. 53. eod. (Gregor. III. c. a. 738), c. 1. X. de translat. episc. (1. 7), c. 1. X. ne sed. vacant. (3. 9), c. 5. Extr. comm. de præbend. (3. 2.)

h) c. 8. X. de excess. prælat. (5. 31), clem. 2. de reb. eccl. non alien. (3. 4), Conc. Trid. Sess. VII. cap. 6. Sess. XXI. c. 5. Sess. XXIV. cap. 15. de ref.

i) c. 8. 10. 20. 26. 36. X. de præbend. (3. 5)

k) c. 3. X. de eccles. ædif. (3. 48), Conc. Trid. Sess. XXI. cap. 4. de ref.

l) c. 1. X. ne sede vacant. aliq. innovet. (3. 10.)

m) Beispiele davon geben c. 48. 49. c. XVI. q. 1. (Greg. I. a. 592.)

bestehen können; auch wird dadurch hinsichtlich der Jurisdiktion, worunter es bisher stand, nichts geändert n). Unionen sollen aber überhaupt nur aus wichtigen Beweggründen, und mit Zustimmung der betheiligten Personen, namentlich des Kirchenpatrons, geschehen o). Solche wodurch mehrere Aemter in einer Person blos für deren Lebenszeit vereinigt werden (unio temporaria), sind selbst ganz untersagt, weil sie mittelbar das Verbot der Cumulirung der Aemter verletzen p). III. Durch Incorporation, wenn ein Amt einer geistlichen Corporation oder einem andern Amte einverleibt wird q). Im Mittelalter sind besonders viele Pfarreien den Kapiteln und Klöstern incorporirt worden. Anfangs waren hierin sowohl die Spiritualien wie die Temporalien begriffen. Später aber verordneten die Gesetze, daß für die Ersteren regelmäßig ein beständiger Stellvertreter ernannt werden sollte (§. 150). So sind diese denn der Ausübung nach wieder getrennt worden, und eigentlich nur die Temporalien incorporirt geblieben. Zuweilen sind auch Kirchen den Klöstern so incorporirt worden, daß sie ganz der Jurisdiction des Bischofes entzogen, und dem Prälaten gleichsam wie ihrem Bischofe (§. 158) unterworfen wurden r). Die Würkungen der Incorporation bestehen unter andern darin, daß das einverleibte Amt eigentlich nie vacant wird, so lange die Gemeinheit oder das Amt, wozu es gehört, noch besteht; doch muß nach Abgang des jedesmaligen Administrators zeitig für die Anstellung eines neuen gesorgt werden s). Incorporationen werden aber überhaupt nicht begünstigt, sondern we-

n) c. 2. X. de religios domib. (3. 36) — s. M. Ueb. § 85.

o) Wie es mit dem Patronatrecht über das annexe Amt zu halten sey, wird unten bei dieser Lehre gesagt werden (§. 242)

p) Conc. Trid Sess. VII. cap 4. Sess XXIV. cap. 17. de ref.

q) In den Quellen wird dieses Verhältniß nicht Incorporation, sondern auch Union genannt; daher wird Beides häufig verwechselt. Der Hauptunterschied zwischen ihnen besteht aber darin, daß bei der Union die Aemter vollständig, auch hinsichtlich der Verwaltung der Spiritualien, vereinigt, und wenn der Inhaber stirbt, zusammen vacant werden, was Beides bei der Incorporation anders ist.

r) Kirchen dieser Art wurden ecclesiæ pleno oder utroque jure subjectæ genannt, c. 3. §. 2. c. 21. X. de privil. (5. 33.)

s) clem. un. § Quidam etiam De excess. prælat. (5. 6), clem. un. de suppl. neglig. prælat. (1. 5.)

gen des Eigennutzes, der dabei zu besorgen ist, mehrfach beschränkt t). IV. Durch gänzliche Unterdrückung (suppressio, extinctio), wenn das Amt völlig aufgehoben wird u). V. Die Veränderungen, welche nicht das Amt selbst, sondern nur die damit verbundene Dotation betreffen, kommen im sechsten Buche vor.

§. 225. IV. Von der Residenz der Kirchenbeamten.

Greg. III. 4. Sext. III. 3 De clericis non residentibus in ecclesia vel præbenda.

Eine gemeinschaftliche Verpflichtung aller Kirchenbeamten besteht in dem persönlichen und dauernden Aufenthalt (residentia) an dem Orte der Verwaltung. Diese ist durch die Natur des Verhältnisses selbst begründet, und durch die Gesetze von den ältesten Zeiten an, sowohl für die Bischöfe wie für die übrigen Aemter, sehr bestimmt ausgesprochen worden v). Selbst große Gefahren berechtigen zur Entfernung nicht, vielmehr soll grade dann der treue Hirte seiner Heerde besonders beistehen w). Auch zu den Höfen der Fürsten sollten die Bischöfe nur auf besondere Einladung, oder zur Verwendung für Verfolgte hinreisen dürfen x). Alle diese Vorschriften wurden durch die Gesetze der römischen Kaiser y) und der fränkischen Könige z) wiederholt bestätigt. Seit dem achten Jahrhundert mußte aber von der Strenge dieser Vorschriften zu Gunsten der Bischöfe Vieles nachgelassen werden, indem ihre Beschäftigungen an den Reichstagen, bei

---

t) clem. 2. de reb. eccles. non alien. (3. 4), Conc. Trid. Sess. VII. cap 6. Sess. XXIV. cap. 13. 15. de ref.

u) Conc. Trid. Sess. XXIV. cap. 15. de ref.

v) c. 19. 23. c. VII. q. 1. (Conc. Nicæn. a. 325), c. 24. 25. eod. (Conc Antioch. a. 332), c. 21. eod. (Conc. Carth. V. a. 401), c. 20. eod. (Gregor. I. a. 596)

w) c. 49. c. VII. q. 1. (Gregor I a. 593), c. 48. eod. (Idem 599) ibiq. Gratian., c. 47 eod. (Nicol. I. a. 867.) In diesem Geiste haben Leo I. vor Attila, Zacharias und Stephan beim Einfall der Longobarden gehandelt.

x) c. 27. c. XXIII. q. 8. (Conc. Antioch. a. 332), c. 28. eod. (Conc. Sard a. 344), c. 26. eod. (Gelas. a. 494)

y) Nov. Just. 6. c. 2, nov. 67. c. 3, nov. 123. c. 9.

z) Capit. Germ. a. 744. c. 5., Capit. Vernens a. 755 c. 13., Capit. I. Carol. M. a. 789. c. 25, Capit. Francof. a. 794. c. 5. 39.

dem Heere oder in Staatsämtern, die Reisen nach Rom, und später ihr Antheil an den Kreuzzügen, die Befolgung unmöglich machte a). Auch bei den niedern Aemtern, besonders in den Kapiteln seit der Aufhebung des gemeinschaftlichen Lebens, entstanden in diesem Punkte die größten Misbräuche. Dadurch wurde es endlich nothwendig die Residenzgesetze durch viele Strafbestimmungen zu schärfen b). Doch ließ man gewisse Entschuldigungsgründe zu, die wie würkliche Anwesenheit (residentia ficta) gelten sollten, namentlich Alter und Krankheit c), nothwendige oder nützliche Dienstleistungen für die Kirche d), auswärtige Studien e). Als Mittel die Residenzgesetze zu unterstützen, wurden auch in den Kapiteln als eine Art der Einkünfte die täglichen Vertheilungen beibehalten, und zwar sollten diese, einige geringe Ausnahmen abgerechnet, nur den im eigentlichsten Sinne Gegenwärtigen verabreicht werden f). Durch das neuere Recht sind die Strafbestimmungen g), die gesetzlichen Entschuldigungsgründe h), und die Einrichtung der täglichen Distributionen i) mit vielem Nachdruck bestätigt worden. Doch sind den Mitgliedern der Kapitel jedes Jahr drei Monate, wie eine gesetzliche Ferienzeit, freigegeben k).

---

a) Doch wurde Anfangs noch wenigstens Dispensation bei dem Pabste und dem Provinzialconcilium nachgesucht, Capit. Francof. a. 794. c. 5. 39.

b) c 2. 6. 8. 10. 11. 17. X. h. t. (3. 4), c. un. eod. in VI. (3 3), c. 13. 14. 28. 30. 35. X de præbend. (3. 5) — s. M. Ueb. — Reisen der Geistlichen §. 82. 223., M. B. 116. 248., B. über Sch. und A. R. 1830. §. 32.

c) c. 1. X. de cleric. ægrot. (3. 6.)

d) c. 7. 13. 14. 15. X. h. t. (3. 4.)

e) c. 4. 12. X. h. t. (3. 4), c. 5. X. de magistr. (5. 5.)

f) c. 7. X. h. t. (3. 4), c. 32. X. de præbend. (3. 5), c. 30. de elect. in VI. (1. 6), c. un. h. t. in VI. (3 3)

g) Conc. Trid. Sess. VI. cap. 1. Sess. XXIII. cap. 1. Sess. XXIV. cap. 12. de ref.

h) Conc. Trid. Sess. V. cap. 1. Sess. XXIV. cap. 8. de ref.

i) Conc. Trid. Sess. XXII. cap. 3. Sess. XXIV. cap. 12. de ref.

k) Conc. Trid. Sess. XXIV. cap. 12. de ref.

§. 226. V. Von der Cumulirung der Kirchenämter.

Ein Kirchenamt führt in der Regel so viele Pflichten mit sich, daß wenn diese mit Treue und Gewissenhaftigkeit erfüllt werden sollen, dadurch von selbst Beschäftigungen anderer Art ausgeschlossen werden. Um so weniger reichen die Kräfte einer Person, um zweien Aemtern zugleich vorzustehen, hin. Aus diesem Grunde haben die Gesetze seit den ältesten Zeiten eine solche Vereinigung strenge verboten l), und wer zwei Aemter erhielt, mußte Eines von Beiden aufgeben m). Da dieses jedoch selten freiwillig geschah, so ist seit Innocenz III. vorgeschrieben, daß durch die Annahme des zweiten das erste als gleich von Rechtswegen erledigt betrachtet, und darüber wie über ein solches verfügt werden soll n). Ausnahmsweise dürfen jedoch zwei Aemter cumulirt werden, wenn das Einkommen aus Einem allein zum standesmäßigen Unterhalt nicht hinreicht, und Eins von Beiden nur ein einfaches Beneficium ist, womit keine Seelsorge sondern blos die gewöhnlichen gottesdienstlichen Verrichtungen verknüpft sind, und welches keine persönliche Residenz erfordert o). Solche Aemter werden daher verträgliche (beneficia compatibilia), die übrigen unverträgliche genannt. Uebrigens konnten aber auch unverträgliche Aemter nach erhaltener päbstlicher Dispensation, die jedoch nur aus hinreichenden Beweggründen ertheilt werden sollte, cumulirt werden p), und dieses geschah in Deutschland bei den Bisthümern und Kapiteln, besonders wegen der politischen Stellung dieser Institute, sehr häufig. Die neueren Verhältnisse haben hierin von selbst eine größere Einfachheit und Strenge herbeigeführt.

---

l) c. 2. c. XXI. q. 1. (Conc. Chalc. a 451), c. 1. D LXXXIX. (Gregor. I. c. a. 596), c. 3. §. 1. c. X. q. 3. (Conc. Tolet. XVI. a. 693), c. 1. c. XXI. q. 1. (Conc Nicæn II. a. 787), c. 3. 13. X. de præbend. (3. 5), Conc. Trid. Sess. XXIV. cap. 17. de ref.

m) c. 4 X de ætat. (1, 14), c. 7. 14. 15. X. de præbend. (3. 5.)

n) c. 28. X. de præbend. (3. 5), clem. 3. 6. eod. (3. 2), c. 4. Extr. comm. eod. (3 2), Conc. Trid. Sess. VII. cap. 4. de ref.

o) c. 2. D. LXX. (Urban. II. a. 1095), c. 4. X de ætat. (1. 14), Conc. Trid. Sess. XXIV. cap. 17. de ref.

p) c. 28. X. de præbend. (3. 5), c. 1. de consuet. in VI. (1. 4), c. 3. de offic. ordin. in VI. (1. 16.)

Viertes Kapitel.

Von der Besetzung der Kirchenämter.

§. 227. Uebersicht.

Zu der Besetzung oder Verleihung eines Kirchenamtes (provisio beneficii) gehören zwei Handlungen; erstlich die Auswahl einer dazu tauglichen Person (designatio personae), dann die Uebertragung (collatio) des Amtes selbst. Das Recht zu Beidem steht nach der Natur der Sache allein der Kirche zu, und kann daher von dem Landesherrn, als solchem, nicht in Anspruch genommen werden q). Wohl aber kann die Kirche der Gemeinde, oder in einem christlichen Staate dem Landesherrn, oder auch anderen Gliedern, denen sie eine besondere Rücksicht schuldig ist, bei der Auswahl der Person eine Mitwürkung gestatten; immer jedoch so, daß die entscheidende Stimme von ihr ausgehe, damit ihr nicht eine unpassende Person aufgedrungen werden könne. Nach diesen Grundsätzen war die Form der Verleihung nach den Zeiten und Verhältnissen verschieden. Selten findet man die Handlungen, die dazu gehören, in einer Hand vereinigt, sondern meistens an verschiedene Behörden vertheilt. Auch hat sich neben dem regelmäßigen Verfahren für manche Fälle oder Aemter ein besonderes gebildet. Daher wird jetzt das volle Verleihungsrecht (jus provisionis plenae) von dem getheilten (jus provisionis minus plenae), und die ordentliche und außerordentliche Provision unterschieden.

§. 228. I. Von der Besetzung der Bisthümer. A) Historische Verhältnisse. 1) Die ältere Zeit.

In den ersten Zeiten der Kirche geschah die Ernennung der Bischöfe, dem Beispiel der Apostel getreu r), regelmäßig so, daß die benachbarten Bischöfe, unter Zuziehung des Klerus und der Gemeinde der verwaisten Kirche, den neuen Bischof erwählten,

q) Auf diesen Satz ist hauptsächlich die Freiheit und Selbstständigkeit der Kirche gegründet. Wird er nicht mehr anerkannt, so ist die Kirche in eine blos politische Anstalt verwandelt.

r) Act. I. 15 — 26. VI. 1 — 6. XV. 22.

prüften, und gleich zu seinem Amte einweihten s). Nach und nach giengen aber diese drei Handlungen mehr auseinander, und erlitten einige Veränderungen. I. Die Form der Wahl wurde der Municipal-Verfassung angepaßt, und unter die Geistlichkeit, den Stadtrath (ordo), die höhern Beamten (honorati), und die Bürgerschaft vertheilt; doch gieng, um den Einfluß der Volksmenge abzuschneiden, die eigentliche Wahlhandlung blos von dem Klerus aus, und das Uebrige bestand in einer allgemeinen Empfehlung oder Zustimmung, oder diente als Zeugniß über die Würdigkeit des Erwählten t). Ueberhaupt wurden die Stimmen weniger gezählt, als nach der Persönlichkeit und höheren Bildung des Empfehlenden gewogen. Um so mehr wurden daher auch die Wünsche des Kaisers berücksichtigt, und bei zwistigen Wahlen gaben diese nicht selten, um den Frieden der Kirche zu bewahren, allein den Ausschlag. II. Auf die Wahl folgte die Prüfung durch den Metropoliten in Verbindung mit den gegenwärtigen Bischöfen der Provinz. Diese geschah mit großer Gewissenhaftigkeit und Strenge, damit kein Unwürdiger zum Episkopate gelangte. Ohne die Bestätigung konnte man daher nicht rechtmäßig Bischof werden u). III. Die feierliche Sendung endlich wurde dem Erwählten durch die Ordination oder Consecration ertheilt. Diese geschah regelmäßig gleich, im äußersten Fall binnen drei Monaten, durch den Metropoliten und die Comprovinzialbischöfe, oder wenigstens zwei bis drei derselben v).

§. 229. 2) Weitere Entwicklung im Orient.

Im Orient gestaltete sich die Form der Wahl so, daß der

s) Dieser Hergang findet sich sehr anschaulich in *S. Cypriani.* († 258) Epist. L II. LXVIII. (c. 5. c. VII. q 1.)

t) c. 6. D. LXIII. (Conc. Laodic. c. a. 372), c. 13. D. LXI. (Cœlestin. I. a. 428), c. 26. D. LXIII. (Idem eod.), c. 2. D. LXII (Idem a. 429), c. 1. eod. (Leo I. a. 443), c. 19. 27. D. LXIII. (Idem a. 445), c. 11. eod (Gelas. a. 493.)

u) c. 8. D. LXIV. (Conc. Nicæn. a 325), c. 3. D. LXV. (Conc. Antioch. a. 332), c. 6. D. LXI. (Conc. Laodic. c. a. 372), c. 5. D. LXV. (Conc. Carth. II. a. 390), c. 2. §. 3. D. XXIII. (Conc. Carth. IV. a. 398.)

v) Can Apost. 1., c. 1. D. LXIV. (Conc. Nicæn. a. 325), c. 5. D. LXIV. (Innocent. I. a. 404), c. 2. D. LXXV. (Conc. Chalced. a. 451.)

Klerus mit den Mönchen und den Angesehensten der Stadt drei Personen auf die Wahlliste brachte, woraus der ordinirende Metropolit den Würdigsten auswähle. Der Antheil des Volkes hörte also fast ganz auf w). Hingegen erhielten die Kaiser, besonders bei der Ernennung der Patriarchen, allmählig ein solches Uebergewicht x), daß seit dem siebenten Jahrhundert die Ernennung häufig gradezu von ihnen ausgieng. Doch stellte das siebente und achte allgemeine Concilium die Freiheit der Wahl wieder her y). Die Form derselben änderte sich nun aber nach und nach dahin, daß der Einfluß der Laien ganz wegfiel, und die Bischöfe der Provinz allein die drei Personen bezeichneten, worunter der Metropolit den neuen Bischof erwählte. Eben so wurden zur Wahl eines Metropoliten von den Metropoliten der Diöcese dem Patriarchen drei vorgeschlagen z). Der Patriarch von Constantinopel aber wurde vom Kaiser aus drei Personen, welche ihm die in der Hauptstadt versammelte Synode der Bischöfe vorstellte, erwählt, und mit dem Stab, dem Pallium und Kreuze bekleidet a). Sehr häufig vergaben aber auch die Kaiser diese Würde ganz nach ihrer Willkühr. Erst nach der Eroberung der Hauptstadt durch die Türken wurde die Freiheit und ursprüngliche Form der Wahl wieder ganz hergestellt; die Insignien seiner Würde empfieng aber nun der Patriarch aus der Hand des Sultans. In Rußland kam die Wahl der Bischöfe sehr bald auch fast ganz unter den Einfluß der Zaaren; nur der Metropolit von Kiew wurde vom Patriarchen von Constantinopel ernannt, bis daß im fünfzehnten Jahrhundert die Wahl den eigenen Bischöfen der Nation überlassen wurde. Eben so wurde nach Errichtung des Patriarchats bei der Ernennung der Patriarchen verfahren.

---

w) c. 42. pr. C. de episc. (1. 3), nov. 123. c. 1., nov, 137. c. 2.

x) c. 9. D. LXIII. (Gregor. I. a. 595), c. 24. eod. (Idem a. 599.)

y) c. 7. D. LXIII. (Conc. Nicæn. II. a. 757), c. 1. 2. eod. (Conc. Constant. IV. a. 870.)

z) Balsamon in Nomocanon. Tit. I. c. 23., Idem. in Conc. Chalced. can. 28, Simeon Thessal. c. 6., Matth. Blastar. Litt. E. cap. 11.

a) Sehr gut beschreibt dieses Simeon Thessal. c. 19.

§. 230. , 3) Zustand in den germanischen Reichen.

In den germanischen Reichen behaupteten die Wahlen der Bischöfe der Theorie nach ihre alte Gestalt und Freiheit b); allein der That nach erhielten die Könige immer mehr Einfluß c), und in Spanien wurde das Ernennungsrecht, jedoch immer vorbehältlich der Bestätigung durch den Metropoliten, von den Bischöfen ausdrücklich dem König übertragen d). In den übrigen Ländern geschah dieses zwar nicht, vielmehr wurde die Freiheit der Wahl zuweilen durch königliche Freibriefe einzelnen Kirchen namentlich zugesichert; allein im Ganzen kam es bei der Verleihung der Bisthümer seit dem zehnten Jahrhundert, besonders in Deutschland und England, blos auf den Willen des Königs an. Dieser Einfluß wurde noch durch einen andern Umstand sehr verstärkt. Schon von Alters her waren Ring und Stab die Zeichen der bischöflichen Würde, und diese bezogen sich ihrer ächten Bedeutung nach blos auf das geistliche Amt. Da jedoch mit diesem, der damaligen Verfassung gemäß, auch der Genuß von Reichsgütern und anderen Herrlichkeiten verknüpft war, deren Verleihung dem Könige zustand, so wurden jene kirchlichen Zeichen aus seinen Händen empfangen. Diese an sich blos zufällige Form gewann aber bald einen wesentlichen Einfluß auf die Sache selbst. Das geistliche Amt trat in den Hintergrund; die feierliche Ueberreichung beider Insignien wurde als Investitur, als gewöhnliche Belehnung, betrachtet, und so die Kirche auf allen Seiten durch die Weltlichkeit gefesselt. Bestechung und Hofgunst, nicht geistliches Verdienst, entschied nun bei der Verleihung der wichtigsten Aemter, und brachte diese in die Hände unwürdiger Bischöfe, welche dann wie die weltlichen Großen der Jagd, dem Spiel und der Kleiderpracht ergeben lebten. Diese Gebrechen auszurotten, griffen die Päbste den Grund derselben, die weltliche Verleihung geistlicher Würden, mit den kräftigsten Verboten an e); doch

b) c. 5. D. LXIII. (Conc. Paris. III. a. 557), c. 8. eod. (Conc. Bracar. a. 572), c. 2. D. LXV. (Idem eod.), c. 34. D. LXIII. (Capit. I. Carol. M. a. 803. c. 2.)

c) Edict. Clothar. a. 615. c. 1. Die Beweise liegen auch in den Formeln des Marculph und Anderen, worin von der Besetzung der Bisthümer gehandelt wird (§. 90.)

d) c. 25. D. LXIII. (Conc. Tolet. XII. a. 681.)

e) c. 20. c. XVI. q. 7. (Alexand. II. a. 1059), c. 13. eod.

entstanden daraus in Deutschland große Streitigkeiten, die erst (1122) durch den Wormser Vergleich beigelegt wurden (§. 95). Der Kaiser gab darin allen Kirchen die canonische Wahlfreiheit zurück und entsagte auf die Investitur durch Ring und Stab. Seinerseits gestattete der Pabst, daß die Wahl der deutschen Bischöfe und Aebte in Gegenwart kaiserlicher Abgeordneten ohne Gewalt und Simonie verhandelt werden, der Consecrirte aber mit der Weltlichkeit (regalia) vom Kaiser durch den Scepter belehnt werden sollte. Die Wahl selbst sollte aber jetzt nach den Kirchengesetzen blos durch das Kapitel als den eigentlichen Klerus der bischöflichen Kirche in Verbindung mit den Aebten und Mönchen geschehen f); allein eine Zeitlang übten noch die Ministerialen der bischöflichen Curie einen oft sehr gewaltsamen Einfluß aus. Bald aber wurde das ausschließliche Wahlrecht der Kapitel (1213) in der goldenen Bulle zu Eger (§. 108) bestätigt, und jede der kirchlichen Freiheit zuwiderlaufende Gewohnheit, worunter man vorzüglich jenen Antheil der Laien verstand, (1220) durch denselben Kaiser (§. 108) und Pabst Honorius III. g) nochmals verworfen. Auf diese Weise wurde endlich die Wahlfreiheit der Kirche wieder befestigt. Dasselbe geschah (1208) in Arragonien, (1215) in England und (1268) durch die pragmatische Sanktion mit Ludwig IX. in Frankreich (§. 109). Auch in Schweden und Norwegen wurde in demselben Jahrhundert diese Ordnung eingeführt.

§. 231. 4) Das canonische Recht des Mittelalters.

Greg. I. 5. Sext. I. 5. Extr. comm. I. 2. De postulatione prælatorum, Greg. I. 6. Sext. I. 6. Clem. I. 3. De electione et electi potestate.

Seit dem dreizehnten Jahrhundert wurde nun die gewonnene Grundlage von den Concilien und Päbsten weiter ausgebildet, und dadurch diese Verhältnisse auf folgende Art geordnet. I. Die Ernennung der Bischöfe soll regelmäßig blos durch die Wahl der Kapitel geschehen; von einer Zuziehung der Provinzial-Bischöfe

---

Gregor. VII. a. 1078), c. 12. eod (Idem a. 1080), c. 16. 17. eod. (Paschal. II. a. 1106.)

f) c. 35. D. LXIII. (Conc. Lateran. II. a. 1139.)

g) c. 51. 56. X. de elect. (1. 6.)

oder Aebte ist also nicht mehr die Rede, außer wenn ein besonderes Herkommen darüber besteht h). Wählbar sind alle diejenigen, welche die zum Empfang der Weihe und des Amtes nöthigen Eigenschaften besitzen. Wo aber eine derselben fehlt, findet eine eigentliche Wahl mit deren canonischen Würkungen nicht statt, sondern dann muß an die höhere Behörde ein Gesuch (postulatio) um Dispensation und Zulassung gerichtet werden. Doch darf dieses nur bei den geringern Mängeln geschehen i), bei den wesentlichern ist nicht einmahl eine Postulation zuläßig k). Die Wahl muß aber binnen drei Monaten nach Erledigung der Stelle unternommen werden, sonst devolvirt sie an die nächste höhere Behörde l). Stimmfähig sind dabei in der Regel alle ordentlichen Mitglieder des Kapitels m), und diese, auch die Abwesenden, müssen dazu besonders einberufen und ihre Ankunft abgewartet werden n). Die Wahlhandlung selbst kann, nach den gehörigen Vorbereitungen, in einer dreifachen Form vor sich gehen o): als Quasi-Inspiration, wenn ohne besonderes Stimmensammeln sich Alle gleich durch Zuruf für eine Person vereinigen; durch Compromiß, wenn die Wählenden auf eine oder mehrere Per-

---

h) c. 4. X. de postulat. (1. 5), c. 50. X. de elect. (1. 6), c. 3. X. de caus. possess. (2. 12.)

i) c. 6. X. de postul. (1. 5), c. 13. 19. 20. X. de elect. (1. 6.)

k) c. 1. X. de postul. (1. 5), c. 15. X. de ætat. (1. 15), c. 2. X. de bigam (1. 21), clem. 1. de elect. (1. 3), c. un. Extr. comm. de postul. (1. 2.)

l) c. 35. D. LXIII. (Conc Later. II. a. 1139), c. 41. X. de elect. (1. 6.) Nach dem c. 12. X. de conc. præb. (3. 8) sollte zwar die Devolution nicht auf Bisthümer anwendbar seyn; allein dieses ist durch das c. 41. X. cit. abgeändert worden.

m) Ausgeschlossen sind diejenigen, die von ihrem Amte suspendirt, c. 8. X. de consuet. (1. 4), c. 16 X. de elect. (1. 6), oder in die höhere Excommunication verfallen, c. 39. X. de elect (1. 6), c. 10. X. de cler. excomm. (5. 27), oder des Stimmrechts zur Strafe für diesmal, oder für eine gewisse Zeit, oder für immer beraubt, c. 1. 2. X. de postul (1. 5), c. 41. 42. X. de elect. (1. 6), clem. 1. de regular. (3 9), Conc. Trid. Sess XXV. cap. 2. de regular., und auch diejenigen, die noch nicht zu Subdiaconen geweiht sind, clem. 2. de ætat. (1. 6), Conc. Trid. Sess. XXIV. cap. 4. de ref.

n) c. 28. 36. 42. X. de elect. (1. 6.)

o) c. 42. X. de elect. (1. 6.)

sonen übereinkommen, welche stätt Aller wählen sollen; endlich durch eigentliches Abstimmen (scrutinium), wobei aber nicht unbedingt die Majorität, sondern auch die Richtigkeit des Urtheils in Betracht kommt p). Alles Loosen ist untersagt, weil dadurch die Einsicht und das Verdienst dem Zufall untergeordnet wird q). Der Erfolg wird möglichst bald dem Erwählten angezeigt, der sich dann innerhalb eines Monats darüber erklären muß r). II. Die Prüfung und Bestätigung erwählter Bischöfe geschieht durch den Metropoliten s), die der Metropoliten durch den Pabst t), und zwar muß darum binnen drei Monaten nach der Wahl nachgesucht werden u). III. Die Consecration endlich wurde noch nach alter Weise von dem Metropoliten und den Bischöfen der Provinz ertheilt, häufig aber auch vom Pabst in Rom selbst nachgesucht.

§. 232. B) Heutiges Recht. 1) Zustand der katholischen Kirche.

I. Aus den Wahlen, die nun blos den Kapiteln überlassen waren, entstanden aber doch auch mancherlei Nachtheile, und sie führten, besonders wenn politische Interessen hinzukamen, sehr leicht zu innern Spaltungen oder zu Reibungen mit dem Landesfürsten. Hingegen schien die Ernennung durch den Landesherrn dem monarchischen Princip, wie es sich in den neueren Staaten ausbildet, angemessener, und von frommen und erleuchteten Fürsten ausgeübt gewährte sie der Kirche wesentliche Vortheile. Daher ist dieses Verfahren seit dem fünfzehnten Jahrhundert in vielen Ländern durch besondere Verträge und päbstliche Indulte eingeführt, und durch die neuern Concordate be-

---

p) c. 42. 57. X. de elect. (1. 6), c. 1. 4. X. de his quæ fiunt a. major. part. capit. (3. 11.) Die Majorität hat aber doch nach diesen Stellen immer die Vermuthung für sich. Uebrigens wird aber nicht blos eine relative, sondern eine absolute Mehrheit erfordert, c. 48. 50. X. de elect. (1. 6), c. 23. eod. in VI. (1. 6)

q) c. 3. X. de sortileg. (5. 21.)

r) c. 6. 16. de elect. in VI. (1. 6)

s) c. 20. 32. 44. X. de elect (1. 6.)

t) c. 28. X. de elect. (1. 6)

u) c. 6. de elect. in VI. (1. 6.) In Beziehung auf die Bischöfe, die unmittelbar in Rom bestätigt wurden, sind einige besondere Bestimmungen erlassen worden, c. 16. eod.

festigt worden (§. 116). Es besteht jetzt in Portugal, Spanien, Frankreich, Neapel und Sizilien, Sardinien und Oesterreich. In Deutschland sollte nach den Wiener Concordaten (§. 108) noch von den Kapiteln gewählt werden; allein in Baiern ist jetzt durch das Concordat die Ernennung auch auf den König übertragen. In den nicht katholischen Ländern verträgt sich jedoch die Ernennung der katholischen Bischöfe durch den Landesherrn mit dem Geiste dieser Verhältnisse nicht; daher ist hier das Wählen beibehalten. Dieses ist der Fall in Preußen, Hannover, den kleinern deutschen Bundesstaaten, im Königreich Holland, und in der Schweitz. Doch ist auch hier auf verschiedene Weise den Landesherrn möglich gemacht, wenigstens die ihnen mißfälligen Personen auszuschließen. Im Königreich Polen ist sogar den Kapiteln blos das Recht, gewisse Personen zur erledigten Würde zu empfehlen, eingeräumt worden; die Ernennung selbst geschieht durch den König. II. Die Prüfung und Bestätigung der erwählten oder ernannten Bischöfe ist allmählig, theils weil die Metropoliten dabei nachläßig zu Werke giengen, theils um dem Einfluß der Könige ein Gegengewicht zu halten, durch die allgemeine Praxis an den Pabst übergegangen. Dieses erkennen auch die Concordate insgesammt ausdrücklich oder stillschweigend an. Die Bestätigung wird aber erst nach einer genauen Untersuchung ertheilt v), wobei jetzt nach der Anleitung Urbans VIII verfahren wird. Vor der Ausfertigung der Confirmations-Bullen darf das Amt nicht ausgeübt werden w). III. Die Consecration wird innerhalb drei Monaten nach erhaltener Bestätigung durch den dazu vom Pabste beauftragten Bischof, mit Zuziehung von zwei Aebten oder anderen hohen Prälaten, nach dem vorgeschriebenen sehr feierlichen Ritus, gewöhnlich in der eigenen bischöflichen Kirche ertheilt, und dadurch das geistige Band zwischen dem Bischof und seiner Gemeinde vollendet x). Vor der Consecration wird auch der kirchliche Eid der Treue und des Gehorsams gegen den Pabst abgelegt. Ein ähn-

---

v) c. 16. de elect. in VI. (1. 6), Conc. Trid. Sess. XXII. cap. 2. Sess. XXIV. cap. 1 de ref. — Bei der Verwerfung des edlen H. v. Wessenberg fand eine sonderbare Praxis statt.

w) c. 1. Extr. comm. de elect. (1. 3.)

x) Conc. Trid Sess. XXIII. cap. 2. de ref.

licher Eid wurde in Spanien schon im siebenten Jahrhundert von den Bischöfen den Metropoliten geschworen y). Bonifacius leistete ihn als Erzbischof von Mainz dem Pabste. Unter Gregor VII. wurden dabei, nach dem Stile jener Zeit, die Formeln des Lehneides eingeführt z). Außerdem müssen aber die Bischöfe in den meisten Ländern auch dem Landesherrn einen bürgerlichen Eid leisten. Dieses findet sich in verschiedener Gestalt schon seit dem siebenten Jahrhundert a). Die jetzige Form ist nach den Landesgesetzen verschieden. IV. Neben diesem regelmäßigen Verfahren hatte sich für gewisse Fälle ein außerordentliches gebildet, wo der Pabst selbst und unmittelbar den neuen Bischof ernannte. Davon wird unten in Verbindung mit den anderen Aemtern die Rede seyn (§. 239). Jetzt ist dieses aber fast überall wieder abgekommen.

§. 233. 2) Zustand in den nicht katholischen Ländern.

In der griechischen Kirche wird der Patriarch nach erhaltener Erlaubniß der Pforte von der Patriarchalsynode gewählt, vom Sultan bestätigt und investirt, und vom Erzbischof von Heraclea geweiht und inthronisirt. Die Wahl der Bischöfe geschieht ebenfalls von dieser Synode, nicht von der Geistlichkeit der Diöcese, weil dieses Unruhen verursachen und die Einmischung der örtlichen Obrigkeit nach sich ziehen würde. Der Erwählte wird nach Auftrag des Patriarchen durch einen Metropoliten und zwei Bischöfe eingeweiht, und von der Pforte durch ein Diplom oder Barath bestätigt. In der russischen Kirche werden die Bischöfe vom Kaiser, gewöhnlich aus zwei Personen, welche die Synode vorschlägt und welche meistens aus den in ihr sitzenden Aebten genommen sind, ernannt, und von den Erzbischöfen und Bischöfen der Synode consecrirt. In England werden sie von den Kapiteln, nach erhaltener Erlaubniß des Königs, womit jedoch zugleich die Empfehlung einer bestimmten Person verbunden ist, gewählt und vom Könige bestätigt. In Schweden schicken alle Geistlichen des Stiftes, und wenn die

---

y) c. 6. D. XXIII. (Conc. Tolet XI. a. 675.)

z) c. 4. X. de jurejur. (2. 24), c. 4. X. de elect. (1. 6.)

a) Genaueres darüber findet man bei *Thomassin* Vet. et nov. eccles. discipl. P. II. L. II. c. 47 — 49. — Bair. Concordat Art. 15., V. über Sch. u. A. R. §. 16.

Wahl dem Erzbischof von Upsala gilt, auch die Consistorien des Reiches, ihre Wahlzettel ein, und die drei, worauf die meisten Stimmen fallen, werden dem König in Vorschlag gebracht. In Dänemark ernennt aber der König schlechthin. Die Consecration wird in England nach Auftrag des Königs durch den betreffenden Erzbischof, in Schweden gewöhnlich durch den Erzbischof von Upsala, in Dänemark durch den Bischof von Seeland vollzogen.

§. 234. C) Von der Wahl des Pabstes. 1) Historische Einleitung.

Die Wahl des Bischofs von Rom war anfangs von der gewöhnlichen nicht verschieden, und geschah durch die benachbarten Bischöfe, den Klerus und die übrige Gemeinde b). Der Erwählte wurde gleich durch den Bischof von Ostia consecrirt. Als die römischen Kaiser christlich geworden waren, blieb die Freiheit der Wahl an sich bestehen; doch gaben mehrere zwiespaltige Wahlen Gelegenheit zur Einmischung c). Dieser Einfluß gieng nach der Zerstörung des abendländischen Kaiserthums mit dem Besitz der Hauptstadt auch auf die germanischen Könige über d), die aber, obgleich Arianer, anfangs nur in Nothfällen davon Gebrauch machten. Theoderich ließ sogar den Streit zwischen Bonifacius und Laurentius blos durch die Mehrheit selbst entscheiden e), und die Kirchengesetze suchten diese Freiheit und

---

b) c. 5. 6. c. VII. q. 1. (Cyprian. c. a. 255). — Die gewöhnliche Akklamation sieht man aus *S. Cyprian* († 258) Epist. XLVI. Nos Cornelium episcopum sanctissimæ catholicæ ecclesiæ electum a Deo omnipotente et Christo domino nostro scimus.

c) Namentlich der Streit zwischen Siricius und Ursicinus (385), Rescriptum Valentinian. II. ad Pinian. Præf. urb. (Mansi T. III. p. 654; und zwischen Bonifacius und Eulalius (419), Rescript. Honor. Aug. ad Bonifac I. (bei Gratian c. 2. D. XCVII, c. 8. D. LXXIX.)

d) Edict. Odoacr. Reg. a. 483. Die betreffende Stelle ist daraus angeführt im c. 1. §. 1. D. XCVI. (Symmach. in Concil. Roman. a. 502.)

e) *Liber Pontificum* in vita Symmachi. Facta contentione, hoc construxerunt patres, ut ambo Ravennam pergerent ad judicium regis Theoderici. Qui dum ambo introissent Ravennam, hoc judicium æquitatis invenerunt, ut qui primo ordinatus fuisset, vel ubi pars maxima cognosceretur, ipse sede-

Reinheit der Wahl so viel wie möglich zu befestigen f). Später aber zog Theoderich dennoch das Ernennungsrecht gewaltsam an sich g). Dieses wurde zwar, nachdem die Römer aus Constantinopel Italien von den Ostgothen erobert hatten, wieder gemildert; doch blieb die Wahl des Pabstes in großer Anhängigkeit von den Kaisern. Gleich nach dem Tode eines Pabstes wurde nämlich an den Exarchen in Ravenna berichtet, dann von dem Klerus, den Optimaten, dem römischen Kriegsheer und dem Volke gewählt, und die Wahlurkunde mit den Unterschriften an den Kaiser durch den Exarchen eingeschickt h). Für die Bestätigung mußte sogar eine große Summe bezahlt werden, welche erst Constantinus Pogonatus (680) dem Pabst Agatho erließ i). Mittlerweile wurden die inneren Verhältnisse der Pabstwahl durch römische Concilien genauer geordnet k), und nachdem im achten Jahrhundert Italien unter die Franken gekommen war, so erhielt sie auch äußerlich wieder mehr Freiheit. Doch sollte sie, um Unordnungen zu verhüten, immer in Gegenwart kaiserlicher Gesandten geschehen l), was aber nicht immer befolgt wurde. Ueberhaupt entstanden dabei während der stürmischen Verhältnisse in Italien große Mißbräuche, wiewohl der Pabst Johann IX. ein gutes Wahlgesetz erließ m). Otto I., der seines Ver-

---

ret in sede apostolica. Quod tandem æquitas in Symmacho invenit.

f) c. 2. 10. D. LXXIX. (Symmach. in Conc. Rom. a. 499.)

g) *Cassiodor.* Varior. VIII 15.

h) Die hieher gehörigen Formeln enthält der Liber diurnus Cap. II. Tit. 1 — 7.

i) c. 21. D. LXIII. (Ex libr. pontific.)

k) Conc. Roman. a. 606. (c. 7. D. LXXIX.), Conc. Roman. a. 769. (c. 3 — 5. D. LXXIX.)

l) c. 30. D. LXIII. (Pact. imper. Ludov. cum roman. pontif. c. a. 819), c. 29. eod. (Guilelm. biblioth. a. 867), c. 28. eod. (Stephan. VI. a. 897.)

m) Conc. Roman. a. 904 c 10 (Mansi T. XVIII. p. 225.) Constituendus pontifex convenientibus episcopis et universo clero eligatur, expetente senatu et populo, qui ordinandus est, et sic in conspectu omnium celeberrime electus, ab omnibus præsentibus legatis imperialibus consecretur. Nullusque sine periculo juramentum vel promissiones aliquas nova adinventione ab eo audeat extorquere etc.

sprechens ungeachtet n) den Pabst Johann XII. vertrieben und ihm Leo VIII. entgegengesetzt hatte, erhielt von diesem sogar das Recht allein den Pabst zu ernennen o); jedoch kam dieses nie zur Ausführung. Vielmehr blieb der alte Wechsel der Factionen, bis daß Nikolaus II. um den politischen Absichten der Kaiser, dem tumultuarischen Benehmen des Volkes, und den Bestechungen von allen Seiten zu begegnen, ein neues Decret durchsetzte. Nach diesem sollten die Kardinal-Bischöfe die Wahl sorgsam vorbereiten, dann die andern Kardinäle hinzuziehen, endlich der übrige Klerus und das Volk ihre Zustimmung ertheilen: vorbehältlich in Allem der schuldigen Achtung der kaiserlichen Rechten p). In der That wurde dadurch nur die alte Form der Bischofswahlen hergestellt. Hierauf fiel allmählig, so wie bei den Kaiserwahlen, der Antheil des Volkes weg, und die Wahlhandlung gieng ausschließlich an die Kardinäle über q).

§. 235. 2) Heutiges Recht.

Die jetzige Wahlordnung ist, nach den dabei gemachten Erfahrungen, durch viele Gesetze sehr genau ausgebildet worden r). Stimmfähig sind blos die wirklich gegenwärtigen Kardinäle, welche die höheren Weihen oder ein besonderes Dispensations-Breve haben. Die Abwesenden werden nicht wie in den Kapiteln, besonders berufen, sondern müssen von selbst eintreffen. Stellvertreter können nicht geschickt werden. Wählbar sind in

---

n) c. 33. D. LXIII. (Jurament. Otton I. a 960.)

o) c. 23. D. LXIII. (Leo VIII. a. 963), c. 32. eod. (Otto I. a. 964.)

p) c. 1. D. XXIII. (Nicol. II. in Conc. Lateran a. 1059), c. 5. D. LXXIX. (Idem eod), c. 1. eod (Eiusd epist. a. 1059.)

q) Diese Veränderung fällt in die Mitte des zwölften Jahrhunderts, c. 6. X. de elect. (1. 6.)

r) Diese sind die Verordnung des dritten Lateranischen Conciliums (1179), c. 6. X. de elect. (1. 6), von Gregor X auf dem Concilium von Lyon (1274), c. 3. de elect. in VI. (1. 6), von Clemens V. auf dem Concilium zu Vienne (1311), clem. 2. de elect. (1. 3), von Clemens VI. (1351), Julius II. (1505), Pius IV. (1562), Gregor XV. (1610), Urban VIII. (1626), und Clemens XII. (1731.) Man findet sie, mit Ausnahme der letzteren, zusammen in *J. G. Meuschen* Ceremonialia electionis et coronationis pontificis Romani. Francof. 1732. 4.

der Regel auch nur Kardinäle s). Die Wähler schwören nach ihrer besten Einsicht zum Wohle der Kirche zu verfahren. Sie sind daher verpflichtet, die herrschenden Verhältnisse und die Stimmung der Nationen zu berücksichtigen, und die angesehensten katholischen Fürsten haben selbst das Recht Einen, der ihnen besonders misfällig wäre, auszuschließen. Die Wahlhandlung selbst wird, um Umtriebe zu verhindern, in einem vorsichtig verschlossenen, dazu besonders einzurichtenden Gebäude vorgenommen, welches vor vollendeter Wahl nicht verlassen werden darf. Die Wahlformen sind dieselben, wie in den Kapiteln; doch ist das Stimmensammeln (scrutinium) die gewöhnlichste. Hiebei müssen aber zwei Drittheil aller Stimmen sich auf Einen vereinigen; fehlt dieses so wird der Acceß versucht. Die Confirmation fällt natürlich weg. Die Consecration wird durch den Kardinal-Dekan, der meistens noch Bischof von Ostia ist, unter sehr alterthümlichen Gebräuchen vollzogen; derselbe verrichtet jetzt auch die Krönung. Zuletzt erfolgt die Besitznahme unter großen Feierlichkeiten t).

§. 236. II. Besetzung der übrigen Würden und Aemter. A) Ursprüngliche Regel.

In den ersten fünf Jahrhunderten gieng die Ernennung zu den kirchlichen Aemtern blos von dem Bischofe aus, und es folgte ihr dann gleich die dem Amte entsprechende Ordination nach; doch wurde dabei unstreitig auf den Vorschlag des Archidiacons besonders Rücksicht genommen u); auch mußte, wie bei

s) c. 3 — 5. D. XXXIX. (Conc. Roman a. 769), c. 1. §. 4. D. XXIII. (Nicol. II. a. 1059). Dieses ist auch dem Geiste des alten Kirchenrechts ganz angemessen, c. 13. D. LXI. (Cœlestin. a. 428), c. 19. D. LXIII. (Leo I. a. 445).

t) Quellen, um die Geschichte dieser Gebräuche zu verfolgen, sind: Liber diurnus Cap. II. Tit. 8. 9., Ordo Romanus Tit. Qualit. ordinetur romanus pontifex, Cencii de Sabellis Cardin (c. 1191) Ordo roman c. 48. (Mabillon. Mus. Ital. T. II. p 210), Cæremon Roman. juss. Gregor. X. († 1276) edit. (Mabillon. T. II. p. 221), Jac. Cajetan. Cardin. († c. 1350) Ordinarium S Rom. eccles. (Mabillon. T. II. p. 243), August. Patric. Piccolomin. (c. 1490) Sacrarum cæremoniarum Rom. eccles. Lib. I. Sect. 1 — 4. (Hoffmann Nova monument. collect. T. II. p. 275).

u) Dieses spricht sich selbst im Ritus der Ordination aus, c. 15. 16. 19. D. XXIII. (Conc. Carth. IV. a. 398).

den Bischofswahlen, die Zustimmung des übrigen Klerus und das Zeugniß der Gemeinde eingeholt werden v). Letzteres fiel zwar nach und nach weg; allein jene Regel wurde bis in das neunte Jahrhundert fortwährend geltend gemacht w). Auch die Entstehung des gemeinschaftlichen Lebens und der Kapitel bewürkte darin anfangs keine Veränderung, sondern die höheren Beamten wurden von dem Bischof x), die übrigen Kleriker auch von ihm oder vom Archidiacon ernannt y). Allmählig entstanden aber viele Ausnahmen, indem auf die Besetzung der Kapitel theils diese selbst durch eigenes Wahlrecht, theils die Landesherrn und Päbste Einfluß erhielten, bei den übrigen Aemtern aber sehr häufig ein Präsentations- oder selbst ein volles Verleihungsrecht anderer besonders begünstigter Personen aufkam. Doch hat das Verleihungsrecht (collatio libera, simplex) des Bischofes als die ursprüngliche Regel noch immer die Vermuthung für sich, und jede Beschränkung muß als die Ausnahme besonders bewiesen werden. Wo jenes Recht noch besteht, ist es auch, dem Geiste der alten Verfassung getreu, so sehr an die Person des Bischofes gebunden, daß weder der Generalvikar ohne besondern Auftrag, noch das Kapitel während der Sedisvacanz es ausüben darf z).

§. 237. B) Besetzung der Kapitel. 1) Durch Wahl.

Die Stellung, welche die Kapitel seit dem eilften Jahrhun-

v) c. 2. D. XXIV. (Conc. Carth. III a. 397), c. 6. eod (Conc. Carth. IV. a. 398), c. 6. D. LXIII (Conc. Laodic. a 372).

w) c. 10. c. XVI. q. 7. (Conc. Aurel. I. a. 511), c. 6. c. X. q. 1. (Conc. Tolet. IV. a. 633), c. 38. c. XVI. q. 7. (Conc. Cabil. II. a. 813).

x) Conc. Aquisgran. a. 816. c. 138 Oportet ecclesiæ *prælatos* ut de congregatione sibi commissa tales *eligant* boni testimonii fratres, in quibus onera regiminis secure possint partiri. c. 140. Debet procurare *prælatus*, ut fratribus cellerarium non vinolentum, non superbum, non tardum, non prodigum — constituat.

y) Conc. Aquisgran. a. 816. c. 118. Cavendum summopere *præpositis* ecclesiarum est, ut in ecclesiis sibi commissis non plures admittant clericos, quam ratio sinit et facultas ecclesiæ suppetit.

z) c. 2. X. ne sed. vacant. (3. 9), c. 3. de offic. vicar. in VI. (1. 13), c. un. §. 1. ne sed. vacant. in VI. (3. 8).

dert als selbstständige, vom Bischof getrennte, Korporationen einnahmen, hatte auf die Besetzung derselben verschiedenen Einfluß. In einigen erhielt sich das alte Recht so, daß der Bischof mit dem Kapitel gemeinschaftlich, aber als der Vorsteher desselben, die Würden und Aemter in dessen Mitte vergab a). In andern zog der Bischof das Verleihungsrecht allein an sich b). Noch in andern wurde dem Kapitel selbst, nach Art der klösterlichen Korporationen, die Wahl seiner Vorsteher und Mitglieder überlassen, entweder so, daß es dabei ganz getrennt vom Bischofe handelte c), oder so, daß dieser nur in der Eigenschaft eines einfachen Kapitularen an der Wahl Theil nahm d). Auch entstand in einigen Kapiteln die Gewohnheit, daß die Kapitularen stufenweise nach dem Alter in eine erledigte Stelle, wenn diese vortheilhafter schien, einzurücken verlangen konnten e).

§. 238. 2) Durch päbstliche Mandate und Ertheilungen von Anwartschaften.

Greg. III. 8. Sext. III. 7. Clem III. 3. Extr. Johann. XXII. Tit. IV. De concessione præbendæ vel ecclesiæ non vacantis.

Das Wahlrecht der Kapitel führte bei der Richtung, die diese Institute jetzt überhaupt nahmen, dahin, daß die Stellen häufig nur nach Standes- und Familien-Rücksichten besetzt wurden; auch betrachteten die Könige in allen Ländern sie fast wie eine bloße Versorgungs-Anstalt, und mischten sich durch Empfehlungen, die man nicht füglich umgehen konnte, vielfach ein. Sie erhielten selbst durch das Herkommen regelmäßig das Recht, eine Anwartschaft auf die erste nach ihrem Regierungs-Antritt in jedem Kapitel ledig werdende Stelle zu ertheilen (jus prima-

---

a) c. 5. X. de suppl. neglig. prælat. (1. 10), c. 15. X. de concess. præb. (3. 8), c. 4. 5. X. de his quæ fiunt a. prælat. (3. 10).

b) c. 3. X. de suppl. neglig. prælat. (1. 10), c. 2. 5. X. de concess. præb. (3. 8).

c) c. 31. X. de elect. (1. 6), c. 3. X. de suppl. neglig. prælat. (1. 10), c. 2. X. de concess. præb. (3. 8).

d) c. 15. X. de concess. præb. (3. 8).

e) c. 4. de consuet. in VI. (1. 4).

rum precum f). Um so mehr durften denn auch die Päbste, als die Vorsteher der allgemeinen Kirche, deren Fürsorge insbesondere die Kapitel viele wichtige Vorrechte zu verdanken hatten, ein gewisses Recht der Empfehlung in Anspruch nehmen g). Anfangs geschah dieses in der Form einer höflichen Bitte (preces); allmählig entstanden aber daraus bindende Mandate h), welche im Weigerungsfall erst durch einen Mahnbrief (litterae monitoriae), dann durch ein bestimmtes Gebot (litterae praeceptoriae), endlich durch einen an den dafür ernannten Executor gerichteten Vollstreckungs-Befehl (litterae executoriae) zur Ausführung gebracht wurden i). Doch wurden sie hauptsächlich nur zu Gunsten armer k) oder gelehrter Geistlicher, namentlich an den aufblühenden Universitäten gebraucht; auch sollte nach einer Bulle Alexanders IV. (✝ 1261) jedes Kapitel immer nur höchstens mit vier Mandaten beschwert werden l). Uebrigens wurden solche päbstliche Empfehlungen und Gnadenbriefe nicht blos für eine würklich erledigte, sondern häufig auch in Beziehung auf eine erst vacant werdende Stelle ertheilt. Verleihungen von Anwartschaften waren zwar durch das dritte Lateranische Concilium aus guten Gründen verboten worden m); allein auf die Expectativen, welche der Pabst verlieh, bezog man dieses nicht, weil diese auch nicht auf eine bestimmte, sondern unbestimmt auf die

f) Die älteste Nachricht über dieses Herkommen ist in Deutschland eine Urkunde des Königs Richard; doch wird es darin als schon bestehend angeführt, *Aventin.* Antiq. Altaheim. p. 728. Umständlicher spricht davon Rudolph von Habsburg (1273), *Goldast* Collect. constit. Imper. T. III. p. 406. Auch viele Fürsten nahmen es gegen die Collegiat-Stifter in Anspruch.

g) Das älteste bekannte Beispiel ist von Hadrian IV. v. J. 1154. (*Mansi* T. XXI. p 805).

h) Die ältesten sind von Alexander III. (✝ 1181), c. 7. X. de rescript. (1. 3).

i) c. 30. 37 — 40. X. de rescript. (1. 3), c. 4. X. h. t. (3. 8), c. 3. 4. eod. in VI. (3. 7).

k) c. 16. i. f. X. de præbend. (3. 5). Daher hieß ein solches Mandat auch in forma pauperum, oder in forma communi: Cum secundum Apostolum, nach den Anfangsworten der genannten Stelle, z. B. im c. 27. X. de rescr. (1. 3).

l) Conc. Colon. a. 1216. can. 13.

m) c. 2. 3. 13. 16. X. h. t. (3. 8), c. 2. eod. in VI. (3. 7).

erste überhaupt dort vacant werdende Stelle lauteten. Während des großen Schisma, wo diese Verhältnisse von beiden Partheien benutzt wurden, um sich Anhänger zu verschaffen, waren nun die Mandate und Anwartschaften so häufig geworden, daß man es als eine Erleichterung ansah, als Martin V. auf dem Kostnitzer Concilium sich nur zwei Drittheil aller nicht schon aus anderen Gründen dem Pabste vorbehaltenen Stellen durch solche Mandate zu vergeben vorbehielt. Das Concilium von Basel und demnächst das von Trient haben aber die Ertheilung von päbstlichen Mandaten und Expectativen gänzlich untersagt, und dadurch alle Streitigkeiten über diesen Gegenstand beendigt n). Doch hat sich das kaiserliche Recht der ersten Bitte bis zur Auflösung des deutschen Reiches erhalten.

§. 239. 3) Durch päbstliche Reservationen.

Extr. comm. I. 3. De electione, Sext. III. 4. Extr. comm. III. 2. De præbendis et dignitatibus.

Der Einfluß der Päbste auf die Besetzung der Aemter stieg, durch die Zeitverhältnisse begünstigt, so hoch, daß sie sich selbst ganze Klassen von Kirchenämtern zur unmittelbaren Verleihung vorbehalten konnten. I. Schon im dreizehnten Jahrhundert bestand der Gebrauch, daß wenn ein auswärtiger Prälat zu Rom starb, sein Nachfolger gleich vom Pabste selbst ernannt wurde. Clemens IV. († 1268) sprach dieses als eine bestimmte Regel aus, und untersagte jedem Anderen in einem solchen Fall die Verleihung vorzunehmen o). Derselbe Vorbehalt wurde von Bonifazius VIII., Clemens V. und Johann XXII. wiederholt p), und von da an stehend in die Kanzleiregeln aufgenommen. Als Anwesenheit in Rom wurde auch noch die Entfernung von zwei gesetzlichen Tagereisen behandelt q). Der Grund dieser Reservation war aber, damit die erledigte Stelle möglichst schnell wieder besetzt würde; daher mußte die päbstliche Provision binnen

---

n) Conc. Basil. Sess. XXXI. Decret. de collationibus beneficiorum, Conc. Trid. Sess. XXIV. c. 19. de ref.

o) c 2. de præbend. in VI. (3. 4). Diese Stelle ist irrig Clemens III. überschrieben.

p) c. 1. 3. Extr. comm. de præb. (3. 2), c. 4. Extr comm. de elect. (1. 3).

q) c. 34. de præbend. in VI. (3. 4).

einem Monate erfolgen, sonst war das Recht dazu erloschen; auch konnte es während der Erledigung des päbstlichen Stuhles nicht geltend gemacht werden r), und nach der Praxis wurden die Pfarreien und Aemter, worüber ein weltliches oder gemischtes Patronatrecht bestand, davon ganz ausgenommen. II. Zu dieser Reservation kam durch Johann XXII. (1317) eine andere, wodurch er sich die Aemter vorbehielt, die durch Annahme eines spätern unverträglichen Amtes, welches der Pabst selbst verliehen hätte, vacant würden s). III. Eine dritte Reservation geschah durch eine Bulle Benedikts XII (1335), wodurch er sich unter Wiederholung der beiden vorigen noch die Stellen vorbehielt, welche durch Absetzung oder Versetzung ihres bisherigen Inhabers durch ihn und seinen Vorgänger Johann XXII., oder durch eine von ihm angenommene Renuntiation, cassirte Wahl oder verworfene Postulation (zu beiden fand sich häufig Gelegenheit) erledigt würden; ferner diejenigen, deren bisherige Inhaber von ihm oder seinem Vorgänger zu Patriarchen, Erzbischöfen oder Bischöfen befördert wären, endlich diejenigen, welche durch den Tod eines Kardinals oder eines Beamten der römischen Curie vacant würden. Eigentlich war diese Constitution nur aus Rücksicht auf die damaligen Verhältnisse und als vorübergehend erlassen t). IV. Eine Reservation entstand auch durch die Weise, wie die Erklärung Martins V. auf dem Kostnitzer Concilium (§. 238) zur Ausführung gebracht wurde, indem nämlich kraft derselben der Pabst die Verleihung aller Aemter in Anspruch nahm, welche in den acht Monaten Januar, Februar, Mai, Juli, August, Oktober und November erledigt würden. Dieses wurde so auch in die neun und sechzigste, jetzt die achte, Kanzleiregel aufgenommen. Doch ist darin dieser Vorbehalt zu Gunsten der Bischöfe, welche Residenz hielten, um zwei Monate vermindert worden, so daß dann der Bischof alternirend mit dem Pabste verleihen sollte. V. In den auf jenem Concilium mit den deutschen Prälaten (1418) auf fünf Jahre abgeschlossenen Concordaten wurde festgesetzt, daß während dieser Zeit die Reserva-

r) c. 3. 35. de præbend. in VI. (3. 4).

s) c. Exsecrabilis 4. Extr. comm. de præbend. (3. 2), oder c. un. Extr. Johann. XXII. eod. (3).

t) c. Ad regimen. 13. Extr. comm. de præbend. (3. 2).

tionen der Bullen Johanns XXII. und Benedikts XII. ausgeübt, die Kathedralkirchen durch canonische Wahl besetzt, und diese blos vom Pabste confirmirt, die übrigen Stellen aber abwechselnd vom Pabste und vom ordentlichen Verleiher vergeben werden sollten. Ausgenommen von diesen wurden jedoch die höheren Dignitäten in den Dom- und Collegiatstiftern, deren Wahl man dem Kapitel freiließ. VI. Das Concilium von Basel wollte aber die Reservationen blos auf diejenigen beschränkt wissen, die in dem Corpus juris, welches damahls noch nicht die beiden Extravaganten-Sammlungen begriff (§. 123), enthalten wären. Die beiden genannten Bullen mit den darauf gebauten Kanzleiregeln fielen dadurch weg u). Allein durch den Widerspruch Eugens IV. kamen namentlich die Decrete der spätern Sessionen nicht zur vollen kirchlichen Anerkennung; und selbst diejenige, die für Deutschland durch die Fürsten-Concordate erreicht war, gieng durch die Wiener Concordate (1448) wieder verloren, welche beinahe wörtlich auf den Inhalt des Kostnitzer Vergleichs zurückkehrten. Zu päbstlichen Monaten wurden die ungleichen Monate Januar, März, Mai, Juli, September und November bestimmt. Doch sollte der Pabst binnen drei Monaten eine taugliche Person ernennen, sonst fiel das Recht an den ordentlichen Verleiher zurück. Auch sind von dieser Reservation, außer den höheren Dignitäten der Kapitel, durch die Praxis noch alle Pfarrämter und alle Beneficien, die unter einem Laien-Patron stehen, ausgenommen, und selbst das dem Pabste in seinen Monaten zustehende Recht häufig durch besondere Indulte dem Bischof oder dem Kapitel übertragen worden. VII. In Frankreich wurden die Baseler Beschlüsse eine Zeitlang durch die pragmatische Sanction (§. 109), selbst noch nach dem Vergleich zwischen Sixtus IV. und Ludwig XI. v), aufrecht erhalten, und endlich sind durch die Concordate zwischen Leo X. und Franz I. (1516) die päbstlichen Reservationen so gut wie ganz abgeschafft worden.

§. 240. 4) Neueste Einrichtungen.

Durch die neuen Concordate ist die Besetzung der Kapitel auf verschiedene Art eingerichtet worden. Das Wahlrecht zu den

---

u) Concil. Basil. Sess. XII. Decret. de electionibus, Sess. XXIII. Decret. de reservationibus.

v) c. 1. Extr. comm. de treug et pac. (1, 9).

Dignitäten ist meistens aufgehoben, und auch das zu den gewöhnlichen Canonicaten sehr beschränkt. In Neapel sollen die in den ersten sechs Monaten des Jahres ledig werdenden Stellen vom Pabste, die übrigen vom Bischofe, die erste Dignität aber in allen Fällen vom Pabste verliehen werden. In Preußen ernennt der Pabst den Probst, der Bischof den Decan; die einfachen Canonicate sind nach dem Wechsel der Monate zwischen Beiden getheilt. In Baiern ernennt ebenfalls der Pabst den Probst, der König aber den Decan; die einfachen Canonicate werden in den päbstlichen Monaten durch den König, in den übrigen zur Hälfte durch den Bischof, zur andern durch das Kapitel vergeben. Im Bisthum Basel wird nach der neuesten Einrichtung der Dekan vom Pabst, der Probst von der Regierung ernannt; die übrigen Stellen werden theils durch Wahl des Kapitels, theils durch die Regierungen der betreffenden Kantone besetzt. In Hannover und den kleineren Bundesstaaten werden alle Aemter, auch die des Decans, abwechselnd vom Bischof und Kapitel vergeben. Im Concordat mit Frankreich ist eigentlich über diesen Gegenstand nichts gesagt, dadurch aber stillschweigend die Ernennung den Bischöfen überlassen worden. Eben so verhält es sich im Königreich Holland. Im Königreiche Polen soll es nach den neuesten Bullen bei der bisherigen Observanz verbleiben. Ueberall ist aber den Regierungen ein mehr oder minder großer Einfluß vorbehalten worden.

§. 241. Einfluß des Patronatrechts. 1) Historische Einleitung.

Die Kirche erkennt die Pflicht der Dankbarkeit gegen denjenigen, der aus seinem Vermögen eine Kirche gegründet oder ein Kirchenamt dotirt hat, dadurch an, daß sie ihm auch gewisse Rechte, namentlich einen regelmäßigen und bleibenden Einfluß auf die Besetzung dieses Amtes einräumt. Der Inbegriff dieser Vorrechte wird das Patronatrecht genannt. Historisch entwickelte sich dieses auf folgende Weise. In den älteren Zeiten der Kirche hatten diejenigen, welche eine gottesdienstliche Anstalt stifteten, zwar gewisse Auszeichnungen; allein doch keinen besonderen Vorzug bei der Auswahl der Geistlichen. Erst im fünften Jahrhundert wurde in Gallien dem Bischofe, der in einer benachbarten Diöcese eine Kirche gründete, auch das Recht, die Kleriker dafür zu ernennen, ertheilt w). Andere weltliche Personen hingegen erhielten durch Fundation ein solches Vorrecht nicht, sondern das volle Verleihungsrecht blieb dem Bischofe x). Bald aber wurden ihnen doch im Orient gewisse Vorzüge, namentlich bei der Güterverwaltung, eingeräumt y), und sie zogen häufig, wie es scheint, sogar das Ernennungsrecht an sich. Die Gesetze schränkten dieses aber dahin ein, daß sie den Geistlichen erst dem Bischofe vorstellen, und dieser seine Zustimmung ertheilen sollte z). Eben so bildete sich das Verhältniß im Occident aus; jedoch wurde das Präsentationsrecht anfangs dem Stifter nur für seine Person zugestanden a). Da ihm aber andere Rechte und Verbindlichkeiten auch für seine Erben beigelegt waren b), so nahm auch das Präsentationsrecht bald einen erblichen Charakter an. Hiezu so wie zur übrigen Ausbildung des weltlichen Patronatrechtes trugen besonders zwei äußere Umstände bei. Der Eine war das Verhältniß der Privatoratorien, welche die großen Gutsbesitzer bei ihren Haupthöfen für sich und ihre Hofhörigen anlegten (§. 147). Diese galten natürlich als ihr volles Eigenthum c), welches mit zur Vererbung gezogen wurde d), und wobei sie ihre Hausgeistlichen (sacerdotes domestici) willkührlich anstellten. Im Fortgang der Zeiten wurden diese Privatbethäuser erweitert und in Parochialkirchen verwandelt, an denen sich zwar das Eigenthum der ersten Besitzer verlor, die Nachfolger aber doch andere wichtige Vorrechte beibehielten. Der andere Grund lag darin, daß die

---

w) c. 1. c. XVI. q 5. (Conc. Arausic. a. 441).

x) c. 26. 27. c. XVI. q 7. (Gelas. c. a. 494), c. 10. eod. (Conc. Aurel. I. a. 521).

y) c. 46. §. 3. C. de episc. (1. 3).

z) Nov. Just. 57. c. 2., nov. 123. c. 18.

a) c. 31. c. XVI. q. 1. (Pelag. I. c. a. 557), c 4. 30. c. XVIII. q. 2. (Idem eod), c. 32. c. XVI. q. 7. (Conc. Tolet. IX. a. 655).

b) c. 30. c. XVI. q. 7. (Conc. Tolet. IV. a. 633), c. 31. eod. (Conc. Tolet. IX. a. 655).

c) Patroni hießen überhaupt die Gutsherrn im Verhältniße zu ihren Gutsunterthanen, c un C. Th. ne colon. inscio domin. (5. 11), c. un. C Th. de colon Thrac. (11. 51). Daher sehr natürlich auch im Verhältniße zu ihrem Bethause und ihren Geistlichen.

d) c. 35. c. XVI. q. 7. (Capit. Ludov. P. a. 829. c. 2), c. 36. eod. (Conc. Tribur. a. 895).

fränkischen Könige, von den Umständen gedrängt, häufig das Kirchengut angreifen mußten e), und einzelne Kirchen an Laien als Lehn hingaben. Dieses hatte den Erfolg, daß die Empfänger sich wie deren Eigenthümer betrachteten, den größten Theil der Einkünfte zogen, und des Widerstrebens der Bischöfe ungeachtet bei der Enennung der Geistlichen die Hauptstimme führten; ja sie ertheilten als Eigenthümer oder Lehnsherrn der Kirche den dabei anzustellenden Priestern sogar die Investitur mit dem geistlichen Amte, und übten nun über sie die Rechte, wie über ihre Vasallen f). Hiedurch ist das Patronatrecht auch bei den Kirchen eingeführt worden, die nicht Privatoratorien, sondern öffentliche Kirchen waren. Seit dem neunten Jahrhundert war aber dieser Theil der Kirchenzucht, wie man aus den vielen Verboten erkennen kann, durch Gewaltthätigkeiten gänzlich zerrüttet, und es wiederholte sich im Kleinen derselbe Unfug, wie auf den bischöflichen Sitzen unter der Investitur der Könige g). Ver-

---

e) c. 59 c. XVI. q 1. (Capit. I. Carol. M. a. 803. c. 1), ibiq. Corr. Rom.

f) Edict. Carol. M. ad Comites a 800. Resonuit in auribus nostris quorundam præsumtio non modica, quod non ita obtemperetis Pontificibus nostris seu Sacerdotibus, quemadmodum canonum et legum continet authoritas, ita ut presbyteros nescio qua temeritate præsentari episcopis denegetis, insuper et aliorum clericos usurpare non pertimescatis, et absque consensu episcopi in vestras ecclesias mittere audeatis, nec non in vestris ministeriis pontifices nostros talem potestatem habere non permittatis, qualem rectitudo ecclesiastica docet. — Capit. I. Carol M a 813 c. 2, Capit. Ludov. P. a. 816. c 9 — c. 29, c. XVI. q. 7. (Leo III. c. a. 800), c. 37. eod. (Conc. Mogunt. a. 813), c. 38. eod (Conc. Cabilon. II. a. 813).

g) Ein deutliches Zeugniß aus dem neunten Jahrhundert giebt *S. Agobard.* Archiep. Lugdun De privileg. et jure Sacerdot. cap. 11: Increbuit consuetudo impia, ut pæne nullus inveniatur anhelans, et quantulumcunque præficiens ad honores et gloriam temporalem, qui non domesticum habeat sacerdotem, non cui obediat, sed a quo incessanter exigat licitam simul atque illicitam obedientiam, non solum in divinis officiis, verum etiam in humanis, ita ut plerique inveniantur, qui aut ad mensas ministrent, aut saccata vina misceant, aut canes ducant, aut caballos, quibus fœminæ sedent, regant, aut agellos provideant. Et quia tales, de quibus hæc dicimus, bonos sacerdotes in domibus suis habere non possunt [nam quis es-

geblich eiferten dawider die Bischöfe und Concilien h); endlich aber beschäftigte sich das dritte und vierte Lateranische Concilium sehr ernsthaft, sowohl mit den Misbräuchen, die dabei vorfielen i), wie mit den inneren Verhältnissen, und hierauf, so wie auf die sich daran schließenden Decretalen, ist noch das heutige canonische Recht gegründet.

§. 242. 2) Heutiges Recht.

Greg. III. 38. Sext. III. 19. Clem. III. 12. De jure patronatus.

I. Das Patronatrecht entsteht ordentlicherweise durch Fundirung einer Kirche oder eines Amtes. Zur Fundirung einer Kirche gehören drei Punkte, Anweisung des Grund und Bodens (fundatio in specie), würkliche Erbauung (extructio), und Anweisung der nöthigen Einkünfte (dotatio) k). Zur Stiftung ei-

---

set bonus clericus qui cum talibus hominibus dehonestari nomen et vitam suam ferret?], non curant omnino quales clerici illi sint, quanta ignorantia coeci, quantis criminibus involuti: tantum ut habeant presbyteros proprios, quorum occasione deserant ecclesias seniores et officia publica. Quod autem non habeant eos propter religionis honorem, apparet ex hoc, quod non habent eos in honore. Unde et contumeliose eos nominantes, quando volunt illos ordinari presbyteros, rogant nos aut jubent, dicentes: Habeo unum clericionem, quem mihi nutrivi de servis meis propriis, aut beneficialibus, sive pagensibus, aut obtinui ab illo vel illo homine, sive de illo vel illo pago: volo ut ordines eum mihi presbyterum. Cumque factum fuerit, putant ex hoc, quod majoris ordinis sacerdotes non eis sint necessarii, et derelinquunt frequenter publica officia et prædicamenta.

h) *Conc. Salegunst.* a. 1022. c. 13. Nullus laicorum alicui presbytero suam commendet ecclesiam præter consensum episcopi, sed eum prius mittat episcopo, vel eius vicario, ut probetur, si scientia, ætate et moribus talis sit, ut sibi populus Dei commendetur. — *Conc. Bitur.* a. 1031. c. 21. Ut sæculares viri ecclesiastica beneficia, quod *févos presbyterales* vocant, non habeant super presbyteros. Ut nullus laicus presbyteros in suis ecclesiis mittat, nisi in manu episcopi, quia episcopus curam animarum debet unicuique presbyterum commendare de parochiis ecclesiarum singularum.

i) c. 30. X. de praebend. (3. 5), c. 4. 23. X. de jur. patron. (3. 38), c. 12. X. de poen. (5. 37).

k) c. 25. X. h. t. (3. 38), Conc. Trid. Sess. XIV. cap. 12. de ref.

nes Amtes an einer bereits errichteten Kirche ist die Anweisung des Einkommens hinreichend. Außerordentlicher Weise entsteht es durch Verjährung l), oder durch unvordenklichen Besitz m). Doch sind über den Beweis desselben genaue Regeln vorgeschrieben n). II. Inhaber des Patronatrechts war ursprünglich blos die Person; häufig hat es sich aber, wie viele andere Gerechtsame in der deutschen Verfassung so verwandelt, daß es wie eine dingliche Zubehör an einem Gute klebt o). Besonders kommt dieses oft bei Lehn- und Rittergütern vor. Daher wird jetzt das dingliche und persönliche Patronatrecht unterschieden. Letzteres ist entweder ein weltliches oder ein geistliches, je nachdem der Berechtigte ein Laie oder ein Geistlicher ist, sey dieses eine kirchliche Corporation, oder eine Dignität, oder eine andere einfache Kirche. Die geistlichen Patronate gründen sich bald auf die wirkliche Fundation einer Kirche durch eine andere geistliche Anstalt p), bald sind sie aus dem Vorbehalt bei der Theilung eines Kirchenamtes q), oder aus Schenkungen, welche die Laien mit ihrem Patronatrechte an eine kirchliche Anstalt machten r), entstanden. Häufig hat sich auch bei incorporirten Pfarreien (§. 150) der primitive Pastor, dem das Recht den beständigen Vicarius zu ernennen zusteht, Patron genannt. Allein ein wahres Patronatrecht ist dieses nicht, weil keine Wohlthat gegen die Kirche vorhergegangen ist, und es können daher hier außer der Präsentation nicht auch die übrigen Ehrenrechte des Patrons in Anspruch genommen werden. III. Da das Patronatrecht sich von beiden Seiten auf Pietät gründet, so haben die Decretalen, durch die früheren Misbräuche gewarnt, und um die Einmischung wucherlicher Absichten fern zu halten, es für ein geistliches Recht, und

l) c. 11. X h. t. (3 38).

m) c. 1. de praescript. in VI. (2. 13).

n) Conc. Trid Sess. XXV. cap. 9. de ref.

o) c. 7 13. X. h. t. (3. 38).

p) So haben häufig die Priester-Convente Kapellen auf dem Lande gestiftet, woraus später Pfarreien geworden sind, die nun ganz folgerecht unter dem Patronatrecht des Kapitels stehen.

q) c. 3. X. de eccles. aedif. (3. 48), Conc. Trid. Sess. XXI. cap. 4. de ref.

r) c. 7. X. de donat. (3. 24), c. 8. X. h. t. (3. 38), c. un. eod. in VI. (3. 19).

dadurch außer dem Verkehr erklärt. Die weitere Uebertragung eines erworbenen Patronatrechts ist daher auf folgende Art geordnet. 1) Das persönliche geht ohne weitere Einschränkung auf die testamentarischen Intestaterben über s). Auf andere Personen kann es blos durch Schenkung und zwar in der Regel nur mit Zustimmung des Bischofs geschehen t). Verkauf und ähnliche Veräusserungen, wodurch man zu gewinnen sucht, sind wegen der geistlichen Natur des Rechts gänzlich verboten u); daher auch der Tausch um eine weltliche Sache v). 2) Das dingliche Patronat wird mit dem Gute, dem es anklebt, übertragen, ohne daß es hier weiter auf die Eigenschaft des Vertrages ankommt. Nur soll dadurch die Hauptsache nicht theuerer angesetzt werden. Wird das Eigenthum getheilt, so folgt das Patronat dem nutzbaren Eigenthümer, namentlich dem Emphyteuta und dem Vasallen w). IV. Die Rechte und Pflichten des Patrons sind 1) Gewisse Ehrenrechte, namentlich ein besonderer Platz in der Kirche, der Vorrang bei Processionen x), die namentliche Erwähnung in den Kirchengebeten, das Begräbniß in der Kirche und die Kirchentrauer. 2) Er darf, wenn er verarmt, aus dem Kirchenvermögen Unterstützung fordern y). 3) Er hat die Beschirmung und Aufsicht über die Kirche und ihr Vermögen, und muß bei schlechter Verwaltung dem Bischofe die Anzeige machen z). Hingegen eine eigene Verwaltung hat er nicht a), und noch weniger ein Recht auf das Vermögen oder die Ein-

---

s) c. 3. X. h. t., clem. 2. eod. (3. 12).

t) c. 8. X. h. t., c. un. eod. in VI. (3. 19).

u) c. 6. 16. X. h. t., Conc. Trid. Sess. XXV. cap. 9 de ref.

v) c. 9. X. de rer. permut. (3. 19).

w) c. 7. 13. X. h. t.

x) Früher verstand man unter processionis aditus blos den Zutritt zu dem gewönlichen öffentlichen Gottesdienst, und dem Patron war dabei noch keine Auszeichnung gegeben, c. 26. 27. c. XVI. q. 7. (Gelas. c. a. 494). Später aber erhielten diese Worte eine andere Bedeutung, c. 25. X. h. t.

y) c. 30. c. XVI. q. 7. (Conc. Tolet. IV. a. 633), c. 29. eod. (Leo III. c. a. 800), c. 25. X. h. t.

z) c. 31. c. XVI. q 7. (Conc. Tolet. IX. a. 655).

a) Conc. Trid. Sess. XXIV. cap. 3. XXV. cap. 9. de reform.

künfte b). 4) Das wichtigste Vorrecht besteht in der Präsentation zu dem erledigten Amte. Diese ist aber jetzt so eingerichtet, daß der Patron eine Person zu dem Amte blos vorstellt, die eigentliche Verleihung und Einweisung aber von dem Bischofe ausgeht, und erst dadurch das volle Recht an dem Amte erworben wird c). Auch ist die Präsentation an mehrere Bedingungen gebunden. Sie muß nämlich für eine würdige Person, durchaus unentgeltlich, und innerhalb der gesetzlichen Zeit geschehen, welche bei dem Laienpatronat auf vier, bei dem geistlichen auf sechs Monate festgesetzt ist d). Die gewöhnliche Form ist vermittelst eines Präsentationsschreibens. Sich selbst darf der Patron nicht präsentiren, wohl aber seinen Sohn e). Auch darf er, nach der allgemeinen Meinung, mehrere zugleich, und der Laienpatron, so lange die gesetzliche Frist noch offen ist, sogar mehrere nach einander präsentiren f), unter welchen dann der Verleiher wählen kann g). Bei der successiven Präsentation durch einen geistlichen Patron, hat aber der ältere den Vorzug h). Steht das Präsentationsrecht mehreren Personen als Einzelnen zu, so entscheidet, wenn nicht etwas anderes festgesetzt ist, die Stimmenmehrheit, selbst die blos relative; bei Stimmengleichheit kann der Verleiher wählen i). Ruht das Präsentationsrecht bei einer Corporation, so wird es nach deren gewöhnlichem Geschäftsgange verhandelt. Es entscheidet also die absolute Stimmenmehrheit

---

b) c. 6. c. X. q. 1. (Conc. Tolet. IV. a. 633), c. 30. X. de praebend. (3. 5), c. 4. 23. X. h. t.

c) c. 5. 29. X. h. t., Conc. Trid Sess. XIV. cap 12. 13. de ref. — M. Ueb.: 148. Aus dem Rechte des Patronen geht auch die Pflicht hervor, bei Vakaturen immer die eigenen Patronat-Competenten vorzuziehen, und wo — unter dem Vorwand der Acquisition ein Candidat aus fremdem Patronate beigezogen wird — ausdrücklich auch den Mangel eigener Competenten als Entschuldigung anzuführen. Unsere Zeit macht Anspruch auf Billigkeit.

d) c. 3. 22. 27. X. h. t., c. un. eod. in VI. (3. 19).

e) c. 15. 26. X. h. t.

f) c. 5. 29. 31. X. h. t.

g) c. 24. X. h. t.

h) c. 24. X. h. t. Der Unterschied beruht darauf, daß man dem geistlichen Patronatrecht überhaupt mehr bindende Kraft beilegt.

i) c. 3. X. h. t., clem. 2. eod. (3. 12).

der wirklich gegenwärtigen Mitglieder k). Zuweilen wird es aber auch der Reihe nach abwechselnd (per turnum) ausgeübt. Ist die Präsentation nicht innerhalb der bestimmten Zeit l), oder nicht unentgeltlich geschehen m) so geht sie für diesesmal verloren, und devolirt an den Verleiher. Ist ein Unfähiger präsentirt worden, so steht, wenn es unwissentlich geschah, dem Patron zur Präsentation eines Andern eine neue Frist von vier oder sechs Monaten zu n). Geschah es aber wissentlich, so geht dem geistlichen Patron das Präsentationsrecht zur Strafe für diesesmal verloren o); und der Laienpatron kann nur, so lange die ursprüngliche Frist noch offen ist, einen neuen präsentiren p). V. Das Patronatrecht erlöscht 1) durch Untergang der Kirche oder Aufhebung des Amtes, worauf es sich bezieht. Dasselbe gilt auch im Fall einer Union (§. 224), wenn der Patron dazu seine Einwilligung gegeben, und sich nicht ausdrücklich das Patronatrecht vorbehalten hat q). 2) Durch gänzliche Aufhebung des Amtes oder der Corporation, welcher es zusteht r).

---

k) c. 6. X. de his quæ fiunt a prælat. (3. 10).

l) c. 2. X. de suppl. neglig. prælat. (1. 10), c. 27. X. h. t., c. 18. de elect. in VI. (1. 6).

m) c. 11. 13. 15. 34. X. de simon. (5. 3).

n) Dieses ergiebt sich aus der Analogie des c. 26. de elect. in VI. (1. 6).

o) c. 7. §. 3. c. 20. 25. X. de elect. (1. 6), c. 2. X. de suppl. neglig. prælat. (1. 10), c. 18. de elect. in VI. (1. 6).

p) Denn daß der Laienpatron auch in diesem Fall das Präsentationsrecht nicht gleich ganz verliere, ergiebt sich aus c. 4. X. de off. jud. ord. (1. 31). Im alten Recht war es freilich anders, nov. 123, c. 18.

q) c. 7. X. de donat. (3. 24).

r) Dieses ist sehr häufig bei der Aufhebung der vielen kirchlichen Institute in der neueren Zeit vorgekommen. Merkwürdig ist jedoch, daß viele Schriftsteller in diesem Fall das Patronatrecht dem Landesherrn zugesprochen, und aus der Säcularisation einen eigenen Erwerbtitel gebildet haben. Allein jenes Recht war an die moralische Person der Corporation, nicht an deren Güter geknüpft; nur in letztere, nicht in erstere, hat der Landesherr succedirt. Jene Anstalten haben vielmehr als solche ohne Nachfolger aufgehört, und dadurch ist ihr Präsentationsrecht an den Bischof, als an den ordentlichen Verleiher, zurückgefallen. In Baiern ist jedoch diese Frage durch das Concordat entschieden, und dem Könige das Präsentationsrecht zugestanden worden.

3) Durch ausdrückliche oder stillschweigende Verzichtleistung. Letztere ist vorhanden, wenn das Beneficium mit Zulassung des Patrons in ein Wahlamt verändert, oder mit seinem Vorwissen mehrmals frei verliehen wird. 4) Zur Strafe in gewissen Fällen, namentlich wegen Misbrauch des Kirchenvermögens s), uncanonischer Veräußerung des Patronatrechts t), Mishandlung der Geistlichen u). Der Unterschied der Confessionen ist aber in Deutschland ohne Einfluß. Doch bleibt immer der Besitz dieses Rechts in den Händen eines Andern, der nicht zu der Kirchengemeinschaft gehört, dem Geiste des Verhältnisses widersprechend. Auch sind wenigstens die Juden, die nicht selten durch den Ankauf von Gütern Patronatrechte mit erworben haben, durch die meisten Landesgesetze zu deren Ausübung unfähig erklärt worden. VI. Die Streitigkeiten über das Patronatverhältniß gehören nach dem canonischen Rechte vor die geistlichen Gerichte v); allein die Landesgesetze haben dieses meistens aufgehoben. VII In der russischen Kirche und in den meisten protestantischen Ländern hat sich auch das Patronatverhältniß erhalten. In England wird dieses Recht (right of advowson) ebenfalls in das dingliche (appendant) und persönliche (in gross) eingetheilt. Doch wird hier mit dessen Veräußerung großer Misbrauch getrieben.

§. 243. D) Volles Verleihungsrecht dritter Personen.

In gewissen Fällen kann einer dritten Person nicht blos die Präsentation, sondern selbst die wirkliche Collation des Amtes zustehn. Dieses gründet sich aber immer auf besondere Privilegien oder auf eine verjährte Observanz. Gewöhnlich findet sich dieses Recht in den Händen einer kirchlichen Dignität w), oder einer geistlichen Corporation. Die Klöster namentlich besaßen es über die Kirchen, die ihnen vollständig incorporirt waren (§.

In Preußen ist es nach den Monaten zwischen dem Bischof und der Regierung alternirend vertheilt, Verordnung vom 30. Sept. 1812.

s) Conc. Trid. Sess. XXII. cap. 11. de ref.

t) Conc. Trid. Sess. XXV. cap. 9. de ref.

u) c. 12. X. de pœn. (5. 37).

v) c. 3. X. de judic. (2. 1).

w) c. 6. X. de institut. (3. 7).

224) x). Laien sollten es aber, der strengern Disciplin gemäß, niemahls erhalten; doch haben in allen Ländern die Könige mehrere Aemter, namentlich die an den königlichen Kapellen, zu verleihen gehabt. Die Könige von Frankreich übten dieses Recht unter anderen, und zwar in einer merkwürdigen Ausdehnung in Beziehung auf die Aemter aus, die während der Erledigung eines bischöflichen Stuhles in der Diöcese vacant wurden y). Auch in England haben die Könige und andere Personen noch jetzt das Recht, verschiedene geistliche Stellen durch freie Schenkung (donative) zu vergeben.

§. 244. E) Außerordentliche Verleihung kraft des Devolutionsrechts.

Greg. I. 10. Clem. 1. 5. De supplenda negligentia prælatorum.

Wenn die Provision nicht auf die canonische Weise oder nicht innerhalb der bestimmten Zeit vorgenommen worden ist, so geht das Recht dazu für diesesmal verloren und devolvirt an einen höhern Beamten. Doch wird in beiden Fällen eine verschuldete Nachläßigkeit vorausgesetzt. Die gesetzliche Frist beträgt bei den gewöhnlichen Aemtern, welche der Bischof verleiht, sechs Monate z); bei den übrigen sind die Fristen verschieden und schon gelegentlich genannt worden. Der Anfang derselben wird vom Tag an berechnet, wo die Erledigung des Amtes am Orte selbst bekannt wurde a). Nach verstrichener Frist bleibt die dann noch unternommene Verleihung ohne Würkung, wenn nicht die höhere Behörde sie freiwillig gelten läßt b). Die nähere Ordnung der Devolution ist aber folgende. Bei den Aemtern, deren Patron oder Verleiher selbst unter dem Bischofe steht, devolvirt das Provisionsrecht an diesen c), namentlich auch bei solchen, die das

x) c. 18. X. de præscript. (2. 26), c. 3. §. 2. X. de privileg. (5. 33).

y) Mehr darüber findet man bei *Z. B. van Espen* Jus eccles. univers. Part. II. Sect. III. Tit. VIII. Cap. VIII.

z) c. 2. X. de conc. præb. (3. 8).

a) c. 3. X. h. t. (1. 10), c. 5. X. de conc. præb. (3. 8), clem. un. eod. (3. 3). — s. M. Ueb. §. 148. 4.

b) c. 4. 5. X. h. t. (1. 10).

c) c. 2. X. h. t. (1. 10), c. 12. X. de jur. patr. (3. 38), clem. un. de suppl. neglig. prælat. (3. 5).

Kapitel allein zu vergeben hat d). Dieses gilt selbst dann, wenn der Bischof in der Eigenschaft eines einfachen Kapitularen an der Verleihung Theil zu nehmen hatte e). Soll die Verleihung durch den Bischof als Prälaten und das Kapitel gemeinschaftlich geschehen, so kann die Nachläßigkeit des Einen das Recht des Andern nicht hindern; sind aber beide säumig; so schreitet der Erzbischof ein f). Dasselbe gilt, wenn der Bischof allein, sey es mit oder ohne Berathung des Kapitels die Stelle zu vergeben hatte g). Die Besetzung der Bisthümer endlich devolvirte bei verzögerter Wahl sonst an den Erzbischof (§. 231), jetzt an den Pabst. Dasselbe muß nach aller Analogie gelten, wenn der Landesherr mit der Ernennung säumig ist.

§. 245. F) Von der canonischen Institution und der Investitur.

Greg. III. 7. Sext. III. 6. De institutionibus.

In den ältern Zeiten, wo die Weihe regelmäßig nur für ein bestimmtes Amt ertheilt wurde, war in ihr zugleich nicht blos die Uebertragung des Amtes, sondern auch wie noch jetzt bei der Consecration der Bischöfe, die äußere Einweisung in dasselbe enthalten. Später haben aber diese Verhältnisse eine ganz andere Richtung erhalten. I. Wo noch das volle Verleihungsrecht dem Bischofe zusteht, wird das Amt durch eine einzige Handlung, durch die Zufertigung und Annahme der Collation vollständig erworben h). II. Wo hingegen die Wahl oder Präsentation durch einen Dritten vorhergeht, entsteht durch diese zunächst blos ein persönlicher Ahspruch (jus ad rem) auf das Amt; das volle Recht (jus in re) i) am Amte wird erst durch

---

d) c. 2. X. de conc. præb (3. 8).

e) c. 15. X. de conc. præb. (3. 8).

f) c. 3. 5. X. h t. (1. 10), c. 15. X. de conc præb. (3. 8).

g) Früher gieng in diesem Fall das Recht zunächst an das Kapitel, und dann erst an den Erzbischof über, c. 2. X. de conc. præbend. (3. 8). Allein dieses ist durch die Praxis allgemein abgeändert.

h) c. 17. de præbend. in VI. (3. 4).

i) Diese Unterscheidung von jus ad rem und in re ist zwar zunächst nur bei den Anwartschaften aufgestellt worden, c. 40. de præbend. in VI. (3. 4), c. 3. 8. de concess. præbend. in VI. (3. 7): die Canonisten haben sie aber ganz richtig auch auf die anderen angeführten Verhältniße übertragen

die canonische Institution (institutio authorizabilis sive collativa) übertragen k). In dieser ist also die eigentliche Verleihung enthalten. Regelmäßig kann sie nur vom Bischofe oder dessen Stellvertreter l), und während der Sedisvacanz vom Kapitel m) ertheilt werden; ausnahmsweise haben aber auch die Archidiaconen n) und andere untergeordnete Behörden dieses als ein eigenes Recht erworben. Die canonische Institution darf aber dem Erwählten oder Präsentirten nicht ohne Angabe bestimmter Gründe verweigert werden o), sonst ist eine Beschwerde bei der höheren Behörde zuläßig; in so fern kann sie also eine erzwingbare Verleihung (collatio necessaria) heißen. In allen Fällen, auch wenn die Institution einer unteren Behörde zusteht, sollte jedoch nach dem neueren Recht der Bischof zuvor eine wissenschaftliche Prüfung anstellen p); allein nach der Praxis geschieht dieses nur bei den mit einer Seelsorge verbundenen Aemtern; bei den einfachen Beneficien vertreten schriftliche Zeugnisse deren Stelle q). III. Endlich wo einem Dritten das volle Verleihungsrecht zusteht (§. 243), wird durch die Collation das Amt vollständig erworben, und es ist eine Institution durch den Bischof nicht weiter nöthig. Wenn jedoch mit dem Amt eine Seelsorge verbunden ist, so muß in allen Fällen, wo entweder die Institution oder die ganze Verleihung durch einen Dritten geschieht, doch die Seelsorge vom Bischof besonders übertragen werden r). Nur bei Aebten, die eine den Bischöfen ähnliche Jurisdiktion

k) c. 1. de regul. jur. in VI.

l) c. 3. X de institut. (3. 7), Conc. Trid. Sess. XVI. c. 12. 13.

m) c. 1. de institut. in VI. (3. 6).

n) c. 6. X. de institut. (3. 7).

o) c. 32. c. XVI. q. 7. (Conc. Tolet. IX. a. 655).

p) Conc. Trid. Sess. VII. cap. 13. Sess. XXIV. cap. 18. Sess. XXV. cap. 9. de ref.

q) Diesen Gebrauch bezeugt *Z. B. van Espen* Jus eccl. univers. Part. II. Sect. III. Tit. IX. Cap. I.

r) c. 4. X. de offic. archidiac. (1. 23). Nach der Rubrik dieser Stelle ist fast unter allen Canonisten die Meinung aufgekommen, als ob die institutio authorizabilis und die berührte Uebertragung der Seelsorge dasselbe sey. Allein die institutio authorizabilis ist nichts anders, wie die gewöhnliche institutio canonica. Die richtige Ansicht findet sich bei Van Espen im angeführten Kapitel.

haben, leidet dieses eine Ausnahme. VI. Der zur wirklichen Ausübung des Amtes nöthige Besitz wird durch die körperliche Einweisung in dasselbe (institutio corporalis, investitura, installatio) erworben. Diese sollte regelmäßig auch nur vom Bischof ertheilt werden; allmählig war aber diese Verrichtung auf die Archidiaconen übergegangen s). Jetzt wird sie meistens von den Erzpriestern oder Landdecanen vermittelst gewisser symbolischer Zeichen vollzogen. In den Kapiteln geschieht sie unter andern durch Anweisung eines Platzes (stallum) im Chor t). Die Einweisung in die Temporalien wird aber jetzt meistens von der weltlichen Obrigkeit ertheilt.

§. 246. G) Zustand in den nicht katholischen Ländern.

In der morgenländischen Kirche werden die untern Stellen von den Bischöfen frei vergeben, so weit nicht in Rußland das Patronatrecht dieses modificirt. In Deutschland steht die Ernennung zu den geistlichen Aemtern regelmäßig dem Landesherrn zu, welcher es bei den Bischöfen, wo diese noch vorkommen, und bei den Superintendenten, in Person, bei den niederen Stellen aber gewöhnlich durch die Consistorien ausübt. Häufig findet aber auch eine Theilung des Verleihungsrechtes Statt, nämlich wo ein Patron mit dem Präsentationsrecht, oder ein Wahlrecht der Gemeinde, oder beides vereinigt vorkommt, und das Consistorium blos die Bestätigung hat. Regelmäßig sollte auch der Gemeinde wenigstens eine verneinende Stimme zustehen, und zu diesem Zwecke vor Ertheilung der förmlichen Vocation eine Probepredigt (concio docimastica) vor ihr gehalten werden: allein dieses ist nicht mehr überall im Gebrauch. Die wirkliche Einweisung in das Amt oder die Investitur geschieht gewöhnlich durch den Superintendenten. In Holland werden die Prediger von dem Kirchenrathe gewählt, und durch die Moderatoren der Klasse bestätigt;

---

s) c. 7. §. 5. de offic. archidiac. (1. 23). — Die Installation der Bischöfe der O. R. P. s. Freiburger Zeitschrift I. II. IV. Die Investitur der Pfarrer geschieht durch den Dekan nach eigenem — durch das vom Bischofe von Rottenburg noch bei weitem nicht übertroffene — Formulare von H. v. Wessenberg. s. Sammlung bischöfl. Verordnungen. Konstanz 1810.

t) c. 19. 25. X. de præb. (3. 5), c. 4. 7. X. de conc. præb. (3. 8).

von der Bildung der übrigen Behörden ist schon oben die Rede gewesen (§. 177). In England haben einige Kapitel noch das Wahlrecht ihres Decans beibehalten; in andern ernennt ihn der König; die übrigen Präbenden werden theils frei von dem Bischofe, theils auf Präsentation eines Patrons, welches bei den meisten Bedeutendern der König selbst ist, theils ganz frei vom Könige (§. 243) vergeben. Bei den anderen Aemtern wiederholen sich noch die meisten Verhältnisse der katholischen Kirche. In Dänemark werden die Pastoren von dem Patron, oder wem sonst die Berufung zusteht, der Gemeinde vorgestellt, und wenn diese nichts einzuwenden hat, vom Bischofe bestätigt, und von dem Probst in das Amt eingeführt. Die Wahl der Pröbste aber ist den Pastoren der Harde überlassen (§. 179). In Schweden endlich werden die Lectoren, woraus das bischöfliche Consistorium besteht (§. 180), von diesem selbst nach der Mehrheit der Stimmen, die Contractspröbste vom Bischofe nach dem Vorschlage der Pastoren des Contracts, die gewöhnlichen Pastoren und Kapläne aber, wenn nicht ein Patronatrecht besteht, entweder von der Gemeinde aus drei Geistlichen, welche ihr das Consistorium zuschickt, erwählt, oder vom Könige ernannt. Im letzten Fall wird zwar auch erst auf dieselbe Weise, wie im andern, von der Gemeinde gewählt, doch ist der König weder an den Vorschlag noch an den Erfolg der Wahl gebunden. Die Ernennung der Dompröbste oder Pastoren der Domkirche geschieht eben so durch königliche Ernennung.

§. 247. III. Gemeinschaftliche Erforderniße.

Greg. I. 14. Sext. I. 10. Clem. I. 6. De ætate et qualitate et ordine præficiendorum, Greg. III. 8. Sext. III. 7. De concessione præbendæ et ecclesiæ non vacantis.

Damit aber überhaupt ein Kirchenamt auf die canonische Art besetzt werde, sind folgende Bedingungen nothwendig I. Das Amt muß dem Rechte nach erledigt seyn u). Selbst die Ertheilung einer Anwartschaft ist jetzt unbedingt verboten (§. 238). Ist das Amt zwar an sich ledig, aber Einer factisch noch im Besitz desselben, so muß dieser, ehe der Beliehene eingewiesen wird, erst

u) c. 5. 6. c. VII. q. 1. (Cyprian. c. a. 255), c. 40. eod. (Gregor. I. a. 592), c. 10. eod. (Leo IV. c. a. 847), c. 1. 2. X. h. t. (3. 8).

noch gehört werden v). II. Die Provision muß innerhalb der gesetzlichen Zeit geschehen (§. 244). Die gewöhnliche Frist von sechs Monaten ist auch in den meisten protestantischen Kirchenordnungen beibehalten, und zwar so, daß wo ein Gnadenhalbjahr besteht, die Besetzung selbst nicht früher geschehen darf. III. Der Berufene muß das gehörige Alter haben. Nach der ältern Disciplin war dieses in dem zur Ordination erforderlichen Alter von selbst mitbegriffen. Besondere Bestimmungen darüber wurden erst nothwendig, seitdem man die Weihe vom Amte ganz zu trennen anfieng. Nach dem gemeinen Recht, welches jedoch häufig abgeändert ist, sind nun für den Bischof 30 Jahre, für die Dignitäten, womit eine Jurisdiction, und die Aemter, womit eine Seelsorge verknüpft ist, 25 Jahre, für die übrigen Dignitäten und Personate 22 Jahre w), endlich für die einfachen Beneficien 14 Jahre x), vorgeschrieben. IV. Der Berufene soll, weil Laien keine Kirchenämter erhalten können, schon Kleriker seyn, das heißt wenigstens die Tonsur haben y), und sich die übrigen nöthigen Weihen binnen Jahresfrist erwerben z). Geschieht dieses nicht, so wird, wenn es sich um ein Parochial-Amt handelt, dasselbe unmittelbar und von selbst a), ein Amt anderer Art aber erst nach geschehener Verwarnung b) wieder verloren, und die mittlerweile gezogenen Früchte müssen zurückgegeben werden. Doch wird jenes Jahr erst vom Tage des erlangten ruhigen Besitzes an berechnet c); auch konnte der Bischof, der Studien wegen, sonst auf sieben d), jetzt aber nur auf ein Jahr dispensiren e). Der zum Bischof Erwählte soll aber, damit nicht

v) c. 28. de præbend. in VI. (3. 4).

w) c. 7. X. de elect. (1. 6), Conc. Trid. Sess. XXIV. cap. 12. de ref.

x) c. 3. X. h. t. (1. 14), Conc. Trid. Sess. XXIII. cap. 6. de ref.

y) c. 6. X. de transact. (1. 36), c. 2. X. de institut. (3. 7).

z) c. 14. de elect. in VI. (1. 6), clem. 2. de ætat. (1. 6), Conc. Trid. Sess. XXII. cap. 4. de ref.

a) c. 14. 35. de elect. in VI. (1. 6).

b) c. 7. X. de elect. (1. 6), c. 22. eod. in VI. (1. 6).

c) c. 35. de elect. in VI. (1. 6).

d) c. 34. de elect. in VI. (1. 6).

e) Conc. Trid. Sess. VII. cap. 12. de ref.

wie sonst Laien unmittelbar zu dieser Würde gelangen können f), wenigstens schon seit sechs Monaten Subdiacon seyn g). V. Die Berufenen müßen die zu ihrem Amte nöthigen Kenntnisse besitzen h), und sich darüber durch eine gelehrte Würde, oder durch andere Zeugnisse i) und bei den Aemtern, womit eine Seelsorge verbunden ist, durch eine besondere Prüfung ausweisen (§. 245). Zur Verleihung der Pfarreien soll nach der Form, die das Concilium von Trient aufgestellt hat, sogar ein Concurs eröffnet, die sich Meldenden von den dazu bestellten Examinatoren geprüft, und das Amt dem Würdigsten zuerkannt werden k). Doch ist dieses nicht überall in Gebrauch gekommen. In der morgenländischen Kirche und bei den Protestanten finden sich ähnliche Vorschriften. VI. Nach den meisten Landesgesetzen und neueren Concordaten soll bei der Verleihung der geistlichen Stellen auch auf das Indigenat Rücksicht genommen werden. Früher, wo der Klerus einen geschlossenen, von den nationalen Verhältnissen mehr unabhängigen Stand bildete, wurde darauf nicht so strenge gehalten. VII. Die Verleihung muß unentgeldlich geschehen, und der Wucher mit geistlichen Aemtern ist, als eine Simonie, strenge verboten l).

---

f) c. 9. D. LXI. (Ambros. c. a. 396), c. 10. eod. (Conc. Sard. a. 344), c. 3. eod. (Hormisd. a. 517), c. 1. eod. (Gregor. I. a. 599), c. 3. D. LIX. (Idem eod.).

g) c. 9. X. de ætat. (1. 14), Conc. Trid. Sess. XXII. cap. 2. de ref.

h) c. 7. X. de elect. (1. 6), clem. 1. de ætat. (1. 6).

i) Conc. Trid. Sess. XXII. cap. 2. Sess. XXIV. cap. 12. de ref.

k) Conc. Trid. Sess. XXIV. cap. 18. de ref. — In der O. R. V. ist jährlich ein Pastoral-Concurs vor landesherrlichen und bischöflichen Commissarien eröffnet. V. über Sch. u. A. R. 1830. §. 29., Bair. Concordat Art. 11.

l) c. 9. c. I. q. 3. (Alexander II. a. 1068), c. 2. eod. (Gregor. VII. c. a. 1075), c. 3. eod. (Idem a. 1078), c. 8. eod. (Urban. II. a. 1089), c. 6. 8. X. de pact. (1. 35), c. 12. 27. 33. 34. X. de simon. (5. 3).

Fünftes Kapitel.

Von dem Verlust der Kirchenämter.

§. 248. Uebersicht.

Da durch ein verliehenes Kirchenamt eine dauernde, lebenslängliche Verbindung gestiftet werden soll: so sind die Wege, wie es wieder verloren werden kann, genau bestimmt. Dieses geschieht nämlich nur durch den Tod, durch freiwillige Niederlegung, canonische Absetzung, und durch Versetzung. Es giebt zwar auch Stellen (Manualpfründen), namentlich die der zeitigen Vicarien, welche blos auf willkührlichen Wiederruf (ad nutum) ertheilt werden; allein diese sind nicht als wahre Kirchenämter zu betrachten (§. 222).

§. 249. I. Von der freiwilligen Niederlegung.

Greg. I. 9. Sext. I. 7. Clem. I. 4. De renuntiatione.

Die Kirche betrachtet ein Amt als einen Inbegriff bestimmter Verpflichtungen, und als eine übernommene Aufgabe, der man sich nicht willkührlich wieder entziehen soll. Daher kann die Niederlegung (renuntiatio) des Amtes nur aus hinreichenden Gründen m), und mit Genehmigung des kirchlichen Oberen geschehen. Dieses ist bei den niederen Aemtern der Bischof n), bei den höheren der Pabst o). Der Pabst selbst ist, wenn er verzichten will, an keine weitere Zustimmung gebunden p). Bei den Protestanten muß man sich an die Consistorien oder an den Landesherrn wenden. Erzwungene Renuntiationen sind unverbindlich q). Bedingungen der Verzichtleistung beizufügen, besonders solche, wodurch man für sich oder für einen Dritten Vortheil sucht, ist dem strengeren Begriff des Amtes entgegen, und war auch in der älteren Disciplin größtentheils unbekannt. Seit dem zwölften Jahrhundert sind aber, besonders bei den

m) c. 9. 10. X. h. t.

n) c. 4. X. h. t.

o) c. 2. X. de translat. episcop. (1. 7), c. 1. 9. X. h. t.

p) c. 1. de renunt. in VI. (1. 7).

q) c. 5. X. h. t., c. 2. 3. 4. 6. X. de his quæ vi (1. 40).

Stellen in den Kapiteln, Bedingungen verschiedener Art aufgekommen. Diese sind der Vorbehalt eines Jahrgeldes (pensio), oder selbst des Rücktritts (resignatio salvo regressu, cum jure recuperandi) in gewissen Fällen, zum Beispiel wenn der, auf welchen resignirt wird, vor dem Resignirenden sterben würde, der Tausch gegen eine andere Stelle, und die Resignation auf einen Dritten (resignatio in favorem). Der Vorbehalt des Rücktritts ist aber jetzt gänzlich verboten r). Der Tausch ist es an sich ebenfalls; doch können beide ihre Stellen in die Hand des Bischofes resigniren, und dieser in der Form einer Versetzung die Vertauschung vornehmen s). Die Resignation auf einen Dritten endlich war nur bei Canonicaten üblich, und zwar mußte, um ihren Misbrauch zu vermindern, die Genehmigung des Pabstes nachgesucht werden. Auch war sie, um den Schein der Erblichkeit zu vermeiden, durch die Kanzleiregel De viginti oder De infirmis resignantibus darin beschränkt, daß sie kraftlos wurde, wenn der Resignirende binnen zwanzig Tagen darauf an einer schon damahls begonnenen Krankheit starb. Als aber nun, um diese Vorschrift zu umgehen, solche Resignationen häufig schon bei gesundem Leibe errichtet, allein, um im Genuß der Einkünfte zu bleiben, bis gegen das Ende des Lebens verheimlicht wurden, so verordnete eine andere Kanzleiregel De publicandis resignationibus, daß sie innerhalb einer bestimmten Zeit nach der Errichtung bekannt gemacht werden sollten t). Neuere Landesgesetze, zum Beispiel die Oesterreichischen, haben sie sogar ganz verboten. Uebrigens kann eine Verzichtleistung auch stillschweigend geschehen, namentlich durch Eingehung einer Ehe u), durch Annahme eines unverträglichen Amtes (§. 226),

---

r) Conc. Trid. Sess. XXV, cap. 7. de ref.

s) c. 8. X. de præb. (3. 5), c. 5. 7. 8. X. de rer. permut. (3. 19), c. un eod. in VI. (3. 10), clem. un. eod. (3. 5).

t) Diese Regel war auch in Frankreich und Belgien recipirt. Später ist durch die Bulle Gregors XIII. Humano vix vom Jahr 1583 eine andere Form der Publication vorgeschrieben worden; daher findet sich jene Kanzleiregel jetzt unter den Uebrigen nicht mehr. Aber in den genannten Ländern galt sie noch bis in die neuere Zeit, weil jene Bulle hier nicht in Aufnahme gekommen ist.

u) c. 1. 3. 5. X. de cleric. conjug. (3. 3).

durch Eintritt in den Mönchsstand v), und durch Religionsveränderung, kraft des geistlichen Vorbehalts in den Reichsgesetzen (§. 47).

§. 250. II. Von der Absetzung.

Die Entfernung oder Absetzung vom Amte findet, weil sie eine Strafe ist, nur Statt wegen eines Vergehens w), und auch dann nur nach einer in den bestehenden Formen geführten Untersuchung, durch einen Spruch des ordentlichen Richters x). Selbst wenn der Verlust des Amtes durch das Gesetz unmittelbar und von Rechtswegen an ein gewisses Delict geknüpft ist, muß doch erst, daß dieses würklich begangen worden, gerichtlich erwiesen, und durch eine Sendenz ausgesprochen werden. Uebrigens ist aber die Anwendung dieser, so wie der meisten andern canonischen Strafen, jetzt mehr dem richterlichen Ermessen überlassen y); doch wird natürlich immer ein schweres Vergehen vorausgesetzt. Von den dabei thätigen kirchlichen Behörden ist schon oben gehandelt worden (§. 199).

§. 251. III. Von der Versetzung.

Greg. I. 7. De translatione episcopi.

Geschieht die Versetzung von einem Amte zu einem andern, die beide unter demselben Verleiher stehen, mit dem Willen des Besitzers, so liegt darin theils die Verzichtleistung auf die bisherige, theils die Verleihung der neuen Stelle. Geschieht sie aber als Translocation gegen dessen Willen, so ist sie nach der Analogie der Absetzung zu beurtheilen. In beiden Fällen muß sie bei den niederen Aemtern vom Bischof ausgehen z). Die Translation der Bischöfe geschah sonst durch das Provinzialconcilium a),

---

v) c. 5. de præbend. in VI. (3. 4).

w) c. 38. c. XVI. q. 7. (Conc Cabilon. II. a. 813).

x) c. 5. c. XV. q. 7. (Conc. Carth. III. c. a. 397), c. 1. eod. Conc. Hispal. II. a. 619), c. 7. X. de restit. spoliat (2. 13).

y) Conc. Trid. Sess. XXI. cap. 6. de ref. — Würt. Verf. Urkunde §. 81., V. über Sch. u. A. R. 1830. §. 36.

z) c. 37. c. VII. q. 1. (Conc. Carth. IV. a. 398), Capit. Reg. Franç. Lib. VI. c. 85. 200, c. 5. X. de rer. permut. (3. 19).

a) Can. Apost. 13., c. 37. c. VII. q. 1. (Conc. Carth. IV. a. 398).

seit dem zwölften Jahrhundert aber durch den Pabst b). Versetzungen, besonders der Bischöfe, sollen aber, damit nicht ein schädlicher Wechsel oder eigennützige Bewerbungen um die einträglicheren Stellen daraus entstehen, nur aus dringenden Gründen und des Nutzens der Kirche wegen, vorgenommen werden c). In der morgenländischen Kirche und in den protestantischen Ländern geschehen die Versetzungen von den Behörden, die auch die Anstellung ertheilt haben.

---

b) c. 1. 2. X. h. t. Daß die falschen Decretalen daran keinen Antheil haben, ist schon oben (§. 85. not. f) gezeigt worden, und dieses erkennt selbst Van Espen an.

c) c. 19. c. VII. q. 1. (Conc. Nicæn. a. 325), c. 25. eod. (Conc. Antioch. a. 332), c. 37. eod. (Conc. Carth. IV. a. 398), c. 21. eod. (Conc. Carth V. a. 401), c. 31. eod. (Leo I. a. 445), c. 32. eod. (Conc. Meldens. a. 845).

Sechstes Buch.

Von dem Vermögen der Kirche.

Erstes Kapitel.

Historische Einleitung.

§. 252. I. Die ältere Zeit.

In den ältesten Zeiten bestand das Vermögen der Kirche blos aus den Oblationen, den monatlichen Geldbeiträgen, und andern freiwilligen Gaben an Früchten (§. 201). Daraus wurden die Kosten des Gottesdienstes und der Unterhalt der Geistlichen, wenn sie kein eigenes Vermögen hatten d) bestritten. Die Verwaltung und Vertheilung geschah durch den Bischof e), und zwar die der Oblationen in täglichen oder wöchentlichen Spenden (sportulae), weil sie in Viktualien bestanden f); die der Geldbeiträge aber jeden Monat (divisiones mensurnae), so wie sie eingiengen g). Auch der Bischof behielt davon einen Theil für sich h), und es leidet keinen Zweifel, daß ebenfalls für die Armen einen Theil zurückgelegt wurde. Nachdem die

d) c. 6. c. 1. q. 3. (Hieronym c. a. 382), c. 7. eod. (Pomerius c a. 496).

e) Can. Apost. 40, c. 22. c. XII. q. 1. (Can. Apost. 41), c. 23. eod. (Conc. Antioch. a. 332), c. 5. c. X. q. 1. (Idem eod.).

f) Can. Apost. 4., c. 6. c. XXI. q. 3. (Cyprian. c a. 249).

g) *Cyprian* († 258) Epist. XXXIV. in f. Cæterum presbyterii honorem designâsse nos illis jam sciatis, ut et sportulis iisdem cum presbyteris honorentur, et divisiones mensurnas æqualibus quantitatibus partiantur.

h) c. 22. c. XII. q. 1. (Can. Apost. 41), c. 23. eod (Conc. Antioch. a. 332).

Kirchen durch Schenkungen und anderen Erwerb reicher geworden waren, bildete sich diese Vertheilung regelmäßiger aus. Die Einkünfte des Bisthums wurden in vier Theile zerlegt, wovon der eine dem Bischof, der andere den Klerikern, der dritte den Armen, und der vierte zum Unterhalt des Gottesdienstes und der Kirchengebäude bestimmt war i). Doch gieng noch immer die Verwaltung und Vertheilung von dem Bischof aus, und alle Einnahmen wurden daher an ihn abgeliefert. Nur sollte er sich nicht selbst mit diesen zeitraubenden Geschäften befassen, sondern dafür unter seiner Aufsicht aus seinen Geistlichen einen Oeconomen bestellen k).

§. 253. II. Entwickelung in den germanischen Reichen.

In den germanischen Ländern wurde zwar der Bischof fortwährend als das Haupt der Verwaltung anerkannt l): allein die Art der Erhebung und Vertheilung nahm eine andere und festere Gestalt an. I. Die Oblationen wurden nicht mehr vom Bischofe selbst vertheilt, sondern verblieben der Kirche, welcher sie gemacht waren. Nur ein Drittheil sollte noch dem Bischofe zum Unterhalt der Kirchengebäude abgeliefert werden, was aber auch bald aufhörte, indem dieser Theil ebenfalls den Pfarrkirchen selbst zu jenem Zweck überwiesen wurde m). II. Die Grundstücke, welche die Kirche besaß, wurden ursprünglich verpachtet oder auf andere Weise ausgethan, und der Ertrag wie gewöhnlich vertheilt. Bald aber schien es vortheilhafter, namentlich den Priesterconventen und Pfarrern auf dem Lande, einige dort gelegene Grundstücke unmittelbar zur eigenen Benutzung zu überlassen n). Lange hieng dieses jedoch blos von dem Gutdünken

---

i) c. 23. 25 — 27. c. XII. q. 2. (Gelas. c a. 494), c. 28. eod. (Simplic. a. 475).

k) c. 21. c. XVI. q. 7. (Conc. Chalced. a. 451).

l) c. 7. c. X. q. 1. (Conc. Aurel. I. a. 511), c. 2. eod. (Conc. Tolet. III. a. 589), c. 3. eod. (Conc. Tolet. IV. a. 633).

m) c. 7. c. X. q. 1. (Conc. Aurel. I. a. 511), c. 10. eod. (Conc. Tarrac. a. 516), c. 1. c. X. q. 3. (Conc. Bracar. II. a. 572), c. 2. eod. (Conc. Emerit. a. 666), c. 3. eod. (Conc. Tolet. XVI. a. 693).

n) c. 61. c. XVI. q. 1. (Symmach. a. 502), c. 32. 35. 36. c. XII. q. 2. (Conc. Agath. a. 506), c. 12. c. XVI. q. 3. (Conc. Aurel. I. a. 511).

des Bischofes ab; auch geschah eine solche Verleihung anfangs blos an die Person, und mußte daher nach deren Tode bei dem Nachfolger wiederholt werden. Nach und nach wurden aber sehr viele Grundstücke den verschiedenen Kirchen regelmäßig so zugetheilt, daß ihr Genuß statt der Besoldung diente; und seit dem neunten Jahrhundert galt dieser Genuß als so unzertrennlich mit dem Amte verbunden, daß er immer von selbst auf den Nachfolger übergieng. Güter dieser Art wurden anfangs Precarien o), später Beneficien genannt. III. Die Zehnten wurden eben so den Priester-Conventen und Taufkirchen in der Diöcese umher zur Erhebung angewiesen p), und also nicht mehr unmittelbar an die bischöfliche Kammer entrichtet. Die alte Vertheilung in vier Theile bestand aber fort q), und der Bischof führte darüber, so wie über die richtige Verwendung die Aufsicht r). Daher mußte ihm über die beiden Theile, die ihm und der Kirche zufielen, jährlich Rechnung abgelegt werden s). IV. Durch diese Veränderungen hatte sich nun der ursprüngliche Plan der Vermögens-Verwaltung auf folgende Art gestaltet. Der Theil des Bischofes steckte in den Gütern und Einkünften, die unmittelbar zur Kathedralkirche gehörten, und in dem Viertheil aller bei den Pfarrkirchen eingehenden Zehnten, so weit er nicht auf

---

o) c. 11. c. XVI. q. 3. (Conc. Agath. a. 506), c. 72. c. XXII. q. 2. (Conc. Tolet. VI. a. 638). Precarie kommt aber auch noch in einem ganz anderen Sinne vor, wovon unten (§. 278) die Rede seyn wird.

p) c. 44. c. XVI. q. 1. (Capit. Carol. M. a. 804), c. 43. eod. (Conc. Arelat. VI. a. 813. sive Capit. I. Carol. M. a. 813), c. 46. eod. (Conc. Cabilon. II. a. 813), c. 45. eod. (Leo IV. a. 849), c. 42. eod. (Conc. Confluent. a 922).

q) Capit. Episcop. a. 801. c. 7., Capit. II. Carol M. a. 805. c. 23., Capit. Carol. M. ad Leg. Langob. c. 95., Capit. Reg. Francor. Lib. VII. c. 375.

r) Capit. Carol. M. a. 779. c. 7., Conc. Turon. III. a. 813. c. 16. (Capit. Reg. Francor. Add. III. c. 82), Capit. Reg. Franc. Lib. I. c. 43.

s) *Hincmar. Rem.* Capitul. c. 16. (Opp. T. I. p. 717). Ut ex decimis quatuor portiones fiant juxta institutionem canonicam, et ipsæ sub testimonio duorum aut trium fidelium studiose et diligenter dividantur. Et ut de duabus portionibus, ecclesiæ et episcopi, ratio redatur per singulos annos, quid inde profecerit ecclesia.

diese, was auch häufig geschah, zu Gunsten der Kirche oder der Armen verzichtete. Der Theil der Kleriker bestand für die auswärts angestellten Priester in den ihnen regelmäßig angewiesenen Grundstücken, Zehnten und anderen Gefällen; für die Geistlichen der Kathedralkirchen in den Präbenden, wovon gleich näher die Rede seyn wird. Für den den Hülfsbedürftigen zukommenden Theil wurde wie früher ein Viertheil aller Zehnten bei Seite gelegt; eine größere Festigkeit erhielt er aber noch durch die Hospitien für Arme, Kranke, ausgesetzte Kinder und Reisende, welche die Bischöfe überall aus jenen Zehnten und anderen Ersparnissen, der canonischen Regel gemäß, gründeten t). Endlich zum Unterhalt des Gottesdienstes und der Gebäude diente, wie sonst, ein Viertheil der Zehnten und die Einkünfte der dazu der Kirche angewiesenen Grundstücke.

§. 254. III. Verhältniße in den Kapiteln.

Bei den Kathedralkirchen floßen die Einkünfte größtentheils noch in eine gemeinschaftliche Kasse zusammen, und wurden daraus zwischen dem Bischof und den Klerikern getheilt u); nur ausnahmsweise kamen auch hier einzelne Geistliche mit Beneficien vor. Als aber das gemeinschaftliche Leben eingeführt wurde, wiesen die Bischöfe den Kapiteln einen großen Theil der Grundstücke, Oblationen, Zehnten und anderen Gefälle als ihr abgesondertes Stiftungsvermögen an. Aus diesem wurde den canonischen Klerikern Speise und Trank, Kleidung und auch noch, wie in der alten Zeit, Spenden in Geld oder Naturalien (eleemosynae, stipendia, praebendae) v), besonders als Mittel für mildthätige Werke, verabreicht. Doch sollten die Geistlichen, welche Beneficien oder eigenes Vermögen hätten, sich damit begnügen w). Bald wurden den Kapiteln, um ihre Ein-

---

t) Capit. I. Carol. M. a. 789. c. 73., Conc. Aquisgran. a. 816. c. 141. 142.

u) c. 8. c. X. q. 1. (Conc. Aurel. I. a. 511).

v) Stipendium hieß bei den Römern die Lehnung der Soldaten; præbere wurde für die Lieferungen an das Heer gebraucht, fr. 19. D. de testib. (22. 5). Beides gieng nach der Aehnlichkeit der Verhältniße auf die Geistlichen über. nov. 3. c. 2.

w) Conc. Aquisgran. a. 815. c. 120., Capit. Reg. Franc. Addit. III. c. 112.

künfte zu vermehren, auch viele Pfarreien incorporirt (§. 150). Bei der Aufhebung des gemeinschaftlichen Lebens erhielt aber dieses Alles eine ganz andere Gestalt. Die Einkünfte aus dem Kapitelgut wurden meistens in eine gewisse Zahl von Portionen oder Präbenden zerlegt, und diese an die Stiftsherren vertheilt. Die incorporirten Pfarreien aber kamen gewöhnlich an einzelne Dignitäten oder Präbenden. Doch blieben auch einige Einkünfte ungetheilt, und daraus wurden unter andern, der älteren Sitte getreu, noch tägliche Spenden (distributiones quotidianae) verabreicht. Für die jüngeren Canonici bestanden aber in den bischöflichen Schulen die Einrichtungen des gemeinschaftlichen Lebens noch eine Zeitlang fort (§. 208). Später sind jedoch auch diese aufgelößt, und daraus für die jungen Canonici, die nun gewöhnlich auswärts studirten, Präbenden gemacht worden.

§. 255. IV. Uebergang der Beneficien und Zehnten in weltliche Hände.

Mittlerweile geriethen aber auch viele kirchliche Einkünfte auf verschiedenen Wegen in weltliche Hände. Schon unter den Merovingern gelang es Laien häufig durch Bitten und mächtige Fürsprache von den Königen Belehnungen mit Kirchengütern zu erpressen x). Karl Martell y) und Karlmann z) brauchten sie in der Noth sogar zur Belohnung ihrer Soldaten. Karl der

---

x) Dagegen sind die Verbote vieler Concilien gerichtet, Conc. Arvern. I. a. 535. c. 5.; Conc. Aurel. IV. a 541. c. 25., Conc. Aurel. V. a. 549. c. 14., Conc. Paris III. a. 557. c. 1. 2., Conc. Turon. II. a. 567. c 24 25.

y) *Chron. Virdun.* (Bouquet. T. III. p. 364). Ausus est (Carolus) terras ecclesiarum diripere et eas commilitonibus illis contradere. Postremo non est veritus ipsos episcopatus laicis dare.

z) Capit. Carlomann. a. 743. c. 2. (Capit. Reg. Franc. Lib. V. c. 3. Lib VI. c 425.) Hier wurde das Verhältniß auf folgende Art geordnet. Die Kirche sollte einen Theil ihrer Ländereien hergeben, und mit diesem die Kriegsleute des Königs auf Lebenszeit belehnt werden. Doch wurde der Kirche zur Anerkennung ihres Eigenthums von jedem unfreien Heerd ein geringer jährlicher Zins vorbehalten; auch sollte das Gut nach dem Tode des Beliehenen nicht an dessen Erben kommen, sondern an die Kirche zurückfallen, und, wenn der König es von Neuem austhun wollte, ein neuer Leihbrief ausgeschrieben werden.

Große versprach zwar für sich und seine Nachkommen das Kirchengut nie mehr ohne Zustimmung der Bischöfe anzugreifen a); allein seit Karl dem Kahlen, der wieder häufig solche Verleihungen vornahm b), blieben sehr viele Kirchen und Klöster in weltlichen Händen c). Hierunter waren nicht blos die Grundstücke, sondern auch die Zehnten und anderen Einkünfte begriffen d), und den Geistlichen wurde nur der nothdürftige Unterhalt übrig gelassen. Nicht selten gaben aber auch die Bischöfe selbst, um einen mächtigen Schirmvogt oder eine ansehnliche Dienstmannschaft, deren sie als Reichsfürsten bedurften, zu gewinnen, diesen einen Theil der Zehnten zu Lehn e). Noch ein Umstand endlich, welcher kirchliche Einkünfte an Laien brachte, lag in dem Verhältniß der großen Gutsbesitzer zu ihren Privatoratorien, indem diese nach und nach zu Pfarrkirchen wurden, und die Stifter nun, der Kirchenverbote ungeachtet, die Zehnten für sich einnahmen f). Uebrigens gieng aber mit dem Besitz des Kirchengutes

---

a) Capit I. Carol. M a. 803 c. 1, Capit. VIII. Carol. M. a. 803 (Baluz. T. I. col 411., Corp Jur. Germ T. II. p. 194. 195), Capit. III. Carol. M. a. 814. c. 3., Capit. Reg Franc. Lib. VI. c. 427.

b) Dieses beweisen die Klagen des Conc. apud Theudonis villam a. 845. c. 3. 5.

c) Capit. Carol. Calv a 877. Tit 51.: De ecclesiis vero, quas comites et vasalli dominici habent etc. — *Regino* de eccles. discipl. L. I. c. 10: Ut [episcopi] ecclesias tam a regibus in beneficium datas quam et aliorum summo studio provideant.

d) *Agobard.* († c. 840) De dispens. rerum eccles. c. 15. Nunc ipsi contra pietatem majorum, si parietes sibi vindicare potuerint, non tantum ea, quæ a constructoribus conlata sunt, sed et multa quæ plerique fidelium pro sepulturis aut qualibet devotione alia ibidem sacraverunt, cum ipsis ecclesiis vendere licitum putant.

e) Frideric. I bei Arnold Lubec. Chronic. Lib III c. 18.: Scimus [quidem] decimas et oblationes a Deo sacerdotibus levitis primitus deputatas. Sed cum tempore Christianitatis ab adversariis infestarentur ecclesiæ, easdem decimas præpotentes nobiles viri ab ecclesiis in beneficio stabili acceperunt, quæ per se sua obtinere non valerent.

f) Conc. Confluent. a. 922. c. 5 Si laici proprias capellas habuerint, a ratione et authoritate alienum habetur, ut ipsi decimas accipiant, et inde canes et geniciarias suas pascant.

die darauf ruhende Verbindlichkeit, verhältnißmäßig zum Unterhalt der Kirche beizutragen, auch auf die Laien über, und wurde durch viele Gesetze eingeschärft g).

§. 256. V. Fernere Schicksale der Kirchengüter und Zehnten.

Seit dem elften Jahrhundert, wo überhaupt die Kirche sich wieder von den mannichfaltigen Bedrückungen der Laien frei zu machen anfieng, wurden auch diese Verhältnisse neu geordnet. Viele Concilien erklärten den Besitz kirchlicher Einkünfte in weltlichen Händen für ungerecht, untersagten den Bischöfen die Belehnungen an Laien auf das schärfste, und geboten, selbst unter Strafe der Excommunication, alles von der Kirche herrührende Gut an diese zurückzugeben h). Gleiche Verordnungen wurden um dieselbe Zeit auch hinsichtlich der Zehnten erlassen i). In diesem Geiste fortarbeitend suchten nun auch die Päbste das Zehntrecht auf seine ursprüngliche Bestimmung zurückzuführen, und vermöge seiner spirituellen Natur dem gemeinen Verkehr zu entziehen k); allein der That nach blieben doch viele Zehnten in weltlichen Händen zurück, welche darüber wie über ihr gewöhnliches Vermögen verfügten. Das dritte Lateranische Concilium gebot daher von neuem den Laien die Herausgabe, und untersagte jede weitere Veräußerung l); allein mit sehr verschiedenem Erfolg. Bei Einigen bewürkte es in der That die Zurückgabe; allein bei weitem mehr an Klöster und fromme Stiftungen, als

g) Capit. Pippin. a. 755. c. 4., Capit. Francof a 794. c. 24., Capit. I. Carol M. a. 813. c. 24., Capit Carol M. ad Leg. Langob. c. 60., Capit. IV. Ludov. a 819. c. 5., Capit. Ludov. a. 829. Sect. I. c. 9., Capit. Carol. Calv. in villa Sparnaco a. 846. c. 53, c 1. 4. X. de eccles. ædific. (3. 48).

h) Conc. Remens. a. 1094. c. 3. 4., Conc. Rotomag. a. 1050. c. 10., Conc. Turon a. 1060. c. 3., Conc. Roman. V. a. 1078. c. 1., Conc. Lateran. I. a. 1123. c. 14. (c. 14. c. X. q. 1.), Conc. Lateran. II. a. 1139. c. 10.

i) c. 3. c. XVI. q 2. (Nicol. II. a 1059), c. 1. c. XVI. q. 7. (Gregor. VII. a. 1078), c. 3. eod. sive c. 13 c. 1. q. 3. (Idem eod.), Conc. Lateran. II. a. 1139. c. 10

k) c. 17. X. de decim. (3 30), c. 7. X. de præscript. (2. 26), c. 9. X. de rer. permut. (3. 19).

l) Conc. Lateran. III. a. 1179. c. 14. Der Beschluß steht auch im c. 19. X. de decim. (3. 30).

an die Kirche, wovon der Zehnte ursprünglich herrührte, so daß endlich die Päbste jenen Erwerb der Klöster, jedoch nur unter Einwilligung des Bischofes, zuließen m). Die meisten Laien verweigerten aber die Herausgabe gänzlich n). Daher wurde jener Beschluß durch Interpretation allmählig dahin gemildert, daß die bereits von Alters her bestehenden infeudirten Zehnten den Besitzern verbleiben und nur nicht an Laien weiter veräußert, neue Zehnten aber niemals an Laien übertragen werden sollten o). Allein auch dieses wurde nicht befolgt, sondern die Zehnten, die einmahl in den Händen der Laien waren, wurden von diesen wie ihr gewöhnliches weltliches Vermögen behandelt, und fortwährend Veräußerungen jeder Art damit vorgenommen.

§. 257. VI. Von den Oeconomen und Vögten.

Die Güterverhältnisse der Kirche zogen auch die Anstellung verschiedener Behörden nach sich. I. Zur Verwaltung des Vermögens überhaupt sollten die Bischöfe, den älteren Vorschriften gemäß, eigene Oeconomen, und zwar aus den Klerikern, nicht aus den Laien ernennen p). Diese hatten auch die Streithändel der Kirche vor den weltlichen Gerichten zu führen. Durch die Entstehung der Beneficien wurde aber deren Geschäftskreis sehr vermindert; doch erhielt sich dieses Amt in den Kapiteln unter verschiedenen Namen bis auf die neueren Zeiten. II. Die Verwaltung des dem Bischof zufallenden Theils führte gewöhnlich ein Hausbeamter, der Vicedominus, und dieser hatte die übrige Dienerschaft unter sich. Später erscheint er daher auch an der Spitze der bischöflichen Leute und Vasallen, und war nun immer ein weltlicher Herr. III. Zur Ausübung der weltlichen Gerichtsbarkeit, welche, der germanischen Verfassung gemäß, der Kirche über die auf ihrem Grund und Boden ansäßigen Leute, später sogar über die Freien des Stiftes, zustand, diente der Vogt (advocatus, centenarius). Dieser hatte nun gewöhnlich auch die Per-

---

m) c. 7. X. de his quæ fiunt a prælat. (3. 10), c. 3. X. de privileg (5. 33), c. 2. §. 3. de decim in VI. (3. 13).

n) Dieses beweist der Reichstag von Gelnhausen (1186), wo Urban III. durch den Kaiser Friedrich I. den Antrag dazu machen ließ.

o) c. 25. X. de decim. (3. 30), c. 2. §. 3. eod. in VI. (3. 13).

p) c. 22. c. XVI. q. 7. (Conc. Hispal. II. a. 619).

sonen und Sachen der Kirche, wo es nöthig war, vor auswärtigen Gerichten zu vertreten. Sowohl der Vogt, wie der Vicedominus, wurden vom Bischof ernannt q); häufig kamen aber beide Aemter in einer Person zusammen. IV. Die oberste Schirmvogtei über die Kirchen und Klöster führte der König, und diese erstreckte sich sowohl über die Personen wie über die Sachen, besonders zum Schutz gegen Gewaltthätigkeiten. Die Handhabung dieses Amtes wurde aber meistens irgend einem mächtigen Herrn in der Nähe des Stiftes oder Klosters übertragen r). V. Bald aber arteten diese Verhältnisse, die zum Wohl der Kirche bestimmt waren, in die größten Bedrückungen aus. Die Vögte setzten sich nämlich in ihren Aemtern erblich fest, zogen die Kirchengüter als Lehen an sich, ernannten nach Willkühr Untervögte, bemächtigten sich der Einkünfte und Vorräthe, erpreßten Lieferungen von den Colonen, und übten oft an der Spitze der Ministerialen sogar auf die Bischofswahl einen gewaltsamen Einfluß aus. Erst seit dem zwölften Jahrhundert gelang es den Bischöfen von den Päbsten s) und Kaisern unterstützt, durch Abkauf, zuweilen sogar durch Gewalt sich von dem Joche der Vögte zu befreien. Die Schirmvogtei ließen sie dann unbesetzt; die öconomische Verwaltung und Rechtspflege aber wurde meistens dem Domprobst übergeben t).

§. 258. VII. Uebersicht des heutigen Rechts.

Nach dem heutigen Recht hat sich die Verwaltung und Vertheilung des Kirchenvermögens auf folgende Art gestaltet. I. Die Oblationen fallen regelmäßig der Kirche zu, wo sie dargebracht werden u), und sind, je nachdem es die Observanz oder der Wille des Gebers mit sich bringt, zum Unterhalt der Geistlichen, Armen oder der Kirchengebäude bestimmt. II. Die kirchlichen Grund-

q) Capit. I. Carol. M. a. 802. c. 13., Capit. Lothar. I. apud. Olonam. a. 824. c. 9.

r) Capit. Reg Francor. Lib V c. 33., Lib. VII. c. 392.

s) c 12. X. de pœn. (5 37), c. 13. de elect in VI. (1. 6).

t) Chron. Hildesheim. (*Leibnitz* Scriptor. rer. Brunsvic. T. I.) No. 13. Episcopus — villicationes — ab intolerabili jugo advocatorum in perpetuum absolvens, Præposito regendas commendavit.

u) c. 10. X. de præscript. (2. 26).

stücke sind entweder als feste Dotationen mit den geistlichen Aemtern verbunden, oder den Kirchen und milden Stiftungen als Eigenthum angewiesen. In Rußland ist aber nach mehreren Versuchen unter Katharina II. den Kirchen und Klöstern die Verwaltung ihrer Ländereien größtentheils entzogen, und einem von der Krone angeordneten Oeconomiecollegium übertragen worden. Statt der früheren Einkünfte werden also bestimmte Summen ausbezahlt. In Kleinrußland wurden jedoch diese Veränderungen nicht vorgenommen. III. Das Zehntrecht befindet sich theils in den Händen der Laien, theils noch bei der Kirche. Die Laien-Zehnten werden jetzt allgemein in Ansehung des Erwerbes und der Veräußerung wie gewöhnliches weltliches Vermögen behandelt; nur hin und wieder hat sich noch eine Investitur durch die Kirche erhalten. Die geistlichen Zehnten gehören aber nun regelmäßig zu den Einkünften des Pfarrers v). Zwar sollte dem strengen Rechte nach davon ein Viertheil (quarta decimarum) an den Bischof abgegeben werden w); allein dieses ist nirgends mehr im Gebrauch. Zehnten können aber überhaupt nur noch von den Erzeugnissen des Bodens und der Thiere gefordert werden; die von dem persönlichem Erwerb durch Kunst und Handwerk (decimae personales), welche noch im Mittelalter verlangt wurden x), sind jetzt überall abgekommen. Eine Zeitlang wurde statt derselben aus dem Nachlaß jedes Pfarrgenossen ein bestimmtes Stück (mortuarium) an die Kirche entrichtet y), wovon dem Bischof ebenfalls ein Viertheil zufiel z); allein beides hat sich, England ausgenommen, auch gänzlich verloren. Wo Pfarreien incorporirt waren, stand das Zehntrecht dem primitiven Pastor zu, und ist jetzt, bei der Aufhebung solcher kirchlichen Corporationen an den Landesherrn gekommen (§. 150). Durch die französische Gesetzge-

v) c. 7. 13. 29 30. X de decim (3 30)

w) c. 16. X. de off. jud. ordin. (1. 31), c. 4. X. de praescript. (2. 26), c. 13. X. de decim. (3 30).

x) c. 66 c. XVI. q 1. (Augustin. c a, 420), c. 4 c XVI. q. 7. (Ambros. inc. ann.), c. 5. 20. 22. 23. 28. X. de decim. (3. 30).

y) *Ducange* Glossar. v. Mortuarium. Es ist also ganz falsch, wenn man dieses Mortuarium für den Nachlaß der Geistlichen hält.

z) c. 16. X de off. jud. ord. (1. 31), c. 4. X. de praescript. (2. 26).

bung und dadurch auch in den Niederlanden und auf dem deutschen linken Rheinufer ist aber das Zehntwesen ganz abgeschafft worden. In England besteht es aber noch in voller Ausdehnung. In Schweden beziehen die Geistlichen, außer manchen kleinen Zehnten, ein Drittheil des Zehnten der Feldfrüchte; die beiden andern Drittheile gehören seit 1528 der Krone. In Dänemark werden die Zehnten zu gleichen Theilen unter den König, die Kirche, und den Pfarrer vertheilt. Was übrigens die näheren Rechtsfragen betrifft, die bei dem Zehntwesen vorkommen können, so hatte darüber das canonische Recht, weil solche Streitigkeiten vor das geistliche Gericht gehörten, eine umständliche Theorie ausgebildet. Jetzt aber werden solche Sachen fast überall nach den Landesrechten und durch die weltlichen Gerichte entschieden a).
IV. Die ursprüngliche Vertheilung des Kirchenvermögens läßt sich aber, so sehr auch ihre äußere Form verändert ist, noch immer nachweisen. Der Theil des Bischofs ist in dem bischöflichen Tafelgut, oder wo dieses eingezogen worden ist, in dem an die Stelle getretenen Jahresgehalt enthalten. Der Antheil des Klerus ist noch in den Präbenden der Canonici, und in den Beneficien und anderen Einkünften der übrigen Geistlichen sichtbar. Der Theil der Armen steckt in den milden Stiftungen, den ihnen angewiesenen Oblationen, in den Armentaxen, und in der den Geistlichen auferlegten Verpflichtung, den Ueberschuß ihrer kirchlichen Einkünfte zu mildthätigen Zwecken zu verwenden. Endlich zum Unterhalt des Gottesdienstes und der Gebäude dient das jeder Kirche angewiesene eigene Vermögen (fabrica ecclesiae); auch ruht noch immer auf denen, welche Zehnten und anderes Vermögen der Kirche in Händen haben, die Verpflichtung, nach Verhältniß zum Kirchenbau beizutragen.

Zweites Kapitel.

Von der Dotation der Kirchenämter.

§. 259. I. Von den Pfründen im Allgemeinen. A) Bedeutung derselben.

Nach der jetzigen Verfassung ist regelmäßig mit jedem Amte

a) Die Theorie des Zehntrechts gehört daher nicht mehr hieher,

eine feste Dotation in Grundstücken oder anderen Einkünften verbunden. Diese wird im eigentlichen Sinn das Beneficium oder die Pfründe genannt. Beide, das Amt und die Pfründe gehören also unzertrennlich zusammen, und letztere wird wie ersteres auf Lebenszeit ertheilt. Doch soll das Amt und nicht das damit verknüpfte Einkommen als die Hauptsache betrachtet werden (beneficium datur propter officium) b). Neben diesen eigentlichen Pfründen kamen aber sonst mehrere uneigentliche Verhältnisse dieser Art vor. Schon frühe findet sich, daß ein erledigtes Bisthum oder eine Abtei einem benachbarten Geistlichen zur einstweiligen Verwaltung anvertraut wurde. Später bediente man sich dieser Form, um einer Person, selbst für ihre ganze Lebenszeit, die Einkünfte aus mehreren Aemtern zuzuwenden, ohne doch gradezu wider das Verbot der Cumulirung der Aemter zu verstoßen c). Eine solche dem Scheine nach blos außerordentlicher Weise anvertraute Verwaltung wurde eine Commende (commenda, custodia, guardia) genannt. Wegen der vielen Misbräuche, die dabei vorfielen, suchte man sie aber allmählig zu beschränken und abzuschaffen d). Eine andere Art uneigentlicher Pfründen entstand, als Kirchen und Klöster in weltliche Hände kamen (§. 255). Diese wurden anfangs noch Beneficien oder Lehen, später ebenfalls Commenden genannt e).

§. 260. B. Von der Stiftung der Pfründen.

Gleichwie die bereits bestehenden Kirchenämter mit einer bestimmten Dotation versehen sind: eben so kann auch kein neues Kirchenamt errichtet werden, ehe für dasselbe ein dauerndes und hinreichendes Einkommen fundirt ist. Eine solche Stiftung (fun-

---

sondern in das deutsche Recht. Ohnehin giebt es darüber sehr ausführliche Abhandlungen. — In Würt. steht die Aufsicht über das Kirchen-Vermögen dem Kirchen-Convent und Stiftungsrath zu. s. M. Ueb. §. 202 — 204

b) c. ult. de rescript in VI. (1. 3).

c) c. 3 c. XXI. q. I. (Leo IV. c. a. 850), c. 54. §. 5. X. de elect. (1. 6).

d) c. 1. Extr. comm. de præbend. (3. 2), Conc. Trid. Sess. XXIV. cap. 17 de ref, Sess. XXV. cap 21. de regular.

e) Mehr über die Commenden findet man bei *Thomassin.* Vet. et nov. eccles. discipl. P. II. Lib. III. c. 10 — 21.

datio beneficii) kann entweder durch eine Privatperson, oder durch die Kirche selbst f), oder durch die weltliche Regierung, entweder freiwillig, oder wegen einer besonderen Verbindlichkeit g), geschehen. Im äußersten Fall muß sich die Regierung kraft ihrer allgemeinen Verpflichtung, für die Erhaltung der Religion zu sorgen, dieses Punktes annehmen. Einer freiwilligen Stiftung darf der Fundator alle Bedingungen beifügen, welche nicht den canonischen Satzungen oder dem Geiste des Verhältnisses widersprechen h). Ueberhaupt steht diese Handlung ganz unter einem privatrechtlichen Gesichtspunkt, und die Kirche ist es selbst dem Andenken des Stifters schuldig, diesen unter allen Umständen möglichst zu erhalten. Bei den incorporirten Pfarreien wurde ursprünglich der Stellvertreter von dem primitiven Pastor besoldet. Da dieses aber sehr karg und willkührlich geschah, so haben die Päbste und Concilien, nachdem sie die beständigen Vikarien eingeführt hatten (§. 150), auch darauf gedrungen, daß diesen in Uebereinkunft mit dem Bischof, aus den incorporirten Zehnten und anderen Einkünften, ein sicherer und für ihre Stellung hinreichender Theil (portio congrua, competens) ausgesetzt werden sollte i). Nach der Einziehung der Stifts- und Klostergüter ist die Verbindlichkeit, jene Portion zu unterhalten, natürlich auf den Landesherrn gefallen k).

---

f) Ein Beispiel davon giebt die Theilung der Kirchenämter, c. 3. X. de eccles. ædif. (3. 48), Conc. Trid. Sess. XXI. cap. 4. de ref., oder wenn kirchliche Anstalten durch den geistlichen Oberen aufgehoben, und die Einkünfte zu neuen Aemtern verwendet werden.

g) So ist den deutschen Landesherrn bei der großen Säcularisation durch den Reichs-Deputations-Hauptschluß von 1803 doch die Verbindlichkeit auferlegt worden, für die Dotirung der künftigen neuen Bisthümer und Kapitel zu sorgen.

h) clem. 2. pr. de relig dom. (4. 11), Conc. Trid. Sess. XXV. cap. 5. de ref.

i) c. 12. 33. X. de præbend. (3. 5), c. 1. eod. in VI. (3. 4), c. 2. §. 2 de decim. in VI. (3. 13), clem. 1. de jur patron. (3. 12), Conc. Trid. Sess VII. cap. 7. Sess. XXIV cap. 16. de ref.

k) Eine sehr ausführliche Abhandlung über diese sogenannte Congrua oder Competenz findet man bei *Z. B. van Espen* Jus eccles. univers. Part. II. Sect IV. Tit. III. — W. über Sch. u. A. R. 1830. §. 38., M. B. Nro. 190.

§. 261. C) Von der Veränderung einer Pfründe.

Greg. III. 12. Ut ecclesiastica beneficia sine deminutione conferantur, III. 39. De censibus, exactionibus et procurationibus.

Aus der Bestimmung einer Pfründe ergiebt sich von selbst, daß sie, so lange das Amt, wozu sie gehört, fortbesteht, selbst auch unvermindert erhalten werden muß. Schmälerungen des regelmäßigen Einkommens können also nur aus dringenden Gründen und durch die rechtmäßige kirchliche Obrigkeit vorgenommen werden. Als Fälle dieser Art kommen folgende vor. I. Wenn ein Theil der Einkünfte eines Amtes davon abgelößt, und einem Andern oder einer frommen Stiftung beigelegt wird. Dieses ist aber sehr erschwert l). II. Wenn auf ein Amt für immer die Verpflichtung, irgend wohin ein Zins- oder Bekenngeld (census) zu entrichten, gelegt ist. Ein solches Zinsgeld diente, wie überhaupt in der germanischen Verfassung, besonders zur Anerkennung der Unterwürfigkeit, oder eines erhaltenen Vorrechts, zum Beispiel einer Exemtion m). Wo es einmal hergebracht ist (census antiquus), bildet es ein erworbenes Recht; darf aber weder erhöht n), noch ohne neue Wohlthaten ein neues auferlegt werden o). III. Eine Pfründe kann mit der Verpflichtung einem anderen Geistlichen oder Laien ein lebenslängliches Jahrgeld (pensio) zu zahlen beschwert werden. Pensionen dieser Art finden sich schon früh, um abgesetzte Bischöfe zu verpflegen, ärmere Geistliche zu unterstützen, oder nützliche Dienste zu belohnen. Im Mittelalter wurde aber damit großer Misbrauch getrieben, indem die Collatoren der Benefizien, oder diejenigen, welche auf einen Andern resignirten, sich häufig Jahrgelder vorbehielten. Daher sind sie später beschränkt worden p). Ein ähnliches Verhältniß waren auch die Panisbriefe, wodurch die Kaiser und Landes-

---

l) c. 9 X. de his quæ fiunt a prælat. (3. 10).

m) c. 6. X. de relig. dom. (3. 36), c. 8 X. de privileg. (5. 33).

n) c. 23. X. de jur. patr. (3 38), c. 7. X. de censib. (3. 39).

o) c. 4. 7. 8. 13. 21. X. de censib. (3. 39). — Bei Erledigungsfällen der Pfründen wird auf Aufhebung solcher Lasten durch Provisorien angetragen M. Ueb. §. 30.

p) c. un §. Omnibus X. ut eccles. benef (3. 12), Conc. Trid. Sess. XXV. cap. 13. de ref.

herren einem Stift oder Kloster eine Person zuschickten, um sie zu ernähren q). IV. Noch eine Schmälerung, die früher zuweilen vorkam, bestand darin, daß die Früchte des ersten Jahres für den Bischof oder zu einem anderen Zwecke zurückbehalten wurden (§. 203). Dieses findet sich aber jetzt nicht mehr. Doch war es noch in vielen Kapiteln von alten Zeiten hergebracht r), daß der neu Eintretende ein oder mehrere Jahre lang die Dienste verrichten mußte, ohne die vollen Einkünfte zu beziehen, sondern daß diese der Kirchenbaukasse, oder einem Dritten wie eine Pension, oder der Präbendenmasse zufielen. Man nannte dieses das Carenzjahr (annus carentiae) s).

§. 262. II. Von dem Verhältniß der Pfründner zu der Pfründe. A) Rechte der Bischöfe

In der ältesten Zeit hatte der Bischof die freie Verwaltung des ganzen Kirchenvermögens. Später ist dieses zwar durch die Anwendung der Benefizien, und durch die Abtheilung zwischen dem bischöflichem Tafel- und dem Kapitelgut sehr beschränkt worden. Doch aber steht dem Bischof noch immer über das ganze Kirchenvermögen seiner Diöcese die Oberaufsicht, und über das Vermögen der Kathedralkirche ein unmittelbares sehr ausgedehntes Verwaltungsrecht zu, weil man bei ihm die beste und gewissenhafteste Verwendung voraussetzen muß t). Er darf daher ohne weitere Frömlichkeiten mäßige Schenkungen, und was diesen gleich steht, vornehmen u), die weniger kostbaren Mobilien und selbst Grundstücke, die nichts oder wenig eintragen, veräußern v), die bebauten Ländereien auf mäßige Zeit verpachten w),

---

q) Auch in Frankreich findet sich diese Einrichtung schon im dreizehnten Jahrhundert. *Joinville* Histoire de St. Louis ed. 1761. p. 12.

r) c. 2. Extr. Johann XXII. de elect. (1).

s) Eine nähere Nachweisung dieser Einrichtung in den verschiedenen Stiftern findet man in *Dürr* Diss. de annis carentiæ (*Schmidt* Thesaur. jur eccles. T. VI. No. V).

t) Can Apost. 40. Nam si pretiosæ hominum animæ fidei eius commitendæ sunt: multo utique magis oportuerit et de pecuniis mandatum dare, ut illius arbitratu dispensentur.

u) c. 57 c. XII. q. 2. (Conc. Agath. a. 506), c. 2. 3 X. de donat. (3 24).

v) c. 20. c. XII. q. 2. (Symmach. a. 502), c. 53. eod. (Conc. Agath. a. 506).

w) c. 2. X. de locat. (3. 18). Was hier dem Klosterprälaten erlaubt wird, ist um so mehr dem Bischof gestattet.

auch einen an ihnen bestehenden Lehns- oder Erbpachtvertrag erneuern x), und an neubebauten Grundstücken selbst eine ganz neue Erbpacht errichten y). Bis zur Veräußerung einträglicher Grundstücke oder kostbarer Mobilien erstreckt sich jedoch das Recht der Verwaltung nicht z). Neuere Concilien haben übrigens, dem älteren Rechte gemäß, zuweilen auch wieder dem Bischofe die Ernennung eines Oekonomen zur Pflicht gemacht.

§. 263. B) Verhältniß in den Kapiteln.

In den Kapiteln geschah die Vertheilung der Einkünfte auf verschiedene Art. In einigen war die Zahl der Stellen und Portionen nicht bestimmt, sondern die Einkünfte wurden unter die Canonici, so viel eben da waren, vertheilt a). In den meisten waren sie aber in eine gewisse Zahl von Präbenden zerlegt, und die Canonici, die, was nicht selten geschah, über diese Zahl hinaus hiezu kamen, mußten warten, bis eine Präbende erledigt wurde, hatten aber übrigens so gut wie die Präbendirten Sitz im Chor und im Kapitel b). Die Präbenden selbst waren hier auch nicht von gleicher Größe, und die der Domicellarien (§. 149) betrugen gewöhnlich nur die Hälfte oder ein Drittheil der ordentlichen Stiftsherrn. Andere Vortheile bestanden noch in der freien Amtswohnung c). Auch wurde neben den regelmäßigen jährlichen Einkünften der Präbende (fructus grossi sive annui) die alte Einrichtung, einen Theil des Einkommens in täglichen Spenden zu verabreichen, beibehalten, und zur Unterstützung der Residenzgesetze und der Verpflichtung des persönlichen Chordienstes benutzt (§. 225). Bestanden diese in Geld, so wurden sie Präsenzgelder genannt. Das Concilium von Trient wollte sogar, daß ein volles Drittheil der Einkünfte in solche tägliche Distributionen verwandelt würde d). An diesen Spenden nah-

---

x) c. 2 X. de feud. (3. 20), c. un Extr. comm. de reb. eccles. non alien. (3. 4).

y) c. 7. X. de reb. eccles. non alien. (3. 13).

z) c. un. Extr. comm. de reb. eccles. non alien. (3. 4).

a) Kapitel dieser Art werden erwähnt im c. 25. X. de præbend. (3. 5), c. 10 X. de conc. præb. (3. 8), c. 8. eod. in VI. (3. 7).

b) c. 9. 19 X. de præb. (3. 5), c 8. X. de conc. præb. (3. 8).

c) c. 25. X. de præb. (3. 5), c. 8. X. de conc. præb. (3. 8).

d) Conc. Trid. Sess. XXI. cap. 3. Sess XXII. cap. 3. de ref.

men übrigens auch die überzähligen Canonici, wenn sie Residenz hielten, Theil e). Bei den neuen Einrichtungen der Kapitel hat aber dieses Alles meistens eine andere Gestalt erhalten.

§. 264. C) Verhältniß der gewöhnlichen Pfründner.

Die nutzbaren Rechte der gewöhnlichen Pfründner bestehen in dem Genuß der Grundstücke, Zehnten und anderen Einkünfte, welche zur Dotation des Amtes gehören. Die Erhebung der Zehnten geht nach den bestehenden Gesetzen und örtlichen Gewohnheiten. An den Grundstücken aber hat der Pfründner ein sehr ausgedehntes Benutzungsrecht, welches zwischen dem Nießbrauch des römischen Rechts und dem Recht des Vasallen am Lehngut in der Mitte steht. Er kann also die Grundstücke entweder selbst bestellen, oder sie an andere verleihen oder verpachten. Ein solcher Pacht ist aber, auch wenn er auf eine bestimmte Reihe von Jahren, selbst mit Vorausbezahlung, eingegangen wurde, doch nur für die Zeit, die der Verpächter im Amte steht, würksam; er bindet daher, wenn er nicht unter Gewährleistung der höheren Behörde abgeschlossen wurde, den Nachfolger nicht; sondern der Pächter kann sich wegen seiner Ansprüche aus dem Contract blos an den Verpächter und dessen Erben halten. Uebrigens darf der Pfründner sogar auch die Oberfläche der Grundstücke, so weit es diesen zum Vortheil gereicht, verändern f). Weiter als auf die Benutzung erstreckt sich aber sein Recht nicht; er darf daher nichts von der Hauptsache veräußern g). Auch muß er dieselbe im baulichen Stande erhalten und die laufenden Unterhaltungskosten tragen, widrigenfalls er oder sein Erbe zum Schadenersatz angehalten werden kann. Die größeren und außerordentlichen Reparaturen fallen ihm aber nicht zur Last h). Alle diese Verhältnisse werden gewöhnlich durch die Landesgesetze noch genauer bestimmt; auch durch Anfertigung eines Inventariums oder einer

---

e) c. 19. X de præbend. (3. 5), c. 8. de conc. præbend. in VI. (3. 7).

f) c. 5. X de pecul. cleric. (3. 25). Der römische Usufructuar hat bekanntlich dieses Recht nicht.

g) c. 18. c. XII. q. 2. (Leo IV a. 853). — Ausführliche Vorschriften über Verwendung und Wahrung der Einkünfte, Verbesserung derselben und Baupflichtigkeit s. M. Ueb. §. 17. 29.

h) Anders ist es bei dem Vasallen, weil sein Recht ein vererbliches ist.

Pfarr-Matrikel möglichen Streitigkeiten vorzubeugen gesucht. Was übrigens die Verwendung der Einkünfte betrifft, so ist diese zwar zunächst blos dem Gewissen der Pfründner überlassen; doch wird durch den Geist und den innern Zusammenhang dieser Verhältnisse die Verpflichtung begründet, daß sie nur zu wirklichen Bedürfnissen gebraucht, der Ueberschuß aber zu guten und mildthätigen Werken verwendet werden soll i).

§. 265. III. Von der Beerbung der Pfründner.
A) Aelteres Recht.

Nach dem älteren Recht wurden hinsichtlich der Beerbung verstorbener Geistlichen folgende Arten des Vermögens unterschieden. I. Was aus dem Amte erworben war, fiel, als von der Kirche herrührend, an die Kirche und Armen zurück. Als aus dem Amte erworben galt aber alles, was sich der Geistliche nach der Ordination angeschafft hatte k). In Spanien wurde jedoch, wenn der Kleriker eigenes Vermögen besessen hatte, das im Amt Erworbene zwischen der Kirche und seinen Erben getheilt l). II. Ueber das Vermögen hingegen, welches der Geistliche in das Amt mitgebracht, oder in demselben durch Erbrecht erworben hatte, konnte er frei testiren m); eben so über Schenkungen, welche ihm aus blos persönlichen Rücksichten zugefallen waren n). Waren sie ihm aber um seines Amtes willen gemacht worden, so gehörten sie der Kirche o). Hatte er kein Testament errichtet, so kam das Vermögen an seine erbfähige Verwandte; fehlte es an

---

i) Matth. X. 8., c. 22. c. XII. q. 1. (Can. Apost. 41), c. 28. eod. (August. c. a. 417), Conc. Trid. Sess. XXV. cap. 1. de ref.

k) c. 1. c. XII. q. 3. (Conc. Carth. III. c. a. 397), c. 42. §. 2. C. de episc. (1. 3), nov. Just. 131. c. 13., Capit. Germ. a. 744. c. 11., Capit. Francof. a. 794. c. 39., c. 4. c. XII. q. 5. (Conc. Paris. VI a. 829).

l) c. 1. c. XII. q. 4. (Conc. Tolet. IX. a. 655).

m) c. 21. c. XII. q. 1. (Conc. Apost. 39), c. 19. eod. (Conc. Agath. a. 506), c. 42. §. 2. C. de episc. (1. 3), nov. Just. 131. c. 13., c. 1. c. XII. q. 5. (Gregor. I. a. 602), c. 4. eod. (Conc. Paris. VI. a. 829).

n) c. 1. c. XII. q. 3. (Conc. Carth. III. c. a. 397), c. 2. eod. (Conc. Tolet. IX. a. 655).

o) c. 3. c. XII. q. 3. (Conc. Agath. a. 506).

solche, so erbte die Kirche Alles p). Bei der Auseinandersetzung des Nachlasses, besonders der Bischöfe, gieng es aber meistens sehr unordentlich her; und es wurde dieser, so weit er aus Mobilien bestand, oft gleich von den Klerikern der bischöflichen Kirche, später von den Metropoliten, in Beschlag genommen: beides jedoch von den Gesetzen strenge verboten q).

§. 266. B) Verhältnisse im Mittelalter.

Greg. III. 25. De peculio clericorum, III. 26. De testamentis et ultimis voluntatibus, III. 27. De successionibus ab intestato.

In den Ländern, wo das römische Recht vorherrschend blieb, erhielt sich der Grundsatz, daß die Geistlichen über ihr eingebrachtes oder durch Geschicklichkeit verdientes Vermögen frei testiren könnten; der durch das Amt gemachte Erwerb fiel aber an die Kirche zurück; doch wurde nun auch von diesem Etwas als Allmosen, selbst an dürftige Verwandte und die Dienerschaft, zu vergeben gestattet r). In anderen Ländern hingegen erhielten diese Verhältnisse unter dem Einfluß des germanischen Rechts eine ganz neue Richtung. Es wurden nämlich hier den Klerikern über das nicht aus dem Amte erworbene Vermögen zwar Vergabungen unter Lebenden erlaubt, Testamente aber, den damaligen Rechten gemäß, überhaupt verboten, und der Nachlaß, selbst wenn Verwandte da waren, ganz oder größtentheils der Kirche zugesprochen s). Allein statt der Kirche rissen jetzt, nach einer gewöhnlichen Sitte, die auch gegen die Könige und andere weltliche Großen verübt wurde, gleich beim Tode eines Bischofs die Ministerialen und das Volk das vorräthige bewegliche Vermögen jeder Art gewaltsam an sich t). Auch in Italien, sogar

p) c. 20. C. de episc. (1. 3), nov. Just. 131. c. 13., Capit. Francof. a. 794. c. 39.

q) c. 43. c. XII. q. 2. (Conc. Chalced. a. 451), c. 38. eod. (Conc. Ilerd. a. 524), c. 48. eod (Conc. Trull. a. 706).

r) c. 7. 8. 9. 12. X. de testament. (3. 26).

s) Conc. Tribur. a. 895. (c. 2 X. de succes. ab intest. (3. 27)), Conc. Altheim. a. 917. c. 1. X. eod.) Diese und andere Stellen reden zwar unbedingt, doch sind wohl meistens die Erbgüter ausgenommen worden.

t) Man erkennt diesen Mißbrauch schon deutlich im Capit. Carol.

in Rom, und wie die goldene Bulle des Johannes Comnenus (1120) zeigt, ebenfalls im Orient wurde dieser Misbrauch herrschend. Endlich zogen in den meisten Ländern die Könige selbst, als die Schutzherrn der Kirche, diesen Gewinn in ihre Hand, und stellten ihn zuletzt als ein durch das Herkommen begründetes Recht (jus spolii, exuviarum) dar. Eben so verfuhren die niederen Schirmvögte und Patrone der Kirchen und Klöster gegen ihre Kleriker u). Mehrmals wiederholten die Concilien ihre Verbote v). Allein nur allmählig gelang es der Kirche, die Könige zu Verzichtleistungen auf dieses Recht zu bewegen. In Deutschland geschah dieses von Otto IV. bei seiner Wahl (1197) und nachher nochmals in der Kapitulation, die ihm Innocenz III. (1209) vorlegte; dann auch von Friedrich II. in den beiden Gesetzen von 1213 und 1220 (§. 108). Hierauf wurden dann auch viele strengen Verordnungen gegen die Anmaßungen der anderen Schirmvögte erlassen, und so endlich die Freiheit der Kirche hergestellt w). Allein nun vertheilten die Stiftsherrn selbst den Nachlaß der Bischöfe unter sich x), und umgekehrt entstand, besonders durch die Nachahmung der Klostereinrichtungen, der Gebrauch, daß die Bischöfe und Archidiaconen von dem Nachlaß ihrer Kleriker und Stiftsherrn, der ihnen eigentlich blos zur Verwendung übergeben wurde y), einen großen Theil für sich behielten z). Nach dieser Analogie machten denn seit dem vierzehnten Jahrhundert auch die Päbste ein Recht auf die Nachlassenschaft der Bischöfe geltend. Beides wurde jedoch in den Län-

---

Calv. aqud Caris. a. 877. c. 4. (Baluz. T. II. col. 240., Corp. jur. Germ. T. III. p 216).

u) Conc. Tribur. a. 895. (c. 2. X. de succ. ab intest. (3. 27)). Man sieht aus dieser Stelle, wie die weltlichen Herren ihre Kleriker auf dem Fuß ihrer unfreien Dienstleute zu behandeln geneigt waren.

v) c. 46. c. XII. q. 2. (Conc. Claramont. a. 1095), c. 47. eod. (Conc. Lateran. II. a. 1139).

w) Conc. Colon. a. 1266. c. 7., Conc. Vienn. a. 1267. c. 10., Conc. Londin. a. 1268., c. 23., Conc. Budens. a. 1279. c. 49., Conc. Salisburg. a. 1281. c. 15.

x) c. 40. de elect. in VI. (1. 6).

y) c. 18. X. de verb. sign. (5. 40).

z) c. 9. de off. ordin. in VI. (1. 16).

dern, wo die Kleriker testiren durften, auf die Güter, worüber dieses nicht geschehen war, eingeschränkt: und in andern Ländern allmählig auch Testamentsfreiheit eingeführt a). Endlich wurden seit dem sechzehnten Jahrhundert im Occident durch die Praxis und bürgerlichen Gesetze der meisten Länder, auch wenn nicht testirt war, die Verwandten zur Succession, selbst in das aus dem Amte erworbene Vermögen, zugelassen, und die Ansprüche der Prälaten an dem Nachlaß der Kleriker ganz aufgehoben. Auch die Spolien, welche die Päbste in Anspruch nahmen b), sind überall außer Gebrauch gekommen; und selbst im Kirchenstaate haben sie den Cardinälen und anderen Geistlichen das Recht, ihr eingebrachtes und erworbenes Vermögen mit oder ohne Testament zu vererben, zugestanden.

§. 267. C) Heutiges Recht.

Im Orient ziehen noch jetzt die Bischöfe aus dem Nachlaß ihrer Kleriker verschiedene Einkünfte, und dem Patriarchen fallen sogar die Erbschaften mehrerer Bischöfe zu. Im Occident sind aber jetzt, sowohl die katholischen wie die protestantischen Geistlichen hinsichtlich der Beerbung, ohne Unterschied, wovon ihr Vermögen herrührt, den Weltlichen völlig gleichgestellt. Doch geht nach dem Geist der Kirche auf die Erben die Verpflichtung über, dieses Vermögen besonders gut zu verwenden. Wegen der Früchte des letzten Jahres finden aber folgende Einrichtungen statt. I. Das Recht auf die bereits verdienten Früchte des letzten Jahres (Deservitenjahr), geht, wenn diese auch noch nicht percipirt sind, den gewöhnlichen Rechtsgrundsätzen gemäß, mit auf die Erben über. Man berechnet sie so, daß man alle regelmäßigen Amtseinkünfte des Jahres, nicht aber auch die Amtsaccidentien, als eine Masse anschlägt, und nun vergleicht, wie viel davon auf die Zeit kommt, welche der Geistliche während dieses Jahres noch im Amte gestanden hat. Nach demselben Verhältniß werden

a) Einzelne Kapitel, z. B. das von Osnabrück, erhielten diese Freiheit durch päbstliche und kaiserliche Privilegien schon im zwölften Jahrhundert; die deutschen Bischöfe und Aebte erhielten sie von Friedrich II. durch das Gesetz von 1220. — s. M. B. Nro. 145. — und Nro. 239. 3.

b) Mehrere Verordnungen darüber stehen noch im Tit. De spoliis clericor. in VII. (3. 3).

die auf die Früchte gemachten Auslagen vertheilt. Der Anfang des Jahres wird, wo nicht ein allgemeiner Anfangstag für das Deservitenjahr bestimmt ist, nach der Amtsantretung berechnet. II. Neben dem Deservitenjahr kommt aber häufig das Sterbequartal vor, welches eine außerordentliche Begünstigung ist, kraft welcher die Einkünfte des ganzen laufenden Vierteljahrs, also nicht blos die schon verdienten Früchte, den Erben oder Gläubigern des Verstorbenen zukommen. III. In vielen Stiftern war sogar ein volles Nach- oder Gnadenjahr (annus gratiae) hergebracht, kraft dessen den Erben des Verstorbenen noch ein Jahr lang alle Amtseinkünfte, die also der neu Eintretende so lange entbehrte, zufielen, zunächst um die Kosten der Beerdigung zu bestreiten und die Schulden zu bezahlen c). In mehreren protestantischen Ländern ist auch noch jetzt der Wittwe und den Kindern eines verstorbenen Geistlichen dieser Vortheil gestattet. Es gehören dann dahin nicht blos die regelmäßigen Einkünfte, sondern auch die Accidentien oder Stolgebühren, wo diese nicht dem vicarirenden Geistlichen als Entschädigung angewiesen sind. Findet sich das Sterbequartal und das Gnadenjahr vereinigt, so nimmt letzteres nach Ablauf des ersteren seinen Anfang.

§. 268. IV. Von der Verwaltung erledigter Pfründen.

In der älteren Zeit wurden die Einkünfte eines erledigten Bisthums von dem Archidiacon und Oeconomen unter Aufsicht des Bischofes, der vom Metropoliten oder vom Pabst als Visitator der verwaisten Kirche ernannt war, verwaltet, und der Ueberschuß für den Nachfolger aufbewahrt d). Eben so verblieben die Einkünfte einer unteren geistlichen Stelle, so lange sie erledigt war, der Kathedralkirche, weil sie von da aus besoldet wurde. In den germanischen Reichen aber, wo die Könige die Güter der bischöflichen Kirchen und Abteien wie verliehene Krongüter (regalia) behandelten, zogen sie allmählig, den Einrichtungen des Lehnwesens gemäß, die Verwaltung und Einkünfte der

---

c) Mehr darüber giebt *Dürr* Diss. de annis gratiæ (*Schmidt* Thesaur. jur. eccles. T. VI. No. IV). — Ueber Abkurung s. M. B. Nro. 1 — 4. 145. 76. 27.

d) c. 45. c. XII. q. 2. (Greg. I. a. 593), c. 19. D. LXI. (Idem a. 594), c. 16. eod. (Idem a. 602).

Zwischenzeit in ihre Hand (jus regaliarum). Eben so rissen die Patrone und Schirmvögte, kraft der Obhut (custodia, guardia), welche sie über die erledigten Pfründen führten, die mittlerweile eingehenden Früchte an sich. Jenes Recht der Regalien hat sich in Frankreich bis zur Revolution, in England bis jetzt erhalten. In Deutschland leistete aber Otto IV. in seiner Kapitulation (1209), Friedrich II. in dem Gesetz von 1213, und Rudolph von Habsburg in seiner Kapitulation (1274) darauf Verzicht. Da aber nun die Kapitel und Convente selbst nach dem Tode ihres Bischofes oder Abtes sich die Einkünfte dieser Stelle anmaßten: so wurden unter strenger Strafe die alten Verordnungen eingeschärft, daß diese nur zum Nutzen der Kirche verwendet, oder für den Nachfolger zurückgelegt werden sollten e). Nach dem Concilium von Trient soll selbst das Kapitel innerhalb acht Tagen einen eigenen Oeconomen für die Güterverwaltung ernennen f). Auch wider die Anmaßungen der Patrone und Schirmvögte wurden seit dem dreizehnten Jahrhundert verschiedene Gesetze erlassen, und den Bischöfen zur Pflicht gemacht, bei längerer Vacanz einen Oeconomen zu ernennen, der für die Aufbewahrung der Früchte Sorge trüge g). Allein nun nahmen die Bischöfe, Archidiaconen und Aebte selbst diese Einkünfte für sich in Beschlag, und allmählig wurde daraus, der Kirchenverbote ohngeachtet h), ein so regelmäßiges Herkommen (jus deportus), daß selbst die Päbste bei den Pfründen, die sie zu verleihen hatten, die vacanten Früchte durch ihre Commissarien einziehen ließen. Auf den Concilien von Pisa und Kostnitz leisteten sie aber auf dieses Recht förmlich Verzicht i). Das der Bischöfe und anderen Prälaten hingegen erhielt sich theilweise noch sehr lange, ist aber allmählig ebenfalls aufgehoben worden. Nach dem heutigen Recht fallen die Früchte erledigter Pfründen, wo ein Gnadenjahr besteht, den Erben zu, oder werden für den einstweiligen Stellvertreter k), oder sonst zum Nutzen der Kirche verwendet.

---

e) c. 40 de elect. in VI. (1. 6), clem. 7. eod. (1. 3).

f) Conc. Trid Sess. XXIV cap. 16. de ref.

g) c. 4. X. de off. jud. ordin. (1. 31), c. 12. X. de pœn. (5. 37), c. 13. de elect. in VI. (1 6).

h) c. 9. de off. ordin. in VI (1. 16), clem. un. de suppl. neglig. prælat. (1. 5).

i) Conc. Pisan. Sess. XXII, Conc. Constant. Sess. XLIII.

k) Conc. Trid. Sess. XXIV. cap. 18. de ref. — In Würt:

Drittes Kapitel.

Von den eigentlichen Kirchensachen.

§. 269. Uebersicht.

Neben dem zur Dotation der Kirchenämter bestimmten Vermögen, ist, wie oben gezeigt wurde, ein anderer Theil den einzelnen Kirchen zur Unterhaltung des Gottesdienstes und der Gebäude angewiesen. Dieses sind die eigentlichen Kirchensachen. Von diesen muß man aber zwei Klassen unterscheiden. Einige dienen unmittelbar als Werkzeuge für den äußeren Cultus und werden aus Rücksicht auf die heiligen Handlungen, wozu sie gebraucht werden, durch eine besondere Feierlichkeit eingeweiht. Man nennt sie daher heilige Sachen (res sacrae). Diese Feierlichkeit hat nach der Wichtigkeit jener Handlungen entweder die Form einer Weihe, oder die einer bloßen Einsegnung; daher werden jene Gegenstände entweder geweihte (res consecratae), oder gesegnete Sachen (res benedictae) genannt. Die heiligen Sachen unterschieden sich aber von den weltlichen Sachen dadurch, daß sie nicht in einem Eigenthum stehen, sondern ausschließlich ihrer Bestimmung angehören: daher sind sie, mit Ausnahme weniger Fälle, unveräußerlich (extra commercium), und ihre Verletzung wird auch durch die bürgerlichen Gesetze schärfer geahndet. Andere kirchliche Sachen haben eine solche gottesdienstliche Bestimmung nicht, sondern dienen dazu, die äußern Bedürfnisse der Kirche zu bestreiten. Sie stimmen daher mit den gewöhnlichen weltlichen Sachen größtentheils überein, und es findet an ihnen ein wirkliches Eigenthum Statt. Der einzige Unterschied liegt darin, daß dieses hier einer moralischen Person, der Kirche, zusteht, und daß eben deswegen ihre Veräußerung an mehrere Förmlichkeiten gebunden ist. Man nennt sie Kirchengüter im engern Sinn (res ecclesiasticae in specie, patrimonium sive peculium ecclesiae) Bei den Protestanten werden auch die unmittelbar gottesdienstlichen Sachen und das Kirchenvermögen unterschieden, und bei den ersteren eben-

---

fällt dieses Einkommen dem Dekan, und nach dem ersten Monat dem Interkalarfond zu. s. Reg. Blatt 1821. S. 818., M. B. Nro. 1—9., M. Ueb. §. 1. 55.

falls anerkannt, daß sie um ihrer Bestimmung willen mit einer gewissen Ehrfurcht behandelt werden sollen l). Auch dürfen sie nur aus dringenden Beweggründen veräußert werden, und sind gegen Verletzung durch härtere Strafen gesichert. Nur die Cäremonien der Einweihung sind vereinfacht oder ganz abgeschafft worden.

§. 270. I. Von den heiligen Sachen. A) Geweihte Sachen. 1) Die Kirchen.

Greg. III. 40. Sext. III. 21. De consecratione ecclesiæ vel altaris.

Zur Verwaltung des regelmäßigen gemeinschaftlichen Gottesdienstes sind die Kirchen bestimmt. Anfangs versammelten sich die Christen in ihren Privatwohnungen, oder an entlegenen verborgenen Orten, besonders aber bei den Gräbern der Märtyrer. Nach den Verfolgungen wurden die Leiber der Märtyrer in die Städte gebracht und über ihren Gräbern Denkmähler (martyria, memoriae martyrum) errichtet, welche zugleich zu Bethäusern dienten m). Dieses hat der feierlichen Einweihung der Kirchen ihre Grundlage gegeben, indem noch jetzt nach einem Gebrauch, der schon im vierten Jahrhundert als bestehend erwähnt wird n), keine Kirche ohne die Reliquie eines Heiligen oder Märtyrers consecrirt werden darf. In der griechischen Kirche wird der Bischof abgesetzt, der dieses versäumt. Die Consecration selbst muß immer durch einen Bischof geschehen o), unter großen Feierlich-

---

l) *Helvet. Conf.* II. Cap. XXII. Propter verbum Dei et usus sacros scimus, loca Deo cultuique eius dedicata non esse profana sed sacra, et qui in his versantur, reverenter et modeste conversari debere, utpote qui sint in loco sacro.

m) c. 7. C. Th de sepulchr. violat. (9. 17) ibiq. Gothofredus. Später, als die Bethäuser prächtiger wurden, hießen sie auch Basilica. Den Namen templa vermied man überhaupt wegen der Erinnerung an die heidnischen Tempel. Der Ursprung des Wortes, Kirche, ist bestritten. Einige leiten es von κυϱιακος her, andere von Kilch, welches aus dem Gothischen Kelik, wie Ulphila das Zimmer bei Marcus XIV 14. nennt, entstanden seyn soll, noch Andere von dem Altdeutschen Haerg [harahum, sacellum].

n) *S. Ambros.* († 397) Epist. 54., *S. Paulin.* († 431) Epist. 12, c. 26. D. I. de cons. (Conc. Carthag. V. a. 401).

o) c. 26. c XVI. q. 7. (Gelas. c. a. 494), c. 28. c. VII. q. 1. (Conc. Aurel. III. a. 538).

keiten p), worin dasjenige nachgeahmt wird, was an dem Menschen, als an dem geistigen Tempel, durch die Taufe und die andern Sakramente geschieht q). Das Andenken an die Kirchweihe (encaenia) wird jährlich an demselben Tage durch ein Fest (encaeniae, anniversaria) gefeiert. r). Um jedoch mancherlei Misbräuchen, die dabei eingerissen sind, zu begegnen, haben die neueren Concilien häufig verordnet, daß in einer Diöcese die verschiedenen Kirchweihe-Feste alle an demselben Tage gehalten werden sollten s). Die Kirche muß von neuem geweiht werden, wenn eine gänzliche Entweihung (execratio) Statt gefunden hat, welches durch die Zerstörung ihrer Hauptttheile geschieht t). Bei einer Entheiligung durch eine Blutthat oder Unzucht wurde sonst auch aufs Neue consecrirt u); jetzt wird blos eine Reconciliation durch den Bischof vorgenommen v). Wenn zur feierlichen Consecration nicht Gelegenheit vorhanden ist, so kann die Kirche einstweilen durch eine Benediktion zum gottesdienstlichen Gebrauch eingerichtet werden. Die Protestanten feiern den gemeinschaftlichen Gottesdienst ebenfalls in öffentlichen Gebäuden w), und weihen diese durch eine Dedikation oder Consecration zu ihrer Bestimmung ein.

---

p) Diese beschreibt ausführlich das Pontific. Roman. Tit. De ecclesiæ dedicatione seu consecratione. — Nach dem deutschen Ritual von Frankfurt 1831 kann die Einweihung der Kirchen, Glocken, Altäre und Kirchhöfe auch dem Dekan oder sonst einem Priester übertragen werden.

q) So erklärt es schon *S. Augustin* († 430) Serm 336 — 38.

r) c. 16. 17. D. I. de cons (capp. incert.), c. 14. X. de pœnit. (5 38), c. 3 eod. in VI. (5 10).

s) Conc Colon. a. 1536 Part. IX c. 11, Conc Camerac. a 1550. Tit. VIII. — In der O. R. P. ist es so; anders noch in Baiern, wo die Kirchweihen noch wechseln, auch Jahrmärkte und Tänze an Sonntagen — selbst Weihnachten um Mitternacht gehalten werden.

t) c. 24. D. I. de cons. (Vigil. a. 538), c. 6. X. h. t (3. 40).

u) c. 19 20 D. I. de cons (Capp. incert.).

v) c. 4. 7. 9 10. X. h t. (3. 40), c. 5 X. de adulter. (5. 16), c. un. h. t. in VI. (3. 21).

w) *Helvet. Conf* II. Cap. XXII. Sint autem loca, in quibus cœunt fideles, honesta et ecclesiæ Dei per omnia commoda. Deligantur ergo ædes amplæ aut templa.

§. 271. 2) Von den Altären und übrigen geweihten Geräthschaften.

Greg. III 40. De consecratione ecclesiæ vel altaris.

In der Kirche wird noch der Ort, wo die heiligen Geheimnisse begangen werden, besonders eingeweiht. Die Christen bedienten sich anfangs zum Abendmahl eines hölzernen Tisches, der unter verschiedenen Namen (mensa domini, mensa mystica, tremenda, spiritualis, ara incruenta) vorkommt. Der Ausdruck, Altar (ara, altare), wurde zum Gegensatz gegen die Heiden in der frühern Zeit vermieden. Seit dem fünften Jahrhundert wurden aber die steinernen Altäre eingeführt x). Die Form ahmt einen Grabhügel nach, weil man sie über den Gräbern der Märtyrer errichtete. Daher soll auch kein Altar ohne Reliquie consecrirt werden y), und das Behältniß desselben, worin sie liegt, wird noch jetzt die Grabhöle (sepulchrum) genannt z). Früher war in jeder Kirche, wie noch jetzt bei den Griechen, nur ein Altar; seit dem sechsten Jahrhundert wurden aber mehrere angebracht, entweder innerhalb der Kirche selbst, oder wie bei den Griechen in Nebenkapellen. Seit dem achten Jahrhundert kamen auch tragbare Altäre in Gebrauch: statt deren bedienen sich die Griechen einer geweihten Decke, die sie über einen Tisch legen (antimensiae). Die Consecration eines Altars geschieht durch den Bischof, und auch von der Execration gelten ähnliche Grundsätze, wie bei den Kirchen a). Von den übrigen heiligen Geräthschaften werden nur der Kelch und die Patena mit Chrisma consecrirt b), und diese sollen wenigstens nicht von Holz oder Glas seyn c). In Schweden werden ebenfalls noch die Altäre besonders geweiht.

---

x) c. 32. D. I. de cons. (Conc. Agath. a 506), c. 31. eod. (Conc. Epaon. a. 517).

y) c 26. D. I. de cons. (Conc. Carthag. V. a. 401).

z) Es heißt auch sigillum, c. 1. X. h. t; vielleicht weil ein Altar auch das Grab Christi nachahmen sollte; vielleicht weil die Reliquie in ein versiegeltes Kästchen eingeschlossen wurde.

a) c 19 D. I. de cons. (Cap incert.), c. 1. 3. X. h. t.

b) c un. §. 8. X. de sacr. unct. (1. 15).

c) c. 44. D. I. de cons. (Conc. Tribur. a. 895), c. 45. eod. (Cap. incert.).

§. 272. B) Von den gesegneten Sachen. 1) Die Kirchhöfe.

Da die Kirche den Tod nur als Schlaf und die Verstorbenen noch als ihre Mitglieder betrachtet, so sorgt sie für den Frieden ihrer Gebeine durch einen besonderen Ort, wohin sie beerdigt werden, und weiht diesen zur Stätte des Gebetes und der Betrachtung durch ihre Benediktion ein. Nach den römischen Gesetzen konnte man sich seinen Begräbnißort wählen, wo man wollte, nur nicht innerhalb der Städte. Demgemäß ließen sich die ersten Christen, um die Gemeinschaft mit der Kirche auch noch im Tode darzustellen, vorzugsweise bei den Gräbern der Märtyrer beerdigen, welche damahls noch außer der Stadt lagen. Als man sie später in die Städte brachte, wurde das Begraben theils in den Kirchen selbst d), theils in der Nähe e), vieler Verbote der Kaiser ungeachtet f) beibehalten. So wurde der Vorhof der Kirche zur regelmäßigen Ruhe- oder Schlaf-Stätte (coemeterium). Später ist auch im Orient das Begraben in den Städten durch ein ausdrückliches Gesetz erlaubt g), das Begraben in der Kirche selbst aber von den germanischen Gesetzen nur ausnahmsweise dem Fürsten, dem Patron und den höheren Geistlichen gestattet worden h). Uebrigens haben die neueren Polizeieinrichtungen den unmittelbaren Zusammenhang der Kirche mit dem Begräbnißplatz meistens ganz aufgehoben, und diesen außerhalb der Stadt verlegt. Doch ist auch dann noch eine Benediktion, und nach einer Entheiligung eine Reconciliation nothwendig i). Die Protestanten haben ebenfalls gemeinschaftliche Begräbnißplätze beibehalten; und diese werden in England und Schweden auch noch besonders eingesegnet.

§. 273. 2) Von den anderen gesegneten Sachen.

Auch die geistlichen Gewänder, die weiße Bekleidung (mappa)

---

d) Daher wurden die Memorien der Märtyrer selbst auch Cömeterien genannt. Die Priester der Cömeterien, die im fünften Jahrhundert in Rom vorkommen, sind die Priester der Hauptkirchen (§. 137).

e) c. 19. c. XIII. q 2. (Augustin. c. a. 421).

f) c. 6. C Th. de sepulch. violat. (9. 17) ibiq. Gothofr.

g) Nov. Leon. 53.

h) c. 18. c. XIII. q. 2 (Conc Mogunt. I. a 813), c. 15. eod. (Conc. Nannet. c. a. 895), Capit. Reg Francor. Lib. I. c. 153.

i) c. 7. X de consecr. eccles. (3. 40), c. un. eod. in VIᵗᵒ (3. 21).

des Altars, die Leinwand (corporale), worauf die consecrirte Hostie gelegt, das Tabernakel, worin die Eucharistie aufbewahrt wird, die Kreuze und Bilder werden zu ihrem Gebrauche durch ein passendes Gebet eingesegnet. Besonders feierlich ist aber die Einsegnung der Glocken k). Der Ursprung der Glocken läßt sich nicht genau bestimmen. Ihr Gebrauch ist in der lateinischen Kirche älter als in der griechischen. Anfangs scheint die Glockentaufe mit heidnischen und abergläubischen Vorstellungen vermengt worden zu seyn, und wurde daher durch Karl den Großen verboten l). Allein wenn man erwägt, wie bedeutungsvoll diese metallene Zunge ist, und wie viel Freud und Leid sie verkündet: so hat die Kirche volles Recht auch bei dieser Gelegenheit durch einen frommen christlichen Spruch an den Ernst und Wechsel des Lebens zu erinnern.

§. 274. C) Von der Errichtung und Herstellung der Kirchengebäude.

Greg III. 48. De ecclesiis ædificandis vel reparandis.

Die Errichtung einer neuen Kirche kann nur mit Genehmigung des Bischofes geschehen m), welcher erst untersucht, ob ein gerechter Grund n) und eine hinreichende Dotation sowohl für das Gebäude wie für die dabei anzustellenden Personen (§. 223) vorhanden ist, und ob die Einrichtung des neuen Gottesdienstes nicht mit anderen wohlerworbenen Rechten in Widerspruch kömmt o). Auch ist jetzt noch die Zustimmung der Regierung nothwendig. Hierauf wird die Stelle vom Bischof oder dessen

---

k) Der Ritus steht im Pontifical. Román. Tit. De benedictione signi vel campanæ.

l) Capit. III. Carol. M. a. 789 c. 18. Ut cloccas non baptizent, nec chartas per perticam appendent propter grandinem.

m) c. 10 c. XVIII. q. 2 (Conc. Chalced. a. 451), c. 44. c. XVI. q. 1. (Capit. Carol. M. a. 804). Einige Stellen verlangen die Zustimmung des Pabstes, c. 4 — 7 D. 1 de cons (Gelas. I. a. 494), c 8 eod. (Nicol. I. inc. ann). Allein diese beziehen sich wohl nur auf die Kirchen, worüber der Pabst Metropolitanrechte besaß.

n) c. 10 D. I. de cons (Conc. Bracar. a. 572), c. 3. X. h. t.

o) c. 44 c. XVI. q. 1. (Capit. Carol. M. a. 804), c. 43. eod. (Conc Arelat. VI. a 813), c. 2. X. h. t, c. 1. 2. X. de nov. oper. nuntiat. (5. 32).

Abgeordneten unter gewissen Cäremonien bezeichnet und der erste Stein gelegt. p). Bei den Protestanten wird zur Errichtung einer neuen Kirche gewöhnlich die besondere Bewilligung des Landesherrn erfordert. Für die Erhaltung und Herstellung der Kirchengebäude ist aber auf folgende Art gesorgt. Die Pflicht über deren baulichen Zustand zu wachen und die nöthigen Arbeiter herbeizuschaffen liegt regelmäßig den Geistlichen und Kirchenvorstehern ob, jedoch so, daß wenn der Bau eine gewisse Summe übersteigt, erst an die höhere kirchliche Behörde berichtet werden muß. Die Reparaturkosten selbst wurden nach dem älteren canonischen Rechte aus dem dazu bestimmten Viertheil bestritten (§. 252); später gieng die Verbindlichkeit dazu beizutragen auf alle diejenigen über, welche Güter und Zehnten der Kirche in Händen erhielten (§. 255). Auf diese Praxis gestützt stellte das Concilium von Trient folgende Vorschriften auf q). Zunächst sollen die Kosten aus der Kirchenbaukasse genommen werden. Wo diese nicht hinreicht, sollen die Patrone und die andern, welche irgend Einkünfte von der Kirche beziehen, so weit sie davon entübrigen können, beitragen. Dahin gehört namentlich der Pfarrer mit den übrigen Benefiziaten, und die Decimatoren. Doch kann man nach den Worten des Conciliums zweifeln, ob der Patron als solcher, oder nur in sofern er aus der Kirche Einkünfte bezieht, verpflichtet werde. Letzteres ist aber in der Praxis allgemeiner angenommen. Reicht alles dieses noch nicht hin, so müssen die Eingepfarrten beitragen. Nach einer beinahe allgemeinen Observanz leisten diese aber schon mit den obigen Personen concurrirend Hand- und Spanndienste. Häufig wird jedoch durch die Landesgesetze eine andere Art des Beitrages festgesetzt. Hiervon oder von der Observanz hängt auch die nähere Vertheilung unter die verpflichteten Personen ab. Häufig ist diese so bestimmt, daß die Gemeinde das Schiff, die Decimatoren und darunter der Patron das Chor, der Pfarrer den Thurm unterhalten muß. Die Reparaturen der Pfarrgebäude, welche den Begriff der laufenden Unterhaltung überschreiten (§. 264),

---

p) Nov. Just. 5. c. 1., nov. 67. c. 1., nov. 131. c. 7., c. 9. D. 1. de cons. (ex novell. cit.), Capit. Reg. Franc. Lib. V. c. 382).

q) Conc. Trid. Sess. XXI. cap. 7. de ref.

müssen; weil diese Gebäude gleichsam zur Kirche gehören, ebenfalls aus der Kirchenbaukasse oder von den Decimatoren und Eingepfarrten bestritten werden. Die Reparaturen der Kapellen fallen aber blos denjenigen zur Last, welche davon Vortheil haben. Weigern sich diese, so muß die Kapelle eingehen und mit der Mutterkirche vereiniget werden r). Die Streitigkeiten über diesen Gegenstand gehören übrigens vor die gewöhnlichen Gerichte. In den deutschen protestantischen Ländern sind die Geistlichen von der Verbindlichkeit beizutragen allgemein befreit, und diese ruht hauptsächlich auf den Eingepfarrten. Daß auch der Patron theilweise dazu angehalten werden könne, läßt sich, weil das Concilium von Trient hier nicht anwendbar ist, aus dem gemeinen Recht nicht beweisen; doch ist im Ganzen das Herkommen dafür s), und die neueren Landesgesetze, z. B. das Preußische, setzen ausdrücklich einen bestimmten Beitrag fest. In England ist die Unterhaltung des Chors gewöhnlich dem Pfarrer, die des Schiffs der Gemeinde auferlegt; die nöthige Summe wird dann in der Kirchspielsversammlung (vestry) beschlossen, und in Form einer Abgabe erhoben. Zu dieser müssen in Irland auch die Katholiken beitragen, wiewohl sie von jener Versammlung ausgeschlossen sind. Ueber den Bau und die Reparatur der Kapellen und anderer Hülfskirchen aber sind hier in der neueren Zeit mehrere ausführliche Gesetze erschienen. Nach der dänischen Kirchenordnung sollen die Kirchenbauten zunächst aus dem eigenen Vermögen der Kirche, in dessen Ermangelung aber durch ein Anlehn bei benachbarten Kirchen oder von den Eingepfarrten bestritten werden; auch müssen diese unentgeldlich Spanndienste leisten. In Schweden endlich wird der Bau und die Unterhaltung der Kirchen gewöhnlich von der Gemeinde getragen; doch ist es gestattet, die Kosten der Glockenstühle und der Kirchenmauern aus der Kirchenkasse zu bestreiten; auch werden in einigen Provinzen die Kirchen von dem Patron, und die Pfarrhöfe von dem Pfarrer gebaut und reparirt.

---

r) Conc. Trid. Sess. XXI. cap. 7. de ref. — Bausachen s. M. Ueb. §. 21.

s) *J. H. Böhmer* Jus eccles. Protest. Lib. III. Tit. 48. §. 73 — 75, *Idem* Jus Paroch. Sect. VII. Cap. III. §. 5 — 7., *G. L. Böhmer* Princip. jur. can. §. 597.

§. 275. D) Von den Vorrechten der geweihten Stätten.

Greg. III 49. Sext. III 23. De immunitate ecclesiarum, cœmeterii et rerum ad eas pertinentium.

Die geweihten Stätten haben, ihrer ehrwürdigen Bestimmung wegen, sowohl durch die geistlichen als weltlichen Gesetze gewisse Auszeichnungen und Vorrechte erhalten. I. Weltliche und rauschende Beschäftigungen, Märkte, und lärmende Vergnügungen sollen in ihrer Nähe nicht geduldet werden t). Namentlich sind die Gerichtssitzungen u) und die noch aus dem Heidenthum herrührenden Feste v) in den Kirchen oder auf den Kirchhöfen oft verboten worden. Auch die Protestanten, besonders in England und Schweden, haben diese Rücksichten anerkannt. II. Diebstahl, Raub und Zerstörung kirchlicher Sachen soll, wegen der Verdorbenheit der Gesinnung, die sich in einem solchen Frevel kund giebt, besonders hart bestraft werden w). Dieses ist auch noch in allen neueren Landesgesetzen angenommen. III. Von dem Asylrecht, welches sonst den geweihten Stätten ertheilt war, ist schon oben bei der kirchlichen Strafgewalt die Rede gewesen.

§. 276. II. Von dem gewöhnlichen Kirchenvermögen.

Greg. III. 15. De commodato, III. 16. De deposito, III. 18. De locato et conducto, III. 22. De fideiussoribus, III. 23. De solutionibus.

Das Vermögen, welches sich jetzt mehr oder weniger bei den einzelnen Kirchen befindet, ist, wie sich aus dem oben nachgewiesenen Zusammenhang ergiebt, aus dem Viertheil hervorgegangen, welches sonst von den Einkünften des Bisthums zum Unterhalt der Kirchen und des Gottesdienstes zurückgelegt wurde. So lange dieses, so wie alle übrigen Einkünfte, bei der bischöflichen Kirche zusammenfloß, wurde es auch unter der unmittelbaren Aufsicht des Bischofes verwaltet und vertheilt. Nachdem

---

t) c. 2. de immunit. eccles. in VI. (3. 23).

u) Capit. Carol. M. a. 813. c. 21., c. 1. 5. X. de immunit. eccles. (3. 48).

v) Capit. Reg. Franc. Lib. VI. c. 196., c. 12. X. de vit. et honest. cleric. (3. 1).

w) c. 10. C. de episc. (1. 3), c. 21. c. XVII. q. 4. (Johann VIII. c. a. 878), c. 6. eod. (Nicol. II. c. a. 1059).

aber den einzelnen Pfarrkirchen zu jenem Zweck ihre Grundstücke und Einkünfte unmittelbar angewiesen worden waren: so wurden diese von den Pfarrern selbst, mit Zuziehung einiger Mitglieder der Gemeinde verwaltet, und dem Bischof oder dem Archidiacon bei der Visitation darüber Rechnung abgelegt. (§. 253). Jener Antheil der Gemeinde bildete sich allmählig so aus, daß aus ihr unter bischöflicher Bestätigung x) einige zuverläßige Männer (provisores, jurati, vitrici) ernannt, und diesen hauptsächlich die Verwaltung des Vermögens übertragen wurde. Jetzt sind solche Administratoren unter dem Namen Kirchenjuraten, Kirchenvorsteher, Kastenvögte, in allen Ländern eingeführt, und über ihr Verhältniß nicht selten ausführliche Verordnungen erschienen y). Im Ganzen ist dieses als eine mit besonderer Gewissenhaftigkeit zu führende Verwaltung eines fremden Vermögens zu behandeln. Sie müßen daher die rückständigen Einkünfte beitreiben, die Grundstücke möglichst vortheilhaft verpachten, die Gelder auf Zinsen, jedoch ohne Wucher, ausleihen, und über dieses Alles jährlich vor dem Pfarrer oder Dekan z), jetzt meistens auch mit Zuziehung der Ortsobrigkeit getreue Rechnung ablegen, welche sonst von dem Archidiacon bei der Visitation nachgesehen a), jetzt aber an den Bischof

---

x) Conc. Wirceburg. a. 1287. c. 35. Laicos in nonnullis partibus prætextu fabricæ ecclesiæ reparandæ per laicos sine consensu prælatorum — deputatos, præsentis constitutionis tenore huiusmodi officio ex nunc volumus esse privatos, et alios laicos vel clericos sine prælati seu capituli ecclesiarum reparandarum assensu prohibemus in posterum ordinari.

y) Conc. Buscod. a. 1571. Tit. XXIV., Conc. Yprens. a. 1577. Tit. XXVIII, Conc. Audom. a. 1583 Tit XXI., Conc. Trid. a. 1593. Cap. L., Conc. Yprens. a. 1609. Tit. XX., Conc. Audom. a. 1640. Tit. XIX., Conc. Colon. a. 1662 Part. III. Tit. XIII. — In Würtemberg steht diese Verwaltung unter dem Kirchen-Convente und Stiftungsrath. s. Verf. Urk. von Kapf 1832. II. 395 — 398.

z) Conc. Exon a. 1287. c 12, Conc. Colon. a. 1300. c. 16, Conc. Magdeb. a. 1313. c. 8., Conc. Frising a. 1440. c. 9, Conc. Bamberg. a. 1491. Tit. XXXVIII., Conc. Swerin a. 1492. c. 40, Conc. Basil. a. 1503. Tit. XXIV, Conc. Tornac. a. 1520. c. 9., Conc. Osnabr. a. 1533. c. 10., Conc. Hildesh. a. 1539. c. 31., Conc. August. 1667. Part. III. c. 19.

a) Conc. Exon. a. 1287. c. 12.

oder dessen Commissarius b), gewöhnlich auch an die höhere weltliche Behörde, eingeschickt wird. Den Schaden, der durch ihre Nachläßigkeit entsteht, müssen sie aus ihrem eigenen Vermögen ersetzen c): doch kann die Kirche auch unter denselben Bedingungen wie die Minderjährigen, Wiedereinsetzung in den vorigen Stand nachsuchen d). Aus Bürgschaften, welche der Verwalter übernahm, aus einem Darlehen oder Depositum, welches er empfieng, wird natürlich die Kirche nur in sofern verpflichtet, als es mit Zustimmung des Bischofes oder des Kapitels geschah, oder als sie dadurch bereichert ist e). Alle diese Grundsätze gelten auch dann, wenn der Patron, was noch zuweilen vorkommt, mit an der Verwaltung Theil nimmt. Uebrigens genießt die Kirche, wegen des Geldes, welches sie ausleiht, nach dem gemeinen Recht weder eine gesetzliche Hypothek noch ein persönliches Vorrecht; daher wird es gewöhnlich sowohl von den Provinzial-Concilien wie von den Landesgesetzen den Administratoren zur Pflicht gemacht, die Kirchengelder nicht anders als gegen ausdrückliche Hypothek auszuleihen. In den protestantischen Ländern Deutschlands, in England und Schweden, bestehen in den Kirchenpflegern (churchwardens, Kyrkovärdar) ganz ähnliche Einrichtungen. In Dänemark werden zur Aufsicht über die Verwaltung vom Könige Kirchenvögte ernannt, und diese ordnen bei den einzelnen ihnen untergebenen Kirchen die Pfleger an.

Viertes Kapitel.

Von dem Erwerb, der Veräußerung und den Vorrechten der Kirchengüter.

§. 277. I. Von dem Erwerb der Kirchengüter.

Greg. III. 26. De testamentis et ultimis voluntatibus.

In Ansehung des Erwerbes, der Veräußerung und gewisser

b) Conc. Trid. Sess. XXII. cap. 9. de ref., Conc. Atreb. a. 1570. c. 30, Conc. Camerac. a. 1586. Tit. XV. c. 9.

c) Conc Gandens. a. 1571. Tit. XVI. c. 3., Conc. Buscod. a. 1571. Tit. XXIV. c. 9.

d) c. 1. 3. X. de in integr. restit. (1. 41).

e) c. 4. X. de fideiuss. (3. 22), c. 2. X. de solut. (3. 23), c. 1. X. de deposit. (3. 16).

Vorrechte gelten für alle Arten von Kirchengütern mehrere gemeinschaftliche Grundsätze. Die bürgerliche Fähigkeit durch Schenkungen oder Testamente zu erwerben, erhielt die Kirche zuerst von Constantin f). Durch die Gesetze der nachfolgenden Kaiser wurde nun bald jede Erbeinsetzung und jedes Vermächtniß zu einem frommen Zweck, wenn auch die eingesetzten Anstalten oder Personen ganz unbestimmt genannt waren, für rechtsbeständig erklärt g), und den Bischöfen auferlegt, über die Vollziehung zu wachen h). Auch sollte bei solchen Vermächtnissen der Erbe, was ihm sonst nach dem Falcidischen Gesetz erlaubt war, nicht ein Viertheil für sich abziehen dürfen i). Uebrigens mußte aber doch die gehörige Form der Testamente beobachtet k), und die Schenkung, wenn sie eine gewisse Summe überstieg, öffentlich insinuirt werden l). Seit dem sechsten Jahrhundert entstand aber aus dem Gesichtspunkt der Religiosität, den man bei solchen Vermächtnissen besonders fest hielt, der Grundsatz, daß der Mangel einer bloßen Formalität hier nicht so streng wie bei den gewöhnlichen Testamenten behandelt werden dürfe, so lange nur noch eine Gewißheit des Willens übrig bliebe m); ja es sollte selbst eine blos mündlich hinterlassene Verfügung dieser Art ver-

---

f) c. 1. C. de SS. eccles (1. 3)

g) c. 26. C. de SS. eccles. (1. 2), c. 24. 28. 46. 49. C. de episc. et cler. (1. 3).

h) c. 28. 46. 49. C. de episc. (1 3), nov. 131. c. 11.

i) c. 49. C. de episc. (1. 3), nov. 131. c. 12. Doch ist es nicht unbestritten, ob diese Vorschrift so ganz unbedingt zu verstehen sey.

k) c. 13. C. de SS. eccles. (1. 2).

l) c. 19. C. de SS. eccles. (1. 2), c. 34. pr. §. 1. c. 36. pr. C. de donat. (8. 54).

m) Conc. Lugdun. II. a 567. c. 2. Quia multæ tergiversationes infidelium ecclesiam quærunt collatis privare donariis, id convenit inviolabiliter observari, ut testamenta, quæ episcopi, presbyteri seu inferioris ordinis clerici, vel donationes aut quæcunque instrumenta propria voluntate confecerint, quibus aliquid ecclesiæ aut quibuscunque conferre videantur, omni stabilitate consistant. Id speciater statuentes, ut etiamsi quorumcunque religiosorum voluntas aut necessitas aut simplicitate aliquid a sæcularium legum ordine videatur discrepare, voluntas tamen defunctorum debeat inconcussa manere et in omnibus Deo propitio custodiri.

bindlich seyn n). Diese Ansicht bildete sich nun im Gegensatz des römischen Rechts, welches auch noch in mehreren Ländern in Uebung blieb, immer mehr aus, und wurde im zwölften Jahrhundert von den Päbsten durch den Grundsatz befestigt, daß ein Vermächtniß zu Gunsten einer frommen Stiftung, auch nur vor zwei oder drei Zeugen errichtet, gültig sey o). Ein anderes Vorrecht erhielten diese Vermächtnisse dadurch, daß ihre Vollziehung auch ganz dem Willen einer dritten Person anvertraut werden dürfte p). Beide Privilegien sind in der Praxis wirklich anerkannt worden. Doch ist über den Sinn des Ersteren der Streit entstanden, ob die vorgeschriebene Zahl der Zeugen der feierlichen Form, oder blos des Verweises wegen genannt sey. Nimmt man, wie es nach dem Geiste des canonischen Rechts richtiger scheint, letzteres an, so ist ein solches Testament auch ganz ohne Zeugen gültig, wenn der Beweis des Willens auf andere Weise sicher geführt werden kann. Durch die Praxis ist auch noch ein drittes Vorrecht entstanden, nämlich daß, wenn das Testament auch im Uebrigen nichtig ist, das Vermächtniß an einen frommen Zweck doch aufrecht erhalten wird. Alle diese Vorrechte sind jedoch durch die neueren Landesgesetze nicht selten beschränkt, oder ganz aufgehoben worden. Vermächtnisse an eine Kirche verbleiben dieser aber jetzt ganz, und der Abzug eines Viertheils (quarta legatorum) für den Bischof, welcher sonst als eine Folge der ursprünglichen Vertheilung des Kirchenvermögens vorkam q), ist nicht mehr im Gebrauch. Uebrigens ist, selbst in den meisten katholischen Ländern, der Gütererwerb der Kirche doch nicht mehr ganz unbedingt frei gegeben, sondern durch die Amortisationsgesetze mehrfach beschränkt, gewöhnlich so, daß Schenkungen, Vermächtnisse und andere Veräußerungen an eine fromme Stiftung (ad manum mortuam) nur bis zu einer gewissen Summe erlaubt, oder an die Zustimmung der Regierung gebunden sind. Gesetze dieser Art finden sich schon seit dem drei-

---

n) c. 4. X. de testam. (3 26). Diese Stelle ist aus einem Briefe Gregors des Großen.

o) c. 11. X. de testam. (3. 26).

p) c. 13. X. de testam. (3. 26).

q) c. 16. X. de off. jud. ordin. (1. 31), c. 15. 16. X. de testam. (3. 26).

zehnten Jahrhundert, besonders weil durch die Veräußerung von Grundstücken an geistliche oder weltliche Corporationen mehrere Lehns- und andere öffentliche Verpflichtungen litten r).

§. 278. II. Von der Veräußerung der Kirchengüter.

Greg. III 13. Sext III. 9. Clem. III. 4. Extr. comm. III 4. De rebus ecclesiæ alienandis vel non, Greg. III 14. De precariis, III. 17. De emtione et venditione, III. 18. De locato et conducto, III. 19. De rerum permutatione, III. 20. De feudis, III. 21. De pignoribus et aliis cautionibus, III. 22. De fideiussoribus, III. 23. De solutionibus, III. 24. De donationibus.

Sowohl die Absicht der Schenker wie die natürliche Bestimmung der Kirchengüter bringt es mit sich, daß diese sorgfältig bei der Kirche erhalten werden müssen. Es ist daher schon seit den ältesten Zeiten den Bischöfen zwar eine ausgedehnte Freiheit bei der Verwaltung des Kirchenvermögens eingeräumt: doch aber zugleich eine willkührliche Veräußerung desselben streng untersagt s). Diese Verbote wurden auch durch die römischen Kaiser t), durch die fränkischen Könige u), und durch die Decretalen wiederholt eingeschärft. Nach diesen Gesetzen findet die Veräußerung eines Kirchengutes nur aus einer gerechten Ursache

---

r) Das erste Gesetz in England über die Veräußerungen an die todte Hand (mortmain) ist von Heinrich III. (1225), 9. Henr. III. c. 36. Größere Beschränkungen machte Eduard I. (1279 und 1285) und Richard II. (1392), 7. Edward. I. st. 2., 13 Edw. I. c. 32., 15. Rich. II. c. 5. Unter Heinrich VIII. (1532) wurden diese auch auf solche geistliche Anstalten ausgedehnt, welche nicht Corporationen waren, 23. Henr. VIII. c. 10 Doch sind auch wieder mancherlei Milderungen gemacht worden. Das neueste Gesetz über diesen Gegenstand ist 43. Georg III c. 108 §. 1. 2. 4. — Würt. Verf. Urkunde 1819. §. 82., V. über Sch. und A. R 1830. §. 37—39, Bair. Rel. Edikt 1818. §. 46—49., Concordat Art. 4 8., M. B. S. 23. 436. 549.

s) Can. Apost. 37., c. 39. c. XVII. q. 4. (Conc. Carth. VII. a. 419), c. 50 51. c. XII. q. 2. (Idem eod.), c. 52. eod. (Leo I. a. 447), c. 20. eod. (Symmach. a. 502), c. 1. c. X. q. 2. (Conc. Agath. a. 506).

t) c. 14. 17. C. de SS. eccles. (1. 2), nov. Just. 7. 120.

u) Capit. I. Carol. M. a. 803 c. 1., Eiusd. Capit. V. a. 806. c. 5, Eiusd. Capit. II. a. 814. c. 3., Eiusd. Capit. III. a. 814. c. 9., Capit. Ludov. Pii. a. 816. c. 1.

und unter gewissen Förmlichkeiten Statt. Als gerechte Ursache gilt entweder eine dringende Nothwendigkeit, Bezahlung der Schulden der Kirche, Befreiung der Gefangenen, Unterhalt der Armen während einer Hungersnoth, in welchen Fällen selbst die geweihten Sachen angegriffen werden dürfen v); oder ein entschiedener Vortheil, der daraus der Kirche zufließt w); nie aber über politische Zwecke, oder Luxus-Bedürfnisse der Fürsten, Reisen 2c. 2c. Zur gesetzlichen Form gehört bei den Kirchen, woran ein Kapitel besteht, die Zustimmung desselben x), und die Bestätigung des geistlichen Oberen. Da die Bischöfe und die Kapitel, zum Theil auch durch die Einwürkung politischer Umstände, viele willkührliche Veräusserungen vornahmen, so hatten sich eine Zeitlang die Päbste selbst die Bestätigung vorbehalten y); allein dieses wird nur noch in wenigen Ländern beobachtet. Hingegen ist jetzt fast überall auch die Zustimmung der weltlichen Obrigkeit nothwendig. Bei der Veräußerung zur Bezahlung der Schulden fand schon nach dem römischen Recht ein besonderes Verfahren Statt z); jetzt hängt dieses von den Landesgesetzen ab. Sind alle diese Vorschriften nicht befolgt, so ist die Veräußerung nichtig, und die Kirche hat das Recht, die Sachen zurückzufordern a). Ist aber die Veräusserung gültig geschehen, so kann die Kirche wegen Verletzung nur eine Wiedereinsetzung in den vorigen Stand nachsuchen b). Ver-

---

v) c. 70. c. XII. q 2. (Ambros. a. 377), c 21. C. de SS. eccles. (1. 2), nov. 120. c. 9. 10, c. 14. 16 eod. (Gregor. I. a. 597), c. 15. eod. (Idem a. 598), c. 13. eod. (Conc. Constant. a. 869).

w) c. 52. c. XII. q. 2. (Leo I. a 447), c. 1. de reb. eccles. non alien. in VI. (3. 9).

x) c. 1. 2. 3. 8. X. de his quæ fiunt a prælat. (3. 10), c. 2. de reb. eccles. non alien. in VI. (3 9).

y) c. 2. de reb. eccles. in VI. (3. 9), c. un. Extr. comm. de reb. eccles. (3. 4).

z) Nov. 120. c. 6. §. 2., Auth. *Hoc jus* ad c. 14. C. de SS. eccles. (1. 2).

a) c. 42. c. XII. q. 2. (Conc. Ancyr. a. 314), c. 14. §. 1. c. 21. C. de SS. eccles. (1. 2), nov. Just. 7. c. 5., nov. 120. c. 9., c. 6. 12. X. de reb. eccles non alien. (3. 13), c. 3. X. de pignor. (3. 21), c. 1. 2. de reb. eccles. in VI. (3. 9).

b) c. 1. X. de in integr. restit. (1. 41), c. 11. X. de reb. eccles. (3. 13).

äußerung wird aber hier überall im weitesten Sinne genommen, und begreift nicht bloß die Fälle, wo das Eigenthum ganz verloren geht, als Verkauf c), Tausch d), und Schenkung e), selbst wenn diese zur Errichtung einer gottesdienstlichen Anstalt bestimmt wäre f): sondern auch Einräumung einer Hypothek g) oder Servitut, Ausschlagung eines zufallenden Gewinnes, Infeudation h) und Ertheilung bereits angebauter Grundstücke in Erbpacht i). Die Errichtung einer Precarie war aber unter den gehörigen Bedingungen erlaubt k), und um so mehr die Einräumung eines Precariums l). Statt der Precarie entstand seit dem zwölften Jahrhundert besonders in England der Gebrauch, daß man kirchliche Grundstücke und Einkünfte in feste

c) Nov. 7. c. 1. c. 5. X. de reb eccles. (3. 13).

d) c. 14. 17. C. de SS. eccles. (1. 2), nov. 7 c. 1, nov. 120. c. 7., c. 2. X. de rer. permut. (3. 19).

e) Nov. 7. c. 1., c. 2. X. de donat. (3. 24).

f) c. 74. c. XII. q. 2. (Conc. Tolet. IX. a 655), c 9. X de donat. (3. 24).

g) c. 21. C. de SS. eccles (1. 2), c. 1 3. X de pignor. (3. 21), c. un. Extr. comm de reb. eccles. (3. 4).

h) c. un Extr. comm de reb eccles (3 4).

i) c. 17. C. de SS eccles. (1. 2), nov. 7 c. 1. 3. 7, nov. 120. c. 1. 5. 6., c. 5. 9. X. de reb eccles. (3 13), c 2. eod. in VI. (3. 9).

k) Eine Precarie war im Allgemeinen die Ertheilung eines Grundstückes zur Benutzung auf unbestimmte Zeit. Dieses war erlaubt, nur mußte der Leihbrief von fünf zu fünf Jahren erneuert werden, c. 5. c. X. q. 2. (Conc. Belvac. a 845) oder c. 1 X. de precar. (3. 14). Eine sehr häufige Anwendung dieses Verhältnißes war die, daß wenn jemand sein Gut an die Kirche schenkte, er sich von dieser in einer eigenen Urkunde (præstaria) den lebenslänglichen Nießbrauch daran bewilligen ließ, und ihr auch umgekehrt zu ihrer Sicherheit einen Bittbrief (precaria) darüber ausstellte, *Marculf.* Form II. 5. 40., Append. 27. 28. 41. 42. Es konnte selbst für das, was man als Eigenthum hingab, das dreifache zum lebenslänglichen Nießbrauch zurückgegeben werden, c. 4 c X q 2. (Conc. Meldens. a. 845), Capit. Carol Calv. in villa Sparnac. a. 846 c 22. Doch wurden die Precarien bald auch sehr willkührlich ertheilt, und dieses verboten, Capit. Lothar. I. ad Leg. Longob. c. 21. Diese Stelle ist wiederholt im c. 6. c. X. q. 2., c. 2. X. de precar. (3 14).

l) Dieses Verhältniß wurde aus dem römischen Recht aufgenommen, c. 3. X. de precar. (3. 14).

Pacht (ad firmam) gab. Auch dieses galt anfangs als erlaubt m). Da aber allmählig dieses Verhältniß häufig dazu gebraucht wurde, um die Benutzung von Kirchengütern, so wie früher durch die Infeudation und die Commenden geschehen war, wieder in weltliche Hände zu spielen: so wurden solche Verpachtungen an Laien verboten n), und später sogar jede Verpachtung auf länger als drei Jahre als eine unerlaubte Veräußerung erklärt o). Beide Vorschriften werden aber nicht mehr beobachtet p). Bei den Protestanten gelten über die Veräußerung der Kirchengüter ähnliche Grundsätze; nur ist in Deutschland das Consistorium oder der Landesherr an die Stelle des Bischofs getreten.

§. 279. III. Von den Vorrechten der Kirchengüter.

Gregor. II. 26. Sext. II. 13. De præscriptionibus, Greg. III. 49 Sext III 23. Clem III 17. Extr comm III. 13. De immunitate ecclesiarum, cœmeterii et rerum ad eas pertinentium.

Die Kirchengüter hatten früher mehrere allgemeine Vorrechte, die sich zum Theil noch bis jetzt erhalten haben. I. Gegen eine geistliche Anstalt, welche Grundstücke oder Gerechtsame, die ihr entzogen worden waren, zurückforderte, sollte nach einer Verordnung Justinians, welche bald auch auf das Abendland und insbesondere auf die römische Kirche ausgedehnt wurde, nur eine hundertjährige Verjährung schützen q). Später wurde diese aber auf die vierzigjährige eingeschränkt r). Unstreitig war diese Beschränkung auch mit für die römische Kirche erlassen, und wurde hier auch wirklich eine Zeitlang anerkannt s). Allein spä-

m) c. 2. X de locat. et cond. (3. 18).

n) Conc. Londin a. 1237. c. 8, Conc Lambeth. a. 1281. c. 15, Conc. Exon. a. 1287. c. 25., Conc. Cicestr. a 1289. c. 31.

o) c. un. Extr. comm de reb. eccles. (3. 4).

p) Conc. Trid Sess. XXV. cap 11 de ref. Die neueren Provinzialconcilien gestatten oft ausdrücklich die Verpachtungen an Laien, gewöhnlich in Terminen von neun zu neun Jahren.

q) c. 23 C. de SS eccles. (1. 2), nov. Just. 9.

r) Nov. Just. 111. c. 1., nov. 131. c. 6. (c. 3. c. XVI. q. 4), c. 4. 6. 8. X. de præscript. (2. 26).

s) c. 2. c. XVI. q. 4. (Greg. I. a. 590).

ter wurde für sie wieder das Vorrecht der hundertjährigen Verjährung geltend gemacht t). Bewegliche Sachen der Kirchen können übrigens in der gewöhnlichen Frist von drei Jahren usucapirt werden u). II. Die Kirchengüter genossen einer Immunität von den bürgerlichen Lasten und Abgaben. Schon Constantin hatte diese Befreiung ausgesprochen v). Jedoch galt dieses nicht unbedingt; sondern unter seinen Nachfolgern hatte die Kirche, und auch nicht ohne Abwechselung, blos die Freiheit von den meisten niedrigen Lasten (munera sordida) w) und den außerordentlichen Steuern x); von den regelmäßigen Abgaben aber nicht y). Im fränkischen Reich aber ertheilten die Könige den Grundstücken, welche sie den Kirchen und Klöstern verliehen, eine völlige Immunität z), und eben so sollten die einzelnen Pfarrkirchen ein bestimmtes Maaß von Ländereien (mansus ecclesiae) frei von allen grundherrlichen Lasten angewiesen erhalten a). Von anderen dem Könige zinsbar gewesenen Grundstücken, die etwa durch Schenkung an die Kirche gekommen waren, mußte aber doch der Zins ferner bezahlt werden b). Jene Befreiung hatte ihren guten Grund darin, daß damahls die Kirche aus ihrem Vermögen nicht blos den Unterhalt des Gottesdienstes und der Geistlichen, sondern auch viele

---

t) c. 17 c. XVI. q. 3. (Johann. VIII. c. a. 878), Auth *Quas actiones* ad c. 23. C. de SS eccles. (1. 2), c. 13. 14. 17. X. de præscript. (2. 26), c. 2. eod in VI. (2 13).

u) Auth. *Quas actiones* ad c 23. C. de SS. eccles. (1. 2), Gratian. §. 4 ad c. 16. c. XVI q. 3.

v) c. 1. C Th. de annon. (11. 1.).

w) Welches diese waren zeigt c. 15. 18. C. Th de extraord. muner. (11. 16).

x) c. 40. C. Th. de episc. (16. 2), nov. Just. 131. c. 5.

y) c. 15. C. Th. de episc. (16. 2).

z) Conc. Aurel. I. a. 511. c. 5. Const. Chlotar. I. c. a. 560. c. 9. Was in den Capit. Reg. Franc. Lib VI c. 109 steht, ist aus Julian entnommen, und beweist für die fränkische Zeit nichts.

a) Capit. Reg. Franc. Lib. I. c. 85., Capit. Ludov. a. 816. c. 10., Capit. Ludov. a. 829. Sect. I. c. 4., Capit. Carol. Calv. apud. Tusiac. a. 865. c. 11., c. 24. c. XXIII. q. 8. (Conc. Meldens. a. 845), c. 25. eod. (Conc. Wormac. a. 868).

b) Capit. III. Carol. M. a. 812. c. 11., Capit. IV. Ludov. a. 819. c. 2.

andere öffentliche Anstalten, das Unterrichtswesen, die Armen- und Krankenpflege, den Bau der Kirchen und anderer Denkmäler bestritt, also doch in einer andern Form zum gemeinen Besten beisteuerte. Ueberdieß hatten die Könige, wenn sie im Reiche herumreisten, bei den Bischöfen und Aebten das Recht des freien Einlagers (jus gistii sive metatus), empfiengen von diesen, so wie von den übrigen Großen des Reiches, dem Herkommen nach jährlich ansehnliche Geschenke (dona gratuita), und konnten sie von den Krongütern, die sie besaßen, zum gewöhnlichen Kriegs- und anderen Reichsdienst anhalten c). Auch war es den Bischöfen noch ausdrücklich zur Pflicht gemacht, der bürgerlichen Obrigkeit in der Noth durch freiwillige Gaben beizustehen d), und bei außerordentlichen Vorfällen wurde den Kirchen mit Zustimmung der Concilien und Päbste sogar eine regelmäßige Steuer zum allgemeinen Besten auferlegt (§. 203). Später hat sich das Recht des freien Einlagers verloren oder ist in bestimmte Geldleistungen umgewandelt worden; eben so ist durch die neueren Einrichtungen des Kriegswesens die Verpflichtung eine eigene Mannschaft zum Heere zu stellen weggefallen; dafür sind aber die außerordentlichen Subsidien durch öftere Wiederholung in ein festes Herkommen übergegangen und fortschreitend erhöht worden, ohne daß sich deswegen die Geistlichkeit der Verpflichtung entbunden hielt, in dringenden Nothfällen dem gemeinen Besten noch freiwillige Opfer darzubringen e). Alles zusammen gerechnet war daher die Kirche und der Klerus in Frankreich vor der Revolution f), so wie noch jetzt in Spanien,

---

c) Näheres über diese Leistungen findet man bei *Thomassin.* Vet. et nov. eccles. discipl. Part. III. Lib. I. Cap. 38 — 48.

d) c. 4. 7. X. de immun. eccles. (3. 49).

e) Als Philipp der Schöne sein Volk durch unerhörte Münzneuerungen drückte, bot ihm die Geistlichkeit ein Zehntheil ihrer Einkünfte, um von diesem Wucher abzustehen Im sechzehnten Jahrhundert half sie durch verschiedene Subsidien die verpfändeten Krongüter wieder einlösen. In den sieben Jahren vor der Revolution brachte der französische Klerus an freiwilligen Geschenken zwei und vierzig Millionen Livres. Zuletzt erbot er sich, um die Säcularisation abzuwenden, zu einem Geschenk von vierhundert Millionen.

f) Für diese Behauptung kann man einen unverwerflichen Gewährsmann stellen, *Necker* Sur l'administration des finances de la France. T. II p. 297.

eben so stark besteuert wie die übrigen Stände. In Deutschland erhielten aber diese Verhältnisse dadurch, daß die Bischöfe und Aebte Reichsfürsten und Landesherrn würden, eine andere Richtung. Ihre Verpflichtung zum Kriegsdienste dauerte in dem Beitrag, den sie der Reichsmatrikel gemäß zum Reichsheer stellen mußten, fort. Regelmäßige Steuern an das Reich kamen aber, außer derjenigen, die zum Unterhalt des Reichskammergerichts bestimmt war, nicht auf, weil jeder Fürst die Kosten seiner Landesverwaltung selbst bestritt und dazu die Abgaben, die er von seinen Unterthanen erhob, unmittelbar verwendete. III. Das Kirchengut soll den frommen Absichten gemäß, denen es seine Entstehung verdankt, bei seiner Bestimmung unverändert erhalten werden. Um es zu schützen drohte daher die Kirche denen, die sich daran vergreifen würden, mit dem göttlichen Gericht, und die Schenker selbst fügten deshalb ihren Schenkungsbriefen gewöhnlich fürchterliche Fluchformeln bei. Nach den gewaltthätigen Säcularisationen der neueren Zeit haben auch mehrere Verfassungs-Urkunden dem Kirchengut wieder den besonderen Schutz des Staates, eine den Absichten der Stifter angemessene Verwaltung, und „daß es unter keiner Bedingung dem Staatsvermögen einverleibt werden könne" zugesichert g).

---

g) Verf Urk von Polen vom 27. Nov 1815. §. 13., Baiern vom 26. Mai 1818. Tit IV. §. 9. 10., Baier. Relig. Edikt vom 26. Mai 1818. §. 31. 44 — 49., Verf. Urk. von Baden vom 22. Aug. 1818. §. 20., Würtemberg vom 25. Sept. 1819 § 77 82., Großherz. Hessen vom 17. Dec. 1820. §. 43. 44., Sachsen-Coburg vom 8. Aug. 1821. §. 29. 30.

Siebentes Buch
Von dem kirchlichen Leben.

Einleitung.

§. 280. I. Uebersicht dieses Buches.

Die Kirche ist eine weitumfassende Gemeinschaft, welche den Menschen bei der Wiege ergreift und ihn zur Seeligkeit erziehend alle Lebensverhältnisse hindurch bis zum Grabe, seine Seele selbst noch bis jenseits begleitet. Dieser christliche Lebenslauf ist nun nach allen Richtungen hin durch bestimmte äußere Handlungen oder Einrichtungen bewacht und geordnet. Diese bilden den Gegenstand des gegenwärtigen Buches. Mehrere dieser Handlungen haben aber theils ihrer inneren Bedeutung theils ihrer äußeren Einkleidung nach gewisse Punkte gemeinschaftlich. Daher muß die Lehre von den Sakramenten und von der Liturgie hier vorausgeschickt werden.

§. 281. II. Von den Sakramenten im Allgemeinen.

Greg. I. 16. De sacramentis non iterandis.

Gewisse Handlungen des kirchlichen Lebens sind von Christus selbst zur Wiederherstellung und Befestigung der durch die Sünde verlorenen Gnade eingesetzt worden. Diese werden vorzugsweise Sakramente genannt h). Die katholische Kirche i) verehrt nach der h. Schrift und der Tradition, deren Richtigkeit auch

h) c. 32. D. II. de cons. Diese Stelle ist angeblich aus Augustinus genommen, allein grade in dieser Form steht sie bei ihm nicht. Der Sache nach sagt er freilich dasselbe.

i) Conc. Trid. Sess. VII. pr. et can. 1. seq. de sacram. in genere.

durch die genaue Uebereinstimmung der griechischen Kirche k) bewiesen wird, sieben Sakramente (μυστήρια) dieser Art, die Taufe (τὸ βάπτισμα), die Firmung (τὸ χρίσμα), die heilige Communion (ἡ θεῖα κοινωνία, ἡ εὐχαριστία, τὸ κυριακὸν δεῖπνον), die Buße (ἡ μετανοία), die letzte Oelung (τὸ ἅγιον ἔλαιον), die Priesterweihe (ἡ ἱερωσύνη, χειροτονία) und die Ehe (ὁ γάμος). Diese Handlungen wurden, wie sich aus den Zeugnissen des Alterthums entschieden nachweisen läßt, in der Kirche immer mit einem besonderen Vertrauen auf ihre heiligende Kraft geübt, ohne daß sie deswegen gerade so nebeneinander genannt, oder unter den gemeinschaftlichen Begriff von Sakrament zusammengestellt wurden l). Ihre wissenschaftliche Gestalt erhielten aber diese Verhältnisse hauptsächlich in den theologischen Schulen des dreizehnten Jahrhunderts, und darauf ist im Ganzen noch die heutige Dogmatik gebaut. Die Darstellung des Kirchenrechts braucht sich jedoch nicht damit zu befassen, sondern weist blos nach, wie diese Sakramente den Hauptabschnitten des kirchlichen Lebens entsprechen, und was zu ihrer rechtmäßigen Verwaltung gehört. Die Protestanten lassen aber nur die Taufe und das Abendmahl als eigentliche Sakramente göttlicher Einsetzung gelten m).

§. 282. III. Von der Liturgie. A) In der katholischen und griechischen Kirche.

Um den gemeinschaftlichen äußern Gottesdienst und die eingesetzten Religionshandlungen würdig zu begehen, bedürfen sie einer bestimmten Form und Einkleidung. Diese wird im Allgemeinen der Ritus, und der Dienst der Messe insbesondre die Li-

k) Orthod. confess. Part. I. qu. 98., Synod Hierosol. a. 1672. Capit. XV. (Harduin. T. XI. pag. 247).

l) Sacramentum heißt in der heil. Schrift so viel wie Geheimniß (μυστήριον); bei den kirchlichen Schriftstellern bezeichnet es oft jedes Zeichen einer heiligen Sache. Bei der Nachweisung der Tradition kommt aber auf die Benennung nichts an; genug, wenn nur die Sache von jeher im Glauben der Kirche vorhanden war.

m) August. Conf. Art. IX—XIV, Helv. Conf. I. Art. XX., Helv. Conf. II. Cap XIX., Gallic. Conf. Art XXXIV. XXXV., Angl Conf. Art. XXV. Scotic. Conf. Art. XXI., Belg. Conf. Art. XXXIII.

turgie genannt. Beides besteht aus Gebeten und Gebräuchen, wodurch die Kirche den innern Gottesdienst zu erwecken und zu befestigen sucht. Als bloße Form gehört dieses zwar zu den unwesentlichen Theilen der Religion: doch aber hängt es mit dem Wesentlichen derselben sehr enge zusammen, indem das Geistige für sinnliche Menschen nur durch die Form dargestellt und mitgetheilt werden kann n). Daher ist die Kirche seit den ältesten Zeiten, wie die noch erhaltenen Ritualbücher, besonders die der römischen Kirche o), beweisen, auf eine würdige Einkleidung der kirchlichen Handlungen sehr sorgfältig bedacht gewesen. Eine unbedingte Uebereinstimmung aller Länder in dem Ritus ist zwar nicht nothwendig p); doch aber ist es dem Wesen der Kirche angemessen, daß die innere Einheit sich auch durch die Gleichheit der Gebräuche offenbare. Besonders dient dazu eine gemeinsame Kirchensprache, wofür in der griechischen Kirche die altgriechische, in der russischen die slavonische, in der katholischen die lateinische Sprache beibehalten worden ist q). Um jene Uebereinstimmung noch mehr zu fördern, hat das Concilium von Trient den Päbsten die Abfassung neuer Ritualbücher übertragen r), welche seitdem auch bekannt gemacht und mehrmals verbessert worden sind s). Auch ist für diesen Gegenstand (1588) eine eigene Con-

---

n) Conc. Trid. Sess. XXII. cap. 5. de sacrif. missæ.

o) Zu diesen gehören unter anderen die unter dem Namen Ordines Romani verfaßten Ritualbücher. Von einer Sammlung dieser Art ist schon oben die Rede gewesen (§. 90). Fünfzehn Andere verschiedenen Alters und Inhalts finden sich in *Joh. Mabillon* Museum Italic. Paris. 1689. 1730. T. II.

p) So weicht der griechische Ritus von dem lateinischen, der Einheit des Glaubens unbeschadet, mehrfach ab, c. 11. X. de tempor. ordin. (1. 11), c. 14. X. de off. jud. ordin. (1. 31) Auch in der lateinischen Kirche können einzelne Länder und Diöcesen ihre eigenen Gebräuche haben, c. 10. D. XII. (Gregor. I. c. a. 603), c. 3. eod. (Leo IX. c. a. 1053)

q) Con. Trid. Sess. XXII. cap 8. et can. 9. de sacrif. missæ.

r) Conc. Trid. Sess. Sess. XXV. De indice librorum.

s) Für die bischöflichen Verrichtungen erschien unter Clemens VIII. das Pontificale Romanum (1596) und das Cæremoniale episcoporum (1600). Jenes ist von Urban VIII (1644), dieses von Innocenz X. (1650) und Benedict XIII. (1727) verbessert worden. Für die Verrichtungen der Seelsorger erließ Paul V. (1614) das Rituale Romanum, welches unter Benedict XIV. (1752) verbessert wurde.

gregation von Cardinälen niedergesetzt worden (§. 139). Für die Gebräuche der römischen Kirche giebt es noch besondere Ceremonialbücher t); und eben so haben die meisten Diöcesen eigene Ritualien und Agenden, deren Abfassung und Verbesserung den Bischöfen zusteht. Uebrigens sollen sich aber die Geistlichen nicht auf die genaue Handhabung der Ceremonien beschränken, sondern deren Sinn und Beziehung dem Volke fleißig erklären u). Die Kenntniß derselben macht daher einen nicht unwichtigen Theil der Theologie aus. In der neueren Zeit sind in Deutschland mehrere Stimmen für die Einführung der Landessprache bei dem Gottesdienst, namentlich bei der Messe, laut geworden. Allein unstreitig kann der Vortheil den man dadurch beabsichtigt, nämlich die allgemeine Verständlichkeit, die ohnehin in einem großen Gebäude unmöglich ist, weit sicherer durch solche Vorträge über den Sinn der vorkommenden Gebräuche erreicht werden, ohne daß man die alterthümliche Würde, die Festigkeit und die allgemeine Gleichförmigkeit der lateinischen Sprache gegen die Gefahr neuer, schwankender, und jeder schlechten Mundart hingegebenen Uebersetzungen zu vertauschen braucht. In jedem Falle kann eine solche Veränderung nur von den rechtmäßigen Behörden ausgehen v). In der griechischen Kirche giebt es ebenfalls, sowohl für die gewöhnlichen Verrichtungen der Priester und Bischöfe w), wie für die außerordentlichen höheren Feier-

---

t) (*August. Patric Piccolomin* c a. 1490) Rituum ecclesiasticorum sive sacrarum ceremoniarum libri tres non ante impressi. Venet. 1516. fol *Hoffmann* Nova monument. collect. T. II. p. 269—740), Sacrarum cæremoniarum sive rituum ecclesiasticorum S Romanæ ecclesiæ libri tres auctore *Jos. Catalano*. Romæ 1750, II Vol. fol.

u) Conc. Trid Sess. XXII cap 8. de sacrif. missæ, Sess. XXIV. cap 7. de ref.

v) Sehr bestimmt und würdig erklären sich darüber auch *Z. B. van Espen* Jus eccles. univers. Part. II. Sect. I. Tit. I. Cap. II. III., *J. A. Sauter* Fundam jur eccles. cathol. §. 649—52. Indeß wird dies Verlangen dennoch immer lauter, besonders von Leuten, die den Apostel Paulus lesen, — was die günstige Aufnahme der deutschen Rituale von Winter, Pracher und das von Frankfurt 1831 deutlich beweist, — daher die Note Ed. III. von Sauter Fund. Jur. Eccl. §. 652. d. befremdet.

w) Euchologium sive Rituale Græcorum ed. *Ja Goar*. Paris. 1645. Venet. 1730. fol.

lichkeiten x), bestimmte Ritualbücher, und die Kirche von Constantinopel hat noch ein besonderes Ceremonialbuch y).

§. 283. B) Von der Liturgie in der protestantischen Kirche.

Die Protestanten haben, um den Gegensatz gegen mehrere zum Theil falsch verstandene Lehren der katholischen Kirche durchzuführen, die Gebräuche und die Uebereinstimmung darin für ganz gleichgültig und einige derselben sogar für sündhaft erklärt, doch aber einen gewissen Ritus der guten Ordnung wegen und als Mittel zur Erbauung beibehalten z). Nur sollte überall die Landessprache an die Stelle der lateinischen gesetzt werden a). Auf diesen Grundsätzen beruhen die Kirchenordnungen und Agenden, welche seit dem sechzehnten Jahrhundert in den protestantischen Ländern Deutschlands abgefaßt worden sind b). Diese sind insgemein, wie die Vorreden zeigen, im Namen der weltlichen Obrigkeit erlassen; daher steht dieser auch noch jetzt das Recht liturgischer Anordnungen und Abänderungen zu. In England hatten von alten Zeiten her nach den Provinzen verschiedene Ritualbücher gegolten, und diese wurden unter Heinrich VIII. noch beibehalten. Eduard VI. erließ aber (1549) ein gemeines Ritualbuch (book of common prayer) für das ganze Reich c). Neue Ausgaben mit mancherlei Abänderungen wurden noch unter demselben König (1552), unter Elisabeth (1558) und unter Jakob I. (1603) bekannt gemacht. Das Ritualbuch, dessen

---

x) Ἀρχιερατικός Liber pontificalis ecclesiæ Græcæ cura *Isaac Haberti* Paris. 1676. Fol.

y) *Constantini Porphyrogenneti* († 979) Libri duo de ceremoniis aulæ Byzantinæ. Lips 1751 1754. II. Vol. fol. Nov. ed. Bonn. 1829. II. Vol. 8., *Georg. Codinus Curopalata* (c. 1460) De officiis et officialibus magnæ ecclesiæ et aulæ Constantinopolitanæ. Ed. Jac Goar. Paris. 1648. fol.

z) August. Conf Art XV, Helvet. Conf. I. Art. XXIII. XXV., Helv. Conf. II Cap XXVII., Angl Conf. Art. XXXIV.

a) Helvet. Conf II. Cap XXII.

b) Verzeichniße derselben geben: *C. König* Bibliotheca Agendorum. Zelle 1726. 4., *J W. Feuerlini* Bibliotheca symbolica Evang Lutherana. Götting. 1752. 8. Norimb. 1768 8. — s. die neue preußische Agende.

c) Auf dieses bezieht sich auch die Anglic. Conf. Art XXXVI.

sich die englische Kirche noch jetzt bedient, ist von Karl II. (1673) erlassen worden. Die Liturgie der dänischen Kirche gründet sich auf das Kirchenritual von 1685 und das Altarbuch von 1688. In Schweden wurde zuerst 1529 ein neues Handbuch für die geistlichen Amtsverrichtungen, und 1531 ein neues Meßbuch in schwedischer Sprache verfaßt. Später kam das Kirchenhandbuch von 1693 an deren Stelle. Die jetzige Liturgie ist 1811 von Karl XIII. nach Genehmigung der Reichsstände eingeführt worden.

§. 284. I. Von der Taufe. A) Wesen und Wirkung derselben.

Greg. III. 42. Clem. III. 15. De baptismo et eius effectu, Greg. III. 43. De presbytero non baptizato.

Die Aufnahme in die Kirche geschieht durch die Taufe, wodurch nach der Verheißung Christi eine geistige Wiedergeburt des Menschen und der Nachlaß der Erbsünde und anderer bis dahin begangener Verschuldungen bewürkt wird d). Dieses Sacrament eröffnet also zum Empfang der Uebrigen den Weg e). Wo jedoch die eigentliche Taufe (baptismus fluminis) nicht erlangt werden kann, vertritt das gläubige Verlangen nach der Vereinigung mit Gott (baptismus flaminis) f) oder das Märthyrerthum für den christlichen Glauben (baptismus sanguinis) g) deren Stelle; doch ist beides nicht als ein Sacrament zu betrachten. Die Materie, womit getauft wird, muß natürliches Wasser h), und die Form den Einsetzungsworten Christi gemäß seyn i). Ob übrigens die Taufe durch Besprengen, Abwaschen oder Eintauchen geschehe, ist für die Gültigkeit der Handlung unwesentlich, und hängt

---

d) Conc Trid. Sess. VII. De baptismo, Orthodox. confess. Part. I. q. 102. 103.

e) c. 1. 3. X. de presbyt. non baptiz. (3. 43), c. 2. de cognat. spirit. in VI. (4. 3).

f) c 34. 149. D. IV. de cons. (August. c. a. 412), c. 2. X. de presbyt. non baptiz. (3. 43).

g) c. 34. D. IV. de cons. (August. c. a. 412), c. 37. eod. (Gennad. c. a. 492).

h) c. 5. X. de baptism. (3. 42).

i) c. 83. D. IV. de cons. (Zachar. a. 748), c. 86. eod. (Idem a. 746), c. 1. §. 4. X de summ. trinit. (1. 1), c. 1. X de baptism. (3. 42).

von den Gebräuchen jeder Kirche ab k). Unter Beobachtung jener Vorschriften ist jede Taufe vollgültig, auch diejenige, welche von einem Laien, von einem Weibe, selbst von einem Ketzer, Juden oder Heiden ertheilt worden ist, vorausgesetzt, daß sie dabei die Absicht hatten, welche die Kirche mit dieser Handlung verbindet l). Die regelmäßige Verwaltung dieses Sacraments stand jedoch ursprünglich nur dem Bischofe zu (§. 146); bei dem größern Andrang von Täuflingen nahm er aber Priester zu Hülfe, und bald wurden auch außerhalb der bischöflichen Stadt gewisse Kirchen als Taufkirchen bezeichnet (§. 147). So ist allmählig die Verrichtung dieser Handlung an das Pfarramt gekommen. Diaconen dürfen nur wenn keine Priester zur Hand sind m), und Laien blos im äußersten Nothfall taufen. Sich selbst kann man nicht gültig die Taufe ertheilen; weil die Taufe des Verlangens nicht hinreicht n). Die symbolischen Bücher der Protestanten stimmen hinsichtlich der Bedeutung der Taufe noch mit der katholischen Kirche überein o); die neueren Ansichten derselben sind aber sehr verschieden.

§. 285. B) Vorbereitungen und andere Umstände der Taufe. 1) Frühere Verhältnisse.

Ursprünglich wurden in der Regel nur Erwachsene getauft, und es gieng eine sorgfältige Vorbereitung vorher. Der erste Unterricht geschah zu Hause durch einen Diacon oder anderen Kleriker. Nach diesem wurde man feierlich unter die Katechumenen aufgenommen. Unter diesen gab es aber mehrere Stufen; die Hörenden (audientes), welche den öffentlichen Religionsvorträ-

---

k) c. 79. D. IV. de cons. (Can. Apost. 50), c. 81. eod. (Hieronym. a. 386), c. 78. eod. (August. c. a. 410), c. 80. eod. (Gregor. I. a. 591), c. 85. eod. (Conc. Tolet. IV. a. 633).

l) c. 21. D. IV. de cons. (Augustin. c. a. 392), c. 23. eod. (Isidor. c. a. 630), c. 24. eod (Nicol. I. a. 866), c. 1. §. 4. X. de summ. trinit. (1. 1), Conc. Trid. Sess. VII. can. 4. de baptism.

m) Act. VIII. 12., c. 13. D. XCIII. (Gelas. a. 494), c. 19. D. IV. de cons. (Isidor. c. a. 610).

n) c. 4. X. de baptism. (3. 42).

o) August. Conf. Art. IX, Helvet. Conf. I. Art. XXI., Helvet. Conf. II. Cap. XX., Gallic. Conf. Art. XXXV., Anglic. Conf Art. XXVII., Scotic. Conf. Art. XXI., Belg. Conf. Art. XXXIV.

gen beiwohnten, die Knieenden (orantes, genuflectentes, substrati), für welche unter Auflegung der Hände in der Kirche gebetet wurde, und die Vollendeten (perfecti, electi, competentes, illuminandi), welche zur Taufe reif waren. Inzwischen wurden die Katechumenen noch zu Hause von den dazu bestellten Personen unterrichtet, und ihr Lebenswandel beobachtet. Diese stellten sie auch dem Bischofe vor und leisteten für sie Bürgschaft. Die Taufe selbst wurde aber regelmäßig nur am Vorabende gewisser hoher Festtage ertheilt p). Man ließ sich dazu unter einem neu angenommenen christlichen Namen in ein besonderes Verzeichniß einschreiben, und legte, nachdem man die mancherlei in dieser Zeit, angeordneten Prüfungen (scrutinia) überstanden hatte, einige Tage vor der Taufhandlung das Glaubensbekenntniß ab q). Zur Taufe selbst wurde man von einer vertrauten Person hinbegleitet, und wenn man daraus hervorstieg wieder in Empfang genommen. Diese war nach dem Geschlecht des Täuflings ein Mann oder ein Weib r), und meistens wohl dieselbe Person, unter deren Aufsicht man als Katechumen gestanden hatte.

§. 286. 2) Heutiges Recht.

Seitdem die Kindertaufe, welche früher nur im Nothfalle ertheilt worden war, regelmäßig in Gebrauch gekommen ist, haben diese Einrichtungen folgende Gestalt erhalten. Das Verhältniß der Taufpathen dauert nun in der Art fort, daß sie, als diejenigen durch deren Glauben und Bürgschaft das Kind geheiligt wird s), die Verpflichtung haben, sich seines Unterrichts und seiner Erziehung im christlichen Glauben möglichst anzunehmen t). Dieses ist bis in die neuere Zeit durch viele Verord-

---

p) c. 11. D. IV. de cons. (Siric. a 385), c. 12. 13 14. 16. eod. (Leo I. a 447), c. 17. 18. eod. (Gelas. a. 494), c. 15. eod. (Conc. Gerund. a. 517).

q) c. 58. D. IV. de cons. (Conc. Laodic. c. a. 372), c. 60. eod. (Conc. Carth. V. c. 9. 401), c. 37. eod. (Gennad. c. a. 492), c. 59. eod. (Conc. Bracar. c. a. 572).

r) c. 101. D. IV. de cons. (Walafr. Strabo c. a. 840), c. 3. de cognat. spirit. in VI. (4. 3).

s). c. 7. D. IV. de cons. (Augustin. a. 395), c. 8. eod. (Idem. a. 412).

t) c. 105. D. IV. de cons. (Augustin. cap. incert.).

nungen eingeschärft worden u), und daher sollen noch jetzt nur solche zu Pathen genommen werden, welche geeignet sind jene Verpflichtung zu erfüllen v). Aus Rücksicht auf das Ehehinderniß, welches aus der geistlichen Verwandtschaft entspringt, dürfen jedoch jetzt höchstens zwei, ein Mann und eine Frau, bei einem Kinde Pathen seyn w). Was die übrigen Gebräuche betrifft, welche früher vor und nach der Taufe vorgenommen wurden x), so kommen diese größtentheils auch noch jetzt vor. Der Unterschied der besonderen Tauftage hat sich jedoch schon seit dem elften Jahrhundert gänzlich verloren, und ist nur noch in der Einsegnung des Taufwassers, die an diesen Tagen vorgenommen wird, sichtbar. Uebrigens müssen die Kinder, um getauft zu werden, lebendig, in menschlicher Form, und wenigstens schon zum Theil würklich geboren seyn. Ist, wie bei ausgesetzten Kindern, ob sie überhaupt oder ob sie gültig getauft seyen zweifelhaft, so muß ihnen die Taufe ertheilt werden y), jedoch unter einer bedingten Formel z). Derjenige, welcher von christlichen Eltern geboren, unter Christen erzogen worden ist, wird aber als getauft vorausgesetzt, bis das Gegentheil vollkommen erwiesen ist a). Ein Zwang zur Taufe findet gegen Erwachsene nicht Statt; auch dürfen die Kinder der Juden oder Ungläubigen nicht gegen den Willen der Eltern getauft werden; den christlichen Eltern ist aber durch die meisten Landesgesetze auch die bürgerliche Verpflichtung auferlegt ihre Kinder taufen zu lassen, und es hängen davon mancherlei Nachtheile ab. Die Taufbü-

---

u) Capit. I. Carol. M. a. 813. c. 18., Conc. Paris. VI. a. 829. Lib. I. c. 19., Statut. Leodin a. 1287. Tit. II c. 9, Conc. Tornac. a. 1481. c. 1., Conc. Warmiens. a 1497. c. 19.. Conc. Colon. a. 1536. Part. VII. c. 4., Conc. August. a 1548. c. 16.

v) c. 103. D. IV. de cons. (Conc. Antissiod. a. 578), c. 102 eod. (Theodor. c. a 680), Con. Audomar. a. 1585. Tit. III. c. 6.

w) Conc. Trid Sess. XXIV. cap. 2. de ref. matr.

x) Man findet diese zum Theil im c. 53. 61. 62. 65. 73. 91. 92. D. IV. de cons.

y) c. 111. D. IV. de cons. (Conc. Carth. IV. a. 398), c. 113. eod. (Leo I. a. 443., c. 112. eod. (Idem a. 451), c. 110. eod. (Gregor. II. a. 726).

z) c. 2. X. de baptism (3. 42).

a) c. 3. X. de presbyt. non baptiz. (3. 43).

cher b) haben daher eine nicht blos kirchliche, sondern auch eine politische Bedeutung, und deswegen sind über ihre Führung und Einrichtung meistens sehr genaue Vorschriften erlassen worden.

§. 287. II. Von der Firmung.

Die Bekräftigung des in der Taufe erworbenen Glaubens, besonders die Gnade denselben standhaft zu bekennen, wird durch die Firmung ertheilt c). Diese geschieht nach Anrufung des heiligen Geistes durch eine Salbung mit Chrisma verbunden mit einer gewissen Formel. Der Ausspender derselben ist in der lateinischen Kirche, dem Beispiel der Apostel gemäß d), regelmäßig nur der Bischof e); außerordentlicher Weise kann aber dazu auch ein Priester delegirt werden f); und in der griechischen Kirche ist diese Verwaltung stehend an das priesterliche Amt gekommen g). Ursprünglich wurde die Firmung gewöhnlich gleich nach der Taufe ertheilt, und in der griechischen Kirche geschieht dieses noch jetzt; in der lateinischen wird aber wenigstens schon ein Alter von sieben Jahren verlangt. Seitdem beide Sakramente getrennt worden sind, entstand auch die Nothwendigkeit besondere Firmpathen einzuführen. Ueber ihre Verpflichtungen haben sich die neueren Concilien auf ähnliche Art wie über die Taufpathen ausgesprochen. Sowohl die Taufe wie die Firmung können nicht mehr wiederholt, und sollen von Jedem an dem jährlichen Gedächtnißtage gefeiert werden. Die Protestanten haben eine Confirmation, jedoch nicht als ein Sakrament, beibehalten.

---

b) Conc. Trid. Sess. XXIV. cap. 2. de ref. matr.

c) c. 5. D. V. de cons. (Raban. a. 847), Conc. Trid. Sess. VII. De confirm.

d) Act. VIII. 14 — 17.

e) c. un. §. 7. X. de sacr. unct. (1. 15).

f) c. 1. D. XCV. (Gregor. I. a. 594). Nach der bestehenden Disciplin kann dieses aber nur durch den Pabst geschehen, *Benedict.* XIV. De synod. diœces. Lib. VII. Cap. VII. — So sagt auch Hirschers Katechetik 1831. §. 110. 3. c.

g) Dieses scheint zwar Innocenz III. zu misbilligen, c. 4. X. de consuet. (1. 4). Allein diese Stelle redet im Original nur von den lateinischen Priestern, die sich zu Constantinopel aufhielten.

Zweites Kapitel.

Das gottesdienstliche Leben.

§. 288. I. Von der Feier des Abendmahls. A) Historische Einleitung.

Den Haupttheil des Gottesdienstes bildet die von Christus selbst eingesetzte Feier des Abendmahls h). Diese wurde schon von den ersten Christen i) und zwar in der Art begangen, daß erst die heiligen Schriften vorgelesen, dann von dem Bischof gepredigt, hierauf von der Gemeinde die Gaben, nämlich Brod und Wein mit Wasser dargebracht, diese vom Bischof durch Gebete und Danksagungen gesegnet, und endlich unter die Anwesenden vertheilt oder den Abwesenden durch die Diaconen zugesendet wurden k). Den Vorlesungen und Vorträgen durften nicht blos die Katechumenen, sondern auch Juden, Ketzer und Heiden beiwohnen l); wenn aber der eigentliche Gottesdienst der Gläubigen anfieng, so wurden sie durch einen feierlichen Aufruf entlassen m). An dieser Feier, die jeden Sonn- und Festtag,

h) Matth. XXVI. 26—28., Marc. XIV. 22—24., Luc. XXII. 19. 20.

i) Act. II. 42.

k) *S. Justinus Martyr.* († 163) Apolog. I. 67) Die solis omnes qui in oppidis vel agris morantur conveniunt in eundem locum. Deinde — commentaria Apostolorum et scripta Prophetarum, quantum per tempus licet, leguntur. — Lectore quiescente, Præsidens orationem qua populum instruit, ed ad eorum quæ pulchra sunt imitationem adhortatur, habet. Tum simul consurgimus omnes, et precationes fundimus et sicuti jam diximus finitis precationibus nostris panis offertur et vinum et aqua. Consimiliter Præpositus ipse, quantum potest, vota et gratiarum actiones effundit, et populus fauste acclamat, dicens: Amen. Et distributio communicatioque fit eorum, super quibus gratiæ sunt actæ, cuique præsenti; absentibus vero per Diaconos mittitur.

l) c. 67. D I. de cons. (Conc. Carthag IV. a. 398).

m) *Isidor. Hispal.* Origin. VI. 19. Missa, tempore sacrificii est quando catechumeni foras mittuntur, clamante Levita: *Si quis catechumenus remansit exeat foras;* et inde missa, quia sacramentis altaris interesse non possunt, qui nondum regenerati noscuntur.

jedoch wie es scheint nur einmal begangen wurde, mußte die ganze Gemeinde Theil nehmen n); nur für Kranke wurde die Eucharistie auch abgesondert aufbewahrt und ertheilt o). Als die Gemeinden größer wurden, nahmen aber diese Verhältnisse eine freiere Form an. Das Abendmahl konnte nun täglich, und zwar mehrmahls, so oft eine hinreichende Zahl von Gläubigen gegenwärtig war, gefeiert werden, und umgekehrt konnte man einer solchen Feier beiwohnen, ohne gerade selbst das Abendmahl zu empfangen p). Doch wurde nun geboten, daß Jeder wenigstens dreimahl jährlich an den hohen Festtagen q), oder nach einer neueren noch jetzt geltenden Vorschrift wenigstens einmal jährlich um die österliche Zeit r) die Eucharistie würklich, außerdem aber auch an jedem Sonn- und Festtage geistigerweise durch Beiwohnen dieser Feier s) genießen sollte. Das Brod, welches von den Gläubigen dargebracht wurde, konnte ursprünglich jederlei Gestalt und Größe haben; doch wurde nur ein verhältnißmäßiger Theil davon consecrirt (§. 201) und dieser zur Vertheilung unter die Gemeinde in Stücke zerschnitten. Später wurde aber das zur Consecration bestimmte Brod in einer bestimmten Form bereitet, und mit Kreuzen oder besondern Schriftzügen bezeichnet. Dieses geschieht noch jetzt in der morgenländischen Kirche. Da jedoch diese Form für die Vertheilung unter eine unbestimmte Zahl von Communicanten noch mancherlei Schwierigkeiten darbot: so entstand in der lateinischen Kirche der Gebrauch, für die Eucharistie blos sehr dünne aus Mehl bereitete runde Stückchen zu consecriren. Diese werden aber noch immer die dargebrachten Gaben (oblata) genannt. Das Dar-

---

n) c. 62. D. I. de cons. (Can Apost. 10).

o) c. 8. c. XXVI., q. 6. (Conc. Carth. IV. a 398).

p) c. 13. D. II. de cons (Gennad. c. a 492).

q) c. 19 D. II. de cons (Conc Agath. a. 506), c. 16. eod. (Conc. Turon. III. a 813), c 21. eod. (Cap. incert.).

r) c. 12. X. de pœnit. (5 38), Conc. Trid. Sess. XIII. can. 9. de sacros euchar. sacramento. — In der Erzdiözese Freiburg darf die österliche Communion nur in der eigenen Pfarrkirche empfangen, und fremde Pfarrgenossen nur mit schriftlicher Erlaubniß ihres Pfarrers zugelassen werden. M. B. Nro. 137. 184.

s) c. 64. D. I. de cons. (Conc Agath. a. 506), c. 65. eod. (Conc. Aurel. I. a. 511).

bringen würklicher Brodte von Seiten der Gemeinde hat sich dadurch verloren, und ist nur noch geistigerweise in den Gebeten, die der Consecration vorhergehen, enthalten.

§. 289. B) Von dem Meßopfer. 1) Bestandtheile desselben.

Greg. III 41. Clem. III. 14. De celebratione missarum et sacramento eucharistiæ et divinis officiis.

Die Feier des Abendmahls wird noch immer in dem Dienst der Messe dargestellt t). Zu dem Wesen desselben gehört also ein Bischof oder Priester, der ihn den Auftrag Christi gemäß verrichtet u), ferner Brod, Wein und etwas Wasser, welche dargebracht und consecrirt werden v), und endlich der Genuß dieser Gaben durch den Priester und die Gläubigen, wenn sich solche dazu melden w). Das Brod wird in der morgenländischen Kirche aus gesäuertem, in der abendländischen aus ungesäuertem Teige bereitet x). Die Consecration geschieht durch die Anrufung Gottes und das Aussprechen der Einsetzungsworte Christi, und dadurch werden jene Gaben, während sie übrigens ihre Gestalt behalten, ihrem Wesen nach in den Leib und das Blut Christi verwandelt y). Das Uebrige besteht aus Gebeten und Feierlichkeiten, wodurch die Würde dieser Handlung erhöht und der Geist zur Betrachtung des hohen Geheimnisses, welches hier begangen

t) Missa catechumenorum, missa fidelium hieß ursprünglich nur die Entlassung, welche der Diacon am Schluß aussprach. Aber schon im vierten Jahrhundert ist auch der ganze Dienst so genannt worden, *Ducange* Glossar. v. Missa.

u) Conc. Trid. Sess XXII cap. 1. et can. 2. de sacrif. missæ.

v) c. 2. D. II. de cons. Cyprian a. 251), c. 5. eod. (Conc. Carth. III. a. 397), c. 83. eod. (Ambros a 384), c. 8. 13. X. de celebr. miss. (3. 41), Conc. Trid. Sess. XXII. cap. 7. de sacrif. miss.

w) c. 11. D. II. de cons. (Conc. Tolet. XII. a. 681), Conc. Trid Sess. XIII. cap. 8. et can. 10. de euchar. sacram.

x) c. 14. X. de celebr. miss. (3. 41).

y) c. 38. D. II. de cons. (Ambros c. a. 380), c. 40. 43. 55. 69. eod. (Idem c. a. 384), c. 35. eod. (Eucher. Lugd. c. a. 440), c. 73. eod. (Gregor. I. a. 593), c. 34. 41. eod. (Lanfranc. a. 1059), c. 1. §. 3. X. de summ. trinit. (1. 1); Conc. Trid. Sess. XIII. cap. 1 — 4. et can. 2. 3. 4. de euchar. sacram.

wird, hingeführt werden soll z). Feierlichkeiten dieser Art kamen unstreitig schon in der ersten Zeit vor; allein diese sind nicht genauer bekannt, weil die liturgischen Werke, welche die späteren Zeiten den Aposteln und Evangelisten zuschrieben, nicht ächt sind. Auch bestand in der äußeren Einkleidung keine unbedingte Gleichförmigkeit. Doch suchten die Provinzialconcilien schon frühe die Uebereinstimmung mit der Liturgie der Metropolitankirche a), und die Päbste die Uebereinstimmung mit der Liturgie der römischen Kirche zu bewirken b). So entstand nach der Verschiedenheit der Länder eine Hispanische, Gallische, Ambrosianische und Römische Liturgie. Letztere wurde von Karl dem Großen auch im fränkischen Reiche c), und unter Gregor VII. in Arragonien, dann auch im übrigen Spanien eingeführt d). Jetzt bedient man sich regelmäßig des römischen Missalle, welches dem Auftrag des Conciliums von Trient gemäß e), von Pius V. (1570) bekannt gemacht, und von Clemens VIII. (1604) verbessert worden ist. Im Orient wird gewöhnlich die Liturgie des h. Basilius, an besondern Tagen die des h. Chrysostomus befolgt.

§. 290. 2) Nähere Verhältnisse.

Die Feier des Abendmahls ist für diejenigen, welche es genießen, ein Sakrament; sie ist aber auch ein Opfer, weil darin auf unblutige Weise dasjenige erneuert wird, was Christus für

---

z) Conc. Trid. Sess XXII. cap. 5. et can 7. 9. de sacrif. miss.

a) c. 31. D. I. de cons. (Conc. Epaun. a. 517), c. 31. D. II. de cons. (Conc. Gerund. a. 517), c. 13. D. XII. (Conc. Tolet. IX. a. 675.)

b) c. 11. D XI. (Innocent. I. c. a. 416).

c) Capit. I. Carol. M. a. 789. c. 78., Capit. III. Eiusd. a. 789. c. 7. 8. Capit. I. Eiusd a. 805. c. 2.

d) Nur in einigen Kirchen wird nach einer Stiftung des Cardinal Ximenez der Gottesdienst noch nach der Spanischen oder Mozarabischen Liturgie begangen. — Wie konnte aber ein Cardinal eine Abweichung von der römischen Liturgie zu stiften sich erlauben?

e) Conc. Trid. Sess. XXV. De indice librorum. — Eine Verbesserung dieses Hauptheiles des Cultus schlägt vor: Erstes deutsches kritisches Meßbuch von V. A. Winter, München 1810.; und Hirscher Missæ genninam notionem etc. Tübingen 1821.

uns am Kreuze gethan hat f). Dieses Opfer kann in einer öffentlichen und feierlichen oder in einer stillen Messe begangen werden. Früher war die öffentliche Messe die regelmäßige Versammlung (collecta, synaxis), worin die Gläubigen zum Opfer und zur Communion zusammenkamen. Jetzt aber wird so diejenige genannt, welche mit Gesang und einer größern Feierlichkeit gehalten wird. Es kann also jetzt sowohl eine öffentliche wie eine stille Messe begangen werden, wenn auch nur Wenige von der Gemeinde gegenwärtig sind, und Niemand würklich das Abendmahl empfängt, weil die Gegenwärtigen doch als geistigerweise empfangend betrachtet werden, und das Opfer überhaupt nicht für den Priester allein, sondern für alle Gläubigen dargebracht wird g). In jedem Fall muß aber doch wenigstens Einer als Ministrirend zugegen seyn h). In den ersten drei Jahrhunderten wurde die Abendmahlsfeier nicht täglich begangen; doch war der Gebrauch darüber verschieden. In der lateinischen Kirche wird seit uralten Zeiten das Meßopfer jeden Tag, außer am Freitag und Samstag der Charwoche i), consecrirt; in der griechischen Kirche aber während der Fastenzeit nicht, außer am Samstag und Sonntag; für die Communion an den übrigen Tagen bedienen sich daher die Griechen, so wie die Lateiner am Charsamstag, der Brodte, die vorher consecrirt worden sind. Die Tageszeit die Messe zu halten ist jetzt von Sonnenaufgang bis Mittag; die ursprüngliche Einrichtung, sie des Nachts zu feiern, ist nur noch am Feste der Geburt Christi beibehalten. Die Pfarrmesse, diese mag eine feierliche oder eine stille Messe seyn, muß täglich oder doch wenigstens am Sonntag zu einer festgesetzten Stunde gehalten werden. In ihr stellt sich noch die alte regelmäßige Versammlung der Gläubigen mit ihrem Hirten dar; *) daher durfte sonst an den Sonn- und Festtagen die

f) c. 50. 53. D. II. de cons (Hilar. c. a 384), c. 73 eod. (Gregor. I a. a. 593), c. 71. eod (Paschas Radbert c. a. 818), c. 37. 52. eod. (Lanfranc. a. 1059), Conc. Trid Sess. XXII. cap. 1. 2. et can. 1. 3. de sacrif. missæ.

g) Conc. Trid. Sess XXII. cap. 6 et can. 8. de sacrif. miss.

h) Conc. Mogunt. a 813 c. 43., Conc Paris. VI a. 829. Part. . c. 48., c. 61 D. I. de cons. (Cap incert. sæc non.).

i) c 13. D III de cons. (Innocent. I. a 416).

*) Dieses stellt sich aber nicht heraus, wo unter der hl. Messe noch

Messe nur in der eigenen Pfarrei gehört k), und diesem feierlichen Gottesdienst die Theilnahme nicht durch andere Privatmessen entzogen werden l). Allmählich hat sich zwar diese Strenge verloren; doch besteht die alte Verpflichtung als eine Ermahnung fort m); auch sollen noch immer während der Pfarrmesse Vorträge und Erklärungen des Evangeliums gehalten n), und es ist dem Geiste dieser Verhältnisse angemessen, daß gleichzeitig keine anderen Messen gelesen werden. Früher durfte ein Priester an einem Tage auch mehrmals die Messe feiern o). Später wurde dieses aber um Misbräuche zu verhüten, Weihnachten ausgenommen, verboten p), und ist jetzt nur in Nothfällen erlaubt. Hingegen hat jeder Priester die Verpflichtung wenigstens an den Sonn- und Festtagen eine Messe zu lesen, damit es den Gläubigen nicht an Gelegenheit zum Gottesdienste fehle q). Aus der abgesonderten Aufbewahrung der Eucharistie ist in der lateinischen Kirche, wie es scheint seit dem vierzehnten Jahrhundert, allmählig auch der Gebrauch entstanden, dieselbe in Monstranzen oder Ostensorien zur Anbetung in den Kirchen auszusetzen und in feierlichen Bittgängen umherzutragen r). In der griechischen Kirche geschieht dieses nicht, außer wenn die vorher consecrirten Brodte auf den Altar getragen werden, und selbst dann nur verhüllt. Auch bei uns

---

laut der Rosenkranz gebetet wird; möchten die Bischöfe endlich solchem Unfuge steuern!

k) c. 4 5. c. IX. q. 2. (Conc. Nannet. c. a. 895), c. 2. X. de paroch. (3. 29), c. 2. Extr. comm. de treug. et pac. (1. 9).

l) c. 52. D. I. de cons (Theodulf. c. a. 797).

m) Conc. Trid. Sess. XXII. Decretum de observandis et evitandis in celebratione missæ.

n) Conc. Trid. Sess. XXII. cap. 8. de sacrif. miss., Sess. XXIV. cap 7. de ref. — Dieses scheint in der O. R. P. wieder ausser Gebrauch zu kommen.

o) c. 11. D. II. de cons. (Conc. Tolet. XII. a. 681).

p) c 53. D I. de cons. (Alexand. II, a 1065), c. 3. 12. X. de celebr miss. (3. 41).

q) Conc. Trid. Sess. XXIII. cap. 14. de ref.

r) Conc. Trid. Sess. XIII. cap 5 et can 6. de euchar. sacram. — Im Bisthum Rottenburg ist dies durch Spezial-Decret 1828 beschränkt.

sollte es nach dem Geist der Kirche nur selten und bei besonders feierlichen Veranlassungen statt finden. Die Protestanten haben aber den Begriff der Messe als eines Opfers, und die Verwandlung der Gaben durch die Consecration des Priesters verworfen, und nur eine gemeinschaftliche Gedächtnißfeier des Abendmahls beibehalten s); dadurch ist die Anbetung der Eucharistie von selbst weggefallen, und ihr Gottesdienst hat sich an den Tagen, wo nicht communicirt wird, in blosse Gebete und Predigt verwandelt. Doch nimmt übrigens die Augsburger Confession eine wahre Gegenwart des Leibes und Blutes Christi im Abendmahle, und selbst die Lehre der Reformirten nicht blos einen geistigen, sondern auch einen sacramentalischen Genuß dieses Leibes und Blutes an t).

§. 291. 3) Von den Meßstipendien und Stiftungen.

Die Gaben zur Feier des Abendmahls wurden ursprünglich von den Gläubigen selbst dargebracht. Allmählig aber wurde statt derselben während der Messe Geld geopfert, und dieses zum Theil dem Geistlichen überlassen. Hieraus entstand denn schon seit dem achten Jahrhundert der Gebrauch, daß man sich zu einem besondern Anliegen von einem Priester Messe lesen ließ, und diesem vor- oder nachher eine gewisse Summe (stipendium) als Opfer einhändigte. Dieses ist auch noch üblich. Doch sind viele Verordnungen erschienen, um dabei der Einmischung eigennütziger Absichten zu begegnen u), und den Priestern der Gesellschaft Jesu ist es durch ihre Regel selbst ganz verboten, Gaben für geistliche Verrichtungen anzunehmen. Für solche Messen und Stipendien sind häufig auch feste Stiftungen errichtet worden, aus deren Einkünften am jährlichen Gedächtnißtage des Begräbnisses (anniversarium) oder an anderen Tagen Messen gelesen werden sollen. Stiftungen dieser Art können entweder Ei-

s) August. Conf. Abus. mutat. Art. III., Helv. Conf. II. Cap XXI., Argent Conf. Art. XIX, Anglic. Conf Art. XXXI, Scotic. Conf. Art. XXII.

t) August Conf. Art X., Helvet. Conf. I. Art XXII, Helvet. Conf. II. Cap XXI., Gallic Conf. Art. XXXVI. XXXVII, Angl. Conf. Art. XXXVIII.

u) Conc. Trid. Sess. XXII. Decretum de observandis et evitandis in celebratione missæ.

genthum der Familie (§. 222) oder der Kirche seyn, und im letzten Falle machen sie gewöhnlich die Fundation eines Benefiziums aus. Dieses wird dann, wenn weiter keine Verbindlichkeit daran geknüpft ist, im eigentlichen Sinn ein einfaches Benefizium (beneficium simplex) genannt. Stiftungen, die der Kirche gehören, dürfen aus dringenden Beweggründen vom Bischof umgewandelt werden v).

§. 292. C) Von der Austheilung des Abendmahls.

Greg. III. 41. De celebratione missarum et sacramento eucharistiæ, et divinis officiis, III. 44. De custodia eucharistiæ, chrismatis et aliorum sacramentorum.

Die Austheilung des Abendmahls sollte noch immer regelmäßig während einer Messe und zwar, wie die Ausdrücke der Ritualbücher beweisen, gleich nach der Communion des Priesters statt finden. Doch kommt sie jetzt auch häufig, wie schon in der ältesten Zeit bei der Communion der Kranken, von der Messe getrennt vor, und bildet in so fern äußerlich betrachtet eine Handlung für sich. Dem Wesen nach ist aber selbst dann noch darin eine gemeinschaftliche Handlung enthalten, weil die Eucharistie, welche vertheilt wird, vorher in einer Messe consecrirt worden seyn muß. Die Austheilung geschah sonst durch die Diacone w), jetzt immer durch einen Priester; die Vorschrift, daß dieser dazu die besondere Erlaubniß des Pfarrers haben müsse x), wird aber jetzt, außer um die österliche Zeit und bei der Wegzehrung der Kranken, nicht mehr befolgt. Zum Empfang der Communion muß man gehörig unterrichtet, ganz nüchtern y), und von schweren Vergehen durch die Buße gereinigt seyn z); doch darf der Priester demjenigen, den er auch als unwürdig kennt, der aber die

---

v) Conc. Trid. Sess XXV. cap 4. de ref. — Ueber Verwaltung der Stiftungen s. Würt. Reg. Blatt 1822 1823. 1828.

w) c. 14. D XCIII. (Conc. Nicæn a 325), c. 18 eod. (Conc. Carth. IV. a. 398), c. 13. eod (Gelas. a 494).

x) clem. 1. de privileg. (5 7).

y) c. 49. D. I. de cons. (Conc. Carth III. a 397), c. 54 D. II. de cons. (August. c. a. 400).

z) c. 64. D. II. de cons (August. a. 412), c. 13. eod (Gennad. c. a. 492), Conc. Trid. Sess XIII. cap. 7. de euchar. sacram.

Communion öffentlich verlangt, diese nicht verweigern a), wenn nicht dessen Zustand notorisch ist b). Der Gebrauch, die Eucharistie auch neugeborenen Kindern gleich nach der Taufe zu ertheilen, hat sich in der lateinischen Kirche schon längst verloren c); in der griechischen besteht er aber noch jetzt. Jeder Erwachsene aber ist verpflichtet, wenigstens einmahl jährlich und zwar um die österliche Zeit zum Abendmahl zu gehen (§. 288). Früher wurde dieses gewöhnlich zwar unter beiden Gestalten genossen: doch war dieses nicht unbedingt nothwendig d), weil nach der beständigen Lehre der Kirche Christus unter jeder Gestalt ganz gegenwärtig ist. Daher wurde schon in der ältesten Zeit, namentlich während der Verfolgungen und in Krankheiten häufig auch blos das consecrirte Brod, oder wie den neugeborenen Kindern blos der consecrirte Wein gegeben. So entstand allmählig aus vielen Gründen in der lateinischen Kirche der Gebrauch die Eucharistie allein unter der Gestalt des Brodes auszutheilen e). Doch kann der Pabst aus wichtigen Ursachen einer Person oder einem Volke auch den Gebrauch des Kelches gestatten f). Die Orientalen haben aber die Communion unter beiden Gestalten als Regel beibehalten, und die Protestanten sie wieder bei sich eingeführt. Kranke empfangen die Communion dem uralten Gebrauche der Kirche gemäß g), als Wegzehrung (viaticum);

---

a) c. 67. D II. de cons. (August. c. a. 412), c. 2. X. de offic. jud. ordin. (1. 31).

b) c. 95. D. II (Cyprian. c. a. 256).

c) Conc. Trid. Sess XXI. cap. 4. et can. 4. de commun.

d) Das c. 12. D. II. de cons. (Gelas. c. a. 495) bezieht sich blos auf die Priester, die zufolge einer damals gangbaren häretischen Meinung, nicht den Kelch genießen wollten.

e) Conc. Trid. Sess. XXI. cap 1. 2. ꝯ et can. 1. 2. 3. de commun. sub utraq. specie.

f) Conc. Trid. Sess XXII. Decret. super petitione concessionis calicis. — Dieses, wie die Feststellung der lyturgischen Communion wäre auf nächster Synode zu verhandeln. s deutsches Ritual, Frankfurt 1831.

g) c. 9. c. XXVI. q. 6 (Conc. Nicæn a. 325), c. 8. eod. (Conc. Carth. IV. a. 398), c. 7. eod. (Conc. Araus. I. a. 441), c. 6. eod. (Conc Bracar. c. a. 572).

daher muß die Eucharistie in der Kirche immer vorräthig gehalten werden h).

§. 293. II. Von der Buße. A) Historische Einleitung.

Gleichwie in der Taufe der Bund zwischen Gott und dem in der Erbsünde von ihm getrennten Menschen wieder hergestellt wird: so hat auch Christus, indem er der Kirche die Macht hinterließ die Sünden zu vergeben und aufzubewahren i), ein Mittel eingesetzt, um das von eigenen Verschuldungen niedergebeugte Gemüth durch die Gewißheit der Versöhnung wieder aufzurichten und zu Gott zurückzuführen k). Um aber jene Sündenvergebung durch die Kirche zu erlangen, mußten die Vergehen unter inniger Reue einzeln bekannt und die auferlegten Bußwerke gewissenhaft verrichtet werden l). Das Bekenntniß geschah anfangs häufig öffentlich; doch kam dieses bald mehrerer schlimmen Folgen wegen erst in der griechischen, dann auch in der lateinischen Kirche ab, und es wurde nun die Beichte regelmäßig vor einem vertrauten Priester abgelegt m). Bei öffentlichen Vergehen schritt aber der Bischof kraft der geistlichen Strafgewalt ein (§. 194), und nöthigte durch Androhung der Excommunication der Kirche vermittelst öffentlicher Pönitenzen (§. 197) Genugthuung zu leisten. Solche öffentliche Büßungen wurden aber auch häufig wegen geheim gebeichteter Vergehen auferlegt, und dieses hatte nichts Auffallendes, weil Viele sie aus Andachtseifer auch ganz freiwillig übernahmen. So fand sich um die Zeit der Fasten immer eine große Zahl von öffentlich Büßenden

---

h) c. 93 D. II. de cons. (Conc. Wormac. c. a. 820), c. 1. X. de custod. euchar. (3. 44), Conc. Trid. Sess. XIII. cap. 6. et can. 7 de euchar. sacram.

i) Johann XX 21 — 23.

k) Conc. Trid. Sess. XIV. cap. 1. 2. et can. 1. 2. 3. de pœnit.

l) c. 4. c XXVI q. 7. (Conc. Laodic. c. a. 372), c 52. D. I. de pœnit. (Ambros. a. 374), c. 38. eod. (Idem a. 375), c 72. eod. (Hieronym a. 390), c. 40. 41. eod (Chrysostom. c a 400), c. 85. eod. (Augustin. c. a. 415), c 88. eod. (Idem c. a. 428), c. 49. eod. (Leo I. a. 452).

m) c. 88. §. 1. 3. D. I. de pœnit. (Augustin c. a. 428), c. 89. eod. (Leo I. a. 459).

zusammen n). Die Reconciliation geschah, wie die Eröffnung der Büßungen, unter Handauflegung des Bischofs oder des dazu von ihm besonders ermächtigten Priesters, und zwar bei einem öffentlichen Sünder feierlich vor der ganzen Gemeinde o), jedoch in der Regel nicht vor Ablauf der ganzen Bußzeit, Nothfälle bei Kranken ausgenommen p). Die Art und Dauer der Bußwerke wurde aber anfangs von dem Bischofe oder Priester nach seinem Ermessen q), später nach den dafür sehr genau und vorsichtig abgefaßten Pönitentialbüchern bestimmt. Allmählig traten aber fast in allen Theilen dieser Disciplin Aenderungen ein. Die öffentlichen Pönitenzen blieben nur noch bei öffentlichen Vergehen in Gebrauch r); die Reconciliation der nicht öffentlich Büßenden wurde regelmäßig den Priestern überlassen s) und die Absolution nun gewöhnlich, wie auch schon in der alten Zeiten bei den Kranken, gleich nach der Beichte, jedoch unter der Verpflichtung die vorgeschriebenen Bußwerke nachzuholen, ertheilt t). Uebrigens wurden aber diese Bußwerke, sowohl die öffentlichen wie die geheimen, bis in das dreizehnte Jahrhundert immer noch nach den dafür verfaßten Pönitentialbüchern bestimmt; seit dieser Zeit gieng man aber davon ab, weil sich deren Strenge und Einrichtung mit den neueren Verhältnissen nicht mehr vertrug. Die Bestimmung der Bußwerke wegen geheimer Vergehen ist also

---

n) c. 6. c. XXVI. q. 7. (Conc. Carth. IV. a. 398), c. 63. 64. D. L. (Conc. Agath. a. 506).

o) c. 1. 5. c. XXVI. q. 6. (Conc. Carth. II. a. 390), c. 14. eod. (Conc. Carth. III. a. 397).

p) c. 9. c. XXVI. q. 6. (Conc. Nicæn. a. 325), c. 8. eod. (Conc. Carth. IV. a. 398), c. 17. D III de cons. (Innocent. I. a. 416), c. 7. c. XXVI. q. 6 (Conc. Araus. a. 441), c. 6. eod. (Conc. Bracar. a. 572).

q) c. 5. c. XXVI. q 7. (Conc. Carth. III. a. 397), c. 4. eod. (Conc. Laodic. c. a. 372), c. 2. eod. (Leo I. a. 458), c. 17. D. III. de cons. (Innocent. I. a. 416).

r) Dieses steht am bestimmtesten in den Capit. Reg. Franc. Lib. V. c. 116.

s) c. 1. c. XXVI. q. 7. (Theodor. Cantuar. c. a 680), c. 4. c. XXVI. q. 6. (Cap. incert. sæc. noni), Capit. Reg. Franc. Lib. VI. c. 206. Lib. VII. c. 202.

t) Statut. Bonifac. a. 745. c. 31., Capit. Reg. Franc. Lib. VI. c. 206.

jetzt dem Ermessen des Beichtvaters überlassen u). Die Ahndung der öffentlichen Vergehen blieb aber dem Bischofe und dessen Bevollmächtigten dem Archidiacon vorbehalten (§. 195), und diese sollten noch immer durch feierliche Kirchenbuße gesühnt werden v); allein auch dieses kommt nur höchst selten vor, und das Concilium von Trient hat ausdrücklich den Bischöfen die Vollmacht ertheilt, diese in geheime Bußübungen zu verwandeln w).

§. 294. B) Heutiges Recht.

Greg V. 38 Sext. V. 10. Clem. V. 9 Extr. comm. V. 9. de pœnitentiis et remissionibus.

Zur vollständigen Buße gehört von Seiten des Büßenden dreierlei; eine wahre innige Reue, ein aufrichtiges Bekenntniß, und die Genugthuung durch gewisse Bußwerke. Unter der Vereinigung dieser drei Punkte wird ihm durch die Absolution des Priesters die Gewißheit der göttlichen Verzeihung zu Theil x); jedoch nicht unbedingt auch die Gewißheit des vollständigen Nachlasses der zeitlichen Strafen, die jede Schuld, den Grundsätzen der göttlichen Gerechtigkeit gemäß, nach sich zieht. Zu einer solchen Buße sind nach den Vorschriften Christi alle diejenigen verpflichtet, welche sich eines nach der Taufe begangenen schweren Vergehens bewußt sind y), vorzüglich aber tödtliche Kranken und diejenigen, welche eine heilige Handlung begehen wollen, wozu ein reines mit Gott völlig versöhntes Gemüth nothwendig ist. Eine regelmäßige Zeit war übrigens früher dafür nicht festgesetzt; später aber, als der Eifer der Gläubigen annahm, wurde von dem vierten Lateranischen Concilium verordnet, daß jeder Erwachsene wenigstens einmal jährlich, und zwar bei dem ihm zustehenden oder einem davon beauftragten Priester, zur Beichte gehen sollte z). Seit dem dreizehnten Jahrhundert haben aber auch mehrere Mönchsorden von den Päbsten das Privilegium Beicht

---

u) Conc. Trid Sess. XIV. cap. 8. de pœnit.

v) c. 1. 7. X. de pœnit. (5. 38).

w) Conc Trid. Sess. XXIV. cap. 8. de ref.

x) Conc. Trid. Sess. XIV. cap. 3 — 6. 8. 9. et can. 4 — 10. 12 — 15. de pœnit.

y) Conc. Trid. Sess. XIV. cap. 1. 2. et can. 1. de pœnit.

z) c. 12. X. de pœnit. (5. 37).

hören zu können erhalten; doch wurde die jährliche Beicht ausdrücklich den Pfarrern vorbehalten a), und das Concilium von Trient hat mehrerer Misbräuche wegen verordnet, daß von den Pfarrern abgesehen jeder Priester, sowohl ein Ordens-Geistlicher wie ein weltlicher, um Beicht zu hören vom Bischofe besonders genehmigt seyn müsse b). Die Quelle der Lossprechungs-Gewalt ist also immer das Episcopat; daher können die Bischöfe, um den Ernst dieser Einrichtung zu schärfen, von gewissen Sünden zu absolviren, sich ausschließlich vorbehalten, und die Lossprechung durch einen andern nicht dazu besonders delegirten Priester ist dann, außer in der Todesgefahr, unerlaubt und ohne Würkung. Gleiche Befugniß steht, wo es zum Heil der Seelen und zur Handhabung der Kirchenzucht nothwendig ist, dem Pabste zu c). Solche dem Pabste vorbehaltenen Fälle waren früher sehr zahlreich d); jetzt sind aber die Bischöfe von allen geheimen, auch von den dem apostolischen Stuhle vorbehaltenen Vergehen zu absolviren ermächtigt worden e) Uebrigens ist jeder Beichtvater unter schwerer Strafe verbunden, über das, was ihm unter dem Sigel der Beicht eröffnet worden ist, das tiefste Stillschweigen zu beobachten, und er darf ohne die Zustimmung des Beichtenden unter keinerlei Umständen davon Gebrauch machen f). Diese Verpflichtung ergiebt sich schon aus der allgemeinen Heiligkeit des Vertrauens, und ist als zu dem Wesen dieses Instituts gehörend unbedingt g). Daher kann auch ein

---

a) c. 2. Extr. comm. de treug. et pace (1. 9).

b) Conc. Trid. Sess. XXIII. cap. 15. de ref. — In der O. K. P. wird periodisch ein Examen pro cura gefordert.

c) Conc. Trid. Sess. XIV. cap. 7. et can. 11. de poenit.

d) c. 3. Extr. comm de poenitent. (5. 9).

e) Conc. Trid. Sess. XXIV. cap. 6. de ref.

f) c. 2. D. VI. de poenit. (Gregor. I. c. a. 600), c. 12. X. de poenit. (5. 38).

g) Einige wollen die Verbrechen wider den Staat ausnehmen; allein dadurch gewinnt dieser an Sicherheit nicht. Denn wer würde noch beichten eine Verschwörung angestellt zu haben, wenn die Entdeckung erlaubt wäre? Und nun wäre dem Geistlichen jede Möglichkeit genommen, durch seine Ermahnungen auf die Aenderung eines solchen verderblichen Vorhabens einzuwürken. — Auch den protestantischen Geistlichen liegt das Beichtsigill ob. v. Uehlein de sig. conf. Heidelb.

Geistlicher niemahls vor Gericht zu einer Aussage über das, was er in der Beicht erfahren hat, genöthigt werden h). In der morgenländischen Kirche gelten über alle diese Punkte im Wesentlichen dieselben Grundsätze. Die Protestanten aber haben die Buße als ein Sakrament verworfen. Doch wollte die Augsburgische Confession die Privat-Absolution beibehalten wissen, während die Symbole der Reformirten die Reue und das Bekenntniß vor Gott für hinreichend erklärten i).

§. 295. C) Thesen über den Ablaß.

I. Durch die wahre Buße wird zwar der Nachlaß der Sünde erworben; allein nicht immer auch der Nachlaß aller zeitlichen Strafen k). II. Nach dem Grundbegriff der Gerechtigkeit rechnet jedoch Gott gegen die verdienten Strafen die Verdienste der guten Handlungen an. III. Es findet also für die Strafen eine Genugthuung durch gute Werke Statt l), und mit jedem wahrhaft guten Werke ist schon an sich auch ein gewisser Ablaß verbunden. IV. Die Kirche kann demnach mit Recht statt der Pönitenzen die Verrichtung anderer guter Werke auferlegen. Dieses geschah namentlich seit dem achten Jahrhundert häufig in den Fällen, wo die Anwendung der strengen canonischen Pönitenzen unpassend gewesen wäre. V. Die Kirche hat ferner das Recht, um die Andacht der Gläubigen zu befeuern, oder um ihre Mitwürkung zu höhern kirchlichen Zwecken zu erhalten, gewisse Handlungen als besonders gut und verdienstlich zu empfehlen. Sie thut dieses so, daß sie die heilsame Würkung derselben gleich mit bezeichnet und einen gewissen Ablaß damit verbindet. VI. Eine gute Handlung kann auch im Geben von Geld bestehen, wenn dieses zu einem würdigen Zwecke bestimmt ist. Daher wurden früher die Pönitenzen öfters in Geld umgewandelt (§. 197), und für Beiträge zur Erbauung von Kirchen oder Brücken, zur

---

1828., von Grolmann Grundsätze des allgem. Kirchenrechtes. Frankf. 1832. §. 252.

h) c. 13. X. de excess. praelat. (5. 31). Dieser Grundsatz ist 1813 selbst von einer protestantischen Jury in Nordamerika anerkannt worden.

i) August Conf. Art. XI. XII. et Abus. mutat. Art. IV., Helvet. Conf. II. Cap. XIV. Tetrapol. Conf. Cap. XX.

k) Conc. Trid. Sess. XIV. cap. 8. et. can. 12. de poenit.

l) Conc. Trid. Sess. VI. cap. 14. de justificatione.

Unterstützung der Armen und zur Befreiung christlicher Länder von den Ungläubigen Ablässe verkündet m). Die Quästoren, welche diese Gelder einsammelten, sind aber, wegen vieler Misbräuche, die sie dabei begiengen, beschränkt und endlich ganz aufgehoben worden n). VII. Um den Sinn für die große sichtbare und unsichtbare Gemeinschaft, die das Wesen der Kirche ausmacht, zu heben, sind gewisse Ablässe denjenigen verheißen, welche die Consecration eines Bischofes oder die Einweihung einer Kirche und andere ähnliche Feierlichkeiten in Andacht mit begehen helfen o). Darauf gründet sich auch der große Ablaß des Jubeljahrs, als eines gemeinschaftlichen Bußjahres der ganzen Christenheit. Dieses sollte nach der Verordnung von Bonifaz VIII. (1300) nur alle hundert Jahre wiederkehren, ist aber von Clemens VI. (1349) auf jedes fünfzigste, dann von Urban VI. (1389) auf jedes drei und dreissigste, und endlich von Paul II. (1470) und Sixtus IV. (1473) auf jedes fünf und zwanzigste Jahr festgesetzt worden p). VIII. Die Kirche verkündet aber den Ablaß blos als Nachlaß der Strafe, und setzt die Schuld schon als durch Reue, Beicht und Buße getilgt voraus. Dieses wird in den Ankündigungen auch sehr bestimmt hervorgehoben. IX. Da wir aus uns allein keine Verdienste haben, sondern der Werth unserer guten Handlungen blos auf den Verdiensten Christi beruht q): so ist es ganz richtig zu sagen, daß alle Ablässe aus dem Schatz der Verdienste Christi geschöpft sind r). X. Da die Kirche, im höhern Sinn aufgefaßt, einen durch Liebe und Fürbitte vereinigten mystischen Körper bildet, in welchem Alles gemeinschaftlich ist: so ist es ebenfalls richtig zu sagen, daß an den Ablässen auch die Verdienste aller Heiligen und Frommen Theil haben. XI. Ablässe sollen aber überhaupt mit Maaß ertheilt, nach dem Bedürfniß und der Empfänglichkeit einer jeden Zeit eingerichtet, und vorzüglich zur Belebung der höhern christlichen

m) c. 4. 14. X. de poenit. et remiss. (5. 38).

n) c. 14. X. de poenit. et remiss. (5. 38), Conc. Trid. Sess. XXI. cap. 9. de ref.

o) c. 14. X. de poenit. et remiss. (5. 38).

p) c. 1. 2. 4. Extr. comm. de poenit. et remiss. (5. 9).

q) Conc. Trid. Sess. XIV. cap. 8. de poenit.

r) c. 2. Extr. comm. de poenit. et remiss. (5. 9).

Tugenden gebraucht s), auch den möglichen Misbräuchen durch gehörige Belehrung vorgebeugt werden t). XII. Zur Erhaltung der nöthigen Strenge und Gleichförmigkeit sind die Bischöfe bei der Ertheilung von Ablässen auf ein gewisses Maaß beschränkt, und die von allgemeinerem Umfang sind dem apostolischen Stuhle vorbehalten worden u).

§. 296. III. Von dem Gebete. A) Gewöhnliche Gebete.

Das Erforderniß eines jeden wahren Gottesdienstes, ohne welches dieser nur ein äußerlicher seyn würde, ist die Andacht oder das Gebet. Dieses besteht in einer inneren Handlung wodurch sich das Gemüth unmittelbar zur Gegenwart Gottes erhebt, und ihm Verehrung, Dank oder Fürbitten darbringt. Der Glaube an das Verdienst und die Würksamkeit des Gebetes, sowohl für sich wie für Andere, ergiebt sich von selbst aus dem Glauben an die lebendige Persönlichkeit Gottes. Daher hat die Kirche, den Vorschriften des Evangeliums getreu v), das Gebet nicht blos allen Gläubigen als eine Verpflichtung auferlegt, sondern auch zur Beförderung desselben mehrere öffentliche gemeinschaftliche Andachten eingeführt, die blos aus Gebeten bestehen. Dahin sind namentlich die Vesper- und Abendandachten zu rechnen. Die Form des Gebetes kann sich Jeder nach seinem Bedürfniß selbst bilden; doch haben von Zeit zu Zeit fromme Männer, um der Andacht nachzuhelfen oder um einer falschen Gebetweise entgegen zu würken, Gebetbücher abgefaßt. Diese müssen aber vor ihrer Bekanntmachung von der geistlichen Behörde genehmigt werden. Für diejenigen aber, welche nicht lesen können, oder für die Fälle, wo Gebete gemeinschaftlich oder auswendig gesprochen werden müssen, sind nach dem Beispiel des Erlösers schon seit alten Zei-

---

s) Benedict XIV. verhieß einen gewissen Ablaß denjenigen, die bei der Begegnung eines ihrer Feinde, diesem mit völlig versöhntem Herzen wo möglich äußerlich, wenigstens aber innerlich einen einfachen christlichen Gruß bieten könnten.

t) Conc. Trid. Sess. XXV. Decretum de indulgentiis. Zur Untersuchung und Abstellung der Mißbräuche hat Clemens IX. (1669) eine eigene Congregation von Cardinälen niedergesetzt. — M. B. Nro. 146., B. über Sch. u. A. R. 1830. §. 5.

u) c. 14. 15. X. de poenit. et remiss. (5. 38), c. 1. 3. eod. in VI. (5. 10).

v) Luc. XVIII. 1., Rom. XII. 12., Ephes. VI. 18.

ten gewisse stehende Gebetsformeln eingerichtet worden. Die gewöhnlichsten sind die Litaneien, der Rosenkranz und das Angelus-Gebet, welches nach einer Einrichtung von Gregor IX. und Calixtus III. täglich am Morgen, Mittag und Abend zur Erinnerung an die Menschwerdung Christi gesprochen und auch durch den Glockenschlag bezeichnet wird. Zuweilen werden auch öffentliche Bittgänge (litaniae) oder Processionen gehalten. *) Die Symbole der Reformirten haben zwar das Verdienst des Gebetes verworfen, und sich mit einer gewissen Besorgniß dagegen verwahrt, daß nicht zu viel gebetet werde, doch aber die Verpflichtung, nicht blos für sich, sondern auch für Andere zu beten, auferlegt, und also gewiß auch wenigstens die Würksamkeit desselben anerkannt w).

§. 297. B) Von den canonischen Tageszeiten.

Greg. III. 41. Clem III 14. De celebratione missarum et sacramento eucharistiæ et divinis officiis.

Für die Geistlichen ist die Verpflichtung zum Gebet zu einem regelmäßigen, nach den Tageszeiten eingetheilten Dienste (officium) eingerichtet worden. Schon in der ersten Zeit beobachteten die Apostel am Tage wie in der Nacht gewisse Stunden, wo sie theils allein theils mit der Gemeinde zusammen Gott durch Psalmen und Hymnen, durch Gebet und Lesen der heiligen Bücher verehrten x). Diesen Gebrauch setzten die Christen der erhaltenen Weisung gemäß y) auch nach den Zeiten der Apostel fort. Die Stunden des gemeinschaftlichen Gottesdienstes waren Morgens vor Tagesanbruch und Abends gegen Sonnenuntergang. In den Klöstern wurden aber diese Zeiten allmählig bis auf sieben vermehrt, das Matutinum mit den Laudes, welches in die Nacht fällt, und die Prima, Tertia, Sexta, Nona, Vesperá und das Complettorium, welche des Tages gehalten werden. Diese Einrichtung gieng allmählig, besonders nach der Ein-

*) In der Regel werden solche Bittgänge durch Kirche und Staat regulirt; die vormalige Konstanzer Diöcese erhielt durch den Fürst Primas von Dalberg ein eigenes Gesang- und Andachtsbuch.

w) Tetrapol. Conf. Cap. VII. X. XXI, Helvet. Conf. II. Cap. XXIII.

x) Act. III. 1. X. 9. XII. 12. XVI. 25.

y) Ephes. V. 19., Coloss. III. 16.

führung des canonischen Lebens auch auf die andern Kirchen über. An diesen canonischen Stunden nahmen regelmäßig auch die Laien Theil; doch war es ihnen nicht geboten. Die Kleriker aber mußten vermöge ihres Amtes sämmtlich zugegen seyn z). Diese Verpflichtung wurde während des ganzen Mittelalters a) sowohl durch das Beispiel und die Ermahnungen frommer Bischöfe, wie durch die Verordnungen der Concilien b), besonders in den Stifts- und Klosterkirchen, aufrecht erhalten, und auch das Concilium von Trient will die Stifsherrn zum Chordienst angehalten wissen c). Diejenigen, welche wegen einer rechtmäßigen Verhinderung nicht in der Kirche zugegen seyn konnten, waren dem uralten Gebrauch gemäß, den auch die Regel Chrodegangs aufnahm, verbunden, die canonischen Zeiten wenigstens für sich abzuhalten d). Dieses ist auch noch durch die Ermahnung des Baseler Conciliums für alle Kleriker, welche ein Beneficium oder die höhern Weihen haben, bestätigt worden e). Neuere Verordnungen setzen sogar bei den Beneficiaten, welche diese Verbindlichkeit versäumen, einen verhältnißmäßigen Verlust ihrer Einkünfte an die Armen fest f). Doch sind billige Entschuldigungsgründe zugelassen. Die Gesänge, Gebete und Lectionen für die canonischen Stunden entnahm man ursprünglich unmittelbar aus den heilgen Schriften, den Psalterbüchern, Martyrologien und anderen Werken. Gregor VII. ließ aber dafür einen Auszug verfertigen, der wie es scheint Breviarium genannt wurde. Eine neue Verkürzung machte (1241) der General der Minoriten Haymo, welche Gregor XI.

z) c. 3 D. XCI. (Conc. Carth. IV. a. 398), c 13. D. V. de cons. (Conc. Agath a. 506), c. 14. eod. (Conc. Gerund. a. 517), c. 1. D. XCI. (Pelag. I. c. a. 517), c. 42. §. 10 C de episc et cler. (1. 3), c. 9. D. XCII. (Conc. Bracar. c. a 572), c. 2. D. XCI. oder c. 1. X. h. t. (Conc. Nannet. c. a 895).

a) Die ausführlichen Beweise findet man bei *Thomassin*. Vet. et nov. eccles. discipl. P. I. Lib II. Cap. 71—88.

b) c. 9. X. de celebrat. miss. (3 41), clem 1. eod. (3. 14).

c) Conc. Trid. Sess. XXIV. cap. 12. de ref.

d) Die Nachweisung dieser Verpflichtung alle Jahrhunderte hindurch findet man ebenfalls bei Thomassin.

e) Conc. Basil. Sess. XXI. cap. 5.

f) c. 1. 2. de fruct. benef. restit. in VII. (1. 15).

genehmigte und Nicolaus III. in allen Kirchen zu Rom einführte. Eine spätere Umarbeitung, welche der Kardinal Quignon (1536) heraus gab, wurde zwar erlaubt, aber nicht förmlich angenommen. Dem vom Concilium von Trient erhaltenen Auftrag gemäß machte daher Pius V. (1568) ein neues Brevier bekannt, wovon unter Clemens VIII (1602) und Urban VIII. (1631) verbesserte Ausgaben erschienen sind. Doch haben mehrere Orden und Kirchen auch ihre alten Breviere beibehalten. In der morgenländischen Kirche wird ebenfalls noch der Dienst der canonischen Stunden, theils öffentlich in den Kloster- und Pfarrkirchen, theils von jedem einzeln für sich, selbst von Laien, nach einer bestimmten Anleitung beobachtet g). Die Protestanten haben aber denselben verworfen h); doch hat sich in der englischen Kirche noch Manches davon in zusammengezogener Form erhalten.

§. 298. C) Von den Sacramentalien.

Greg. I. 15 De sacra unctione, III 44. De custodia eucharistiæ, chrismatis et aliorum sacramentorum, III. 47. De purificatione post partum.

Bei gewissen Gelegenheiten werden die Gebete von dem Priester nach feierlichen Formeln und in Verbindung mit Salbungen, Weihungen oder Segnungen gesprochen. Feierlichkeiten dieser Art werden wegen der Aehnlichkeit, die sie äußerlich mit den Sakramenten haben, Sakramentalien genannt. Sie kommen theils mit den Sakramenten in Verbindnng, theils zu anderen Zwecken vor. Die Materie der Salbung ist dem uralten Gebrauche gemäß i) Olivenöl, und zwar entweder rein, oder als Chrisma mit Balsam vermischt. In der griechischen Kirche kommen außer dem Balsam noch viele andere Spezereien hinzu. Das reine Olivenöl wird theils für die Taufe, theils für die letzte Oelung bereitet, und heißt daher entweder Oel der Katechumenen, oder Krankenöl k). Beide Gattungen so wie das

g) Typicum Sabæ Monachi seu ordo recitandi officium ecclesiasticum per totum annum. Venet. 1615. — Seit das deutsche Brevier von Dereser 1809 erschien, scheint die Abbetung desselben statt des lateinischen in der O. K. P stillschweigend genehmigt. s. Freym. Blätter. Rotweil. III. Bd.

h) Tetrapol. Conf. Cap. XXI., Helvet. Conf. II. Cap. XXIII.

i) Marc. VI. 13., c. 5. §. 1. D. XI (Basil. a. 375).

k) c. un. §. 2. X. de sacr. unct. (1. 15).

Chrisma werden jährlich am Gründonnerstag vom Bischofe gesegnet und den Pfarrern zur sorgfältigen Aufbewahrung zugeschickt l). Geht während des Jahres der erhaltene Vorrath bei, so darf er durch nicht gesegnetes Oel ergänzt werden m). Die Weihung dient dazu, eine Person oder Sache durch die Salbung dem Dienste Gottes und der Kirche feierlich zu bestimmen. Die Segnung aber besteht in Gebeten, entweder über eine Person, damit Gott ihre Handlungen segne, oder über eine Sache, damit er ihr einen heilsamen Gebrauch verleihe. Weihungen geschehen bei der Confirmation mit Chrisma, bei der Priesterweihe mit Katechumenenöl, bei der Taufe mit beidem. Ferner werden die Bischöfe, Kirche, Altäre, Kelche und Patenen mit Chrisma, der Taufstein mit Katechumenenöl und Chrisma, die Glocken mit Chrisma und Krankenöl consecrirt n). Alle Weihen sind mit Segnungen verknüpft. Blos gesegnet werden die Fürsten bei der Salbung mit Oel, die Kleriker, wenn sie zum Ministerium ordinirt werden, Aebte und Aebtissinnen, die Eheleute, und die Frauen nach der Entbindung; ferner die Kirchen, Kirchhöfe, Meßparamente, und das Weihwasser; endlich wichtige Lebensbedürfnisse und Geräthschaften, Brod, Wein, Salz, Gemüse, ein neu gebautes Haus oder Schiff, das Ehebett, die Felder, Waffen, Fahnen und ähnliche Gegenstände. Alle solche Handlungen haben blos als Ceremonien kein Verdienst, sondern erhalten dieses erst durch die damit verbundene innere Frömmigkeit und Erhebung. Wer aber das Leben im christlichen Sinn auffaßt, der wird es sehr billigen, daß die Kirche bei jeder Gelegenheit durch ihre bedeutsamen Zeichen und Gebräuche das Gemüth auf Gott hinzuführen sucht.

§. 299. IV. Von dem Fasten.

Greg. III. 46. De observatione jejuniorum.

Als ein Mittel den Geist der Buße, Andacht und Selbstverläugnung zu erwecken und zu unterhalten, ist in der Kirche auch

---

l) c. 1. c. XXVI. q. 6. (Conc. Carth. II. a. 390), c. 2. eod. (Conc. Carth. III. a. 397), c. 4 D. XCV. (Conc. Carth. IV. a. 398), c. 18. D. III. de cons. (Pseudo-isid.), c. 1. X. de custod. euchar. (3. 44), c. 3. X. de consecr. eccles. (3. 40).

m) c. 3. X. de consecr. eccles. (3. 40).

n) c. un. §. 3 — 8. X. de sacr. unct. (1. 15).

das Fasten eingeführt. Dieses gründet sich in seinem Ursprung auf den Gebrauch der Juden und auf das eigene Beispiel Christi und seiner Jünger o), und ist allmählig durch Gewohnheit und Gesetze zu einer bestimmten Verbindlichkeit erhoben worden. Zuerst geschah dieses bei den Quadragesimalfasten, die vor dem Pascha gehalten wurden p). Die Dauer derselben war jedoch bei den einzelnen Kirchen sehr verschieden, bis daß allmählig die noch jetzt bestehende Einrichtung festgesetzt wurde q). Ohngefähr von gleichem Alter sind die wöchentlichen Fasten (stationes semiieiunia). Sie wurden ursprünglich jeden Mittwoch und Freitag gehalten, weil an jenem Tag Christus verrathen worden, an diesem gestorben war r). Im Occident wurde allmählig noch das Fasten am Samstag eingeführt s). Hingegen kam hier das Fasten am Mittwoch außer Gebrauch. Ferner sind aus dem Judenthum die Quatember-Fasten als regelmäßige Bußzeiten beibehalten worden t). Im Alterthum wurde auch noch als Vorbereitung zu gewissen hohen Festen der Tag vorher mit Fasten, und die Nacht vom Abend bis an den Morgen mit Gebeten und Gesängen in der Kirche zugebracht u). Diese Nachtwachen sind zwar längst nicht mehr im Gebrauch; doch wird noch immer der Tag vor einem hohen Feste die Vigilie genannt, und diese mit Fasten begangen v). Uebrigens sind aber alle Sonn-

---

o) Matth. IV. 1. 2. XVII. 21, Act. XIII. 2. 3. XIV. 22.

p) Can. Apost. 68, c. 3. D. XVIII. (Conc. Nicæn. a. 325), c. 8. D. III de cons. (Conc. Laodic. c. a. 372).

q) c. 5. D. IV. (Ambros. c. a. 380), c. 16. D. V. de cons. (Gregor. I. a. 593).

r) c. 16. D. III. de cons. (S. Apollon. a. 388), c. 11. eod. (Leo IV. c. a. 850).

s) c. 11. D. XIII. (Augustin. c. a. 400), c. 13. D. III. de cons. (Innoc. I. a. 416), c. 31. D. V. de cons. (Gregor. VII. a. 1078), c. 2. X. de observ. jejunior. (3. 46).

t) c. 5. D. XXXI. (Leo I. c. a. 442), c. 6. eod. (Idem c. a. 449), c. 2. eod. (Conc. Mogunt. a. 813), c. 3. eod. (Conc. Salegunst. a. 1023), c. 4. eod. (Urban. II. a. 1095).

u) c. 9. D. LXXVI. (Ambros. c. a. 399).

v) c. 1. 2. X. de observ. jejun. (3. 46), c. 14. §. 1. X. de verb. sign. (5. 40).

tage w), ferner die ganze Zeit zwischen Ostern und Pfingsten x), und das Fest der Geburt Christi, wenn dieses auf einen Freitag oder Samstag fiel y), von dem Fasten ausgenommen. Das Fasten selbst besteht theils in einem wirklichen Abbruch an der Mahlzeit überhaupt, theils in der bloßen Enthaltsamkeit von den schmackhafteren Speisen, namentlich vom Fleische. Das eigentliche Fasten dauerte ehemals den ganzen Tag bis zum Abend z); jetzt aber ist am Mittag die Hauptmahlzeit und am Abend noch eine mäßige Collation gestattet. Das Nähere hängt von den örtlichen Verordnungen und der Gewohnheit jedes Landes ab. Das Concilium von Trient hat auch ausdrücklich den Bischöfen die Aufrechthaltung der Fasten-Disciplin, als einer sehr wirksamen Uebung der Selbstbeherrschung zur Pflicht gemacht a). In der morgenländischen Kirche besteht sie ebenfalls noch in großer Strenge. Die Protestanten aber haben zwar das Alterthum und den Nutzen derselben anerkannt, allein keine Vorschriften darüber erlassen wollen; daher ist sie bey ihnen ganz außer Gebrauch gekommen b).

§. 300. V. Von den historischen Formen der Gottesverehrung. A) Verehrung heiliger Personen.

Greg III. 45. Sext. III, 22 Clem III. 16. Extr. comm. III. 12. De reliquiis et veneratione sanctorum.

Das Leben der Kirche äußert sich, so wie bei jeder von ächtem Gemeingeist durchdrungenen Gemeinschaft, auch in der Verehrung, welche sie dem Andenken verdienter Personen wid-

---

w) c. 7. D XXX (Conc. Gangr. c, a 355), c. 15. D. III. de cons. (Conc Cæsaraugust. a. 380), c. 9. eod (Conc. Agath. a. 506), c. 17. D. XXX. (Conc. Bracar. c. a. 572), c. 16. D. V. de cons. (Gregor. I. c. a. 593).

x) c. 11. D LXXVI. (Hieronym. a. 385), c. 8. eod. (Ambros. c. a. 400), c. 10 eod. (Isidor. a. 633).

y) c. 3 X. de observ. jejun (3. 46).

z) c. 50. D. I. de cons. (Theodulf a 797).

a) Conc. Trid. Sess. XXV. Decretum de delectu ciborum, jejuniis et diebus festis. — s. M. Ueb. §. 72. Auch die bischöfl. Fasten-Decrete.

b) August. Conf. Abus. mutat. Art. V., Tetrapol. Conf. Cap. VII — X., Helvet. Conf. II. Cap. XXIV.

met. Da aber als Verdienste in der Kirche blos Frömmigkeit und hohe christliche Tugenden gelten können: so darf sie nach den Verheißungen des Christenthums annehmen, daß diejenigen, welche hier auf diese Weise gefeiert werden, auch jenseits vor Gott besonders verherrlicht sind. Eben deswegen muß ihre Fürbitte bei Gott eine höhere Kraft und Gnade genießen. Auf diesen Grundsätzen beruht die Verehrung der Heiligen, die nach der Lehre der Kirche nicht als Gegenstand der Anbetung, sondern als Fürsprecher bei Gott und ihrer Tugenden wegen als Muster der Nachahmung dargestellt werden c). Ob Jemand eines solchen Andenkens würdig sey, kann unstreitig nur durch die Kirche selbst bestimmt werden. Früher wurde diese Ehre durch die Bischöfe und Concilien unter Zustimmung der übrigen Geistlichkeit und des Volkes, anfangs beinahe nur den Märtyrern, später auch andern Männern und Jungfrauen feierlich zuerkannt. Seit dem eilften Jahrhundert ist aber dieses Recht, um Uebereilung und Mißbrauch zu verhindern, blos an den Pabst übergegangen d). Nach und nach ist dabey auch der Unterschied zwischen der Heilig- und Seligsprechung entstanden, da die Seligen nur in einem gewissen Theil der Kirche und auf beschränktere Weise verehrt werden. Beides geschieht aber nach einer behutsamen und weitläufigen Untersuchung, welche die dafür niedergesetzte Congregation (§. 139) führt, nachdem sie viele Zeugnisse über das Leben und die Verdienste der betreffenden Personen gesammelt hat. Doch wird der Pabst so wenig wie die Kirche bei diesem Urtheil, da es auf factischen Voraussetzungen beruht, für untrüglich gehalten. Um das Andenken der Heiligen und ihrer Tugenden zu erhalten und zu befestigen e), ist der Gebrauch der Bilder zugelassen f), obschon die ältest

---

c) Conc. Trid Sess. XXV. De invocatione sanctorum.

d) c. 1 X. De reliq et vener. sanct. (3, 45)

e) *Sallust.* Bell Jugurth. c. 4 Cum majorum imagines intuerentur, vehementissime sibi animum ad virtutem accendi: scilicet non ceram illam neque figuram tantam vim in se habere, sed memoria rerum gestarum eam flammam egregiis viris in pectore crescere,

f) c. 28. D. III de cons. (Conc. Constant. a. 787), Conc. Trid. Sess. XXV De invocat. sanctor. Imagines porro — retinendas — non quod credatur inesse aliqua in iis divinitas vel

Kirche so lange dagegen war, als sie noch eine Vermischung mit heidnischen Begriffen zu befürchten hatte. Gregor I. sagte, die Bilder seyen die Bücher derjenigen, welche nicht lesen könten g). Noch tiefern Eindruck machen auf den Verehrer der christlichen Vorzeit wirkliche irdische Ueberreste (reliquiae) heiliger Personen. Diese sollen daher mit Ehrfurcht behandelt, übrigens aber, um Betrug und die Einführung unächter Reliquien zu verhindern, behutsam untersucht und vom Bischof anerkannt werden h). In allen diesen Stücken stimmt die morgenländische Kirche mit der abendländischen überein; nur werden die Canonisationen in Griechenland bei dem Patriarchen, in Rußland bei der heiligen Synode, und zwar nicht immer mit der gehörigen Vorsicht, verhandelt. Die Protestanten haben zwar das Gedächtniß der Heiligen als Mittel deren Nachahmung zu erwecken empfohlen, übrigens aber den Glauben an ihre Fürbitte und den Gebrauch der Reliquien und Bilder verworfen i).

§. 301. B) Verehrung heiliger Zeiten.

Greg. II. 9. De feriis.

Die Kirche feiert die Erinnerung an wichtige Begebenheiten des Christenthums durch regelmäßige Gedächtnißtage, welche mit gemeinschaftlichem Gottesdienst begangen werden. Dieses ist die Entstehung und Bedeutung der Festtage. Schon zur Zeit der Apostel wurde der Sabbath auf den Sonntag, als den wöchentlichen Gedächtnißtag der Auferstehung des Herrn verlegt, und das Leiden, die Auferstehung, die Himmelfahrt Christi, und die Herabkunft des heiligen Geistes mit einer jährlichen Feierlichkeit begangen k). Dazu kamen bald noch das Fest der Geburt Christi, und Gedächtnißtage an die Mutter des Erlösers, an die Apostel und Märtyrer. Diese sind dann allmählig noch durch Andere

---

virtus —, vel quod ab eis sit aliquid petendum, vel quod fiducia in imaginibus sit figenda, veluti olim fiebat a gentilibus — sed quoniam honos, qui eis exhibetur, refertur ad prototypa quae illae repraesentant.

g) c. 27. D. III. de cons. (Greg. I. a. 600).

h) c. 2. X. de reliq. (3. 45), Conc. Trid. Sess. XXV. Decret. de invocat. sanctor.

i) August. Conc. Art. XXI., Tetrapol. Conf. Cap. XXII., Helvet. Conf. I. Art. XXII., Helvet. Conf. II. Capit. IV. V.

k) c. 11. D. XII. (Augustin. a. 401).

sehr vermehrt worden l). Das Recht Festtage einzusetzen und aufzuheben steht nach der Natur der Sache blos der Kirche zu, und zwar dem Pabste, wenn es sich um eine in der ganzen Christenheit zu haltende Feier handelt, in anderen Fällen den National- oder Provinzial-Concilien und den einzelnen Bischöfen; doch ist wegen des Einflusses auf das bürgerliche Leben auch die Zustimmung der betreffenden Regierungen nothwendig. Die Bestimmung der Festtage ist aber überhaupt die, daß an denselben der Mensch vorzüglich bei geistlichen Betrachtungen verweilen und sein Herz in Andacht zu Gott erheben soll m). Daher findet dann Vor- und Nachmittags ein besonderer Gottesdienst Statt, und es sind, außerordentliche Fälle abgerechnet, alle Arbeiten und Beschäftigungen untersagt, welche sich mit jener Bestimmung nicht vereinigen lassen n). Dieses Verbot wird in den christlichen Reichen auch durch die weltlichen Gesetze und Behörden unterstützt. Die Protestanten haben ebenfalls die Nothwendigkeit besonderer dem Gottesdienste bestimmten Zeiten anerkannt o); sie hatten selbst sehr viele Feste der Katholiken beibehalten, und die Aufhebung derselben wurde erst im achtzehnten Jahrhundert von Seiten der Staatsgewalt ausgeführt. Dieser Praxis gemäß wird bei ihnen das Recht, Festtage anzuordnen und abzuschaffen, dem Landesherrn beigelegt.

§. 302. C) Verehrung heiliger Orte.

Die Kirche überträgt die Begeisterung und Verehrung für die in der Geschichte des Christenthums bedeutend gewordenen Personen zum Theil selbst auf die Orte, wo sie gelebt und gewürkt haben, oder wo noch Ueberreste von ihnen aufbewahrt werden. In diesem Sinne haben schon die ersten Gläubigen die durch das Leiden und den Tod Jesu geheiligten Stätten und die Gräber der

---

l) c. 1. D III. de cons., c. 5. X. de feriis (2. 9).

m) c. 16. D. III. de cons. (S. Apollon. a. 388).

n) c. 66 D. I. de cons. (Conc. Carth. IV. a. 398), c. 1. c. XV. q. 4 (Conc. Tarrac I. a. 516), c. 2. eod. (Conc. Erphurt. a. 932), c. 1. 3. 5. X. de feriis (2 9). Daher werden auch die Festtage feriæ genannt In der Kirchensprache heißen aber feriæ alle Tage der Woche, und diese werden als feria prima, secunda etc. näher unterschieden.

o) Helvet Conf. II. Cap XXIV. — Auffallend ist, daß die Protestanten noch die Apostelfeste feiern, was in gemischten Orten auch

Märtyrer besucht, und dort ihre Gebete verrichtet. Hieraus sind die Wallfahrten entstanden. Die vorzüglichsten Orte waren und sind noch Jerusalem, Rom und St. Jago; außerdem haben aber in vielen Ländern noch andere näher liegende Orte durch mancherlei Veranlassungen die Verehrung der Gläubigen an sich gezogen. Die entfernteren Wallfahrten werden gewöhnlich einzeln, die näheren häufig in Processionen unternommen. Die Aufgabe der geistlichen und weltlichen Behörden muß dabei die seyn, die leicht statt findenden Mißbräuche zu beseitigen, ohne doch die Uebungen wahrer Frömmigkeit zu verhindern. Als ein Mittel sich die Leidensorte Christi näher zu vergegenwärtigen, ist auch der Kreuzweg eingeführt. Dieser besteht darin, daß an bestimmten Stationen Bilder aufgestellt sind, deren jedes in fortlaufender Ordnung einen Zug aus der Leidensgeschichte enthält, wovor denn die Gläubigen, besonders am Freitage als dem Todestag Christi, am Sonntag Nachmittags und in der Fastenzeit, mit kurzen Gebeten und Betrachtungen verweilen. Diese Andachtsform ist sehr alt, und eine sinnreiche Erfindung, selbst die Erholung des Spatziergangs mit christlichen Erinnerungen zu begleiten p).

Drittes Kapitel.

Die christliche Ehe.

§. 303. I. Von dem Wesen der Ehe.

Nach den Gesetzen, welche die Natur in das Verhältniß der Geschlechter gelegt hat, fühlt sich der Mann zur Vereinigung mit

die Katholiken zu Müßiggang ꝛc. veranlaßt s. Grolmann allg. K. R. §. 152.

p) Alle diese Einrichtungen sind aus der Begeisterung für das Christenthum hervorgegangen, und nur aus dieser verständlich. Wer z. B., der die römische Geschichte verehrt, mögte nicht wünschen, daß in der Nähe seiner Stadt von sachkundigen Händen Denkmäler gepflanzt würden, welche ihm die Lage der sieben Hügel, die Richtung der Hauptstraßen, und den Ort der wichtigsten Begebenheiten vergegenwärtigen? Und wer würde dabei nicht gerne, mit einem alten Schriftsteller in der Hand, nachsinnend verweilen? — Ueber Wallfahrten s. M. B. Nro. 261. 262.

dem Weibe, das Weib zur Hingabe an den Mann hingezogen, und an die innigste und vollständigste Vereinigung Beider ist das große Geheimniß der Zeugung und die Erhaltung des menschlichen Geschlechts geknüpft. Damit aber diese Vereinigung nicht wie bei den Thieren eine vorübergehende und willkührliche sey, sind Mann und Weib gegenseitig einer dauernden Liebe empfänglich, welche über den Moment der körperlichen Vereinigung hinausreicht und ein höheres geistiges Band zwischen ihnen stiftet. Auch wird diese dauernde Verbindung noch besonders durch die Liebe unterstützt, welche die Natur den Eltern gegen ihre Kinder ins Herz gelegt hat. Eine solche durch Liebe und daher mit der Absicht der Beständigkeit oder Treue gestiftete Vereinigung von Mann und Weib heißt nun im Allgemeinen eine Ehe q). Die Dauerhaftigkeit gehört zum Wesen derselben, und hierauf ist vorzüglich die Ordnung der Familie, dieser von Gott selbst eingesetzten Pflanzschule aller sittlichen und geistigen Bildung, gegründet. Ihr Gegenstand aber ist nicht der eine oder der andere besondere Punkt r) sondern die Gemeinschaft aller Lebensverhältnisse, soweit diese überhaupt gemeinschaftlich gemacht werden können s). Eine solche Vereinigung hat schon in der na-

---

q) Geistreich und kräftig findet man dieses, so wie auch das, was zum Wesen der christlichen Ehe gehört, in folgender Schrift ausgeführt: E. v. M d y. Von der Ehe und der Stellung der katholischen Kirche in Deutschland rücksichtlich dieses Punktes ihrer Disciplin. Landshut 1830. 8.

r) Auch das Geschlechtsverhältniß ist keineswegs der ausschließliche Charakter, sondern nur ein Theil der durch die Ehe zu begründenden Gemeinschaft, ohne welchen sie noch immer als solche bestehen kann. Daher ist eine zwischen alten Leuten eingegangene oder fortdauernde Verbindung noch eine würkliche Ehe: und es ist selbst möglich, daß die Ehegatten ihr natürliches Verhältniß einer höheren geistigen Gemeinschaft aufopfern, indem dann hierin ihre Einheit fortdauert, c. 9. c. XXVII. q. 2 (Augustin. c. a. 419).

s) Die Ehe ist also, wie der Staat, ein sittliches, den Menschen von allen Seiten ergreifendes Verhältniß, und ein neuerer Schriftsteller sagt sehr richtig, die Ehe, so wie der Staat, ist eine Verbindung, welche man auf Freud und Leid, auf Tod und Leben eingeht. Dabei kann allerdings auch manches Juristische zur Sprache kommen; allein dieses macht, eben so wenig, wie bei dem Verhältniß zwischen Eltern und Kindern, ihr Wesen aus; vielmehr ist es eine wahre Herabsetzung, wenn man die Ehe und den Staat blos als juristische Verhältniße be-

türlichen Ordnung eine große Würde und Heiligkeit, welche auch von allen gebildeten Völkern, besonders durch die Feierlichkeiten und Gebräuche, womit sie die Eingehung der Ehe umgaben, anerkannt worden ist. Am vollständigsten wurde aber ihr Wesen durch das Christenthum entwickelt, welches nicht nur die allgemeine Würde dieses von Gott selbst eingesetzten Standes ausdrücklich bekräftigte t), sondern ihm auch für den Christen eine außerordentliche Gnade und Heiligung verlieh u), und dadurch zu einem Sakramente des neuen Bundes erhob v). Die Ehe ist also gleichsam der Mittelpunkt, in welchem die Familie durch die Kirche geheiligt wird. Die Protestanten haben zwar auch die göttliche Einsegnung und natürliche Heiligkeit des Ehestandes anerkannt, aber die Eigenschaft als Sakrament verworfen w).

§. 304. II. Allgemeine Geschichte des christlichen Eherechts. A) Von der Gesetzgebung in Ehesachen.

Nachdem das Institut der Ehe zu einem Theile der kirchlichen Ordnung erhoben worden war: so fiel der Kirche die Aufgabe anheim, diese neue und erhabene Beziehung desselben durch ihre Gesetze zu befestigen und weiter auszubilden. Dieses thaten schon die Apostel in ihren Sendschreiben, dann die Concilien und die

---

handelt. Beide haben aber hierin durch die Flachheit der sogenannten naturrechtlichen Untersuchungen der neueren Zeit gleiches Schicksal erfahren. Denn gleichwie man das Geheimniß des Staats in die einseitige und unwahre Theorie des bürgerlichen Vertrags auflöste, eben so wurde auch die Ehe unter den Gesichtspunkt eines Civilcontracts und einer Obligation herabgezogen. Um sich consequent zu bleiben, mußte man nun dafür einen bestimmten Zweck und gewisse Leistungen aufsuchen Einige fanden diese in dem Geschlechtsverhältniß als solchem, andere in der Absicht Kinder zu erzeugen, noch andere in der gegenseitigen Unterstützung. Man heftete sich also an irgend eine besondere Seite der Ehe als an die Hauptsache, während ihr Wesen grade in ihrer Totalität besteht.

t) Math XIX. 3—9., Marc. X. 2—12., c. 12. c. XXXI. q. 1. (Augustin. a. 420).

u) Ephes. V. 21—33., I. Tim. II. c. 15.

v) Ephes. V. 32., c. 17. c. XXVII. q. 2. (Leo I. a. 443) ibiq. Corr. Rom., c. 5. X. de bigam. (1. 21), Conc. Trid. Sess. XXIV. can. 1 de sacram. matrim.

w) Apolog August. Conf Art VII. De numero et usu sacramentorum, Declarat. Thorun. Art. VI. De matrimonio.

Schriften der Väter. Besonders war es der heil. Augustinus, der seit dem fünften Jahrhundert das christliche Eherecht seinem Geist und ganzen Umfang nach bearbeitete. Auf das weltliche Eherecht hatte dieses jedoch, selbst nachdem die Kaiser christlich geworden waren, keinen Einfluß, sondern dieses bildete sich auf seiner heidnischen Grundlage fort. Erst nach Justinian fieng im Orient die bürgerliche Gesetzgebung an, sich der kirchlichen zu nähern, und im neunten Jahrhundert kam eine völlige Verschmelzung zwischen Beiden zu Stande. Seit dieser Zeit beruhte also hier das Eherecht theils auf den Beschlüssen der Concilien, theils auf den Edicten der Kaiser. So ist das Verhältniß noch jetzt. In Rußland aber gehen alle neuen Gesetze in Ehesachen blos vom Kaiser aus, jedoch so, daß dabei auf die Grundsätze der Kirche sorgfältig Rücksicht genommen wird. Im Occident wurden die Germanischen Völker durch die Bekehrung von selbst auch dem Eherecht der Kirche unterworfen, wiewohl es freilich nicht gleich gelang, dieses in allen Stücken gegen die widersprechenden nationalen Sitten in Ausübung zu bringen. Allmählig wurde es aber durch die Verordnung der Concilien und Reichstage würklich ins Leben eingeführt. Die Gesetzgebung in Ehesachen war nun, wie die ganze Verfassung, gemischt; die Kirche setzte die nöthigen Bestimmungen fest, und der weltliche Arm ertheilte ihnen ausdrücklich oder stillschweigend bürgerliche Würksamkeit. Dieses Verhältniß blieb in den katholischen Ländern bis in die neuere Zeit. Die Protestanten aber legten gleich anfangs den Landesherrn nicht nur das Recht bei, Ehegesetzte zu erlassen, sondern verlangten auch von ihnen würklich ein neues Eherecht, weil man die Grundlage des katholischen verworfen hatte. So kam auch dieser Theil der kirchlichen Gesetzgebung in die Hände der protestantischen Landesherrn. Doch wurde bei der Abfassung der neuen Eheordnungen noch auf die h. Schrift, auf die symbolische Bücher, und auf das canonische Recht, so weit dieses anwendbar schien, Rücksicht genommen, und daher Gottesgelehrte zugezogen. Allmählig nahm aber das Eherecht der Protestanten einen rein weltlichen Character an, und wurde endlich zur gewöhnlichen Landesgesetzgebung gezogen. Für die Katholiken hingegen ist die kirchliche Gültigkeit des canonischen Eherechts überall unverändert geblieben. Die bürgerliche Würksamkeit desselben hängt aber von den Landesgesetzen ab. In den meisten katholischen Ländern besteht aber in dieser Beziehung noch der alte Zustand. In den protestantischen Ländern aber und in Frankreich wird die Ehe der Katholiken in ihren bürgerlichen Beziehungen nach dem weltlichen Eherecht beurtheilt, und die Beobachtung des kirchlichen ist blos dem Gewissen überlassen. Im Oestreichischen Gesetzbuch ist zwar auch ein ausführliches bürgerliches Eherecht erschienen, jedoch dabei vorzüglich auf das katholische Rücksicht genommen worden, so daß dieses noch in allen wesentlichen Punkten den Schutz des Staates für sich hat.

§. 305. B) Von der Gerichtsbarkeit in Ehesachen.

Mit der Gesetzgebung in Ehesachen war der Kirche auch das Recht verliehen, diese so weit sie es vermogte äußerlich zu handhaben, und sie that dieses, indem sie denjenigen, der ihren Gesetzen zuwider eine Ehe eingieng, von der Gemeinschaft ausschloß x). Doch blieb, weil der weltliche Arm nicht hinzutrat, die Ehe in bürgerlicher Beziehung bestehen. Dieses änderte sich aber im Orient seit der Verschmelzung des kirchlichen und weltlichen Eherechts, indem nun die Gerichtsbarkeit der Bischöfe in Ehesachen von Seiten des Staates anerkannt und mit bürgerlichen Würkungen versehen wurde. Dasselbe geschah schon frühe auch im fränkischen Reiche y), und blieb seitdem in allen christlichen Ländern ununterbrochen in Uebung z). Auch die Protestanten behandelten anfangs die Jurisdiction in Ehesachen als einen Bestandtheil der Kirchengewalt, nur wurde, weil man sich nicht gleich in die veränderten Verhältnisse zu finden wußte, die Ausübung den Pfarrern überlassen, die damit ziemlich willkührlich umgiengen. Später wurde sie den Consistorien übergeben. Endlich sind aber die Ehesachen in mehreren Ländern, namentlich in Preußen und Schweden, an die gewöhnlichen Gerichte verwiesen worden. Dasselbe ist auch in mehreren katholischen Ländern in Folge der neueren Gesetzgebung geschehen. In jedem Fall ist aber das Recht, über die Ehen in kirchlicher Beziehung

---

x) c. 1. c. XXVII. q. 1. (Conc. Carth. IV. a. 398).

y) Decretio Childebert. c. a. 595. c. 2., Capit. II. Karlomann. a. 743. c. 3.

z) c. 4. c. XXXI. q. 2. (Nicol. I. c. a. 863), c. 4. c. XXXIII. q. 2. (Idem a. 867), c 10. c. XXXV. q. 6. (Alexand. II. c. a. 1067), c. 12. X. de excess. prælat. (5. 31).

zu urtheilen, von dem Wesen der Kirche unzertrennlich a). Die bürgerliche Würksamkeit ihres Ausspruches und die äußere Form des Verfahrens hängt freilich von der Verfassung jedes Zeitalters ab.

§. 306. III. Von der Eingehung der Ehe. A) Regelmäßige Erfordernisse.

Greg IV. 1. Sext. IV. I. De sponsalibus et matrimonio, Greg IV. 2. Sext IV. 2. De desponsatione impuberum.

Damit überhaupt eine Ehe eingegangen werden könne, müssen folgende Bedingungen vorhanden seyn. I. Ein hinreichendes zur Zeugung fähiges Alter, weil früher die vollständige Einsicht in das Wesen der Ehe fehlt. Jene Fähigkeit kann factisch betrachtet bei dem Einen früher, bei dem Andern später eintreten. Mehrere Gründe machen es aber nothwendig, dafür einen gleichmäßigen Termin anzunehmen. Als solcher ist in dem neueren römischen Recht bei Männern das Alter von vierzehn, bei Mädchen von zwölf Jahren festgesetzt, und beides auch im canonischen Recht beibehalten worden b). Im Mittelalter scheinen Ehen zwischen unmündigen Kindern aus Familienrücksichten sehr häufig gewesen zu seyn. Die Päbste aber mißbilligten sie im Allgemeinen, wenn nicht ein bedeutender Vortheil dadurch erreicht wurde c), und erklärten sie vor erreichter Pubertät nicht für bindend d), außer wenn etwa doch würkliche Beiwohnung Statt gefunden hätte e). II. Die beiderseitige Absicht, mit einander eine Ehe einzugehen. Ohne diese kann von einer Ehe gar nicht die Rede seyn f). Doch kann sie übrigens durch Zeichen g),

---

a) Conc. Trid. Sess. XXIV. can 12. de sacram. matrim

b) c 10. X. de despons. impub (4. 2) Dawider beweist das c. 3. X. eo I. nichts, welche Stelle aus Isidor von Sevilla (630) offenbar als Antiquität aufgenommen worden ist.

c) c. 2. X. de despons. impub. (4. 2).

d) c un. c. XXX. q. 2. (Nicol. I. a. 863), c. 10. 11. 12. X. de despons. impub. (4. 2).

e) c. 6. 9. 14. X. de despons. impub. (4. 2), c. un. eod. in VI. (4. 2).

f) c. un. c. XXX. q. 2. (Nicol. I. a. 863), c. 2. c. XXVII. q. 2. (Idem c. a. 865), c. 3. c. XXXI. q. 2. (Urban. II. c. a. 1090), c. 26. X. de sponsal. (4. 1).

g) c. 23. X. de sponsal. (4. 1).

und unter Abwesenden durch einen Stellvertreter h) erklärt werden. III. Die Einwilligung der Eltern aber ist, wenn man blos auf den natürlichen Begriff der Ehe sieht, kein wesentliches Erforderniß. Daher hat das canonische Recht die ohne Zustimmung der Eltern geschlossenen Ehen wegen der Verletzung der schuldigen Ehrerbietung zwar höchst mißbilligt, aber doch nicht für ungültig erklärt i). Das römische Recht hingegen verlangte wenigstens bei den Kindern, die unter der väterlichen Gewalt standen, die Einwilligung ihres Gewalthabers bei Strafe der Nichtigkeit der Ehe. Doch ist dieser Grundsatz in den germanischen Ländern schon früh aufgegeben worden k). Die neueren Landesgesetze haben ihn aber in bürgerlicher Beziehung nicht selten wieder hergestellt, und auch in dem protestanischen Kirchenrecht wird der Mangel jener Einwilligung gewöhnlich als ein Nichtigkeitsgrund behandelt, nur mit der Milderung, daß sie ohne gegründete Ursache nicht verweigert oder dann durch die Obrigkeit ergänzt werden kann.

§. 307. B) Form der Abschließung. 1) Aelteres Recht.

Greg. IV. 1. De sponsalibus et matrimonio, IV. 3. De clandestina desponsatione.

Wenn man blos auf das natürliche Verhältniß sieht, so ist eine Ehe vorhanden, sobald Mann und Weib gegeneinander die Absicht ausgedrückt haben, sich von nun an als Eheleute betrachten zu wollen. Dieses natürliche Verhältniß kann aber durch das positive Recht dessen Zwecken gemäß verändert, und von diesem gewisse Bedingungen festgesetzt werden, ohne welche eine Verbindung, der Intention der Partheien ohngeachtet, vor ihm nicht als Ehe gelten soll. Jedoch wird es dabei aus vielen Gründen rathsam, sich so wenig wie möglich vom natürlichen Bestandtheil

---

h) c. ult. de procurat. in VI. (1. 19).

i) Conc. Trid. Sess. XXIV. cap. 1. de ref.

k) *Formul. Sirmond.* No XVI. Viventibus partibus inter filiosfamilias sine voluntate eorum matrimonia non legitime copulantur, *sed conjuncta non solvuntur.* — Die Quelle dieses Satzes ist augenscheinlich *Pauli* Recept. Sentent. Lib. II. Tit. 19. §. 2., wo sich auch die letzten Worte finden. Allein da sie den Grundsätzen des römischen Rechts geradezu widersprechen, so sind sie höchst wahrscheinlich ein westgothischer Zusatz.

der Ehe zu entfernen. Diesem Grundsatze gemäß wurde in der Kirche zwar die öffentliche Abschließung und priesterliche Einsegnung der Ehen eingeführt, und die formlose Ehe misbilligt l), doch aber diese deswegen nicht für nichtig erklärt; vielmehr blieb es anerkannt, daß die Ehe an und für sich schon durch die Intention der Partheien gegründet würde m). Die Kirche schloß sich hierin an das damalige römische Recht an, nach welchem ebenfalls zur Eingehung der Ehe die erklärte Uebereinstimmung hinreichte, wiewohl gewöhnlich gewisse Feierlichkeiten und schriftliche Verträge dabei vorkamen n). Da aber auf diese Weise häufig eine Ehe sich äußerlich nicht von dem Concubinat o) unterschied, und hieraus überall Verwirrungen entstanden, so

---

l) *Tertullian* († 215) Ad uxor II. 9. Unde sufficiam ad ennarandam tantam felicitatem matrimonii, quod ecclesia conciliat, et confirmat oblatio et obsignat benedictio, angeli renunciant, pater ratum habet. — *Idem* De pudicit. c. 4. Penes nos occultæ quoque conjunctiones, id est, non prius apud ecclesiam professæ, juxta mœchiam et fornicationem judicari periclitantur.

m) c. 5 c. XXVII. q. 2 (Ambros. a 377), c. 1. 4. eod. (Chrysostom. c. a 400), c 6. c. XXXII. q. II. (Augustin. c. a. 401).

n) c. 22. c. 23. §. 7. C de nupt. (5. 4), nov. Just. 22. c. 3., nov. 89. c. 1. § 1.

o) Das Concubinat war eine gesetzlich erlaubte Verbindung zwischen zwei unverheiratheten Personen zum Zweck der Geschlechtsgemeinschaft, fr 144. de V S (50 16), Paulus S. R II. 20. Der Hauptunterschied zwischen ihm und der formlosen Ehe lag also hauptsächlich in der Absicht des Mannes, fr. 4. de concub (25. 7); doch machte er sich in der ältern Zeit von selbst dadurch, daß zu Concubinen gegewöhnlich nur Freigeborne niederer Herkunft oder Freigelassene genommen wurden. Bei Freigebornen besseren Standes mußte daher die Verbindung ausdrücklich als Concubinat erklärt seyn, sonst galt sie als Ehe, fr. 24. de rit nupt. (23. 2), fr. 3. de concub. (25. 7). Auf der andern Seite war aber den höheren Ständen, außer den Senatoren und Senatorenkindern, die Ehe mit Freigelassenen und Freigebornen niedriger Herkunft doch nicht verboten; nur scheint es, daß eine solche Verbindung dann ausdrücklich durch Dotalverträge als Ehe erklärt werden mußte, c 22 C. de nupt. (5. 4), bis daß Justinian diese Beschränkung auf eine Zeitlang aufhob, c. 23. §. 7. C. de nupt. (5. 4), zuletzt aber darauf zurückkehrte, und noch andere Formen einführte.

mußte Justinian zuletzt, wenigstens für die höheren und mittleren Stände, doch gewisse Formen als wesentlich vorschreiben p). Besonders wurde nun auf die Dotalverträge großes Gewicht gelegt, so daß sie bei allen Ständen als das Unterscheidende gegen das Concubinat galten, und sie allein hinreichten, ein bestehendes Concubinat in eine Ehe selbst mit rückwürkender Kraft zu verwandeln q). Auf die kirchliche Eingehung der Ehe nahm aber das bürgerliche Recht noch keine Rücksicht. Endlich aber wurde im neunten Jahrhundert die priesterliche Einsegnung durch Leo den Weisen für den Orient zu einem wesentlichen Erforderniß erhoben, und das Concubinat ganz untersagt r). In den germanischen Reichen bestand das Kennzeichen der Ehe gegen den Concubinat s) darin, daß sie mit der Aussetzung eines Witthums (dos) von Seiten des Mannes verbunden war, und ohne dieses scheint die Verbindung selbst zwischen standesgleichen Personen bürgerlich gar nicht als Ehe gegolten zu haben t). Außerdem wurde auch von Seiten des weltlichen Arms besonders zur Erforschung verbotener Verwandtschaftsgrade die Verkündigung der Ehe vor der Gemeinde und die priesterliche Einsegnung vorgeschrieben u). Also suchten die geist-

---

p) Nov. 74. c. 4, nov. 117. c. 4 — Nov 74, c. 5. macht eine Ausnahme, worauf sich c. 9. c. XXX. q. 5. bezieht.

q) Nov. 12. c. 4., nov. 89 c 8.

r) Nov. Leon. 89. 91.

s) Das Concubinat war bei den Germanen ebenfalls eine bürgerlich erlaubte Verbindung, welche gewöhnlich da vorkam, wo zwischen beiden Theilen wegen Standesungleichheit eine vollgültige bürgerliche Ehe nicht eingegangen werden konnte.

t) *Marculf.* Formul Append No. LII Ego ille, dum non est incognitum, quod fœmina aliqua nomen Illa *bene ingenua* ad conjugium mihi sociavi uxore, sed qualis causas vel tempora me oppresserunt ut *chartolam libelli dotis* ad eam, sicut lex declarat, minime excessit facere, unde ipsi filii mei secundum legem *naturales* appellantur etc.

u) Capit. I. Carol. M. a. 802 c. 35. Conjunctiones facere non præsumant antequam episcopi et presbyteri cum senioribus populi consanguinitatem conjugentium diligenter exquirant, et tunc cum benedictione jungantur.

lichen v) und weltlichen w) Rechte vereinigt den formlosen Ehen entgegenzuwürken. In dieser Absicht und um etwaige Hindernisse im Voraus sicherer zu entdecken, erhob auch Innocenz III. auf dem vierten Lateranischen Concilium das öffentliche Aufgebot, welches bis dahin nur in Gallien in Gebrauch gekommen war x), zu einem allgemeinen Kirchengesetz y). Doch aber hielt man noch immer, den alten Grundsätzen gemäß, alle diese Förmlichkeiten nicht für unbedingt nothwendig, sondern auch die ganz formlose blos durch die Intention der Partheien begründete Ehe wurde von der Kirche als eine solche anerkannt z).

§. 308. 2) Heutiges Recht.

Nach den beschriebenen Verhältnissen konnte es oft schwer seyn, eine formlose Ehe von einem Concubinate zu unterscheiden, und überhaupt hatte die Kirche kein Mittel in Händen, um über das Eherecht eine vollständige und durchgreifende Aufsicht zu führen. Dadurch fand sich das Concilium von Trient bewogen, über die Abschließung der Ehe eine umständliche, eine wichtige Neuerung enthaltende Verordnung aufzustellen a). I. Der Ehe soll eine dreimahlige Verkündigung in der Kirche vorhergehen. Diese Förmlichkeit ist aus dem älteren Recht beibehalten. Doch ist sie auch noch jetzt nicht zur Gültigkeit der Ehe durchaus nothwendig, daher kann der Bischof davon dispensiren. Ihr Zweck besteht blos darin, daß dritte Personen aufgefordert werden, ihre etwaigen Einsprüche geltend zu machen. Versäumen sie dieses, so ist ihr Recht dazu verloren. b). II. Die

---

v) c. 6. c. XXX. q. 5. (Conc. Arel VI. a 814), c. 1. eod. (Pseudo-Isid), c. 4. eod (Cap incert. sæc. noni).

w) Capit. Reg Francor. Lib. VI. c. 133. Lib. VII. c. 105. 179 389. 463. Add. IV. c. 2.

x) c. 27. X. de sponsal. (4. 1), c. 6. X. qui matrim. accus. (4. 18).

y) c. 3. X. de clandest. despons. (4. 3).

z) c. 2. c. XXVII. q. 2. (Nicol. I. c. a. 865), Gratian. ad c. 9. c. XXX. q. 5, c. 9. 25. 30. 31. X. de sponsal. (4. 1), c. 2. X. de clandest. despons. (4 3).

a) Conc. Trid. Sess. XXIV. c. 1. de ref. matrim. — s. M. Ueb. §. 81. Eheordnung für Baden von Seng. 1829. §. 1. 2.

b) c. 6. X. qui matrim. accus. (4. 18).

beiden Theile müssen ihre Absicht vor ihrem rechtmäßigen Pfarrer und wenigstens zwei Zeugen erklären. Diese Form ist für so wesentlich erklärt, daß ohne sie die Ehe ganz ungültig seyn soll. Der Zweck dabei ist jedoch blos der, ein zuverläßiges Zeugniß zu erhalten um die Ehe als solche bestimmt unterscheiden zu können. Daher brauchen die genannten Personen nicht ausdrücklich zu der Handlung geladen gewesen zu seyn. Selbst der Widerspruch des Pfarrers hindert die Gültigkeit der Ehe nicht, wenn er jene Erklärung nur würklich gehört hat c). Stehen beide Theile unter verschiedenen Pfarrern, so ist die Gegenwart eines derselben hinreichend. Auch ist die Ehe gültig, wenn gleich die Erklärung vor dem Pfarrer innerhalb des Jahres, wo er die höheren Weihen noch nicht erhalten hatte (§. 247), abgelegt worden ist d). III. Die so geschlossene Ehe soll durch die priesterliche Einsegnung bestätigt, und zwar soll diese nur von dem rechtmäßigen Pfarrer oder demjenigen, den er dazu beauftragt, in der Regel in der Kirche ertheilt werden. Auch werden dabei noch andere alte Gebräuche beobachtet e). Alles dieses ist jedoch zur Gültigkeit der Ehe nicht wesentlich. IV. Der Pfarrer muß die geschlossene Ehe in den Kirchenbüchern bemerken. Dieses gehört jedoch nur zum Beweiß der Ehe, der im Nothfall auch auf andere Weise geführt werden kann. V. In der morgenländischen Kirche wird seit der oben angeführten Verordnung des Kaisers Leo die priesterliche Einsegnung bei der Abschließung der Ehe für wesentlich gehalten; auch kommen dabei noch andere Feierlichkeiten vor. Vorhergehende Verkündigungen in der Kirche sind aber nicht üblich. VI. Nach den protestantischen Kirchenordnungen soll die Abschließung der Ehe nach den ergangenen Aufgeboten durch die priesterliche Trauung geschehen; allein über die juristische Bedeutung dieser letzteren sprechen sie sich gewöhnlich nicht aus. Durch die Praxis ist sie aber als wesentlich angenom-

---

c) *Z. B. van Espen* Jus eccles. univers Part. II. Sect. I. Tit. XII. No. 25. 26, *Benedict.* XIV. De synod. diœces. Lib. XIII. Cap. XXIII.

d) *Fagnanus* ad c. 5. X. de ætat. et qualit ordinand. No. VIII.

e) c. 7. c. XXX. q. 5. (Isidor. a. 633), c. 3 c. XXX. q. 5. (Nicol. I. a. 866). — s. M. B. Nro 81. 194. 244., Ueb. S. 73. 109. 181. 545. 552., Eheordn. für Baden §. 18., Andr. Müller Repert. 2c.

men. Doch macht der bloße Mangel an Zeugen, oder daß die Trauung nicht von dem gehörigen Pfarrer ertheilt worden, die Ehe nicht ungültig. Das Nähere hängt von den Landesgesetzen ab f). Eigenthümlich war schon in der älteren Zeit das Verhältniß in den Niederlanden, indem hier die Ehen im Namen der bürgerlichen Obrigkeit abgeschlossen wurden, und die Einsegnung blos als eine kirchliche Ceremonie galt. VII. Die würkliche Beiwohnung ist aber zur juristischen Existenz der Ehe nicht nothwendig g). Doch wird sie als die natürliche und regelmäßige Vollendung derselben betrachtet h), und daher in einem Fall, wovon unten die Rede seyn wird, doch ein Unterschied zwischen der blos abgeschlossenen und der auch würklich consummirten Ehe angenommen.

§. 309. 3) Außerregelmäßige Verhältnisse.

Bei der vielseitigen Berührung der Ehe mit dem bürgerlichen Leben können neben dem regelmäßigen Verhältniß mehrere anomale Fälle vorkommen. I. Die Ehe braucht nicht nothwendig öffentlich abgeschlossen zu werden, sondern die Partheien können aus dringenden Gründen sogar deren Verheimlichung verlangen. Alsdann fallen die Aufgebote und die Eintragung in das Kirchenbuch weg i). Man nennt dieses eine Gewissensehe. Früher konnte diese auch ohne alle Förmlichkeit eingegangen werden, allein seit dem Concilium von Trient nicht mehr. II. Eine Ehe kann unter Beobachtung der wesentlichen Erfordernisse auch auf dem Sterbebette geschlossen werden. Weil aber diese Freiheit das Concubinat zu begünstigen schien, so haben zuweilen die weltlichen

---

f) In England ist 1823 durch ein ausführliches Gesetz die Beobachtung der vorhergehenden Aufgebote, die Abschließung in der Kirche, die Zuziehung von Zeugen, und die Eintragung in die Kirchenbücher, zum Theil selbst bei Strafe der Nichtigkeit eingeschärft worden, 4. Georg. IV. c. 76.

g) c. 5 35. c. XXVII. q. 2. (Ambros. a. 377), c. 1. 3. eod. Augustin. a. 400), c. 6. eod. (Isid. c. a. 630). Dawider beweisen auch c. 16 17 eod nichts, weil darin, wie auch die römischen Correctoren bemerken, der Text ganz entstellt worden ist.

h) c 36. 37. c. XXVII. q. 2. (Capp. incert.), c 5. X. de bigam. non ordin. (1 21).

i) Die nähere Anweisung an die Bischöfe, wann eine solche Ehe zu gestatten sey, gab Benedict XIV. (1741) in der Const. Satis vobis.

Gesetze, zum Beispiel das frühere französische Recht, einer solchen Ehe die bürgerlichen Würkungen versagt. III. In den Gegenden, wo das Concilium von Trient nicht publicirt worden ist, sind die formlosen Ehen noch vollgültig, jedoch nur für diejenigen, welche dort würklich wohnen, nicht auch für diejenigen, welche an einen solchen Ort, blos um eine formlose Ehe abzuschließen, hingehen k). IV. Wo das Concilium von Trient eingeführt ist, muß aber die Vorschrift desselben auch bei der Ehe eines Katholiken mit einem Akatholiken beobachtet werden. In den Niederlanden hatte sich jedoch der Gebrauch gebildet, daß solche Ehen auch blos vor der bürgerlichen Obrigkeit eingegangen wurden, und endlich ist nach reiflicher Erwägung der Verhältnisse l), diese Form selbst von der Kirche als gültig anerkannt worden m). In den andern Ländern bleibt es aber bei dem gemeinen Recht. Doch kann sich der katholische Theil neben der kirchlichen Form auch noch der Abschließung vor der weltlichen Obrigkeit oder selbst vor dem akatholischen Pfarrer unterwerfen, in so fern dieses aus Gehorsam gegen die Landesgesetze geschieht und der Pfarrer für ihn nur als ein Civilbeamter zu betrachten ist n). V. Die Ehe zweier Protestanten, die ihren bürgerlichen und kirchlichen Gesetzen gemäß abgeschlossen ist, wird auch von

---

k) *Benedict* XIV. de synod. diœces. Lib. XIII. Cap. IV. No. 10.

l) Man findet diese Vorarbeiten in *Cavalchini* Archiepisc. Philipp Dissertationes de matrimoniis inter hæreticos ac inter hæreticos et catholicos initis in fœderatis Belgii provinciis. Rom 1741. 4 , *S. D. N. Benedicti* XIV. declaratio super matrimoniis inter protestanti et catholicos nec non super eadem materia relationes antistitum Belgii et disertationes Rev. P. D Cavalchini Archiepisc. Philipp et quatuor insignium Theologorum Editio in Germania prima. Colon. 1746. 12.

m) Dieses geschah 1741 von Benedict XIV. in der Const. Matrimonia Eine Erörterung derselben gab er in seinem Werke De synod. diœces Lib VI. Cap. VI.

n) Diesen Grundsatz hat 1672 die Congregation des h. Officiums ausgesprochen, Benedict XIV. in seinen Schriften bestätigt, De synod. diœces. Lib. VI. Cap VII , und 1744 selbst auf die Katholiken in Servien, die ihre Ehen nach der kirchlichen Trauung nochmals vor dem türkischen Kadi abschließen, angewendet, Const. Inter omnigenas §. 10. — f M Ueb. §. 87., Eheordnung für Baden §. 20., Bair. Rel. Edict 1818. §. 12. 13.

der katholischen Kirche als vollgültig betrachtet. Früher wurde dieses zwar zuweilen für die Länder, wo das Concilium von Trient bekannt gemacht worden, verneint, weil man nach einem Grundsatz, den die englische Kirche umgekehrt gegen die Katholiken theilweise noch geltend macht, die Protestanten dem Rechte nach noch den Gesetzen der katholischen Kirche unterworfen betrachtete. Allein jetzt ist diese Ansicht entschieden aufgegeben. VI. Da nach den Grundsätzen der Protestanten die Ehe kein Sacrament ist, und das Erforderniß der priesterlichen Einsegnung nicht auf dem Evangelium, sondern blos auf einer Satzung der Kirche beruht, so kann der Landesherr, auch sich selbst, davon dispensiren. Die Gewissensehen der protestantischen Landesherren sind daher auch ohne alle Förmlichkeit gültig, sobald es nur gewiß ist, daß die Verbindung als würkliche Ehe intendirt wurde o). VII. Das Concubinat ist durch die Kirche von jeher als sündhaft erklärt p), und daher allmählig in allen Ländern auch von dem bürgerlichen Recht verworfen worden. Doch ist es unter gewissen Voraussetzungen gestattet, bei einer Ehe durch Vertrag festzusetzen, daß die Frau und die Kinder nicht dem Stande des Mannes folgen und nicht die vollen Erbrechte der ehelichen Kinder haben sollen, und bei großer Standesungleichheit treten diese Würkungen sogar von Rechtswegen ein. Jenes wird eine Ehe zur linken Hand (matrimonium ad legem morganaticam sive Salicam), dieses eine Misheirath (disparagium) genannt. Beides stimmt also in den bürgerlichen Würkungen noch mit dem alten Concubinate überein; in kirchlicher Beziehung sind es aber wahre Ehen, und müssen auch als solche geschlossen werden.

---

o) Dieses sagen auch sehr bestimmt: *Feltmann* De impari matrimon. P. I. Cap. III. No 425. 434, *Hert* De matrimon. instaurato et conscientiæ. (Giess. 1702) Sect II. §. V., *Scheid* De matrimon conscientiæ Sect I. § 32, *Bauer* De matrimonio conscientiæ Lips. 1760., *Schloer* Vindiciæ legitimorum natalium liberorum e matrimoniis S. R. J. principum comitumve Augustanæ confessioni addictorum solo mutuo consensu matrimoniali neglecta omni solennitate ecclesiastica contractis natorum Mogunt 1782

p) c. 9 c. XXXII q 4. (Ambros c a 375), c. 5. 6 c XXXII. q. 2. (Augustin c a 401), c. 6. D XXXIV (Augustin c. a. 425), c. 1. de concubin in VII (5 16), Conc. Trid Sess XXIV. cap. 8. de ref. matr. Dawider scheinen zwar c. 4. D XXXIV.

§. 310. 4) Von der Ehe als Sakrament.

Die Ehe ist ein Verhältniß der Naturordnung, welches durch das Gesetz des neuen Bundes auf seine ursprüngliche Reinheit zurückgeführt und zu einem sacramentalischen Stande erhoben worden ist. Der Stoff dieses Sakraments ist also der eheliche Stand als solcher, und die Ehegatten selbst sind es, welche es durch die Erklärung, wodurch sie in diesen Stand eintreten, vollbringen. Diese Ansicht ist wenigstens dem innern Wesen dieser Verhältnisse am angemessensten, und hat die Authorität der scharfsinnigsten Scholastiker q) und gelehrtesten Theologen für sich r). Nach derselben sind also alle Verbindungen unter Gläubigen, welche die Kirche als Ehen gelten läßt, zugleich auch wahre Sakramente, und Beides kann unter dem Gesetz des neuen Bundes nicht von einander getrennt werden s). Selbst

(Conc. Tolet. I a. 401), c. 5. eod. (Isidor. c a. 628). Allein unter Concubinat ist hier, den bürgerlichen Einrichtungen jener Zeit gemäß, eine Verbindung zu verstehen, die an sich als wahre Ehe intendirt wurde, allein wie bei der heutigen Ehe zur linken Hand wegen Standesungleichheit oder aus anderen Gründen die vollen bürgerlichen Würkungen der Ehe nicht haben konnte. Dieses haben auch schon Gratian und die römischen Correctoren bemerkt. — Ueber matr. morg. s. Eheordnung für Baden §. 40. 41.

q) *S. Thomas Aquin.* In quatuor libros sententiar. Lib. IV Dist. XXVI. Qu. unic. Art. I. Dicendum quod verba exprimentia consensum de præsenti sint forma huius sacramenti, non autem sacerdotalis benedictio, quæ non est de necessitate sacramenti, sed de solennitate. — *Scotus* In quat. libr. sentent. Lib. IV. Dist. XXVI Qu. unic. Ut plurimum ipsimet contrahentes ministrant sibi ipsis hoc sacramentum, vel mutuo vel uterque sibi.

r) *Bellarmin.* De matrimonio Lib. I. Cap. 9—11., *Fagnanus* ad c. 2 X. de clandest. desponsat. No. LII. Statt vieler Anderer, die man noch anführen könnte, möge folgendes Zeugniß stehen. *Benedict* XIV. de synod. diœces. Lib. VIII. Cap XIII. Nullus inficiabitur communiorem esse contrariam aliorum opinionem, qui constanter defendunt, solos contrahentes esse ministros sacramenti matrimonii; quod proinde necessario ab illis confici docent, simul ac validum inter se ineunt conjugii contractum. Hanc quippe sententiam propugnaverunt fere omnes antiqui Theologi, jurisque canonici interpretes.

s) *Luc. Ferraris* Prompta bibliotheca canonic. Rom. 1767. Vol. V. pag. 20. Probabilius est, inter fideles sive baptizatos

die Ehen der Protestanten sind aus dem katholischen Gesichtspunkt an sich noch als Sakramente zu betrachten t). Dieser Ansicht gegenüber steht zwar die vieler Gelehrten, besonders in Deutschland, welche einen Unterschied zwischen dem Contract und dem Sakrament aufstellen u), und letzteres erst durch die Worte des Priesters vollbringen lassen, diesen also als den Minister des Sakraments betrachten. Allein diese Meinung hat zu viel Gründe gegen sich, als daß sie bestehen könnte v).

---

nullo modo, ne quidem per intentionem contrahentium, posse valide separari rationem sacramenti a contractu matrimonii; id est, probabilius nequit fidelis valide inire matrimonium solum ut contractum, non vero ut sacramentum. — Ratio est, quia ex institutione Christi in statu legis evangelicæ ratio sacramenti est essentialiter imbibita ratione contractus matrimonialis. Christus Dominus inseparabiliter connexuit contractui matrimoniali rationem sacramenti, ut quamvis positio contractus matrimonialis, statim ex Christi institutione sit ei annexa ratio sacramenti, taliter quod, quicunque fideles volunt vere contrahere matrimonium, volunt etiam virtualiter accipere sacramentum.

t) *Cavalchini* Archiepisc. Philipp. De matrimon. inter hæretic. pag. 42. Negari autem debet, quod tales conjuges (acatholici) conversi possint ab invicem divelli, quia probabile est, eiusmodi matrimonia valere et esse vera sacramenta.

u) Aus dem Gesichtspunkt des Staats ist zwar eine solche Unterscheidung möglich; allein aus dem Gesichtspunkt der Kirche nicht. So sind z. B. die nach den Vorschriften des französischen Rechts vor der Ortsobrigkeit geschlossenen Verbindungen bürgerliche Ehen; allein die Kirche kann sie nicht als Ehen gelten lassen, bis sie vor dem Pfarrer erklärt sind; dann aber sind sie auch wahre Sakramente.

v) Die wichtigsten derselben sind folgende. 1) Das Concilium von Trient setzt es ausdrücklich ausser Zweifel, daß die formlosen Ehen, so lange sie nicht von der Kirche als nichtig erklärt worden, nicht blos wahre, sondern auch kirchlich vollständige (rata) Ehen gewesen seyen, Conc. Trid. Sess. XXIV. cap. 1. de ref. matr., und es also unstreitig in den Ländern, wo die neue Verordnung nicht publicirt worden, noch jetzt sind. Dieses wäre, wie auch Benedict XIV. bemerkt, nicht möglich, wenn der Priester der Minister dieses Sakraments wäre. 2) Das Concilium von Trient hat die Worte, wodurch der Priester die beiden Ehegatten verbindet, dem Gebrauche jeder Provinz anheimgestellt. Dieses hätte, wie derselbe Benedict XIV. sagt, nicht geschehen dürfen, wenn sie die Form des Sakraments ausmachten. 3) Wenn zwei protestantische Ehegatten zusammen katholisch werden, so wird ei-

Eben so irrig ist es, wenn man nicht den natürlichen, sondern den bürgerlichen Ehevertrag als den Stoff des Sacraments bezeichnet w). Allerdings kann aber dieses Sacrament, so wie die andern, misbraucht werden, und wenn dieses wissentlich oder gar absichtlich geschieht, so gereicht es nicht zur Gnade und Heiligung, sondern zum Verderben. Hierauf müssen die Pfarrer bei der Erklärung dieses Sakraments vorzüglich aufmerksam machen. Uebrigens ist dadurch, daß die Ehe der Gläubigen eine besondere Heiligung erhielt, der Ehe der Ungläubigen von ihrer natürlichen Würde nichts entzogen, vielmehr diese ausdrücklich von der Kirche anerkannt worden x). Sie bildet daher auch im Sinne der Kirche ein rechtmäßiges (matrimonium legitimum), nur nicht wie die Ehe der Gläubigen ein von der Kirche bekräftigtes Verhältniß (matrimonium ratum) y).

§. 311. IV. Von dem Verlöbniß. A. Bedingungen der Eingehung.

Greg. IV. 1 Sext. IV. 1. De sponsalibus et matrimonio, Greg. IV. 2. Sext. IV. 2. De desponsatione impuberum.

Der Ehe geht gewöhnlich eine Verabredung vorher, wodurch

---

ne neue Abschließung ihrer Ehe nicht für nöthig gehalten; gewiß wird aber doch Niemand ihrer Verbindung den sakramentalischen Charakter absprechen 4) Der Schluß von den übrigen Sakramenten gilt nicht; denn allerdings ist das Sakrament der Ehe darin eigenthümlich, daß es nicht, wie die sechs Anderen, von der Offenbarung ganz neu gebildet, sondern als ein bereits vorhandenes Verhältniß der Naturordnung in das Gesetz des neuen Bundes aufgenommen worden ist.

w) Christus ist, als er das Wesen der Ehe durch seinen göttlichen Ausspruch feststellte, nicht auf die Gesetze irgend eines Staates, sondern bis auf die ursprüngliche Einsetzung des Ehestandes zurückgegangen. Also ist der Stoff dieses Sakramentes unmittelbar aus der Naturordnung, nicht mittelbar aus einer bestimmten Staatenordnung entnommen. Wie hätte sich auch die Offenbarung von Gesetzen abhängig machen können, die nach den Sitten der Völker so sehr wechseln, und worin oft das Wesen der Ehe gänzlich verdunkelt ist? Am schärfsten ist dieses in der Kürze nachgewiesen bei *Devoti* Instit. canon. Lib. II. Tit. II. §. 117. Damit fallen denn auch alle falschen Folgerungen zusammen, die auf die behauptete Abhängigkeit des Sakraments vom Civilcontract gebaut sind.

x) c. 11. X. de transact. (1. 36), c. 4. X. de consanguin. (4. 14).

y) Gratian. ad c. 17. c. XXVIII. q. 1., c. 7. X. de divort. (4. 19).

sich beide Theile gegenseitig die Ehe geloben. Dieses wird das Eheversprechen oder Verlöbniß (sponsalia) genannt. Damit dieses verpflichtende Würkungen hervorbringe, müssen aber die Gelobenden vor Allem der Absicht sich zu verpflichten fähig seyn. Ganz ungültig ist es daher bei Wahnsinnigen z), und bei Kindern unter sieben Jahren a). Letzteres ist auch für die griechische Kirche ausdrücklich festgesetzt worden b). Eben so sind die Eheverlöbnisse, welche die Eltern für ihre Kinder unter sieben Jahren schließen, ohne alle Würkung c). Verlöbnisse von Kindern über sieben Jahre mußten zwar bis zur Pubertät gehalten, konnten aber dann ohne Weiteres wieder aufgehoben werden d). Bei unseren veränderten Sitten kommen aber diese Vorschriften jetzt selten zur Anwendung. Ferner fordert man zur Gültigkeit der Verlöbnisse die elterliche Einwilligung, wenn gleich das canonische Recht dieses nirgends ausdrücklich sagt. Eine besondere Form, namentlich Zuziehung von Zeugen und Ueberreichung von Geschenken ist zwar dabei gewöhnlich, aber nach dem katholischen Kirchenrecht nicht wesentlich, sondern sie werden durch freie e) unzweideutig erklärte f) Einwilligung vollendet, welche auch nicht grade in Worten ausgedrückt zu seyn braucht g). Gleichgültig ist es auch jetzt, ob die Worte auf die Gegenwart (Ego te in meam accipio) oder auf die Zukunft (Ego te in meam accipiam) gerichtet sind. Vor dem Concilium von Trient hingegen war dieses von der größten Wichtigkeit, weil im ersten Fall kein Verlöbniß, sondern eine würkliche nur formlose Ehe geschlossen wurde h). Es ist also ein Mißverständniß, wenn man diesen

---

z) c. 24. X. de sponsal. (4. 1).

a) c. 4. 5. 13. X. de desponsat. impub. (4. 2).

b) Nov. Leon. 109.

c) c. 29. X. de sponsal. (4. 1), c. un. pr. de despons. impub. in VI. (4. 2).

d) c. 7. 8. X. de despons. impub. (4. 2), c. un. §. 1. eod. in VI. (4. 2).

e) c. 15. X. de sponsal. (4. 1), c. 11. X. de desponsat. impub. (4. 2).

f) c. 7. X. de sponsal. (4. 1).

g) c. 23. X. de sponsal. (4. 1).

h) c. 31. X. de sponsal. (4. 1), c. X. 3. de spons. duor. (4. 4).

Unterschied durch den Gegensatz von Sponsalia de praesenti und de futuro zu bezeichnen gesucht hat. Nach dem Ritual der morgenländischen Kirche geschieht die feierliche Verlobung, wie ehemahls auch im Abendlande i), unter Einsegnung des Priesters und Auswechseln der Ringe; sie wird daher fast wie der Anfang der Ehe behandelt, und deswegen häufig mit der wirklichen Trauung verbunden. Alsdann geht aber natürlich eine unfeierliche Verlobung vorher. In den protestantischen Kirchenordnungen ist bei dem Verlöbniß die Gegenwart von Zeugen oder des Pfarrers und andere Solennitäten vorgeschrieben, was aber auch nicht immer befolgt wird.

§. 312. B) Würkung der Verlöbnisse.

Greg IV. 4. De sponsa duorum, IV. 5. De conditionibus adpositis in desponsatione.

Das canonische Recht hat ein solches Versprechen, worauf der Andere sein ganzes Lebensschicksal baut, mit großem Ernste behandelt, und Jeden zur Erfüllung desselben in seinem Gewissen verbunden erklärt. Im Nothfall sollten sogar, was aber nirgends mehr geschieht, geistliche Zwangsmittel angewendet werden k). Dem Gewissensrechte nach ist daher der einseitige Rücktritt nur aus bestimmten Gründen erlaubt, namentlich wegen Krankheit und körperlicher Verstümmlung l), oder wenn der Andere wesentliche Pflichten verletzt m), wohin man auch rechnet, wenn er ohne Grund die Ehe verzögert. Die Aufhebung eines Verlöbnisses durch beiderseitige Uebereinkunft ist aber immer erlaubt, selbst wenn es beschworen war n). Ist es unter einer Bedingung, einer Zeitbestimmung oder dem Versprechen einer erlaubten Gegenleistung (modus) eingegangen worden: so muß in den beiden ersten Fällen der Eintritt der Bedingung oder der Zeitfrist abgewartet werden o). Im letzten kann der

---

i) c. 50 c. XXVII q. 2. (Siric a. 385), c 7. §. 3. c. XXX. q. 5. (Isid a 633), c. 3. eod. (Nicol. I. a. 866).

k) c. 10. 17. X de sponsal. (4. 1).

l) c. 25. X. de jurejur. (4 24), c 3. X. de conjug. lepros. (4. 8).

m) c. 25. X. de jurejur. (2. 24), c. 5. X. de sponsal. (4 1).

n) c. 2. X de sponsal. (4. 1).

o) c. 5. X. de condit. adposit. (4. 5).

Andere, wenn die Gegenleistung ausbleibt, von dem Verlöbniß abgehen p). Doch können alle diese Beschränkungen wieder ausdrücklich oder stillschweigend erlassen werden q). Unerlaubte Bedingungen machen das ganze Verlöbniß nichtig. Schließt Einer, während er noch in einem Verlöbniß steht, ein Anderes, so ist dieses ungültig. Der würklichen Ehe muß freilich das wenn auch ältere Verlöbniß weichen. Die vielen Collisionen, zu denen die formlosen Ehen des Mittelalters Gelegenheit gaben, wurden nach folgenden Grundsätzen entschieden. Zwischen mehreren wirklichen Verlöbnissen gieng das älteste vor r); zwischen einem älteren Verlöbniß und einer jüngeren Ehe, die letztere, selbst wenn sie ganz formlos als sponsalia de praesenti eingegangen war s); zwischen mehreren Ehen und mithin auch zwischen mehreren sponsalia de praesenti oder zwischen einer formlosen und einer förmlichen Ehe immer die ältere t); endlich zwischen einem älteren aber durch körperliche Beiwohnung bestätigten Verlöbniß und einer jüngern förmlichen Ehe doch das erstere, weil es in eine würkliche Ehe übergegangen war u). Jetzt sind aber natürlich diese Grundsätze zum Theil nicht mehr anwendbar. Die bürgerlichen Würkungen des Verlöbnisses hängen von den Gesetzen jedes Landes ab. Genau genommen sollte man ihm gar Keine beilegen, weil ein Zwang auf würkliche Eingehung der Ehe unanwendbar, ein Ersatz in Geld aber unpassend und unzureichend ist. Daher entstand auch bei den Römern aus einem Verlöbniß nie ein Klagrecht auf Eingehung der Ehe v), und selbst beigefügte Conventionalstrafen waren, um nicht die Freiheit der Ehe zu hindern, ohne Würkung w). Nur ein etwa hingegebener Mahlschatz (arrha)

---

p) c. 3. X. de condit. adposit (4. 5)

q) c. 3. 6. X de condit. adposit. (4. 5).

r) c. 22. X de sponsal (4. 1), c. un. eod. in VI. (4. 1).

s) c. 31. X. de sponsal. (4. 1), c. 12. X. de despons. impub. (4. 2), c. 1. X. de sponsa duor. (4. 4).

t) c. 31. X. de sponsal. (4. 1), c. 1. 3. 5. X. de sponsa duor. (4. 4).

u) c. 15 30. X. de sponsal. (4. 1).

v) c. 1. C. de sponsal. (5. 1).

w) fr. 134. de verb. obl. (45. 1), c. 2. C. de inutil. stipul.

gieng dem ohne Grund zurücktretenden Theile verloren x). In der morgenländischen Kirche, wo man das Verlöbniß mit priesterlicher Einsegnung verband, wurde aber die Verletzung desselben als ein Ehebruch erklärt y). Um dieses jedoch etwas zu mildern, suchte Leo der Weise diese förmlichen Verlöbnisse der wirklichen Ehe noch näher zu bringen, und verordnete, daß jene Einsegnung nie vor erreichter Pubertät ertheilt werden dürfte z). Endlich entschied Alexius Comnenus (1084), daß die gemäß der Verordnung des Kaisers Leo unter Gebet und priesterlicher Einsegnung abgeschlossenen Verlöbnisse gleiche Kraft wie die Ehen, die vor dem bestimmten Alter und ohne jene Feierlichkeit eingegangenen Verlöbnisse aber die bürgerlichen Würkungen der alten Sponsalien haben sollten. Dieses bestätigte er auch (1092) durch eine ausführliche Erklärung a). In den protestantischen Kirchenordnungen und Landesgesetzen, sowohl in wie außerhalb Deutschland, ist allgemein ebenfalls die verbindliche Kraft der Verlöbnisse, jedoch gewöhnlich nur der feierlich abgeschlossenen, anerkannt, und daher der einseitige Rücktritt nur aus bestimmten Gründen gestattet. Allein ein unmittelbarer Zwang auf Eingehung der Ehe findet doch nicht Statt. Ein durch Beiwohnung verstärktes Verlöbniß, ist aber dem ältern canonischen Recht getreu in Dänemark b) und auch eine Zeitlang noch in England c) als eine würkliche Ehe betrachtet worden, und löst daher dort die nachfolgende, wenn auch förmliche, Ehe auf. Nach der

---

(8. 39). — s. M. Ueb. §. 63, M. B. Nro. 61., Eheordnung für Baden §. 14

x) c. 3. 5. C. de sponsal. (5. 1).

y) Conc. Trullan. a. 692. can. 98.

z) Nov. Leon. 74.

a) Balsamon ad Photii Nomocanon Tit. XIII. Cap. II. (Justell. T. II. p. 1085—90), Balsamon et Zonaras ad Conc. Trullan. c. 98. (Bevereg. T. I. p. 276. 277). Beide Verordnungen, die von 1084 und die von 1092 stehen auch bei Leunclav. T. I. Lib. II. p. 126. 134. und hinter Gothofreds Ausgaben des Corpus juris.

b) Jus Danicum Lib. III. Cap. XXI. No. 16.

c) 32. Henr. VIII. c. 38. Nach den neueren Gesetzen soll aber in keinem Falle mehr aus einem Verlöbniß ein Zwang auf Eingehung der Ehe folgen, 26. Georg. II. c. 33. §. 13., 4. Georg. IV. c. 76. §. 27.

deutschen Praxis, die auch das preußische Landrecht wenigstens für den Fall der Schwängerung ausdrücklich bestätigt, wird dann, wenn der Verlobte sich durchaus weigert, die Verbindung hinsichtlich der bürgerlichen Würkungen für das Mädchen und das Kind von dem Civilgericht als eine Ehe erklärt. In Schweden sollte der Schwängerer sogar zur Ehe gezwungen werden d); doch ist dieses jetzt etwas gemildert.

§. 313. V. Von den Ehehindernissen. A) Begriff und Eintheilung.

Außer den allgemeinen Bedingungen, welche zur Eingehung einer Ehe nothwendig sind, hat die Gesetzgebung aus mancherlei Gründen noch gewisse besondere Verhältnisse bezeichnet, unter welchen eine Ehe nicht geschlossen werden soll. Diese werden daher Ehehindernisse genannt. Ein solches Verbot kann entweder so ausgesprochen seyn, daß das Daseyn eines solchen Umstandes zwar der Abschließung der Ehe entgegentritt, die demohngeachtet abgeschlossene Ehe aber doch nicht vernichtet, oder so, daß auch die bereits eingegangene Ehe dadurch nichtig gemacht wird. Daher werden die aufschiebenden Hindernisse (impedimenta impedientia) oder Hindernisse im eigentlichen Sinn, und die trennenden Hindernisse (impedimenta dirimentia) oder Nichtigkeitsgründe der Ehe unterschieden. Beruht das Verbot auf Rücksichten der öffentlichen Ordnung, so begründet es ein öffentliches Hinderniß; ist es blos zu Gunsten einzelner Personen gegeben, so entsteht daraus ein Privathinderniß. Endlich unterscheidet man die relativen und absoluten Hindernisse, je nachdem dadurch die Ehe blos zwischen zwei bestimmten Personen in Beziehung auf einander, oder zwischen einer Person und allen Anderen ohne Unterschied ausgeschlossen wird.

§. 314. B) Von dem Recht Ehehindernisse zu setzen.

Durch das Gesetz des neuen Bundes ist nicht blos die natürliche Ordnung der Ehe anerkannt, sondern auch, so weit sie verdunkelt war, auf ihre ursprüngliche Reinheit zurückgeführt,

---

d) Giftermalsbalk Cap III. §. 10. Nach dem neuesten Recht hat sich der König, wenn die Partheien sich nicht in der Güte vereinigen, die Entscheidung vorbehalten. Kön. Verordn. vom 3. April 1810.

und für die Gläubigen zu einem Stande der Gnade erhoben worden. Dadurch ist der Kirche eine dreifache Aufgabe anheimgefallen. Erstlich hat sie zu wachen, daß unter den Gläubigen das Wesen und die natürliche Würde der Ehe, so weit dieses schon aus der Vernunft und Geschichte erkennbar ist, aufrecht erhalten, und so diesem Stande der Heiligung eine allgemein sittliche und würdige Grundlage gegeben werde. Zweitens, muß sie dasjenige, was die Offenbarung ausdrücklich über das Wesen der Ehe festgesetzt hat, handhaben und auslegen. Drittens, hat sie sich der nöthigen Bedingungen zu versichern, daß die diesem Stande im Allgemeinen verliehene heiligende Kraft in jedem einzelnen Falle auch würklich in Erfüllung gehe. Daraus folgt das Recht der Kirche Verbindungen zu verhindern und selbst als nichtig zu verwerfen, welche dem natürlichen Wesen der Ehe e), der ausdrücklichen Offenbarung und der Würde des Sakraments zuwider sind f); und sie darf von einer christlichen Obrigkeit, welche ihre Gewalt zur Erbauung und nicht zur Zerstöhrung gebrauchen will, erwarten, daß sie der Kirche hierin ihre Unterstützung nicht verweigere, noch weniger sich mit ihr in Widerspruch setze g). Doch bestreitet sie dem Staate nicht das Recht,

---

e) Das natürliche Wesen der Ehe wird zwar mehr und weniger auch schon durch die bürgerliche Gesetzgebung aufrecht erhalten; allein die Kirche kann sich darauf nicht unbedingt anweisen lassen, weil doch auch das Gegentheil nicht unmöglich ist. Wie sollte sie zum Beispiel unter Völkern verfahren, wo Ehen unter den nächsten Verwandten gestattet sind?

f) Viele geben zwar der Kirche das Recht trennende Hindernisse unter den beiden ersten Gesichtspunkten aufzustellen, nicht aber unter dem Dritten, weil die Gültigkeit des Contracts von der des Sakraments verschieden sey. Dieses hängt aber mit der bereits oben (§. 310) widerlegten Ansicht zusammen Uebrigens kommt auf diese Einschränkung nicht viel an, weil sich würklich alle trennenden Hindernisse des canonischen Rechts auf die beiden ersten Gesichtspunkte zurückführen lassen.

g) Das Recht der Kirche trennende Ehehindernisse zu setzen, ist von ihr selbst auf eine sehr bestimmte, unzweideutige Art ausgesprochen worden, Conc. Trid. Sess. XXIV. can. 3. 4. de ref. matr. Dennoch hat man es in der neuern Zeit aus mancherlei Gründen wieder zweifelhaft zu machen gesucht. Einige sagten, da der Stoff dieses Sakraments der bürgerliche Contract sey, so läge es ausser dem Bereich der Kirche, über dessen Gültigkeit oder Ungültigkeit etwas festzusetzen. Von dieser falschen Grundansicht ist schon oben gesprochen worden (§. 310).

auch seinerseits, so weit er es zu seinen Zwecken nöthig findet, Ehehindernisse selbst unter Strafe der bürgerlichen Nichtigkeit der Ehe aufzustellen, und sie bietet ihm zu deren Aufrechthaltung auch ihre Hand dar. So können beide Gewalten jede in ihrem Kreise als selbstständig gedacht werden, jedoch so, daß der Zustand der Vollkommenheit in der Uebereinstimmung Beider, wie der christliche Staat sie nachweißt, besteht. Uebrigens hat jenes Verhältniß historisch mehrfach gewechselt. Der heidnischen Obrigkeit gegenüber beschränkte sich die Kirche blos auf die Eheverbote, die ganz nahe mit der kirchlichen Ordnung zusammenhiengen; diese unterstützte sie durch die Excommunication, und dadurch setzte sie dann die Verbindung ganz aus dem Bereich ihrer Gesetzgebung und Beurtheilung heraus. Allmählig nahm aber die Kirche auch die bürgerlichen Eheverbote in sich auf, und bildete endlich in den germanischen Reichen, nachdem die Ehesachen den bischöflichen Gerichten überlassen worden waren, ein ganz vollständiges, aus kirchlichen und bürgerlichen Gesetzen gemischtes, Eherecht aus. In der neueren Zeit hat aber die Staatsgewalt den bürgerlichen Bestandtheil wieder an sich gezogen, und die alten Eheverbote theils bestätigt, theils abgeändert, theils durch neue vermehrt.

§. 315. C) Von der Dispensation bei Ehehindernissen.

Das Recht von den Ehehindernissen zu dispensiren beruht auf denselben Grundsätzen, die von den Dispensationen über-

---

Daraus würde auch folgen, daß die Kirche die Civilehen geschiedener Ehegatten, oder in einem Staate, wo Polygamie gilt, auch diese als wahre Ehen respectiren müßte. Andere leiten jenes Recht der Kirche aus einer Delegation der Staatsgewalt ab, und sagen in jenem Canon hätten die Väter nur dieses delegirte Recht im Sinne gehabt. Allein dieses wird durch die Geschichte und durch das Concilium selbst widerlegt. Oder hat dieses, als es die formlosen Ehen für nichtig erklärte, auch blos aus Auftrag des Staats gehandelt? So viel ist allerdings richtig, daß die Kirche aus sich kein Mittel hat, unerlaubten Verbindungen, die der Staat gelten läßt, ihre bürgerlichen Würkungen zu nehmen, oder umgekehrt den Nichtigkeitsgründen, die sie aufstellt, bürgerliche Würkungen zu ertheilen, sondern beides ist Sache der weltlichen Obrigkeit. Allein darf hierin der christliche Staat ganz nach freiem Willen, oder muß er nicht doch nach einem höhern Pflichtgebot handeln?

haupt gelten (§. 187). Nach dem heutigen Recht ist es in der Art vertheilt, daß von trennenden Hindernissen und von den beiden aufschiebenden Hindernissen, die aus dem Verlöbniß mit einer dritten Person oder aus einem unfeierlichen Gelübde der Keuschheit entstehen, nur der Pabst, von den übrigen aber der Bischof dispensiren kann. Doch werden den Bischöfen durch besondere Vollmachten gewöhnlich noch größere Befugnisse eingeräumt, und nach der Praxis dürfen sie auch ohne diese in den dem Pabste vorbehaltenen Fällen dispensiren, wenn der Verkehr mit dem päbstlichen Stuhl unmöglich, oder ein anderer Nothfall vorhanden ist, wo das Seelenheil es verlangt. Daß aber selbst der Pabst von den wesentlichen, durch die Natur und Offenbarung unmittelbar gegebenen, Verboten nicht dispensiren könne, ist weniger ausdrücklich gesagt, als sich von selbst verstehend vorausgesetzt; und auch in den Fällen, wo Dispensationen als möglich angenommen sind, sollen sie doch nur sparsam und aus wichtigen Gründen ertheilt werden h). Entspringt das Hinderniß aus einem offenkundigen Verhältniß, so geschieht die Dispensation durch die Datarie, und dann muß die Ehe, wenn sie bereits abgeschlossen und das Hinderniß ein trennendes war, von Neuem eingegangen werden. Beruht es auf einem geheim gebliebenen Vergehen, so wird die Dispensation von der Pönitentiarie, und zwar blos für das Gewissen (pro foro interno) ertheilt i). Bei den Protestanten steht das Recht zu dispensiren insgemein dem Landesherrn zu; in England ist es jedoch, so weit es sonst der Pabst hatte, dem Erzbischof von Canterbury übertragen worden.

§. 316. D) Von dem Einspruch und der Nichtigkeitsklage.

Greg. IV. 18. Qui matrimonium accusare possunt vel contra illud testari.

Aus jedem gesetzlichen Hinderniß entspringt das Recht wider die Abschließung der Ehe Einspruch zu erheben. Bei Privathindernissen steht dieses jedoch nur dem verletzten Theile zu; öffent-

---

h) Conc. Trid. Sess XXIV cap 5. de ref.

i) Den näheren Geschäftsgang giebt *Z. B. van Espen* Jus eccles. univers. Part. II. Sect. I Tit XIV. Cap. 2 — 7. — s. M. Ueb. §. 60. 62., Eheordnung für Baden §. 8 — 13.

liche Hindernisse muß aber der Pfarrer von Amtswegen berücksichtigen k), und selbst jeder Dritte ist sie anzuzeigen verpflichtet l). Die Würkung besteht dann darin, daß vorläufig, wenn die Anzeige nur einigermaßen glaubwürdig und bescheinigt ist m), die Abschließung der Ehe bis nach beendigter Untersuchung ausgesetzt werden muß n). Ist das Hinderniß ein trennendes, so begründet es das Recht auch gegen die bereits abgeschlossene Ehe eine Nichtigkeitsklage anzustellen. Zu dieser Klage sind, wie bei dem Einspruch, wenn das Hinderniß ein öffentliches ist, Alle berechtigt und verpflichtet, welche die nöthigen Indicien beibringen können, und nicht grade besonders verdächtig sind o); auch muß der Richter, wenn er das Daseyn eines solchen Nichtigkeitsgrundes erfährt, selbst von Amtswegen Untersuchung erheben p). Als Beweismittel werden Urkunden und Zeugen, und unter diesen auch Verwandte und Hausgenossen q), zugelassen, nicht aber Eidesdelation r), auch nicht unbedingt das Geständniß der Ehegatten, wegen der Gefahr der Collusion s). Ueberhaupt muß ein sehr bestimmter und vollständiger Beweis geliefert werden, und im Zweifel ist eher für als wider die Ehe zu erkennen t). Nach einer neueren Verordnung soll sogar in jeder Diöcese ein vereideter Defensor angestellt werden, der vor Gericht, wenn solche Fälle vorkommen,

---

k) c. 3. pr. X. de clandest. despons. (4. 3).

l) c. 7. X. de cognat spirit. (4. 11).

m) c. 22. X. de testib. (2. 20), c. 12. 27. X. de sponsal. (4. 1).

n) c. 3. pr. de clandest. despons. (4. 3), c. 3. X. de matrim. contract. contra interdict. eccles. (4. 16).

o) c. 2. 6. X. qui matrimon. accus. (4. 18), c. 7. X. de cognat. sprit. (4. 11).

p) c. 3 X. de divort. (4. 19).

q) c. 3. c. XXXV. q 6. (Urban II. c. a 1092), c. 2. eod. (Cœlestin. cap. incert.), oder c. 3 X. qui matrim. accus. (4. 18).

r) Das canonische Recht sagt dieses zwar nicht ausdrücklich, allein es ist von der Praxis ganz richtig angenommen worden, weil die Eidesdelation eine Art von Transact in sich schließt, Transacte über die Existenz der Ehe aber überhaupt unzuläßig sind, c. 11. X. de transact. (1. 36).

s) c. 5. X. de eo qui cognov. consanguin. (4. 13).

t) c. 1. X. de consanguin. (4. 14), c. 26. X. de sentent. et re judic. (2. 27).

für die Aufrechthaltung der Ehe streiten muß u). Wird die Nichtigkeit anerkannt, so liegt in dieser Entscheidung, daß die Ehe vom Anfang an nicht würklich, sondern blos dem Schein nach existirte; sie wird daher durch das Urtheil, wenn nicht Dispensation eintritt, rückwärts mit allen ihren Würkungen aufgehoben. Das Urtheil geht aber, weil es sich hier nicht um reine Privatrechte handelt, nie in Rechtskraft über, und kann daher eines Irrthums wegen immer wieder zurückgenommen werden v). Ist übrigens eine Verbindung gar nicht vor der Kirche, sondern blos durch die Intention der Partheien als Ehe geschlossen, so bedarf es wider sie in den Ländern, wo das Concilium von Trient gilt, einer förmlichen Nichtigkeitsklage nicht, weil sie juristisch nicht einmahl den Schein einer Ehe für sich hat.

§. 317. VI. Aufschiebende Hindernisse.

Greg. IV. 4 De sponsa duorum, IV. 6. Qui clerici vel voventes matrimonium contrahere possunt, IV. 16 De matrimonio contracto contra interdictum ecclesiæ.

Die aufschiebenden Hindernisse des canonischen Rechts sind I. Gewisse Zeiten des Kirchenjahres, wo die Kirche den Sinn der Gläubigen vorzugsweise für ihre Feier in Anspruch nimmt. Ehemals waren diese nach den Provinzen verschieden w). Nach dem neueren Recht ist aber während der Advent- und Fastenzeiten nicht jede, sondern nur die mit Festlichkeiten verbundene Abschließung der Ehe untersagt x). Auch bei den Protestanten wird dieses Hinderniß beobachtet. II. Das Gebot des geistlichen Richters mit der Abschließung der Ehe einstweilen zu warten. Dieses kommt jedesmal vor, wenn Einsprüche gemacht worden sind, damit diese zuvor beseitigt werden y). III. Ein unfeierliches Ge-

u) Diese schöne Verordnung hat Benedict XIV. (1741) erlassen, Const. Dei miseratione.

v) c. 7. 10. X. de sentent. et re judic. (2. 27), c. 5. 6. X. de frigid. et malefic. (4. 15).

w) c. 8. c. XXXIII. q. 4. (Conc. Laodic. c. a. 372), c. 9. eod. (Conc. Bracar. II. c. a. 572), c. 11. eod. (Nicol. I. a. 866), c. 10. eod. (Conc. Salegunstad. a 1023), c. 4. X. de fer. (2. 9).

x) Conc. Trid. Sess. XXIV. can. 11. de sacram. matr., Ibid. cap. 10. de ref. matr. — s. M. Ueb. §. 88.

y) c. 3. pr. X. de clandest. despons. (4. 3), c. 1. 2. 3. X. de matrim. contr. interd. (4. 16).

lübde der Keuschheit. In der älteren Zeit wurde die Verletzung eines feierlichen Gelübdes dieser Art mit der beständigen Ausschließung von der Kirchengemeinschaft bestraft z). Darin lag von selbst, daß die Kirche die Ehe nicht als solche anerkannte, wiewohl sie die bürgerliche Gültigkeit derselben nicht hindern konnte. Wer gegen ein unfeierliches Gelübde eine Ehe eingieng, mußte sich wenigstens einer zeitigen Kirchenbuße unterwerfen a); doch blieb die Ehe gültig b). Als später die Kirche die volle Jurisdiction in Ehesachen erhielt, war es natürlich, daß die gegen ein feierliches Gelübde eingegangene Verbindung für ganz ungültig erklärt wurde c). Das unfeierliche blieb aber als ein blos aufschiebendes Hinderniß anerkannt d). Auch wurde als feierliches Gelübde nur die Annahme der höheren Weihen und der Eintritt in einen Mönchsorden erklärt e). In der morgenländischen Kirche gelten dieselben Grundsätze. Bei den Protestanten fällt aber dieses Hinderniß weg. IV. Ein bestehendes Verlöbniß mit einer anderen Person. Dieses wird, wenn es ein feierliches ist, in der griechischen Kirche sogar als ein Nichtigkeitsgrund behandelt (§. 312). V. In der älteren Zeit entstand ein Hinderniß auch aus den öffentlichen Pönitenzen, weil man während derselben keine Ehe eingehen durfte (§. 197), und aus dem Verhältniß des Lehrers zum Katechumenen (§. 285), weil

---

z) c. 5. 9. D. XXVII. (Hieronym. c a. 390), c. 1. c. XXVII. q. 1. (Conc. Carth. IV. a. 398), c. 10. eod. (Innocent. I a. 404), c. 12. 22. eod (Conc. Chalc. a. 451), c. 7. eod. (Conc. Paris. V. a. 614), c. 8. 17. eod. (Conc. Tribur. a. 895).

a) c. 9 c. XXVII q. 1. (Innoc. I. a 404, c. 3. D. XXVII. (Theodor. a. 670), c. 2. c. XXVIII. q. 1. (Gregor. III. a. 739).

b) c. 2. D. XXVII (Augustin a. 401), c. 41. c. XXVII. q. 1. (Idem eod.), c. 1. c. XX. q. 3 (Leo I a 443). Besonders deutlich tritt die Unterscheidung zwischen dem feierlichen und unfeierlichen Gelübde auch in folgender Stelle hervor, Siric. († 398) Epist. X. cap. 1. Es ist daher augenscheinlich irrig, Gratian, der beim c. 8. D. XXVII. diese Unterscheidung angewendet hat, als den Erfinder derselben auszugeben.

c) c. 6. D. XXVII. (Nicol I a 865), c. 8 eod. (Conc. Lateran. I. a. 1123), c. 40. c. XXVII. q. 1. (Conc. Lateran. II. a. 1139), c. 3. 7. X. qui cleric. (4. 6).

d) c. 3. 4. 5. 6. X qui clerici etc. (4 6).

e) c. un. de voto in VI. (3. 15).

dieses ein blos väterliches seyn sollte f). Beides ist aber mit der veränderten Disciplin verschwunden.

§. 318. VII. Nichtigkeitsgründe der Ehe. A) Privatrechtliche Gründe.

Greg. IV. 9. De conjugio servorum, IV. 15. De frigidis et maleficiatis.

Die Nichtigkeitsgründe, welche jedoch nur von dem Betheiligten geltend gemacht werden können, sind folgende. I. Der Mangel an Einwilligung, weil ohne diese von einer Ehe gar nicht die Rede seyn kann. Es ist daher keine Ehe vorhanden, wenn die Einwilligung blos durch Furcht oder unmittelbare Gewalt erlangt worden ist, vorausgesetzt jedoch, daß diese in der Anwendung oder Androhung eines würklichen Uebels bestand g). In diesem Fall ist selbst auch der Eid des Gezwungenen unverbindlich h). Nach der Form, die das Concilium von Trient vorschreibt, wird übrigens dieser Fall kaum mehr vorkommen; fände er aber Statt, so kann genau genommen die Nichtigkeit nicht mehr wie früher durch hinzutretende Einwilligung i), sondern nur durch eine Erklärung vor Pfarrer und Zeugen gehoben werden. Ferner ist die Ehe nichtig, wenn bei der Eingehung ein Irrthum über wichtige, das Wesen der Ehe nahe angehende, Verhältnisse bestand. Welche dieses seyen, ist aber nicht genau bestimmt k), und daher dem richterlichen Ermessen überlassen. Man rechnet dahin die Schwangerschaft der Braut von einem Dritten, ein begangenes peinliches Vergehen, eine bleibende Gemüthskrankheit l). Endlich ist auch die Ehe nichtig, wenn

---

f) c. 5. X. de cognat. spirit. (4. 11), c. 2. eod. in VI. (4. 3).

g) c. 4. c. XXXI. q. 2. (Nicol I a. 863), c. 3 eod. (Urban. II. a. 1090), c. 1. eod. (Idem a. 1095), c. 6. 14. 15. 28. X. de sponsal. (4. 1).

h) c. 2. X de eo qui duxit in matrim. (4. 7).

i) c. 21. X. de spons. (4. 1), c. 4. X. qui matrim. accus. (4. 18).

k) Einiges Nähere darüber giebt Gratian. ad c. XXIX. q. 1. Doch wird man ihm in dem, was er am Schluß dieser Stelle sagt, schwerlich beistimmen können.

l) Die c. XXIX. q. 2. beschäftigt sich mit der jetzt unnöthigen Frage, ob der Irrthum über die Freiheit ein vernichtender sey. Man wird

die Einwilligung blos simulirt war m), was aber jetzt nicht leicht mehr vorfallen kann, oder wenn sie durch Betrug und Arglist veranlaßt wurde. In allen diesen Fällen muß aber der verletzte Theil die Klage, sobald er kann, anstellen, weil sonst eine Verzichtleistung darauf angenommen wird n). II. Das Unvermögen zur ehelichen Beiwohnung. Dieses bildet, wenn der andere Theil deswegen klagt, einen Nichtigkeitsgrund, weil man vermuthen kann, daß er die Ehe in ihrer Vollständigkeit gewollt hat o). Jedoch muß es vor der Ehe vorhanden p), und dem Andern unbekannt gewesen q), und auch nicht blos vorübergehend seyn. Die erst während der Ehe entstandene Impotenz wird nicht als ein Scheidungsgrund, sondern, wie jede andere Krankheit, als ein von Beiden gemeinschaftlich zu tragendes Schicksal behandelt. Um so weniger hebt die bloße Unfruchtbarkeit die Ehe auf r). Auch wird hinsichtlich des Unvermögens den Ehegatten nicht unbedingt geglaubt, sondern erst eine ärztliche Untersuchung angeordnet s). Ist deren Erfolg zweifelhaft, so mußten nach dem älteren Recht die Ehegatten noch drei Jahre lang beisammen wohnen, und dann noch ihre Behauptung mit sieben aus der Verwandtschaft genommenen Eideshelfern beschwören t). Letzteres fällt aber jetzt weg. Der

---

auch hier den Einfluß der Kirche auf die Milderung der Sitten nicht verkennen.

m) c. 26. X. de sponsal. (4. 1).

n) c. 21. X. de sponsal. (4. 1), c. 2. 4. X. de conjug. servor. (4. 9), c. 4. X. qui matrim. accus. (4. 18).

o) c. 2. c. XXXIII. q. 1. (Greg. II. a. 725), c. 29. c. XXVII. q. 2. (Rhaban. a. 853), c. 2. 3. X. de frigid. (4. 15). — s. Eheordn. für Baden 1829 §. 8.

p) c. 25. c. XXXII. q. 7. (Nicol. I. c. a. 860). Anderer Meinung scheint zwar c. 18. eod. (Gregor. II. a. 726). Allein diese Stelle kann sehr gut blos von der schon vor der Ehe vorhandenen Impotenz verstanden werden.

q) c. 4. X. de frigid. (4. 15).

r) c. 27. c. XXXII. q. 7. (Augustin. a. 401).

s) c. 4. 14. X. de probat. (2. 19), c. 5. 6. X. de frigid. (4. 15).

t) c. 2. c. XXXIII. q. 1. (Gregor. II. a. 725), c. 5. 7. X. de frigid. (4. 15). Die dreijährige Probezeit kommt schon im römischen Recht vor, nov. 22. c. 6. Der Eid steht auch in den Capitularien, Capit. Pipin. a. 752. c. 17., Capit. Reg. Francor. Lib. VI. c. 55.

unvermögende Theil darf nicht wieder heirathen u); thut er es dennoch, und weißt er sich jetzt als vermögend aus, so muß er zur ersten Ehe, weil diese aus Irrthum für nichtig erklärt wurde, zurückkehren v). Den Kastraten ist aus besonderen Gründen die Ehe durch eine Bulle des Pabstes Sixtus V. vom Jahr 1587 schlechthin verboten. III. Die Entführung (raptus). Das römische Recht betrachtete diese nicht blos aus dem Gesichtspunkt der Gewalt, sondern verbot, um diesem damahls häufig vorkommenden Vergehen Einhalt zu thun, die Ehe zwischen dem Entführer und der Entführten schlechthin w). In diesem Geiste setzte das ältere canonische Recht dafür die Strafe der Excommunication und schwere Kirchenbußen fest x), und erklärte ebenfalls eine solche Ehe für nichtig y). Dieses blieb im Orient wirklich in Uebung z). In der abendländischen Kirche wird aber jetzt die Entführung blos nach den Grundsätzen des Zwanges beurtheilt, so daß wenn die Entführte nach ihrer Befreiung einwilligt, die Ehe allerdings möglich ist. Nur muß sie erst von dem Entführer getrennt, und an einen sichern Ort gebracht werden, damit sie hier ihre Einwilligung frei erklären könne a).

---

91. Uebrigens scheint man nach den Begriffen jener Zeiten den Grund des Unvermögens häufig in einer Bezauberung gesucht zu haben, c. 4. c. XXXIII. q. 1. (Hincmar. Rem. a 860), c. 7. X. de frigid (4. 15).

u) c. 2. c. XXXIII. q. 1. (Greg II. a. 725), c. 5. X. de frigid. (4. 15).

v) c. 2. c. XXXIII. q 1., c. 6. X. de frigid. (4. 15). Anderer Meinung ist c. 4. c. XXXIII. q. 1. (Hincmar. Rem. a. 860).

w) c. un. §. 1. C. de rapt. virgin (9. 13), nov. 143. 150.

x) c. 1. c. XXXVI. q. 2. (Conc. Chalced. a. 451), c. 2. eod. (Symmach. a. 502), c. 6. eod. (Conc. Paris. III. a. 557), c. 5. eod. (Gregor. II. a. 721), c. 4. eod (Capit. Aquisgr. a. 816). — Die Capitularien drohten auch sehr harte bürgerliche Strafen, Decret. Childebert. a. 595. c. 4., Edict. Chlotar. II. a. 615. c. 18.

y) c. 10. c. XXXVI. q. 2. (Conc. Meldens. a. 845), c. 11. eod. (Conc. Aquisgran. a. 847), Capit. Reg. Franc. Lib. I. c. 99., Lib. VII. c. 183. 395.

z) Conc. Trull. a. 692. c. 92., Nov. Leon. 35., Balsamon ad Conc. Trull. c. 92. (Bevereg. T. I. p. 266).

a) c. 6. 7. X. de raptor. (5. 17), Conc. Trid. Sess. XXIV. cap. 6. de ref. matr.

§. 319. B) Oeffentliche Nichtigkeitsgründe. 1) Verschiedenheit der Religion.

Da die Ehe in ihrer Vollständigkeit gedacht eine Gemeinschaft aller Lebensverhältnisse seyn soll: so muß sie gewiß auch den edelsten Theil derselben, die Religion, umfassen. Ohne diese würde ihr dasjenige fehlen, was vorzüglich diese Verbindung gegen den Wechsel der Leidenschaften beschützt, und die Ehegatten in Freud und Leid unerschütterlich zusammenhält. Ueberhaupt wird die Würkung der Ehe, als einer Ordnung des Heils, nur in der christlichen Familie sichtbar. Alles dies hört aber auf, wenn in dem Hauswesen selbst ein Zwiespalt der Religion besteht. Daher wurden die Ehen zwischen Christen und Ungläubigen von der Kirche wiederholt verboten b), und durch die Gesetze der römischen Kaiser für nichtig und verbrecherisch erklärt c). Gleiche Grundsätze gelten noch in der griechischen Kirche. In einigen protestantischen Ländern Deutschlands sind aber in der neueren Zeit die Ehen mit Juden unter der Bedingung, daß die Kinder christlich würden, gestattet worden. In der griechischen Kirche wurden, nach dem Prinzip der Ehe, früher sogar auch die Ehen zwischen Orthodoxen und Häretikern als nichtig angesehen d). Die lateinische Kirche aber hat sie zwar auch, weil es dabei an der vollständigen religiösen Gemeinschaft fehlt, immer sehr misbilligt und verboten e), jedoch aus Rücksicht auf die bürgerlichen Verhältnisse nicht die Nullität derselben ausgesprochen f). Auch

---

b) c 15. c. XXVIII. q. 1. (Ambros. c. a. 387), c. 9. §. 6. (Augustin. c. a. 419), c. 17. eod. (Conc. Avern. a. 535), c. 10. eod. (Conc. Tolet. IV. a. 633).

c) c. 1. C. Th. de nupt. gentil. (3. 14), c. 6. C. Just. de Judæis (1. 19).

d) Conc. Trullan. a. 692 can. 72. ibiq. Balsamon et Zonaras (Bevereg. T. I. p. 241), Photii Nomocanon Tit. XII. Cap. XIII.

e) c. 16. c. XXVIII. q. 1. (Conc. Agath. a 506), Conc. Colon. a. 1651. Part. IV. No. XXV., Conc. Paderborn. a. 1688. Part. II. Tit. X. No. XXIV.

f) Ueber die Gewissensfrage dabei erklärt sich folgendermaaßen *Z. B. van Espen* Jus eccles. univers. Part. II. Sect. I Tit XII. Cap. V. No. 38. Neque enim ullus negat, quin Catholici gravissime peccare soleant, cum hæreticis matrimonia ineundo;

in Rußland sind seit Peter I. (1719) die Ehen mit anderen christlichen Religionsverwandten unter dem Versprechen, daß die Kinder sämmtlich der griechischen Religion angehören würden, erlaubt worden.

§. 320. 2) Bestehende Verpflichtungen.

Greg. III. 32. De conversione conjugatorum, IV. 4. De sponsa duorum, IV. 6 Qui clerici vel voventes matrimonium contrahere possunt

Da die Ehe eine gegenseitige Hingebung der ganzen Persönlichkeit seyn soll: so ist sie nichtig, wenn einer der Ehegatten bereits feierliche Verpflichtungen übernommen hatte, welche ihn ausschließlich an eine andere Bestimmung fesseln. Diese sind I. eine schon bestehende Ehe. Polygamie hebt das Wesen der Ehe auf, und ist sowohl nach den göttlichen g), wie nach den kirchlichen h) und bürgerlichen Rechten verboten. Unter mehreren als Ehe eingegangenen Verbindungen derselben Person geht daher die ältere vor i). Dieses gilt im Sinne der Kirche selbst von den Ehen der Heiden, weil es zum natürlichen Begriff der Ehe gehört k). II. Ein feierliches Gelübde der Keuschheit l). Die Kirche legt diesem selbst dann noch trennende Kraft bei, wenn es auch erst nach erklärter ehelicher Einwilligung abgelegt würde, so lange nur noch nicht würkliche Beiwohnung Statt gefunden hätte m); und das Concilium von Trient hat

---

hæcque matrimonia ob multiplicia incommoda, ac præsertim præsentaneum periculum perversionis ad hæresim, parti catholicæ nec non prolibus imminens, esse plane detestanda. — Ueber gemischte Ehen s. M. Ueb. §. 87., Eheordnung für Baden §. 2. 9—10., Bair. Rel Edikt § 12—23, worin auch die in diesen Staaten übliche Praxis über Erziehung der Kinder aus solchen Ehen regulirt ist; auch durch Dekr. v 16. Novbr 1831 für Würt. neuerdings.

g) Matth. XIX. 3—9.

h) c. 8. X. de divort. (4. 19), Conc. Trid. Sess. XXIV. can. 2. de sacram. matrim.

i) c. 2. c XXXIV. q. 1. (Innocent. I a. 405), c. 1. eod. (Leo I a. 458), c. 1 3. 5. X de sponsa duor. (4. 4).

k) c. 8. X. de divort. (4. 19)

l) Conc. Trid. Sess. XXIV. can. 9. de sacram. matrim. Die älteren Gesetze hierüber sind schon oben angeführt worden (§. 317).

m) c. 28. c. XXVII. q. 2. (Gregor. I. a. 597) ibiq. Gratian.

diesen Grundsatz von den formlosen Ehen der älteren Zeit auch auf die förmlichen Ehen des neueren Rechts übertragen n). Ist aber die Ehe ganz vollzogen, so kann der Eine nicht mehr ohne Zustimmung des Andern die Gelübde ablegen, und selbst dann dauert die Ehe an sich noch fort; daher darf derjenige, der in der Welt zurückbleibt, doch nicht wieder heirathen o). III. Die höheren Weihen (§. 219). Diese machen aber nur die spätere Ehe nichtig, nicht die früher abgeschlossene, wenn gleich noch nicht consummirte Ehe p). Die an sich wenig erhebliche Streitfrage, ob sie jene Würkung vermöge eines mit ihnen verbundenen Gelübdes oder blos durch die Satzungen der Kirche haben, ist auch vom Concilium von Trient unentschieden gelassen worden q). Bei den Protestanten fällt dieser und der vorige Nichtigkeitsgrund weg.

§. 321. 3) Verbrechen.

Greg. IV. 7. De eo qui duxit in matrimonium, quam polluit per adulterium.

Es hebt die sittliche Würde und also das höhere Wesen des Ehestandes auf, wenn der Entschluß der Ehe von schweren verbrecherischen Absichten begleitet war, und um so mehr, wenn Verbrechen das Mittel gewesen sind, wodurch die Ehe zwischen zwei Personen zu Stande gekommen ist. Nach diesem Grundsatz bilden folgende Verbrechen trennende Hindernisse. I. Der Ehebruch. Nach dem römischen Recht machte dieser die nachfolgende Ehe zwischen dem Ehebrecher und der Ehebrecherin schlechthin nichtig r). Hieran hielt sich auch das ältere canoni-

---

c. 27. eod. (Theodor. Cantuar. c. a 690) ibiq. Gratian. c. 2. 7. 14. X. de convers. conjugat. (3. 32), c. 16. X. de sponsal. (4. 1.)

n) Conc. Trid. Sess. XXIV. can 6 de sacram. matrim.

o) c. 22. c. XXVII. q 2. (Basil. c. a. 362), c. 25. eod. (Gregor. I. a. 596), c. 21. eod. (Idem a. 601), c. 26. eod. (Nicol. I. a. 867), c. 1. 7. 8. 13. 18. X de convers. conjug (3. 32).

p) c. un. Extr. Johann. XXII. de voto (6).

q) Conc. Trid. Sess. XXIV. can. 9 de sacram matrim.

r) Fr. 11. §. 11. fr. 40. ad L Jul. de adulter. (48. 5), c. 27. Cod. eod. (9 9), nov. 134. c. 12. — s. Eheordnung für Baden §. 47. 4., M. Ueb. §. 61. 3.

sche Recht s) bis in das neunte Jahrhundert t). Um diese Zeit gieng man aber hin und wieder davon ab, und erlaubte den Ehebrechern nach geleisteter Buße einander zu heirathen, außer wenn Einer von ihnen an dem Tode des unschuldigen Ehegatten Schuld gewesen wäre u). Hieraus und aus einem andern Fall, der bei dem Concilium von Tribur verhandelt worden v), bildete Gratian die Regel, daß der Ehebruch nur dann ein Nichtigkeitsgrund sey, wenn sich die Ehebrecher dabei auf den Fall des Todes des unschuldigen Ehegatten die Ehe gelobt, oder wider diesen Lebensnachstellungen verübt hätten w). Dieses wurde denn auch so in den nachfolgenden Decretalen angenommen x). II. Die Ermordung des einen Ehegatten durch den Andern. Nach dem älteren Recht fiel dieser in eine lebenslängliche sehr strenge Kirchenbuße, und durfte nie mehr heirathen y). Nach dem neueren ist aber blos die Ehe mit demjenigen verboten, mit welchem er sich zur Ermordung des Ersteren verabredet hatte z).

§. 322. 4) Die Verwandtschaft. a) Von der Art die Nähe der Verwandtschaft zu berechnen.

Nach einem Gesetz der Natur, welches durch politische Gründe verstärkt und noch weiter ausgedehnt werden kann, ist die Ehe auch unter nahen Verwandten verboten. Die Nähe der Verwandtschaft kann aber auf verschiedene Art bezeichnet werden. I. Das Mosaische Recht bedient sich keiner allgemeinen Berechnung nach Linien oder Graden, sondern es bezeichnet jeden Verwand-

---

s) c 2. c. XXXI. q. 1. (Augustin. c. a 419). Hier heißt es nämlich im Original: fieri *non* potest. Eben so in einer älteren Handschrift von Gratian.

t) c. 1. c. XXXI. q 1. (Conc Tribur. a. 895), c. 3. eod. (Conc. Altheim. a 916).

u) c. 5. c. XXXI. q. 1. (Conc. Meldens. a. 845).

v) c 4. c. XXXI. q. 1. (Conc Tribur. a. 895).

w) Gratian. ad c 3 c. XXXI q. 1.

x) c. 6. 7. X. de eo qui duxit etc. (4. 7); das c. 1. 5. X. eod. bezieht sich noch auf das ältere Recht.

y) Capit. Pippin. a 752. c. 5., c. 8. c. XXXIII. q. 2. (Paulin. ad Heistulf. a. 794).

z) c. 1. X. de convers. infid. (3. 33).

ten mit einem besonderen Namen. II. Das römische Recht unterscheidet die Verwandten aufwärts, abwärts, und von der Seite her; ihre Entfernung von einander bestimmt es so, daß es, bei demjenigen der dem Einen am nächsten ist anfangend, bis zu dem Andern hin die Grade zählt a). III. Das deutsche Recht bezeichnete, so viel man erkennen kann, die Verwandten auf- und abwärts und die Geschwister nicht nach Graden, sondern mit eigenen Namen; über die Geschwister hinaus hießen aber die Verwandten Magen, und diese wurden nach der Entfernung ihrer Abstammung durch Zahlen unterschieden. Die Geschwisterkinder standen also unter den Magen in der ersten Sippzahl b), nach der Entfernung vom gemeinschaftlichen Stammvater aber in der zweiten Generation c). IV. Die

a) *Paul* Sentent. rec. IV. 11., fr. 9. 10. de gradib cognat. (38. 10), Tit Inst. de gradib. cognat. (3. 6). Diese Stellen sind jedoch nur dann ganz verständlich, wenn man das Bild, in welchem die Römer die Verwandtschaft darstellten, vor Augen hat. Ein solches Schema findet man abgedruckt bei *Isidor*. Origin. Lib. IX Cap. 6. (Auctor. latin ling. ed Gothofred. col. 1061); besser bei *Cuiac*. Observ. VI 40 aus einer Handschrift des Theodosischen Codex, und nach diesem in *Heinecc*. Antiq Rom. Lib III. Tit. 6. Darauf beziehen sich auch die Ausdrücke linea, linea recta et transversa, gradus, descendentes, ascendentes, a latere juncti.

b) Sachsensp. I 3. Ungezweiter bruder kindere die stehn an deme gelide da schuldere und arme zusammene komen. also tun die schwester kindere. Diz ist die erste sibbe zcale die man zu magen rechent.

c) Außer dieser deutschen Computation wird seit Böhmer zur Erklärung der älteren Quellen noch eine andere genommen, welche man die Isidorisch-Römische genannt hat. Diese soll darin bestanden haben, daß wie im deutschen Recht, der Stamm nicht beim Vater, sondern bei den Kindern angesetzt, übrigens aber, auch in der Seitenlinie, ganz nach römischem Recht gezählt worden sey. Daß aber Isidor die römische Computation ganz rein befolgt habe, ergiebt sich schon aus dem ersten von ihm aufgestellten, wiewohl sonst nicht fehlerfreien Schema (Origin. Lib. IX c. 6 ed Gothofr. col. 1059), außerdem auch sehr bestimmt aus seiner Erwähnung des sechsten, als des äußersten Verwandtschaftsgrades (bei Gratian c. un. c. XXXV. q. 4), verbunden mit dem anderen zur Erläuterung dieses Satzes beigefügten, wiewohl auch sehr unvollkommenen Schema (ed. Gothofr. col. 1063), indem darin der sechste Grad, ganz wie im römischen Recht, aufwärts den Tritavus, abwärts den Trinepos umfaßt. Dawider wäre freilich der von Gratian dem Isidor beigelegte c. 1. c. XXXV q. 5. Allein,

Kirche bediente sich anfangs der Zählart des römischen Rechts, und diese blieb in der morgenländischen Kirche beständig im Gebrauch. Durch den Verkehr mit den germanischen Völkern nahm aber die römische Kirche, man weiß nicht wann, die Zählart nach Gliedern oder Generationen an d). In der auf- und absteigenden Linie stimmte diese mit der römischen Berechnung nach Graden überein; unter Seitenverwandten aber mußte nun, um die Nähe ihrer Verwandtschaft zu bezeichnen, die Zahl des Gliedes genannt werden, worin Jeder vom gemeinschaftlichen Stammvater an gerechnet stand. Diese Berechnungsart wurde bald auch in England e) und im Fränkischen Reiche f) ange-

diese Stelle findet sich, wie alle bisher übersehen haben, gar nicht bei Isidor selbst; dadurch fällt denn aller Grund, sie mit der Römischen Computation in Verbindung zu bringen, weg, und sie ist, wahrscheinlich als ein jüngeres Glossem der Westgothischen Sammlung, ganz einfach von der deutschen Zählart zu verstehen. Man wird also doch wohl endlich die Fabel von der Isidorisch-Römischen Computation aufgeben müssen.

d) Zuerst findet man diese angewendet in einem Schreiben Gregors des Großen an Augustinus in England (Mansi T. X col 407), wovon auch bei Gratian Bruchstücke stehen, c. 20. pr. c. XXXV. q. 2. (Gregor I. a. 603), c. 2. § 5. c. XXXV. q. 5. (Alexand. II a. 1065). In der ersten Stelle ist jedoch die Lesart aus der zweiten zu verbessern. Die bis dahin noch immer nachgesprochene Behauptung Böhmers, der in diesem Schreiben die Isidorisch-Römische Computation voraussetzt, fällt jetzt dadurch gewiß zusammen, daß es, wie oben gezeigt wurde, eine solche Computation gar nicht gab.

e) *Theodor Cantuar.* Capit. (§ 79) c. 24. 25. 139, *Anonymi* Pœnitentiale (§. 79. not b) Lib. I c. 28. (Mansi T. XII. col. 438), *Hucarii* Excerptiones (§ 79. not. v) c 138. Die Gründe, aus welchen man diesen Stellen noch die römische Zählart zum Grunde legen will, sind durchaus nicht haltbar. Die letzte ist zwar zum Theil aus Isidor (c. un. c. XXXV. q. 4); allein es wurden nur die römischen Grade von canonischen Generationen verstanden.

f) Man findet diese schon ganz klar in der Epist. Bonifac. ad Zachar. a. 741. c. 5., und Zacharias befestigte sie durch sein Decret (742), worin er sie den fränkischen Bischöfen auseinandersetzte, und eine andere übliche Computation, die augenscheinlich noch die römische war, verwarf, Mansi T. XII. col. 356. Dieses Decret ist fälschlich auch Gregor dem Großen beigelegt worden, Mansi T. X. col. 444. Bruchstücke davon stehen auch bei Gratian, c. 3. 4. c XXXV. q. 5. Seit jener Zeit wurde die canonische Computation in den Capitularien beständig befolgt, Capit. Compend. a. 757. c. 1. 2.

nommen. In Spanien blieb aber die römische Computation noch längere Zeit in Uebung g). Hin und wieder bediente man sich auch noch der Zählart des deutschen Rechts h). So blieb es bis in die zweite Hälfte des elften Jahrhunderts, wo bei Gelegenheit einer entstandenen Streitfrage die Römische Computation vom Pabste sehr bestimmt verworfen, und die Canonische als die rechtmäßige bestätigt, übrigens aber auch die Deutsche, als der Sache nach mit dieser übereinstimmend, zugelassen wurde i). Später ist jedoch die deutsche Zählart ebenfalls von der Kirche ausgeschlossen worden k).

§. 323. b) Verbotene Verwandtschaftsgrade.

Greg. IV. 14 Clem. IV. 1. De consanguinitate et affinitate.

Das Mosaische Recht verbietet die Ehe nicht nach Graden, sondern zwischen namentlich bezeichneten Verwandten, so daß wenn man bei den Worten stehen bleibt, von den Verwandten desselben Grades einige einander heirathen können, andere nicht l). Auch das römische Recht bezeichnet gewöhnlich nach Namen, so jedoch daß ihm die Rechnung nach Graden zum Grunde liegt und es daher die Personen desselben Grades vollständig aufzählt. Nach ihm ist die Ehe verboten unter Verwandten in der graden Linie bis ins Unendliche m); in der Seitenlinie die Ehe unter Geschwistern n) und unter solchen Personen, wovon die eine zur

---

g) Dieses ergiebt sich aus L. Wisigoth. Lib. III. Tit. V. c. 1, Lib. XII. Tit. II. c 6. Tit. III. c. 8. Der Grund lag in dem fortdauernden Gebrauch der Quellen des römischen Rechts und später der Schriften Isidors.

h) Ausdrücklich vorgeschrieben wurde sie von dem Conc. Salegunst. a. 1022. c. 11.

i) c. 2. c. XXXV. q. 5. (Alexand. II. a. 1065). Daher ist auch noch in den Decretalen zuweilen auf die deutsche Computation Rücksicht genommen, c. 3 X. de divort (4. 19). — In Würt. gilt nicht das Civil-, sondern das canonische Recht. s. Hezel Repert. der Polizeigesetze 1814. §. 45., Schnaubert Grundsätze des K. R. §. 529.

k) c. 7. X. de consanguin. (4. 14).

l) Levit. XVIII. 7. 9. 13., XX 17—19., Deuter. XXVII. 22.

m) fr. 53. de rit. nupt. (23 2), c. 17. C. de nupt. (5. 4), §. 1. J. eod. (1. 10).

n) c. 17. C. de nupt. (5. 4), §. 2. J. eod. (1. 10).

andern an Eltern Statt, d. h. die eine unmittelbar unter dem gemeinschaftlichen Stammvater, die andere entfernter steht o). Unter Geschwisterkindern war die Ehe früher erlaubt p), dann seit Theodosius I. (u. 385) verboten q), endlich durch Arcadius (405) für den Orient wieder erlaubt r). Die Kirche stellte zwar schon früh Eheverbote unter den nahen Verwandten auf, doch findet sich kein Beispiel, daß sie damahls weiter gieng als die Verbote des Mosaischen und römischen Rechts s). Später behielt man aber im Abendlande nicht blos das Verbot der Ehe unter Geschwisterkindern (consobrini) bei, sondern mehrere Provincial-Concilien untersagten auch die Ehe unter den Geschwisterkinder-Kindern (sobrini) t). Dadurch waren also die Eheverbote bis auf den sechsten Grad, der überhaupt bei den Römern als die regelmäßige Gränze der Cognation galt u), oder bis in das dritte Glied der canonischen Computation, ausgedehnt.

---

o) fr. 39. pr. de rit. nupt. (23. 2), c. 17. C. de nupt. (5. 4), §. 3. 5. J. eod. (1. 10).

p) fr. 3. de rit. nupt. (23. 2).

q) c. 1. C. Th. si nupt. ex rescr. (3. 10), c. 3. C. Th. de inc. nupt. (3. 12).

r) c. 19. C. de nupt. (5. 4), §. 4. J. eod. (1. 10).

s) *S. Augustin.* De civit. Dei XV. 16. Experti etiam sumus in connubiis *consobrinarum*, etiam nostris temporibus propter gradum propinquitatis fraterno gradui proximum, quam raro per mores fiebat, quod fieri per *leges* licebat; quia id nec divina lex prohibuit, et nondum prohibuerat lex humana.

t) Die Ehe unter den consobrini verbietet c. 8. c. XXXV. q. 2. (Conc. Agath. a. 506); nicht blos unter diesen, sondern auch unter den sobrini, Conc. Epaon a. 517 c. 30., Conc. Arvern. a. 535. c. 12., unter ersteren allein Conc. Turon. II. a. 567. c. 21., unter beiden wieder Conc. Antisiodor. a. 578. c. 31.; unter ersteren allein Conc. Paris. V. a. 615. c. 14. Die Bezeichnung geschieht hier überall nicht nach Graden, sondern durch Namen. Am päbstlichen Hofe erstreckte sich aber damals das Verbot noch nicht weiter als bis in das zweite Glied der canonischen Computation, also bis auf die Consobrinen, c. 20. pr. c. XXXV. q. 2. (Gregor. I. a. 603), verbessert aus c. 2. §. 5. c. XXXV. q. 5. (Alexand. II. a. 1065).

u) So rechnet Isidor. Origin. Lib. IX. c. 6. (c. un. c. XXXV. q. 4), L. Wisigoth. Lib. III. Tit. V. c. 1., Lib. XII. Tit. II. c. 6. Tit. III. c. 8. Jene Ansicht der Römer näher auszuführen, ist hier nicht der Ort.

Dabei blieb man eine Zeitlang stehen, wiewohl man auch darüber hinaus die Ehe wenigstens zu hindern suchte v). Endlich aber wurde vom Pabste, nach dem Vorbild des Mosaischen Rechts w), überhaupt die Ehe zwischen Verwandten als unerlaubt erklärt x). Doch dauerte es noch lange, ehe dieser Satz würklich Eingang fand. Im fränkischen Reich hielt man fortwährend nur die Verwandtschaft bis ins dritte Glied y), oder höchstens bis in das dritte Glied einerseits und das vierte andrerseits z) für ein trennendes Hinderniß; eben so in England a). Allein allmählig nahm man doch das vierte Glied ganz hinzu b), und endlich gieng das allgemeine Verbot des Pabstes, jedoch nicht ohne Widerspruch c) und auch noch nicht ganz gleichförmig, in die Praxis über. Einige rechneten die Verwandtschaft nach Isidor nur bis zum sechsten Grad, den sie jedoch von der sechsten Generation canonischer Computation verstanden d);

---

v) Dieses ergiebt sich aus *Theodor Cantuar*. Capitul. c. 24. 139.

w) Levit. XVIII. 6.

x) Gregor. II. in Conc. Roman a 721. c. 9., Idem Epist. XIII. ad Bonifac a. 726. c. 1., Zacharias in Conc. Roman. a. 745. c. 15. Dieser Satz war auch schon früher einmal ausgesprochen worden, Conc. Tolet. II a. 531 c. 5.

y) So rechnen Capit. Wermer. a. 742. c. 1, Capit. Hayton. Basil. a. 820. c. 21., und das dem Beda fälschlich beigelegte Pönitentialbuch (§ 79. not. z). In diesem werden nämlich zwar die römischen Beschlüsse angeführt und die Ehen unter Verwandten bis ins sechste Glied untersagt, allein doch erst vom dritten Glied an als nichtig erklärt, Mansi T. XII col. 504.

z) So rechnet das Capit Compend. a. 757. c. 1.

a) Dieses beweist des oben angeführten *Anonym* Pœnitent. Lib. I. c 28.

b) Conc. Mogunt. a. 847 c. 30., Dieses blieb in England die Grenze bis in das elfte Jahrhundert, Leges Northumbrens presbyt. a. 950. c. 61., Conc. Aenham. a. 1009. Nur muß man in der letzten Stelle im angelsächsischen Text statt VI manna unstreitig IV manna lesen.

c) Dieses beweist *Rhaban. Maur.* (c. 847) Epist. ad Humbertum Episc. (*Regino* de eccles. discipl. Lib. II. c 200), wo die Ehen unter Verwandten im fünften Glied noch für gültig erklärt werden.

d) c. 21. c. XXXV. q. 2 (Conc. Cabilon a. 813), Capit. Reg. Franc. Lib. V. c. 166., Lib. VI. c. 209. Daß dabei nicht schon die

andere nahmen das Verbot ganz allgemein, so weit eine Verwandtschaft nachweisbar wäre e); noch andere bestimmten nach einer Regel, die man aus den Quellen des römischen Rechts f) auf die canonische Zählart übertrug, als Gränze die siebente Generation g) oder die sechste Sippzahl nach deutscher Berechnung h). In Italien rechnete man jedoch jene sieben Grade hin und wieder noch nach der Weise des römischen Rechts. Dieses führte im zwölften Jahrhundert zu einem Streite zwischen dem Bischofe Petrus Damiani und den Juristen von Ravenna, in welcher Stadt, als der früheren Residenz der griechischen Exarchen, gewiß praktische Beschäftigung mit dem römischen Recht,

---

Zählart des deutschen Rechts, sondern die oben angeführte Aeußerung Isidors eingewürkt habe, beweist das eben genannte Schreiben des Rhabanus Maurus.

e) L. Langob. Lothar. I. c 98 99., Capit Reg. Franc. Lib. VII. c. 179 Add. IV. c. 74., Nicol. I. ad episc. German. c. a. 859. (Mansi T. XV. col. 141), Conc. Wormac. a. 868. c. 32. (c. 18. c. XXXV. q. 2).

f) Das prätorische Edict hatte aus dem siebenten Grad noch gewisse Personen, nämlich die Kinder der Sobrinen, zur Succession berufen, und dadurch war der Satz entstanden, daß der siebente Grad die Gränze der Erbfähigkeit und Verwandtschaft überhaupt sey. Dieser hatte sich denn durch die Aufnahme von *Paul.* Sent. rec. IV. 11. in das Westgothische Breviarium erhalten, und war durch die Interpretatio noch recht ausdrücklich hervorgehoben worden. Aus dem Breviarium hat ihn auch Gratian c. 6. c. XXXV q. 5., und es ist ganz falsch, wenn man dieses Stück immer dem Isidor von Sevilla zuschreibt.

g) Zuerst findet man diese Zahl als allgemeine Gränze der Verwandtschaft in Gregor. III. Epist. I. ad Bonifac. a 731. c. 5. Dann in der Anwendung auf die Eheverbote in mehreren erdichteten dem Pabste Gregor I. beigelegten Schreiben, wovon Gratian verschiedene Bruchstücke hat, c. 10. 20 §. 1. c. XXXV. q. 2, c. 2. c. XXXV. q. 8., und seit dem neunten Jahrhundert in vielen andern Stellen, c. 2. 7. c. XXXV. q 2. (Pseudo-Isidor), Capit Reg. Franc. Lib. V. c. 310., Lib. VI. c 80. 130, Lib. VII. c. 432. Add. IV. c. 2., Conc. Duziac. II a. 783., Hincmar Rhem. Epist. synod. II. a. 879., c. 17. c. XXXV q. 2. (Nicol. II a. 1059). In den Sammlungen finden sich zum Theil die älteren und neueren, ächten und falschen Stücke nebeneinander. So namentlich in den oben angeführten *Hucarii* Excerption. c. 130 — 138.

h) So verstehe ich: Canuti leg. ecclesiast. Lib. I. c. 7., Conc. Londin. a. 1075.

vielleicht auch eine Rechtsschule sich erhalten hatte. Damiani stritt für die canonische i), die anderen für die römische Computation. Alexander II. bestätigte die erste als die gesetzliche k). Die Eheverbote reichten also jetzt regelmäßig l) bis in das siebente Glied m). Diese große Ausdehnung bewog aber Innocenz III. (1216) sie auf das vierte Glied zurückzuführen n), und zwar wurde die Ehe für erlaubt erklärt, wenn auch nur der Eine im fünften Glied, der Andere aber näher stände o). Dieses bildet also jetzt das gemeine Recht der katholischen Kirche. Die protestantischen Kirchenordnungen und die neueren Landesgesetze haben aber unter Seitenverwandten die Ehe noch in weit näheren Graden gestattet. Im Orient war seit Arcadius unter Consobrinen die Ehe dem bürgerlichen Rechte nach erlaubt; allein die Sitte blieb entschieden dagegen, und die Kirche verbot sie daher später wieder ausdrücklich p). Durch die Basiliken wurde dieses auf die Sobrinen ausgedehnt q), die Ehe unter Sobrinenkindern aber gestattet r). Ueber die Verwandtschaft im siebenten Grade entstanden nun aber Zweifel, bis daß zur Zeit des Patriarchen Alexius Studita (1033 — 51) eine solche Verbindung von der Synode zwar nicht für ungültig, doch aber für unerlaubt und strafbar, endlich durch ein Synodal-Dekret

---

i) *Petr. Damian.* († 1080) Opusc. VIII. De parentel. gradib. (in Opp T. III).

k) c. 2. c. XXXV. q. 5 (Alexand. II. a. 1065).

l) Einzelne Länder hatten noch gewisse Freiheiten, z. B. Norwegen, c. 3. X. de consang. (4. 14).

m) c. 1. X. de consang. (4. 14).

n) c. 8. X. de consang. (4. 14).

o) c. 9. X. de consang (4. 14). Früher scheint dieses anders gewesen zu seyn, c. 3. X eod. — s. M. B. Nro. 88. Auch dürfen in Würt. die Pfarrer vom 3ten und 4ten Verw.- und Schwägerschaftsgrad dispensiren, in vormals östreichischen Orten, auch wo der 2te Grad berührt ist.

p) Conc. Trull. a. 692. c. 54. Weiter giengen die Verbote bis in das neunte Jahrhundert noch nicht. Dieses ergiebt sich aus Photii Nomocanon Tit. XIII. Cap. II.

q) Basilic. Lib. XXVIII. Tit. 5. de nupt. prohib. c. 1., Lib. LX. Tit. 37. Lex. Jul. de adulter. c. 77.

r) Basilic. Lib. XXXV. Tit. 12. de institut. sub condit. fact. c. 5.

unter dem Patriarchen Lukas (1167), welches gleich auch der Kaiser Manuel Comnenus bestätigte, selbst für nichtig erklärt wurde s). Alle diese Beschränkungen galten sogar auch für die außerehelichen Blutsverwandten t).

§. 324. c) Von der nachgebildeten Verwandtschaft.

Greg. IV. 11. Sext. IV. 3. De cognatione spirituali, Greg. IV. 12. De cognatione legali.

Neben der Verwandtschaft, welche auf einer würklichen Zeugung beruht, giebt es mehrere künstliche, der würklichen Verwandtschaft nachgebildete Verhältnisse, und diese haben denn auch gewisse Eheverbote zur Folge. Diese nachgebildete Verwandtschaft wird in die bürgerliche und in die geistliche eingetheilt, je nachdem das Verhältniß, welches ihr zum Grunde liegt, durch das bürgerliche oder durch das geistliche Recht erzeugt worden ist. I. Die bürgerliche Verwandtschaft entsteht aus der Annahme an Kindesstatt. Nach dem römischen Recht, wo eine Adoption nur von Männern vorgenommen werden konnte, war die Ehe mit derjenigen, welche durch die Adoption in das Verhältniß einer Tochter oder Enkelin gekommen war, unbedingt, selbst noch nach aufgelöster Adoption, verboten u). Die Verbote für die Seitenlinie gründeten sich aber darauf, daß der Adoptirte durch die Adoption Agnate der Agnaten des Adoptivvaters wurde. Es war daher, jedoch nur während daß die Adoption bestand, die Ehe des Adoptivkindes mit den wirklichen Kindern, mit den von Söhnen erzeugten Enkeln, und mit der Mutter, Schwester, und Vatersschwester des Adoptivvaters untersagt v), mit dessen Cognaten aber erlaubt w). Das Ver-

---

s) Diesen ganzen Hergang erzählt ausführlich Balsamon ad Photii Nomocanon Tit. XIII. Cap. II. (Justell. T. II. col. 1080 — 82).

t) Balsamon ad Photii Nomocanon Tit. XIII. Cap. V. (Justell. T. II. col. 1107).

u) fr. 55. pr. de rit. nupt. (23. 2), §. 1. J. de nupt. (1. 10).

v) fr. 12. § 4. fr. 17. pr. §. 2. fr. 55. §. 1. de rit. nupt. (23. 2). In der letzten Stelle wird zwar auch noch die Mutterschwester unter den verbotenen Personen genannt; allein daß dieses ein unächter Zusatz sey, ergiebt sich mit der größten Bestimmtheit aus den vorhergehenden Stellen

w) fr. 12. §. 4. de rit. nupt. (23. 2).

bot der Ehe mit den Kindern des Adoptivvaters wurde später im Orient nochmahls unbedingt wiederholt x), war aber, wiewohl Balsamon noch ausdrücklich daran erinnerte y), am Ende des zwölften Jahrhunderts nicht mehr im Gebrauch z). Die lateinische Kirche bezog sich im Allgemeinen auf das römische Recht a). Jetzt hängt dieser Punkt von den Landesgesetzen ab. II. Die geistliche Verwandtschaft entsteht aus der Taufe, weil die Kirche diese als eine geistige Wiedergeburt betrachtet, wobei die Pathen die Stelle der Eltern vertreten. Daher wurde im Orient schon von Justinian die Ehe zwischen ihnen und dem Täufling, dann auch zwischen ihnen und den Eltern des Täuflings, später selbst zwischen den beiderseitigen Kindern, und endlich unter den beiderseitigen Verwandten so weit, wie bei der würklichen Verwandtschaft, verboten b). Die lateinische Kirche hat sich früher fast eben so buchstäblich an jenen Begriff gehalten, und diesen sogar auch auf die Pathen bei der Firmung angewendet. Es war demnach die Ehe verboten zwischen dem Täufling und dem Pathen c), zwischen ihm und deren Kindern d), zwischen dem Pathen und der Pathin e), endlich auch zwischen

x) Nov. Leon. 24. Auch die übrigen Verbote blieben, Basilic. Lib XXVIII Tit. 5. de nupt. prohib. c. 1. 8.

y) Balsamon ad Conc Trullan. c. 53. (Bevereg. T. I. pag. 220). Balsamon spricht aber von jener Novelle auch schon als von einer halbvergessenen Sache.

z) Dieses beweist die Aeußerung von *Demetrius Chomatenus* Archiepisc. Bulgar. De gradib. cognation. (Leunclav. Tom. I. Lib. V. p. 315).

a) c 1. c. XXX. q. 3 (Nicol. I a. 866), c. 5. eod. (Paschal. II. a. 1110), c. 6. eod (Dig. Lib. XXIII. Tit. 2. fr. 17), c. un. X. de cognat. legal. (4. 12).

b) c. 26. C. de nupt. (5. 4), Conc. Trull. a. 692. c. 53., Basilic. Lib. XXVIII. Tit. V. Cap 14., Balsamon ad Photii Nomocan. Tit XIII. Cap. V. (Justell. T. II col. 1104), Idem ad Conc. Trullan. c. 53.

c) c. 5. c. XXX q. 1. (Rhaban. c. a. 840).

d) c. 1 c XXX. q. 3. (Nicol I. a. 866), c. 2. 3 eod. (Zachar. c. a. 745), c. 5. eod. (Paschal II. a 1110), c. 1. 3. 7. 8. X de cognat spirit. (4. 11), c I. eod. in VI (4. 3).

e) c. 5. c. XXX. q. 1. (Rhaban c a. 840), Capit. Reg. Franc. Lib. VI. c. 421, c. 3. de cognat. spirit. in VI (4. 3).

den Pathen und den Eltern des Täuflings f). Dieses letztere Verbot galt jedoch nicht überall g), auch ist die Anwendung auf den Ehemann, der bei dem eigenen Kinde seiner Frau Pathe gewesen wäre, entschieden verworfen worden h). Nach dem neueren Recht entsteht aber eine geistliche Verwandtschaft durch die Taufe blos zwischen dem Taufenden und den Pathen einerseits, und dem Täufling und dessen Eltern andrerseits. Eben so durch die Firmung i). Die Protestanten haben sie ganz aufgehoben.

§. 325. 5) Die Schwägerschaft. a) Würkliche Schwägerschaft.

Greg IV. 13 De eo qui cognovit consanguineam uxoris suæ vel sponsæ, Greg. IV. 14. Clem. IV. 1. De consanguinitate et affinitate.

Gewisse Eheverbote entstehen endlich aus der Schwägerschaft. I. Die eigentliche Schwägerschaft ist das Verhältniß, welches durch die Ehe zwischen dem einen Ehegatten und den Blutsverwandten des Andern gestiftet wird. Die Eheverbote daraus gründen sich hauptsächlich darauf, daß die Schwäger untereinander sich wie wahre Verwandte betrachten sollen. Der Umfang derselben kann jedoch durch das positive Recht verschieden bestimmt werden. Das Mosaische Recht verbot die Ehe mit der Stiefmutter, mit der Stieftochter und deren oder des Stiefsohns Tochter, mit der Schwiegermutter, der Schwiegertochter, und mit des Bruders und des väterlichen Oheims Wittwe k). Nach dem römischen Recht war früher blos die Ehe mit der Schwieger-

---

f) c. 2. c. XXX. q. 1. (Conc. Compend. a. 757), c. 6. X. de cognat. spirit. (4 11).

g) c. 3. c XXX. q. 1. (Nicol. I a. 860).

h) c. 1. c. XXX. q. 1. (Suppos. epist), c. 4. eod. (Conc. Cabilon. II. a. 813), c. 5. i. f eod (Rhaban c. a. 840), c. 6. eod. (Nicol. I. a 864), c. 2. X. de cognat. spirit (4. 11).

i) Conc. Trid. Sess XXIV. c. 2. de ref. matrim. — Das Badische und Württemb. Ehegesetz scheint dies stillschweigend abrogirt zu haben.

k) Levit. XVIII. 8. 14—17. XX. 11. 12 14 20. 21., Deuteron. XXII. 30. XXVII. 20. 23. Die Ehe mit der Schwester der Frau nach dem Tode der Letztern war aber nicht verboten, Levit. XVIII. 18.; und die Erwähnung der Frau des mütterlichen Oheims (Levit. ex edit. vulg. XX. 20) findet sich im Urtexte nicht.

und Stiefmutter, und umgekehrt mit der Schwieger- und Stieftochter untersagt l); später wurde aber, unstreitig aus Rücksicht auf den Ausspruch der Kirche m), auch die Ehe mit der Frau des verstorbenen Bruders und mit der Schwester der verstorbenen Frau verboten n). Innerhalb dieser Gränzen blieb nun das canonische Recht lange stehen o). Später aber erklärte die Kirche, buchstäblich den Satz festhaltend, daß unter den Ehegatten eine Einheit des Fleisches statt finde p), die Ehe des Einen mit dem Blutsverwandten des Andern für eben so unerlaubt, als ob er dieser Andere selbst wäre. Auch wurde nun die Schwägerschaft nach Graden, und zwar jenem Begriff zu Folge auf dieselbe Weise wie die wirkliche Verwandtschaft berechnet q). So wurde das Verbot der Ehe unter Verschwägerten allmählig bis in das dritte Glied r), dann bis in das dritte einerseits und das vierte andrerseits s), dann bis in das vierte Glied ganz t), endlich dem allgemeinen Ausspruch des Pabstes gemäß u), auf

---

l) fr. 14. §. 4. de rit. nupt. (23 2), fr. 4. §. 5. 6. 7. de grad. cognat. (38. 10), c. 17. C. de nupt. (5. 4).

m) Can. Apost. 18., Conc. Eliber a. 813. c. 61, Conc. Neocæsar. a 314. c. 2.

n) c 2. 4. C. Th de incest. nupt. (3. 12), c. 5. 8. 9. C. Just. eod. tit. (5. 5). Diese Stellen sind sämmtlich jünger, wie die angeführten Concilien.

o) Dieses zeigt noch das angeführte Schreiben von Gregor I. an Augustinus (§. 322. not. d).

p) c. 15. c XXXV. q. 2. (Augustin. c. a. 402).

q) c. 3 c. XXXV. q. 5. (Zachar. a 742), c. 14. c. XXXV. q. 2. (Conc. Maciens. a. 814), c. 13. eod. (Cap. incert. sæc. noni)

r) *Theodor Cantuar* Capitul. c. 25, *Hayton. Basil.* Capitul. c. 21, c. 3. c. XXXV. q 2. (Cap. spur. sæc. noni).

s) Capit. Compend. a. 757. c. 2.

t) Conc. Mogunt. a 847. c. 30., Conc. Aenham. a. 1009.

u) Gregor II. in Conc Roman. a 721. c. 9 Si quis de propria cognatione vel quam cognatus habuit duxerit uxorem, anathema sit. Dieses war auch schon früher einmal, wenn die Stelle ächt ist, ausgesprochen worden, Conc. Agath a. 506. c. 61. (c. 5. c. XXXV. q. 2).

alle Verschwägerte v) oder bis in das siebente Glied w) oder die sechste Sibbzahl x) ausgedehnt. Innocenz III. führte es aber auf das vierte Glied zurück y). Die protestantischen Kirchenordnungen und Landesgesetze haben es noch weit mehr eingeschränkt. Unter den beiderseitigen Blutsverwandten im Verhältniß zu einander hat aber die lateinische Kirche niemals eine Schwägerschaft angenommen z). Nur zwischen den in zweiter Ehe erzeugten Kindern einer Frau und den Verwandten des ersten Mannes war ausnahmsweise sonst die Ehe verboten a); jetzt ist dieses aber ebenfalls von Innocenz III aufgehoben b). In der griechischen Kirche wurde mittlerweile das Verbot der Ehe unter Verschwägerten auch sehr erweitert c); zuletzt bis auf den sechsten d), von einigen Patriarchen sogar bis auf den siebenten Grad e); doch blieben deren Nachfolger bei dem sechsten stehen f). Merkwürdig war es, daß selbst die Blutsverwandte der beiden

v) c. 10 c. XXXV. q 2. (Epist. spur. sæc. octav), L. Langob. Lothar. I. c. 98. 99., Capit. Reg Franc. Lib VII. c. 179. Add. IV. c. 74., Conc. Wormac a 868 c. 32. (c. 18. c. XXXV. q. 2), Hincmar. Rhem. Epist synod. II. a. 879.

w) c. 7 c. XXXV. q. 2. (Cap spur. sæc. noni), Capit. Reg. Franc. Add. IV. c. 2., c. 1. X de consang (4. 14).

x) So rechnen die oben (§. 323. not. h) angeführten Stellen.

y) c. 8. X. de consang. (4. 14).

z) *Anonym.* Pœnitent Lib. I. c. 25. (Mansi T. XII. col. 437), c. 5. X. de consang. et affin (4 14).

a) c. 1. c. XXXV. q. 2. (Gregor. I. a. 602), c. 2 — 5. eod. (Capp. incert.).

b) c 8. X. de consang. et affin. (4. 14).

c) Dieses zeigen schon die Basilic. Lib. LX. Tit. 37. L. Jul. de adulter c. 77.

d) Dieses ist die Gränze in einer Synodalsentenz unter Michael Cerularius (1051 — 59), Leunclav. T. I. Lib. III. p. 206.

e) So weit giengen die Patriarchen Xiphilinus (1073 — 75) und Eustratius (1082 — 84), Leunclav T. I. Lib. IV. p. 266. 268. Das Decret des Ersteren wurde selbst durch eine goldene Bulle des Kaisers Nicephorus Botoniata bestätigt, Leunclav. T. I. Lib. II. p. 121.

f) So rechnet der Patriarch Nicolaus III (1084 — 1111), Leunclav. T. I. Lib III p. 216 Daß dieses als die Gränze seit dem zwölften Jahrhundert fest stand, beweist auch *Balsamon* ad Photii Nomocan. Tit. XIII. Cap II. (Justell T II. col. 1081 1084), *Matth. Blastar.* Syntagma Litt. B. Cap. VIII. (Bevereg. T. II. p. 47).

Ehegatten unter einander als verschwägert betrachtet wurden. Daher durften zwei Brüder oder Vater und Sohn aus einer Familie, nicht zwei Schwestern oder Mutter und Tochter aus der andern heirathen g). Später wurde dieses sogar auch bis in den sechsten Grad ausgedehnt h); doch machten die Kaiser Alexius i) und Manuel Comnenus k) mehrere Einschränkungen l.) II. Zwischen dem einen Ehegatten und den Schwägern des Andern besteht eine eigentliche Schwägerschaft nicht. Doch war nach dem römischen Recht die Ehe des Stiefvaters mit der Frau des Stiefsohns, und die Ehe der Stiefmutter mit dem Mann ihrer Stieftochter verboten m).. Diese Vorschrift, welche auch die Basiliken aufnahmen n), gab in der griechischen Kirche Veranlassung, überhaupt die aus dreierlei Familien (ἐκ τριγενείας) zusammengesetzte Ehe zu verbieten; allein die Praxis gieng hierin nicht weiter, wie das bürgerliche Recht o). Auch in der lateinischen Kirche führte theils der Einfluß des römischen Rechts, theils der angenommene Begriff von der Einheit des Fleisches dahin, die Ehe zwischen einem Manne und den Schwägern seiner verstorbenen Frau zu untersagen p); ja es wurde sogar, wenn zwei Weiber an zwei Consobrinen verheirathet gewesen waren, einem Manne, der Eine derselben, nachdem sie Wittwe

---

g) Conc. Trullan. a. 692. c. 54., Basilic. Lib. LX. Tit. 37. L. Jul. de adulter. c. 77.

h) Dieses geschah unter dem Patriarchen Sisinnius (994 — 97), Leunclav. T. I. Lib. III. p. 197.

i) Alexius erklärte gewisse Ehen dieser Art für völlig erlaubt, Leunclav. T. I. Lib. II. p. 134., und diese Entscheidung nahm auch die Synode unter Nicolaus III. (1084 — 1111) an, Leunclav. T. I. Lib. III. p. 215.

k) Manuel erklärte gewisse Ehen dieser Art zwar für strafbar, allein nicht für ungültig, Leunclav. T. I. Lib. II. p. 167.

l) Man findet den Inhalt dieser geistlichen und weltlichen Verordnungen zusammengestellt bei *Balsamon* ad Photii Nomocan. Tit. XIII. Cap. II. (Justell. T. II col. 1082 — 84).

m) fr. 15. de rit. nupt. (23. 2).

n) Basilic. Lib. XXVIII. Tit. 5. de nupt. prohib. c. 3.

o) Das Genauere darüber findet man bei *Matth. Blastares* Syntagma Litt. B. Cap. VIII. (Bevereg. T. II. p. 49 — 51).

p) c. 12. c. XXXV. q. 2. (Cap. incert.).

geworden, geheirathet hatte, nach deren Tode die Andere zu heirathen nicht gestattet q). So wurde neben der eigentlichen, noch eine zweite und dritte Gattung von Schwägerschaft unterschieden r). Innocenz III. hat aber alle Ehehindernisse dieser Art aufgehoben s). III. Nach dem ältern Recht war auch, wenn man mit einer Person unerlaubten Umgang gehabt hatte, die Ehe mit einer Blutsverwandtin derselben verboten t). Nach dem neueren Recht bildet aber eine solche ungesetzliche Schwägerschaft nur bis zum zweiten Grade ein trennendes Ehehinderniß u). Kommt sie zu einer bereits bestehenden Ehe, nämlich durch Ehebruch des einen Ehegatten mit einer Verwandten des Andern, hinzu: so machte sie nach dem ältern Recht ebenfalls die Ehe nichtig, und der unschuldige Theil durfte wieder heirathen v). Nach dem späteren Recht soll aber das Band der Ehe und, wenn der Unschuldige will, selbst das eheliche Leben fortbestehen w).

§. 326. b) Von der nachgebildeten Schwägerschaft.

Der nachgebildeten Verwandtschaft entsprechend entsteht eine nachgebildete Schwägerschaft. I. Aus der Adoption. Das römische Recht untersagte daher die Ehe zwischen dem Adoptivkind und der Frau des Adoptivvaters; und umgekehrt zwischen Letzterem und der Frau des Adoptivkindes; beides selbst nach aufgehobener Adoption x). Dieses ist auch im Orient beibehalten worden y). II. Aus der geistlichen Verwandtschaft.

---

q) c. 22. c. XXXV. q. 2. (Paschal. II. c. a. 1110).

r) Gratian. ad c. 21. c. XXXV. q 2.

s) c. 8. X. de consang. et affin. (4 14).

t) c. 5. c. XXXV. q. 2. (Conc. Compend. a. 757), c. 6. eod. (Conc. Tribur. a. 895), c. 2. 5. 7. 8 9 X. de eo qui cognov. consanguin. uxor. (4. 13).

u) Conc. Trid. Sess. XXIV. cap. 4. de ref. matr.

v) Capit. Wermer. a. 752. c. 2. 10. 11. 12. 18. (c. 21. 24. c. XXXII. q 7), c. 19. eod. (Capit. Compend. a. 757), c. 20. eod. (Conc. Mogunt. a. 813).

w) c. 6. 10. 11. X. de eo qui cognov. consanguin. uxor. (4. 13).

x) fr. 14. pr. §. 1. de rit. nupt. (23. 2).

y) Basilic. Lib. XXVIII. Tit. 5. de nupt. prohib c. 2.

Daher war nach dem älteren Recht die Ehe verboten zwischen dem Ehegatten des Pathen und dem Täufling und dessen Eltern z). Jedoch waren schon damahls die Meinungen darüber verschieden a), und jetzt ist dieses Hinderniß stillschweigend aufgehoben b). III. Aus einem Verlöbniß. Schon das römische Recht betrachtete die Braut des Vaters gleichsam als die Stiefmutter der Kinder, und die Eltern des einen Verlobten gleichsam als die Schwiegereltern des Andern, und leitete daraus die entsprechenden Eheverbote ab c). Diese sind auch in den Basiliken wiederholt d). Bald gieng man aber weiter e), und endlich wurden zwischen dem Verlobten und den Blutsverwandten des Andern, ja selbst zwischen den beiderseitigen Blutsverwandten untereinander, dieselben Hindernisse angenommen, als ob eine wirkliche Ehe Statt gefunden hätte f). Alexius Comnenus ließ die Würkung selbst für die unfeierlichen Verlöbnisse fortbestehen g), wiewohl er übrigens nur die feierlichen als eigentliche Verlöbnisse erklärt hatte (§. 312). Auch das kirchliche Recht des Abendlandes dehnte die Eheverbote zwischen dem Verlobten und den

---

z) c. 1. c. XXX. q. 4. (Nicol. I. a 865), c 2. 3. eod. (Capp. incert.), c. 4. X de cognat. spirit (4 11), c. 1 eod. in VI. (4 3).

a) c. 4. c. XXX. q 4. (Conc. Tribur. a 895), c. 5. eod. (Paschal. II. c. a 1110). Die Unterscheidung, wodurch Gratian diese Stellen mit den vorigen vereinigen will, ist ganz grundlos.

b) Conc. Trid. Sess. XXIV. cap. 2. de ref. matr.

c) fr. 12. §. 1. 2. fr. 14. §. 4. de rit nupt. (23. 2), fr. 6. §. 1. fr. 8. de grad. cognat. (38. 10), § 9. J. de nupt. (1. 10).

d) Basilic. Lib. XXVIII Tit. 5 de nupt. prohib. c. 2., Lib. XLV. Tit. 3. de gradib cognat. c. 4. 6.

e) Dieses zeigt schon das Scholion zu Basilic. Lib. XXVIII. Tit 5. c 2.

f) Dieses beweist die Verordnung des Patriarchen Xiphilinus, verbunden mit der ihr ertheilten Bestätigung des Kaisers Nicephorus (§. 325. not. e).,

g) Dieses ergiebt sich aus der oben (§. 312) angeführten Verordnung vom Jahr 1084, Leunclav. T I. Lib. II. p. 126., Balsamon ad Photii Nomocan. Tit. XIII. Cap. II. (Justell. T. II. col. 1085 — 89). Doch ist der Sinn derselben in dieser Beziehung etwas dunkel.

Verwandten des Andern sehr weit aus h); jetzt aber sind sie auf den ersten Grad beschränkt i).

§. 327. VIII. Von den Würkungen der Ehe. A) Allgemeine Verhältnisse.

Greg. IV. 10. De natis ex libero ventre.

Aus dem Wesen der Ehe als einer durch Liebe und Treue verbundenen Gemeinschaft aller Lebensverhältnisse entsteht. I. die Verpflichtung der Ehegatten ein gemeinschaftliches Hauswesen zu unterhalten, Freud und Leid mit einander zu theilen, und sich in allen Lagen gegenseitig nach Kräften zu unterstützen. II. Die Verpflichtung zur ehelichen Treue. Diese begreift im weitern Sinne die Erfüllung alles desjenigen, was die Ehegatten sich einander nach dem Wesen der Ehe schuldig sind; insbesondere aber die Verpflichtung jedes Geschlechtsverhältniß mit einer dritten Person zu unterlassen, weil dieses der äußerste Grad von Entfremdung ist. Daher wird ein solches Vergehen vorzugsweise Ehebruch genannt k). III. In Beziehung auf das Hauswesen, welches durch die Ehe gestiftet wird, hat der Mann, nach der im von der Natur selbst angewiesenen Stellung, die Verpflichtung dasselbe zu ordnen und zu unterhalten, und die Frau muß ihm als dem Haupte des Hauses Achtung, und seinen Anordnungen Gehorsam erweisen l). Dafür soll aber auch dieser gegen sie, als gegen den schwächeren Theil, milde und liebreich seyn, und ihr seinen Schutz verleihen. Die näheren Vermögensverhältnisse hängen von den bürgerlichen Rechten ab. IV. Ueber den ehelichen Umgang enthält das canonische Recht die Ermahnung, daß dieser mit keuschen Sitten und nicht blos

---

h) c. 11 c. XXVII. q. 2. (Cap. inc.), c. 12. eod (Greg. I. c. a 595), c. 14 eod. (Idem c a. 600), c. 15. eod. (Julius cap. inc.), c. 32. eod. (Conc. Compend. a. 757), c. 31. eod. (Conc. Tribur. a 895), c. 3. 4. 8. X de sponsal (4. 1), c. 4. 5. 12. X. de desp. imp (4. 2), c. un. de sponsal. in VI. (4. 1).

i) Conc. Trid Sess. XXIV. cap. 3. de ref. metrim

k) c. 4. c XXXII. q. 4. (Ambros. c. a. 387), c. 18. c. XXXII. q. 5. (Augustin c. a. 393).

l) c. 13. 17. c. XXXIII. q 5 (Hilar. diacon. c. a. 380), c. 15. eod. (Hieronym. a. 386), c. 18. eod. (Idem c. a. 389), c. 12. 14. eod. (Augustin. c. a. 410).

der Sinnlichkeit wegen geübt werden soll m). Daher war früher den Ehegatten noch einige Tage nach der Einsegnung die Enthaltsamkeit auferlegt n), und die Aussprüche der Väter, später besonders die Pönitentialbücher, legten ihnen im Geiste des Mosaischen Rechts noch mancherlei andere Beschränkungen auf o). Uebrigens darf sich aber hierin ein Ehegatte den Wünschen des Andern nicht eigenmächtig entziehen p); daher ist auch ein Gelübde der Art ohne Zustimmung des Andern ungültig q), und sogar die ertheilte Zustimmung kann immer noch widerrufen werden r). Um diesem jedoch vorzubeugen, wurde gewöhnlich dem Ehegatten bei Ertheilung seiner Zustimmung ebenfalls das Gelübde der Keuschheit abverlangt s); auch hört

---

m) c. 12. 14. c. XXXII q. 4. (Hieronym. a. 386), c. 5. eod. (Idem a 390), c. 3. c. XXXII q 2. (Augustin. c. a. 401), c. 7. c. XXXIII. q. 4. (Gregor. I. a. 604).

n) c. 33. D. XXIII oder c. 5. c XXX. q. 5. (Conc. Carth. IV. a. 398), c. 1. c. XXX q 5. (Pseudo-Isid.), Capit. Reg. Franc. Lib. VII. c. 463. In einigen Gegenden entstand daraus im Mittelalter der Gebrauch, daß sich die Verlobten gegen eine gewisse Summe, die der Kirche zufiel, von diesem Verbot dispensiren ließen, und daraus haben neuere Schriftsteller eine andere abgeschmackte Fabel gemacht.

o) c. 4 5. c. XXXIII. q. 4. (Hilarius c. a. 380), c. 1. eod. (Hieronym. c. a. 400), c. 4 eod. (Idem a. 408), c. 2. 3. eod. (Capp. incert.). Diese Verordnungen haben eine sehr tiefe physische und geistige Beziehung, wovon sich aber hier nicht gut reden läßt.

p) I Cor. VII 4. 5., c. 3. c. XXXII. q. 2. (Augustin. a. 401), c. 5. c. XXXIII. q 5. (Idem c a. 415). Ein Recht, welches wie das der Kirche hauptsächlich auf das Gewissen geht, kann allerdings über diesen Punkt reden. Allein das bürgerliche Recht wird, wenn es nicht ärgerliche und unnöthige Processe herbeiführen will, wohl thun, davon ganz zu schweigen, und solche Klagen gar nicht zuzulassen, weil ein Zwangsurtheil auf Erfüllung höchst unwürdig und doch gar nicht ausführbar ist. Das protestantische Kirchenrecht hat freilich den Knoten durchschnitten, indem es in einem solchen Fall eine Klage auf Ehescheidung gestattet.

q) c 11. 16. c. XXXIII. q. 5. (Augustin. c. a. 410), c. 6. eod. (Idem c. a. 411), c. 4. eod. (Idem c. a. 415), c. 1. eod. (Idem c. a. 420), c. 3. eod. (Conc. Compend. a. 757), c. 3. 12. X. de convers. conjug. (3. 32).

r) c. 11. c. XXXIII. q. 5. (Augustin. c. a. 410), c. 6. eod. (Idem c. a. 411), c. 1. 9. 11. X de convers. conjug. (3. 32).

s) c. 10. c. XXXIII q. 5. (Conc. Wermer. a. 752), c. 4. 5. 6. 8. 13. 18. X. de convers. conjug. (3. 32).

das Recht des Widerrufs auf, wenn er seitdem einen Ehebruch begangen hat, weil dieser den Andern überhaupt von der Verbindlichkeit zum gemeinschaftlichen Leben befreit t). V. Die Würkungen für die Kinder bestehen zunächst darin, daß durch die Ehe, weil sie als ein fortdauerndes und ausschließliches Verhältniß intendirt ist, die Abstammung der Kinder von einem bestimmten Vater gewiß gemacht wird; und was an der vollen factischen Gewißheit fehlt, ergänzt das positive Recht durch die auf das Wesen der Ehe gebaute Präsumtion, daß alle während der Ehe erzeugten Kinder als von dem Ehemann erzeugt gelten sollen. Die nähere Berechnung und Anwendung dieser Regel hängt von den bürgelichen Rechten ab. An diese Präsumtion schließen sich dann ferner alle Rechte und Pflichten an, welche die Natur und das positive Recht zwischen Eltern und Kindern feststellt. VI. Eine besondere der Ehe von der Kirche ertheilte Begünstigung ist, daß auch die unehelich geborenen Kinder durch die nachfolgende Ehe der Eltern, und zwar von Rechtswegen selbst gegen den Willen der Kinder, legitimirt werden u). Nur die im Ehebruch erzeugten Kinder sollen immer unehelich bleiben, wenn auch später eine Ehe zwischen den Eltern zu Stande kommt v). Nach dem römischen Recht fand zwar auch eine Legitimation durch die nachfolgende Ehe Statt; jedoch galt diese nicht bei allen unehlichen (spurii), sondern nur bei den aus einem Concubinat erzeugten Kindern (liberi naturales); auch mußten diese dazu einwilligen w). Jene Unterscheidung hört aber jetzt auf, weil es kein Con-

t) c. 15. 16. 19. X. de convers conjug (3. 32).

u) c. 1. 6. X. qui filii sint legitim. (4. 17).

v) c. 6. X. qui filii sint legitim. (4. 17). Diese Auslegung ist unter Anderen von Benedict XIV. (1744) in der Const. Redditæ nobis altero abhinc mense ausführlich vertheidigt worden, und man kann sie jetzt auch in der bürgerlichen Praxis als entschieden annehmen. Für die Meinung, daß auch die im Ehebruch erzeugten Kinder durch die nachfolgende Ehe legitimirt würden, streitet jedoch noch folgende, übrigens geistreiche und gelehrte, Abhandlung: *F. C. Schweikart* De matrimonii vi in liberis adulterinis legitimandis non deficiente. Regiom. 1823. 8.

w) c. 5. 6. 7. 11. C. de natur. liber. (5. 27), nov. 12. c. 4., nov. 18. c. 11., nov. 19., nov. 74. c. 1., nov. 78. c. 4., nov. 89. c. 8. 11.

cubinat im römischen Sinn mehr geben kann. VII. Uebrigens hat auch eine an sich nichtige Ehe, die aber im guten Glauben, ohne die Nichtigkeit zu kennen, eingegangen war (matrimonium putativum), die Würkungen der rechten Ehe, und zwar für Alle, wenn beide Ehegatten im Irrthum waren, sonst nur für den unschuldigen Theil und für die Kinder x). Nur muß die Ehe immer öffentlich in der gehörigen Form abgeschlossen seyn, weil sonst Beide den Verdacht gegen sich haben y).

§. 328. B) Von dem Beweis der ehlichen Abstammung.

Greg. IV. 17. Qui filii sint legitimi.

Will ein Kind in einer bestimmten Familie die Rechte eines ehlichen Kindes in Anspruch nehmen, so sind drei Punkte zu beweisen: erstlich, daß es von der Frau, die seine Mutter seyn soll, geboren worden ist; zweitens, daß diese Frau mit dem Manne, der sein Vater seyn soll, durch die Ehe verbunden war; und drittens, daß es von diesem Manne auch würklich erzeugt worden ist. Der erste Punkt kann durch den Besitzstand, durch die Erklärung der Eltern, durch Zeugen z) und andere Beweismittel dargethan werden. Der zweite Punkt wird regelmäßig durch den Heirathsact, in dessen Ermangelung durch die Zeugen, welche bei der Eingehung gegenwärtig waren, bewiesen a). Ist die Abschließung der Ehe dargethan, und haben die Eltern unbestritten als Ehegatten gegolten, so kann nach deren Tode dem Kinde nicht die Einrede entgegengestellt werden, daß jene Ehe aus irgend einem Grunde nichtig gewesen sey b). Nach der Praxis vieler Länder braucht selbst das Kind, wenn beide Eltern todt sind, gar nicht einmahl den Beweis zu führen, daß sie würklich verheirathet waren, wenn sie nur überhaupt öffentlich als Eheleute gegolten haben. Der dritte Punkt endlich wird kraft der oben erwähnten gesetzlichen Präsumtion regelmäßig schon dadurch bewiesen, wenn die Berechnung zeigt, daß es während

x) c. 8. 10. 14. X. qui filii sint legitim. (4. 17).

y) c. 3. §. 1. X. de clandest. despons. (4. 3).

z) c. 10. X. de probat. (2. 19), c. 3. X. qui filii sint legitim. (4. 17).

a) c. 12. X. qui filii sint legitim. (4. 17).

b) c. 11. X. qui filii sint legitim. (4. 17).

der Ehe concipirt worden ist. Wird einem Kind seine ehliche Abstammung bestritten, so muß umgekehrt der Beweis wider diese Punkte gerichtet seyn.

§. 329. IX. Von der Auflösung der Ehe. A) Katholisches Kirchenrecht. 1) Allgemeine Grundsätze.

Greg. III. 33. De conversione infidelium

Die Ehe, als die Grundlage der Familie, muß über die Zufälligkeit und den Wechsel der Leidenschaften erhaben, also eine dauernde, lebenslängliche Verbindung seyn, und wird auch von den Ehegatten als eine solche eingegangen. Die Unauflöslichkeit gehört daher, wenn man die Ehe in ihrer sittlichen Vollendung und nach ihrer inneren Bestimmung betrachtet, zum Wesen derselben; und diese Eigenschaft ist es hauptsächlich, welche ihr eine so große Würde und Heiligkeit verleiht. Daher hat Christus die Ehescheidung, welche den Juden nach ihrem Gesetz noch erlaubt war, verboten c); und die Traditon der abendländischen Kirche hat selbst im Fall des Ehebruchs dem unschuldigen Theil zwar die Verpflichtung zum gemeinschaftlichen Leben erlassen, nicht aber die Auflösung des Ehebandes selbst und die Möglichkeit der Wiederverheirathung gestattet d). Diese Lehre ist auch durch das

---

c) Marc. X. 2. 12., Luc. XVI. 18., I. Cor. VII. 10. 11. Zwei andere Stellen scheinen zwar dem Manne wegen Ehebruchs der Frau die Scheidung zu gestatten, Matth. V. 31. 32. XIX 2—10. Wie sich diese aber zu den Vorigen verhalten, muß man bei den katholischen Exegeten nachlesen. In jedem Fall ist es rathsamer, bei der strengern Meinung stehen zu bleiben, da diese die Autorität klarer biblischer Stellen, die Tradition, und das Wesen der Ehe für sich hat.

d) c. 8. c. XXXII. q. 7. (Conc Eliber. a. 313), c. 7. eod. (Hieronym. a. 388), c. 4. 6. eod. (Augustin. c. a. 393), c. 1. eod. (Idem c. a. 401), c. 5. eod. (Conc. Carthag. XI. a. 407), c. 2. 10. eod (Augustin c. a. 419), c. 3. eod. (Beda c. a. 720), Capit. Reg. Franc Lib. VI. c. 63. 87. 235. Lib. VII. c. 381. Dawider scheinen zwar Capit. Wermer. a. 752. c. 10. (c. 24. c. XXXII. q. 7.), Capit Compend. a. 757. c. 8. (c. 19. eod.) Allein deren Entscheidung liegt die Ansicht zum Grunde, daß die Ehe durch die hinzugetretene Affinität nichtig geworden sey (§. 325). Uebrigens ist freilich der Grundsatz der Kirche von der bürgerlichen Gesetzgebung und selbst von einzelnen kirchlichen Schriftstellern nicht immer anerkannt worden. Allein dieses beweist wider die Tradition im Ganzen nichts, sondern zeigt nur, daß die richtige Einsicht in das Wesen der Ehe nicht

Concilium von Trient bekräftigt worden e). Da übrigens die Unauflösbarkeit schon in dem Begriff der Ehe liegt, so wird sie von der Kirche selbst den Ehen der Heiden beigelegt f). Wenn daher von zwei heidnischen Ehegatten der eine Christ wird, so ist dieser zur Fortsetzung der Ehe verbunden g); es sey denn, daß der Andere selbst die Gemeinschaft aufhebt, oder der Erste nicht ohne Gefahr und Aergerniß darin bleiben kann h); und selbst dann darf dieser doch nicht wieder heirathen i). Um so weniger wird das Band der Ehe dadurch, daß der eine Ehegatte vom christlichen Glauben abfällt, für ihn oder für den zurückbleibenden Theil aufgelößt k).

---

gleich allgemein entwickelt war. Dadurch aber, daß die Gesetzgebung und Wissenschaft die Lehre von der Unauflösbarkeit des Ehebandes immer mehr zum Bewußtseyn brachte, und die Kirche endlich dieses auch auf einem allgemeinen Concilium aussprach: ist dargethan, daß sie diesen Grundsatz als einen wesentlichen Bestandtheil dieses Instituts erkannt, und in ihre Glaubens- und Sittenlehre aufgenommen hat.

e) Conc. Trid Sess. XXIV. can. 5. 7. de sacram. matrim. Aus Rücksicht auf die griechische Kirche ist jedoch der letzte Canon mehr negativ abgefaßt worden, weil das Concilium seinem nächsten Zwecke nach nur gegen die Neuerungen im Abendlande versammelt war, und sich zu einem positiven Angriff gegen die morgenländische Kirche nicht berufen glaubte. Die Verhandlungen darüber giebt *Pallavicini* Histor. Conc. Trid. Lib. XXII. Cap. 4.

f) c. 3. §. 1. D XXVI. (Innocent. I. a. 414), c. 4. X. de consanguin. (4. 14), c. 8. X. de divort (4. 19).

g) I. Cor. VII. 12. 13 14., c. 2. c XXXVIII. q 3. (Augustin. c a 402), c. 13. D. XXXIV. (Innocent. I. a. 404), c. 8. 9. c. XXVIII. q. 1., (Augustin. c. a. 419), c. 1. c. XXVIII. q. 2. (Conc. Meldens. c. a. 845).

h) I. Cor. VII. 15., c. 5. c. XXVIII. q. 1. (Augustin. c. a. 393), c. 4. eod. (Idem c a. 412), c. 7. eod. (Idem a. 414).

i) *Augustin.* De adulter. conjug. Lib. I. No. 31. Anderer Meinung sind zwar c. 2. c. XXVIII. q. 2. (Hilar. c a. 384), c. 7. 8. X. de divort. (4. 19), Const. Postremo mense Benedicti XIV. a. 1747. Doch wird deren Entscheidung mit Recht von vielen Theologen und Canonisten bestritten.

k) c. 7. X. de divort. (4. 19). Doch ist zuweilen in Betreff des unschuldigen Theils auch anders entschieden worden, c. 1. X. de convers. infid. (3. 33).

§. 330. 2) Von der Sonderung von Tisch und Bett.

Greg. IV. 8. De conjugio leprosorum, IV. 19. De divortiis, IV. 20. De donationibus inter virum et uxorem.

Mit dem Verbot der Scheidung ist es doch vereinbar, daß die Kirche aus dringenden Gründen eine Absonderung von Tisch und Bett, entweder für eine gewisse Zeit oder gar für immer, gestattet l). Eine zeitige Sonderung ist in mehreren Fällen zugelassen, namentlich wegen schwerer Mißhandlungen m). Andere Fälle hängen von dem richterlichen Ermessen ab. Eine eckelhafte und ansteckende Krankheit ist jedoch dazu an und für sich nicht hinreichend, vielmehr soll sich in einer solchen Noth vorzüglich die Liebe und Treue der Ehegatten bewähren n). Die Sonderung auf Lebenszeit kann aber nur wegen Verletzung der ehelichen Treue nachgesucht werden; doch wird dieses Vergehen jetzt gegen den Mann mit gleicher Strenge behandelt, wie gegen die Frau o). Zum Beweis des Ehebruchs sind stark verdächtige Thatsachen hinreichend p); nicht aber unbedingt das bloße Geständniß des Beklagten, weil dieses auch fingirt seyn kann q). Uebrigens ist es aber kein Ehebruch, wenn die Beiwohnung durch Gewalt r) oder durch einen entschuldbaren Irrthum s) veranlaßt

---

l) Conc. Trid. Sess. XXIV. can. 8. de sacram. matrim.

m) c. 8. 13. X de restit. spoliat. (2. 13).

n) c. 1. 2. X. de conjug. leprosor. (4. 8). Ganz irrig ist es, wenn man aus diesen Stellen zuweilen grade die umgekehrte Meinung ableitet. Ueberdieß reden sie von dem Aussatz, der bekanntlich im Mittelalter eine ganz eigene fürchterliche Krankheit war.

o) c. 4. c. XXXII. q. 4. (Ambros. c. a 387), c. 20. c. XXXII. q. 5. (Hieronym c. a. 400), c. 23. eod. (Innocent. I a 405), c. 5. c. XXXII. q. 6. (Augustin. c. a. 415), c. 4. eod (Idem c. a. 419). Im römischen Recht war es bekanntlich anders, daher heben diese Stellen den Gegensatz so bestimmt hervor.

p) c. 2. c. XXXII. q. 1. (Hieronym. c. a. 388), c. 27. X. de testib. (2. 20), c. 12. X. de præsumt. (2. 23).

q) c. 5. X. de eo qui cognov. consanguin. (4. 13), c. 5. X. de divort. (4. 19).

r) c. 7. c. XXXII. q. 5. (Augustin. a. 409), c. 3. 4. eod. (Idem a. 412), c. 14. eod. (Leo I. a. 442).

s) c. 1. c. XXXIV. q. 1. (Leo I. a. 458), c. 6. eod. (Conc. Tribur. a. 895).

war. Auch kann der Kläger abgewiesen werden, wenn er sich gleicher Untreue schuldig gemacht t), oder den Andern selbst dazu verleitet u), oder ihm seitdem schon einmal ausdrücklich v) oder stillschweigend verziehen hat. Die Kirche fordert sebst im Geiste der Liebe zur Verzeihung auf w); doch will sie deswegen nicht, daß der Mann gegen die Ehre und die Schuld der Frau gleichgültig scheine, und erlaubt ihm daher diese nur nach strengen Büßungen wieder bei sich aufzunehmen x). Die Würkung der Sonderung besteht im Allgemeinen darin, daß für den unschuldigen Theil die Verpflichtung zum gemeinschaftlichen Leben aufhört. Das Band der Ehe und die Verpflichtung des Andern dauert aber noch fort, daher kann der Unschuldige, wenn er will, die Gemeinschaft immer wieder herstellen; er wird sogar dazu gezwungen, wenn er seitdem selbst einen Ehebruch begeht y). Wie es mit dem Vermögen zu halten sey, hängt von den bürgerlichen Rechten ab z). Früher hatte der geistliche Richter, vor welchem die Scheidungsklage verhandelt wurde, auch mit darüber zu erkennen a). Jetzt aber gehört dieser Punkt fast überall vor die Civilgerichte. Dem Ehebruch wird zuweilen der Abfall des Einen vom wahren Glauben b) oder die Verführung des Andern zu schlechten Handlungen c) gleichgestellt. Allein rich-

---

t) c. 1. c. XXXII. q. 6 (Augustin. c a. 393), c. 4. X. de divort. (4. 19), c. 6. 7. X. de adulter (5 16).

u) c. 6. X. de eo qui cognov. consang (4. 13).

v) c. 25. X. de jurejur. (2. 24)

w) c. 7. 8. c. XXXII. q 1 (Augustin. c. a. 419).

x) c. 1. c. XXXII. q. 1. (Chrysost. c a. 400), c. 4 eod. (Capp. incert.), c. 5. eod. (Pelag. I. c. a 557), c. 6. eod. (Theodor. Cant. c. a 690), c. 3. X. de adulter. (5. 16).

y) c. 5. X. de divort. (4. 19).

z) Die Decretalen, welche von diesem Gegenstande handeln, haben nach Verschiedenheit der Länder theils das System des römischen Rechts, theils die germanischen Verhältniße vor Augen, c. 2 — 8. X. de donation. int. vir. et uxor. (4 20).

a) c. 2. 3. X. de donation. int. vir. et uxor. (4. 20).

b) c. 21. X. de convers. conjug. (3. 32), c. 6. 7. X. de divort. (4. 19).

c) c. 5. c. XXVIII. q. 1. (Augustin. c. a. 393), c. 2. X. de divort. (4. 19).

tiger ist die Trennung, worauf in solchen Fällen erkannt werden kann, als eine Sonderung auf unbestimmte Zeit zu betrachten, weil sie nur so lange dauert, wie jene Gründe bestehen. Scheidungen jeder Art dürfen aber überhaupt nicht eigenmächtig, sondern nur mit Dazwischenkunft des geistlichen Richters vorgenommen werden d), außer wenn für den einen Theil Gefahr vorhanden ist e).

§. 331. B) Griechisches Kirchenrecht.

Die Lehre der griechischen Kirche stimmte ursprünglich mit der des Abendlandes darin überein, daß sie eine lebenslängliche Scheidung nur wegen eines Ehebruchs f), und, wenn von zwei ungläubigen Ehegatten der Eine zum christlichen Glauben übergetreten war, wegen böslicher Verlassung des Andern gestattete g). Sie unterschied sich blos darin, daß einige Väter auch in dem ersten Falle dem unschuldigen Theil die Wiederverheirathung erlaubten h). Das bürgerliche Recht wich aber davon wesentlich ab. Nach diesem, so wie es durch Justinian festgestellt worden war, war zwar die Scheidung nicht mehr wie ehemals ganz willkührlich, aber doch aus vielerlei Gründen erlaubt, und den Geschiedenen die Wiederverheirathung gestattet i). Bald darauf wurden sogar auch Scheidungen aus gütlicher Uebereinkunft, welche Justinian verboten hatte k), vom Kaiser Justinus wieder für erlaubt erklärt l). Alle diese Bestimmungen, wiewohl sie der Offenbarung gradezu widersprachen, nahm nun allmählig auch die Kirche in sich auf m). Auch

---

d) c. 1. c. XXXIII q. 2. (Conc. Agath. a. 506), c. 3. 6. X. de divort. (4. 19), c. 10. X. de restit. spoliat. (2. 13). — Ueber Ehedissidien s. M. Ueb. §. 62, Eheordn. für Baden §. 42 — 53.

e) c. 8. 13. X. de restit. spoliat. (2. 13).

f) Basilius († 378) ad Amphiloch. can. 9. 48. 77., Conc. Trullan. a. 692. c. 87.

g) Conc. Trullan. a. 692. c. 72. ibiq. Balsamon et Zonaras, Balsamon ad Photii Nomocanon Tit. I. Cap. X.

h) Epiphan. († c. 403) Hæres. LIX.

i) Nov. Just. 117. c. 8. 9.

k) Nov. Just. 117. c. 10.

l) Nov. Just. 140.

m) Dieses ergiebt sich ganz deutlich aus *Photii* Nomocanon Tit. XIII. Cap. IV.

die Basiliken machten darin keine Aenderung, sondern wiederholten wörtlich die in der Justinianischen Novelle angegebenen Scheidungsgründe n). An diese hielt sich denn auch die kirchliche Praxis o). Die durch Justinus wieder eingeführte Scheidung aus gütlicher Uebereinkunft wurde aber stillschweigend abgeschafft, indem die Basiliken überhaupt die Scheidung aus anderen als den von ihnen angeführten Ursachen für unstatthaft erklärt p), die Novelle jenes Kaisers aber nicht berücksichtigt hatten q). Eben so scheint die Bestimmung des Kaisers Leo, der nachträglich noch den Wahnsinn eines Ehegatten als rechtmäßige Ursache aufstellte, nicht in Aufnahme gekommen zu seyn r). Merkwürdig ist übrigens das griechische Kirchenrecht auch noch darin, daß es nur die Untreue der Frau, nicht aber die des Mannes als eigentlichen Ehebruch und als einen Scheidungsgrund gelten ließ s).

§. 332. C) Protestantisches Kirchenrecht.

Die Protestanten erklärten zwar die Lehre von der unbedingten Unauflösbarkeit des Ehebandes für falsch t); doch beschränkten sie anfangs die erlaubte Scheidung blos auf den Fall des Ehebruchs. Bald nahm man aber allgemein nach Luthers Ausle-

---

n) Basilic. Lib XXVIII. Tit. 7. De repudiis c. 1.

o) *Balsamon* ad Conc. Trullan. c. 87. (Bevereg. T. I. p. 259), *Balsamon* et *Zonaras* ad Basilii can. 9. (Bevereg T. II. p. 64), *Balsamon* ad Photii Nomocanon Tit. XIII. Cap. IV. (Justell T. II. col. 1097), *Matth. Blastar.* Syntagma Litt. L. Cap. XIII. (Bevereg. T. II. p 73). Es ist merkwürdig zu sehen, wie leicht diese Schriftsteller über den Widerspruch dieser Gesetze mit der Offenbarung und der Tradition hinwegkommen.

p) Basilic. Lib. XXVIII Tit. 7. De repudiis c. 5. Alle diese Verhältniße waren bis jetzt noch nicht untersucht worden.

q) Dieses bemerkt auch *Balsamon* ad Photii Nomocanon Tit. XIII. Cap. IV. (Justell. T. II. p. 1099.

r) Nov. Leon. 111. 112.

s) *Balsamon* ad Conc. Trullan c 87. (Bevereg. T. I. p. 259), *Zonaras* et *Aristen.* ad Basilii can. 9. 21. (Bevereg. T. II. p 64. 78).

t) *Artic. Schmalcald.* Tit. De potest. et jurisdict. episcopor. Injusta etiam traditio est, quæ prohibet conjugium personæ innocenti post factum divortium.

gung die bösliche Verlassung hinzu u). Endlich wurde jene Befugniß auch noch auf andere Fälle ausgedehnt. Da sich jedoch die Kirchenordnungen über diese Verhältnisse gar nicht oder nur unbestimmt aussprachen: so blieb das Meiste der Auslegung der Juristen und der Praxis der Consistorien überlassen. Hierauf sind denn die neueren Landesgesetze gegründet. In diesen werden in Deutschland auch gewöhnlich noch unnatürliche Fleischesverbrechen, Lebensnachstellungen, unversöhnlicher Haß, absichtliche Unfruchtbarmachung, Verweigerung der ehelichen Pflicht und die Verurtheilung zu infamirenden Strafen als rechtmäßige Scheidungsursachen anerkannt. In einigen Ländern findet sogar eine Scheidung aus landesherrlicher Gnade Statt. Wegen minder wichtiger Gründe kann auch auf Sonderung von Tisch und Bett, jedoch nur auf bestimmte Zeit, erkannt werden. Uebrigens läßt sich das, was das canonische Recht vom Beweis des Ehebruchs und den Einreden dawider sagt, auch auf das protestantische Kirchenrecht anwenden. Zum Beweis der böslichen Verlassung wird ein eigener Desertionproceß angeordnet. Früher wurde wenigstens dem schuldigen Theil die Wiederverheirathung verboten; allein jetzt nimmt man dieses nicht mehr so genau. In Schweden ist durch das neuere Recht die Zahl der Scheidungsgründe auch bis zu dem oben angegebenen Umfang erweitert worden v). In Dänemark sind sie aber noch auf den Ehebruch und die bösliche Verlassung beschränkt w). In England wird sogar wegen Ehebruch, dem canonischen Rechte gemäß, blos auf Scheidung von Tisch und Bett erkannt; doch kann der unschuldige Theil auf sein Ansuchen die Befugniß zur Wiederverheirathung durch eine Parlamentsacte erhalten. Uebrigens darf aber ein Katholik einen geschiedenen Protestanten in keinem Falle heirathen, weil dieser aus dem Standpunkt der katholischen Kirche nicht als ledig betrachtet werden kann x).

---

u) Es wurde, was der Apostel I. Cor. VII. 15. augenscheinlich nur für einen besondern Fall gesagt hatte, allgemein gemacht.

v) Giftermalsbalk Cap XIII., Kön. Verordn. vom 27. April 1810.

w) Jus. Danic. Lib. III. Cap. XVI. No. 15.

x) So entschied auch Pius VII. in einem durch den Erzbischof von Mainz veranlaßten Breve vom 8. Oktobr. 1803. — s. M. Ueb. §. 61. 62. 87.

§. 333. D) Von der zweiten Ehe.

Greg. IV. 21. De secundis nuptiis.

Die eheliche Liebe, in ihrer Vollendung gedacht, bleibt dem anderen Ehegatten auch noch im Grabe treu, und wo eine Ehe im edleren Sinn bestand, werden durch den Tod nur die Leiber nicht aber die Geister getrennt. Von diesem höheren Standpunkt aus wurde in der älteren Kirche die zweite und fernere Ehe, wenn auch nicht grade ganz verworfen, doch aber misbilligt y), und diejenigen, die zum zweitenmal verheirathet gewesen waren, nach der Vorschrift des Apostels z) nicht zu den höheren Weihen zugelassen, weil man dazu Beweise einer besondern Vollkommenheit verlangte (§. 215). Jene Ansicht der Kirche fand bei den Germanen um so leichter Eingang, als sich schon in ihren Sitten etwas Aehnliches vorfand a). Daher wurde auch diejenige, die ihrem Wittwenstande treu blieb, mit besonderer Achtung behandelt. Uebrigens wollte aber das canonische Recht des Abendlandes die Freiheit der Wiederverheirathung so wenig beschränken, daß es sogar die Strafen des römischen Rechts gegen die Wittwe, die im Trauerjahr heirathete, aufhob b). Blos die priesterliche Einsegnung wurde der zweiten Ehe verweigert c). Die griechische Kirche hingegen behielt gewisse canonische Strafen gegen die zweite, und noch härtere gegen die dritte Ehe bei d), und diese wurden sogar durch das bürgerliche Recht bestätigt e). Endlich nachdem über die vierte Ehe des

---

y) I. Cor. VII. 39. 40., c. 8. c. XXXI. q. 1. (Conc. Neocæs. a. 314), c. 9 eod. (Chrysostom c. a. 400), c. 10. 11. eod. (Hieronym. a. 390), c. 13. eod. (Augustin. a. 401), c. 12. eod. (Idem a. 420).

z) I Tim. III. 2.

a) *Tacit* De morib. Germanor. c. 19. Melius quidem adhuc eæ civitates, in quibus tantum virgines nubunt, et cum spe votoque uxoris semel transigitur. Sic unum accipiunt maritum, quomodo unum corpus, unamque vitam, ne ulla cogitatio ultra, ne longior cupiditas, ne tanquam maritum sed tanquam matrimonium ament.

b) c. 4. 5. X. de secund. nupt. (4. 21).

c) Capit. Reg. Franc. Lib. V. c. 130. 408., c. 1. 3. X. de secund. nupt. (4. 21).

d) Conc. Neocæsar. a. 314. c. 3, Conc. Laodic. c. a. 372. c. 1., Basil. ad Amphiloch c. 4. Alle diese Stellen kamen auch in die Sammlung des Photius.

e) Nov. Leon. 90.

Kaisers Leo (901) in der griechischen Kirche eine große Spaltung entstanden war, wurde in dem Unions-Schluß von Constantinus Porphyrogenneta (920) die vierte Ehe schlechthin, und selbst die dritte, wenn man über vierzig Jahre alt und aus einer früheren Ehe Kinder da wären, verboten f). Uebrigens verlangt aber das canonische Recht, damit eine andere Ehe eingegangen werden könne, immer den bestimmten Beweis des Todes, bloße langwierige Abwesenheit oder Gefangenschaft reichen dazu nicht hin g); doch kann daraus in Verbindung mit anderen Umständen allerdings eine Präsumtion des Todes entstehen. Im Fall eines Irrthums muß aber die Ehe mit dem todt geglaubten Ehegatten hergestellt werden h). Das griechische Kirchenrecht beruhte auf denselben Grundsätzen i); nur war das Verhältniß durch die Civilrechte genauer geordnet k).

Viertes Kapitel.

Der christliche Tod.

§. 334. I. Von der letzten Oelung.

Um den sterbenden Christen in den Bedrängnissen dieses ernsten Augenblickes zu stärken und ihn mit beruhigtem Herzen dem

f) Man findet diese Entscheidung bei Balsamon ad Basilii can. 4. (Bevereg. T. II. p. 54), Leunclav. T. I. Lib. II. p. 10.

g) c. 19. X. de sponsal (4. 1), c. 2. X. de divort. (4. 21). Dieses ist auch durch viele neuere Provinzialconcilien wiederholt worden, Conc. Yprens. a. 1577. Tit. XIX. c. 3., Conc. Constant. a. 1609. Part. I. Tit. XVI. c. 20, Conc. Mechlin a. 1609. Tit. IX. c. 10., Conc. Buscod. a. 1612. Tit. X. c. 22., Conc. Gandav. a. 1613. Tit. IX. c. 9, Conc. Osnabr. a. 1628. Part. I. Cap. XX. §. 11., Conc. Colon. a. 1651. Part. IV. c. 27., Conc. Paderborn. a. 1688. Part. II. Tit. X. c. 17.

h) c. 2. c. XXXIV. q. 1. (Innocent. I. c. a. 405), c. 1. eod. (Leo I. a. 458).

i) Basil. ad Amphiloch. c. 31. 36., Conc. Trullan. a. 692. c. 93. ibiq. Balsamon, Photii Nomocanon Tit. XIII. Cap. III.

k) Nov. Just. 22. c. 7., Nov. 117. c. 11., Basilic. Lib. XXVIII. Tit. 7. De repudiis c. 2. 4., Nov. Leon. 33.

Gerichte des Herrn entgegenzuführen, bietet ihm die Kirche nicht nur die Sakramente der Buße und des Abendmahles dar, sondern es ist auch dafür, wie die h. Schrift und die Tradition bezeugt l), ein eigenes Sakrament eingesetzt, welches in einer Salbung mit Oel, verbunden mit dem Gebet des Priesters und der umstehenden Gläubigen besteht m). Früher wurden dazu, wie noch jetzt in der griechischen Kirche, mehrere Priester erfordert; jetzt ist aber in der lateinischen Kirche Einer hinreichend n); doch soll dieses, Nothfälle abgerechnet, der regelmäßige Pfarrer oder dessen angeordneter Stellvertreter seyn o). Laien können dieses Sakrament nicht wirksam verwalten p). Das Oel, welches dazu gebraucht wird, muß in der lateinischen Kirche vom Bischofe consecrirt seyn (§. 258). Nach dem Gebrauche der griechischen Kirche aber wird das Oel, welches der Bischof am Donnerstag in der Charwoche weiht, gleich zur Salbung der anwesenden, gleichsam geistig kranken, Büßenden consumirt, und das wirkliche Krankenöl wird daher von den Priestern selbst, in dem Augenblick wo sie es nöthig haben, consecrirt. Uebrigens soll die letzte Oelung weder Kindern noch Blödsinnigen, die keiner Sünde fähig gewesen sind, ferner nur in einer schweren Krankheit, nicht in einer Todesgefahr anderer Art, auch in derselben Krankheit nur einmahl ertheilt werden. Früher wurde sie, was auch gut zu ihrer inneren Bedeutung paßt, gleich mit der Beicht verbunden, und vor der Eucharistie empfangen; jetzt aber findet meistens die umgekehrte Ordnung Statt. Doch soll sie nicht bis zum letzten Augenblick verschoben, sondern die Zeit benutzt werden, wo der Kranke noch bei vollem Bewußtseyn ist q).

---

l) Jacob. V. 14. 15., c. 3. D. XCV. (Innocent. I. a. 416).

m) Conc. Trid. Sess. XIV. Doctrina de sacram. extrem. unction. et cap. 1. 2. et can. 1. 2. 3. eod.

n) c. 14. X. de verbor. signif. (5. 40).

o) clem. 1. privil. (5. 7).

p) Conc. Trid Sess. XIV. cap. 3. et can. 4. de extr. unct.

q) Der Mißbrauch, die letzte Oelung bis zum letzten Augenblick zu verschieben, hängt mit mehreren falschen und zum Theil abergläubischen Vorstellungen der älteren Zeit zusammen. Die früher sehr verbreitete Meinung, daß der Kranke nach Empfang dieses Sakraments,

§. 335. II. Von dem christlichen Begräbniß.

Greg. III. 28. Sext. III. 12. Clem. III. 7. Extrav. comm. III. 6. De sepulturis.

Die Kirche will nach der Sitte aller gebildeten Völker den Leichnam eines abgeschiedenen Bruders mit Achtung behandelt wissen, und hat daher die Beerdigung mit mehreren Feierlichkeiten verbunden, wodurch sie auch noch im Tode diejenigen ehrt, die sich während ihres Lebens zu ihrer Gemeinschaft bekannt haben. Dadurch ist in allen christlichen Ländern das Begräbniß eine kirchliche Handlung geworden. Die Begehung desselben und der Ort der Beerdigung ist regelmäßig bei der Pfarrkirche, welcher man während seines Lebens angehörte r). Ausnahmen treten aber ein, wenn man ein Familienbegräbniß s), oder, was Einem immer frei steht, einen anderen Begräbnißplatz erwählt hat, t), oder wenn man zufällig an einem andern Orte verstorben ist, und der Leichnam nicht ohne viele Umstände an den würklichen Wohnort geführt werden kann u). Früher war es den Geistlichen untersagt, für das Begräbniß etwas zu verlangen v); doch war ihnen freiwillige Gaben anzunehmen nicht verboten, und diese sind allmählig in ein festes Herkommen übergegangen w). In der neueren Zeit sind dafür theils von den Provinzial-Concilien, theils in Uebereinstimmung mit den Ortsbehörden gewisse Taxen festgesetzt worden. Ist das Begräbniß an einem anderen Orte als bei der Pfarrkirche erwählt worden,

---

nicht mehr testiren dürfe, gründete sich aber auf gewisse Ansichten des deutschen Rechts.

r) c. 6. c. XIII. q. 2. (Conc. Tribur. a. 895), c 3 5 X. de sepultur. (3. 28). — Maßregeln bei Begräbnißen s. M. Ueb. § 11. 20. 22.

s) c. 1. 3. X. de sepultur. (3. 28).

t) c. 7. X. de sepultur. (3 28), c. 2 §. 1. c. 4. eod in VI. (3. 12). Abweichend ist c. 3. X. de sepultur. (3. 28). Die Commentatoren haben dieses so vereinigt, daß zwar die Wahl frei stehe, allein der erwählte Ort doch ein geweihter seyn müsse.

u) c. 3. de sepultur. in VI. (3. 12).

v) c. 12. c. XIII. q. 2. (Gregor. I. a. 599), c. 15. eod. (Conc. Nannet. c. a. 895), c. 13. X. de sepult. (3. 28), c. 8. 9. X. de simon. (5. 3).

w) c. 42. X. de simon. (5. 3).

so mußte dieser ehemals doch ein bestimmter Theil (portio canonica, quarta funeraria) von Allem, was der Kirche des Begräbnißortes vermacht war, abgegeben werden x). Jetzt ist dieses aber nicht mehr allgemein im Gebrauch y). Uebrigens kann die Ehre des kirchlichen Begräbnisses, da sie sich auf die kirchliche Gemeinschaft gründet z), doch nur denjenigen zu Theil werden, die würklich in dieser Gemeinschaft stehen; nicht also den Ungläubigen a), Ketzern und deren Begünstigern b), Schismatikern c), den Interdicirten und Excommunicirten d), und denjenigen, die durch Unterlassung der schuldigen Religionshandlungen ihre Gleichgültigkeit gegen die kirchliche Verbindung an Tag gelegt haben e). Auch ist jene Ehre zur Strafe gewissen Verbrechern entzogen, namentlich den Selbstmördern f), denjenigen die in einem Turnier g) oder in einem Duell h) geblieben sind, offenbaren Wucherern i), Räubern und Zerstörern von Gotteshäusern k). In der neueren Zeit hat zwar die kirchliche Behörde in mehreren Ländern, namentlich in Deutschland und Frankreich, die Verfügung über den Begräbnißort verloren: die Anordnung der kirchlichen Feier bei der Beerdigung steht ihr aber nach der Natur der Sache noch immer allein zu, und in so

---

x) c. 1. 8. 9. 10. X. de sepultur. (3 28), c. 2. eod. in VI. (3. 12), clem. 2. eod. (3. 7).

y) Conc. Trid. Sess. XXV. cap. 13 de ref.

z) c. 1. c. XXIV. q. 2 (Leo I. a. 443).

a) c. 27. 28. D. I. de cons. (Capp. incert.).

b) c. 8. c. 13. §. 5. X. de hæret. (5. 7), c. 2. eod. in VI. (5. 2).

c) c. 3 c. XXIV. q. 2. (Urban. II. c. a. 1095).

d) c. 37. c. XI. q. 3. (Gelas. I. c. a 494), c. 12. 14. X. de sepultur. (3 28), c. 20. de sentent. excomm. in VI. (5. 11). Nach dem neueren Recht ist dieses jedoch nur auf diejenigen zu beschränken, welche namentlich excommunicirt und öffentlich als solche bekannt gemacht worden sind. (§. 197).

e) c. 12. X. de pœnitent. (5. 38).

f) c. 12. c. XXIII. q. 5. (Conc. Bracar. I. a. 561).

g) c. 1. X. de torneament. (5. 13).

h) Conc. Trid. Sess. XXIV. cap. 19. de ref.

i) c. 3. X. de usur. (5. 19).

k) c. 2. 5. X. de raptor. (5. 17).

fern dürfen auch noch die obigen Strafbestimmungen geltend gemacht werden, weil die Kirche, wenn sie auch das Weitere dem göttlichen Gericht ehrfurchtsvoll anheimstellt, doch um ihrer Würde nicht von dem Grundsatz abgehen kann, denjenigen, die im Leben ihre Gemeinschaft verschmäht haben, sich auch im Tode nicht aufzudringen l). In zweifelhaften Fällen sollen jedoch die Pfarrer vorsichtig und nicht ohne Rücksprache mit der bischöflichen Behörde verfahren. Die protestantischen Bekenntnißschriften haben ebenfalls die Sorgfalt für die anständige Beerdigung der Verstorbenen zur Pflicht gemacht m); die Strafe der Entziehung des kirchlichen Begräbnisses, die sich noch häufig in den älteren Landesgesetzen findet, ist aber jetzt sehr außer Gebrauch gekommen.

§. 336. III. Von dem Dienste der Verstorbenen.

Die Gemeinschaft des Gebetes ist nicht auf die hier Lebenden beschränkt, sondern nach dem übereinstimmenden Glauben der griechischen und lateinischen Kirche können auch für die Seelen der Abgeschiedenen, die noch an dem Orte der Reinigung der Anschauung Gottes harren, Fürbitten und andere fromme Werke, besonders aber das Opfer des Leibes und Blutes Christi, dargebracht werden n). Daher ist schon seit den ältesten Zeiten ein eigener Dienst für die Verstorbenen eingerichtet worden. Am Abend vor dem Begräbnißtage wurden nämlich die Leichen in die Kirche getragen, bei ihnen die Nacht hindurch Psalmen und Hymnen gebetet, dann am folgenden Tag das Meßopfer verrichtet, und während desselben Oblationen für sie dargebracht. Jene Gebete haben sich, selbst der Benennung nach, in den Vigilien oder dem Officium für die Verstorbenen erhalten; doch wird dieses, so wie auch die Todtenmesse, nicht mehr vor der Leiche selbst, sondern erst nach der Beerdigung, etwa nur vor einem Trauergerüste, welches die Leiche vorstellt, verrichtet. Die Oblationen sind aber

---

l) c. 1. c. XXIV. q. 2 (Leo I. a. 443), c. 37. c. XI. q. 3. (Gelas. c a 494).

m) Helvet. Conf II. Cap. XXVI.

n) c. 19. 23. c. XIII. q 2. (Augustin. c. a. 421), c. 17. eod. (Greg. I. c. a. 593), c. 21. eod. (Greg. III. c. a. 721), c. 22. eod. (Cap. incert.), Conc. Trid. Sess. XXV. Decret. de purgatorio.

allgemein in ein festes Herkommen übergegangen und durch genaue Taxen regulirt worden. Die Exequien wurden ehemals gewöhnlich am dritten, siebenten oder neunten, dreißigsten oder vierzigsten Tage, und an dem Jahrestage des Todes wiederholt o); dieses kommt auch noch jetzt häufig vor. Außerdem wird für die Abgeschiedenen, entweder namentlich oder im Allgemeinen, auch in den anderen Messen gebetet p). Zu diesem Zwecke wurden schon in der alten Zeit die Verstorbenen bei jeder Gemeinde in den Diptychen verzeichnet, und hieraus sind die Todtenregister entstanden. Die Exequien sind natürlich in der regelmäßigen Pfarrkirche des Verstorbenen zu halten, und dieses bildet ein bestimmtes Recht, welches durch die Wahl eines andern Begräbnißortes oder durch das einer andern Kirche verliehene Recht der Beerdigung nicht verloren geht q). Uebrigens sollen die Christen ihre Verstorbenen zwar aufrichtig betrauern, sich dabei aber nicht einer unmäßigen Betrübniß, nach Art der Heiden, überlassen r), und noch weniger diese durch einen übertriebenen Aufwand an Tag legen wollen s). Die Protestanten haben zwar auch das Gedächtniß der Todten empfohlen, allein mit der Lehre von dem Reinigungsort nach dem Tode, das Gebet für die Verstorbenen verworfen t).

---

o) c. 24. c. XIII. q. 2. (Ambros. a. 395), Nov. Just. 133. c. 3. §. 1., c. 7. D. XLIV. oder c. 35 D. V. de cons. (Conc. Nannet. c. a. 895).

p) c. 72. D. I. de cons. (Conc. Cabilon. II. a. 813).

q) c. 9. X. de sepultur. (3. 28).

r) I. Thess. IV. 13. 14., c. 25. c. XIII. q. 2. (Cyprian. c. a. 255), c. 26. eod. (Chrysostom. c. a. 390), c. 28. eod. (Conc. Tolet. III. a. 589).

s) *Augustin.* De civit. Dei. I. 12. Curatio funeris, conditio sepulturæ, pompa exsequiarum, magis sunt virorum solatia, quam subsidia mortuorum.

t) Helvet. Conf. II. Cap. XXVI. — Verordnungen über Gebete für Verstorbene s. M. B. Nro. 242. und die preußische Agende.

Fünftes Kapitel.

Von den besonderen kirchlichen Anstalten.

§. 337. Uebersicht.

Das kirchliche Leben ist nicht auf die gemeinsamen Religionshandlungen beschränkt, sondern so wie das Christenthum jede Thätigkeit des Menschen umfaßt und veredelt, so hat auch die Kirche mehrere besondere Richtungen derselben noch in ihren Kreis gezogen, und durch eigene Institute zu unterstützen, oder gegen Ausartung zu sichern gesucht. Dahin gehören die Anstalten, welche der Wohltätigkeit, besondern Religionsübungen, der Entsagung und Selbstaufopferung, dem kriegerischen, und dem wissenschaftlichen Leben bestimmt sind. Die Kirche hat dadurch gezeigt, wie sie ihrem universellen Charakter gemäß, auch die verschiedenartigsten Kräfte und Neigungen, in so fern sie überhaupt edler Art sind, zu sammeln, und ihnen eine mehr oder minder nahe Beziehung auf Gott zu geben vermag.

§. 338. I. Von den Wohlthätigkeitsanstalten. A) Allgemeine Armenpflege.

Die Kirche fordert nicht nur ihre Mitglieder zur Milde und Wohlthätigkeit auf, sondern sie nimmt sich auch der Armen und anderer hülfsbedürftiger Personen unmittelbar an. Daher wurde diesen schon in den ersten christlichen Gemeinden eine besondere Sorgfalt erwiesen, und zu diesem Zwecke hauptsächlich das Amt der Diaconen eingesetzt u). Als das Vermögen der Kirchen zunahm, bestimmte man ihnen einen regelmäßigen Theil der Einkünfte (§. 252), und übertrug deren Verwendung, der ursprünglichen Einrichtung gemäß, bestimmten Diaconen. Zu diesem Zwecke wurden die von der Kirche verpflegten Armen in eine eigene Matrikel verzeichnet, aus welcher sie aber wegen schlechter Sitten ausgestrichen werden konnten. Doch beschränkte man sich auf diese regelmäßige Vertheilung nicht, sondern das Kirchenvermögen wurde überhaupt als das Eigenthum der Armen, welches der Kirche nur zur Verwaltung und Verwendung anvertraut wä-

---

u) Act. IV. 34 — 37. VI. 1 — 6.

re, betrachtet v). Daher übten die Bischöfe und Päbste, oft mit Aufopferung ihres eigenen Vermögens, eine unglaubliche Freigebigkeit aus, und die Concilien aller Zeiten legten ihnen die Pflicht auf, so viel wie nur möglich zur Unterstützung der Armen beizutragen w). Aehnliche Einrichtungen und Verpflichtungen bestanden auch für die Klöster, und von diesen sind ebenfalls unzählige Liebeswerke jeder Art ausgegangen. Aber auch die Laien wurden dazu von der Kirche angehalten, und es sollte darauf bei der jährlichen Visitation ausdrücklich gesehen werden x). Uebrigens erlitt aber die Armenpflege der Diaconen im Lauf der Zeit mehrere Veränderungen. Bei den bischöflichen Kirchen kam sie, als das canonische Leben entstand, in die Hände der Kapitel; bei den andern Kirchen wurde sie den Pfarrern überlassen und diese bezogen nun auch unmittelbar die dazu bestimmten Einkünfte (§. 253). Die Einrichtung, die einer Kirche zugetheilten Armen in Listen zu verzeichnen, bestand aber fort, und nicht selten wurden diesen Matrikeln eigene Donationen gemacht. Später wurde aber allmählig die Verwaltung dieses Armenfonds (mensa pauperum, mensa S. spiritus) eigenen Armenvätern, wozu man nun meistens Laien nahm, übertragen, und deren Verhältniß eben so wie das der Kirchenvorsteher (§. 276) geordnet y). Endlich ist in der neueren Zeit die Armenverwaltung in den meisten Ländern der Kirche fast ganz entzogen, und den Ortsbehörden übergeben worden.

---

v) Man findet diese Regel aus der kirchlichen Gesetzgebung und Praxis durch alle Jahrhunderte nachgewiesen bei *Thomassin* Vet. et nov. eccl. discipl. P. III. Lib. III. Cap. 26 — 33.

w) c. 1. D. LXXXII. (Conc. Aurel. I. a. 511), Conc. Ravenn. a. 1131. c. 30 , Conc. Trid Sess. XXV. cap. 1. de ref.

x) *Regino* de ecclesiast. discipl. Lib. II. Cap. V. No. 68. Inquirendum de mendicis, qui per patrias discurrunt, et si unusquisque pauperem de familia sua pascat. No. 72. Inquirendum, si aliquis est, qui peregrino aut viatori hospitium contradicit.

y) Conc. Buscod. a. 1571. Tit. XIV., Conc. Antwerp. a. 1576. Tit. XIII. Conc. Yprens. a. 1577. Tit. XXVIII., Conc. Audomar. a. 1583. Tit. XXI., Conc. Buscod. a. 1612. Tit. XXI., Conc. Camerac. a. 1631. Tit. XVII., Conc. Audomar. a. 1640. Tit. XIX., Conc. Colon. a. 1662. Part. III. T. XIII. — s. Würt. Verf. Urk. §. 70 , M. Ueb. §. 15. 129.

§. 339. A) Hospitien für Hülfsbedürftige.

Greg. III. 36. Clem. III. 11. De religiosis domibus, ut episcopo sint subjectæ.

Um die Pflege hülfsbedürftiger Personen noch fester zu begründen, stifteten die Bischöfe aus ihren Ersparnissen und anderen frommen Schenkungen eigene Anstalten für Arme (ptochotrophia), Kranke (nosocomia), Waisen (orphanotrophia), ausgesetzte Kinder (brephotrophia), Greise (gerontocomia) und arme Reisende (xenodochia), und ließen diese durch einen Kleriker unter ihrer Aufsicht verwalten z). Häufig wurden aber dergleichen Häuser auch von Privatpersonen gegründet, und alsdann hatten diese und ihre Erben die innere Einrichtung zu leiten und die Hülfspersonen zu bestellen. Doch wurden von Justinian solche Privatstiftungen ebenfalls der Oberaufsicht des Bischofes unterworfen a). In den germanischen Reichen nahmen sich vorzüglich die Mönche jener wohlthätigen Werke an; es wurden sogar bei den Klöstern, und später auch, der eingeführten canonischen Regel gemäß b), bei den bischöflichen Kirchen eigene Häuser zur Verpflegung der Armen und Reisenden angelegt, und die Könige waren sehr auf Erhaltung dieser Anstalten bedacht c). Daneben entstanden aber auch viele Privatstiftungen dieser Art, und zwar so, daß deren Verwaltung entweder dem Bischofe d), oder den Erben des Stifters, oder andern von ihm bestellten Personen übertragen wurde e). In allen Fällen galten sie aber als geistliche Anstalten, und waren daher dem Schutz und der Oberaufsicht des Bischofes unterworfen f). Doch versäumte man nicht

---

z) c. 10. c. XVIII. q. 2. (Conc. Chalced. a. 451).

a) c. 42. §. 9. c. 46. pr. §. 3. C. de episc. (1. 3), nov. 131. c. 10.

b) Conc. Aquisgran. a. 816. c. 141. 142.

c) Capit. I. Carol. M. a. 789. c. 73., L. Langob. Carol. M. c. 63.

d) Die Formel für eine Stiftung dieser Art giebt *Marculf.* Formul. Lib. II. No. 1.

e) Diese Unterscheidung macht sehr bestimmt das Conc. Ticin. a. 850. c. 15.

f) Capit. Carol. M. a. 793. c. 1., c. 3. X. h. t. (Eugen. II. a. 826), Conc. Ticin. a. 850. c. 15., Epist. Episc. ad Ludov.

leicht, der größeren Sicherheit wegen, auch Schutzbriefe der Könige für sie nachzusuchen. Die innere Einrichtung dieser Häuser war nach den Verhältnissen verschieden. In den bei den bischöflichen Kirchen errichteten Hospitien war, wie in den Klöstern, ein Bruder der Congregation selbst mit der Pflege beauftragt. Dieses gab Veranlassung, daß sie öfters von den Bischöfen zu wirklichen Benefizien erhoben, und als solche verliehen wurden. Eben so gaben auch oft die Könige die ihnen zustehenden Hospitien als Lehen hin g). Die Gehülfen, besonders für die Krankenpflege, sollten nach der Absicht der Kirche die Tonsur haben und ein regelmäßiges geistliches Leben führen. Seit dem zwölften Jahrhundert wurde daher in vielen dieser Häuser eine förmliche Regel nach Art der Mönche eingeführt h); es entstanden sogar für die Krankenpflege eigene Orden, für welche entweder neue Hospitäler errichtet, oder denen die bereits vorhandenen übergeben wurden. Doch blieben auch viele Hospitäler in den Händen anderer Rectoren, und diese hatten sich sogar mancherlei Exemtionen von der bischöflichen Oberaufsicht zu verschaffen gewußt, so daß die Einkünfte nicht selten sehr willkührlich verwaltet wurden. Um diesem zu steuern, verordnete das Concilium von Vienne (1311), daß bei allen diesen Anstalten das Vermögen, nöthigenfalls auf Betreiben der Bischöfe, selbst vorhandener Exemtionen ohngeachtet, auf seine ursprüngliche Bestimmung zurückgeführt, keine Verleihung zu Benefizien mehr damit vorgenommen, sondern die Verwaltung rechtschaffenen und sachkundigen Männern übergeben werden sollte, die dazu wie Curatoren vereidet würden, und auf den Grund des errichteten Inventars dem Bischofe, oder wem sonst dieses Recht zustände, jährlich Rechnung ablegten i). Nur die in den Händen geistlicher Orden sich befindlichen Hospitäler wurden von dieser Vorschrift ausgenommen k). Das

Reg. Germ. a 858. c. 10. Corp. Jur. Germ. T. III. p. 87., Baluz. T. II. col. 111), c. 4. X. h. t. (Urban. IV. a. 1264).

g) Capit. Carol. M. a. 793. c. 6

h) Conc. Paris. a. 1212. Part. III c. 9., Constit. Edmund. Cantuar. a. 1236. c. 35., Conc. Arelat. a. 1260 c. 13., Conc. Ravenn. a. 1311. c. 25.

i) clem. 2. pr. §. 1. de relig. domib. (3. 11), clem. 3. de præbend. (3. 5).

k) clem. 2. §. 2. de relig. domib. (3. 11).

Concilium von Trient bauete auf diesem Plane fort, indem es den Bischöfen bei allen Hospitälern, auch den eximirten, nur nicht bei den unter einem geistlichen Orden stehenden, die Aufsicht über deren getreue Verwaltung l), und daher das Visitationsrecht m), die Mitwürkung bei der Rechnungsablage n), und die Befugniß im Nothfall die Einkünfte auch zu einem andern ihrer Bestimmung am nächsten liegenden Zwecke zu verwenden o), alles dieses jedoch nur so weit nicht das Gesetz der Stiftung ausdrücklich entgegenstände p), übertrug. Seit dem sechzehnten Jahrhundert ist aber in vielen Ländern, namentlich in Deutschland, den Niederlanden und Frankreich, die Vermögensverwaltung allmählig der Aufsicht der Bischöfe ganz entzogen und unter die weltlichen Behörden gestellt worden. Auch werden jetzt die Vorsteher und Gehülfen gewöhnlich blos aus den Laien genommen *). Hin und wieder haben sich jedoch, und zwar, wie die Erfahrung zeigt, zum größten Nutzen für die leidende Menschheit, noch geistliche Orden für die Krankenpflege erhalten, und zwar entweder so, daß dem Orden die ganze Leitung der Anstalt zusteht, oder so, daß er blos den Krankendienst besorgt, die übrige Verwaltung aber von Andern versehen wird. Uebrigens wollte die Kirche in diesen Stiftungen eben so sehr die Seele, wie den Leib gepflegt wissen. Der Eintretende mußte daher beichten und sich den regelmäßigen gottesdienstlichen Uebungen des Hauses unterwerfen. Viele Hospitien, besonders die der geistlichen Orden, hatten sogar eigene Priester und Kirchhöfe q); in den An-

---

l) Conc. Trid. Sess. VII. cap. 15. de ref., Sess. XXV. cap. 8. de ref.

m) Conc. Trid. Sess. XXII. cap. 8. de ref.

n) Conc. Trid. Sess. XXII. cap. 9. de ref.

o) Conc. Trid. Sess. XXV. cap. 8. de ref.

p) Dieser Vorbehalt wird zwar bei dem Visitationsrecht nicht gemacht; doch ist in der Praxis angenommen, daß auch dieses durch das Gesetz der Stiftung ausgeschlossen werden könne. *Fagnan.* ad c. 4. X. de relig. domib. No. XLIV.

*) In Württemberg steht die Verwaltung frommer Stiftungen unter einem aus dem Pfarrer, Kaplänen und dem Gemeinderath bestehenden Stiftungsrathe.

q) c. 2. X. de eccles. ædif. (3. 48), clem. 2. §. 3. de relig. domib. (3. 11).

dern wurde die Seelsorge von dem Ortspfarrer verwaltet. Auch noch jetzt gehört die Aufrechthaltung der religiösen Disciplin schon nach der Natur des Verhältnisses zu den bischöflichen Rechten.

§. 340.. II. Von den religiösen Orden. A) Allgemeine Grundlage.

Die religiösen Orden sind freiwillige Verbindungen von Männern, die in der Begeisterung für höhere Lebenszwecke nach reiflicher Prüfung ihres Willens und ihrer Kräfte den festen Entschluß gefaßt haben, sich denselben ausschließlich zu widmen. Um dieses durchzuführen, bedarf es aber einer genauen dem vorgesetzten Ziel entsprechenden Lebensordnung oder Regel, wozu sich Jeder bei dem Eintritt in die Verbindung, mit völliger Unterordnung seiner sinnlichen Neigungen, seiner Anhänglichkeit an irdische Güter, und seines Eigenwillens, verpflichtet; und da man voraussetzen muß, daß er die Bestimmung, die er nach gehöriger Selbstprüfung frei gewählt, auch mit männlicher Beharrlichkeit verfolgen werde, so ist es dem Ernst der Einrichtung angemessen, jene Verpflichtung, und die darin enthaltenen Gelübde der Keuschheit, der Armuth und des Gehorsams, als unwiderruflich zu behandeln r). Doch muß um Uebereilungen zu verhindern eine bestimmte Probezeit vorhergehen s), und um so weniger ist ein aus Furcht und Zwang abgelegtes Gelübde gültig t). Uebrigens kann eine Regel, nach der verschiedenen Weise das irdische Daseyn auf Gott zu beziehen, sich verschiedene Zwecke setzen, und bald auf Beschauung und strenge Büßungen, bald mehr gemeinnützig auf den Unterricht der Jugend, auf höhere wissenschaftliche Unternehmungen, auf die Krankenpflege, auf die Unterstützung der Pfarrer beim Gottesdienst und Predigen, und auf die Bekehrung der Heiden gerichtet seyn. Die Kirche hat dabei, eben weil sie freie Entschließungen voraussetzt,

---

r) c. 8. c. XX. q 1. (Leo I. a. 443), c. 1. c. XX. q. 3. (Idem eod), c. 3. eod. (Conc. Chalced. a. 451), c. 2. eod. (Conc. Tolet. VI. a. 638).

s) Nov. Just. 5. c. 2., c. un. D. LIII (Greg. I. a. 598), c. 6. c. XIX. q. 3. (Idem a. 600), c. 16. X. de regular. (3. 31), Conc. Trid. Sess. XXV. c. 15. de regular.

t) c. 1. X. de his quæ vi (1. 40), c. 14. X. de regular. (3. 31), Conc. Trid. Sess. XXV. cap. 18. 19. de regular.

weniger die Aufgabe, durch positive Gebote einzuwürken, als nur zu sorgen, daß solche Institute nicht aus der Ordnung des Ganzen heraustreten.

§. 341. B) Geschichtliche Uebersicht der religiösen Orden. u)

Die ersten Mönche warn Einsiedler, die in den Wäldern und Gebürgen zerstreut ein beschauliches Leben führten. Im vierten Jahrhundert vereinigte aber Pachomius in Egypten viele dieser Anachoreten in einem gemeinschaftlichen Wohngebäude (coenobium), welches er in einem Dorfe in Thebais errichtete, und bald wurden solche Monasterien auch in den Städten von Palästina und Kleinasien angelegt. Der Bischof Basilius der Große († 378) gab den Andachtsübungen die Regel, der noch im Orient alle Mönche folgen. Um dieselbe Zeit wurden auch in Rom und Mailand, und dann auch in andern Ländern des Occidents Klöster errichtet, und diesen von ihren Vorstehern oder andern erleuchteten Männern Lebensregeln mitgetheilt. Eine sehr weise und ausgebildete Regel entwarf (515) Benedikt, Graf von Nursia, für die Klöster, die er in Sublacum und auf dem Gebürge bei Cassinum stiftete, und nach dieser wurden allmählig fast alle übrigen Klöster des Abendlandes eingerichtet. Diesem Orden haben in jener Zeit die Wissenschaften ihre Erhaltung und Verbreitung, viele Völker das Licht des Christenthums, ganze Landstriche ihre Urbarmachung und andere gemeinnützige Kenntnisse, und Tausende von Leibeigenen milde und gesittete grundherrliche Einrichtungen zu verdanken. Als nach Jahrhunderten die Sitten von der alten Zucht abgewichen waren, wurden von eifrigen Männern neue Klöster gegründet, in denen sie die Regel Benedikts in ihrer ursprünglichen Strenge herstellten und noch durch neue Bestimmungen, nach dem Bedürfnisse der Zeit und dem Geiste des Stifters, vermehrten. So entstand aus dem von Berno (910) zu Clugni errichteten Kloster durch dessen Nachfolger, den Abt Odo, der weitverbreitete Orden der Cluniacenser; Romuald grün-

---

u) Die Geschichte der Orden muß auf die genaueste Kenntniß der Zeit, in der sie gewürkt haben, und auf das Studium ihrer Regeln gebaut werden. Eine vortreffliche Sammlung derselben ist: *Luc. Holstenii* Codex regularum monasticarum et canonicarum quas SS. patres monachis et virginibus sanctimonialibus praescripsere. August. Vindel. 1759. VI. Vol. fol.

dete (u. 1020) in einem Kloster zu Kamaldoli in den Apenninen den Orden der Kamaldulenser; aus dem von Robert (1098) zu Citeaux gestifteten Kloster giengen die Cistertienser hervor, die nach dem hl. Bernhard, der in einem ihrer Klöster zu Clairveaux Abt war, auch Bernhardiner genannt wurden. Eine ganz besonders strenge Regel gründete (1084) Bruno, Chorherr zu Rheims, in der großen Karthause bei Grenoble; eine andere in demselben Geiste Norbert (1120) in der Einsamkeit von Premontré bei Laon, und diese wurde, jedoch nicht dauernd, auch in einigen Stiftern eingeführt. Andere unterwarfen sich der sogenannten Regel des h. Augustinus (§. 149). Einen neuen Schwung nahm aber der von Franz von Assisi im dreizehnten Jahrhundert gestiftete Orden der Minoren, dessen von Innocenz III. gebilligte Regel die Verpflichtung zur strengsten Armuth enthielt. Derselbe Grundsatz wurde in der von Dominikus für die Prädicatoren verfaßten und von Honorius III. bestätigten Regel, ferner von den Carmeliten und den Eremiten des h. Augustinus angenommen. Die große Anzahl der religiösen Orden bewog aber nun die Päbste die Erfindung neuer Regeln zu verbieten, und die nicht vom apostolischen Stuhl bestätigten fortan für ungültig zu erklären v). Doch wurden auch noch später theils neue Formen von Mendicanten-Orden, namentlich im sechzehnten Jahrhundert die Capuziner, die Recollecten von der stricten Observanz, und die Brüder der Hospitalität oder der Barmherzigkeit, theils die Orden der regulären Kleriker errichtet. Unter diesen ist die Gesellschaft Jesu vorzüglich berühmt, welche im sechzehnten Jahrhundert von Ignatius von Loyola gestiftet, von Paul III. (1540) bestätigt, von Clemens XIV. (1773) aufgehoben, und von Pius VII. (1814) wieder hergestellt worden ist. Auch gehören die von Gregor XV. bestätigten Kleriker der frommen Schulen oder die Piaristen. Neben diesen eigentlichen regulären Klerikern entstanden noch andere Priester-Verbindungen, die zwar in Gemeinschaft und nach einer gewissen Ordnung lebten, aber keine förmlichen Gelübde ablegten. Von dieser Art war die von Philipp Neri (1565) in Rom gegründete und von Paul V. (1612) bestätigte Congregation vom Oratorium, und die im Anfang des siebzehnten Jahrhunderts zu Paris errichtete

v) c. 9. X. de relig. domib. (3. 36), c. un. eod. in VI. (3. 17).

Congregation des Oratoriums unseres Herrn Jesu Christi. Beide haben sich auch in andere Länder verbreitet.

§. 342. C) Innere Verfassung der Orden.

Greg. III. 31. Sext. III. 14. Clem. III. 9 Extr. comm. III. 8. De regularibus et transeuntibus ad religionem, Greg. III. 32. De conversione conjugatorum, Greg III 35 Sext. III. 16. Clem. III. 10. De statu monachorum et canonicorum regularium, Greg. III. 36 Sext. III. 17. Clem III. 11. Extr. Johann. XXII. Tit. 7. Extr. comm. III. 9. De religiosis domibus.

Die Einrichtung der Orden beruht zunächst auf der Verfassung der einzelnen ihnen angehörenden Klöster. Jedes Kloster bildet wie eine Familie für sich, und alle Verrichtungen in diesem großen Hauswesen sind auf das Genaueste geordnet und an die einzelnen Mitglieder nach deren Fähigkeiten und Kräften vertheilt. Ursprünglich waren die Mönche meistens Laien, und nur die Ausgezeichnetsten unter ihnen wurden, besonders wenn das Bedürfniß des Gottesdienstes es verlangte, zu den Weihen zugelassen w). Seit dem zehnten Jahrhundert sind sie aber meistens zugleich Kleriker, und es werden nur für die gewöhnlichen Dienste und Handarbeiten einige Laienbrüder (conversi) gehalten. An der Spitze des Hauses steht ein, gewöhnlich auf Lebenszeit erwählter x), Abt, Prior, Guardian oder Rektor, mit einer sehr freien, dem Hausvater ähnlichen Gewalt y); doch ist er bei gewissen Theilen der Verwaltung an den Rath oder die Zustimmung eines regelmäßigen Ausschusses, des Kapitels, gebunden oder ihm verantwortlich. Mit den Klöstern auf dem Lande standen der Landwirthschaft wegen Klosterhöfe (grangiae) in Verbindung, die von Laienbrüdern bewohnt waren, zuweilen auch eigene Oratorien hatten z). Nach der Regel Benedikts be-

w) c. 6. c. XVI q. 1. (Hieronym a. 372), c. 29. eod. (Siric. a 385); c. 26. 27. eod. (Hieronym. c. a. 400), c. 3. eod. (Innocent. I. a. 404).

x) c. 2. 3 XVIII. q. 2. (Gregor. I. a. 595), c. 5. eod. (Idem a. 601), c. 42. X. de elect. (1. 6), c 32. §. 1. c. 43. eod. in VI. (1. 6).

y) c. 16 c XVIII. q. 2 (Conc. Aurel. I. a. 511), c. 9. eod. (Pelag. c. a. 557), c. 3. 26. X. de appell. (2. 28), c. 8. X. de stat. monach. (3. 35).

z) c. 26. X. de censib. (3. 39).

stand übrigens, so wie noch jetzt im Orient, unter den einzelnen Klöstern kein genauer Zusammenhang durch eine gemeinschaftliche Regierung. Bei den daraus später hervorgegangenen Orden, namentlich bei den Cluniacensern und Cisterciensern, fanden aber Generalkapitel, wo sämmtliche Aebte zusammenkamen, und Visitationen Statt a); auch wurde die Mutterabtei, woraus die Uebrigen hervorgegangen, als das Haupt derselben betrachtet. Bei den Orden der Mendicanten und der Regular-Geistlichen sind die Klöster einer bestimmten Provinz unter einem Ordensprovinzial vereinigt; und an der Spitze des ganzen Ordens steht der Ordensgeneral, welcher gewöhnlich in Rom wohnt.

§. 343. D) Von den weiblichen Orden.

Die weiblichen religiösen Orden sind auf gleiche Weise wie die Männer-Orden entstanden b). Schon seit den ersten Zeiten der Kirche gab es Jungfrauen, welche sich durch ihre Tracht und Lebensweise zum geistlichen Stande bekannten, oder selbst sich vom Bischof feierlich mit dem Schleier bekleiden ließen c), ohne jedoch übrigens ihr elterliches Haus zu verlassen. Eben so nahmen die Wittwen häufig eine religiöse Kleidung an d), und aus ihnen wurden gewöhnlich die Diaconissen genommen. Die Schwester des Einsiedlers Antonius und die des Pachomius stifteten aber auch für die Frauen, die sich ganz von der Welt zurückziehen wollten, gemeinschaftliche Wohngebäude, und diese Einrichtung verbreitete sich nun sehr rasch über alle christliche Länder. Als Regeln für das gemeinschaftliche Leben dienten die Rathschläge, welche fromme und erleuchtete Männer, na-

---

a) c. 7. 8. X de stat. monach. (3. 35).

b) Mehr darüber findet man bei *Thomassin.* Vet. et nov. eccles. discipl. P. I Lib III. Cap 42 — 63.

c) c. 25. c. XXVII q 1. (Conc. Eliber a. 313), c. 5. 9. D. XXVII. (Hieronym c. a. 390), c. 1. c. XXVI q. 6. (Conc. Carth. II. a. 390), c. 2. eod. (Conc. Carth III. a. 397), c. 9. 10. c. XXVII. q. 1. (Innocent. I. a. 404).

d) c. 1. c. XXVII. q. 1. (Conc Carth IV. a. 398), c. 33. eod. (Augustin. c. a 401), c 35. eod (Conc. Araus. a. 441), c. 42. eod. (Gelas. a 494), c 7. eod. (Conc. Paris V. a. 615), c. 2. eod. (Gregor. III. c. a 739), c. 34 eod. (Conc. Wormac. a. 868), c. 8. eod. (Conc. Tribur. a. 895).

mentlich im Abendlande der h. Augustinus, Cassianus, Cäsarius und Aurelianus einzelnen Klöstern gegeben hatten. Später wurde fast allgemein die Regel Benedikts befolgt. Auch kamen nun, nach Art der canonischen Klerikern (u. 148), canonische Congregationen von Frauen auf e), und es wurde für sie auf dem Concilium von Achen (816) eine eigene, von dem Priester Amalarius in Metz verfaßte Regel angenommen f). Später sind noch mancherlei neue Orden entstanden, gewöhnlich so, daß man eine der für die Männer-Orden erfundenen Regeln nachahmte. So ist namentlich, nach Art der regulären Kleriker, von Angela von Brescia († 1540) der Orden der Ursulinen für die weibliche Erziehung gestiftet worden. Auch gab es Verbindungen, die zwar nach einer gewissen Regel lebten, aber sich nicht durch Gelübde für immer verpflichteten. Von dieser Art waren die Säcular-Canonissen g) eigentlich eine Ausartung der regulären, und die Beguinen, die aber eingerissener Misbräuche wegen in mehreren Ländern unterdrückt werden mußten h).

§. 344. III. Von den Bruderschaften.

Neben den religiösen Orden kommen für die Laien, welche für geistliche Zwecke thätig seyn aber doch nicht in einen Orden treten wollen, die Sodalitäten oder Bruderschaften vor. Verbrüderungen, Gilden, die durch feierliche Eide beschworen wurden, werden, unstreitig als Ueberreste des Heidenthums, in den Gesetzen Carls des Großen und seiner Nachfolger erwähnt. All-

---

e) Conc Vernens. a. 755. c. 11., Conc. Mogunt. a. 813. c. 13., Conc. Cabilon. a. 813. c. 53.

f) Diese steht bei *Mansi* Conc. T. XIV. col. 246.

g) Ueber ihre Disciplin sind mehrere reformatorische Verordnungen erschienen, c. 43. §. 5. de elect. in VI. (1. 6), clem. 2. de stat. monach. (3. 10), Conc. Colon. a. 1536. Part. X. Cap. 19., Conc. Colon. a. 1549 Med. III. Cap 7. Allein diese Fräuleinstifter blieben bloße einstweilige Versorgungsanstalten und zum Theil sehr ausgeartete Institute, die längst die Aufhebung verdient hatten.

h) clem 1 de relig. domib. (3 11), clem 3 de hæret. (5. 3), c. un. Extr. Johann. XXII. de relig. domib. (7), c. un. Extr. comm. eod. (3. 9) — In Baiern und Baden bestehen noch Nonnenklöster als weibliche Schul- und Erziehungs-Institute. s. Sammlung bischöfl. Verordnungen. Konstanz 1809. IIIr. Thl., Bair. Concordat Art. 7., Rel. Edikt §. 44.

mählig wurden sie auch auf religiöse Zwecke gerichtet, und die Kirche bemühte sich, sie von vielen ererbten Misbräuchen zu reinigen. Seit dem sechzehnten Jahrhundert sind unter andern die Bruderschaften für das h. Sakrament, um dasselbe mit zu Kranken zu begleiten, für den christlichen Unterricht verwahrloster Kinder, für die Beilegung von Feindschaften, und für die Nachahmung bestimmter Heiligen entstanden. Alle solche Verbindungen dürfen aber nur mit Genehmigung des Bischofs errichtet werden i), und sind auch dem Visitationsrecht desselben unterworfen k). Dabei ist insbesondere darauf zu sehen, daß den Theilnehmern über den Zweck und die Verdienste solcher Verbindungen die richtigen Vorstellungen gegeben, und ihnen nicht, wie zuweilen geschieht, dafür übertriebene Ablässe versprochen werden.

§. 345. IV. Von den geistlichen Ritterorden.

Die Kirche erklärt zwar den Krieg zum Angriff, selbst wider die Ungläubigen, für sündhaft, die Vertheidigung aber für erlaubt, und die Unterstützung derselben wider augenscheinliche Ungerechtigkeit sogar für verdienstlich. Von der Noth des Augenblicks und dem Geiste des Zeitalters bewegt, traten daher im Mittelalter fromme und kriegerische Männer auf, die ihre Tapferkeit ganz für den Dienst der Kirche zu verwenden gelobten. Zu diesem Zwecke schlossen sie sich aneinander, und gaben sich eine bestimmte Verfassung, gewöhnlich so, daß sie eine der bereits vorhandenen Regeln, die des h. Benediktus, der regulirten Chorherrn oder der Cistertienser, zum Grunde legten, und ihr noch die kriegerischen Gelübde beifügten. Die christliche Welt nahm dieses freudig auf; Fürsten und Bischöfe machten ihnen ansehnliche Schenkungen, und die Päbste stellten sie, als höhere geistliche Anstalten, unter ihren unmittelbaren Schutz, indem sie ihnen auch das Recht ertheilten, bei ihren Höfen, nach Art der Mönchsorden, eigene Kapläne, Oratorien und Begräbnißplätze

---

i) Conc. Arelat. a. 1234. c. 9., Conc. Campinac. a. 1238. c. 31, Const. Clement VIII. a. 1604. Quicunque. — s. obige Sammlungen Ir. Thl. S. 15. Bruderschaft der Liebe Gottes und des Nächsten betreffend.

k) Conc. Trid. Sess. XXII. cap 8. de ref.

zu halten l). Die näheren Umstände, worauf sich diese kriegerischen Genossenschaften bezogen, waren übrigens verschieden. Einige hatten den Zweck, die Pilger gegen Angriffe zu schützen; so die Tempelherren m), und die Ritter des hl. Jakob vom Schwerd n). Andere entstanden, um bestimmte Länder wider die Ungläubigen zu vertheidigen; so im gelobten Lande die Hospitalbrüder oder Johanniter o), die Brüder vom Hospital

l) c. 10 X de sepult. (3. 28), c 10. X. de decim. (3. 30), c. 18. X. de regular (3. 31), c 4. 7. X de privileg. (5. 33), clem 2. §. 2. de relig. domib. (3. 11). Doch sind daraus mancherlei Mißbräuche und Streitigkeiten entstanden, c. 3. 5. 7. 10. 11. 15. 20. X. de privileg. (5 33).

m) Ihre Stiftung fällt in das Jahr 1118. Neun französische Ritter zogen vereinigt nach Jerusalem, und legten neben den drei Gelübden, noch das vierte, die Beschützung der Pilger ab. Balduin II. gab ihnen ein Gebäude nahe an dem Tempel Salomons, daher nannte sie das Volk Tempelherrn, (templarii). Hugo von Payens, ihr Anführer, erhielt (1128) von Honorius II. ihre Bestätigung, und eine eigene Regel, welche Bernhard von Clairvaux verfaßte. Nun breiteten sie sich bald über viele Länder aus, indem sie von den Fürsten durch ansehnliche Schenkungen, von den Päbsten durch mancherlei Privilegien unterstützt wurden. Später aber wurde der Orden geheimer Laster und Verirrungen beschuldigt, und endlich nach einer grausamen, unförmlichen Untersuchung auf Betreiben Philipps des Schönen von Clemens V. auf dem Concilium von Vienne (1312) aufgehoben.

n) Dreizehn Edelleute verbanden sich durch ein feierliches Gelübde den Pilgern, die nach Compostella zum Grabe des h. Jacobs wallfahrten, die Wege zu sichern. Im Jahr 1170 vereinigten sie sich mit den Chorherren von St Eligius, die auf demselben Wege für die Pilger Hospitien angelegt hatten, und erhielten nun (1175) vom Pabste Alexander III. die Bestätigung als ein eigener Orden, der aus Geistlichen und Rittern gemischt war. Später aber hat ihre Verfassung mehrere Aenderung erlitten.

o) Dieser Orden entstand aus einem Hospital, welches Kaufleute aus Amalfi (1048) in Jerusalem gestiftet, und dem h. Johannes dem Täufer gewidmet hatten. Raimund du Puy, der Rector desselben, nahm (1118) den Titel eines Meisters an, und gab den Hospitalbrüdern eine Regel, worin er sie, ausser den drei Gelübden, noch zur kriegerischen Beschäftigung verpflichtete. Die Mitglieder zerfielen in drei Ordnungen; ordentliche Mitglieder, welche ritterlicher Abkunft seyn mußten, Kapläne für den Gottesdienst, und dienende Brüder. Das Ganze wurde von Innocenz II. (1130) bestätigt, und nun breiteten sie sich bald über viele Länder aus. Nach dem Verlust des gelobten Landes (1291) verlegten sie ihren Sitz nach Cypern, dann (1309) nach Rho-

der Teutschen zur h. Maria in Jerusalem p) und der Orden vom hl. Lazarus q); in Liefland (1204) der Orden der Schwerdritter, welcher (1237) dem Orden der Teutschen Ritter einverleibt wurde; in Spanien der Orden von Calatrava (1158), be-

---

dus, wo sie sich zuerst Ritter nannten, endlich nach Malta, welches Carl V. (1529) ihnen schenkte. Der ganze Orden war nach den Ländern in acht Zungen (linguæ, Sprachen) eingetheilt, deren Häupter auf Malta wohnten und den hohen Rath des Großmeisters bildeten. Auch war mit jeder Zunge eine der acht hohen Würden des Ordens dauernd verbunden. Jede Zunge zerfiel in Priorate, und diese gewöhnlich in Balleien, worunter denn die einzelnen Häuser und Güter standen, welche als Commenden (§. 259), ähnlich den kirchlichen Beneficien, den Rittern verliehen wurden. Schon nach der Kirchentrennung des sechzehnten Jahrhunderts fiel aber die englische Zunge aus; doch wurde noch 1781 die Baierische Zunge an ihre Stelle gesetzt. Die Teutonische Zunge begriff ehemals auch die Priorate von Dänemark und Ungarn, zuletzt nur noch die von Böheim und Germanien. Letzteres wurde durch den Hochmeister regiert, der durch Karl V. (1549) zum Reichsfürsten erhoben worden war. In dieser Verfassung bestand der Orden bis auf die neuere Zeit. In Frankreich wurde er aber während der Revolution mit den übrigen geistlichen Corporationen aufgehoben und die Güter eingezogen. Dasselbe geschah seit 1806 in Deutschland. In anderen Ländern hat er sich aber noch erhalten, nur ist der Sitz desselben durch Leo XII. (1826) von Catanea in Sicilien, wohin sich das Kapitel nach der Einnahme von Malta begeben hatte, nach Ferrara verlegt worden.

p) Dieser Orden wurde auf dem dritten Kreuzzuge (1190) von deutschen Kreuzfahrern für die Krankenpflege und Kriegsführung gegründet, und von Cölestin III. (1191) bestätigt. Er theilte sich in drei Ordnungen, Ritter, Kapläne und dienende Brüder. Später kehrte er seine Waffen gegen die heidnischen Preußen, und eroberte während des dreizehnten Jahrhunderts ganz Preußen, Curland, Semgallen und Liefland. Daher wurde nun (1309) der Sitz des Hochmeisters nach Marienburg verlegt. Bei der Glaubenstrennung des sechzehnten Jahrhunderts giengen aber jene Länder dem Orden wieder verloren, und er blieb nun blos auf Deutschland beschränkt. Der Ordensmeister war ein geistlicher Fürst, der in Mergentheim residirte. Ferner bestand er aus zwölf Balleien, die durch Landkomthure regiert wurden, welche auch nebst einigen Räthen das Kapitel des Meisters bildeten, und diesen erwählten. Jede Ballei zerfiel in Komthureien, die durch Hauskomthure verwaltet, und noch in Aemter abgetheilt waren. Seit 1805 sind aber die Ordensgüter von den Fürsten, unter welchen sie lagen, in Besitz genommen, und endlich (1809) der Orden selbst aufgehoben worden.

q) Ursprünglich bestand dieser Orden blos für die Krankenpflege, besonders aussätziger Personen. Später, wahrscheinlich im zwölften

stätigt von Alexander III. (1164), in Portugal der Orden von Aviz (1162), den Innocenz III. (1284) nochmahls bestätigte; auch wurde auf den Trümmern des Tempelherrnordens in Spanien (1316) der Orden von Montesa, in Portugal (1317) der Christorden errichtet. Ferner gab es geistliche Orden dieser Art, die zwar zu diesem Zwecke, allein nicht grade für das Bedürfniß einer bestimmten Gegend gestiftet wurden; so der von Urban IV. (1261) bestätigte Ritterorden der h. Jungfrau Maria in Italien. Selbst mit den weltlichen Ritterorden wurden damahls wenigstens die allgemeinen Gelübde verbunden, den christlichen Glauben zu vertheidigen, Wittwen und Waisen zu beschützen, und den Unterdrückten beizustehen; und bei Mehreren derselben ist sogar auch die päbstliche Bestätigung nachgesucht worden. Beispiele sind der Orden des goldenen Vließes, gestiftet (1429) von Philipp von Burgund, bestätigt von Eugen IV. (1433); ferner der sehr alte Elephantenorden in Dänemark, erneuert von Christian I. (1438), bestätigt von Pius II. (1462) und Sixtus IV. (1464); dann der Ritterorden des h. Georg in Baiern, erneuert von Karl Albert (1729), bestätigt von Benedikt XIV.; endlich der Ritterorden des h. Stephan des Märtyrers, gestiftet in Toscana von Cosmus von Medicis (1554), bestätigt von Pius IV. (1561). Uebrigens ist aber bei vielen geistlichen Ritterorden die strenge Regel schon früh wesentlich gemildert worden, indem ihnen die Päbste gestatteten, Vermögen zu erwerben, Testamente zu errichten, und sich zu verheirathen. Dadurch sind sie später theils ganz untergegangen, theils bloße politische Anstalten geworden.

Jahrhundert, erhielt er auch eine militärische Bestimmung. Jedoch blieb die Krankenpflege noch immer Hauptzweck, und der Großmeister des Hospitals in Jerusalem durfte selbst kein anderer, als ein aussätziger Ritter seyn. Nach und nach hörte dieses aber auf, und Innocenz VIII. vereinigte (1490) diesen Orden mit den Johannitern, was aber nur in Italien, nicht in Frankreich zu Stande kam. Leo X. stellte ihn daher auch bald in Italien wieder her, bis er endlich hier durch Gregor XIII. (1572) mit dem Orden des h. Moriz vereinigt wurde. In Frankreich wurde er (1608) dem von Heinrich IV. (1607) gestifteten und von Paul IV. bestätigten Orden Unserer lieben Frauen vom Berge Carmel einverleibt.

§. 346. V. Von den Unterrichtsanstalten. A) Von den Schulen.

Die kirchlichen Lehranstalten beziehen sich zwar zunächst blos auf den Unterricht in den christlichen Wahrheiten und auf die theologische Ausbildung der angehenden Kleriker. Allein da Beides gründlich nicht ohne eine allgemeine wissenschaftliche Vorbereitung geschehen, oder eine falsche Behandlung der weltlichen Wissenschaften der Erkenntniß des Christenthums große Hindernisse entgegenstellen kann: so sah sich die Kirche schon in den ersten Zeiten genöthigt, einen großen Theil derselben mit in ihren Lehrkreis aufzunehmen (§. 207). Als dann in der großen Völkerwanderung die weltlichen Stadtschulen meistens untergiengen, so kam das ganze Unterrichtswesen ausschließlich in die Hände des Klerus und der Benediktinermönche r). Die bischöflichen (§. 208) so wie die Klosterschulen wurden nun von Karl dem Grossen und seinen Nachfolgern sehr eifrig gefördert, um die Wissenschaften, so weit jene Zeit sie kannte, nicht blos unter dem Klerus, sondern auch unter den Laien zu verbreiten s). Selbst auf dem Lande wurde es den Pfarrern vorgeschrieben, den nöthigen Unterricht, entweder selbst oder durch Gehülfen, unentgeldlich zu ertheilen t). Seit dem zwölften Jahrhundert fiel zwar der Unterricht in den höhern Wissenschaften den nun entstehenden Universitäten zu, und die bischöflichen Schulen giengen ganz ein; allein die untern Fächer blieben in den katholischen Ländern bis in die neuere Zeit größtentheils bei den geistlichen Orden. Wo diese nicht ausreichten, sollten nach Vorschrift der neueren Concilien, in Uebereinstimmung mit den weltlichen Behörden, noch

---

r) Mehr darüber giebt *Thomassin*. Vet. et nov. eccles. discipl. P. II. Lib. I. Cap 92 – 100.

s) Const. Carol. M. a 788. De scholis per singula monasteria et episcopia instituendis, Capit. I. Carol. M. a. 789. c. 70., Præcept. Carol. M. De scholis græcis et latinis instituendis in ecclesia Osnabrugensi, Capit. I. Carol M. a. 805. c. 2. 5., Capit. Ludov. a. 823. c. 5.

t) *Theodulf*. Aurelian. Epist. a. 835. c. 20. Presbyteri per vilas et vicos scholas habeant. Et si quilibet fidelium suos parvulos ad discendas litteras eis commendare vult, eos suscipere et docere non renuant. Cum ergo eos docent, nihil ab eis pretii pro hac re exigant. — Conc. Nannet. a. 895. im c. 3. X de vit. et honest. (3. 1).

andere Schulen errichtet werden u); auch wurde zur Erhaltung der Ordnung und besonders wegen des christlichen Geistes der Lehre dem Scholasticus der Cathedralkirche und anderen kirchlichen Behörden die Beaufsichtigung und Visitation derselben zur Pflicht gemacht v). Ganz besonders waren aber die Concilien auf die Einrichtung von Pfarrschulen für die erste Jugend, und, weil hier nicht allein der Unterricht sondern auch die christliche Erziehung Hauptsache seyn müsse, auf die Anstellung ordentlicher und christlich gesinnter Schullehrer bei denselben bedacht w). Diese wurden daher von der kirchlichen Behörde geprüft und verpflichtet x), und die Pfarrer y), so wie die Landdekane z),

u) Conc. Trevir. a. 1549 Tit. De scholis, Argent. a. 1549. Cap. XXIV., Camerac. a 1565. Tit. III c. 1., Constant. a 1567. Tit. IV. c. 2., Salisb. a. 1569. Constit. LIX. c. 1. 2., Wratisl. a. 1592. Tit. I. c. 14.

v) Conc. Camerac. a. 1586. Tit. XXI. c. 2., Tornac. a. 1589. Tit. XX. c. 2, Namurc. a. 1604. Tit. II. c. 5, Mechlin. a 1607. Tit. XX. c. 4., Yprens. a. 1609. Tit. III. c. 6., Constant. a. 1609. P. I. Tit. XXV. c 6., Buscod a. 1612. Tit. XIX. c. 1., Camerac. a. 1631. Tit XXIII. c. 5.

w) Conc. Mogunt. a. 1549. Cap. LXV., Trevir. a. 1549. Tit. De scholis, Camerac. a. 1550. Tit. V. c. 1., Camerac. a. 1565. Tit. III. c. 5., Constant. a. 1567. Tit. IV. c. 3. 4. 6., Mechlin. a. 1570. Tit. De scholis c. 1., Namurc. a. 1570. Tit. XVI. c. 11. 12, Buscod. a. 1571. Tit. XIX c 1. 3., Antverp. a. 1576. Tit. XII., Yprens. a. 1577. Tit. XXIII. c. 1., Audomar. a. 1583. Tit. XX. c. 4., Tornac. a. 1589. Tit. XX., Brixin. a. 1603. Tit. De parochis c. 4. 5., Camerac. a. 1604. Tit. XXI., Namurc a. 1604. Tit. II. c. 1., Mechlin. a. 1607. Tit XX. c. 1., Constant. a. 1609. P. I. Tit. XXV. c. 1. 2., Yprens. a. 1609. Tit. III. c. 1., Metens. a 1610 Tit. XXV., Antverp. a. 1610 Tit. XIX., August. a. 1610. P. III. c. 25., Buscod. a. 1612. Tit. XIX. c. 1., Osnabr. a. 1628. P. I. Cap. V. §. 5., Camerac. a. 1631. Tit. XXIII. c. 1., Namurc. a. 1639. Tit. XXIII., Antverp. a. 1643. Tit. XIX. Namurc. a. 1659. Tit. XX., Colon. a. 1662. P. III. Tit. IX. §. 1., Monaster. a. 1675. Art. XXII., Paderborn. a. 1688. P. I. Tit. V., Metens. a. 1699. Tit. XVIII. Eichstett. a. 1700. Tit. De scholis, Bisunt. a. 1707. Tit. IX., Instruct. Episc. Yprens. a. 1768. Cap. LI.

x) Conc. Colon. a. 1536. P. XII. c. 1., Argent a. 1549. Cap. XLII., Camerac. a. 1550. Tit. V. c. 2., Harlem. a. 1564. Tit. De ludi litterarii magistris c. 1. 2, August. a. 1567. P. III. c. 22., Salisb. a. 1569. Constit. LIX c. 4. 5., Mechlin. a. 1570.

führten über ihre Lehre und Zucht eine sehr wohl geordnete Aufsicht. Aus Rücksicht auf die an den gewöhnlichen Tagen beschäftigten Handwerker sollten auch unter Mitwürkung der weltlichen Obrigkeit Sonntagsschulen errichtet werden a). In der neueren Zeit haben aber in den meisten Ländern die Regierungen das Unterrichtswesen ganz an sich gezogen. Doch sollte den Bischöfen zur Erhaltung des religiösen Geistes der Lehre, besonders der Geschichtsvorträge, ein entschiedener Einfluß gesichert seyn, weil sie ihre Verpflichtung, dem Staate christliche Unterthanen zu liefern, nicht erfüllen können, wenn das, was der Seelsorger gepflanzt hat, durch die Schule wieder ausgerottet wird.

Tit. De scholis c. 2., Buscod. a. 1571. Tit. XIX. c 4., Yprens. a. 1571. Tit. XXIII. c. 2, Antverp. a. 1576 Tit. II. c. 4., Audomar. a. 1583. Tit. XX. c. 5., Verdun. a. 1598. Tit. I. c. 3. 4., Colon. a. 1598. Tit. II. c. 4., Namurc. a. 1604. Tit. II. c. 2., Yprens. a. 1609. Tit. III. c. 3. 4., Warm. a. 1610. Tit. De scholis, Colon. a. 1612. Tit. V., Buscod. a. 1612 Tit. XIX. c. 5., Yprens. a. 1630. Tit. De scholis c. 2. 3., Colon. a 1662. P. III. Tit. IX. §. 2., Bisunt. a. 1707. Tit. IX. c. 7., Culm. a. 1745. Cap. VII.

y) Conc. Harlem. a. 1564. Tit. De lud. litterar. magistr. c. 5. 6. 7., Camerac. a. 1565. Tit. III. c. 1., Constant. a. 1567. Tit. IV. c. 3. 6., Culm. a. 1605. Tit. De scholis, Yprens. a. 1609. Tit. III. c. 5., Constant. a. 1609. P. I. *Tit.* XXV. c. 6, Warm. a. 1610. *Tit.* De scholis, Yprens. a. 1680. *Tit.* De scholis c. 17., Monast. a. 1675. Art. XXVI.

z) Conc. Camerac. a. 1565. *Tit.* III. c. 6., Constant. a. 1567. *Tit.* IV. c. 7., Mechlin. a. 1607. *Tit.* XX. c. 4.

a) Conc. Camerac. a. 1565. *Tit.* III. c. 2., Mechlin. a. 1570. *Tit.* De schola dominicali, Buscod. a. 1571. *Tit.* XIX. c. 2., Yprens. a. 1577. *Tit.* XXIII. c. 3. 4., Audomar. a. 1583. *Tit.* XX. c. 7. 8., Camerac. a. 1586. *Tit.* XXI. c. 3. 4., Namurc. a. 1604. *Tit* II. c 6, Mechlin. a. 1607. *Tit.* XX. c. 1. 2., Yprens. a. 1609. *Tit.* III. c. 9., Buscod. a. 1612. *Tit* IX. c. 3., Camerac. a. 1631. *Tit.* XXIII. c. 1. 6. — Das sehr blühende Schulwesen steht in der O. R. P. unter Schulinspektoren und Schuldekanen, die Pfarrer sind, und einer Oberschulbehörde. s. Erzbischöfl. Freib. Verordnung von 1828. Zeitschrift I. Heft. Allgem. Schulordnung Würt. Reg. Blatt 1808. Beil. zu Nro. 47., M. B. in vielen Nummern. Gesorgt ist für das Emporbringen der Schulen durch Schullehrer-Seminarien, Conferenzen, Lesezirkel, Musikvereine, Preißaufgaben.

§. 347. B) Von den Universitäten.

Die ersten Universitäten, Paris und Bologna, wurden nicht absichtlich gestiftet, sondern entstanden seit dem zwölften Jahrhundert allmählig durch den großen Zusammenfluß von Studierenden aller Nationen bei den Schulen, die in jenen Städten schon von älteren Zeiten her bestanden. Die Verfassung derselben hat sich daher nur nach und nach entwickelt. Das erste Bedürfniß dabei war, daß die Gerichtsbarkeit über die fremden Scholaren genauer festgesetzt wurde. Dieses geschah für Bologna durch eine Verordnung Friedrichs I. vom Jahr 1158 b), für Paris durch ein Privilegium von Philipp August vom Jahr 1200. Hierauf theilten sich in Bologna die fremden Scholaren nach ihrer Abstammung in Nationen, und diese vereinigten sich in zwei Körperschaften (universitates), die der Citramontaner und die der Ultramontaner, die sich durch selbsterwählte Rectoren regierten. In Paris wurde auch die Eintheilung in Nationen angenommen, jedoch so, daß eine Nation Lehrer und Scholaren zugleich begriff, und Erstere allein in den Versammlungen erschienen und stimmten. Seit dem Jahr 1206 gab es hier vier Nationen, die Französische, die Englische oder Deutsche, die Picardische und die Normännische. Alle zusammen bildeten nur eine Universitas c), an deren Spitze der von den vier Procuratoren der Nationen erwählte Rektor stand. Eine förmliche Bestätigung durch den Pabst oder Kaiser erhielten diese Anstalten nicht. Doch aber lag diese, was Bologna betrifft, stillschweigend in den Bemühungen, welche sich die Päbste zur Erhaltung der dortigen hohen Schule gaben; und die Universität von Paris war als eine höhere geistliche Anstalt sogar unter die besondere Aufsicht des Pabstes gestellt, so daß er ihr durch seine Legate mehrmahls neue Statute geben ließ. Nach der Form der Schule von Bologna sind dann bald auch in anderen italienischen Städten, nach der von Paris in dem übrigen Frankreich, in England und Deutschland Universitäten gegründet worden. Seit dem vierzehnten Jahrhundert wurde aber zu dem Stiftungs-

---

b) Auth. *Habita* C. ne filius pro patre (4. 13).

c) So nennt sie Innocenz III. (1208) im c. 7. X. de procurat. (1. 38).

brief des Landesherrn immer auch die Errichtungsbulle des Pabstes nachgesucht, und von diesem gewöhnlich zur Erhaltung der darin verliehenen Privilegien ein eigener Conservator ernannt. In den protestantischen Ländern ist dieses aber später weggefallen *).

§. 348. C) Von den theologischen Facultäten.

Greg. V. 5 Clem. V. 1. De magistris et ne aliquid exigatur pro licentia docendi.

Die ersten hohen Schulen beschäftigten sich nicht mit der Gesammtheit der Wissenschaften, sondern nur mit besonderen Fächern; die von Bologna mit der Rechtswissenschaft, die von Paris mit der Theologie. In der Folge traten aber in Bologna auch Lehrer der Medizin und der freien Künste auf; und in der zweiten Hälfte des vierzehnten Jahrhunderts kam durch Innocenz VI. noch eine theologische Schule hinzu. So entstanden nach den Wissenschaften verschiedene Abtheilungen oder Collegien von Doktoren, die ihre eigenen Prioren hatten. In Paris wurde zwar der Unterricht bald auch auf andere Fächer ausgedehnt; allein auf die Eintheilung der Lehrer war dieses vorläufig nicht von Einfluß. Erst in der Mitte des dreizehnten Jahrhunderts sonderten sich bei einer Streitigkeit der Universität mit den Bettelmönchen die Doktoren der Theologie von jener ab, und bildeten ein eigenes Collegium unter einem Dekan. Dieses ahmten bald auch die Canonisten und Mediziner nach. Die übrigen Lehrer aber blieben in vier Nationen eingetheilt, bis daß sie späterhin auch zu einer Facultät, die der Artisten genannt, vereinigt wurden. Die Rechte der theologischen Facultäten sind nun theils solche, die sich blos auf die Diöcese, theils solche, die sich auf die ganze Kirche beziehen. Erstere können schon von dem Bischof ertheilt werden. Letztere bestehen, nach dem Zeugniß der kirchlichen Praxis, hauptsächlich in dem Recht theologische Gutachten über allgemeine kirchliche Angelegenheiten zu ertheilen, durch Abgeordnete an den allgemeinen Concilien Theil zu nehmen, und Doktoren der Theologie zu creiren, welche in der ganzen Kirche Anerkennung haben. Diese Rechte können

*) In Errichtungsbullen katholischer Fakultäten in Ellwangen, Tübingen, Bonn findet sich nichts von päbstlichem Einfluße.

einer Fakultät, nach dem ganzen Zusammenhang der Verhältnisse, nur durch die päbstliche Autorität verliehen werden. Die Vorlesungen über das canonische Recht sind bei den Universitäten zwar immer zu der juristischen Facultät gezogen worden: in so fern sie aber auch eine äußerst wichtige theologische Disciplin und für die Theologen bestimmt sind, bringt es die Natur der Einrichtung mit sich, daß der Bischof bei der Anstellung des Lehrers für dieses Fach mit befragt, und daß dieser wie die Lehrer der Theologie auf das herkömmliche Glaubensbekenntniß verpflichtet werde.

§. 349. D) Von den Doktoren der Theologie.

Doktor oder Magister einer Wissenschaft hieß ursprünglich der wirkliche Lehrer derselben, und dieses wurde man, sobald man von der rechtmäßigen Behörde die Erlaubniß zu lehren erhalten hatte. Zur Begünstigung der Lehrfreiheit schrieben die Kirchengesetze vor, daß diese unentgeldlich ertheilt werden sollte d). Bald aber wurde das, was nur der Name der Beschäftigung gewesen war, eine selbstständige Würde, und die Befugniß, diese zu verleihen, das Recht der geschlossenen Corporation der Lehrer. Gegen die unnöthigen Auslagen, welche nun die Doctoranden zu machen pflegten, führte das Concilium von Vienne (1311) eine bestimmte Maasregel ein e). Die Vorrechte der Doktoren überhaupt sind noch jetzt die Fähigkeit überall zu lehren; die der Doctoren der Theologie insbesondere das Recht auf Kirchenversammlungen zu erscheinen, und die kirchlichen Würden zu erwerben, wozu ein gelehrter Grad erfordert wird. Diese Rechte setzen aber voraus, daß die Facultät, von welcher man promovirt wird, mit einer die ganze Kirche verpflichtenden Autorität versehen sey, und diese kann ihr nur vom Pabste gegeben werden. Hauptsächlich dieses inneren Zusammenhangs wegen ist das Promotionswesen schon früh fast bei allen Universitäten unter die Aufsicht eines vom Pabste bestätigten f) Kanzlers gekommen, welcher zu jeder Promotion

d) c. 1. 2. 3 X. de magistr. (5. 5).

e) clem. 2. de magistr (5 1)

f) In Paris stand diese Aufsicht schon von früheren Zeiten her dem Kanzler der Kathedralkirche und dem von St. Genevieve zu, und diese blieb ihnen auch, nachdem die Schule eine höhere, dem Pabst un-

seine Genehmigung zu ertheilen hatte, und ihr dadurch allgemeine Anerkennung sicherte.

§. 350. VI. Von der Kunst in der Kirche.

Zu den vorzüglichsten Mitteln den Gottesdienst zu verherrlichen und den inneren Sinn zu religiösen Anschauungen zu erheben, gehört die Verbindung der Kunst mit der Religion; daher haben auch alle gebildeten Religionen des Alterthums mehr oder weniger die Künste in ihren Dienst gezogen. Ganz vorzüglich hat aber der reiche poetische und historische Stoff und der höchst bedeutsame Gottesdienst, den das Christenthum darbot, den künstlerischen Sinn belebt und genährt, und die Kirche, besonders die Päbste selbst, haben diese Richtung mit großartiger Freigebigkeit unterstützt. So sind von den Bischöfen im Mittelalter aus den reichen Einkünften, die ihnen der fromme Eifer der Gläubigen darbrachte, die herrlichen Kirchen gestiftet worden, die wir noch bewundern. Ferner hat die Verzierung der Kirchen durch Statuen und Gemälde den Künstlern aller Zeiten ehrenvolle Beschäftigung verschafft; und wenn auch häufig misverstandene Andacht rohe Bilder liebgewann und sie auf unpassende Weise ausschmückte: so war die Kirche doch für die Aufklärung g) und den guten Geschmack h) durch sehr bestimmte Vorschriften bedacht. Vorzüglich hat aber die Kirche schon seit den ältesten Zeiten die Musik in ihren Dienst aufgenommen und dafür eigene Cantoren ernannt. Bei der Ausbildung des canonischen Lebens entstanden daraus eigene Choralschulen i) und

---

mittelbar untergebene geistliche Universitas geworden war. Daher bedurfte es bei ihnen einer ausdrücklichen päbstlichen Bestätigung nicht. s. M. Ueb. §. 221. 222., Stiftung der Universität Bonn 1818. §. 1., Tüb. Quartalschrift 1819.

g) Conc. Trid. Sess. XXV. Decret. de invocatione sanctor. Omnis porro superstitio in — imaginum sacro usu tollatur. Diese Vorschrift ist durch viele neuere Provinzialconcilien noch genauer ausgeführt worden

h) Conc. Colon. a. 1662. P. I. Tit. IX. Cap. III. In ornandis porro Sanctorum statuis — ab omni procaci venustate — et vano quovis ornatu abstineatur. Auch gehört hieher die Const. Sacrosancta Urban. VIII. a. 1642.

i) Einige genauere Nachrichten hierüber giebt *Thomassin.* Vet. et nov. eccles. discipl. P. I. Lib. II. Cap. 80.

der Domcantor sollte gleichsam der Vorsteher der geistlichen Musik in der Diöcese seyn. Als man wegen falscher Künsteleien von dem alten ernsten Kirchenstil abzuweichen anfieng, wurden wider diese Ausartungen schon früh Verordnungen erlassen k), und diese sind auch in der neueren Zeit öfters wiederholt worden l). Besonders sollte nicht geduldet werden, daß während der Elevation gesungen oder auf der Orgel präludirt würde m). Ueberhaupt ist die Kirchenmusik ein sehr wichtiger Gegenstand, worüber sich die Bischöfe mehr, als gewöhnlich geschieht, mit Männern von Einsicht und Geschmack besprechen sollten n).

---

k) c. un. Extr. comm. de vit. et honest. cleric. (3. 1).

l) Conc. Colon. a. 1536. P. II. Cap. XV., August. a. 1548. Cap. XVIII., Trident. Gener. a. 1562. Sess. XXII. Decret. de observ. in celebr. miss., Camerac. a. 1565. Tit. V. c. 3. 4., August. a 1567. P. II. Cap. I., Constant. a. 1567. Tit. XI. c. 6. 7., Mechlin. a. 1610. Tit. XII. Cap. VII., August. a. 1610. P. II. c. 13 — 15., Colon. a. 1662. P. I. Tit. III. c. 10.

m) Conc. August. a. 1548. Cap. XVIII.., Atreb. a. 1570. Statut. prædecessor. Cap. VIII.

n) Der Verfasser kann nicht umhin hier die vortreffliche Schrift seines verehrten Lehrers und Freundes anzuführen: (A. F. J. Thibaut) Ueber Reinheit der Tonkunst, Heidelb. 1826. — s. M. B. Nro. 213., bischöfl. Hirtenbrief. Rottenb. vom 2. April 1824. über deutschen Kirchengesang.

Achtes Buch
Von dem Einfluß der Kirche auf die weltlichen Rechte.

---

§. 352. I. Einfluß der Kirche auf das Völkerrecht.

Greg. V. 15. De sagittariis.

Das Christenthum führt bei seiner vollständigen Entwicklung von selbst dahin, daß alle christlichen Völker, wenn auch übrigens ihre nationale Selbstständigkeit bewahrend, sich als verbrüdert, und daher Gewaltthätigkeiten und Feindseligkeiten unter einander als unerlaubt betrachten. Nachdem sich daher auf den Trümmern des römischen Reichs mehrere christliche Königreiche erhoben hatten: so wurde jener Grundsatz auch äußerlich in der auf dem Haupte Karls des Großen (800) erneuerten abendländischen Kaiserwürde dargestellt, da diese, von dem alten römischen Kaiserwesen völlig verschieden, hauptsächlich dazu bestimmt war, als höchster Schiedsrichter den Rechts- und Friedenszustand unter den christlichen Nationen zu erhalten, ohne aber weiter in ihre Eigenthümlichkeiten und besonderen Rechte einzugreifen. Als die Kaiser sich in dieser Stellung nicht behaupten konnten, und die Völker doch einer geordneten Verbindung bedurften, fanden sie diese, da es an andern Mitteln völlig fehlte, bei dem apostolischen Stuhle, und dieser wurde so auch der Mittelpunkt des europäischen Völkerlebens. Bei ihm wurde daher die Aufnahme in den christlichen Staatenbund nachgesucht, und er gewährte dieses, indem er Länder, die christlich geworden waren, oder Völker, die sich selbstständig gemacht hatten, auf ihr Gesuch und nach Erwägung der Umstände zu Königreichen erhob o). Jetzt sind stehende Gesandt-

---

o) Dieses geschah bei Ungarn (1073), Croatien (1076), Polen (1080), Portugall (1142 und 1179), Irland (1156).

schaften, Congresse, etwa auch die h. Allianz an die Stelle getreten, und die Anerkennung neuer Reiche oder Dynastieen wird durch diplomatische Verhandlungen erwürkt. Doch haben die Päbste noch in den neueren Zeiten den Königen gewisse Titel, die sich auf Verdienste um die Kirche beziehen, verliehen, und diese werden von allen Höfen respectirt p). Auch für die Erhaltung des Friedenszustandes konnten die Päbste wenigstens in so fern würken, daß sie bei drohenden Streitigkeiten als Vermittler dazwischen traten q), oder kraft des großen Vertrauens, das man zu ihnen hegte, als Schiedsrichter angerufen wurden r). Die Kirche arbeitete selbst darauf hin, den Krieg ganz aus der christlichen Welt zu verbannen s), oder doch wenigstens die Grausamkeiten desselben durch das Verbot allzu mörderischer Kriegswaffen zu mildern t). Ein Recht der Eroberung erkannte der Pabst aber hauptsächlich nur in so fern an, als diese zur Bekehrung u), also zum Wohle des besiegten Volkes führen sollte v).

---

p) Von dieser Art sind die Beinamen, Beschützer des Glaubens, Allerchristlichster, Katholisch, Getreuester, Apostolisch.

q) So hat, um unter vielen Beispielen nur eines zu erwähnen, Leo X. (1520) einen Legaten an den Großfürsten geschickt, um ihn zum Frieden mit dem Könige von Polen zu bewegen.

r) Dieses geschah noch im Ryswicker Frieden (1697) hinsichtlich der Pfälzischen Allodialerbschaft.

s) Es giebt Beispiele, daß ein Monarch bei dem Pabst anfrug, in wie fern er einen Krieg, ohne sein Gewissen zu beschweren, unternehmen dürfe. Die Theologen des päbstlichen Hofes hielten aber jeden Krieg, selbst gegen die Ungläubigen für sündhaft, der nicht zur Abwehr eines Angriffs oder einer nahen Gefahr unternommen würde. Wer über den Krieg ernsthaft nachgedacht hat, wird gewiß wünschen, daß es statt dieses blutigen Völkerprocesses, dessen Ausgang vom Zufall abhängt, eine geordnete richterliche Instanz gäbe, sollte diese auch nur aus Theologen bestehen.

t) c. un. X. de sagittar. (5. 15). Die Ballistarier schleuderten durch Wurfmaschinen große Steine auf den Feind; die Sagittarier schossen viele Pfeile auf einmal.

u) In diesem Sinn ist es zu verstehen, wenn Hadrian IV. (1155) dem König Heinrich II. gestattete Irland zu occupiren, oder Alexander VI. (1493) die Ansprüche der Spanier und Portugiesen auf den neuen Welttheil entschied, c. un. de insul. nov. orb. in VII. (1. 9).

v) Man frägt mit welchem Recht der Pabst über fremde Länder

§. 352. II. Das christliche Staatsrecht.

Die Kirche betrachtet jedes Amt als einen Inbegriff von Verpflichtungen, für deren getreue Verwaltung man einem höheren Richter verantwortlich sey. Die Vorstellung einer unumschränkten, willkührlichen Gewalt ist ihr daher fremd. Auf diesen Grundsatz haben die Bischöfe das Staatsrecht des Mittelalters gegründet w), und durch die Ermahnungen und Eide, welche sie den Königen bei der Krönung vorhielten, befestigt x). Die

---

verfügt habe Allein ob dieses so, oder wie im neuen Völkerrecht durch einen europäischen Tractat geschehe, ist nach dem Privatrecht beurtheilt, gleich unbefriedigend. Der Pabst gab aber jenes Recht, wie die angeführte Bulle zeigt, nur als Mittel, die Einwohner mild und schonend zu Christen zu bekehren. Hingegen in den neuen Verträgen dieser Art ist von dem Interesse der Besiegten wenig die Rede. Also ist wenigstens, wo der Gewinn für die Menschheit lag, nicht zweifelhaft.

w) Conc. Paris. VI. a 829. Lib I c 3. Principaliter totius sanctæ Dei ecclesiæ corpus in duas eximias personas, in sacerdotalem videlicet et regalem, sicut a sanctis patribus traditum accepimus., divisum esse novimus. — Lib II. c 1. Rex a recte agendo vocatur. Si enim pie, et juste et misericorditer regit, merito rex appellatur; si his caruerit, non rex sed tyrannus est. — c. 2 Regale ministerium specialiter est populum Dei gubernare, et regere cum æquitate et justitia, et ut pacem et concordiam habeant studere. Ipse enim debet primo defensor esse ecclesiarum et servorum Dei, viduarum, orphanorum, cæterorumque pauperum, nec non et omnium indigentium. — Scire etiam debet, quod causa, quam juxta ministerium sibi commissum administrat, non hominum, sed Dei causa existit, cui pro ministerio, quod suscepit, in examinis tremendi die rationem redditurus est — c. 5. Nemo regum a progenitoribus reguum sibi administrari, sed a Deo veraciter atque humiliter credere debet dari — c 8. Necesse est, ut unusquisque fidelis tantæ potestati ad salutem et honorem regni, secundum Dei voluntatem, utpote membrum capiti opem congruam ferat, plusque in illo generalem profectum et utilitatem atque honorem regni, quam lucra quærat mundi.

x) Diese sind im Wesentlichen bis auf die neueren Zeiten dieselben geblieben So heißt es im Pontific Roman Tit. De coronatione regum: Bene est ut te prius de onere, ad quod destinaris, moneamus. Regiam hodie suscipis dignitatem, — præclarum sane inter mortales locum, sed discriminis, laboris et anxietatis plenum. Verum si consideraveris, quod omnis potestas a Domino Deo est, per quem Reges regnant — tu quoque de

königliche Gewalt gieng also nur auf Schutz und Erhaltung, und war, wie jede andere, den hergebrachten geistlichen und weltlichen Gesetzen unterworfen. Selbst der Kaiser konnte daher in den äußersten Fällen vom Pabste in den Bann gethan y), und von den Fürsten des Reiches entsetzt werden z). Der Bann zog, zwar nicht aus sich, aber als eine nothwendige Folge der vom bürgerlichen Recht ihm beigelegten Würkungen (§. 195), nach Ablauf einer gewissen Zeit den Verlust des Reiches nach sich a). Rechtmäßig bestellte Fürsten wollte aber die Kirche als geheiligte Personen, als Stellvertreter Gottes auf Erden geachtet wissen b); und damit selbst in den äußersten Fällen nicht die Völker in eigener Sache Richter wären, so konnte nur der Pabst sie ihrer eidlichen Verpflichtungen gegen ihre Könige entbinden. Umgekehrt suchten auch diese bei ihm die Dispensation von den Eiden nach, die sie ihren Baronen aus Zwang oder Uebereilung, oder zum offenbaren Nachtheil des Landes geschworen zu haben vorgaben c). Durch den Grundsatz der Erblichkeit ist aber in den heutigen Monarchien ein ganz anderes Staatsrecht entstanden; auch ist von einer Einmischung des Pabstes in die Verhältnisse zwischen den Fürsten und Völkern nicht mehr die Rede d). Da aber die europäische Staatskunst für die außerordentlichen Bewegungen des öffentlichen Lebens, wo ein Schiedsrichter Noth thut, noch nichts an die Stelle des

---

grege tibi commisso ipsi Deo rationem es redditurus. Primum pietatem servabis. — Justitiam sine qua nulla societas diu consistere potest, erga omnes inconcusse administrabis — Viduas, pupillos, pauperes, ac debiles ab omni oppressione defendes. Omnibus benignum, mansuetum, atque affabilem, pro regia tua dignitate te præbebis.

y) Sachsenspiegel Buch III. Art. 57. (§. 43. not. x).

z) Sachsenspiegel Buch III. Art. 52. 54.

a) Diese Folge weist auch, und zwar aus den bürgerlichen Rechten selbst, die Glosse zum Sachsenspiegel Buch III. Art. 54. nach.

b) Daher erklärte Innocenz III. das Todesurtheil, welches die Barone (1216) über Johann ohne Land ausgesprochen hatten, für unzuläßig

c) Dieses thaten Innocenz IV. und Urban IV. in Beziehung auf England.

d) Dieses haben auch Pius VI. und Pius VII. mehrmals bestimmt ausgesprochen.

Pabstes zu setzen gewußt hat: so geht man, wie die Geschichte zeigt, in solchen Umständen häufig genug über geleistete Eide mit Stillschweigen weg, oder es werden auch beschworene Verträge den Gründen der höheren Politik aufgeopfert, oder es haben gar Völker ihre Könige eigenmächtig abgesetzt und hingerichtet. Immer übt aber noch die Religion stillschweigend einen mildernden und beschränkenden Einfluß gegen die Staatsgewalt aus, und zwar gerade in den Ländern am Meisten, wo die Könige durch die Verfassung am wenigsten beschränkt sind.

§. 353. III. Einfluß der Kirche auf die Landespolizei.

Greg. I. 34. De treuga et pace.

Die Ausbildung des kirchlichen Lebens führt von selbst auf Humanität der Sitten, und dadurch auf die Verbesserung der gesellschaftlichen Ordnung hin: auch hat die Kirche immer die ihr zu Gebote stehenden Kräfte zu diesem Zwecke bereitwillig dargeboten. So schützte sie zu einer Zeit, wo die Gesetze wider das Fehdewesen ohne alle Kraft waren, die öffentliche Ruhe durch den Gottesfrieden e), und durch die Heiligkeit, die sie gewissen Personen und Geräthschaften ertheilte f), hemmte die Wuth der Blutrache durch das Asylrecht, förderte die Sicherheit der Wege durch geheiligte Zeichen, welche sie dabei errichten ließ g), verfolgte die Seeräuber mit dem Bann h), und verbot nachdrücklich die grausame, unchristliche Sitte des Strandrechts i). Ferner sorgte die Kirche für richtige Aufklärung durch ihre Lehranstalten und die Bekämpfung des tief eingewurzelten Aberglaubens k), für die leidende Menschheit durch ihre Hospitien, nahm

---

e) c 1. X. de treug. et pac. (1. 34).

f) c. 2. X. de treug. et pac. (1. 34).

g) Conc. Claram. a. 1095. c. 29.

h) Diese Bestimmungen der Concilien sind auch in die Abendmahlsbulle aufgenommen worden (§. 197).

i) c. 3. X. de raptor. (5. 17).

k) c. 6, c. XXVI. q 2. (Augustin c. a. 426), c. 3. c. XXVI. q. 5. (Conc. Bracar. II. c. a. 572), c. 10 eod (Gregor. I. a. 599), c. 1. eod. (Greg. II. a. 721), c. 7. c. XXVI. q 2. (Rhaban. Maur. c. a. 840), c. 1. c. XXVI. q. 3. (Idem eod), c. 14. c. XXVI. q. 5. (Rhaban. Maur. c. a. 840), c. 12. eod (Capitul. c. a. 850).

sich der neugeborenen Kinder wider entartete Mütter an l), verwandelte canonische Bußen in Geldbeiträge für Weg- und Brückenbau, verhieß Ablässe denjenigen, die wider die Seeräuber kreuzen würden m), tadelte unnöthigen Aufwand und Kleiderpracht, verbesserte die Landeskultur durch ihr eigenes Beispiel, veranstaltete allgemeine Treibjagden wider reißende Thiere n), und sorgte zum Theil selbst mit für die Straßenbeleuchtung durch die Lampen, welche der fromme Eifer von den überall errichteten Heiligenbildern unterhielt.

§. 354. IV. Einfluß des canonischen Rechts auf den Proceß.

Greg. V. 35. De purgatione vulgari.

Die Kirche hat auf die Procedur der weltlichen Gerichte hauptsächlich durch das Beispiel eingewürkt, welches sie in ihren eigenen Gerichten aufstellte. Allmählig ist daher der canonische Proceßgang auch bei den weltlichen Gerichten angenommen, und dadurch die germanische Procedur von Grund aus verändert worden. In Frankreich geschah jenes schon unter Ludwig IX. Ausserdem hat aber auch die Kirche gewisse Punkte des germanischen Processes gradezu angegriffen und abzuschaffen gesucht. Der Eine war der barbarische Gebrauch des Zweikampfs und anderer Gottesurtheile für den Beweiß. Dieser wurde, als auf der Voraussetzung regelmäßiger Wunder beruhend, von aufgeklärten Päbsten schon frühe verworfen o). Doch dauerte es lange, ehe dieses in der Praxis würklich anerkannt wurde. Der andere Punkt war der allzu häufige und leichtsinnige Gebrauch des Eides, namentlich der Satz, daß man das, was man nicht vor Gericht vollführt, so wissentlich es auch sey, abschwören, und dessen

---

l) *Regino* De ecclesiast. discipl. Lib II. Cap. 69.

m) Es muß auf den Geist eines Volkes ganz anders würken, wenn man Leistungen für das gemeine Beste blos durch das Lob ihrer Verdienstlichkeit, was doch richtig verstanden allein die Ablaßverkündigung heißt, zu erreichen trachtet, oder ob man sie, wie in unseren Polizeiverordnungen, als Pflichten darstellt, die durch Geldstrafen erzwungen werden.

n) Conc. Compostell. a. 1114. c 15.

o) c. 22. c. II. q. 5. (Nicol. I. a. 867), c. 20. eod. (Stephan. V. c. a. 886), c. 7. §. 1. eod. (Alexand. II. c. a 1070), c. 1. 2. 3. X. de purgat. vulgar. (5. 35).

durch noch so viele Zeugen nicht überführt werden konnte p). Dieses konnte die Kirche wegen der augenscheinlichen Gefahr offenbarer Meineide nicht dulden q). Daher sind denn auch die Bestimmungen des Sachsenspiegels, die mit diesen Grundsätzen zusammenhiengen, von Gregor XI. (1374) und auf dem Concilium von Basel verworfen worden.

§. 355. V. Einfluß der Kirche auf das bürgerliche Recht. A) Allgemeine Ansicht über den Gebrauch des römischen Rechts.

Der Geist der Kirche geht auf Anerkennung und Erhaltung der Eigenthümlichkeiten und hergebrachten guten Gewohnheiten der Völker, und sie selbst schmiegt ihre Gesetzgebung den bestehenden Verhältnissen möglichst an. Im Mittelalter, wo die Päbste zur Leitung aller höheren geistigen Interessen berufen waren, haben sie daher das wiedererwachte Studium des römischen Rechts in Italien selbst nirgends verhindert, vielmehr befördert, weil es hier von alten Zeiten her einheimisch war: allein als man, an der Autorität des Buchstabens klebend, dasselbe auch auf andere Länder, wo die Verhältnisse ganz ungleichartig waren, anzuwenden anfieng, als selbst Kleriker und Mönche mit diesem Studium den Geist einer ganz andern Zeit in sich aufnahmen: so schien dieses allerdings eine bedenkliche und gewaltsame Veränderung in dem bisherigen Zustand der Dinge herbeizuführen. Aus diesem Grunde verbot Honorius III., übrigens ein gelehrter Mann und eifriger Beförderer der Wissenschaften, in Paris das römische Recht zu lehren, weil in der dortigen Provinz nur Gewohnheitsrechte galten, und hauptsächlich Kleriker hier studirten r). Für ein ähnliches Verbot, welches sich über ganz Frankreich, England, Schottland, Spanien und Ungarn erstrecken sollte, suchte Innocenz IV. (1254) die Mitwürkung der Fürsten zu erhalten s). Bei

---

p) Sachsenspiegel Buch I. Art. 7. 18.

q) Dawider eifert schon *S. Agobard.* Advers. legem Gundebadam (in Opp. ed. Baluz. Paris 1666 8. p. 113).

r) c. 28. X. de privileg (5 33). Andere Stücke dieser wichtigen Decretale sind c. 10. X. ne cleric. et monach. (3. 50), c. 5. X. de magistr. (5. 5).

s) *Matth. Paris.* Addend. p. 124., *Bulæus* Hist. Univ. Paris. T. III. p. 265. 266.

diesen Verordnungen müssen die Päbste noch jetzt diejenigen auf ihrer Seite haben, welche, den wissenschaftlichen Werth des römischen Rechts an sich vollkommen anerkennend, doch über den günstigen Einfluß, den dasselbe auf die Entwicklung unserer eigenthümlichen Rechte und der bürgerlichen Freiheit gehabt habe, sehr zweifelhaft sind.

§. 356. B) Ueber den Zustand der Unfreien.

Greg. IV. 9. De conjugio servorum.

Die Knechtschaft ist der äußeren Rechtsform nach ein Zustand strenger Abhängigkeit von einem Herrn, worin Einer durch Noth, Hülflosigkeit oder andere Schicksale versetzt worden ist, und die sich auf seine Nachkommen forterbt. Im Geiste des patriarchalichen Rechts aufgefaßt, der auch zum Theil noch im ältesten römischen und deutschen Recht fortlebte, sollte sie aber ein Familienverhältniß seyn, wodurch der Hausvater mit denjenigen, die das Schicksal ihm zugeführt, dauernd verbunden würde, damit er vom Standpunkt seiner höhern Bildung aus ihre Erziehung und Lebensverhältnisse ordnete, sie beschäftigte und versorgte, und sie dadurch von der weit drückenderen Abhängigkeit bewahrte, in welche ohne eine solche Veranstaltung die Armen, wenn auch unter anderen Namen und Formen, immer aber auf Gefahr der guten Sitten, nothwendig gerathen. Die Knechtschaft sollte also nicht blos ein Inbegriff von Berechtigungen, sondern auch mit wesentlichen Verpflichtungen verbunden seyn; und selbst das Recht über Leben und Tod, welches die Patriarchen und römischen Hausväter über ihre Knechte wie über ihre eigenen Kinder hatten, darf seiner ursprünglichen Bestimmung nach nicht als eine Grausamkeit sondern wie ein Richteramt, so wie es noch jetzt der Staat ausübt, betrachtet werden. Dieser Zustand ist jedoch in mehreren Richtungen einer großen Ausartung fähig. Denn erstlich, da der Hausvater für den gerechten Gebrauch der ihm anvertrauten Gewalt hauptsächlich nur seinem Gewissen verantwortlich ist: so kann diese in der Hand eines jähzornigen und grausamen Herrn sehr misbraucht werden. Neben der Knechtschaft muß daher eine Einrichtung bestehen, welche gegen solche Ausartung schützt, und im Nothfall selbst willkührliche Mishandlung der Knechte ahndet. Dazu diente im alten römischen Recht die Censur, unter den germanischen Völkern die Kirche t). Zweitens darf die Rechtsform dieses Zustandes nie so starr ausgebildet seyn, daß dadurch die Persönlichkeit völlig zerstört wird. Diese Ausartung berichtigte die Kirche dadurch, daß sie auch die Knechte in sich aufnahm, und ihnen als Kindern desselben Vaters christliches Eherecht zusicherte u). Drittens, muß für diejenigen, welche sich selbstständig regieren und versorgen können, eine Freilassung möglich seyn, damit auch das Gemeinwesen einen beständigen Zuwachs von freien Bürgern erhalte. Dieses beförderte die Kirche dadurch, daß sie überhaupt die Freilassung als ein frommes und verdienstliches Werk empfahl v), und sogar eine eigene Form, die Freilassung in der Kirche, ausbilden half w).

§. 357. C) Ueber die Testamente.

Greg III. 26. Sext. III 11. Clem. III. 6. De testamentis et ultimis voluntatibus.

Nach dem römischen Rechte standen die Testamente unter den gewöhnlichen Behörden; nur wenn sie ein Vermächtniß zu einem frommen Zweck enthielten, war nach den Gesetzen der christlichen Kaiser die Vollstreckung den Bischöfen übertragen x). Bei den Germanen waren Testamente ursprünglich ganz unbekannt und sogar wegen der Gefahr für die nächsten Erben verboten; allein unter dem Klerus, der nach dem römischen Rechte lebte, blieben Testamente in Uebung, und selbst gegen die Laien setzte es die Kirche durch, daß wenigstens die Vermächtnisse zu einem frommen Zweck für verbindlich gehalten wurden. Auch erhielt sich bei ihnen dem römischen Rechte gemäß der Grundsatz, daß die Bischöfe für ihre gewissenhafte Erfüllung zu sorgen hätten y.) So

t) Conc. Agath. a. 506. c. 52., c. 6. X. de immunit. (3. 49).

u) c. 5. c. XXIX. q. 2. (Conc. Compend. a. 757), c. 8. eod. (Conc. Cabilon. a. 813), c. 1. eod. (cap. incert.), c. 1. X. de conjug servor. (4. 9).

v) c. 68. c. XII. q. 2. (Gregor. I. a. 599).

w) c. 1. 2. C. de his qui in eccles. manumitt. (1. 13), c. 6. D. LXXXVII. (Conc. Araus. a. 441).

x) c. 28. 46. 49. C. de episc. (1. 3), nov. 131. c. 11.

y) c. 3. X. h t. (Gregor. I. a. 594), c. 6. X. eod. (Conc. Magont. c. a. 850), Capit. Reg. Franc. Add. III. c. 87., c. 17. 19. X h. t.

kamen diese Vermächtnisse, endlich die Testamentssachen überhaupt, unter die geistlichen Gerichte. Diese Erweiterung hatte einen dreifachen Grund. Erstlich war nach der herrschenden Pietät der Zeit in jedem Testamente regelmäßig irgend Etwas zu einem frommen Zweck ausgesetzt; zweitens, wurden die Testamente insgemein mit Zuziehung des Pfarrers errichtet und die Concilien legten diesen sogar die Pflicht auf, bei Zeiten daran zu erinnern; drittens endlich, sah die Kirche die Erfüllung eines letzten Willens als eine Gewissenssache an, da hingegen die Landgerichte, dem deutschen Rechte gemäß, mancherlei Schwierigkeit entgegenstellten. Nachdem nun die Testamentssachen als ein Gegenstand der geistlichen Gerichtsbarkeit anerkannt waren, so wurden die Päbste auch zu mancherlei Verordnungen darüber veranlaßt. Zunächst setzten sie für die Vermächtnisse zu einem frommen Zwecke mehrere Vorrechte fest (§. 277). Zweitens bestätigte Alexander III. die Praxis, nach welcher ein Testament gültig vor dem Pfarrer und zwei bis drei Zeugen errichtet werden konnte z), und viele Concilien schrieben dieses sogar als die regelmäßige Form vor a). Drittens stellte das canonische Recht auch in Ansehung des Inhalts eine wichtige Aenderung des römischen Rechts auf. Nach diesem mußten nämlich die Notherben, die mit einem Fideicommiß beschwert waren, die sogenannte Trebellianische Quarte auf ihren Pflichttheil einrechnen b). Unter den Glossatoren fieng man aber an dieses zu bezweifeln, und dadurch wurde Innocenz III. zu der Entscheidung veranlaßt, daß die Kinder erst ihren Pflichttheil abziehen, und dann von dem Rest noch jene Quarte zurückbehalten könnten c). Die neueren Concilien haben zwar auch noch die Execution der Testamente der bischöflichen Oberaufsicht unterworfen d); allein seit dem sechzehnten Jahrhundert ist allmählig

---

z) c. 10. X. de testam (3. 26).

a) Mehr darüber findet man bei *Thomassin.* Vet. et nov. eccles. discipl. P. III. Lib. I. Cap. 24.

b) c. 6. C. ad SC. Trebellian. (6. 49).

c) c. Raynutius 16. X. de testam (3. 26), c. Raynaldus 18. X. eod.

d) clem. un. de testam. (3. 26), Conc. Trid. Sess. XXII. cap. 6. de ref. — In Würt. sind die Privilegien der Geistlichen bei

fast in allen Ländern dieser Gegenstand an den weltlichen Arm zurückgefallen. Doch sind die Verordnungen des canonischen Rechts darüber beibehalten worden; und in England gehören die Testamente noch jetzt vor die geistlichen Gerichte.

§. 358. D) Ueber Besitz, Verjährung und Verträge.

Greg. I. 35 Sext. I. 18. De pactis, Greg. II. 13 Sext. II. 5. De restitutione spoliatorum, Greg. II. 26. Sext. II. 13. De præscriptionibus.

Der Geist der Kirche verlangt, daß auch in dem bürgerlichen Recht strenge Gewissenhaftigkeit herrsche, und daß diese darin höher gestellt sey, als eine blos formelle juristische Consequenz. Nach diesem Grundsatz sind folgende Sätze des römischen Rechts abgeändert worden. I. Im Fall des gewaltsam verlorenen Besitzes kann der Spoliirte die Besitzklage auch gegen den dritten Inhaber der Sache anstellen, wenn dieser sie wissentlich empfangen hat, weil er dann gleichsam an der Schuld des eigentlichen Thäters Theil nimmt e), II. Wer eines Besitzes gewaltsam entsetzt worden ist, kann vor allem Restitution verlangen, und braucht sich vorher auf keine Klagen des Spolianten wider ihn einzulassen, sondern kann diese durch die Exception des Spoliums abweisen f). III. Zur Verjährung durch fortgesetzten Besitz ist von Seiten des Gewinnenden immer guter Glaube wesentlich g). Dieses gilt nicht blos bei der Ersitzung, sondern auch bei der Klagverjährung, und zwar sowohl bei Sachen, wie bei Rechten, wobei noch von einem Besitz gesprochen werden kann. Auf die Verjährung von Forderungen, wodurch man, wenn auch wissentlich, von einer nicht eingeforderten Schuld befreit wird, ist es aber wohl nicht füglich anzuwenden. IV. Der gute Glauben ist auch nicht blos, wie im römischen Recht, beim An-

---

Errichtung der Testamente aufgehoben, Dekr vom 5. Aug. 1804. Doch sind sie durch die jetzige Form s. M. B. Nro. 239. 3. in etwas begünstigt.

e) c. 18. X. de restit. spoliat. (3. 13). Anders war es im römischen Recht fr. 3. §. 10. uti possid. (43. 17).

f) Dieser Satz bezog sich Anfangs blos auf die Anklagen vertriebener Bischöfe (§. 86. not. f), ist aber später allgemein gemacht worden, c. 1. de restit. spoliat. in VI. (2. 5).

g) c. 5. 20. X. de præscript (2. 26).

fang der Verjährung, sondern während des ganzen Verlaufs derselben nothwendig h). V. Alle rechtmäßig eingegangenen Verträge sollen erfüllt werden i), und auf die Form derselben kommt es nicht mehr wesentlich an. Dadurch ist der Unterschied, den das römische Recht zwischen den förmlichen und den einfachen Verträgen machte, aufgehoben. Doch haben die neueren Landesgesetze wieder mancherlei formelle Bestimmungen eingeführt.

§. 359. E) Ueber das Zinsgeschäft und den Rentenkauf.

Greg. V. 19. Sext. V. 5. Clem. V. 5. De usuris.

Wenn Jemand Geld leiht, blos um seine augenblickliche Noth zu fristen, so hat es etwas der christlichen Liebe Widersprechendes, wenn der Darleiher aus dem Bedürfniß des Andern für sich gewinnen will, besonders dann, wenn das Darlehn gering ist und ohnedies das Geld bei ihm müßig liegen würde. In diesem Sinn hat die Kirche, dem Mosaischen Gesetze gemäß, die Zinsen als Wucher verboten k). Wenn hingegen Jemand ein Kapital anlegt, um sich selbst von den Einkünften zu erhalten, so ist das Geschäft ein ganz Anderes. Daher war auch dafür im Mittelalter eine von dem Zinsgeschäft völlig verschiedene Rechtsform angenommen. Derjenige, der das Kapital anlegte, wurde nämlich als der Käufer, der andere als der Verkäufer der verhältnißmäßigen jährlichen Einkünfte gedacht.

---

h) c. 5. 20. X. de præscript (2 26). Diese Meinung war zwar schon früh einmal gelegentlich ausgesprochen worden, c 5. c. XXXIV. q. 1. (Augustin. c a. 413). Allein daß noch bis in das zwölfte Jahrhundert das reine römische Recht galt, beweist die bestimmte Aeußerung von Gratian zum c. 15. c. XVI. q. 4. — v. Sauter Fund. Jur. Eccl. Ed. III. §. 969.

i) c. 1. 3. X. de pact. (1. 35). Ursprünglich hatten zwar diese Stellen jenen Sinn nicht; wohl aber in der Form, wie sie in die Sammlung Gregors IX. eingerückt wurden, und so hat sie auch die Praxis verstanden.

k) c. 1. D. XLVII. (Can. Apost. c. a. 250), c. 2. eod. (Conc. Nicæn. a. 325), c. 8. eod. (Basil. c. a. 370), c. 10. 12. c. XIV. q. 4. (Ambros. c a. 390), c. 11. eod. (August. c. a. 414), c. 7. eod. (Leo I. a. 443), c. 9. eod. (Capit. Carol. M. a. 806). In den Decretalen wird dieses sehr strenge, jedoch allzu buchstäblich und ohne Unterscheidung der Verhältnisse, gehandhabt.

Um dabei möglichst dem Misbrauch und der Verwechslung mit dem Zinsgeschäft zu begegnen, war festgesetzt, daß nicht der Erste, der das Hauptgeld hingegeben hätte, sondern nur der Andere, dieser aber wann er wollte, dasselve auffündigen und sich durch die Rückzahlung von der Leistung der jährlichen Renten befreien könnte. Uebrigens konnte aber zur Sicherheit des Käufers die Rente auf ein Grundstück oder auf das ganze Vermögen gelegt, und dadurch gleichsam zu einer dinglichen Verpflichtung gemacht werden. Solche Geschäfte galten auch nach dem canonischen Rechte nicht als unerlaubt l), und sie gaben das Mittel, wodurch man, als sich neben dem Grundbesitz Kapitalreichthum zu bilden anfieng, die Maximen der Kirche mit den Bedürfnissen des bürgerlichen Verkehrs in Uebereinstimmung erhielt. Noch anders gestalten sich die Zinsverhältnisse dort, wo ein reger Handelsverkehr besteht. Denn da nun derjenige, der das Geld leiht, dieses meistens thut um damit zu speculiren und zu gewinnen, und der Andere, der das Geld giebt, sich dadurch des Gewinnes, den er selbst damit machen könnte, beraubt: so ist es nicht unbillig, daß dieser sich gleichsam als ein Antheil an dem verschafften, oder als Ersatz für den entbehrten Gewinn gewisse Zinsen ausbedingt. Daher sind in den neueren Zeiten die allgemeinen Zinsverbote des canonischen Rechts außer Gebrauch gekommen, und nur auf den eigentlichen Wucher zu beschränken.

§. 360. F) Ueber die Verbindlichkeit aus Gelübden.

Greg. III. 31. Sext. III. 15. Extr. Joh. XXII. Tit. 6. De voto et voti redemtione.

Das Gelübde ist ein aus Pietät gemachtes Versprechen einer gewissen Leistung zu einem frommen Zweck. Schon nach dem römischen Recht war ein solches Versprechen selbst für den Erben bürgerlich verbindlich, wenn es auf die Entrichtung einer bestimmten Sache gieng m). Natürlich setzte dieses voraus, daß es nicht blos innerlich gefaßt, sondern auch äußerlich abgelegt war. Die Kirche gieng aber weiter, und erklärte auch das blos innerliche Gelübde, als ein Gott geleistetes Versprechen, dem Gewissen nach für verpflichtend n). Dieses bildete dann das ca-

l) c. 1. 2. Extr. comm. de emt. vend. (3. 5).

m) fr. 2. de pollicitat. (50. 12).

n) c. 1. c. XVII. q. 1. (Cassiodor. c. a. 540), c. 3. eod. (Gregor. I. a. 591).

canonische Recht für die geistlichen Gerichte zu einem zusammenhängenden Systeme aus. Damit nämlich ein Gelübde gültig und verbindlich sey, muß es vor allem auf eine erlaubte o), und Gott wirklich wohlgefällige, den Rechten dritter Personen nicht nachtheilige Handlung p) gerichtet, ferner in der Absicht sich wirklich zu verpflichten q), freiwillig, ohne Furcht, Zwang und Irrthum r) abgelegt seyn. Betrifft es eine persönliche Handlung des Gelobenden, so bindet es nur diesen, nicht den Nachfolger, außer wenn dieser die Erfüllung ausdrücklich übernommen hat s); geht es aber auf eine Vermögensleistung, so wird auch der Erbe dadurch gebunden t). Aufgehoben kann ein Gelübde nur durch die kirchlichen Obern werden, ein ungültiges durch Nichtigkeitserklärung, ein gültiges durch Dispensation. Ungültig ist unter andern dasjenige, welches von unmündigen Kindern ohne Zustimmung der Eltern u), oder von einem Ordensmitgliede ohne den Obern v) abgelegt ist, und zwar unbedingt: ungültig, aber nur in so fern es die Rechte des Andern verletzt, ist das Gelübde eines Ehegatten ohne Zustimmung des Andern w). Die Dispensation wird nur aus hinreichenden Gründen, namentlich dann ertheilt, wenn mit der Erfüllung Gefahr, Nachtheil oder besondere Schwierigkeit verbunden ist x). Sie betrifft entweder bloßen Aufschub y),

---

o) c. 12. c. XXII. q. 4. (Ambros. a. 377), c 10. eod. (Augustin. c. a. 415), c 5 13 eod, (Isidor. c. a. 620), c. 1. 15. eod. (Conc. Tolet. VIII a 653).

p) c. 6. c. XXXIII. q 5. (Augustin. c. a. 411), c. 2. eod. (Alexand. II. c. a. 1065).

q) c. 3. X. de vot. (3. 34). Dadurch unterscheidet sich das Gelübde von dem bloßen Vorsatz.

r) c. 1. X de his quæ vi metusve causa fiunt (1. 40).

s) c. 6. X de vot. (3. 34).

t) c. 18. X. de censib. (3. 39).

u) c. 14 c XXXII. q. 2.

v) c. 2. c. XX. q. 4 (Basil. c. a. 362), c. 27. de elect. in VI. (1. 6). Eine Ausnahme enthält c. 18 X. de regular. (3. 31).

w) Nach diesem Grundsatz wurde namentlich das Gelübde der Keuschheit beurtheilt (§. 327. not. q). Eine Ausnahme davon enthielt c. 9. X. de vot. (3 34).

x) c. 2. 7. X. de vot. (3. 34).

y) c. 5. 8 X. de vot. (3. 34).

oder Umwandlung in einen andern Gegenstand z), oder gänzliche Aufhebung. Sie kann in der Regel schon von dem Bischof ertheilt werden; in fünf Fällen a) aber nur von dem Pabst. Der Grund, warum in allen diesen Fällen die geistliche Behörde zu erkennen hat, liegt darin, damit über eine Gewissenssache nicht der verpflichtete und befangene Theil selbst Richter sey.

§. 361. G) Ueber den Eid. 1) Wesen desselben.

Greg. II. 24 Sext. II. 11 Clem. II 9. De jurejurando

Bei allen bekannten Völkern des Alterthums gab es Formen der Betheuerung, woran der Glaube oder die Sitte eine besondere Verpflichtung zur Wahrhaftigkeit knüpfte, und diese wurden auch im bürgerlichen Recht, besonders im Proceß, auf vielfache Weise benutzt. Die religiöse Beziehung dabei wurde aber mehr geahndet, als sicher erkannt; auch konnten die Eide bei den Römern b), wie bei den Deutschen, auf alle werthe Gegenstände abgelegt werden. Ihre eigentliche Befestigung erhielt aber diese Einrichtung erst im Christenthum durch den Glauben an Gott, als den allwissenden und allgegenwärtigen Richter. Zwar war anfangs den Christen das Schwören untersagt; allein augenscheinlich gründete sich dieses nur auf den Mißbrauch, der damit getrieben wurde c). Die Kirchenväter erklärten daher später den Eid an sich nicht für Sünde d), sondern wollten nur, daß er unter Anrufung Gottes e), nicht aber anderer Gegenstände f) geschworen würde. Der Eid ist also jetzt eine Aussage, wobei Gott als Zeuge der Wahrheit und als Rächer wissentlicher Unwahrheit angerufen wird, und sein so hoher Werth für das

z) c 1. 2. 7 8. 9. X. de vot. (3 34).

a) Diese sind das Gelübde immerwährender Keuschheit, in einem religiösen Orden zu treten, nach Rom, nach dem h. Grabe, und nach St. Jacob von Compostella zu wallfahrten, c. 5. Extr. comm. de pœnit. (5 9).

b) fr. 3. § 4 fr. 6. fr. 13. § 6. de jurejur. (12. 2).

c) Matth V. 34 — 37, Jacob. V. 12, Gratian. ad c. 1. c. XXII. q. 1.

d) c. 2. c. XXII q. 1. (Augustin. c a. 391), c. 3. 15. eod. (Idem a 398), c. 8. eod. (Hieronym. c a 400), c. 5. 6. eod. (Augustin c. a. 410), c. 4. 14. eod (Idem c. a. 415).

e) c. 11. c. XXII. q. 1. (Chrysostom. c. a. 400), c. 7. eod. (Hieronym c. a. 410).

bürgerliche Leben beruht auf der Voraussetzung, daß diese Vorstellung in jedem Gewissen wirklich lebhaft und gegenwärtig sey. Nirgends zeigt sich also deutlicher, wie die Kirche, als die Erzieherin des Gewissens, dem Staate zur Seite stehen müsse. Die inneren Bedingungen eines ächten Eides sind aber, daß er mit völliger Freiheit, mit hinreichender Unterscheidungsfähigkeit, mit voller Aufrichtigkeit und zu einem gerechten Zweck abgelegt werde g). Erzwungene Eide h), oder solche, die auf eine an sich unerlaubte oder dritten Personen schädliche Handlung gerichtet sind i), sind also unverbindlich. Zur äußeren Form gehört an sich nur die Anrufung Gottes: doch ist im canonischen Recht eine bestimmte Form der Betheuerung üblich k). Andere Feierlichkeiten wechseln nach Gesetz und Herkommen. Auch muß dabei auf die Religionsverschiedenheit Rücksicht genommen werden.

§. 362. 2) Würkungen und Aufhebung des Eides.

Der Eid betrifft entweder eine Behauptung (juramentum assertorium) oder ein geleistetes Versprechen (juramentum promissorium). Von jenem ist in dem Proceß die Rede. Der Versprechungseid begründet die Verbindlichkeit zu aufrichtigem Versprechen und gewissenhafter Erfüllung, unter Verpflichtung zum Schadenersatz und bei Strafe des Eidbruches. Im römischen Recht verstärkte der Eid blos die Beweggründe zur Erfüllung, änderte aber die juristische Natur der Verbindlichkeit selbst nicht l), wenige Ausnahmen abgerechnet m). Das canonische Recht hin-

f) c. 9. c. XXII q. 1. (Conc. Carth. IV. c. a. 498), c. 10. eod. (Julian. Novell. c. a. 556).

g) c. 2. c. XXII. q. 2. (Hieronym. c. a. 410), c. 26. X. de jurejur. (2. 24).

h) c. 8. 28. X. de jurejur. (2. 24).

i) c. 2. 8. 12. (Ambros. c. a 377), c. 3. 4. eod. (Idem c. a. 391), c. 22. eod. (Augustin. c. a 396), c 13. eod. (Isidor. c. a. 620), c. 1. eod. (Conc Tolet. VIII a. 653), c. 6. 7. eod. (Beda c. a. 720), c. 18. eod (Conc. Oecum. VII. a. 787), c. 1. 2. 13. 18. 19. 24. 27. 28. 33. X. de jurejur. (2. 24).

k) Man findet diese am Schluß des c. 4. X. de jurejur. (2. 24). Ueber jetzige Form und vorgängigen Unterricht für die Beeidigung s. M. Ueb. §. 64.

l) fr. 7. §. 16. de pact. (2. 14).

m) fr. 7. pr. §. 1. de oper. libertor. (38 1), fr. 26. de manumiss. testam. (40. 4).

gegen stellt den Grundsatz auf, daß jede Verbindlichkeit, ohne Rücksicht ob sie bürgerlich klagbar sey oder nicht, durch den Eid vollgültig werde, wenn die Erfüllung überhaupt nur moralisch erlaubt, und den Rechten dritter Personen nicht zuwider wäre. Da sich dieser Grundsatz nur in einzelnen Anwendungen ausgesprochen findet u), so hat man ihn nach einer höchst buchstäblichen Interpretation blos auf diese Fälle beschränken, im Uebrigen aber die Regel des römischen Rechts beibehalten wollen. Andere haben dabei das canonische Recht der Mißverständnisse und unjuristischer Neuerungen beschuldigt, übersehen aber bei diesem Tadel gewiß die gänzlich veränderte Natur des Eides und das Verhältniß des christlichen Gesetzes zu dem Rechtsformalismus der alten Zeit. Ist ein in sich ungültiger Eid geschworen, so darf aber doch der Betheiligte sich nicht selbst davon entbinden, sondern dieses kann nur durch den geistlichen Obern geschehen, und zwar, um eine so heilige Sache mit dem größten Ernste zu behandeln, nur durch den Pabst o). Bei den Protestanten sind die Ansichten über den Eid sehr verschieden. Die Praxis ist noch auf das canonische Recht gebaut. Die Rechtslehrer hingegen wollen zum Theil den Eid blos als eine Gewissenssache, seine Würkungen also nur nach Art des römischen Rechts beurtheilt wissen.

§. 363. VI. Von dem christlichen Kalender.

Der Kalender ist die Art, wie die Eintheilung des Jahres bestimmt ist. Zunächst hängt diese zwar von den bürgerlichen Einrichtungen ab; die Bestimmung der Festtage, namentlich der Osterfeier, wonach sich die übrigen beweglichen Feste richten, hat aber auch der Kirche einen großen Einfluß darauf verschafft. Ueber die Zeit der Osterfeier wurde schon (153) zwischen Pabst Anicetus und Polycarpus, Bischof von Smyrna, dann (196) zwischen Pabst Victor nnd Polycrates, Bischof von Ephesus, gestritten. Der Orient feierte nämlich dieses Fest, so wie die Juden, am vierzehnten Tage des ersten Mondenmonats, gleichviel auf welchen Wochentag dieser fiel; der Occident aber am ersten

n) Auth. Sacramenta puberum C. si advers. vendit. (2. 28) c 6. 20. 28 X. de jurejur. (2. 24), c. 2 de pact. in VI. (1. 18), c. 2. de jurejur. in VI. (2. 11).

o) c. 1. 2. 8. 15. de jurejur. (2. 24).

Sonntag der darauf folgte, theils um sich von den Juden zu unterscheiden p), theils damit die Fasten bis an den Gedächtnißtag der Auferstehung reichten. Der erste Mondenmonat ist aber derjenige, dessen Vollmond entweder auf das Frühlingsäquinoctium selbst (21. Merz) oder darnach fällt. Nachdem schon Constantin den Orient zu vereinigen gesucht hatte q), so wurde auf dem Concilium von Nicäa (325) die Berechnung des Occidents bestätigt. Um die gleichförmige Beobachtung zu erhalten, wurde nun auch bei den jährlichen Provinzialconcilien die Zeit der Ostern ausgemacht und den Abwesenden durch Rundschreiben angesagt r). Zur Bezeichnung der Tage und Monate bedienten sich übrigens die Christen bis in das sechzehnte Jahrhundert des im römischen Reiche gangbar gewesenen Julianischen Kalenders. Bei diesem war zwar das Sonnenjahr, allein nach einer nicht ganz genaüen Berechnung zum Grunde gelegt. Daher machte Gregor XIII. (1580) einen verbesserten Kalender bekannt, den Kaiser Rudolph (1583) bestätigte s). Die Protestanten nahmen diesen jedoch, weil er vom Pabst herrührte, nicht an. Erst lange nachher (1699) wurde von den protestantischen Ständen in Deutschland ein neuer Kalender unter dem Namen des verbesserten Julianischen bestätigt, und dieser nach und nach auch in den andern protestantischen Ländern eingeführt. Endlich haben sich die Protestanten in Deutschland (1778) zur Annahme der Gregorianischen Berechnung unter dem Namen des verbesserten Reichskalenders verstanden. Die Russen und Griechen befolgen aber noch den Julianischen Kalender.

---

p) an Apost. 8.

q) *Sozomen.* Histor. I. 16.

r) c. 23. D III. de cons. (Conc. Carth IV. a. 398), c. 24. eod. (Conc. Carth. V. a 401), c 26 eod. (Conc. Arelat. I. a. 524), c. 25. eod. (Conc Bracar. II. a. 572), *Du Cange* Glossar. s. v. Paschalis epistola.

s) In dem Julianischen Kalender ist das Sonnenjahr zu 365 T. 6 St. angenommen, und daher wird alle vier Jahre ein Tag eingeschaltet. Da es aber in der Würklichkeit nur 365 T. 5 St 49 M. ausmacht, so blieb jener Kalender jedes Jahr 11 M., also bis in das sechzehnte Jahrhundert 10 T. hinter dem würklichen Stand der Sonne zurück. Nach dem Gregorianischen Kalender soll zur Ausgleichung alle hundert Jahre der Schalttag ausfallen; weil aber so doch alle vierhundert Jahre wieder 22 St. 40 M. übrig bleiben, dann wieder das Schaltjahr beobachtet werden. Auch ließ man, um die Sonne wieder einzuholen, im Jahr 1582 zehn Tage ausfallen, so daß man nach dem 4. gleich den 15. Oktober schrieb.

Register

Die Ziffern beziehen sich auf die Paragraphen.

A.

B.

C.

D.

E.

F.

G.

H.

J.

K.

L.

M.

N.

O.

P.

T.

U.

V.

W.

Z.

FSC®
www.fsc.org
MIX
Papier | Fördert gute Waldnutzung
FSC® C083411

Kolibri 360 GmbH
Ferdinand-Jühlke-Straße 7
99095 Erfurt, Deutschland
produktsicherheit@kolibri360.de